Ulrich Qua

Schweden

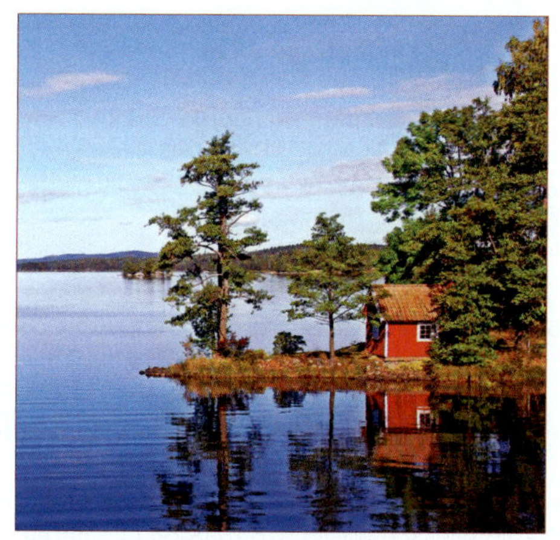

IWANOWSKI'S REISEBUCHVERLAG

Im Internet:

www.iwanowski.de

Hier finden Sie aktuelle Infos zu allen Titeln, interessante Links – und vieles mehr!

Einfach anklicken!

Schreiben Sie uns, wenn sich etwas verändert hat. Wir sind bei der Aktualisierung unserer Bücher auf Ihre Mithilfe angewiesen:
info@iwanowski.de

Schweden

16. Auflage 2024

Salm-Reifferscheidt-Allee 37 • 41540 Dormagen
Telefon 0 21 33/26 03 11 • Fax 0 21 33/26 03 34
info@iwanowski.de
www.iwanowski.de

Titelfoto: © Conny Sjostrom/fotolia/stock.adobe.com
Alle anderen Farbabbildungen: s. Abbildungsverzeichnis S. 501
Layout: Ulrike Jans, Krummhörn
Karten: Hans Palsa, Lohmar; Klaus-Peter Lawall, Unterensingen
Reisekarte: Thomas Buri, Bielefeld
Titelgestaltung sowie Layout-Konzeption: Point of Media, www.pom-online.de
Redaktionelles Copyright, Konzeption und deren
ständige Überarbeitung: Michael Iwanowski

Gesamtherstellung: Grafisches Centrum, Cuno, Calbe
Printed in Germany

ISBN: 978-3-86197-263-1

Überblick

Reiserouten

Reiserouten

ANHANG 492

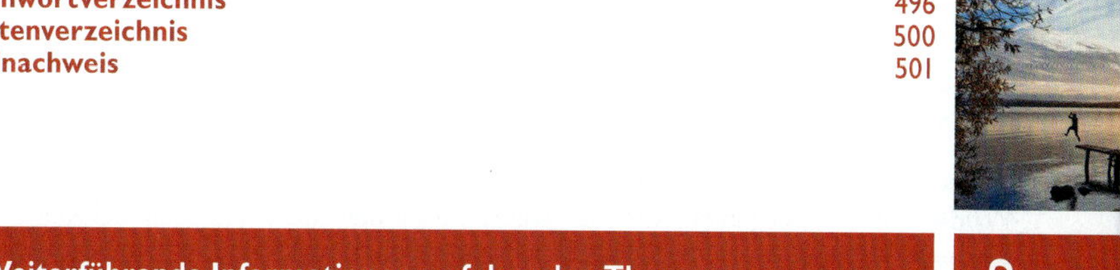

info

Weiterführende Informationen zu folgenden Themen

Willkommen in Schweden

„Ich wohne in dem schönsten Land der Welt, ja, das tue ich. Nun habe ich natürlich nicht alle Länder dieser Erde gesehen, aber trotzdem, widersprecht mir nicht, wohne ich in dem schönsten Land der Welt", urteilte einst Astrid Lindgren über Schweden. So ähnlich empfindet wohl eine immer größer werdende Zahl deutscher Reisender. Denn Urlaub in Schweden wie auch in den anderen Ländern des Nordens ist beliebt wie nie zuvor.

Dabei ist es vor allem die Natur, die Reisende aus der Bundesrepublik in den Norden zieht. Schweden macht süchtig: Wer das Land näher kennengelernt hat, kommt wieder. Laut Marktforschern waren rund 90 % der Besucher vorher schon einmal in Schweden.

Der Autor Henning Mankell erklärte die Sehnsucht der Deutschen: „In die schwedischen Wälder und Schärengebiete kommen Deutsche auf der Suche nach dem Schweigen, das die Seele heilt und eine innere Ruhe schafft, ja vielleicht sogar eine Art von elementarem Freiheitsgefühl. Ohne Stille ist ein anständiges Leben kaum möglich. Der Lärm der Städte zermürbt die Seelen, die immer anfälliger werden."

Schwedens Natur ist unglaublich abwechslungsreich zwischen dem an Dänemark erinnernden fruchtbaren Süden und den Gebirgsregionen des hohen Nordens. Für von Autolärm und -abgasen, Hektik und Stress geplagte Mitteleuropäer ist das weite Land mit seiner Lichtflut im Sommer Balsam für die Seele. Tiefe Wälder, natürliche Wiesen, unzählige Seen, sanfte Ebenen, reizvolle Mittelgebirgslandschaften, tosende Flüsse und hohe Gebirge, dazu faszinierende Schärenlandschaften an der West- und Ostküste, die in ihrer Art einmalig sind, kennzeichnen Schwedens vergleichsweise unberührten Naturraum.

Die meisten ausländischen Reisenden zieht es nach Stockholm und Umgebung, Göteborg und Bohuslän an der Westküste. Die nach den beiden Großstadtgebieten meisten Übernachtungen entfallen auf die Provinzen Norrbotten mit dem nördlichen Lappland, Värmland und Dalarna. Deutsche Reisende besuchen vor allem Süd- und Mittelschweden. Immer populärer werden Kurzbesuche in Stockholm, immer häufiger fahren internationale Kreuzfahrtschiffe die attraktive Metropole an – vor Corona waren es jährlich rund 290 mit knapp 650.000 Reisenden, überwiegend aus den USA und Deutschland.

Mit seiner beträchtlichen Nord-Süd-Ausdehnung von rund 1.700 km Luftlinie bei extrem dünner Besiedlung vor allem der nördlichen Landesteile ist Schweden ideal für Reisende, die anstatt durchgeplanter Touristenanlagen das Ursprüngliche und Unverfälschte suchen. Dass es neben der Reise mit dem eigenen Fahrzeug auch interessante Alternativen per Bahn, Bus, Flugzeug und Schiff gibt, soll in diesem Reisehandbuch nicht unerwähnt bleiben.

Das Stichwort Schweden wird bei vielen ganz unterschiedliche Bilder und Vorstellungen hervorrufen. Falsch ist inzwischen die Ansicht, dass Schweden ein teures Land ist. Die Anpassung an die Lebensmittelpreise in der EU ist noch nicht ganz vollzogen, aber (vor allem deutsche) Discounter haben für deutlich niedrigere Preise gesorgt. Und auch die Tarife der durchweg hohen Standard bietenden Hotels können sich, vor allem im Sommer und an den Wochenenden, sehen lassen.

Idylle: Sommerferien in Schweden

Nicht wenige Bundesbürger kauften in den vergangenen Jahren Ferienhäuser, vor allem in den südlichen Provinzen des Landes. Dass nicht alle Schweden angesichts dieser Entwicklung begeistert sind – zumal in einer Zeit, in der die Einkommensschere immer weiter auseinandergeht –, ist nachvollziehbar, doch für viele kleine Landgemeinden kommt mit dem Kapital und der Instandsetzung der Häuser neues Leben in die spärlich besiedelten Gebiete.

Es versteht sich von selbst, dass der vielfältige Naturraum des Landes Outdoorfans und Sportlern unzählige Möglichkeiten bietet. Nicht umsonst hat der Breitensport in Schweden einen hohen Stellenwert. Und so zeigt sich der kommunale Reichtum oft auch in vorzüglichen Sportanlagen.

Das Wetter, dies gilt vor allem für den Sommer, ist übrigens besser als sein Ruf. Die Nord-Süd-Ausdehnung sowie die verschiedenartigen Landschaftsformen bewirken beträchtliche klimatische Unterschiede. Während atlantische Luftmassen für ein abwechslungsreiches Wettergeschehen mit Sonne, Regen und Wind sorgen, bringen östliche Hochs stabiles, trocken-sonniges Wetter mit angenehmen Temperaturen im Sommer und manchmal klirrender Kälte im Winter. Relativ wenig Niederschlag fällt im Osten des Landes, wo neben Stockholm Inseln wie Öland und Gotland jährlich die höchste Zahl an Sonnenstunden aufweisen.

Dieses Reisehandbuch wendet sich vor allem an den unabhängigen Individualreisenden, sodass im reisepraktischen Teil im Norden und schwerpunktmäßig im Süden Routen vorgestellt werden, die zu den interessantesten Zielen des Landes führen. Die Hinweise zu den Unterkünften und Restaurants orientieren sich eher am „Besonderen", doch werden auch preiswerte Alternativen berücksichtigt.

I. LAND UND LEUTE

Schweden auf einen Blick

Fläche	rund 450.000 km², davon etwa 412.000 km² Landmasse
Einwohner	10.550.000 = 23 Einw./km²
Bevölkerung	91 % nordgermanischer Abstammung, ca. 260.000 schwedische Finnen, im schwedischen Teil Lapplands ca. 20.000 Samen (Lappen). Rund 14 % der Bevölkerung sind nicht in Schweden geboren.
Staatssprache	Schwedisch
Hauptstadt	Stockholm mit ca. 986.000 Einwohnern in der Stadt, 1,6 Mio. in der Gemeinde und rund 2,4 Mio. in Groß-Stockholm
Religion	ca. 55 % der Bevölkerung gehören der evangelisch-lutherischen Staatskirche an, viele kleine Religionsgemeinschaften
Flagge	gelbes Kreuz auf blauem Grund
Nationalfeiertag	6. Juni
Staats- und Regierungsform	konstitutionelle parlamentarisch-demokratische Monarchie
Staatsoberhaupt	König Carl XVI. Gustaf (seit 1973)
Regierungschef	Ministerpräsident Ulf Kristersson, seit 2022 als Vorsitzender einer rechtskonservativen Minderheitsregierung
Städte	Göteborg (599.000 Einw.), Malmö (358.000 Einw.), Uppsala (243.000 Einw.), Linköping (167.000 Einw.)
Wirtschaftswachstum	2,6 %
BIP/Kopf	51.601 Euro
Arbeitslosigkeit	8,8 %
Inflationsrate	9,3 %
Wichtigste Exportgüter	Produkte der metallverarbeitenden Industrie, vor allem Maschinen, Geräte und Transportfahrzeuge; Zellstoff und Papier, medizinische und pharmazeutische Erzeugnisse, hochwertige Dienstleistungen
Problematik	Staatsverschuldung, Finanzierung des Sozialstaats, starke Kursschwankungen der Krone, Jugendarbeitslosigkeit, Bandenkriminalität, hohe Inflation, außenpolitische Lage (Russland, Türkei)

Historischer Überblick

Noch vor 13.000 Jahren war die Fläche des heutigen Schweden von einer mächtigen Eisschicht bedeckt. Mit dem Rückzug des Eises, der sich von den Geologen aufgrund der sogenannten Bändertonen – verschiedene Ablagerungen durch schmelzendes Eis – genau bestimmen lässt, folgten bald die ersten siedelnden Menschen, primitive Jägerstämme, die einfache Geräte aus Stein benutzten. Aus Segebro bei Malmö stammen die ältesten, rund 10.000 Jahre alten Zeugnisse menschlichen Lebens im heutigen Schweden.

Erste Bodenbestellungen, Haustierhaltung und Viehzucht erfolgten in der jüngeren Steinzeit um etwa 3000 v. Chr. Mächtige Gräber aus Steinblöcken belegen eine über den südschwedischen Raum verbreitete Bauernkultur. Als **Bronzezeit** wird der Zeitraum von etwa 2000–500 v. Chr. bezeichnet, in dem erste Handelskontakte mit den Britischen Inseln und dem Festland nachweisbar sind. Die Bronze, eine Mischung aus Kupfer und Zinn, wurde aus dem Ausland importiert. Verzierte Waffen und kunstvoll gefertigte Schmuckgegenstände, auch aus Gold, dokumentieren eine Zeit kultureller Blüte, aus der auch zahlreiche Felszeichnungen stammen. Vorwiegend an der Küste in Bohuslän, in Schonen und in Östergötland wurden bildliche Darstellungen in flache Felsen geritzt, die häufig Fruchtbarkeitsriten darstellen. Beeindruckende Schiffssetzungen, eine Grabform, die sich in erster Linie auf Gotland findet, kamen in der jüngeren Bronzezeit in Mode. Vielleicht deuten die schiffsförmig angelegten Gräber mit ihren senkrecht stehenden Steinen den Glauben an ein Totenreich jenseits des Meeres an.

Ab ca. 500 v. Chr. (Eisenzeit) nehmen die Funde deutlich ab, das Eisen kommt zunehmend in Gebrauch, auch wenn man das im Felsgestein lagernde Erz noch nicht auszubeuten versteht. Die Historiker bezeichnen die Zeit von Christi Geburt bis um 500 n. Chr. im skandinavischen Raum als römische Eisenzeit. Zahlreiche Funde, wie Gläser, Münzen oder Schmuckgegenstände, dokumentieren die engen Handelsbeziehungen zwischen Schweden und dem Römischen Reich. Der römische Geschichtsschreiber Tacitus erwähnt in seiner Schrift Germania 98 n. Chr. zum ersten Mal die Suiones, d. h. die Svear, jenen um den Mälarsee herum ansässigen Stamm, der dem Land mit *Svearíket/Sverige* = Schweden den Namen gegeben hat.

info

Felsritzungen

Hällristning ist im Schwedischen die archäologische Bezeichnung für Symbole und Abbildungen, die in die Oberfläche anstehenden Gesteins oder einzelner Felsen mit Steinwerkzeugen eingehauen wurden. Die ältesten Felsbilder Nordskandinaviens bestehen aus relativ tiefen, naturalistischen Darstellungen von Elch, Ren, Bär und Seehund in enger Anbindung an die ersten Jäger- und Fischerkulturen Nordskandinaviens zwischen 9000 und 6000 v. Chr. Kleiner und schematischer sind die Tierdarstellungen, die häufig der Zeit zwischen 4000 und 2000 v. Chr. zuzuordnen sind. Neben den Umrissen werden auch innere Organe abgebildet, sodass die Ritzungen manchmal Röntgenbildern ähneln. Ihren Höhepunkt erreicht die Kunst der Felsritzungen in Skandinavien in der jüngeren Stein- und Bronzezeit (ca. 2300–500 v. Chr.). Neben Schiffsdarstellungen, die zum bestimmenden Element der südschwedischen hällristningar werden, finden sich Menschen und Tiere, Wagen, Waffen, Radkreuze, schalenförmige Vertiefungen und Fußspuren.

Klippe mit bronzezeitlichen Felsritzungen in Tanum

Die Landschaft, in der sich die meisten Felsritzungen finden, ist Bohuslän an der Westküste. Hier zeigt sich ein einzigartiger Reichtum an Szenen und Bildern, vorwiegend aus der jüngeren Bronzezeit. Lurenbläser, Liebespaare, bewaffnete Männer im rituellen Kampf, aber auch prachtvolle Gegenstände, wie Luren und geschmückte Helme, die im Zusammenhang mit solchen Zeremonien zu sehen sind, werden dargestellt.

info

Die oft das Sexuelle betonenden Abbildungen zeigen die Bedeutung des Fruchtbarkeitskultes im Glauben der Menschen in der Bronzezeit des Nordens. Die *hällristningar* in Tanum an der Westküste wurden zwar schon im 17. Jh. entdeckt, aber erst Anfang des 20. Jh. genauer wissenschaftlich untersucht, weil die Abbildungen von früheren Altertumsforschern lange Zeit als unkeusche neuzeitliche Schmierereien angesehen wurden. Maler wie Wassily Kandinsky, Willi Baumeister und Paul Klee ließen sich von den Tanum-Felszeichnungen inspirieren.

Die häufig anzutreffende Rotfärbung vieler Felsbilder wurde zwar erst in unserer Zeit aufgebracht, ist aber nicht gänzlich unauthentisch. In der Bronzezeit war es durchaus üblich, die flachen Ritzungen einzufärben, wie die Archäologen durch Zuordnung von Felsritzung und Brandstelle sowie anhand von Farbspuren überzeugend nachweisen konnten.

Vendel- und Wikingerzeit

Vendelzeit

Als Vendelzeit bezeichnen Historiker im Norden den Zeitraum vom Ende der Völkerwanderungszeit bis zum Anfang der Wikingerzeit um 800. Nahe der namensgebenden Kirche von Vendel in Uppland fand man Bootgräber, die auf eine Gesellschaft reicher Häuptlinge und handeltreibender Großbauern schließen lassen. Helme, Schwerter und andere prachtvolle Statussymbole, oft von ausländischen oder auch eingewanderten Handwerkern und Künstlern gefertigt, sind als Grabbeigaben gut erhalten geblieben. Denn die Vendelhäuptlinge wurden über 14 Generationen in ihren Schiffen beigesetzt und nicht verbrannt. Somit lässt sich die Vendelzeit als eine Art Vorankündigung der Wikingerzeit verstehen.

Wikingerzeit

Die Wikinger waren nicht ein bestimmtes nordisches Volk, dessen Dasein sich nur um Kampf, Ruhm und Ehre drehte, wie es die pseudowissenschaftliche Literatur in der Zeit des Nationalsozialismus darstellte. Es handelte sich um seefahrende Nordmänner der drei skandinavischen Länder Schweden, Dänemark und Norwegen sowie der westnorwegischen Gründungen. Aufgrund einer recht ähnlichen Kultur und einer verhältnismäßig einheitlichen Sprache ist es möglich, von einer Völkergemeinschaft der Nordländer zu sprechen. Die Länder lassen sich als Bündnisse verschiedener Landschaften verstehen, die jeweils eigene religiöse Zentren und eine eigene Rechtsprechung besaßen. Unklar ist die Bedeutung des Begriffes Wikinger. Stammt das Wort vom altnordischen *vik* ab, was so viel wie enge Bucht bedeutet, oder leitet es sich von *vig* in der Bedeutung Schlacht her? Andere Sprachwissenschaftler sehen den Ursprung in dem Wort *viken*. Das könnte einen Bezirk um Oslo meinen und somit die Männer bezeichnen, die von dort kamen. Auffällig ist, dass das Wort „Wikinger" auf Runensteinen nur selten und historisch gesehen recht spät, nämlich erst im 11. Jh., auftaucht. Häufiger findet sich die Bezeichnung in Heldenliedern und isländischen Schriften. In der „Angelsächsischen Chronik" wird sie bereits 885 verwendet.

Das heutige Wissen über die Wikinger ist vor allem archäologischen Funden zu verdanken, auch wenn sie oft unvollständig sind. Höfe, Dörfer, Befestigungsanlagen und Handelsplätze lassen Rückschlüsse auf Leben und Wirtschaftsweise ebenso zu wie zahlreiche Grabbeigaben. Zu nennen sind ferner Bildsteine und Runeninschriften, während es sich bei zeitgenössischen Textquellen meist um – oft tendenziöse – Fremdprodukte handelt.

Mit dem brutalen Überfall auf das englische Kloster Lindisfarne nördlich von Newcastle begann 793 die Expansion der Wikinger, die sich über zweieinhalb Jahrhunderte mit unterschiedlicher Intensität fortsetzte und mit der Eroberung Englands durch die Normannen nach dem Sieg Wilhelms des Eroberers bei Hastings (1066) ihren Abschluss fand.

Die geografische Lage bestimmte wesentlich, in welche Richtung Dänen, Norweger und Schweden sich auf den Weg machten. Während die dänischen Wikinger sich ostwärts den Küsten der südlichen Ostsee zuwandten und in Richtung Ärmelkanal agierten, fuhren die Norweger westwärts zu den Britischen Inseln und über den Nordatlantik. In der ersten Hälfte des 9. Jh. entdeckten sie die Färöer, die durch die Expansion der Wikinger zu einem nordischen Land geworden sind, ebenso wie Island, das seit 874 von Norwegen aus besiedelt wurde.

Runen

info

Vermutlich im 2. Jh. n. Chr. gelangten die Runen in den Norden, als Nordländer mit dem Römischen Reich in Kontakt kamen und der dortigen Schreibkunst begegneten. Die vor allem **aus dem Lateinischen** übernommenen Anregungen führten zum älteren Runenalphabet mit 24 verschiedenen Zeichen, im 8. Jh. kam man mit 16 Zeichen aus. Die Runen wurden in Steine, Holzstäbe, Speerspitzen und Hausgeräte geritzt. Sicherlich hat das Material den Umfang des Geschriebenen begrenzt, zugleich hat es die Runen aber auch bewahrt.

Von Anfang an hatten Runen eine **magische Kraft**. Sei es, dass sie vor Unglück bewahren, einem Feind Schaden zufügen oder Glück in der Liebe bringen konnten. Die Texte vermitteln trotz ihrer Knappheit einen Schimmer vom Leben der Menschen im Norden über einen Zeitraum von rund tausend Jahren. Nur wenige der Inschriften sind in Versform abgefasst. Der außergewöhnliche **Runenstein von Rök** in Östergötland und der bekannte **Karlevistein** auf der Insel Öland zeigen kunstvolle Strophen, die wohl Fragmente größerer Heldendichtungen sind. In Schweden hat man rund 3.000 Runensteine gefunden, von denen die meisten aus der Zeit zwischen 1025 und 1125 stammen. Als Gedenksteine waren sie an einem Weg, einer Brücke, einer Kirche oder nahe einem Hafen errichtet, sodass möglichst viele Vorbeikommende sie wahrnehmen konnten. In den meisten Fällen verrät die Inschrift, die oft mit der Schlussformel „Gott helfe seiner Seele" endet, wer für wen den Stein hat errichten lassen.

Nach der Christianisierung wurden viele der Gedenksteine mit einem Kreuz geschmückt. Durchaus üblich war die Verwendung von Farben zur künstlerischen Gestaltung, denn die Schleifen und die dazwischenliegenden Flächen oder auch die Runen konnten mit schwarzer und roter Farbe hervorgehoben werden.

Auf dem Land gebrauchte die Bevölkerung in Schweden bis zum 18. Jh. sogenannte **Runenstäbe** (*runstavar*): Holzstäbe, die als Kalender dienten, da auf ihnen Zeichen und Sinnbilder für bestimmte Wochentage, Mondphasen und kirchliche Festtage eingetragen wurden.

Die schwedischen Nordmänner, die **Waräger**, zogen über den Ostseeraum hinaus und erreichten mit ihren wendigen Schiffen Nowgorod und Kiew. Diese Wikinger nannten sich selbst *rus* und gründeten ein erstes Fürstentum in Kiew, die Kiewer Rus. Damit gelten sie als Namensgeber vieler ostslawischer Völker, und man geht davon aus, dass sich auch der Name Russland von diesem Wort ableitet. Von Kiew aus entsandte Wladimir I. im Jahr 988 schließlich 6.000 Krieger über das Schwarze Meer nach Byzanz, wo sie die Warägergarde bildeten, die fürderhin als Leibgarde des oströmischen Kaisers diente. Kurz vor der Jahrtausendwende wurde unter dem Norweger Erik dem Roten von Island aus gar Grönland besiedelt, und um das Jahr 1000 erreichte dessen Sohn Leif Eriksson die Ostküste Nordamerikas zwischen Labrador und Neufundland.

Warum Ende des 8. Jh. die Wikinger ihre Züge über die Meere begannen, konnte von den Historikern nicht eindeutig geklärt werden. Wenig wahrscheinlich ist die Auffassung, eine Übervölkerung des skandinavischen Raumes habe die Nordgermanen zur Expansion gezwungen, denn Landnot gab es allenfalls an der rauen Westküste Norwegens. Auf Seefahrt gingen auch weniger die Nichtbesitzenden, sondern eher die Angehörigen einer Oberschicht, die ihr Auskommen hatten. Das Anerbenrecht sorgte dafür, dass der älteste Sohn zumeist den Hof übernahm, sodass den anderen Jungen nur das Meer als Alternative blieb.

info

Das Wikingerschiff

Die große Bedeutung des Schiffes im Norden deuten bereits die vielen Schiffsbilder auf den Felszeichnungen der Bronzezeit an. Seit der Vorwikingerzeit, im Norden häufig als Vendelzeit bezeichnet, konnten mit dem Einsatz des Segels schneller weite Entfernungen zurückgelegt werden. Rund zehn Funde von Wikingerschiffen, vor allem in Norwegen und Dänemark, lassen zwei Grundtypen erkennen. Neben dem leichten Kriegs- und Mannschaftsschiff mit geringem Tiefgang gab es das geräumige Handelsschiff, *Knorr* genannt, im Vor- und Achterschiff mit einem Deck gebaut. Die langen Erfahrungen im Bootsbau über viele Generationen hinweg spiegeln sich in der Konstruktion der Segelschiffe wider, die im **Klinkerbau** errichtet wurden: Die Planken der Bordwand überlappten einander, sodass sie leicht abgedichtet werden konnten. Die maximale Länge des Kiels ergab sich aus der natürlichen Länge des Bauholzes.

Bisher kennt man kein Wikingerschiff, das länger als 28 m ist. Der **Klappmast** konnte durch den Mastfisch umgelegt werden, einem herausnehmbaren Eichenblock auf dem Schiffsboden. Das **Rahsegel**, schon auf den berühmten gotländischen Bildsteinen abgebildet, entlastete die Ruderer und ermöglichte bei günstiger Witterung Fahrten über das offene Meer.

Eine Reise von Norwegen nach Island, die in der Regel eine Woche dauerte, konnte bei idealem Wind in drei Tagen bewältigt werden. Entfernten die Wikinger sich von der Küste, benutzten sie verschiedene Hilfsmittel zur **Navigation** – bei Nacht diente bisweilen der Polarstern als Leitstern. Sie beobachteten die Meeresströmungen, die Vorkommen von Walpopulationen oder die Flugrichtung der Seevögel. Fraglich ist, ob sie bestimmte Instrumente zur Navigation einsetzten. Mit Sicherheit war das Leben an Bord der offenen Schiffe knochenhart. Trockenfisch, gepökeltes und geräuchertes Fleisch, Brot und Zwiebeln gehörten zum Proviant. Ohne ihre schnellen und wendigen Schiffe, die als Meisterwerke der Schiffsbaukunst anzusehen sind, hätten die Wikinger niemals die kulturgeschichtliche Bedeutung erlangt, die ihnen als Händler, Staatengründer, Forscher und Künstler zukommt.

Wikingerspiele

Die Stammesfürstentümer begannen, sich in der Wikingerzeit zu staatsähnlichen Gebilden zu entwickeln. Unterlegene im Kampf um die Macht und Unzufriedene wurden hinausgedrängt, wanderten aus. Schließlich dürften neben Abenteuerlust und Heldentum auch handfeste materielle Interessen, vor allem die Aussicht auf lukrativen Handel, eine Rolle gespielt haben.

So spektakulär die Wikinger den Ausklang der ganz Europa verändernden Völkerverschiebung auch gestalteten, die nach ihnen benannte Epoche basiert auf einer historischen Voraussetzung. Bereits vor der Expansionsphase gab es im Norden eine seefahrende Bevölkerung mit ausgeprägten Fernbeziehungen. Bootgräber, also als Grabkammern dienende seetüchtige Boote und Luxusgüter als Grabbeigaben, wie etwa fränkische Gläser und andere kunsthandwerkliche Gegenstände aus der Vorwikingerzeit, belegen, dass es bereits vor dem Zeitalter der kühnen Eroberer reiche Seehäuptlinge, Handwerkszentren und Handelsplätze gegeben hat.

Christianisierung und Einigung Schwedens

In der Wikingerzeit verhinderten die großen, unbewohnten Waldgebiete eine Kommunikation zwischen den verschiedenen Volksgruppen, die sich in den Ebenen, an Flussläufen und Küsten niedergelassen hatten. Isolierte Kleinstaaten mit eigenen Häuptlingen und Kleinkönigen bildeten sich heraus. Die Svear bewohnten Mittelschweden, während das Götaland östlich und westlich des Sees Vättern lag. Für die Bewohner der südlichen Landschaften waren die dänischen Inseln näher, sodass Halland, Skåne und Blekinge rund 600 Jahre zu Dänemark gehörten. Die natürlichen Handelskontakte der Einwohner Jämtlands und Härjedalens führten dazu, dass diese ein Teil Norwegens wurden.

Der Machtkampf zwischen Svear und Götar wurde allmählich zugunsten der Svear entschieden, deren religiöses Zentrum in **Gamla Uppsala** in der Landschaft Uppland lag. In der schwedischen Geschichtsschreibung gibt es aber auch die Auffassung, die Wiege Schwedens liege in Götaland, weil die Christianisierung hier früher als im Mälartal erfolgt sei. Von einer zentralen Verwaltung des Landes könne erst ab der zweiten Hälfte des 13. Jh. die Rede sein.

Zwar erreichte das Christentum Schweden schon im 9. Jh., doch die Versuche des Missionars Ansgar, der wiederholt Birka besuchte, waren zum Scheitern verurteilt. Zu stark war der Glaube an Odin, Thor und Freya. Auch wenn Olof Skötkonung, der sich taufen ließ, kurz nach der Jahrtausendwende als erster König des gesamten schwedischen Reiches gilt, wurde Schweden erst hundert Jahre später in die Römische Kirche eingegliedert.

Wie es in Gamla Uppsala zuging belegt ein Bericht Adam von Bremens in seiner 1070 verfassten Geschichte über die damaligen Opferriten: „Von allem lebenden Mannsgeschlecht werden neun geopfert, und durch ihr Blut sollen die Götter besänftigt werden. Die Körper werden in einem Hain neben dem Heiligtum aufgehängt. Von der Heiligkeit dieses Hains hegen die Heiden so hohe Vorstellungen, dass sie jedem Baum göttliche Eigenschaft zuschreiben, weil an ihm die Körper der Geopferten hängen und verwesen. Dort hängen außer Menschen auch Hunde und Pferde; einer der Christen hat mir erzählt, dass er 72 solcher Körper an den Bäumen des Opferhains hat hängen sehen."

Die ältesten schriftlichen Zeugnisse in schwedischer Sprache stammen aus dem frühen 13. Jh. Es handelt sich um die Gesetzbücher der einzelnen Provinzen, die in ihrer Anschau-

Birger Jarl, der Gründer Stockholms

lichkeit einmalig sind. Alltagskonflikte wurden z. B. folgendermaßen gelöst: „Wälzt sich ein Pferd, wühlt ein Schwein auf Ackerland, so sühnt der Eigentümer mit solchem Korn, wie auf dem Acker gesät ist, einen Scheffel für jedes dritte Wälzen oder jedes dritte Wühlen."

Einmal jährlich trafen sich die Bauern auf dem Thing, um Rechtsfragen zu klären. Hart waren die Strafen, denn für Diebstahl konnte man zum Tode verurteilt werden. Dass die einzelnen Gebiete und ihre Gesetzgebung lange unabhängig voneinander bestanden, belegt auch die Tatsache, dass im „Västgötalagen", dem Gesetzesbuch des Västergötlands, ein Angehöriger eines anderen Gebiets als Ausländer *(utländsk man)* bezeichnet wird und die Strafe im Falle eines Mordes milder ausfiel, als wenn es sich bei dem Opfer um einen Angehörigen der eigenen Landschaft handelte. Die bekanntesten für das ganze Reich gültigen Gesetze, die Friedensgesetze, gehen auf **Birger Jarl** zurück, der um 1250, wie alle Könige im Mittelalter, zum Herrscher gewählt wurde.

Auf der anschließenden Reise durch alle Gebiete des Landes, der sogenannten *eriksgata*, musste er den Einwohnern versprechen, ein guter König zu sein. Birger Jarl war es auch, der die Hauptstadt von Sigtuna auf eine kleine Insel im Mälarsee verlegte und die Basis für die Entstehung Stockholms schaffte. Sein Kreuzzug zur Christianisierung Finnlands mit der einhergehenden schwedischen Besiedlung im Südwesten des Nachbarlandes ist der Anfang einer schwedischen Vorherrschaft über Finnland, das bis 1809 Teil Schwedens blieb.

Kalmarer Union und Hanse

Im 13. und 14. Jh. bekam der schwedische Bauernstaat zunehmend Kontakt mit den unter der Führung Lübecks in der Hanse zusammengeschlossenen deutschen Städten. Für rund 200 Jahre sollte die Hanse Wirtschaft und Handel in Schweden, die sich zunehmend zur Ostseeküste verlagerten, dominieren. Visby auf der Insel Gotland war ein besonders wichtiger Stützpunkt. Für Kupfer und Eisen aus dem Gebiet um Falun gewann Stockholm mit seinem Hafen zunehmend an Bedeutung. Auch Kalmar oder die westschwedische Stadt Lödöse am Unterlauf des Götaflusses, Vorgängerin Göteborgs, wurden von der Hanse kontrolliert, die über ihr Kontor in Bergen auch den Getreide- und Fischhandel in Norwegen bestimmte.

Einen massiven wirtschaftlichen Rückschlag mit drastischem Bevölkerungsrückgang und vielen verlassenen Höfen gab es durch die Pest, die Schweden ab etwa 1350 heimsuchte und die für rund hundert Jahre wütete. Zu den markantesten Daten der schwedisch-nordischen Geschichte gehört sicherlich das Jahr 1397, in dem unter der klugen dänischen Königin Margarethe I. die sogenannte **Kalmarer Union** geschlossen wurde, ein Bund, der Norwegen, Dänemark und Schweden unter gemeinsamer Herrschaft einen sollte. Die Union hielt bis 1523, die Zeit war allerdings alles andere als harmonisch. Neben ständigen Interessenskonflikten zwischen königlicher Zentralmacht und dem Adel belasteten immer wieder aufflackernde Aufstände von Bauern und Bürgern das Bündnis. Bereits unter Margarethes Nachfolger Erik VII. (Erich von Pommern), ihrem Großneffen, eskalierte die Situation, da dieser die Königsmacht weiter ausdehnen und sich von der wirtschaftlichen und politischen Abhängigkeit von Lübeck und der Hanse befreien wollte. Die gegen Holstein und die Hanse gerichtete Zoll- und Außenpolitik brachte Schweden hohe Einnahmen, führte aber zu einer Handelsblockade durch die Hanse und schließlich zum Krieg. Nach der Niederlage der Kalmarer Union kam es in Dalarna zum **Aufstand** gegen den verhassten König unter Führung des Hüttenbesitzers Engelbrekt Engelbrektsson, den der Adel unterstützte. Auch die weiteren Jahrzehnte waren von den Kämpfen zwischen Ratsaristokratie und den Unionskönigen bestimmt, immer deutlicher wurde auch die Rivalität zwischen Dänemark und Schweden. Während im frühen 16. Jh. Christian II. als Unionskönig in Kopenhagen residierte, regierte in Schweden der Reichsverweser Sten Sture. Aufgrund der Streitigkeiten um die nationale Einheit des Landes und seine an die Hanse gekoppelten wirtschaftlichen Interessen war die schwedische Führung nicht mehr gewillt, die Union fortzuführen.

Nicht ohne Grund trägt Christian II., den die Dänen „den Guten" nennen, in Schweden den Beinamen „der Tyrann". Um die Unionseinheit wieder herzustellen, führte er 1520 einen Feldzug gegen Schweden. Keine Woche nach seinem Sieg kam es zum **Stockholmer Blutbad**: Während seiner Krönungsfeier am 8. November 1520 ließ er in Stockholm während des berüchtigten „Blutsonntags" rund 80 führende Männer hinrichten. Die Folge war ein Aufstand, den Gustav Vasa in Dalarna organisierte, mit anschließendem Befreiungskrieg, der 1521 zur Absetzung des Dänenkönigs führte und Schweden wieder die Selbständigkeit brachte. Mittsommer 1523 zog der zum König gewählte Gustav I. Vasa in Stockholm ein.

Vasazeit bis Ende der Ostseeherrschaft

In der langen Regierungszeit von **Gustav I. Vasa** (1523–1560) wurden die Grundlagen des schwedischen Nationalstaates geschaffen. Um die hohen Schulden an die Hanse zurückzahlen zu können, die ihn im Befreiungskrieg unterstützt hatte, musste er die Steuern erhöhen. Doch die Bevölkerung war verarmt, das Land vom Krieg verwüstet. Mit Vorsicht griff Gustav I. Vasa die Ideen der **Reformation** auf und erkannte bald, dass er den Kampf der Reformatoren gegen Pomp und Reichtum der katholischen Kirche zur Sanierung der Staatskasse nutzen konnte. Auf dem Reichstag zu Västerås 1527 ging Schweden zum Protestantismus über, der König ließ das „überflüssige" Eigentum der katholischen Kirche beschlagnahmen. Die theologischen Grundlagen für die Reformation schuf **Olaus Petri**, insbesondere durch die Übersetzung der Bibel ins Schwedische, die 1541 erschien.

Standbild von Olaus Petri vor dem Dom in Stockholm

21 % an Grund und Boden gingen an den Staat und seinen im Luxus lebenden Regenten, der eine Verwaltung nach deutschem Vorbild aufbaute und seine Machtposition stärkte. Konsequent schaffte Gustav I. Vasa die Wahlmonarchie ab, die dem Adel bei jedem Thronwechsel Einflussnahme ermöglichte, und führte 1544 die **Erblichkeit der Königsmacht** ein. Wiederholt führte der Missmut der Bauern über zu hohe Steuern, die Kirchenpolitik des Königs sowie einen Erlass, der jede Gemeinde verpflichtete, die zweitgrößte Glocke an den Staat abzugeben, zu neuen Unruhen und Aufständen. Gustav I. Vasa sah sich schließlich gezwungen, seine Landeskinder rücksichtsvoller zu behandeln. Schwedens Weg zur Großmacht ebneten aber seine Söhne Erik, Johan und Karl. Nach Kriegen gegen Dänemark und Polen mit wechselhaftem Ausgang gelang es Schweden durch den Sieg über Russland und die enge Anbindung Estlands, sich eine Vormachtstellung im Ostseeraum zu sichern.

Auch den nachfolgenden Regenten gelang es, Macht und Einfluss des Adels in Grenzen zu halten. Unter Gustav II. Adolf (1611–32), der eine aggressive Ostseepolitik betrieb, erlebte Schweden seine **Großmachtzeit**. Waren es machtpolitische und religiöse Interessen, die Schweden mit Erfolg auf Seiten der Protestanten in den Dreißigjährigen Krieg ziehen ließen? Von einem Glaubenskrieg war jedenfalls in der Abschiedsrede des Schwedenkönigs vor den Ständen des Reiches nicht die Rede, wohl aber von materiellen Segnungen, als der König dem Adel Güter und Höfe und den Stadtbewohnern prächtige Häuser in Aussicht stellte.

Als der für unsterblich gehaltene Schwedenkönig 1632 bei Lützen nahe Leipzig fiel, übernahm mit Axel Oxenstierna einer der einflussreichsten Staatsmänner Europas die Regierungsgeschäfte. Denn Kristina, die Tochter des Königs, war erst sechs Jahre alt. Zehn Jahre nach ihrer Mündigsprechung dankte die Königin zugunsten ihres Cousins ab, reiste nach Rom und trat während der Reise zum Katholizismus über. Bis zu ihrem Tod blieb sie in Rom, wo sie im Petersdom beigesetzt wurde.

Nach dem **Westfälischen Frieden** von 1648 und dem Frieden mit Dänemark in Roskilde von 1658 war Schweden endgültig zur ersten Großmacht im Norden Europas aufgestiegen. Im Westfälischen Frieden erhielt das Land Vorpommern mit Rügen, einen Teil Hinterpommerns entlang des Ostufers der Oder mit Stettin, Wismar mit Hinterland und die Herzogtümer Bremen (ohne Reichsstadt) sowie Verden. Nach zwei Kriegen gegen die Dänen fielen Skåne, Halland, Blekinge und Gotland ebenso an Schweden wie die von Norwegen abgetretenen Provinzen Bohuslän, Jämtland und Härjedalen.

Um sich aber auf Dauer als Großmacht halten zu können, fehlten Schweden die wirtschaftlichen Voraussetzungen. Denn abgesehen von einigen Eisenhütten und der Kupfergrube in Falun war das Land stark agrarisch ausgerichtet. In Zeiten relativen Friedens war es zudem schwierig, den Nachschub für die bewaffneten Truppen bereitzustellen, die sich während der Kriege durch Plünderung versorgt hatten.

In der schwedischen Geschichtsschreibung endet die Großmachtzeit mit dem Tod Karls XII. Nach den Niederlagen im Großen Nordischen Krieg gegen Dänemark, Polen und Russland verlor Schweden seinen Besitz südlich und östlich des Finnischen Meerbusens sowie in Deutschland, abgesehen von einem kleinen Teil Pommerns.

Karl XII., der Soldatenkönig (1697–1718)

info

Fast sein gesamtes kurzes Leben verbrachte der 1682 geborene König auf dem Schlachtfeld. Als kleiner Kronprinz begann er vierjährig eine Intensivausbildung und erhielt sein eigenes Pferd, mit sieben Jahren übernahm er sein erstes Regiment. Am Tage der Krönung im November 1697 setzte nicht der Priester ihm die Krone auf, sondern er selbst, der Unmengen Alkohol trank und sich auf merkwürdige Art und Weise amüsierte, indem er mit anderen wetteiferte, wer z. B. einem Kalb am elegantesten die Kehle durchschnitt.

Im Jahr 1700 griffen Dänemark, Sachsen-Polen und Russland die Großmacht Schweden an, der „Große Nordische Krieg“ begann, als Karl XII. gerade 17 Jahre alt war. Zunächst konnte die schwedische Armee in der Schlacht von Narva einen schier unglaublichen Sieg gegen das zahlenmäßig haushoch überlegene Heer des Zaren erringen.

Nach der Besetzung Polens wollte Karl XII. Russland endgültig vernichten und zog mit 40.000 Mann Richtung Moskau, doch der Feldzug wurde ein Debakel. König und Heer wurden unter großen Strapazen zum Rückzug in die Ukraine gezwungen, ein extrem harter Winter besorgte den Rest, sodass die Schweden 1709 bei Poltava vernichtend geschlagen wurden. Der verletzte König und einige seiner Karoliner konnten sich in die Türkei retten, rund 30.000 Soldaten gerieten in russische Gefangenschaft, wo sie in den Sümpfen der Neva beim Aufbau von Sankt Petersburg eingesetzt wurden oder nach Sibirien kamen. Nur ein Viertel der Mannschaft und die Hälfte der Offiziere kehrten nach Schweden zurück – teils nach 35 Jahren Gefangenschaft.

Als Karl XII. seinen letzten Kriegszug gegen das „dänische“ Norwegen führte, um Dänemark zu besiegen und Schweden als Großmacht zu retten, wurde er während der Belagerung der Festung Fredriksten von einer Kugel getroffen, von der niemand weiß, woher sie kam und wer sie abgegeben hat. War es vielleicht die Kugel eines Meuchelmörders? Es gibt Hinweise im Zusammenhang mit dem Kampf um die Thronfolge, die für einen Königsmord aus den eigenen Reihen sprechen. Neueren ballistischen Untersuchungen zufolge soll die Kugel aber doch aus einer Entfernung von rund 600 m aus dem feindlichen norwegischen Lager abgegeben worden sein.

Das 18. Jahrhundert

Als **Freiheitszeit** (*frihetstiden*) bezeichnet man in der schwedischen Geschichte den Zeitraum von 1719–72. Die Niederlagen im Großen Nordischen Krieg und der Tod Karls XII. führten zu einer ausgeprägten Abneigung gegenüber königlicher Alleinherrschaft, sodass in der Folgezeit die königliche Macht beschnitten wurde und die tatsächliche Regierungsgewalt an den Rat überging. Dieser wiederum war dem Reichstag gegenüber verantwortlich. Die Machtlosigkeit des Königs lässt sich daran ablesen, dass bei Beschlüssen des Reichstags, die die Unterschrift des Königs erforderten, ein Namensstempel verwendet wurde. Der König konnte sich ganz seinem Freizeitvergnügen widmen, dem Drechseln von Schnupftabaksdosen. Zu Beginn des schwedischen Parlamentarismus saßen zwar die Vertreter der vier Stände im Reichstag, doch die Hälfte der Bevölkerung gehörte keinem Stand an. Nicht nur Bauern ohne Landbesitz, Knechte, Mägde und Fabrikarbeiter blieben außen vor, sondern auch Ärzte und Rechtsanwälte.

In ökonomischer und kultureller Hinsicht erlebte Schweden in den Jahrzehnten der Freiheitszeit eine Blütezeit. Carl von Linné baute seine **Systematik des Pflanzenreichs** auf, Carl Wilhelm Scheele entdeckte den Sauerstoff, der Astronom und Physiker Anders Celsius schuf die 100-°C-Temperaturskala, und Christopher Polhem erfand u. a. Werkzeuge und Maschinen für die Gruben.

Handel und Industrie profitierten von der 1731 in Göteborg gegründeten **Ostindischen Kompanie**. In der Landwirtschaft bewirkten Flurbereinigungen ein effektiveres Wirtschaften, beträchtliche Heringsvorkommen brachten vor allem den Bewohnern an der Westküste relativen Wohlstand.

In der sogenannten **Gustavianischen Zeit** (1772–1809) stellte Gustav III. durch eine unblutige Revolution von oben zu Lasten des Adels die alte Königsmacht wieder her. Als aufgeklärter Absolutist, der mit Rousseau, Voltaire und anderen Größen der Aufklärung verkehrte, schloss er den Reichstag nicht von der politischen Mitverantwortung aus. In seiner Zeit wurde für Katholiken und Juden die Religionsfreiheit eingeführt und die Folter abgeschafft. Die Herstellung von Branntwein durfte nur noch in den Brennereien des Staates erfolgen. Der sich an Frankreich orientierende König, selbst Autor dramatischer Werke, das Französische besser beherrschend als seine Muttersprache, gründete 1786 die **Schwedische Akademie**. Mit dieser Maßnahme wollte er angesichts der in Frankreich kursierenden revolutionären Ideen, für die er nichts übrig hatte, Kontrolle über die Autoren ausüben, indem er Kunst und Literatur förderte. So schrieb Carl Michael Bellman seine Lieder, verfassten Anna Maria Lenngren und Johan Henrik Kjellgren ihre Gedichte, während Johan Tobias Sergel seine Skulpturen schuf. Gustav III. unterhielt einen prachtvollen Hofstaat – im Juni zog man hinaus nach Schloss Drottningholm, wo Feste, Theatervorführungen und Turnierspiele stattfanden. In Schweden bildete sich eine eigene Variante des Rokoko bzw. des Klassizismus heraus, der Gustavianische Stil.

Auf einem Maskenball in der Stockholmer Oper wurde Gustav III. im März 1792 von dem Adeligen Jacob Johan Anckarström, einst Kapitän seiner Leibgarde, mit einem Schuss niedergestreckt. Anckarström war nur das Werkzeug einer großangelegten Verschwörung des Adels gegen die Alleinherrschaft des verhassten Königs.

Industrialisierung und sozialer Wandel

Mit Gustav IV. Adolf endete die glanzvolle gustavianische Epoche, der eine der größten Katastrophen der schwedischen Geschichte folgte. Aus dem Kampf gegen Napoleon konnte sich Schweden nicht heraushalten. Als der schwedische König sich weigerte, im Interesse Russlands und Frankreichs am Krieg gegen England teilzunehmen, fiel Russland in Finnland ein, die Festung Sveaborg vor Helsingfors/Helsinki geriet durch Verrat in die Hände der Feinde. Schweden verlor 1809 Finnland, das über 700 Jahre ein natürlicher Landesteil gewesen war, an Russland.

Dies muss ein schwerer wirtschaftlicher, politischer und psychologischer Schock für die einstige Großmacht gewesen sein, denn mit einem Mal gingen ein Drittel der Fläche und ein Viertel der Bevölkerung verloren. Stockholm, zuvor mitten im Reich gelegen, war plötzlich Grenzstadt nach Osten hin.

Mit der Verfassung von 1809 erhielt Schweden eine Regierungsform auf der Grundlage der Gewaltenteilung. Nach den napoleonischen Wirren, als der französische Marschall Jean Baptiste Bernadotte, der spätere König Karl XIV. Johan, auf den Thron kam, wurden die Dänen gezwungen, Norwegen an Schweden abzutreten. Von 1814–1905 mussten die Norweger in einer Union verbleiben, die trotz zahlreicher Konflikte hielt und letztlich friedlich aufgelöst wurde.

König Karl XIV. Johan hält Einzug in Stockholm

In einer langen Phase des Friedens nach den napoleonischen Kriegen gehörten die Industrialisierung und die Massenauswanderung schwedischer Bauern und Tagelöhner zu den umwälzenden Geschehnissen in der zweiten Hälfte des 19. Jh. In den hundert Jahren nach dem Krieg mit Russland war die Bevölkerung von 2,3 auf über 5 Mio. angewachsen. Die Sterblichkeit konnte dank der Impfstoffe gegen die schwersten Epidemien gesenkt werden, die aus Südamerika importierte Kartoffel wurde immer populärer.

Im Agrarland Schweden besaßen um 1850 rund 75 % der Bevölkerung kein eigenes Land, und das Wachstum der Bevölkerung trug rasch zur Zunahme eines ländlichen Proletariats bei – Kätner und Tagelöhner, die in die Städte drängten oder sich genötigt sahen, nach Amerika auszuwandern. Der zwischen 1880 und 1890 seinen Höhepunkt erreichende Exodus führte bis 1914 zu mehr als 1 Mio. enttäuschter Schweden, die in die Vereinigten Staaten von Amerika auswanderten.

Die rasche **Industrialisierung des Landes** nach 1850 beruhte zunächst auf den reichen Vorkommen von Eisenerz, Holz und der Nutzung der Wasserkraft. Die heutige Sonderstellung von Maschinenbau und metallverarbeitender Industrie innerhalb der schwedischen Wirtschaft geht nicht zuletzt auf einige Erfindungen Ende des 19. Jh. zurück, wie z. B. Kugellager, Zentrifugen, Turbinen und Gasometer. Der schnelle Ausbau des **Eisenbahnnetzes** ließ neue Städte entstehen und ermöglichte den Transport der Industriewaren durch das Land. Noch vor dem Ersten Weltkrieg lag der Anteil der Industriebeschäftigten bei 34 % und hatte sich somit gegenüber 1870 mehr als verdoppelt.

In ihrer konservativen Haltung reagierten Regierung und Reichstag skeptisch oder ablehnend gegenüber den wirtschaftlichen und sozialen Veränderungen der industriellen Revolution. Für viele Menschen brachte die **Landflucht** den Verlust der alten dörflichen Gemeinschaften, Unsicherheit und Einsamkeit mit sich. Ausdruck des sozialen Wandels in je-

Rosenbad: Sitz der schwedischen Regierung

ner Zeit sind die in den unteren Sozialschichten aufkommenden sogenannten „Volksbewegungen", deren Ziel es war, eine gerechtere und bessere Gesellschaft zu schaffen. Der aus dem Mittelalter stammende Ständereichstag war zwar 1865 abgeschafft worden, doch durften nur 7 % der Bevölkerung die Mitglieder des Zweikammer-Reichstages wählen, da man nur mit einem Jahreseinkommen von mindestens 800 Reichstalern stimmberechtigt war.

Zur Verwirklichung ihrer Belange und Interessen musste die große Mehrheit der Bevölkerung nach außerparlamentarischen Möglichkeiten suchen, sei es in religiösen Erweckungsbewegungen, die den christlichen Glauben erneuern wollten, oder in der Arbeiterbewegung, die 1889 zur **Gründung der Sozialdemokratischen Partei** und wenig später zur Schaffung des Schwedischen Gewerkschaftsbundes (LO) führte. Die Abstinenzbewegung, eine Reaktion auf den verbreiteten Alkoholmissbrauch im Lande, verstand sich als Erzieher des kleinen Mannes, forderte aber statt Enthaltsamkeit, was utopisch war, nur Mäßigkeit. Viele Arbeiter schlossen sich den Abstinenzlern an, die es auch heute noch quer durch alle Gruppierungen der schwedischen Gesellschaft gibt. Unter zahlreichen Gelehrten hatte sich damals die feste Meinung herausgebildet, Arbeiter seien faul und würden höhere Löhne nur versaufen.

1909 wurde für die Zweite Kammer des Reichstags das allgemeine (aber erst 1918 ein gleiches) Wahlrecht für Männer eingeführt und 1921 auch Frauen zugestanden. 1923 wurde das **allgemeine und gleiche Wahlrecht** auf die Erste Kammer ausgedehnt. Im Ersten Weltkrieg war Schweden neutral geblieben. Nun übernahmen zunehmend die Sozialdemokraten die Macht, und mit Hjalmar Branting wurde 1920 einer der Führer der Arbeiterbewegung zum Ministerpräsidenten gewählt. In den Jahren danach wurden die wirtschaftlichen und sozialen Voraussetzungen für den modernen Wohlfahrts- und Sozialstaat geschaffen.

Ab 1930 traf die **Weltwirtschaftskrise** auch Schweden. Sinkende Löhne und Beschäftigungszahlen führten zu Konflikten auf dem Arbeitsmarkt. Nach dem Selbstmord des „Zündholzkönigs" Ivar Kreuger und dem nachfolgenden Zusammenbruch seines Imperiums stieg die Arbeitslosigkeit weiter an. Die Sozialdemokraten profitierten von der Krise und gingen aus der Reichstagswahl 1932 als eindeutige Sieger hervor. Per Albin Hansson, der Vorsitzende der Sozialdemokratischen Partei Schwedens, wurde Ministerpräsident. Unter ihm nahm die Idee vom „Volksheim" Gestalt an, einer Gesellschaft, in der alle wirtschaftlichen und sozialen Schranken abgebaut werden sollten und Gleichberechtigung, Zusammenarbeit und Hilfsbereitschaft die tragenden Ideen waren. Das 1938 unterzeichnete **Abkommen von Saltsjöbaden** – benannt nach einem Vorort in den Stockholmer Schären, in dem sich Arbeitgeberverband und Gewerkschaftsbund mustergültig darauf einigten, wie Tarifverträge und Konfliktsituationen zwischen den beiden Hauptakteuren auf dem Arbeitsmarkt geregelt werden sollten – führte in der Folgezeit zu Stabilität und raschem Wirtschaftswachstum.

Bei Ausbruch des Zweiten Weltkrieges gab Schweden eine **Neutralitätserklärung** ab. Auch als Finnland im November 1939 von der Sowjetunion angegriffen wurde, erklärte die Koalitionsregierung unter Per Albin Hansson das Land für „nicht-kriegsführend". Aber nach dem Motto „Finnlands Sache ist unsere" ließ Schwedens Bevölkerung dem Nachbarland größtmögliche Hilfe zukommen. Rund 40.000 finnische Kinder fanden Zuflucht in Schweden. Nach anfänglichem Widerstand gewährte das neutrale Land ab 1940 in einem geheimen Abkommen die Durchreise deutscher Soldaten von und ins besetzte Norwegen, ab 1941 zudem von bewaffneten Verbänden an die finnische Front. Auch das für die Kriegsindustrie so wichtige Eisenerz lieferte Schweden an Deutschland. Der gute internationale Ruf Schwedens ist sicherlich auch auf den **humanitären Einsatz** während des Krieges zurückzuführen, als 7.500 dänische Juden aufgenommen und vor der Deportation nach Deutschland bewahrt wurden. Graf Bernadotte rettete zahlreiche Juden aus den Konzentrationslagern, unglaubliche Aktionen gelangen Raoul Wallenberg in Ungarn (S. 28).

Nachkriegszeit und Gegenwart

Der von den Sozialdemokraten in den 1930er Jahren entworfene Wohlfahrtsstaat konnte nach dem Zweiten Weltkrieg weitgehend verwirklicht werden. Im kriegsverschonten Schweden ging man schnell zum Alltag über, zumal die Unternehmen die Waren produzieren konnten, die in den vom Krieg verwüsteten Ländern beim Wiederaufbau gebraucht wurden.

Die ersten Nachkriegsjahre werden als „Zeit der Ernte" bezeichnet. Unter dem Sozialdemokraten Tage Erlander, der von 1946–69 ununterbrochen als Ministerpräsident amtierte, wurden auf der Basis von hohem **Wirtschaftswachstum** und Vollbeschäftigung viele soziale Reformen auf den Weg gebracht: Altersrente, allgemeine Krankenversicherung, allgemeines Kindergeld, Wohngeld, Arbeitsschutzgesetz, dreiwöchiger gesetzlicher Urlaub, Einführung der neunjährigen Gesamtschule als Regelschule. Starke Tendenzen der Zentralisierung in Wirtschaft und Gesellschaft ließen die großen Städte, in denen Wohnraum knapp wurde, schnell zu Lasten vieler Landgemeinden anwachsen. Der öffentliche Sektor beschäftigte immer mehr Schweden. Die Kehrseite der Medaille waren die hohen Steuern, mit denen die Reformen finanziert wurden.

info

Raoul Wallenberg, Held des Zweiten Weltkriegs

Über kaum eine schwedische Persönlichkeit ist so viel geschrieben worden wie über Raoul Wallenberg. Dutzende Bücher sind über ihn erschienen, sein Leben ist verfilmt und in Fernsehserien dargestellt worden. In aller Welt weiß man inzwischen von seinen außergewöhnlichen **Rettungsaktionen zugunsten ungarischer Juden** während des Zweiten Weltkriegs. Direkt oder indirekt soll er 100.000 Menschen das Leben gerettet haben. Das Schicksal Wallenbergs und seines Fahrers Langfelder, die am 17. Januar 1945 von den sowjetischen „Befreiern" Budapests inhaftiert wurden, ist bis auf den heutigen Tag ungewiss. Wiederholt hielt die Sowjetregierung an ihrer Version fest, Wallenberg sei am 17. Juli 1947 im Ljubljanka-Gefängnis an Herzversagen verstorben, doch immer hielten sich aufgrund von Zeugenaussagen die Gerüchte, dass er noch lebe. Der letzte Versuch, Klarheit in sein Schicksal zu bringen, bestand darin, dass Interessengruppen in Schweden und im Ausland Nachforschungen in 15 russischen psychiatrischen Kliniken anstellten, in denen häufig Dissidenten und Kritiker verschwanden. Eine russisch-schwedische Historikerkommission kam 2001 nach neunjähriger Arbeit zu dem Ergebnis, dass Wallenberg wahrscheinlich am 17. Juli 1947 im Alter von 34 Jahren vom russischen Geheimdienst in Moskau erschossen wurde. 2016 wurde der 31. Juli 1952 als formaljuristischer Todestag Wallenbergs bestimmt.

Wer war Raoul Wallenberg? Er wurde am 4. August 1912, drei Monate nach dem Tod seines Vaters, geboren und entstammte einer der bekanntesten schwedischen Familien, aus der seit Generationen führende Persönlichkeiten des Landes hervorgegangen waren. Um seine Erziehung kümmerte sich sein Großvater, der Diplomat Gustav Wallenberg. Raoul wollte nicht ins Bankfach, wie die Familie es gern gesehen hätte, sondern studierte Architektur in den USA. Nach seiner Rückkehr nach Schweden gab es wenig für ihn in seinem Beruf zu tun, sodass sein Großvater ihn bei einer schwedischen Firma in Südafrika unterbrachte, wenig später bei einer Bank in Haifa im damaligen Britischen Mandatsgebiet Palästina. Hier begegnete er Juden, die aus Deutschland geflohen waren und deren Schilderungen ihn tief beeindruckten. Ende der 1930er Jahre stieg Wallenberg als Geschäftspartner in eine Firma ein, die Lebensmittel und Delikatessen aus Ungarn importierte.

Als Hitler Ungarn am 19. März 1944 besetzen ließ und die Deportation der Juden nach Birkenau und Auschwitz begann, suchten viele jüdische Bewohner Budapests Hilfe in den Botschaften der neutralen Länder. Schwedische Diplomaten erreichten, dass Juden mit besonderen Beziehungen zu Schweden einen Pass erhalten konnten, der sie schwedischen Staatsbürgern gleichstellte. In dieser Situation kam Raoul Wallenberg im Auftrag der schwedischen Regierung mit Unterstützung der Amerikaner als **Legationssekretär nach Budapest**, um eine große Rettungsaktion in die Wege zu leiten. Er mietete und kaufte „schwedische Häuser", in denen die Juden Schutz fanden, und entwarf einen Schutzpass in den schwedischen Nationalfarben, der nicht ohne Eindruck auf die Nazis blieb. Jedes Mittel war ihm recht, Menschenleben zu retten. Möglicherweise hielten die Russen ihn für einen Spion, zumal Aufzeichnungen Wallenbergs von Treffen mit Eichmann und anderen Nazis Misstrauen weckten. Hätte die schwedische Diplomatie unmittelbar nach dem Krieg mehr Mut gegenüber Moskau gezeigt, wäre Wallenberg vielleicht im Austausch mit einem russischen Spion nach Schweden zurückgekehrt.

Die Auslieferung von 168 uniformierten Balten 1945/46 an die Sowjetunion gehört zu den traurigeren Kapiteln der Nachkriegszeit. Schwedens Regierungen wollten durch einen heuchlerischen Akt das Wohlwollen der Russen gewinnen, um den für Deutschland notwendigen und für Schweden lohnenden Eisenerzexport während der Kriegsjahre vergessen zu machen.

Die schwedische Außenpolitik richtete sich in der Nachkriegszeit, nachdem mit dem Beitritt Norwegens zur NATO ein gemeinsames skandinavisches Verteidigungsbündnis gescheitert war, nach der Devise „Bündnisfreiheit in Friedenszeiten mit dem Ziel der Neutralität im Kriegsfall". Schwedens guter Ruf in der Welt ist maßgeblich darauf zurückzuführen, dass es im Rahmen der Vereinten Nationen aktiv dazu beigetragen hat, zwischenstaatliche Konflikte zu lösen. 1953 wurde Dag Hammarskjöld, der 1961 bei einem Flugzeugabsturz ums Leben kam, zum **UN-Generalsekretär** gewählt. Kurz zuvor war 1952 der Nordische Rat gegründet worden, der u. a. zur Aufhebung des Passzwanges und zu einem gemeinsamen Arbeitsmarkt zwischen den nordischen Ländern führte und die Wirtschafts- und Sozialgesetzgebung der Länder einander anglich.

Mit Olof Palme, der 1969 die Nachfolge des populären Tage Erlander antrat, spielte Schweden zunehmend auf der internationalen Bühne eine bedeutendere Rolle. Die Linie der Neutralität hielt die sozialdemokratische Regierung nicht davon ab, die sowjetische Okkupation der Tschechoslowakei ebenso zu verurteilen wie den Krieg der USA in Vietnam. Zu Befreiungsbewegungen und jungen Staaten Afrikas und Asiens unterhielt die Regierung gute Kontakte. Eine Mitgliedschaft in der EG, wie die EU damals noch hieß, war aus Gründen der Neutralitätspolitik nicht angedacht.

Nach einer **Grundgesetzreform 1969** trat an die Stelle des alten Zweikammersystems ein Einkammer-Reichstag mit 350 gewählten Mitgliedern. Das führte bei der Reichstagswahl von 1973 zu ernsten Schwierigkeiten, denn der sozialistische und der bürgerliche Block standen sich mit jeweils 175 Sitzen gegenüber. Eine Pattsituation, die bei Abstimmungen öfter das Los entscheiden lassen musste, sodass die Zahl der Reichstagsabgeordneten auf 349 korrigiert wurde.

Erst 1975 löste ein **neues Grundgesetz** die alte Verfassung aus dem Jahr 1809 ab, in der eine Gewaltenteilung zwischen König und Reichstag festgelegt worden war. Das Grundgesetz von 1975 beginnt mit den Worten: „Alle Staatsgewalt in Schweden geht vom Volke aus". König Carl XVI. Gustaf, der 2021 seinen 75. Geburtstag feierte, ist zwar das Staatsoberhaupt, darf sich zu politischen Fragen aber nicht äußern – seine Aufgaben sind repräsentativer und zeremonieller Art. Eine Steuererklärung muss der Monarch wie jeder andere Mitbürger abgeben. Eine Verfassungsänderung im Zeichen der Gleichberechtigung führte 1980 dazu, dass das älteste Kind des Königspaares ohne Rücksicht auf sein Geschlecht Thronfolger wird. Seitdem ist die 1977 geborene Victoria schwedische Kronprinzessin.

Nach 44 Jahren sozialdemokratischer Herrschaft in Schweden kamen 1976 die bürgerlichen Parteien an die Macht. Deren Koalition zerbrach aber schon bald an der Frage nach der Nutzung und dem weiteren Ausbau der Kernkraft. Im Rahmen einer Volksbefragung sprach sich damals eine Mehrheit für einen Ausstieg aus der Kernenergie auf längere Sicht aus (S. 67). 1982 kehrten die Sozialdemokraten mit Olof Palme als Ministerpräsident an die Macht zurück. Am 28. Februar 1986 wurde er in Stockholm auf offener Straße erschossen. Mörder und Motiv sind bis heute unbekannt, zahlreiche Fahndungspannen und Ungereimtheiten lassen die Ermittlungsbehörden in einem merkwürdigen Licht erscheinen. Unter den nachfolgenden Ministerpräsidenten wurden zwar die grundlegenden politischen Prinzipien weiterverfolgt, allerdings erschien Schwedens Außenpolitik stets weniger engagiert und couragiert als unter Olof Palme.

Ein markanter Rückgang in der Industrieproduktion, zunehmende Arbeitslosigkeit, steigende Belastungen zur Finanzierung des Wohlfahrtsstaates und eine extrem hohe Steuerlast, die das Wirtschaftsleben lähmte, zwangen die Regierung Carlsson zu einer **unter-**

nehmerfreundlichen Steuerreform. Doch diese konnte den starken Rechtsruck bei den Reichstagswahlen 1991 nicht verhindern, der eine konservative Koalition unter der Ägide der Moderaten an die Macht brachte. Noch vor der Wahlniederlage überreichte Ingvar Carlsson im Juni 1991 Schwedens Beitrittsgesuch zur Europäischen Union.

In den drei Jahren der konservativen Regierung unter Ministerpräsident Carl Bildt wurde mehr auf den Markt als auf den Staat gesetzt; außenpolitisch strebte Schweden die Vollmitgliedschaft in der EU an und verabschiedete sich damit vom langjährig geltenden Neutralitätsprinzip.

Angesichts einer schweren **Wirtschaftskrise** setzten die schwedischen Wähler bei den Wahlen 1994 ihre Hoffnungen erneut auf die Sozialdemokraten mit Ingvar Carlsson an der Spitze (seit 1996 mit Göran Persson). Wirtschaftlich rutschte das Land jedoch weiter in die Krise: Die Krone fiel auf ein Rekordtief, die Zinsen waren extrem hoch und belasteten Staatsfinanzen, Industrieinvestitionen, den Arbeitsmarkt und die Privathaushalte. Die Wahlen von 2006 führten wiederum zu einer bürgerlichen Allianzregierung unter Ministerpräsident Fredrik Reinfeldt. Dieser blieb auch nach den Wahlen von 2010 Regierungschef, bei denen mit den rechtspopulistischen Schwedendemokraten eine neue Partei im Reichstag auftauchte. In den nächsten Jahren wurden entscheidende Reformen in Richtung Liberalisierung und niedrigere Steuern durchgesetzt, während eine hohe Jugendarbeitslosigkeit, Wohnungsmangel in den großen Städten und die Situation der Einwanderer zu den problematischen Politikfeldern gehörten.

Die Ergebnisse der Parlamentswahlen 2014, 2018 und 2022 waren die kompliziertesten in der jüngeren Geschichte des Landes. 2014 kam der bürgerliche Block „Allianz für Schweden“ (Moderate Sammlungspartei, Zentrumspartei, Die Liberalen, Christdemokraten) nach Stimmenverlusten auf insgesamt 39,4 % der Stimmen, die Sozialdemokraten und die

Zentrum schwedischer Politik: der Reichstag in Stockholm

Grünen wurden zusammen fast ebenso stark. Dank Tolerierung durch die Linkspartei konnten die Letzteren eine **rot-grüne Minderheitsregierung** unter dem sozialdemokratischen Ministerpräsidenten Stefan Löfven bilden. Als drittstärkste Kraft hatten die rechtspopulistischen und EU-feindlichen Schwedendemokraten großen Einfluss auf die Verhandlungen, auch wenn keines der beiden Bündnisse zur Zusammenarbeit mit ihnen bereit war. Entscheidend kam hinzu, dass zu dieser Zeit die **Migrationsproblematik** alle anderen Themen überlagerte und zu tiefgreifenden Veränderungen in der schwedischen Politik und Gesellschaft führte (S. 69).

Auch nach den Wahlen von 2018 blieben die Stimmenverhältnisse im Reichstag mehr als problematisch. Die Schwedendemokraten konnten ihren Anteil auf 17,5 % steigern, die Sozialdemokraten erzielten mit nur 28,3 % ihr schlechtestes Wahlergebnis seit 1908. Die Regierung hatte die undankbare Aufgabe, für jede Gesetzesvorlage einen Kompromiss zwischen den Vorstellungen seiner rot-grünen Koalition und denen des bürgerlichen Blocks zu finden. Zugleich entstanden mit der **Corona-Pandemie** und der daraus folgenden Rezession neue Herausforderungen und Schwierigkeiten.

Ende 2021 übernahm die bisherige Finanzministerin Magdalena Andersson das Amt der Ministerpräsidentin, allerdings als Chefin einer rein **sozialdemokratischen Minderheitsregierung**. Neben Gesetzesvorhaben zur Rentenerhöhung, dem Spitzensteuersatz und einer Mietpreisbindung war ihre erste große Herausforderung der russische Angriff auf die **Ukraine** im Februar 2022, nach dem sich Schweden gegenüber Russland und den baltischen Staaten positionieren musste. Die Reichstagswahlen im gleichen Jahr machten die innenpolitische Situation noch komplizierter. Zwar gewannen die regierenden Sozialdemokraten drei Prozentpunkte hinzu, doch insgesamt verfehlte das Linksbündnis knapp die Mehrheit im schwedischen Reichstag. Zweitstärkste Partei wurden mit 20,5 % der Stimmen die rechtsextremen Schwedendemokraten. Ulf Kristersson, Parteichef der Moderaten Sammlungspartei, verkündete die Bildung einer **rechtskonservativen Minderheitsregierung**, die von den Schwedendemokraten im Reichstag toleriert wird. Dass somit ausgerechnet in Schweden eine ultrarechte Partei die Geschicke des Landes entscheidend mitgestaltet, sorgte in weiten Teilen der EU für Aufsehen.

Noch in die sozialdemokratische Regierungszeit fiel der Antrag des Reichstags auf einen **Beitritt zur NATO** – gemeinsam mit dem skandinavischen Nachbarn Finnland. Während die Aufnahme Finnlands recht zügig Anfang 2023 von allen 30 NATO-Ländern bewilligt wurde, blockierte die Türkei zunächst die schwedische Mitgliedschaft; erst im Juli 2023 wurde dafür der Weg geebnet (S. 387).

Schweden und die EU

Nachdem Finnlands Bevölkerung sich eindeutig zur Mitgliedschaft des Landes in der EU bekannt hatte, folgte auch Schweden, dessen Bevölkerung am 13. November 1994 mit knapper Mehrheit den Beitritt zur EU wählte. Mit der bisher höchsten Wahlbeteiligung bei einer Volksabstimmung (83 %) sprachen sich 52,3 % für ein Ja zur schwedischen Mitgliedschaft in der Union aus, während 46,8 % mit Nein stimmten.

Überaus deutlich zeigte das Ergebnis ein **Nord-Süd-Gefälle**, denn die Bewohner vieler Kommunen und Provinzen im Norden des Landes hatten meist mit überwältigender Mehrheit gegen einen Beitritt gestimmt – ein Protest gegen Brüssel und Stockholm. Doch die bevölkerungsreicheren Regionen des Südens mit den größten Städten entschieden die Wahl.

Nachdem lange vor dem Wahltermin eigentlich für die Pro-Seite alles gelaufen schien, zeigten Meinungsumfragen, je näher der Wahltermin heranrückte, dass die Nein-Seite Boden gutmachte. Schließlich engagierte sich die schwedische Wirtschaft, die der Ja-Seite erhebliche Summen zukommen ließ. Die Top-Manager der führenden Exportunternehmen gingen in die Offensive, traten im Fernsehen auf, und häufig wurden die Beschäftigten, manchmal sogar in Einzelgesprächen, unter Hinweis auf die Gefährdung des eigenen Arbeitsplatzes darauf hingewiesen, wie notwendig ein „Ja“ für ein so exportabhängiges Land wie Schweden sei. Der damals neugewählte sozialdemokratische Ministerpräsident Ingvar Carlsson versprach seinen unter der Last hoher Zinsen stöhnenden Bürgern, man werde von dem hohen Zinsniveau herunterkommen, wenn die Wahl pro Brüssel ausgehe.

Wie kritisch viele Schweden gegenüber der EU eingestellt sind, zeigte sich auch im Herbst 2003, als sich eine Mehrheit der Bevölkerung gegen eine Einführung des Euro aussprach. Kurz zuvor war Schwedens Außenministerin Anna Lindh, eine leidenschaftliche Befürworterin des Euro und der EU im Stockholmer Kaufhaus NK niedergestochen worden. Nur wenig später erlag die große politische Hoffnungsträgerin des Landes ihren Verletzungen. Schweden durchlebte einen ähnlichen Schockzustand wie bei der Ermordung Olof Palmes. Doch diesmal konnte der Mörder nach anfänglichen Fahndungsschwierigkeiten festgenommen, überführt und verurteilt werden.

Zu den Gegnern der EU, die es in allen Parteien gibt, gehören vor allem die rechtspopulistischen Schwedendemokraten, deren Stimmenanteil in den letzten vier Reichstagswahlen stetig bis auf 20,5 % anstieg und auf deren Unterstützung seit 2022 die konservative Minderheitsregierung angewiesen ist. Dennoch sehen insgesamt rund 60–70 % der schwedischen Bevölkerung die Mitgliedschaft in der EU eindeutig positiv.

info

Die Schweden und ihr Königshaus

Die Monarchie hat eine lange Tradition in Schweden. Man kennt rund 50 Namen von Königen, die in den letzten 1.000 Jahren das Land regierten. Während die Monarchie beim Volk großes Ansehen genießt, würde eine Mehrheit der Reichstagsabgeordneten, vor allem die der Sozialdemokraten, Grünen und der Linkspartei – so eine Umfrage des schwedischen Fernsehens – das Königshaus am liebsten abschaffen.

Gustav I. Vasa vor dem Ritterhaus in Stockholm

Als der Reichstag vor gut drei Jahrzehnten die Arbeitsaufgaben von König Carl XVI. Gustaf neu festlegte, wurde dem König der letzte politische Einfluss genommen. Begibt der König sich auf einen Staatsbesuch ins Ausland, so muss er vorher die Reise mit dem Ministerpräsidenten absprechen.

Das Königshaus ist **im Land sehr populär**, kommt mehr oder weniger ohne Skandale aus und leistet eine gute Öffentlichkeitsarbeit. Laut einer Studie übersteigt der Marketingwert der Königsfamilie ihre jährlichen Kosten für Staat und Steuerzahler um das Zwanzigfache. Die Krone dient als Markenzeichen, mit dem sich schwedische Produkte exzellent verkaufen und viele **soziale Projekte** verwirklichen lassen. Deshalb kann König Carl XVI. Gustaf es sich auch erlauben, sich gelegentlich (außen)politisch zu äußern. So stellte der Monarch wegen der Jagd auf Seehunde einst die Regierungsfähigkeit der damaligen norwegischen Ministerpräsidentin Brundtland infrage.

2004 gab es Aufregung, als sich der König beim Staatsbesuch positiv über den Diktator von Brunei äußerte, der das kleine Land mit eiserner Hand regiert. Kritik an der schwedischen Regierung übte der Monarch beispielsweise im Bezug auf das Krisenmanagement bei der Tsunami-Katastrophe 2004 oder während der Corona-Pandemie.

2010 heiratete Kronprinzessin Victoria im Rahmen mehrtägiger Feierlichkeiten den Bürgerlichen Daniel Westling. Weniger Glanz bescherte dem Königshaus ein Enthüllungsbuch, in dem Carl XVI. Gustaf eine Geliebte und Kontakte zum Rotlichtmilieu unterstellt wurden. 2012 kam Prinzessin Estelle zur Welt, das erste Kind von Kronprinzessin Victoria, 2016 ihr zweites Kind, Prinz Oscar. Die letzte große royale Feier war die Hochzeit des erstgeborenen Sohnes, Carl Philip, mit dem ehemaligen Model Sofia Hellqvist im Juni 2015.

2018 wurde das 200-jährige Königsjubiläum der Bernadotte-Dynastie gefeiert, zugleich ging Carl XVI. Gustaf als der am längsten regierende König in die schwedische Geschichte ein. 2023 ist ein doppeltes Jubiläumsjahr: 500 Jahre sind seit 1523 vergangen, als Gustav I. Vasa erster König des modernen Schweden wurde, und 50 Jahre seit Carl XVI. Gustaf 1973 den Thron bestieg.

Informationen über das Königshaus gibt es auch in englischer Sprache unter www.kungahuset.se.

Schwedische Könige seit 1523	
Haus Vasa	
Gustav I. Vasa 1523–1560	Karl IX. 1604–1611
Erik XIV. 1560–1568	Gustav II. Adolf 1611–1632
Johan III. 1568–1592	Kristina 1632–1654
Sigismund 1592–1599	
Haus Pfalz	
Karl X. Gustav 1654–1660	Karl XII. 1697–1718
Karl XI. 1660–1697	Ulrika Eleonora 1719–1720
Haus Hessen	
Fredrik I. 1720–1751	
Haus Holstein-Gottorp	
Adolf Fredrik 1751–1771	Gustav IV. Adolf 1792–1809
Gustav III. 1771–1792	Karl XIII. 1809–1818
Haus Bernadotte	
Karl XIV. Johan 1818–1844	Gustav V. 1907–1950
Oscar I. 1844–1859	Gustav VI. Adolf 1950–1973
Karl XV. 1859–1872	Carl XVI. Gustaf seit 1973
Oscar II. 1872–1907	
Vormundschaftsregierungen gab es zu Beginn der Amtszeiten von Kristina, Karl XI. und Gustav IV. Adolf.	

Zeittafel

v. Chr:

ca. 8000 Älteste Anzeichen menschlichen Lebens in Südschweden.
ca. 3000 Erste bäuerliche Ansiedlungen und Bodenbestellungen.
1800–500 Nordische Bronzezeit. Erste Handelskontakte mit dem weiteren Kontinentaleuropa und den Britischen Inseln.

n. Chr:

bis 500 Gebrauch von Eisengegenständen, etwa ab der Zeitenwende Aufnahme intensiver Handelsbeziehungen mit dem Römischen Reich.
6.–8. Jh. Vendelzeit, in der Großbauern und Häuptlinge Handel auf der anderen Ostseeseite betreiben.
800–1050 Wikingerzeit, Expansion nordgermanischer Stämme. Die schwedischen Wikingerzüge gehen vorwiegend in östlicher Richtung zur Ostküste der Ostsee und entlang der Flüsse ins heutige Russland.
um 1000 Olaf Skötkonung wird erster König über das gesamte schwedische Reich. Noch gibt es Widerstände gegen die Christianisierung des Landes.
1164 Stiftung des Erzbistums von Uppsala.
1250–1363 Unter Reichsverweser Birger Jarl beginnt die Eroberung Finnlands. Das Geschlecht der Folkunger herrscht in Schweden. Das als Handelsstadt gegründete Stockholm erlebt einen großen wirtschaftlichen Aufschwung in Verbindung mit der Hanse.
1350 Magnus II. fasst alle Gesetze in einem Reichsgesetz zusammen.
1361 Zerstörung der reichen Hansestadt Visby auf Gotland durch den Dänenkönig Valdemar Atterdag.
1364 Albrecht von Mecklenburg wird König von Schweden.
1397 In der Kalmarer Union schließt Margarethe I. Dänemark, Norwegen und Schweden vertraglich zusammen.
1523–60 Gustav I. Vasa ist König von Schweden, nachdem er zuvor den Dänenkönig aus dem Land vertrieben hat. 1527 führt er das lutherische Bekenntnis ein und macht die Königswürde erblich.
1604–11 Karl IX. wird schwedischer König, reorganisiert den Staat und greift in die russischen Wirren ein.
1611–32 Gustav II. Adolf modernisiert die schwedische Zentralverwaltung. Schweden wird Ostseegroßmacht, greift in den Dreißigjährigen Krieg ein. 1632 fällt der König auf dem Schlachtfeld von Lützen.
1632–48 Erwerb dänischer Besitzungen am Kattegat, in Südnorwegen sowie der Inseln Gotland und Ösel.
1654–97 Unter Karl X. Gustav und Karl XI. bleibt Schweden Großmacht.
1700–21 Nordischer Krieg Schwedens gegen Dänemark, Russland, Polen-Sachsen und Brandenburg-Preußen. Niederlage Karls XII. bei Poltawa (1709), Ende der Großmachtzeit Schwedens.
1772 Gustav III. stellt durch einen Staatsstreich wieder die absolute Monarchie her.
1809 Nach einem Krieg muss Schweden Finnland und die Åland-Inseln an Russland abtreten. Der französische Marschall Bernadotte wird zum Kronprinzen gewählt.
1814 Dänemark muss im Kieler Frieden Norwegen, das seine eigene Verfassung und sein Parlament behält, an Schweden abtreten.

1866 Der alte Vierständereichstag wird durch ein aus zwei Kammern bestehendes Parlament ersetzt.
1905 Auflösung der Personalunion mit Norwegen.
1918 Allgemeines und gleiches Wahlrecht für Männer bei der Wahl zur II. Kammer des Reichstags, 1921 für Frauen; 1923 auch für die I. Kammer.
1920 Erste rein sozialdemokratische Regierung unter Hjalmar Branting.
1939–45 Schweden bleibt im Zweiten Weltkrieg neutral.
1951 Dänemark, Norwegen und Schweden bilden den Nordischen Rat.
1969/70 Verfassungsreform, Abschaffung des Zweikammerparlaments.
1974/75 Einführung der neuen Verfassung: Die Regierung ist ausschließlich dem Parlament verantwortlich, der König hat nur noch repräsentative Aufgaben.
1979 Änderung des Thronfolgegesetzes: Zulassung weiblicher Thronfolger.
1976–82 Bürgerliche Regierungen nach langer sozialdemokratischer Dominanz.
1986 Ermordung des sozialdemokratischen Ministerpräsidenten Olof Palme (28. Feb.).
1991–94 Antrag Schwedens auf Mitgliedschaft in der EU, Abkommen zwischen EU und EFTA, Volksabstimmung mit knappem Ausgang zugunsten einer EU-Mitgliedschaft.
1994 Fährunglück der Estonia auf dem Weg von Tallinn nach Stockholm mit 852 Todesopfern.
1995 Schweden ist Mitglied der EU.
1998 Die Sozialdemokraten gehen geschwächt als stärkste Partei aus den Reichstagswahlen hervor, Abhängigkeit von Linkspartei und Grünen, die Schweden aus der EU führen wollen.
2000 Im Juli Eröffnung der Öresundverbindung nach Kopenhagen.
2003 Außenministerin Anna Lindh wird ermordet. Schweden lehnt die Einführung des Euro ab.
2005 Heftige Kritik am Umgang von Regierung und Behörden mit der Tsunami-Katastrophe in Asien, bei der viele Schweden ums Leben gekommen waren.
2006 Bürgerliche Allianzregierung löst Sozialdemokraten ab.
2013 Mehrtägige Unruhen in Stockholmer Vorstädten mit hohem Migrantenanteil, dann auch in Malmö und Göteborg.
2014 Rot-grüne Minderheitsregierung, die rechtspopulistischen Schwedendemokraten werden drittstärkste politische Kraft.
2015 Schweden ändert unter dem Eindruck der Flüchtlingskrise seine liberale Asylpolitik und führt 2016 wieder Grenzkontrollen ein.
2017 Bei einem Terroranschlag in Stockholm sterben fünf Menschen
2018 200-jähriges Thronjubiläum des Hauses Bernadotte. Im August beginnt die Schülerin Greta Thunberg in Stockholm ihren „Schulstreik“ und wird zur treibenden Kraft und Galionsfigur von „Fridays for Future“ (FFF).
2020–22 Auf die Corona-Pandemie reagiert das Land mit einem international vielbeachteten und kontrovers diskutierten „schwedischen Sonderweg“.
2022–23 Im Zuge des russischen Angriffs auf die Ukraine erhöht Schweden sein Militärbudget drastisch und baut vor allem auf Gotland die militärische Präsenz aus. Im Juli 2023 gibt die Türkei ihre Blockade eines schwedischen NATO-Beitritts auf – die Epoche der Bündnisfreiheit ist damit Geschichte.

Geografischer Überblick

Allgemeiner Überblick

Flächenmäßig ist Schweden das viertgrößte Land Europas. Mehr als die Hälfte des Bodens ist von Wald bedeckt, 16 % entfallen auf Gebirgszüge. Das Land ist verhältnismäßig flach, seine Oberflächengestalt wurde wesentlich von der letzten Eiszeit gestaltet. Der große Eisklotz hat alle alten Ablagerungen auf dem Urgestein abgetragen und weitgehend rundgeschliffene Felsbuckel zurückgelassen.

Es ist die Nähe zum Wasser, die Land und Menschen geprägt hat und ihr Leben bestimmt: Die lang gestreckte Küstenlinie, gesäumt von Tausenden von Schären, misst rund 7.600 km. Zahlreiche Flüsse, die der Gebirgskette im Nordwesten entspringen, fließen in südöstlicher Richtung zum Bottnischen Meerbusen und zur Ostsee, rund 100.000 Seen überziehen den Naturraum. Die etwa 1.000 km lange Gebirgskette erreicht mit 2.100 m ihre größte Höhe.

Wegen des Golfstroms ist Schwedens Klima trotz seiner nördlichen Lage abgemildert. So liegt die durchschnittliche Tagestemperatur in Stockholm, das sich etwa auf demselben Breitengrad befindet wie die Südspitze Grönlands, im Juli bei etwa 22 °C. Im Winter liegt sie nur knapp unter dem Gefrierpunkt, die Schneefälle sind in der Regel gering. Im Norden des Landes sind die Winter meist lang und kalt, doch im Sommer erreichen die Temperaturen angenehme Werte. Juni und Juli stehen ganz im Zeichen der Mitternachtssonne.

Götaland, **Svealand** und **Norrland** ist die jedem Schweden vertraute geografisch-historische Dreigliederung seines Landes. Im Süden liegt Götaland, das sich bis zu den Seen Vättern und Vänern erstreckt. In diesem Raum mit dem günstigsten Klima wohnt fast die Hälfte der Bewohner des Landes. Nach dem Stamm der Svear, die um den Mälarsee herum zu Hause waren, ist der mittlere Teil des Landes benannt. In dem dichtbesiedelten, landschaftlich abwechslungsreichen Gebiet liegt die Landeshauptstadt. Mehr als die Hälfte der Fläche Schwedens nimmt das nur dünnbesiedelte Norrland ein, in dessen Fjällgegenden die Samen leben.

Götaland, Svealand und Norrland lassen sich in **25 Landschaften** (*landskap*, s. Karte S. 38) einteilen, das sind kleinere, historisch gewachsene Einheiten, die früher ihre eigene Sprache und ihre eigenen Gesetze hatten. Mit *landskap* ist also kein geografischer Begriff, keine naturräumliche Einheit gemeint. In den Landschaften sind die Dialekte noch lebendig, die einzelnen Landschaftswappen gehen auf das 16. Jh. zurück. Verwaltungsmäßig ist Schweden in 21 Provinzen (*län*) eingeteilt, deren Grenzen nur teilweise mit denen der Landschaften übereinstimmen.

Der Naturraum

Der Norden Europas, vom kontinentaleuropäischen Festland durch die Meeresbecken von Nord-, Ostsee und Weißem Meer abgeschnürt, besteht naturräumlich aus der Skandinavischen Halbinsel, der Halbinsel Kola und der Finno-Karelischen Seenplatte, einschließlich Lappland. Aufbau und Oberflächengestalt Nordeuropas werden überwiegend vom **Baltischen Schild**, der ältesten geologischen Einheit Europas, geprägt. Nur

Seenlandschaft in Småland

das **Skandinavische Gebirge**, häufig auch als Skanden bezeichnet, gehört nicht zum Baltischen Schild. Es ist wesentlich jünger, da es im Verlauf der Kaledonischen Gebirgsbildung gefaltet und an den Kern gepresst wurde. Im Südwesten der Halbinsel liegen auf norwegischer Seite imposante Gebirgszüge, manchmal mit alpenähnlichem Charakter, die von breiten Talungen zergliedert werden. Das gegen Westen aufgerichtete Gebirge, dessen höchste Gipfel fast 2.500 m Höhe erreichen, bewirkt ausgeprägte klimatische Gegensätze. Jenseits des atlantischen Hochgebirgsstreifens folgt mit der gesteinsbedingten Abdachung zur Ostsee hin eine Zone mit hügeligen Landschaften und Tieflandgebieten.

Schweden liegt auf der Ostabdachung der Skandinavischen Halbinsel und hat mit mächtigen Bergen, deren Gipfel in den Gebieten um Kebnekaise und Sarek knapp über 2.000 m Höhe erreichen, während die Berge nach Süden abgerundeter und niedriger sind, im Nordwesten Anteil am Skandinavischen Gebirge.

Der überwiegende Teil des Landes weist jedoch nur relativ geringe Höhenunterschiede auf und ist in geologischer Hinsicht uralt. Vorwiegend Granite und Gneise bauen den aus der Erdurzeit stammenden, stark eingeebneten Gebirgskomplex, den Baltischen Schild, auf. Auch die bedeutenden Eisenerz-Lagerstätten Schwedens und Norwegens entstammen dieser Zeit. Als das Grundgebirge stark eingeebnet wurde, entstanden in verschiedenen Landesteilen mächtige Sedimentlager, und vor rund 600 Mio. Jahren bildeten sich zum letzten Mal neue Gesteinsschichten, die sich vor allem in der Landschaft Dalarna in Mittelschweden als rote Sandsteine finden.

Über Jahrmillionen bildete sich so eine wellige Hügellandschaft heraus mit Inselberglandschaften im Norden, also weiten Ebenen, aus denen kegelförmige Berge herausragen. Dieses als Norrlandsterräng (Norrland-Terrain) bezeichnete Gebiet weist maximal nur einige Hundert Meter Höhenunterschied auf und bildet zur bottnischen Küstenebene an vielen Stellen eine markante Grenze. Auf der Höhe von Gävle, knapp 200 km nördlich von Stockholm, verläuft das Norrlandsterräng südwärts, findet nördlich des Vänersees seine Fortsetzung und läuft schließlich im nördlichen Bohuslän an der Westküste aus.

Südlich des nördlichen Hügellandes schließt sich die **Mittelschwedische Senke** an, die von den großen Seen zwischen Göteborg und Stockholm geprägt wird. Steile Urgesteinsrücken und Verwerfungen gehören ebenso zum Landschaftsbild wie weite Ebenen und Seengebiete. Mit Ausnahme der höchsten Verwerfungen liegen die Höhenunterschiede niedriger als 50 m. Manche der seltsamen Berge, die nicht oder nur teilweise abgetragen worden sind, haben eine schützende Diabasdecke. Diese entstand, als einst infolge von Vulkanausbrüchen die harte vulkanische Gesteinsart die Berge überzog. Bekannt sind die Ebenen von Uppsala, Närke und Västergötland als landwirtschaftliche Intensivzonen, die mit den flachen Ackerbaugebieten im südlichen Schonen den fruchtbarsten Boden des Landes haben, reich an Mineralien und Nährstoffen, weil sich einst bei der Meeresüberdeckung tonige Sedimente absetzten. Neben den fruchtbaren Böden ist der hier weit nach Osten reichende atlantische Einfluss eine wichtige Ursache für die Besiedlung des Raumes. In der Mittelschwedischen Senke liegt die Wiege des schwedischen Staates. Am östlichen Ende hat sich mit **Stockholm** aufgrund seiner günstigen Lage im Übergangsbereich von Mälarsee und Ostsee die bedeutendste Stadt auf der Skandinavischen Halbinsel entwickelt, während im Westen mit **Göteborg** die zweitgrößte schwedische Stadt mit ihrem wichtigem Überseehafen entstand.

Südlich der Mittelschwedischen Senke schließt sich das **Südschwedische Hochland** an, eine weite Hochebene, die große Teile Smålands und einige benachbarte Provinzen umfasst. Härtlingsrücken aus silurischem Kalk, wie der 343 m hohe Taberg, ragen heraus. Im steinigen, hügeligen Småland bieten die Moränendecken denkbar ungünstige Bedingungen für die Landwirtschaft. Während die nördlichen Teile des Hochlandes hügelig sind und eine markante Grenze zur Mittelschwedischen Senke bilden, fällt das an Seen reiche Gelände nach Süden ab. Die verhältnismäßig hohen Niederschläge im Westen des Hochlandes haben maßgeblich zur Entstehung der südschwedischen Hochmoore geführt. So ist **Store Mosse** das größte zusammenhängende Moorgebiet Schwedens südlich von Lappland.

In ihrer naturräumlichen Ausstattung unterscheidet sich **Schonen**, die südlichste Landschaft Schwedens, deutlich von den anderen Landesteilen. Während Urgestein den Nordosten prägt, besteht der südwestliche Teil aus einer fruchtbaren Grundmoränenlandschaft. Auf der Halbinsel Schonen erfolgt der naturgeografische Übergang zu Dänemark, denn den uralten Gneisen des Baltischen Schildes folgen entlang einer von Nordwesten nach Südosten verlaufenden Verwerfungszone neben Schiefer noch Kalk und Mergelschichten aus dem Erdmittelalter. Schonen ist keineswegs nur flach, sondern eine abwechslungsreiche Landschaft mit Horsten aus Urgestein, die im Zusammenhang mit Verwerfungen entstanden sind, flachen Ackerbaulandschaften, die an Dänemark erinnern, Nadel- und Laubwäldern sowie schönen Küstengebieten, und das alles auf relativ begrenztem Raum.

Auch die beiden größten Inseln Schwedens, **Öland** und **Gotland**, liegen ähnlich dem Südwesten Schonens außerhalb des Baltischen Schildes. Beide Ostseeinseln sind flache Kalksteinplateaus, die 50–80 m über dem Meeresspiegel liegen und nach der Eiszeit aus dem Meer gehoben wurden. Typisch ist die teilweise Verkarstung, die zur Bildung der Alvar-Gebiete geführt hat. Das sind Kalkheiden, die im Frühling und Frühsommer eine an die Bodenbedingungen angepasste faszinierende Flora aufweisen. Strandwälle und Kliffs, besonders ausgeprägt an der Westseite Gotlands, bezeugen die nacheiszeitliche Entwicklungsgeschichte der Ostsee. Kunstvoll modellierte Felsensäulen, die sogenannten Raukar, finden sich häufig an den Küsten Gotlands. Ihre Entstehung ist darauf zurückzuführen, dass die widerstandsfähigeren Überreste früherer Korallenriffe der Verwitterung getrotzt haben.

Von den verschiedenen **Eiszeiten** im skandinavischen Raum – die Geologen unserer Tage gehen von sechs Kaltzeiten aus – hat die letzte, die vor etwa 120.000 Jahren begann und vor nur 10.000 Jahren endete, markante Spuren in der heutigen Oberflächengestalt Schwedens und der anderen betroffenen Länder hinterlassen. Die Mächtigkeit der Eisdecke, die großflächig und zusammenhängend Nordeuropa unter sich begrub, soll über Jahrtausende 2.000–3.000 m betragen haben. Ihre Ausläufer reichten bis an den Rand der deutschen Mittelgebirge. Unter der ungeheuren Last der Eismassen wurde das Land in die Erdkruste gedrückt. Die sich bewegenden Eismassen trugen die älteren Verwitterungsdecken ab, vom anstehenden Grundgestein wurden Blöcke herausgerissen und zerkleinerte Steine, Geröll und Lehm über große Distanzen transportiert.

Die hobelnde und schleifende Wirkung der Eismassen ließ ausgeglichene Landschaftsformen entstehen, wie sanfte Hochflächen oder die Rundhöckerlandschaften, bei denen der Gletscher auf breiter Front auf wenig geneigten Flächen den Untergrund bearbeitet hat. Die länglichen Felshügel lassen deutlich die Stoßrichtung des Eises erkennen, da die gegen die Fließrichtung des Eises gewandte Seite meist abgeschliffen ist. Trogtäler, die bereits vor der Vergletscherung existierten, wurden vom Eis vertieft und erhielten rundlichere Formen, wie z. B. eindrucksvoll an der bekannten **Lappenpforte**, dem heiligen Gebirgspass der Samen, unweit Abisko zu sehen ist.

Als sich im Zuge allgemeiner Erwärmung das Eis zurückbildete, wurde dieser Vorgang durch verschiedene Phasen unterbrochen, in denen das Eis stillstand. Oft sandiges Grundmoränenmaterial blieb als dünne Decke zurück, die nach Süden zu etwas mächtiger und landwirtschaftlich wertvoller wird. Zu den markanten Ablagerungen gehören Endmoränen, die bei einem erneuten Eisvorstoß überformt und stromlinienförmig angelegt wurden. Die **Oser**, das sind eisenbahndammähnliche Kies- und Sandaufschüttungen, die Flüsse unter dem mächtigen Eis aufgebaut haben, prägen das Landschaftsbild Südschwedens und sind oft eine wichtige Leitlinie für die Besiedlung.

Durch die Gewichtsmassen des Eises war der größte Teil Nordeuropas unter das Meer gedrückt worden, doch nach der Entlastung durch das Eis hob sich das Land wieder. Da aber auch der Spiegel des Weltmeeres gleichzeitig wieder infolge freiwerdender Wassermassen anstieg, begann ein eigenartiges Wechselspiel.

Der Vorgang der **Landhebung** ist noch immer nicht abgeschlossen und erreicht im nördlichen Bereich des Bottnischen Meerbusens mit ca. 1 m in hundert Jahren den höchsten Wert, in Stockholm sind es noch rund 40 cm pro Jahrhundert, während Schonen im Süden keine Landhebung mehr aufweist. Nach der letzten Vereisung erreicht die Hebung im Norden Skandinaviens fast 300 m. Somit wechseln also anstehendes Urgestein, kaledonisches Gebirge und Ablagerungen der Eiszeit im skandinavischen Raum häufig einander ab.

Im Zusammenhang mit dem eiszeitlichen Geschehen sei der schwedische Geologe Gerard Jacob De Geer erwähnt. Auf ihn geht die Entdeckung des sogenannten „Bänderton-Kalenders" zurück, der im mittelschwedischen Hebungsraum gefunden wurde. Mit Hilfe dieser „Warvenchronologie" ist es möglich, relativ exakt anzugeben, wann die letzte Eiszeit zu Ende gegangen ist: im Gebiet des mittelschwedischen Ångermanälv vor ca. 10.500 Jahren.

Im Sarek-Nationalpark – Wildnis im schwedischen Lappland

Das **Fjäll** (norweg.: *fjell*; finn.: *tunturi*) ist die charakteristische Landschaftsform des Hohen Nordens. Es zeichnet sich weniger durch alpine Gipfel als vielmehr durch glazial abgerundete Formen und relativ geringe Höhenunterschiede aus. Diese Hochflächen, nur spärlich mit Zwergbirken, Moosen und Flechten bewachsen, liegen oberhalb der Baumgrenze, die in Lappland mit ca. 500 m ü. d. M. deutlich niedriger angesetzt werden muss als in Südskandinavien oder etwa den Alpen. Besonders eindrucksvoll ist die menschenleere und majestätische Weite des Fjälls im schwedisch-norwegischen Grenzgebiet.

Die Ostsee

Die Ostsee, flächenmäßig etwa so groß wie Schweden, ist geologisch ein sehr junges Meer, denn ihre Entstehungsgeschichte beginnt vor ungefähr 15.000 Jahren mit dem Abschmelzen des jüngsten Inlandeises. Im eisfreien südlichen Ostseebecken sammeln sich Schmelzwässer in vorgeprägten Senken, die Seen wachsen zusammen. Es bildet sich der Baltische Eisstausee. In der Folgezeit ändern sich in verschiedenen Phasen, die heute nach Leitfossilien benannt werden, die Zu- und Abflussbedingungen, sodass das Ostseewasser mal süß, salzig oder brackig war.

Die Entwicklung während der Spät- und Nacheiszeit wird durch das Zusammenspiel von der uhrglasförmigen Aufwölbung Skandinaviens nach der Entlastung vom bis zu 3.000 m mächtigen Inlandeis, der **Isostasie**, und dem Anstieg des Meeresspiegels durch das Abschmelzen des Eises, **Eustasie** genannt, bestimmt. Als also der Meeresspiegel schnell anstieg, die Landhebung aber noch gering ausfiel, konnte über Mittelschweden Salzwasser in den bisherigen Binnensee eindringen. Nach einer Muschel nennt man dieses Stadium Yoldia-Meer. Doch bald kommt in Mittelschweden die Landhebung voll zur Geltung, die Trennung vom Ozean erfolgt, und die Ostsee wird zu einem Binnensee mit Süßwasser, nach einer Süßwasserschnecke als Ancylussee bezeichnet, ein Vorgang, der etwa bis zum Jahr 7500 v. Chr. andauert. In dieser Phase tauchen auch die Ostseeinseln Öland und Gotland aus dem Meer auf. Bis etwa 2000 v. Chr. steigt der Meeresspiegel relativ stark an, und über den Großen Belt, den Kleinen Belt und den Öresund kann vermehrt Salzwasser in die Ostsee eindringen, das Litorina-Meer entsteht. In der folgenden Zeit, bis etwa 500 v. Chr., kann sich die Landhebung wieder verstärkt durchsetzen, sodass der Wasseraustausch abnimmt und die Ostsee leicht aussüßt. In der Gegenwart prägt die Zunahme des Salzgehaltes das komplexe Geschehen.

Landhebung und **Landsenkung** sind auch in der Gegenwart noch deutlich messbar. So ist die Landhebung im Bereich des nördlichen Bottnischen Meerbusens mit knapp 1 m in hundert Jahren am größten, während im südwestlichen dänischen Inselraum und im deutschen Küstenbereich die Landsenkung 1 mm pro Jahr beträgt.

Die Küsten der Ostsee weisen einen beachtlichen Formenreichtum auf. In der Vielfalt zeigen sich Entwicklungsprozesse von der voreiszeitlichen Landformung über glaziale Abtragung und Ablagerung, nacheiszeitliche Landhebung und Meeresspiegelschwankungen bis hin zu meeres-, wind- und flussbedingten Einflüssen. Die im Bereich der Westwinddrift liegende Ostsee hat ein gemäßigtes, feuchtes Klima, das im Ost- und Nordostbereich starken Einflüssen der kontinentalen Landmasse ausgesetzt ist, sodass der Unterschied der mittleren Lufttemperatur zwischen westlicher Ostsee und Bottenwiek im Februar bei 12 °C, im August, unter stärkerem Einfluss der Ostsee und Bottenwiek, bei nur 2 °C liegt. Von Nachteil ist die Eisbildung in der Ostsee, vor allem im Bottnischen Meerbusen. Die Eisverhältnisse sind örtlich und zeitlich jedoch sehr unterschiedlich. Während in nor-

Die Schären der Ostküste

malen Eiswintern die Häfen im Westen und Süden des Baltischen Meeres fast eisfrei sind, bleiben die Häfen im Rigaischen, Bottnischen und Finnischen Meerbusen 2–4 Monate geschlossen.

Der **Boden der Ostsee**, die eine mittlere Tiefe von 55 m aufweist, ist vielfältig gegliedert. Ausgeprägte Becken, die durch Schwellen getrennt sind und den Wasseraustausch in der Tiefe stark behindern, kennzeichnen das Nebenmeer des Atlantiks. Da die Verbindungen zur Nordsee (Belte, Sund) eng und flach sind, etwa 250 in die Ostsee mündende Flüsse große Süßwassermengen liefern und der Niederschlag die Verdunstung übertrifft, weist der größere Teil des Fast-Binnenmeeres einen nur geringen Oberflächensalzgehalt von 6–8 Promille auf. Würde man die Ostsee abdämmen und das Wasser nicht infolge eines Wasserstandsgefälles durch die Meerengen zur Nordsee fließen, dann erhöhte sich der Wasserspiegel pro Jahr um mehr als 1 m. Während das Nordseewasser etwa alle 2–3 Jahre ausgetauscht wird, dauert das in der Ostsee etwa 35 Jahre.

Gegenüber der Nordsee ist die **Schichtung des Ostseewassers** problematisch: Im oberen Bereich findet sich salzarmes leichteres, unten salzreiches schweres Wasser. Da die Wasserkörper sich nicht vermengen, verhindert die Sprungschicht, dass Sauerstoff in die Tiefe gelangt. Die Rinnen der Ostsee werden erst dann mit Sauerstoff versorgt, wenn infolge westlicher Winde sauerstoffreiches Wasser aus der Nordsee eindringt. Das ist aber recht unregelmäßig der Fall. Eine wichtige Medizin für die kranke Ostsee sind die orkanartigen Winterstürme, die in mehrjährigem Abstand auftreten und dann stets einen großen Salzwasserzustrom durch die flachen dänischen Meerengen bewirken. Gegenwärtig ist etwa die Hälfte der Ostsee am Boden mit giftigem Schwefelwasserstoff belastet. „Stirbt die Ostsee?“, „Der Ostsee geht die Luft aus“, „Ein Meer voller Unrat und Hässlichkeit“: So oder ähnlich lauteten die Schlagzeilen. Die Hauptursache der bedrohlichen Sauerstoffabnahme muss neben dem geringen Wasseraustausch vor allem in der Verdoppelung des Nährstoffeintrags in den vergangenen 40 Jahren gesehen werden.

Will man das Niveau von 1950 erreichen, muss der Gehalt an Phosphor, Stickstoff und anderen Nährsalzen um die Hälfte oder zwei Drittel reduziert werden. Schweden ist mit gutem Beispiel vorangegangen, indem es den Kunstdüngereinsatz in der Landwirtschaft in den letzten Jahren deutlich verringert hat. Aber 60–80 % der Schadstoffe, die eine Überdüngung der Ostsee bewirken, entstammen Quellen, die zwischen den Flüssen Newa und Oder zu suchen sind. Das von den Anliegerstaaten unterzeichnete **Helsinki-Abkommen** zum Schutz der Ostsee trat 1980 in Kraft. Doch ein Grundproblem der Zusammenarbeit liegt darin, dass die Länder mit den größten Umweltproblemen die schwächsten Volkswirtschaften haben. Ohne internationale ökologische Solidarität kann die Ostsee nicht saniert werden.

Das Klima

Gemessen an der nördlichen Lage haben weite Teile Skandinaviens ein **gemäßigtes Klima** – eine Folge der Nähe zum Atlantik und der milden Luftmassen, die von Westen auf die Halbinsel einwirken. Die beträchtliche Nord-Süd-Ausdehnung und die markante naturräumliche Gliederung sorgen jedoch für viele Klimavarianten. Schweden, dessen Klima vor allem in den Sommermonaten besser ist als der Ruf, der ihm manchmal vorauseilt, liegt zwischen dem maritim geprägten Atlantikbereich und dem Kontinentalklima der osteuropäischen Inlandsebenen. Die atlantischen Luftmassen sorgen häufig für ein abwechslungsreiches Wettergeschehen mit Regen, Sonne und Wind als Hauptakteuren, während östliche Hochs stabiles, trocken-sonniges Wetter mit angenehmen Temperaturen im Sommer und knackige Kälteperioden im Winter bewirken.

Zu den Gebieten Schwedens, deren Klima am deutlichsten maritim geprägt ist, gehören die Westküste, der westlichste Teil der Gebirgskette sowie die Ostküste von Öland bis hinauf nach Umeå. Hier sind die Sommer also vergleichsweise kühl und die Winter relativ mild, während im Innern Norrlands, im Gebiet westlich der Linie Vänersee-Storsjön und im Südschwedischen Hochland das Klima stärker kontinental geprägt ist. Weil Dauer und Intensität der Sonnenstrahlung nach Norden hin geringer werden, ist das winterliche Temperaturgefälle im Ostseebereich erheblich. Lange, kalte Winter mit Temperaturen von -25 und -30 °C nötigen die Menschen, sich an ihren Lebensraum anzupassen. Die tiefste jemals in Schweden gemessene Temperatur betrug -53 °C (1941, im lappländischen Malgovik). In Kiruna verschwindet die Sonne einen Monat lang unter dem Horizont.

Recht gering sind die **Temperaturunterschiede** zwischen Sommer und Winter mit Schwankungen zwischen 17 °C im Süden des Landes und 27 °C im hohen Norden. In Kanada und Sibirien dagegen betragen die Unterschiede für Gebiete der gleichen geografischen Breite etwa 40–60 °C. Mit rund 1.000 mm Niederschlag im Fjällbereich und ca. 700 mm an der Westküste werden die Höchstwerte erreicht, im Osten nehmen die Niederschläge ab (Stockholm 539 mm, Kalmar 484 mm), noch etwas geringer fallen sie im Nordosten an der Grenze zu Finnland aus. Eine geschlossene Schneedecke liegt durchschnittlich an 50 Tagen im südlichen Lund, 100 Tage in Stockholm, 180 in Östersund und an 255 Tagen im nördlichen Riksgränsen.

Auffällig aber ist, dass seit einigen Jahren die **Temperaturextreme** zunehmen – und zwar in beide Richtungen. So meldete Malmö im Februar 2020 mit knapp 17 °C einen neuen Wärmerekord im schwedischen Winter, während im Dezember 2021 im lappländischen Dorf Naimakka an der Grenze zu Finnland mit -43,8 °C die **niedrigste Tempera-**

info

Klima kompakt

Durchschnittliche Lufttemperatur in °C

	Lund	Kalmar	Växjö	Örebro	Stockholm	Umeå	Jokkmokk
Jan.	-0,6	-1,6	-2,7	-4,1	-2,8	-9,1	-16,6
Feb.	-0,5	-1,8	-2,6	-4,1	-3,0	-8,6	-14,0
März	1,9	0,8	0,4	-0,6	0,1	-4,3	-8,3
April	6,0	4,8	4,9	4,1	4,6	1,2	-1,3
Mai	11,4	10,1	10,8	10,5	10,7	7,3	5,5
Juni	5,4	14,7	14,9	15,1	15,6	13,0	11,9
Juli	16,8	16,3	15,9	16,3	17,2	15,2	14,2
Aug.	16,5	15,7	15,2	15,0	16,2	13,5	11,9
Sept.	13,0	12,1	11,2	10,7	11,9	8,7	6,4
Okt.	9,1	7,9	7,2	6,4	7,5	3,8	0,6
Nov.	4,5	3,4	2,5	1,1	2,6	2,4	-8,6
Dez.	1,1	-0,1	-1,1	-2,5	-1,0	-6,6	-13,7

tur in Schweden seit Beginn der Aufzeichnungen im Jahr 1860 gemessen wurde (der Wert von -53 °C von 1941 im südlappländischen Malgovik war der eines privaten Thermometers und nicht einer offiziellen Wetterstation). In den Sommermonaten purzelt seit 2018 ein **Wärmerekord** nach dem andern, vor allem in den nördlichen Landesteilen. In Skellefteå z. B., 700 km nördlich von Stockholm, war es im Juni 2020 stolze 34 °C warm! Auch in Gävle wurde mit knapp 31 °C der heißeste Juni-Tag seit Menschengedenken gemessen, und 2022 wurde mit 30,9 °C der Juni-Rekord in Kvikkjokk geknackt. Wie schon in den zwei Jahren zuvor folgte auf den sehr heißen Juni auch ein heißer Juli, in Nordschweden genau wie in Nordnorwegen und Nordfinnland – mit rund 10–15 °C höheren Temperaturen als im langjährigen Mittel. „Brütende Hitze am Polarkreis!" – auch an solche Meldungen scheint man sich gewöhnen zu müssen.

In den weiträumigen Fjällgebieten sind häufige Änderungen der Wetterlagen einzukalkulieren. Eine Wanderung bei ruhigem, sonnigem Wetter kann plötzlich zu einer unbehaglichen Angelegenheit mit kräftigen **Regenschauern**, heftigen Windböen und raschen Temperaturstürzen werden, Nebelbänke nehmen auf einmal die Sicht. Ebenso schnell kann sich das **Unwetter** verziehen. Je nach Luv- oder Leelage eines Ortes fallen die Niederschläge in der Fjällregion sehr unterschiedlich aus. Infolge vorherrschender Westwinde fällt in den westlichen Teilen erheblich mehr Niederschlag, wie zum Beispiel beim Vergleich von Riksgränsen und dem räumlich nicht weit entfernt, aber im Regenschatten liegenden Abisko deutlich wird. Denn während rund 300 mm Jahresniederschlag in Abisko gemessen werden, sind es 30 oder 40 km entfernt über 1.000 mm. Manchmal ist der Aufenthalt im Fjäll ein Glücksspiel, und es regnet während eines Wanderurlaubs überhaupt nicht, oder aber der Himmel hängt die ganze Zeit über voller Regenwolken, die sich reichlich entladen.

Bereits im Oktober muss man sich in der Gebirgswelt auf Schneefall einstellen, in den Gebirgen Lapplands liegt häufig bereits im September eine geschlossene Schneedecke, die hier wie auch in der Gebirgswelt Jämtlands nicht vor der ersten Junihälfte wegschmilzt. Im Dalafjell halten sich die letzten Schneereste zumeist bis zur ersten Maihälfte.

Mitternachtssonne und Polarlicht

Im Hohen Norden bestimmen Lichtflut und Lichtarmut mehr als Temperatur und Niederschlag den Lebensrhythmus. Niemand kann sich der Faszination der Mitternachtssonne entziehen, wenn also die Sonne noch um Mitternacht über dem Horizont steht und nicht untergeht. Am Polarkreis, also auf 66,5° nördlicher Breite, dauert der **Polartag** 24 Stunden und fällt mit dem 21. Juni zusammen, während weiter nördlich in Gällivare die Mitternachtssonne vom 1. Juni bis 12. Juli bei klarem Wetter zu beobachten ist.

Der Wechsel von **Polartag** und **Polarnacht** hat die gleiche Ursache wie die Jahreszeiten: Die Erdachse steht nicht senkrecht zur Ebene der Umlaufbahn, sondern ist geneigt. Diese Schrägstellung behält die Achse bei, wenn die Erde die Sonne innerhalb eines Jahres umläuft. Im nördlichen Sommer kann das Sonnenlicht die Nordhalbkugel beleuchten und ihr Wärme bringen, da aufgrund der Kugelgestalt der Erde die Sonne immer die ihr zugeneigte Erdseite erreicht. Das gesamte Nordpolargebiet ist im Sommer der Sonne zugewandt, während das Südpolargebiet kein Licht erhält – Beleuchtungsverhältnisse, die im Winter umgekehrt gelten. Nicht wenigen Menschen macht die Zeit der Dunkelheit zu schaffen, sie leiden unter Depressionen oder Schlafstörungen.

Aurora borealis: Polarlicht in Lappland

Die **Mitternachtssonne** kann man z. B. an folgenden Orten beobachten:

Kebnekaise	23. Mai–22. Juli	**Kiruna**	31. Mai–14. Juli
Karesuando	25. Mai–20. Juli	**Gällivare**	1. Juni–12. Juli
Riksgränsen	26. Mai–18. Juli	**Porjus**	9. Juni–14. Juli
Jukkasjärvi	29. Mai–20. Juli	**Abisko**	12. Juni–14. Juli

Zu den Phänomenen, die schon immer die Fantasie der Menschen angeregt haben, gehört auch das **Nordlicht** oder besser das Polarlicht, da die Naturerscheinung ja nicht auf die nördliche Polarzone allein beschränkt ist. Als es Menschen noch nicht möglich war, das Phänomen wissenschaftlich zu erklären, unternahmen sie in Mythen und Märchen ihre eigenen Erklärungsversuche. In der altnordischen Vorstellungswelt sah man in den schimmernden Bögen des Polarlichts die blinkenden Schilde, auf denen die Seelen der im Kampf gefallenen Krieger nach Walhall gelangten.

Das **Polarlicht** hat etwas von einem elektrischen Feuerwerk am Himmel. Es erscheint in vielen Formen, die mal an flatternde Bänder, mal an kunstvoll gefaltete Vorhänge oder Strahlenbündel erinnern. Der ruhende Bogen, der sich oft über mehrere Stunden mit geringer Lichtintensität über das Himmelsgewölbe ausbreitet, kommt am häufigsten vor. Dabei ist die gelbgrüne Farbe dominant, während bei stärkeren Lichtausbrüchen rote Ränder oder völlig rote Bogen vorkommen. Durch Beobachtung und Messung der Polarlichtformen weiß man, dass die untere Grenze der Lichtphänomene in der Regel in etwa 100 km Höhe liegt. Das farbenprächtige Schauspiel eines Lichtausbruchs dauert oft 10 bis 30 Min. und kann sich in einer Nacht mehrfach wiederholen. Die wissenschaftliche Erklärung der eindrucksvollen Farbspiele klingt eher nüchtern: Die Sonne schickt elektrisch geladene atomare Teilchen Richtung Erde, die durch unser Magnetfeld zu den (elektrischen) Polen geleitet werden. Wenn die kleinen Materieteilchen in die Atmosphäre eintreten, treffen sie millionenfach mit den Atomen unserer Luft zusammen. Das Ergebnis solcher Kollisionen ist das Polarlicht.

Flora und Fauna

Die Pflanzen- und Tierwelt in Schweden ist wie im gesamten nordeuropäischen Raum trotz weitgehend günstiger klimatischer Verhältnisse **artenarm**, eine Folge der vergangenen Eiszeiten, in denen Flora und Fauna zerstört wurden. Die Artenarmut wird auch deutlich bei einem Vergleich der Tierwelt mit der Nordamerikas auf dem gleichen Breitengrad. 58 % der Landfläche Schwedens ist von Wald bedeckt, rund 1 % der mit geschlossenem Wald bewachsenen Waldfläche der Erde.

Im Süden Schwedens und an der Küste bis hin zur norwegischen Grenze dominiert der **Laubwald**. Vom einstigen natürlichen Bestand an Buchen und Eichen finden sich nur noch Überreste, da sich die Landwirtschaft auf den fruchtbaren Böden durchgesetzt hat. Noch im Süden, auf der Höhe der Insel Öland, beginnt der Mischwaldgürtel, der nördlich der drei großen Seen in den borealen **Nadelwald** übergeht, in dem Fichte und Waldkiefer dominieren. Insgesamt machen Fichten etwas mehr, Kiefern etwas weniger als 40 % des Baumbestandes aus, weniger als ein Fünftel der Bäume sind Laubbäume, davon die meisten Birken.

Ökologisch besonders wertvoll sind die Nadelwälder längs der Gebirgskette, wo z. B. der bedrohte Steinadler auf Bäumen nistet, die durchschnittlich 330 Jahre alt sind. Viele der vor allem im Sommer schwer zugänglichen Bergurwälder stehen heute unter Naturschutz.

Same mit Rentierschlitten in Gällivare im schwedischen Lappland

Im schwedischen Gebirge lassen sich verschiedene Vegetationsstufen unterscheiden. Die untere Zone besteht aus Birkenwald, der in Höhen von 500 m bis knapp 1.000 m vorkommt. Danach folgen in der unteren alpinen Zone Strauch- und Grasheiden, Wiesen und Moore, an die sich Gras- und Zwergstrauchheiden anschließen. Moose und Flechten neben einigen Weidenarten finden sich in den höchsten Regionen des **Fjälls**, wie die baumlose Gebirgsregion in Schweden heißt.

Neben Moosen und Flechten prägen Zwergbirken, die bis zu 1 m hohe Sträucher bilden, deren Blätter winzig, glatt und fast kreisrund sind und im Herbst rot leuchten, den nördlichen Naturraum. Im Herbst „brennt" das Fjäll, wenn Heiden und Birkenwälder im gleißenden Licht ihre faszinierende Leuchtkraft der Rot-, Gelb- und Orangetöne entfalten.

Blütenpflanzen kommen seltener vor als in den Alpenregionen, denn hier im Norden sind die kurzen Sommer relativ kühl, und die Tagesdurchschnittstemperaturen fallen niedriger aus als in den Alpen. Weil die blütenbestäubenden Insekten wegen der niedrigen Lufttemperaturen im Fjäll ziemlich rar sind, fallen die Blütenblätter der meisten Pflanzen recht unauffällig aus, die Vermehrung erfolgt nach dem Prinzip der Selbstbefruchtung oder der Windbestäubung. Einjährige Pflanzen sind selten, da sie ihre Entwicklung nicht in einer Vegetationsperiode durchlaufen können. In den Nationalparks Norrbottens kann die alpine Flora, vor allem auf kalkreichen Böden, faszinierend sein. Gelb sind die Blüten von Trollblume, Hahnenfuß oder dem zottigen Fingerkraut, weiß leuchten Gletscher-Hahnenfuß, die in Nordeuropa am höchsten vorkommende Blütenpflanze, Silberwurz

Elch in den Weiten des Nordens

und Alpenhornkraut. Rote Blüten zeigen Roter Steinbrech, Leimkraut und die Rote Nachtnelke, während Wald-Storchenschnabel und Alpenhelm violette, Schnee-Enzian und Wald-Vergissmeinnicht blaue Blüten haben.

„Hjortronlandet", Land der **Moltebeeren**, nannte die schwedische Schriftstellerin Sara Lidman ihren Roman, der in Norrland spielt. Verbreitet im Fjäll auf hohen Moor- und Heideflächen, wächst die Moltebeere in Gebieten bis zu einer Höhe von 1.400 m. Geschätzt wird sie wegen ihrer Frucht, die nach der Blüte im Juni anfangs fest und rot, dann saftig und gelb wird. Zu Kompott (*sylt*) oder Marmelade verarbeitet, gilt sie als Delikatesse der Fjällwelt.

Dort, wo Kalksteinablagerungen den Pflanzen besondere Nährstoffe bieten, trifft man auf Pflanzen, die man wegen der klimatischen Bedingungen im Norden nicht vermutet: Auf den Ostseeinseln Öland und Gotland, vereinzelt in Schonen und in den Stockholmer Schären gedeihen beispielsweise verschiedene Arten von **Orchideen**.

Die **Artenarmut** kennzeichnet auch **Schwedens Tierleben**, denn es gibt nur etwa 60 verschiedene Säugetier- und rund 230 regelmäßig brütende Vogelarten, ferner 160 verschiedene Fischarten, davon 45 Süßwasserfische.

Auch in Schweden belasten Eingriffe des Menschen in die Natur zunehmend die Tierwelt. Zu den akut bedrohten Säugetieren gehören z. B. Otter und Wolf sowie einige Vogelarten, wie Fjällgans, Pilgrimsfalke und der schwarzbeinige Strandpfeifer. Als gefährdet gelten die Bestände von Vielfraß (ca. 800 Exemplare) und Luchs (ca. 1.300 Exemplare). Der Bestand an Wölfen war 2022 mit rund 370 Tieren deutlich geringer als in Deutschland. Bis hinauf zum Polarkreis gibt es Tiere, die in Mitteleuropa heimisch sind, wie Reh, Hirsch und Fuchs. Im hohen Norden kann man öfter Berglemminge beobachten, jene ca. 15 cm großen Wühlmäuse, die die meisten Greifvögel als Nahrung für ihre Jungen brauchen. Seltener zeigt sich der Polarfuchs. Häufiger trifft man in den Fjällgegenden auf Herden weidender Rentiere, welche die Samen halbgezähmt halten.

Gegenwärtig gibt es rund 3.300 **Braunbären** in Mittel- und Nordschweden, nachdem der Bestand vor einigen Jahrzehnten auf unter 50 Exemplare zurückgegangen war. Forschungsprogramme halfen aber, die Situation der Bären zu verbessern. Diese zehren in der halbjährigen Winterruhe von ihren Fettvorräten, wechseln im Frühjahr ihr Fell und ihre Sohlen. Um ein eigenes Revier zu finden, wandern die Jungtiere bis zu 400 km. Von Seiten der Jäger wird häufig der Vorwurf erhoben, die Bären rissen zu viele Elche, während die Biologen und Naturschützer der Auffassung sind, die Bären hielten die Elchbestände stabil. Auch Braunbären stehen unter Schutz. Für Menschen geht von ihnen kaum Gefahr aus, auch wenn sich in den letzten Jahren in Dalarna Begegnungen von Mensch und Tier beim Pflücken von Blau- und Preiselbeeren häufen. Nach rund hundert Jahren ohne

Der Elch

info

Der Elch (*Alces alces*) gehört zur Familie der Hirsche. In Europa werden die hochbeinigen, kurzhalsigen Tiere mit ihrem länglichen Kopf bis 2,80 m lang – bei einer Schulterhöhe, die etwas mehr als 2 m beträgt. Anders als ihre noch größeren und schwereren Artgenossen in Nordamerika wiegen die Bullen bis zu 700 kg, während die Weibchen rund 300 kg leichter sind. Weniger imposant fallen auch die Schaufelgeweihe aus, meist überwiegen einfachere Stangengeweihe.

Fressen, Ruhen und Wiederkäuen bestimmen den Lebensrhythmus des Elches, der einen mehrfach unterteilten Magen ähnlich der Kuh hat. Der Elch ernährt sich von Weichhölzern, Rinden und Zweigen, Blättern und Knospen, von Sumpf- und Wasserpflanzen, Gräsern und Kräutern. Besondere Eigenarten dieser imposanten Tiere haben immer wieder in vergangenen Zeiten zu Missverständnissen und Fehldeutungen geführt. So ist die auffallend große Oberlippe, mit der das Tier hervorragend Blätter abstreifen oder Zweige abbrechen kann, beim römischen Naturbeobachter Plinius nicht als Anpassung an den Lebensraum gedeutet worden, wenn er schreibt, der Elch „müsse rückwärts weiden, weil er eine viel zu große Oberlippe habe“. Cäsar glaubte, Elche hätten keine Knöchel und Gelenke, folglich könnten sie sich nicht hinlegen und müssten im Stehen, an Bäume angelehnt, schlafen. Olaus Magnus, ein im Mittelalter lebender schwedischer Historiker, sah im Elch ein geradezu gefährliches Tier, da es unter seinem Kinn einen mit Wasser gefüllten Sack trage. Wenn der Elch angegriffen werde und sich errege, koche die Flüssigkeit, die er dann über seine Feinde ausgieße.

Tatsache ist, dass Elche beachtliche Schwimmer sind. Ihre weit spreizbaren Zehen ermöglichen es ihnen, durch Sumpf und Moor zu ziehen. In freiem Gelände erreichen die Tiere kurzzeitig eine Geschwindigkeit von 60 km/h. Die Bullen benutzen ihr Geweih bei Brunftkämpfen im Herbst, mit den Vorderhufen treten die Tiere kräftig zu, wenn sie sich gegen Raubtiere verteidigen. Die Elchkälber werden am häufigsten um Mitte Mai geboren, meist ein oder zwei Tiere, die in den ersten Monaten 1 kg an Gewicht pro Tag zulegen. Nach gut einem Jahr sind die Jungtiere schon fortpflanzungsfähig.

Der Elch-Bestand in Schweden beträgt rund 350.000 Tiere. Forscher der Universität Umeå erforschten u. a. deren Wanderwege und die Todesursache der Jungtiere. Der Bär ist zwar der natürliche Feind, doch kann ein harter Winter bis ein Drittel der Tiere dahinraffen. Ein Drittel des Elchbestandes erlegen die Jäger pro Jahr, die in den vergangenen Jahren rund 100.000 Exemplare je Saison zur Strecke brachten, vor allem in den Provinzen Värmland, Kopparberg und Norrland. Ein Problem sind Wilderer in den Naturparks Norrlands, da dort bis zu 1.000 Elche jährlich verschwinden. In letzter Zeit nehmen die Jäger erstmals Rücksicht auf die Alters- und Geschlechtsstruktur des Elchstammes. Sie erlegen nicht mehr die älteren männlichen Tiere, die von den weiblichen Tieren als besonders attraktiv angesehen werden.

Todesfälle wurden 2004 und 2007 zwei Menschen von Braunbären getötet. Insgesamt gab es zwischen 1977 und 2021 37 registrierte Angriffe von Bären gegen Menschen. In den meisten Fällen geschah dies jedoch während einer Jagd mit Jagdhunden, also in für die Bären lebensbedrohlichen Situationen. 2017 wurde zudem ein Tierpfleger im Tierpark Orsa von einem Bären tödlich verletzt.

Eine besondere Faszination geht für viele Skandinavienreisende vom **Elch** aus, der im ganzen Land anzutreffen ist, selbst, wenn auch seltener, in den südlichsten Provinzen. Die Begeisterung geht so weit, dass jeden Sommer eine stattliche Anzahl an Warnschildern mit dem Konterfei dieses Tieres längs der größeren Straßen abmontiert und von Touristen als Souvenir mit nach Hause genommen wird. Manche Begegnung mit dem mächtigen Tier geht allerdings nicht gut aus: Jedes Jahr gibt es etwa 6.000–7.000 Straßenunfälle, bei denen Elche involviert sind.

Umweltschutz

Wer in Schweden seinen Urlaub verbringt, wird nicht auf Schritt und Tritt mit erheblichen Beeinträchtigungen der Umwelt konfrontiert, doch sind die Belastungen des Naturraumes in einigen Regionen häufig gravierender als gemeinhin angenommen. Schließlich ist das Land schon lange Mitglied einer europäischen Gemeinschaft der Umweltgeschädigten, denn die seit Jahrzehnten messbare Versauerung vieler Böden, Seen und Wasserläufe mit einhergehendem Fischsterben ist wesentlich auf die über die Luft herangeführten Schwefel- und Stickstoffverbindungen aus dem Ausland zurückzuführen. So müssen schon seit den 1970ern Seen und Gewässer gekalkt werden, auch der Versauerung des Bodens versucht man durch Kalkzufuhr entgegenzuwirken. Insgesamt aber ist Schweden, so sagen viele globale Studien, im Bezug auf Faktoren wie Wasserqualität, Ausstoß von Treibhausgasen etc. zusammen mit Finnland und Norwegen vorbildlich in Sachen Umweltschutz.

info

Greta Thunberg – Idol der Klimaschutzbewegung

Als sich im August 2018 die damals 15-jährige Schülerin Greta Thunberg (ausgespr.: Tünnberj) am ersten Schultag nach den Sommerferien vor dem Reichstag in Stockholm platzierte, nahm kaum jemand von ihr Notiz. Keiner konnte ahnen, dass sie und ihr selbstgemaltes Plakat mit dem Schriftzug „Skolstrejk för klimatet“ (= Schulstreik für das Klima) schon wenige Wochen später international bekannt werden würde. Anfangs streikte sie jeden Tag, nach den Reichstagswahlen Anfang September an jedem Freitag, und fand bald schon Aufmerksamkeit sowie Nachahmer in aller Welt. Bei Kindern und Jugendlichen fiel Gretas Botschaft, sich die Zukunft nicht stehlen zu lassen und die Mächtigen zu zwingen, etwas gegen den Klimawandel zu tun, auf fruchtbaren Boden. Sie vernetzten sich unter dem Hashtag #FridaysForFuture und wurden zu einer globalen Massenbewegung, die die Schlagzeilen bestimmte.

Thunberg selbst, Tochter einer Opernsängerin und eines Schauspielers, hatte schon als Achtjährige begonnen, sich für den Klimawandel zu interessieren, und später einen Schreibwettbewerb zur Umweltpolitik gewonnen. Das bei ihr diagnostizierte Asperger-Syndrom war vielleicht sogar eher förderlich als ein Handicap, wenn es darum ging, sich schnell und umfassend in das Thema vertiefen zu können. Hinzu kam Gretas Talent, Menschenmengen durch gute Rhetorik (auch in englischer Sprache), Authentizität, Willensstärke, Mut und große Ernsthaftigkeit begeistern zu können. Das zeigte sie bereits im Jahr 2018 bei Auftritten in verschiedenen europäischen Ländern vor Zehntausenden von Zuhörern und binnen weniger Monate wurde sie zum Idol der Klimaschutzbewegung. Die internationale Politik war dadurch gezwungen, sich mit ihr und ihren Argumenten auseinanderzusetzen. Schon Ende 2018 reiste sie mit ihrem Vater in einem Elektroauto zur UN-Klimakonferenz ins polnische Katowice, wo sie eine Rede im Plenarsaal hielt. 2019 nahm sie u. a. am Weltwirtschaftsforum in Davos teil, sprach vor dem Umweltausschuss der EU und vor dem britischen Parlament, reiste zum UN-Klimagipfel in New York City und zur Generalversammlung der Vereinten Nationen, hatte eine Audienz bei Papst Franziskus und redete in Montréal vor knapp einer halben Million Zuhörern. Ihre Rede bei den Vereinten Nationen vor rund 60 Staats- und Regierungschefs geriet zu einer wütenden, höchst emotionalen Strafpredigt, gipfelnd in dem Ausruf „How dare you!“ (= Wie könnt Ihr es wagen!).

Greta zeigt Wirkung: Klima-Demo in Stockholm

Auch persönlich zog Greta Konsequenzen aus ihrer Anschauung: Sie lehnt Flugreisen ab und reist zu ihren Auftritten nur mit der Bahn, dem E-Auto oder sogar mit dem Segelboot über den Atlantik, sie ernährt sich vegan und erteilte sich selbst ein Kaufverbot für unnütze Dinge. Kaum zu glauben, dass Thunberg trotz ihrer vielfältigen Aktivitäten und des Schulstreiks ihre Schulausbildung 2020 mit hervorragenden Noten abschließen konnte.

Ihre Popularität wird u. a. daran sichtbar, dass sie von deutschen, norwegischen und schwedischen Parlamentariern 2019 für den Friedensnobelpreis vorgeschlagen wurde. Im gleichen Jahr erhielt die damals 16-Jährige die Ehrendoktorwürde einer belgischen Universität sowie den Alternativen Nobelpreis. Sie erschien auf der Liste der „100 mächtigsten Frauen der Welt“ und wurde vom US-Magazin Time als bislang jüngster Mensch zur „Person of the Year“ gewählt. Die Dokumentation „Ich bin Greta“ (I Am Greta) hatte 2020 Premiere. 2021 gab die schwedische Post gar eine Briefmarke mit einer Darstellung Greta Thunbergs heraus. Natürlich wurden Greta im In- und Ausland jedoch nicht nur Respekt und Bewunderung gezollt: Je populärer und einflussreicher sie wurde, umso mehr avancierte sie zum Hass-Objekt von Klimawandelleugnern, wurde von Verschwörungstheoretikern verunglimpft und geriet zur Zielscheibe von politischen Feinden, vor allem in den Sozialen Medien.

Die Ikone der FFF-Bewegung wurde Ende 2021 volljährig und zog von zu Hause aus in eine Stockholmer Zwei-Zimmer-Wohnung. Zu dieser Zeit hatte der Jugendprotest ein wenig an Schwung und Sichtbarkeit verloren. Zuerst die Corona-Pandemie, dann der Ukraine-Krieg überlagerten alle anderen Probleme und der Schulstreik, das wichtigste Kampfmittel der Bewegung, wurde zwischenzeitlich sinnlos, da die meisten Schulen zum Distanzunterricht übergingen. Einigkeit besteht aber weiterhin über die Relevanz von Greta Thunbergs Anliegen.

Die Nationalparks

Rund 13 % der schwedischen Landfläche und 15 % der Meeresgebiete unterliegen inzwischen verschiedenen Formen des Naturschutzes. Die ersten gesetzlichen Regelungen stammen aus dem Jahr 1909, als bereits neun Gebiete zu Nationalparks erklärt wurden. 2023 gibt es 30 Nationalparks (12 weitere sollen in den nächsten Jahrzehnten eingerichtet werden) sowie rund 3.500 sogenannte Naturreservate in Schweden.

Die Nationalparks mit einer Ausdehnung von insgesamt über 7.000 km² repräsentieren verschiedene Naturtypen des Landes. 85 % der Gesamtfläche dieser Naturräume sind abwechslungsreiche Gebirgsregionen, in anderen Parks dominiert der Nadelwald mit bis zu 700 Jahren alten Kiefern, oder es sind weiträumige Moorgebiete, Inseln, Edellaubwälder und verschiedenartige Küstenlandschaften von der steilen Norrlandküste bis zu den Sandstränden an der Ostküste Schonens, die den besonderen Charakter der Nationalparks prägen (*Informationen auch in deutscher Sprache unter www.sverigesnationalparker.se*).

Dalby Söderskog – Edellaubwald
Etwa 10 km von Lund entfernt liegt ein Edellaubwaldgebiet kontinentaler Prägung. Die Flora wird begünstigt durch eine kalk- und kreidereiche Bodenkrume. Besonders im Frühjahr und Frühsommer steht der Park, zu dem eine Straße führt, in voller Pracht. Die Wanderwege sind teils Bohlenwege, damit die Bodenoberfläche geschont wird. Fläche: 36 ha (seit 1918).

Stenshuvud – Außergewöhnlicher Urfels
4 km südlich von Kivik an der Ostküste Schonens. Seit Menschengedenken ist „Das steinerne Haupt“ (Stenshuvud) Seezeichen. Einst galt es als Zufluchtsort für Riesen und Trolle. Ein mildes Klima und wechselnde Naturverhältnisse begünstigen die artenreiche Pflanzenwelt. Eine Straße führt in den Park, Besucherzentrum mit Ausstellung; behindertengerechte Wanderpfade. Fläche: 390 ha (seit 1986).

Store Mosse – Südschwedens größtes Moor
Unweit der Stadt Värnamo nahe der E 4 liegt das „Große Moor“, die ursprünglichste und am wenigsten kulturell beeinflusste Naturlandschaft Südschwedens. Die Torfschicht des Hochmoores wuchs in über 5.000 Jahren heran. Waldbewachsene Sanddünen bilden ein System von Inseln und Höhenrücken in dieser sonst offenen Moorlandschaft. Im Nationalpark liegt der See Kävsjön, ein Vogelsee. Der Park ist gut erreichbar, eine Straße durchschneidet ihn. Es gibt ferner: Wanderpfade, Informationszentrale, Vogelbeobachtungsturm, behindertengerechte Einrichtungen, Übernachtungsmöglichkeiten. Fläche: 7.850 ha (seit 1982).

Åsnen – Småländische Wald- und Seenlandschaft
Schwedens jüngster Nationalpark besteht zu 75 % aus Wasser, darunter der gesamte westliche Teil des gleichnamigen, 150 km² großen Sees. Dieser ist ein wahres Wasserlabyrinth mit unzähligen Buchten, Landzungen und einem Archipel von über 1.000 unbewohnten Inseln, außerdem bekannt für sein vielfältiges Vogelleben (u. a. Prachttaucher, Fischadler, Seeadler). Buchen-Urwälder, Sumpfgebiete, Strandwiesen, wilde Obstbäume und der märchenhafte Trollberg sind weitere Attraktionen. Der Park ist sehr gut zu erreichen (zwei Eingänge). Rund um den Åsnen-See gibt es ein Dutzend Campingplätze und Pensionen, die Möglichkeiten zum Wandern, Paddeln, Radfahren und zur Vogelbeobachtung sind bestens. Fläche: 1.873 ha (seit 2018).

Blå Jungfrun – Ungewöhnliche Granitinsel
Erreichbar mit dem Schiff von Oskarshamn und Byxelkrok auf der Insel Öland. Charakteristisch für Schwedens sagenumwobensten Nationalpark sind seine vom Eis polierten Granitklippen und die großen verblockten Gebiete. Eine artenreiche Flechtenflora macht die Inselvegetation sehr interessant. Charaktervogel der Insel ist die Gryllteiste. Fläche: 198 ha, davon 132 ha Wasserfläche (seit 1926, erweitert 1988).

Norra Kvill – Südschwedischer Nadelurwald
18 km nordwestlich von Vimmerby stellt Norra Kvill als Urwald im småländischen Hochland etwas Einzigartiges dar: einen Wald, der über 150 Jahre von der Axt verschont blieb und in dem bis zu 350 Jahre alte Kiefern wachsen! Inmitten des bergigen, einsamen Gebietes liegt der verwunschene Waldsee Idegölen. Der Park ist gut zu erreichen. Fläche: 114 ha (seit 1927, erweitert 1994).

Gotska Sandön – Exotische Strände
Gotska Sandön ist die isolierteste Insel der Ostsee, nördlich von Gotland gelegen. Sandstrände und Nadelwald sind charakteristisch für die Inselnatur. Auch eine Robbenkolonie gibt es. Besucher müssen sich beim Inselpersonal anmelden. Fläche: 4.490 ha, davon 842 ha Wasserfläche (seit 1909, erweitert 1963 und 1988).

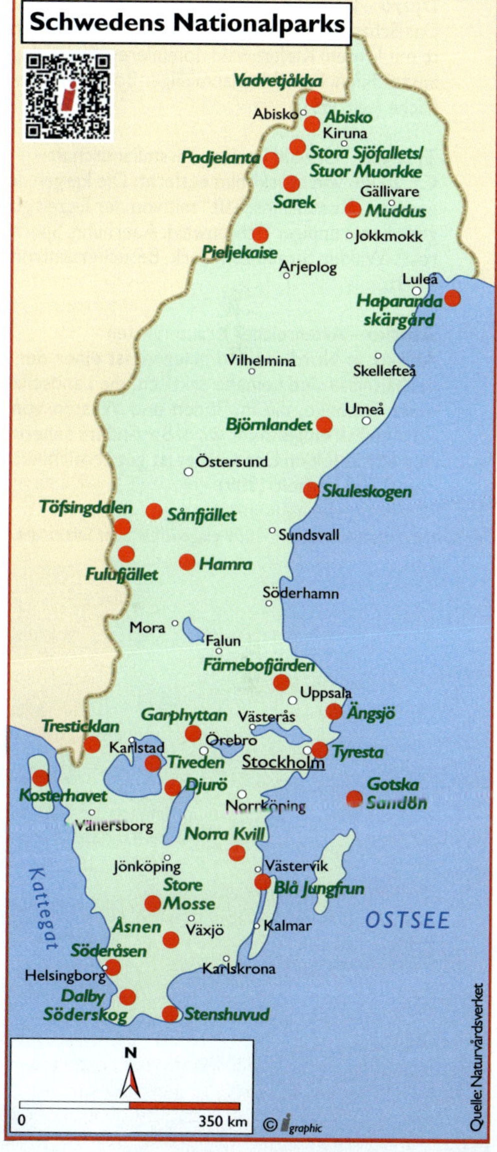

Tiveden – Hügeliges Waldland
Nordwestlich des Vättersees, nahe der E 20. Das Alter des Waldes in Kombination mit der wilden, vom Inlandeis erschaffenen Blocklandschaft verleiht dem Nationalpark einen ursprünglichen Charakter. Eine Straße führt zum Park, Wanderpfade erschließen das relativ unwegsame Terrain, Informationszentrum. Fläche: 1.350 ha (seit 1983).

Djurö – Isoliertes Süßwasserschärenarchipel
Das Schärenarchipel besteht aus ca. 30 Inseln, mitten im Vänersee gelegen. Karge Felsgebiete mit lichtem Kiefernwald dominieren die Inseln, die sich durch eine sehr reiche Vogelfauna auszeichnen. Kein fahrplanmäßiger Bootsverkehr. Fläche: 2.400 ha, davon 2.080 ha Wasserfläche (seit 1991).

Tyresta – Urwald in einer Risstallandschaft
Ca. 20 km von Stockholm entfernt: Die kargen, felsigen Kiefernwälder liegen in einer sogenannten „Risstallandschaft" mit von der Eiszeit glatt geschliffenen Felsen. In den Felsspalten gedeiht ein üppiger Fichtenwald. Auerhuhn, Specht und Eule sind charakteristisch für die Tyresta-Wälder. Straße zum Park, Besucherzentrum und Wanderwege. Fläche: 2.000 ha (seit 1993).

Abisko – Artenreicher Kräutergarten
Abisko, in Nordlappland gelegen, ist einer der sonnigsten Orte Schwedens. Die Lichtverhältnisse sind beinahe arktisch, die Landschaft ist imponierend. Der Park besteht aus einer Talsenke, die im Süden und Westen von Gebirgsmassiven, im Norden vom See Torneträsk eingerahmt wird. Besonders sehenswert ist der tief eingeschnittene Canyon des Abiskojokka. Das Gebiet ist gut erreichbar. Üppige Fauna und Flora, Führungen. Fläche: 7.700 ha (seit 1909).

Der Kosterhavets-Nationalpark, 2009 eingerichtet zum Schutz der einzigartigen Tier- und Pflanzenwelt

Ängsö – Idyll in den Schären
Im Frühling ist die Blumenpracht auf der Insel, die in den Schären nördlich von Stockholm liegt, überwältigend. Die Natur wurde hier jahrhundertelang von menschlichem Schaffen geprägt. Gelegentlich stellen sich Fisch- und Seeadler auf der Insel ein. Der Park ist nur auf dem Wasserwege zu erreichen, geführte Wanderungen werden angeboten. Fläche: 168 ha, davon 93 ha Wasser (seit 1909, erweitert 1988).

Björnlandet – Urwald mit Blockfelsterrain
Björnlandet, eine großartige Wildmark und einer der wertvollsten Urwälder Schwedens, liegt in Åsele Lappmark. Steile, senkrechte Felswände werden von hügelig anmutenden Felsgebieten durchbrochen – riesige Blockfelsfelder. Autostraße zum Park, Wanderpfad mit Informationstafeln. Fläche: 1.100 ha (seit 1991).

Färnebofjärden – Überschwemmungsgebiet des Dalälven
Das Gebiet im Unterlauf des Flusses Dalälven weist eine abwechslungsreiche Naturlandschaft mit Seen, Wiesen und Wäldern auf. Viele Vogelarten. Fläche: 10.100 ha, davon 4.110 ha Wasser (seit 1998).

Fulufjället – Gebirge mit Wasserfall
Der 2002 eröffnete Park liegt im Nordwesten Dalarnas in der Gemeinde Älvdalen, 20 km westlich von Särna. Den größten Teil der Fläche nehmen Gebiete des „Kahlfjälls" ein. Hier liegt auch Schwedens höchster Wasserfall (93 m hoch). Fläche: 38.500 ha (seit 2002).

Garphyttan – Traditionelles Kulturland
Garphyttan ist eine grüne Oase mit blumenreichen Ackerwiesen und schattigem Laubwald, umgeben vom Nadelwald des Kilsberges. Die sonst seltene Haselmaus kommt hier häufig vor. Straße zum Park, Aussichtspunkt im Nordteil des Parks. Fläche: 111 ha (seit 1909).

Hamra – Urwald mit Nadelbäumen
In Orsa Finnmark/Mittelschweden liegt der Nationalpark Hamra wie eine mit Urwald bestandene Insel inmitten eines Gebietes mit herkömmlicher Forstwirtschaft. Um 1690 gab es einen verheerenden Waldbrand. Die heute ältesten Kiefern erholten sich wieder und schlugen neu aus, stellenweise ist der Wald stark verblockt. Straße bis zur Nationalparkgrenze. Fläche: 28 ha (seit 1909).

Haparanda – Schärengarten
1994 beschloss der Schwedische Reichstag, das Kerngebiet im westlichen Teil der Schärenlandschaft von Haparanda in Nordschweden als Naturschutzgebiet auszuweisen. Neben der einzigartigen Natur mit ihren Ablagerungen aus der letzten Eiszeit ist das Gebiet auch ein wertvoller Kulturraum mit Funden aus vorhistorischer Zeit. Zu den größeren Inseln in den Schären gehören Seskar-Furö und Sandskär. Fläche: 6.000 ha (seit 1995).

Kosterhavets – Der erste marine Nationalpark
Artenreiches Meeres- und Schärengebiet von der norwegischen Grenze bis nahe Grebbestad, in dem die Natur unter der Meeresoberfläche geschützt wird. Fläche: 39.450 ha, davon 38.600 ha Wasser (seit 2009). Infos: www.kosterhavet.se.

Muddus – Lappländische Wildmark
Der Nationalpark Muddus ist eine eigene Welt mit uralten Waldbeständen und großen Moorflächen. Das den See Muddusjaure umgebende Moorland ist Lebensraum vieler Vo-

gelarten. Die Urwaldbestände des Parks blieben von der Forstwirtschaft verschont. Im Süden des Parks gibt es einige tiefe Schluchten, z. B. Måskoskårså, ein beeindruckendes Erlebnis für den Besucher. Relativ gut zu erreichen. Wanderpfade und Übernachtungshütten vorhanden. Fläche: 49.340 ha (seit 1942, erweitert 1984).

Padjelanta – Weite Gebirgsheiden
Padjelanta ist eine Hochebene, die die großen Seen Vadstenjaure und Virihaure umgibt – letzterer wird als Schwedens schönster See bezeichnet. Es handelt sich um wertvolles Rentierweideland. Zugleich zählt es zu den botanischen Kostbarkeiten Schwedens und hat ein vielfältiges Tierleben. Der Park liegt von der nächsten Autostraße weit entfernt. Staloluokta am Wanderpfad Kvikkjokk-Akka ist Knotenpunkt für Wanderungen, mehrere Übernachtungshütten sind vorhanden. Fläche: 198.400 ha (seit 1962).

Pieljekaise – Jungfräulicher Birkenwald
Beispiele für urwaldartige Bestände variierenden Typs, vom krautreichen Birkenwald bis hin zum Schuttbirkenwald, findet man im Nationalpark Pieljekaise. Im Südteil des Parks liegen mehrere Seen als Lebensraum für zahlreiche Saiblinge. Der Park ist relativ gut zu erreichen, z. B. von Jäckvik, Adolfström oder Hällbacken aus. Der Fernwanderweg „Kungsleden" führt durch den Park. Fläche: 15.340 ha (seit 1909).

Sarek – Mächtiges Hochgebirgsmassiv
Sarek, das ist wilde, ursprüngliche Natur. Im Rapadal, Sareks mächtigstem Taleinschnitt, gibt es dichte Schwarzbirkenwälder, Weidendickichte und Kräuterwiesen. Der Park ist nur schwer zu erreichen und absolut nichts für gebirgsunerfahrene Besucher. Touristische Einrichtungen sind nicht vorhanden, das Gebiet soll unberührte Wildmark bleiben. Teil des UNESCO-Welterbes Laponia. Der Fernwanderweg „Kungsleden" berührt den Südostzipfel des Parks. Fläche: 197.000 ha (seit 1909).

Sånfjället – Legendäres Bärenland
Sånfjället, südlich von Östersund, liegt wie isoliert in einer weiten Waldlandschaft. Seit längerer Zeit ist es Refugium für einen hier lebenden Bärenstamm. Das Inlandeis hinterließ deutliche Spuren an den Bergflanken. Ein umfassendes System von Schmelzwasserrinnen entstand hier durch von der Eiskante abfließendes Schmelzwasser. Straße zum Park, Wanderpfade und Wetterschutzhütten vorhanden. Fläche: 10.300 ha (seit 1909, erweitert 1939).

Skuleskogen – Felsige Küste
Die bergige Küstenregion südlich von Örnsköldsvik ist sehr abwechslungsreich. Markante, felsige Bergkuppen, mit windgepeitschtem Kiefernwald bestanden, und tiefe Risstäler, die Meer und Inlandeis formten, prägen den Nationalpark. Teil des UNESCO-Welterbes Höga Kusten. Straße zum Park, Wanderpfade mit Wetterschutzhütten vorhanden, Informationszentrale an der E 4. Fläche: 3.062 ha (seit 1984, erweitert 2009).

Söderåsen – Tiefe Täler, edle Wälder
Der Nationalpark liegt 30 km östlich von Helsingborg in Schonen. Hauptzugang mit dem Auto bei Skäralid von Röstånga oder Ljungbyhed. Sehenswert sind tiefe Spaltentäler und alte Laubwaldbestände. Schöne Aussicht vom „Kupferhut", Wander- und Radwege. Fläche: 1.625 ha (seit 2001).

Stora Sjöfallet/Stuor Muorkke – Abwechslungsreiche Gebirgsregion
Der See Akkajaure, aufgrund des Ausbaues der Wasserkraft aus dem Park ausgegliedert, teilt das Gebiet in zwei Teile. Der Südteil wird vom Akka-Gebirge, der „Königin Lapp-

lands", dominiert. Eine Straße führt durch den Park. Hotels in Saltoluokta, Ritjemjåkk und Vietas. Teil des UNESCO-Welterbes Laponia. Fläche: 127.800 ha (seit 1909).

Töfsingdalen – Wildmark pur
Töfsingdalen nahe der norwegischen Grenze ist ein einzigartiges Wildnisgebiet mit unwegsamem Terrain und Urwald. Der Nationalpark bietet das vielleicht schwerstzugängliche Terrain, das schwedische Natur überhaupt aufzuweisen hat. Die seltene, giftige Fuchsflechte kommt an trockenen Bäumen häufig vor. Wanderwege von Grövelsjön und Storån zum Park. Fläche: 1.650 ha (seit 1930).

Tresticklan – Unberührtes Waldgebiet
Der an der norwegischen Grenze gelegene Nationalpark besteht größtenteils aus Kiefernwäldern und kleineren Seen. Fläche: 2.910 ha (seit 1996).

Vadvetjåkka – Nördlichster Nationalpark
Südlich dieses Massivs liegt ein großes, vogelreiches Delta mit Seen, Weidendickichten und Mooren. Kalk im Felsgrund und die Nähe zum Atlantik mit reichlich Niederschlag begünstigen eine üppige Flora. In der Kalkader des Felsgrundes gibt es einige der größten Höhlen Schwedens. Der Nationalpark ist nur schwer zu erreichen. Fläche: 2.630 ha (seit 1920).

Wirtschaftlicher Überblick

Allgemeine Übersicht

Viele Jahrzehnte mit sozialdemokratischen Regierungen und der größte öffentliche Sektor weltweit haben im Ausland zu der verbreiteten Vorstellung geführt, dass Schwedens Wirtschaft weitestgehend verstaatlicht sei. Mehr als 90 % der Unternehmen sind indes privat. Für sozialdemokratische Regierungen war die Verstaatlichung der Wirtschaft nie ein erklärtes Ziel. Von Bedeutung waren hingegen Anliegen wie Vollbeschäftigung oder auch eine **gerechte Einkommensverteilung**.

Schweden war zunächst lange ein stark agrargeprägtes und armes Land, in dem die Industrialisierung erst um das Jahr 1870 auf Grundlage von Holz, Eisenerz und Wasserkraft einsetzte. Eisenerzgruben im Norden gewannen aufgrund technischen Fortschritts an Bedeutung und ließen, parallel zu bahnbrechenden Erfindungen wie Dynamit, Kugellager, Milchzentrifuge etc., Firmen entstehen, die zu multinationalen Unternehmen aufstiegen. Genannt seien Nobel, SKF oder Alfa-Laval. Andere große schwedische Unternehmen griffen Erfindungen aus anderen Ländern auf, entwickelten diese weiter und verbesserten sie. So zum Beispiel Dampfmaschinen/Atlas Copco, Telefone/Ericsson, Kraftfahrzeuge/Volvo, Scania.

Unversehrt aus dem Zweiten Weltkrieg hervorgegangen, konnte Schweden in den kriegszerstörten Ländern schnell neue Absatzmärkte für seine Produkte und Rohstoffe erschließen. Insbesondere in den 1960–70er Jahren verzeichnete das Land ein enormes Wirtschaftswachstum – mit durchschnittlich 5,3 % – und konnte den Ausbau des Sozialstaates vorantreiben. Vollbeschäftigung und niedrige Inflationsraten begünstigten diese Entwicklung. Damit gehen auch die räumliche Konzentration im Süden um die Städte

Stockholm, Göteborg und Malmö herum sowie der Strukturwandel hin zu einem für die schwedische Wirtschaft kennzeichnenden stark ausgebauten Dienstleistungssektor einher. In den 1970–80er Jahren schließt sich infolge der Ölkrisen und des härteren Wettbewerbs mit anderen Industrienationen ein Bedeutungsverlust der grundstofferzeugenden Bereiche zu forschungsintensiven Industrien sowie Maschinen- und Gerätebau an. Ansteigende Löhne und Gehälter ließen zudem das Wachstum zurückgehen.

In den 1980er Jahren lähmte zusätzlich ein schwerer **Arbeitskonflikt** mit Massenaussperrungen und Streiks das Land. Abwertungen der schwedischen Krone verbesserten zeitweise die Wettbewerbsfähigkeit. Ende der 1980er Jahre musste Schweden jedoch die schwerste Rezession seit den 1930ern verzeichnen. Vor allem der Industriesektor war mit einem Rückgang der Beschäftigten um 170.000 betroffen, die Produktion fiel insgesamt um 10 %. Auch der Dienstleistungssektor war von Massenentlassungen betroffen. Die Aufgabe des festen Wechselkurses infolge der Unruhen auf dem Devisenmarkt Ende 1992 und die damit verbundene Entscheidung, die Krone floaten zu lassen, führte zu einer Abwertung der schwedischen Krone um 20 % bis zum Sommer 1993.

In den letzten 15 Jahren gab es drei weltweit bedeutsame Ereignisse, in deren Folge das schwedische **Bruttoinlandsprodukt (BIP)** in den Minusbereich sank, wobei es vorher und nachher jeweils immer bei Pluswerten von durchschnittlich 3 % gelegen hatte bzw. liegt. 2008/2009 wurde Schwedens Volkswirtschaft durch die weltweite **Finanzkrise** in Mitleidenschaft gezogen und das BIP sank um 5,3 %. Dann schlugen sich die wirtschaftlichen Auswirkungen der **Corona-Pandemie** in einer Rezession nieder, die 2020 bei rund -2,8 % des BIP gegenüber dem Vorjahr lag. 2023 schließlich sorgte der **Ukraine-Krieg** für eine Delle von -0,5 %.

Auch wenn Schweden als eines der wenigen Länder Europas die Stabilitätskriterien der EU erfüllt, wird eine Mitgliedschaft in der Währungsunion in naher Zukunft nicht angestrebt. Denn obwohl das Land de jure mittelfristig zur Einführung der Gemeinschaftswährung verpflichtet wäre weiß man die Vorteile, die die **Schwedische Krone** als unabhängige Währung bietet, zu schätzen. Trotz aller Krisen blieb die Staatsverschuldung in den vergangenen Jahren relativ konstant bei rund 40 % des BIP (2022) – ein deutlich günstigerer Wert als z. B. in Deutschland.

Noch vor gut zwei Jahrzehnten, Ende des 20. Jh., hatte Schweden mit einer immensen Staatsverschuldung von zeitweise mehr als 90 % des BIP zu kämpfen. Das infolgedessen festgesetzte Sparpaket sah auf breiter Front Steuererhöhungen sowie Kürzungen der Zuschüsse und Beihilfen im Wohlfahrtsstaat vor. Gründe dafür waren abnehmendes Wirtschaftswachstum, eine Abschwächung der schwedischen Krone Anfang der 2000er Jahre und das weitere Voranschreiten des Strukturwandels – viele Unternehmen der Informationstechnologie verloren an der Börse an Wert. Der Telekommunikationsriese Ericsson mit rund 100.000 Beschäftigten beispielsweise musste Tausende Arbeitnehmer entlassen. All das stellte eine erneute **Bedrohung für das Sozialsystem** dar. Mit den traditionellen Mitteln einer aktiven Arbeitsmarktpolitik und einer regionalen Entwicklungspolitik sollten die sozialen Auswirkungen wirtschaftlicher Strukturveränderungen aufgefangen und abgemildert werden. Arbeitsplätze bei großen schwedischen Unternehmen sind jedoch weiterhin gefährdet.

In der Nachkriegszeit waren eine niedrige Arbeitslosenquote, zunehmende Beschäftigung und eine **ansteigende Erwerbsquote** kennzeichnend. Die Situation auf dem schwedischen Arbeitsmarkt hat jedoch in den letzten Jahren infolge der globalen Krisen sowie durch den Strukturwandel zu einer konstant höheren Arbeitslosigkeit geführt. So lag die Arbeitslosenquote bei den 15–74-Jährigen zwischen 2011 und 2019 konstant bei etwa 6–8 %. Durch die coronabedingte Rezession stieg die Rate 2021 auf 8,9 %, das ist der höchste Wert seit 1997. 2023 sank sie aber bereits wieder auf 7,8 %. Ein besonderes Problem stellt die hohe **Jugendarbeitslosigkeit** (15–24 Jahre) dar. Diese hatte 2023 mit 19,9 % den fünftschlechtesten Wert in der EU – nur in Spanien, Griechenland, Italien und Rumänien war die Jugendarbeitslosigkeit noch höher.

Wie Deutschland ist Schweden ein **exportorientiertes Land** und dabei geprägt von einigen bedeutenden, global agierenden Unternehmen wie Ericsson, Volvo, Saab (nicht Pkw), ABB, Electrolux, IKEA, SKF oder AstraZeneca. Handel findet vor allem in den Branchen Holz-, Zellstoff- und Papierindustrie, der verarbeitenden Industrie (Fahrzeuge, Elektrotechnik, Pharma, Wehrtechnik) sowie den Bereichen Informationstechnologie, Biotechnik und regenerative Energien statt. Deutschland ist dabei für Schweden der wichtigste Handelspartner. So kommen etwa 18 % der schwedischen Importe aus der Bundesrepublik. Daneben sind die anderen nordeuropäischen Länder sowie die USA als bedeutende Handelspartner zu nennen.

Hinsichtlich der **Preisentwicklung** hat Schweden traditionell eine eher geringe Inflationsrate. In den Jahren 2014–16 sank diese sogar in den Minusbereich, was vor allem an den damals stark gefallenen Preisen für Energie (Erdöl, Erdgas) lag. Der Preisanstieg im Zuge des Ukraine-Krieges ließ die Inflationsrate 2022 auf 8,6 % anschwellen, seitdem sinkt sie aber kontinuierlich und soll Prognosen zufolge ab 2025 wieder bei 2 % liegen.

Industrie

Seinen guten Ruf in der internationalen Staatengemeinschaft verdankt Schweden zu einem Großteil seiner leistungsstarken Industrie. Im Unterschied zu den anderen skandinavischen Nachbarn sind es **multinationale Konzerne**, die den industriellen Sektor dominieren. Die schwedische Wirtschaft ist stark internationalisiert. Ein Viertel aller Schweden arbeitet in ausländischen Unternehmen. Ein wesentlicher Grund für die Wettbewerbsfähigkeit weiter Bereiche der schwedischen Industrie sind die recht hohen Aufwendungen für **Forschung und Entwicklung**. Ausgesprochen hoch ist auch der Automatisierungsgrad in der Industrieproduktion. Hinzu kommen wettbewerbsfähige Lohnkosten, längere Arbeitszeiten, eine niedrige Unternehmensbesteuerung und Arbeitgeberabgaben, die weniger als die Hälfte der Kosten in Deutschland betragen.

Eine tragende Säule der stark exportorientierten Industrie ist die **Metallverarbeitung**, einschließlich der **Fahrzeugproduktion**. Der Maschinen- und Gerätebau dominiert als wichtigster Unterbereich, gefolgt von Elektronik und Metallwaren. Asea Brown Boveri (ABB) ist eine der weltweit größten elektrotechnischen Firmengruppen mit Firmensitz in der Schweiz. Nach vielen Aufkäufen stieg die Firma Electrolux zum führenden Hersteller von Haushaltsgeräten in der Welt auf. Der Ericsson-Konzern ist ein großes schwedisches Telekommunikations- und Elektronikunternehmen, das mit Sony Ericsson im Bereich der Mobiltelefone einen großen Weltmarktanteil hatte. Seinen sprunghaften Erfolg in den 1990er Jahren verdankt das Unternehmen vor allem der Entwicklung innovativer Produkte. SKF beherrscht seit Jahrzehnten den Markt für industriell genutzte Kugellager. Während Atlas Copco erfolgreich Bergbau- und Baumaschinen produziert, hat sich Sandvik auf Werkzeugbau und die Herstellung von Spezialstahl spezialisiert, Tetra Laval dagegen auf landwirtschaftliche Maschinen und solche zur industriellen Weiterverarbeitung.

In der Nähe von Skellefteå werden Batterien für Elektroautos produziert

Eine einstige Schlüsselindustrie des Landes mit abnehmender Bedeutung ist die Kraftfahrzeugindustrie. 1999 wurde mit Volvo das letzte Juwel der schwedischen Industrie ans Ausland verkauft, als die Pkw-Sparte des traditionsreichen Unternehmens von Ford in Amerika übernommen wurde. Im März 2010 verkaufte Ford die Volvo-Autoproduktion an den chinesischen Automobil- und Motorradhersteller Geely. Firmenhauptsitz von Volvo aber ist unverändert Göteborg. Wie andere Autobauer setzt Volvo zunehmend auf **Elektromobilität**. Das gilt auch für die gemeinsame Tochter Polestar, die seit 2017 mit der Produktion von Premium-Elektroautos von sich reden macht und 2022 immerhin 51.000 Fahrzeuge verkaufte. Auch Scania, seit 2015 ein Teil des Volkswagen-Konzerns, produziert Lkw und Busse, daneben ebenso wie Volvo Schwermotoren und Flugzeugteile, während der Pkw-Hersteller Saab im Dezember 2011 Konkurs anmelden musste.

Vom rasanten Ausbau der E-Mobilität profitiert das 2015 gegründete Start-up Northvolt AB, das **Lithium-Ionen-Batterien** für Elektroautos produziert. In Skellefteå wurde für 4 Mrd. Euro eine Produktionsstätte („Giga-Fabrik") gebaut, die Ende 2021 in Betrieb ging und bis zu 100.000 Batteriesysteme pro Jahr liefern soll. Zusammen mit weiteren Produktionsstätten im In- und Ausland soll sich Northvolt als führender europäischer Anbieter von Akkuzellen in Europa etablieren und vor allem VW, Volvo, Polestar, BMW und Scania beliefern.

Zu den Erfolgsgeschichten gehören auch **pharmazeutische Unternehmen** wie das britisch-schwedische AstraZeneca, einer der größten Arzneimittelhersteller weltweit. In der Forschungsabteilung in Södertälje wurde einer der Corona-Impfstoffe entwickelt. Abgenommen hat die Bedeutung des Bergbaus, der nur noch 2 % an der industriellen Wertschöpfung ausmacht, sowie der Eisen- und Stahlindustrie mit einem 4-%-Anteil.

Landwirtschaft und Fischerei

Landwirtschaft

Die Voraussetzungen für eine landwirtschaftliche Nutzung, die nur auf rund 7 % der Landesfläche betrieben werden kann, unterscheiden sich regional erheblich. Hervorragend sind die **Bedingungen im südlichen Schonen**, einer Agrarlandschaft, die in vielem an die ertragreichen dänischen Inseln erinnert. Die Vegetationsperiode beträgt hier rund 240 Tage im Jahr, während sie im Norden nicht mehr als 140 Tage dauert. Neben dem milden Klima und den geringen Höhenunterschieden sind es vor allem die fruchtbaren Böden, die Schonen als ideales Anbaugebiet prägen. Außerdem erfolgten hier im Süden schon im 19. Jh. umfangreiche Flurbereinigungen. Neben Weizen in hohen Hektarerträgen werden verschiedene Industriepflanzen angebaut. Die Landwirtschaft produziert in erster Linie **Rohstoffe** für eine hochentwickelte Nahrungsmittelindustrie, die den schwedischen Handel mit Konserven, Fertiggerichten, Halbfabrikaten und Tiefkühlkost beliefert. In den Ebenen **Mittelschwedens** kann Brot- und Futtergetreide erzeugt werden, während im raueren **Norden** die Flächen für Futterpflanzen überwiegen. Die Zahl der landwirtschaftlichen Betriebe ist in den letzten Jahren allerdings rückläufig. Die Durchschnittsgröße eines Familienbetriebes liegt gegenwärtig bei nur 28 ha, lediglich 12 % aller Betriebe sind größer als 50 ha. Der **Anteil der in der Landwirtschaft Beschäftigten** macht nur noch 3 % der Erwerbstätigen aus, der Beitrag der Landwirtschaft zum Bruttosozialprodukt liegt bei ungefähr 2 %.

Fischerei

Im Vergleich zu den Nachbarländern Norwegen und Dänemark ist Schwedens Fischereiwirtschaft **verhältnismäßig unbedeutend**. Die Zahl der Berufsfischer ist seit Jahrzehnten stark rückläufig. Seit Ende der 1980er Jahre verlagerte sich der schwedische Fischfang in größerem Ausmaß in die Ostsee, aus der etwa 60 % des Fangwertes der schwedischen Berufsfischer stammten. Die letzten Jahre stehen ganz im Zeichen der Zurückhaltung, Quotenvereinbarungen und Fangverbote wurden erweitert, damit sich die

Idyllische Bilder, harte Arbeit und Subventionen – die Landwirtschaft

Bestände wieder erholen können. Schwedens Fischimport besteht größtenteils aus norwegischen und dänischen Fängen, die zumeist in den Provinzen Göteborg und Bohus verarbeitet werden.

Forstwirtschaft, Papier- und Möbelindustrie

Forstwirtschaft

Fast 60 % des gesamten Landes, insgesamt über 30 Mio. ha, sind bewaldet, damit hat Schweden die **größte Waldfläche der EU**! Diese ist etwa zur Hälfte in privatem Besitz, ein Viertel gehört Forstunternehmen und rund 20 % sind staatliche Wälder, z. B. die der Nationalparks. Insgesamt werden 80 % des Waldes aktiv bewirtschaftet, vor allem in den Regionen Götaland, Svealand und Norrland. 2022 waren ca. 18.000 Menschen direkt in der Forstwirtschaft beschäftigt, hinzu kamen etwa 48.000, die neben der Forstwirtschaft noch andere Einkommensquellen hatten. So bedeutet der Wald für viele landwirtschaftliche Betriebe wirtschaftliche Sicherheit und liefert den Bauern einen wichtigen Nebenerwerb. Die (vermeintlich) „gute alte Zeit" ist in der schwedischen Forstwirtschaft schon lange vorbei. Beeindruckende **Vollerntemaschinen** erledigen das Fällen, Abästen und Zerlegen der Bäume in immer schnellerem Takt. Kahlschlagflächen müssen innerhalb von drei Jahren wieder aufgeforstet werden.

Die **Bedingungen für die Holzproduktion** sind je nach Klima und geologischen Voraussetzungen sehr unterschiedlich, die Produktionsfähigkeit des Bodens im Landessüden ist etwa dreimal so hoch wie im Norden. Die Bestimmung, dass im südlichen Schweden nur Wald abgeholzt werden darf, der mindestens etwa 65 Jahre alt ist, während er im Norden ganze 130 Jahre aufweisen muss, spiegelt die regional unterschiedlichen Verhältnisse deutlich wider. In Schweden, dessen klimatische Bedingungen das Wachstum lang-

Auf dem Weg zu Möbeln oder Papier – Holzfabrik an der Westküste

faseriger Nadelhölzer begünstigen, setzt sich der Bestand zu je ca. 40 % aus Fichten und Kiefern und nur zu etwa 19 % aus Laubbäumen (überwiegend Birken) zusammen.

Laut Forstbehörde wurden 2022 über 95 Mio. m³ Wald abgeholzt. Die größten Waldbesitzer und forstwirtschaftlichen Unternehmen sind dabei der finnisch-schwedische Konzern Stora Enso (Jahresumsatz 2022 über 11,7 Mrd. Euro), BillerudKorsnäs, Södra (eine südschwedische Kooperative, in der 52.000 Waldbesitzer zusammengeschlossen sind) und Svenska Cellulosa AB, kurz SCA. Dieses 1929 gegründete Unternehmen ist mit 2,6 Mio. ha, einer Fläche fast von der Größe Belgiens, der **größte private Waldbesitzer in Europa**. Die Forstunternehmen sind wirtschaftlich oft äußerst breit aufgestellt, produzieren Rundholz für die Bau- und Möbelwirtschaft, besitzen Sägewerke, haben Papier-, Karton- und Zellulosefabriken, verkaufen sowohl Pellets als auch Brennholz und erzeugen mit Windkraft und Biomasse mehr Energie, als sie selbst verbrauchen.

Die Gewinne der Branche wären noch deutlich höher, gäbe es nicht verstärkt **negative Faktoren** wie verheerende Stürme und Waldbrände, die zuletzt vor allem in den südlichen Landesteilen und auf Gotland große Schäden anrichteten. Auch der Borkenkäfer, der allein 2020 etwa 8 Mio. m³ Holz zerstörte, ist ein großes Problem, ebenso die Beschädigung junger Birken und Kiefern durch Viehverbiss.

Papierindustrie

Die schwedischen Betriebe der Papier-, Pappe- und Zellstoffindustrie sind weltweit der drittgrößte Exporteur dieser Produkte. Die Verzahnung mit der Forstwirtschaft liegt auf der Hand und ist auch daran erkennbar, dass die Giganten des Waldbesitzes, Stora Enso und SCA, gleichzeitig auch führend bei der Produktion von Zellstoffen, Druckpapier und Pappe für Verpackungen sind. Während die Papierproduktion insgesamt leicht rückläufig ist – analog zu den sinkenden Auflagezahlen der Zeitungen –, sind die Zahlen für Herstellung und Export von Verpackungspapier im Steilflug. Dafür sorgt natürlich die dramatische Zunahme des Online-Handels bei Amazon & Co., die während der Corona-Pandemie zusätzlich boomte.

Die größten schwedischen Namen der Branche sind multinationale Konzerne mit Produktionsstätten in vielen Ländern. Dazu gehört das Unternehmen BillerudKornäs, einer der weltweit führenden Papierkonzerne, der neben seinen fünf Papierfabriken in Schweden auch solche in Finnland und Großbritannien betreibt. Noch größer ist das finnisch-schwedische Unternehmen Stora Enso, das Menschen in mehr als 50 Ländern beschäftigt und eine Produktionskapazität von 13,1 Mio. t Papier und Karton hat. Weiteres Mitglied im „Club der großen Drei" ist Svenska Cellulosa AB (SCA), von dem sich 2017 wiederum das Unternehmen Essity abgespalten hat. Beide zusammen haben etwa 44.000 Beschäftigte. Während sich SCA auf die Herstellung von Verpackungspapier konzentriert, produziert Essity Hygiene-Produkte, die u. a. unter den Markennamen Tempo oder Zewa vertrieben werden. Lange gehörte die Papier- und Zellulose-Industrie zu den größten **Umweltverschmutzern** des Landes und insbesondere der Ostsee. Die Emissionen konnten zwar durch immer bessere Filteranlagen gesenkt werden, doch galt die Papierindustrie stets als Stolperstein auf dem Weg zu den ehrgeizigen Klimazielen. Hier setzte SCA nun mit einer 700-Mio.-Euro-Investition ein Zeichen: Die Papier- und Pappefabrik Obbola in Umeå wurde in den letzten Jahren zur größten und modernsten ihrer Art umgebaut. Jetzt ist eine Jahresproduktion von 725.000 t möglich und der Energieverbrauch wurde auf Biomasse und Ökostrom umgestellt. Damit ist die Wellpappe-Produktion in Obbola die weltweit erste, die ganz ohne fossile Brennstoffe auskommt.

Möbelindustrie

Wie die Papierindustrie profitiert auch der Möbelbau traditionell vom Holzreichtum Schwedens. Schon im 19. Jh. war das Königreich für seine soliden und schön verzierten bäuerlichen Gebrauchsmöbel bekannt und seit dem Funktionalismus ist auch das moderne „Swedish Design" ein weltweit verbreiteter Begriff, der für qualitativ hochwertige, langlebige und benutzerfreundliche Produkte mit einer reduzierten Formensprache steht. Das betrifft klassisches und hochpreisiges Möbeldesign etwa von Svenskt Tenn, Carl Malmsten und Svenssons i Lammhult, aber auch preiswerte Wohnideen, wie sie IKEA in aller Welt bekannt gemacht hat. Insgesamt gibt es in Schweden über 2.300 Möbelhersteller und Designer, der Großteil davon sind kleine und mittelständische Betriebe mit durchschnittlich 16 Beschäftigten. Insgesamt arbeiten in der Branche einschließlich des Einzelhandels rund 30.000 Menschen. 75 % der schwedischen Möbelproduktion, die 2022 einen Wert von 2,5 Mrd. Euro ausmachte, gehen in den Export, und zwar an erster Stelle nach Norwegen, gefolgt von Dänemark und Deutschland.

info

IKEA

Ingvar Kamprad (1926–2018) war der Mann hinter der Idee zu den Möbel- und Einrichtungshäusern nach dem Motto „Gör det själv!" (Mach es selbst!). Für den Namen IKEA kombinierte er seine Initialen mit den Anfangsbuchstaben des Hofes seiner Eltern und der Gemeinde, aus der er stammte. Ausgeschrieben hieße IKEA deshalb „Ingvar Kamprad Elmtaryd Agunnaryd". Angefangen hat Ingvar Kamprad mit dem Handel von Streichholzschachteln, 1943 errichtete er eine kleine Versandfirma, über die er alles verkaufte, was Gewinn versprach: Weihnachtskarten, Salbe für Kühe, Pflanzensamen usw. Zehn Jahre später kaufte er im småländischen Älmhult eine Möbelfabrik auf, wo wenige Jahre später das erste IKEA-Haus eröffnet wurde. Das erste einfach zusammenzubauende Möbelstück war 1956 Lövet, ein kleiner Tisch, der in Wellpappe verpackt und verschnürt verkauft wurde. Die niedrigen Preise irritierten anfangs die schwedische Möbelindustrie, die sich prompt weigerte, IKEA mit Waren zu beliefern, sodass Kamprad begann, Möbel zu importieren.

Als Reaktion auf die Kritik, IKEA stelle schlechte Qualität her, begann man 1963 die Zusammenarbeit mit der Warentestorganisation VDN, und bald stellte Schwedens führende Einrichtungszeitschrift fest, IKEA biete gute Qualität zu Aufsehen erregend niedrigen Preisen. Die günstigen Preise sind möglich wegen der Anpassung an rationelle Produktionsverfahren, und weil der Kunde den Transport der Möbel in flachen Paketen übernimmt sowie die Montage der einzelnen Teile zu Hause besorgt. Unkonventionelle Lösungen und eine klare, funktionale Formgebung, die tief in der skandinavischen Tradition der Möbelherstellung verwurzelt ist, sind wichtige Bestandteile des Erfolgskonzeptes. Inzwischen stellt IKEA sogar Möbel im sogenannten Gustavianischen Stil her.

IKEAs internationale Expansion außerhalb Skandinaviens begann 1973 in der Schweiz, ein Jahr später eröffnete das erste deutsche IKEA-Haus in Eching bei München. Allein in den 1980er Jahren folgten rund 50 weitere Warenhäuser in aller Welt. Jährlich kommen weitere Häuser hinzu. Anfang 2023 gab es weltweit 456, davon allein 54 in Deutschland. Zunehmend wurde das Möbelsortiment durch eine Fülle anderer Produkte für Heim und Herd ergänzt, sodass dem Kunden heute rund 12.000 Artikel angeboten werden. Der berühmte jährliche Katalog gehört in seiner Printversion jedoch seit 2020 der Vergangenheit an, nun werden die Kunden nur noch digital informiert. Die Möbel stammen von über tausend Lieferanten aus über 50 verschiedenen Ländern. 2022 waren weltweit rund 231.000 Mitarbeiter beschäftigt, der Umsatz erreichte 2022 etwa 42 Mrd. Euro. Deutschland ist der wichtigste Markt für IKEA. Das nördlichste Möbelhaus des Konzerns liegt im schwedischen Haparanda an der finnischen Grenze, die drei größten sind die von Stockholm (Kungens kurva, 55.200 m²), Seoul in Südkorea (59.000 m²) und seit 2021 in Manila auf den Philippinen (65.000 m²). Jenseits der riesigen Warenhäuser „auf der grünen Wiese" geht der Konzern inzwischen auch andere Wege: In den Zentren internationaler Großstädte wie Tokio, New York, Paris, London und seit 2022 auch Stockholm wurden kleinere sog. City-Stores eröffnet, in denen es auch Secondhand-Möbelabteilungen gibt.

Während das Entwicklungszentrum von IKEA noch immer im schwedischen Älmhult liegt, befindet sich das tatsächliche Hauptquartier in Delft in den Niederlanden. Juristisch ist der milliardenschwere Konzern im Besitz zweier Stiftungen, die in den Niederlanden und in Liechtenstein registriert sind. 2011 geriet Ingvar Kamprad in die Schlagzeiten, als das schwedische Fernsehen den Verdacht der Steuerhinterziehung aussprach.

Kamprad starb Anfang 2018 dort, wo alles begann: im småländischen Liatorp bei Älmhult.

info

Server-Technologie

Ein verhältnismäßig neuer und aufstrebender Wirtschaftszweig ist die Errichtung und der Betrieb von Datenzentren. Davon profitiert vor allem das strukturschwache Lappland. Schon 2011 hatte sich Facebook entschieden, sein erstes Rechenzentrum außerhalb der USA im nordschwedischen Luleå zu errichten. Nach Investitionen von insgesamt 1,2 Mrd. Dollar wurde der Betrieb inzwischen mit der neuesten und effizientesten Generation von Server-Technologie modernisiert und auf über 100.000 m² vergrößert. Dieses 2021 eingeweihte Facebook-Datacenter gehört zu den **weltweit größten**, ist aber nicht das einzige seiner Art in Nord-Schweden. Ganz in der Nähe, in Boden, entsteht ein EU-gefördertes Rechenzentrum, an dem auch das deutsche Fraunhofer-Institut beteiligt ist. Es soll besonders nachhaltig, energie- und ressourceneffizient sowie kostengünstig in Bau und Betrieb sein.

Die Gründe, warum man sich ausgerechnet die Gegend nahe dem Polarkreis als Standort aussucht: Billiger Öko-Strom ist überreich vorhanden, die Ansiedlung wird durch den Abbau bürokratischer Hürden gefördert, aufgrund der nördlichen Breite ist die Kühlung der Zentren nahezu umsonst und die riesigen Mengen an Abwärme können z. B. für die lokalen Heizsysteme genutzt werden. Weiter südlich ist die Hauptstadtregion ein Hotspot der Rechenzentrumsbranche. Nahe Stockholm haben sich u. a. rund 125 Start-ups sowie multinationale Konzerne wie Amazon, Google, Spotify, Klarna und King angesiedelt, sodass hier eine **IT-Konzentration** stattfindet, wie es sie außer im Silicon Valley nirgendwo gibt. Insgesamt hat sich die Rechenzentrumsbranche in Schweden zu einem bedeutenden Wirtschaftszweig mit bald 30.000 Beschäftigten entwickelt und wächst aktuell um jährlich 14 %. Schon jetzt zählt das Königreich auf diesem Sektor weltweit zu den **Top 3** und ist damit bei steigender globaler Nachfrage nach Rechenzentren bestens positioniert.

Auch sonst steht Schweden gemeinsam mit Finnland an der Spitze der **europäischen Innovation**. Das Land führt die Ranglisten der Arbeitsplätze im Hightech-Bereich, der Anzahl der Hightech-Patente sowie der Ausgaben für Innovationen an.

Energiewirtschaft

Umgerechnet auf den Verbrauch pro Einwohner gehört Schweden zu den Ländern mit dem höchsten Energieverbrauch der Welt. Zugleich steht das Königreich innerhalb der EU für die Energiewende und deckt bereits jetzt über 65 % seines Energiebedarfs aus erneuerbaren Quellen – mehr als jedes andere EU-Land! Der Löwenanteil – 40–50 % der Stromgewinnung – stammt aus **Wasserkraftwerken**. Neun größere Flüsse in der Nordhälfte des Landes liefern den größten Teil der Energie, allen voran der Luleälv, an dem 14 Kraftwerke liegen. Die vier noch unverbauten Flüsse im Norden, Torne-, Kalix-, Pite- und Vindelälv, sind naturgeschützt und stehen für einen weiteren Ausbau der Wasserkraft nicht zur Verfügung. Das Problem bei der Wasserkraft ist, dass die Elektrizität in einem Landesteil produziert wird, in dem nur rund zehn Prozent der schwedischen Gesamtbevölkerung leben. Der Strom muss also von Norden nach Süden transportiert werden, wobei das Übertragungsnetz langsam an die Grenze seiner Leistungsfähigkeit stößt.

An erneuerbaren Energieträgern spielen außerdem Biomasse, Sonne und vor allem Wind eine wachsende Rolle. Gegenwärtig kann man von einem regelrechten **Windkraft-Boom** in Schweden sprechen, und zwar onshore (auf dem Festland) wie offshore (auf See mit einem erheblichen Abstand zur Küste). Zu den schon seit den 1990er Jahren bestehenden landgestützten Windparks wie z. B. Näsudden auf Gotland gesellen sich inzwischen weitere und deutlich effizientere Anlagen. Eine davon ist die im nordschwedischen Markbygden – mit rund 180 Turbinen und insgesamt 650 Megawatt Leistung einer der größten Onshore-Windparks Europas. Dies ist aber nur eines von mehreren großen Windkraft-Projekten in Schweden, wobei seit 2020 besonders die Planung von **Offshore-Windparks** zunimmt. Die schwedischen Energieriesen Vattenfall und Zephyr Vind sowie andere Unternehmen haben Bauanträge für Windparkentwicklungsfelder an der Küste Schonens, im schwedisch-dänisch-deutschen Ostseedreieck, südlich von

Energieträger mit viel Potenzial: Windkraft

Gotland und nördlich von Göteborg vorgelegt. Es handelt sich bei den geplanten Projekten um gigantische Anlagen von bis zu 260 m Höhe und Leistungen von jeweils mindestens einem Gigawatt; die ersten dieser Anlagen könnten 2026 ans Netz gehen, andere zu Beginn der 2030er Jahre. Auch in Sachen **Solarenergie** tut sich viel im Königreich: Der erste Photovoltaik-Solarpark (ca. 5 MW) ist bereits in Varberg an der Westküste ans Netz angeschlossen und 2023 befanden sich fünf weitere Solarkraftwerk-Projekte (mehr als 100 MW) auf dem Weg zur Baureife.

Von kleineren Erdölvorkommen auf Gotland (und vermuteten größeren in der Ostsee) abgesehen, verfügt Schweden über keine Vorkommen an **fossilen Brennstoffen**, deswegen sind solche auch kaum von Bedeutung für die Energiegewinnung (2 %). Für wenige Heizkraftwerke importiert man Kohle aus Polen, Erdöl wird aus Norwegen eingeführt und Erdgas für einige Gemeinden an der Westküste liefert der dänische Nachbar. Für die Energieversorgung des Landes spielt aber die **Atomkraft** nach der Wasserkraft die zweitgrößte, wenn auch abnehmende Rolle. Um das Jahr 2000 sorgten die AKW noch für etwa die Hälfte der schwedischen Stromerzeugung, 2022 immer noch etwa für ein knappes Drittel. Dabei hatte der Reichstag schon 1980 den Ausstieg aus der Kernenergie bis zum Jahr 2000 beschlossen. Tatsächlich aber wurde 1999 nur der südschwedische Atommeiler Barsebäck 1 abgeschaltet, Barsebäck 2 folgte 2005. Bis 2021 wurden insgesamt sechs der zwölf schwedischen Atomreaktoren stillgelegt, diese stehen an drei Standorten im südlichen Drittel des Landes: in Ringhals, Oskarshamn und Forsmark.

Die Frage, wie es nun weitergehen soll mit der Atomkraft, wird seit 2020 diskutiert und spaltet Politik wie Bevölkerung zwischen folgenden Optionen: den Ausstieg weiter zu forcieren, die noch verbliebenen AKWs länger am Netz zu lassen oder sogar neue Reaktoren zu bauen. Derzeit hat Schweden keine Versorgungslücke, was die Energie angeht, im Gegenteil. Das Land zählt zu den größten Stromexporteuren und rein rechnerisch werden 17 % des Atomstroms gar nicht benötigt, sondern ins Ausland verkauft. Hinzu kommt, dass Atomkraft im Strommix die höchsten Kosten verursacht, also deutlich teurer ist als die erneuerbaren Energien. Es waren in erster Linie wirtschaftliche Gründe, die den Energiemulti Vattenfall 2014 veranlassten, die Pläne zum Ausbau der Atomenergie in Schweden nicht weiter zu verfolgen.

Da vor allem die Stromproduktion aus Windkraft zuletzt gewaltige Steigerungsraten aufwies und zukünftig einen noch deutlich höheren Anteil haben wird, könnte Schweden trotz sinkender Kernenergiekapazitäten nach derzeitigem Stand weiterhin mehr Strom erzeugen, als es selbst verbraucht. Andererseits genießen die Bemühungen um Klimaschutz höchste Priorität, was bedeutet, dass die inländische Stromnachfrage deutlich steigen wird. Das betrifft u. a. die Elektromobilität, aber auch die Transformation der Industrie, um die Klimaziele zu erreichen. So stellt der Konzern SSAB derzeit seine Stahlherstellung komplett auf Wasserstoff- statt auf Kohlebasis um. Genauso soll bald auch die Eisenerzförderung des LKAB-Konzerns vollkommen emissionsfrei sein. Die neue Batteriefabrik von Northvolt verzichtet von vornherein auf fossile Brennstoffe, ebenso die neue riesige Pappe-Fabrik Obbola des SCA-Konzerns bei Umeå.

Wegen dieses riesigen zukünftigen Strombedarfs steigt in Schweden die Zahl derjenigen, die einen Ausbau der Atomkraft zumindest bis in die 2040er Jahre befürworten. Dazu trug 2022 auch die Einstufung von Kernkraft als „nachhaltig" durch die EU-Kommission bei, ebenso der Bau moderner Atommeiler und die Inbetriebnahme des weltweit ersten **Atommüll-Endlagers** im finnischen Eurajoki. Auch in Schweden wurde inzwischen der

Bau eines Endlagers für hochradioaktiven Abfall gebilligt. Nahe dem Kernkraftwerk Forsmark sollen die verbrauchten Brennelemente 500 m tief in das Granit-Urgestein verbracht und versiegelt werden, wo sie dann nach Berechnungen, auf die sich die Befürworter beziehen, für 100.000 Jahre sicher gelagert werden können. Es gibt jedoch auch Zweifel und Kritik an dem Vorhaben.

Gesellschaftlicher Überblick

Bevölkerung und Siedlungsstruktur

Schon seit dem 18. Jh. besitzt Schweden ein einzigartiges Personenstandsregister, da alle Bevölkerungsveränderungen in den einzelnen Pfarrgemeinden exakt registriert wurden. Seit 1991 nehmen die Kirchen die Funktion eines Einwohnermeldeamtes nicht mehr wahr, da die Register nun von den Finanzämtern geführt werden.

Die **Bevölkerungsentwicklung** ist grundsätzlich ähnlich verlaufen wie in den anderen westlichen Industrieländern. Für Schweden waren die Auswanderungswellen im 19. und Anfang des 20. Jh. von besonderer Bedeutung, denn in den Jahren zwischen 1865 und 1930 verließen 1,5 Mio. Menschen zumeist Richtung Nordamerika das Land, von denen etwa ein Viertel wieder zurückkehrte.

Die letzten Jahrzehnte standen ganz im Zeichen der Einwanderung, sodass eine positive Wanderungsbilanz immer stärker das Wachstum der Bevölkerung des Landes bestimmt. Gegenwärtig bekommen Schwedinnen im europäischen Vergleich überdurchschnittlich

In jüngerer Zeit ziehen wieder verstärkt Menschen aus den Städten hinaus aufs Land

viele Kinder (1,9). Dennoch wird auch in Schweden die Altersverteilung der Bevölkerung immer ungünstiger und zu einer zusätzlichen Herausforderung für den Sozialstaat. Der Anteil der Menschen über 64 Jahre hat sich in den letzten 50 Jahren verdoppelt und beträgt heute 21 %, die Zahl der über 80-Jährigen ist seit 1983 um 115.000 angestiegen. Die durchschnittliche Lebenserwartung liegt mit 85,2 Jahren für Frauen und 82,1 Jahren für Männer heute mehr als doppelt so hoch wie um das Jahr 1900 herum.

In jüngeren Jahren nimmt – zum ersten Mal seit den 1880er Jahren – die Zahl der in den dünn besiedelten Gebieten lebenden Menschen wieder zu. Rund 1,4 Mio. Bewohner des Landes wohnen auf dem Land oder in Orten mit weniger als 200 Einwohnern. Für die meisten, die den Städten den Rücken kehren, ist die Suche nach einem guten Wohn- und Lebensmilieu das entscheidende Motiv für ihren Umzug.

Einwanderung, Flucht und Asyl

Aus einem einsprachigen und ethnisch wie kulturell weitgehend homogenen Land, sieht man einmal von den Samen ab, hat sich Schweden innerhalb weniger Jahrzehnte zu einem **Einwanderungsland** gewandelt, in dem viele Sprachen gesprochen werden. Heute sind rund 18 % der Einwohner des Landes Einwanderer.

Zwar kamen während des letzten Krieges Flüchtlinge aus Finnland, Dänemark, Norwegen und dem Baltikum nach Schweden, doch größere Einwanderungswellen erlebte das Land erst, als die schwedische Industrie dringend benötigte Arbeitskräfte im Ausland anwarb. Ein Abkommen über einen gemeinsamen nordischen Arbeitsmarkt aus dem Jahre 1954 führte zunehmend Erwerbstätige aus den Nachbarstaaten nach Schweden.

Dramatische Dimensionen erreichte die Zuwanderung aus Finnland: 1968–70 zog es 100.000 Finnen in das Nachbarland, die oft mit falschen Vorstellungen über die Arbeits- und Lebensbedingungen gekommen waren. Zahlenmäßig bedeutend war außerdem die Zuwanderung südeuropäischer Arbeitskräfte vor allem in der ersten Hälfte der 1960er Jahre. In den letzten Jahren hat sich Schweden hinsichtlich der Einwanderung von Arbeitskräften allerdings sehr restriktiv verhalten. Für Nicht-EU-Ausländer ist es verhältnismäßig schwierig, aus Gründen der Beschäftigung eine ständige Aufenthaltsgenehmigung zu bekommen.

Um engagierter am politischen Geschehen teilnehmen zu können, gibt es für Einwanderer seit 1976 das **aktive und passive Wahlrecht** auf lokaler und regionaler Ebene, seit 1986 einen Beauftragten (Ombudsman), um ethnischer Diskriminierung am Arbeitsplatz und in anderen Bereichen der Gesellschaft entgegenzuwirken. Dennoch schreitet die Ghettoisierung z. B. in einigen Vororten der Hauptstadt oder Malmös weiter voran: In der Stockholmer Gemeinde Husby haben 83 % der ca. 12.000 Einwohner einen Migrationshintergrund, im Malmöer 34.000-Einwohner-Stadtteil Rosengård 84 %. Die meisten schwedischen Bewohner ohne Migrationshintergrund sind inzwischen aus diesen Vororten weggezogen. Der Anteil der Bürger mit ausländischen Wurzeln bei den Sozialhilfeempfängern, Arbeitslosen, Schulabbrechern und arbeitslosen Jugendlichen ist hoch. Die Perspektivlosigkeit der arbeitslosen Jugendlichen in diesen Plattenbausiedlungen entlädt sich bisweilen in ähnlichen Unruhen wie in den französischen Banlieues. 2010 z. B. warfen in Stockholm bis zu 100 Jugendliche zwei Nächte lang Pflastersteine, zündeten Autos an und griffen die lokale Polizeistation in Rinkeby an. Noch schlimmer war es im Mai 2013, als die Unruhen fast eine Woche andauerten und auch auf Malmö und Göteborg übergriffen.

Schweden gilt seit den 1970er Jahren als Einwanderungsland mit entsprechender politischer Weichenstellung. 1975 beschloss der Reichstag die grundlegenden Prinzipien zur **Einwanderungs- und Minoritätenpolitik**, deren Säulen die Gleichberechtigung zwischen Einwanderern und Schweden, die kulturelle Wahlfreiheit für Einwanderer sowie die Zusammenarbeit und Solidarität zwischen der Bevölkerungsmehrheit und den verschiedenen ethnischen Minderheiten sind. So haben z. B. alle Einwanderer ein Recht auf kostenlosen Unterricht in Schwedisch während der Arbeitszeit, den die Gemeinden anbieten. Das sogenannte **Muttersprachenprogramm** ermöglicht Einwandererkindern, ihre eigene Sprache beizubehalten. Neben Unterricht in Schwedisch als zweiter Sprache erhalten die Kinder in der Schule muttersprachlichen Unterricht, der im Land in mehr als 120 verschiedenen Sprachen erteilt wird.

Vielleicht aufgrund dieser generösen Bestimmungen, vor allem aber natürlich aufgrund der internationalen Konflikte verzeichnete Schweden eine **rasante Zunahme der Flüchtlinge und Asylsuchenden** ab 1994. Der Krieg im ehemaligen Jugoslawien, die Golf-Kriege oder die Konflikte in Somalia bzw. Afghanistan und der Ukraine brachten jedes Jahr 20.000–30.000 Geflüchtete ins Land, und Schweden wurde innerhalb der EU und in Relation zur Bevölkerung der Staat, der den meisten Menschen Asyl bot. Lange Zeit kamen die meisten Menschen aus dem Irak, und das südlich von Stockholm gelegene Södertälje gilt als die Stadt, in der weltweit die meisten Iraker außerhalb des eigenen Landes wohnen.

Mit dem Fortschreiten des Bürgerkriegs in Syrien aber eskalierte die Situation. Noch 2014 hatte der damalige Ministerpräsident Fredrik Reinfeldt an die Schweden appelliert, ihr „Herz zu öffnen" und die steigenden Kosten zu akzeptieren, die noch höhere Flüchtlingszahlen mit sich bringen würden. Unter seiner Regierung wurde zum ersten Mal in der EU die Regelung eingeführt, dass sämtliche Flüchtlinge aus Syrien Asyl erhalten. Ein Jahr später, nun unter der rot-grünen Regierung, sah sich das Land überfordert, die Aufnahmestationen waren überfüllt und die Verteilung im Land nahm teils bizarre Formen an – so wurden z. B. Geflüchtete nach einer tagelangen Busfahrt jenseits des Polarkreises in leerstehenden Skihotels untergebracht. Zu diesem Zeitpunkt hatte Schweden in Relation zur Bevölkerung viermal mehr Geflüchtete aufgenommen als Deutschland.

Der **Politikwechsel** kam Anfang 2016 mit der Schließung der Öresundbrücke und allen anderen Grenzübergängen für Geflüchtete. Gleichzeitig wurde eine massenhafte Rückführung abgelehnter Asylbewerber angekündigt. Die Beziehungen zu Dänemark, das ohnehin seit Jahren eine viel restriktivere Politik verfolgt hatte, gerieten dadurch in eine ernsthafte Schieflage, was gegenseitige Schuldzuweisungen nach sich zog. Innenpolitisch wurde die Gesellschaft durch diese Krise gespalten. Der Regierung wurde vorgehalten, dass sie die Aufnahmekapazität und Hilfsbereitschaft unterschätzen und zu viele Zugeständnisse an die Rechtspopulisten machen würde. Zwar entspannte sich 2017 die Situation analog zu den sinkenden Flüchtlingszahlen, und so gab es auch keine weiteren Kontrollen an Grenz- und Fährstationen bzw. der Öresund-Brücke. Doch es blieb auch unter der sozialdemokratischen Minderheitsregierung bei der deutlichen Verschärfung der schwedischen Migrationspolitik. Immerhin erlaubte es das sog. „Gymnasium-Gesetz" von 2018, dass junge, unbegleitete Flüchtlinge auch mit negativem Asylbescheid zumindest noch die Schulausbildung in Schweden abschließen dürfen.

Seit dem Einmarsch Russlands in die Ukraine hat Schweden ca. 48.000 ukrainische Kriegsflüchtlinge aufgenommen (Stand: März 2023).

Die Samen

Der Siedlungsraum der Samen in Schweden reicht von der arktischen Region Skandinaviens entlang der norwegisch-schwedischen Gebirgskette bis zu den nördlichen Teilen der schwedischen Provinz Dalarna. Die Norweger nennen sie *finner*, die Schweden *samer*. Negativ besetzt ist aus der Sicht der Angehörigen dieser ethnischen Minderheit die Bezeichnung Lappe. Schätzungen zur Gesamtzahl der Samen, die in Russland, Finnland, Schweden und Norwegen leben, liegen bei 90.000–140.000. In Schweden geht man gegenwärtig von rund 15.000 Samen aus, von denen etwa 1.500 primär von der Rentierzucht leben.

Umstritten ist die Definition, wer als Same anzusehen ist. Während man in Norwegen davon ausgeht, dass als Same gilt, wer sich selbst der Minorität zurechnet und Samisch als Muttersprache spricht oder zumindest Eltern oder Großeltern hat, die des Samischen mächtig sind, sind nach schwedischen Gesetzen zur Rentierwirtschaft nur diejenigen als Samen anzusehen, die **Rentierzucht** betreiben. Die schwedischen Samen haben sich dieser Definition widersetzt und gehen davon aus, dass ein Same auch ohne Rentierbesitz ein Same sein kann.

Zur Herkunft und ethnischen Einordnung der Samen sind noch nicht alle Fragen beantwortet. Eine häufig in der Literatur vertretene Auffassung geht davon aus, dass sie als **alteuropide Bevölkerung** vor rund 12.000 Jahren in Nordeurasien zwischen Nordskandinavien und Ostsibirien lebten. Die alte Jäger- und Fischerbevölkerung wurde im Laufe der Zeit von mongoliden Gruppen, die aus Süden vordrangen, ethnisch überlagert, was jedoch nicht für die Samen am Rande des Siedlungsraumes zutraf. Dass sie aufgrund ihrer harten Lebensbedingungen und einseitigen Ernährung eine vererbbare Kleinwüchsigkeit aufwiesen, ist in der anthropologischen Samenforschung lange Zeit als Beleg für die Verwandtschaft von Samen und Mongolen angesehen worden. Blutgruppenuntersuchungen haben diese Auffassung jedoch widerlegt. Nach ethnischen Gesichtspunkten lassen sich dagegen die Ost- von den Westsamen abgrenzen.

Als **Rentierjäger**, so nimmt man an, folgten sie den Renherden in verschiedenen Etappen von Osten her nach Finnland, an die Eismeerküste und ins fennoskandische Inland. Archäologische Funde aus der Bronzezeit (1500–500 v. Chr.), die dem Küstenbereich von Finn-

Viele Samen leben noch heute ihre Traditionen

mark und Kola entstammen, werden den Samen zugeordnet. In Schweden fanden die Archäologen in den 1980er Jahren erstmals zweitausend Jahre alte samische Wohnplätze am Stora Lulevatten.

Noch nach der Zeitenwende lebten die Samen keineswegs nur im hohen Norden, sondern trafen in Süd- und Mittelfinnland mit dort einwandernden finnisch-ugrischen und nordgermanischen Stämmen zusammen. Vor der Wikingerzeit hielten sich die Samen nicht mehr in Südwestfinnland auf, während sie bis ins 14. Jh. am Ladogasee und im 17. Jh. im südlichen Ostfinnland anzutreffen waren.

Die **Sprache der Samen** gehört zum finno-ugrischen Zweig der uralischen Sprachen und ist mit dem Finnischen, Estnischen und Ungarischen verwandt. Genau genommen gibt es nicht nur die samische Sprache, sondern mindestens drei verschiedene, nämlich Süd-, Ost- und Zentralsamisch, die an keine Staatsgrenze gebunden sind. Zentralsamisch lässt sich wiederum in ein Nord-, Lule- und Pitesamisch untergliedern. Die enge Verwandtschaft zwischen dem Samischen und Finnischen möge die Übersetzung des Wortes „See“ beispielhaft verdeutlichen:

schwedisch	**samisch**	**finnisch**
sjö	*javri*	*järvi*

Reich sind die Sprachen der Samen an Wörtern aus dem Umfeld von Natur, Jagd, Fischerei und Rentierwirtschaft. Für verschiedene Arten von Schnee beispielsweise kennt man im Samischen über hundert Wörter. Die Übernahme des Finnischen soll bis etwa 600 n. Chr. erfolgt sein.

Eine **samische Schriftsprache** wurde zu Beginn des 17. Jh. von Priestern und Missionaren konstruiert. In Schweden gibt es heute sieben Schulen, in denen der Unterricht in der Unter- und Mittelstufe der Gesamtschule ganz in samischer Sprache erfolgt, mehrere Schulen bieten das Samische als Muttersprache an, und der Elternwille entscheidet, welche Schule ein Kind besucht. Doch die Zahl der Samisch Sprechenden wird immer geringer und die Sprache droht auszusterben. In Västerbotten gibt es kaum noch Kinder und Jugendliche, die die Sprache können, wie ein Forschungsprojekt des Samischen Instituts der Universität in Umeå zeigt.

Schon früh gerieten die Samen in ein Verhältnis der **Abhängigkeit** zu ihren nordischen Nachbarn, die besser bewaffnet und organisiert waren. Aus dem Tauschhandel mit Pelzen entwickelte sich eine erpresserische Besteuerung der Samen, indem Steuereintreiber die einzelnen Gebiete unter sich aufteilten. Aus der Wikingerzeit ist der Bericht eines Großbauern namens Ottar an König Alfred von England bekannt. Dieser in Nordnorwegen ansässige Ottar kontrollierte die Samen seiner Umgebung und erhob **Naturalsteuern**. Wohlhabendere Samen mussten nach seinen Angaben 15 Marderfelle, 5 Rentiere, ein Bärenfell, 10 Eimer Federn, einen Mantel aus Bären- oder Otterfell sowie zwei 60 Ellen lange Schiffsseile abliefern.

Im Mittelalter kam es zu heftigen Auseinandersetzungen um das Recht der Besteuerung der Samen zwischen Dänemark/Norwegen, Schweden/Finnland und Russland/Karelien. Da die Staatsgrenzen im Norden nicht festgelegt waren (zwischen Norwegen und Schweden 1751, zwischen Norwegen und Russland erst 1826), hatten die Samen bisweilen an drei verschiedene Länder Steuern zu entrichten. Mit der Besteuerung durch die Staaten wuchsen auch die territorialen Ansprüche gegenüber den Samengruppen.

Die Samen und das Ren

info

Leben, Wirtschaftsweise und Kultur der Samen wurden über Jahrtausende von den Lebensgewohnheiten des Rens bestimmt. Die Bergsamen folgten noch bis vor wenigen Jahrzehnten als **Nomaden** dem natürlichen Wandertrieb der Bergrene, die bis zu 800 km jährlich zurücklegen. Die Wanderung von Weideplatz zu Weideplatz folgt einem festen Rhythmus, der vom Futterbedarf des Rens zu verschiedenen Jahreszeiten abhängig ist. Mit Elch und Rotwild verwandt, ist das Ren im Unterschied zu diesen ein Herdentier, das außer in Lappland in Sibirien und Kanada zu finden ist. Für die Samen ist neben dem Bergren das ortstreue Waldren bedeutsam, das etwas schlanker ist und mit einer Höhe von 1,30 m ein wenig größer als das Bergren wird.

Im 16. Jh. gingen die Samen allmählich von der Jagd auf wilde Rene zur Rentierhaltung über. Die Haltung des Rens erfordert einen nur geringen Kostenaufwand, da es in idealer Weise die Pflanzen und Flechten im arktischen und subarktischen Raum nutzt. So halten sich die Tiere im Winter dort auf, wo sie sich durch die Schneedecke an die Flechten herangraben können. Eine verharschte Schneedecke kann einen reichen Rentierbesitzer innerhalb weniger Tage zu einem armen Mann machen. Damit das Ren Flechten und Moose aufnehmen kann, müssen diese feucht sein. Bis zu 8 kg Futter (Trockengewicht) benötigt ein ausgewachsenes Tier am Tag. Da die Flechten extrem langsam wachsen, müssen die Weidegebiete der Rene flächenmäßig groß sein.

Einst lieferte das Ren den Samen Fleisch und Milch, das Fell wurde zu Kleidungsstücken verarbeitet, aus Sehnen, Horn und Knochen gewann man z. B. Nähfäden, Lassoringe, Löffel und Ahlen, sodass das Ren mit Haut, Huf und Haar genutzt wurde und einer Familie fast alles gab, was sie zum Leben benötigte. Kräftige Tiere zogen im Winter den Schlitten, im Sommer wurden sie als Lasttiere eingesetzt. Heute geht es nur noch um einen Zweck bei der Rentierzucht: die **Fleischproduktion**. In vielen Gemeinden Nordschwedens ist die Rentierzucht, die etwa ein Drittel der Landesfläche beansprucht, von recht großer Bedeutung, da Transport, Handel und Verarbeitung eine Reihe von Arbeitsplätzen schaffen. Auf schwedischem Gebiet gibt es rund 230.000–280.000 der insgesamt etwa 750.000 Rentiere im Norden.

Samische Gesamtbevölkerung: 90.000–140.000

Norwegen	60.000–100.000	Schweden	15.000
Finnland	9.000	Russland	2.000

Die meisten Samen arbeiten also außerhalb der Rentierzucht in vielen verschiedenen Berufen. Ihre Verbundenheit mit der eigenen Kultur ist unterschiedlich ausgeprägt und reicht von völliger Identifikation mit der ethnischen Minderheit bis zur völligen Anpassung an die schwedische Bevölkerungsmehrheit.

In den letzten Jahren hat der **Modernisierungsdruck** die Rentierhaltung grundlegend verändert, sodass möglicherweise ihre führende Rolle bedroht ist, wenn es gilt, samische Kultur und Identität zu wahren. Heute ist die extensiv betriebene Rentierzucht ein kapitalintensiver Wirtschaftszweig, in dem es ausschließlich um Fleischproduktion geht. Moderne Technologie macht es möglich, dass die Tiere in großen Herden ohne ständige Aufsicht gehalten werden können. Oft schließen sich Rentierhalter zusammen, um sich technischer Hilfsmittel, wie Hubschrauber, Geländewagen, Schneemobile oder Funk und Datenverarbeitung, zu bedienen. Statt in Stangenbogenzelten wohnen die Bergsamen den überwiegenden Teil des Jahres in modernen Wohnsiedlungen.

Seit Gustav I. Vasa versuchten schwedische Könige immer wieder, Neusiedler in die Siedlungsgebiete der Samen zu locken. So versprach Karl XI. 1673 in Lappland siedlungswilligen Bauern freien Zugriff auf weite Flächen, Befreiung vom Kriegsdienst und Steuerfreiheit für 15 Jahre. Die **Entdeckung von Silbererz** im 17. Jh. führte zur Versklavung der Samen, die mit ihren Renen das Erz aus den Gruben des Inlands zur Küste transportieren mussten und dabei oft Strecken von 400 km Länge zurücklegten. Auch im 18. und 19. Jh. interessierte sich der schwedische Staat mehr für die Steuereinnahmen der zahlreicher gewordenen Neusiedler als für die **Gewohnheitsrechte** der Samen, die aus ihren angestammten Jagd-, Fischfang- und Weidegebieten vertrieben wurden.

Schon im Mittelalter entwickelte sich allmählich aus der Rentierjagd die Rentierhaltung. Als die Samen Wildrene mit dem Gewehr erlegten, führte dieses Vorgehen zum Aussterben der Tiere in ihrem Lebensraum. Im 17. Jh. hat sich in vielen Gebieten des Nordens die **Rentierhaltung als Haupterwerbszweig** durchgesetzt. Nachdem im 16./17. Jh. christliche Missionare vehement die Naturreligion der Samen, in der Schamanismus und Bärenkult eine bedeutende Rolle spielten, bekämpften, kam der Rentierzucht als Hauptträger samischer Kulturtradition eine besondere Bedeutung zu. Auch heute sind die rund 2.500 von der Rentierwirtschaft abhängigen Samen in Schweden vor allem diejenigen, die sich auf die alten Traditionen besinnen und gegen den eigenen Identitätsverlust engagiert angehen.

Der **Druck auf den Lebens- und Wirtschaftsraum** der Samen hat deutlich zugenommen, denn neben der Überweidung lassen andere Nutzungen, wie Tourismus, Straßenbau, Land- und Forstwirtschaft und der Ausbau der Wasserkraft zur Energiegewinnung die Weideflächen schrumpfen. Die Interessen der nordeuropäischen Wohlstandsstaaten reichen bis weit in den Norden, auf den man als Ergänzungsraum nicht verzichten will. Schon Anfang des 20. Jh. haben die Schweden Wasserkraftwerke im Land der Samen errichtet, allein am Luleälv nicht weniger als 15, sodass die besten Weidegebiete in den aufgestauten Seen verschwanden.

Die moderne Forstwirtschaft mit dem Einschlag von Wäldern und dem Umpflügen von Kahlschlägen macht den Rentierzüchtern das Leben schwer, da sie im Winter kaum Futterplätze für die Tiere finden. Noch in den 1980er Jahren hat das staatliche Domänverket trotz heftiger Proteste der Samen und einer Reihe von Wissenschaftlern fjällnahe Waldbestände, die ungemein langsam wachsen und sich kaum aufforsten lassen, abgeholzt. In einem auf schwedischer Seite geführten Musterprozess, in dem die Samen ein Eigentumsrecht für ihre alten Siedlungsgebiete auf einer Fläche von 16.000 Quadratkilometern beanspruchten, bestätigte man den Renhirten zwar Nutzungsrechte, aber kein privates Eigentum an Land und Wasser.

Nach Jahrhunderten der Unterdrückung, die aus den für unzivilisiert gehaltenen Samen „gute“ Skandinavier machen sollte, fördern die nordischen Staaten seit vier Jahrzehnten eine Politik, die die samische Kultur als Bestandteil eines gemeinsamen Kulturerbes versteht.

Ohne ihr **neues Selbstbewusstsein**, ohne ihr politisches Engagement – auch auf internationaler Ebene – hätte die samische Bevölkerung wohl nicht erreicht, dass ihr in Norwegen, Finnland und 1993 in Schweden ein „Sameting“ zugestanden worden ist, ein gewähltes, ratgebendes Organ der Samen des jeweiligen Landes.

Als Institution, die der öffentlichen Verwaltung unterstellt ist und nur Empfehlungen aussprechen kann, ist das **Sameting** jedoch kein echtes Parlament. Den Nachholbedarf der schwedischen Gesellschaft an grundlegenden Informationen und Einsichten über die Situation der Samen im Lande kennzeichnet Frank Orton, einst Ombudsmann gegen ethnische Diskriminierung, treffend, wenn er sagt: „Ich meine, dass die Unwissenheit über die Samen ihr größter Feind ist, die Unwissenheit über die Lebensweise, ihre Geschichte und nicht zuletzt ihre Rechte. Wüsste der Schwede im allgemeinen so viel über die Samen wie z. B. über die Indianer Nordamerikas, wäre die Situation der Samen heute eine andere."

Die Sprache

Wer eine schwedische Zeitung in die Hand nimmt, stellt sogleich fest, dass sich eine Reihe von Wörtern entschlüsseln lassen. Und wenn der Textzusammenhang einer Nachricht bekannt ist, versteht der des Schwedischen nicht mächtige Leser zumindest grob den Sinn des Textes. Das Schwedische ist, wie das Deutsche auch, eine germanische Sprache. Da der Einfluss der deutschen Sprache auf das Schwedische im späten Mittelalter und den folgenden Jahrhunderten erheblich war, überraschen die vielen Gemeinsamkeiten im Wortschatz der beiden Sprachen nicht. Vor allem aus dem deutschen Stadt- und Handwerkswesen gab es immer einen großen Spracheinfluss (z. B. *stad*, *borgare*, *rådhus*, *förmögen*, *grosshandlare*, *skomakare*).

Die Grammatik der schwedischen Sprache ist verhältnismäßig einfach. Ähnlich wie im Norwegischen und Dänischen kennt das Schwedische den Schlussartikel (z. B. *en dag* – ein Tag, *dagen* – der Tag, *dagar* – Tage, *dagarna* – die Tage). Fremd wirkt der Buchstabe å, der wie ein o gesprochen wird und mit dem ä und ö immer am Ende eines Alphabetes zu finden ist. Schwieriger ist jedoch die **Aussprache** des Schwedischen, die dem Lernenden anfangs einiges Kopfzerbrechen bereitet, da die Unterschiede zwischen der gesprochenen und der geschriebenen Sprache erheblich sind. Bei der Aussprache gilt es vor allem, die Länge und Kürze der Silben und insbesondere den Akzent zu beachten.

Zahlreiche schwedische Wörter kann man entschlüsseln, wenn man zum schwedischen Laut die deutsche Entsprechung bildet:

Schwedischer Laut	Deutsche Entsprechung	Beispiele
p	pf, f, ff	*panna* – Pfanne, *löpa* – laufen, *öppna* – öffnen
t	z, s, ss	*tygel* – Zügel, *ut* – aus, *hata* – hassen
k	ch	*ek* – Eiche, *bäck* – Bach
d	t	*duk* – Tuch, *dansa* – tanzen
i	ei	*vin* – Wein, *din* – dein
ü	au	*mut* – Mauer, *susa* – sausen
y	eu, äu	*fyr* – Feuer, *yttra* – äußern
j plus Vokal	e	*hjärta* – Herz, *själv* – selbst

Doch manchmal hat ein Wort eine ganz andere Bedeutung als die vermutete, wenn etwa *öl* das Bier bezeichnet oder mit *kostym* ein Herrenanzug gemeint ist.

Es ist recht schwierig, Schwedisch nur nach dem Lehrbuch zu erlernen. Schnellere Anfangserfolge stellen sich beim **Besuch eines Kurses** ein, die an vielen Universitäten und Volkshochschulen angeboten werden. Da nichts besser ist als der direkte Kontakt mit Land und Leuten, sind besonders die gewinnbringenden Sommersprachkurse in Uppsala, Stockholm, Göteborg oder Lund zu empfehlen, die interessierten jungen Leuten angeboten werden. Infos: Svenska Institutet, Stockholm, www.si.se.

Mit Deutsch und Englisch kommen Reisende zumeist recht gut über die Runden, denn das Englische ist die erste Fremdsprache, die in der neunjährigen Gesamtschule schon ab dem 3. Schuljahr unterrichtet wird. Hinzu kommen ein breites Angebot an englischsprachigen Programmen auf allen Fernsehkanälen und eine deutliche Ausrichtung des Kulturlebens auf den anglo-amerikanischen Raum. Die Bedeutung des Deutschen, besonders im Bereich von Wirtschaft und Technik, hat in den letzten Jahren deutlich zugenommen, schließlich ist Deutschland heute Schwedens wichtigster Handelspartner. Wer aber nur ein **paar Brocken Schwedisch** von sich geben kann, erweckt sofort die Aufmerksamkeit seines Gegenübers, und ein erster Kontakt ist schnell hergestellt.

Wer die schwedische Sprache erlernt, wird auch von Norwegern und Dänen verstanden. Sogar in Finnland, dessen Sprache finno-ugrischen Ursprungs ist und eine hohe Barriere zum Dänischen, Norwegischen und Schwedischen darstellt, kommt man im Süden und Südwesten des Landes sowie auf den Ålandsinseln mit dem Schwedischen zurecht. Gut 6 % der Finnen gelten als Finnland-Schweden und sprechen Schwedisch als Muttersprache, auf den Ålandsinseln gar rund 95 % der Bewohner.

In Schweden wird aber keineswegs nur Schwedisch in einer Vielzahl von Dialekten gesprochen. Die finnische Sprache und Kultur spielten in verschiedenen Jahrhunderten jeweils regional unterschiedlich eine Rolle, schließlich bildeten Schweden und Finnland seit dem 14. Jh., seit der ersten Grenzziehung Schweden-Russland, ein Reich. Als 1809 Finnland in den russischen Machtbereich eingegliedert wurde, brachte dies die Trennung der finnischsprachigen Bevölkerung westlich des Flusses Torne im Norden von der Finnisch sprechenden Mehrheit im neuen Finnland. Im Laufe der Zeit gab es immer wieder Wanderungsbewegungen zwischen dem heutigen Finnland und Schweden, vor allem in den 1960er und -70er Jahren des 20. Jh. Richtung Schweden, sodass gegenwärtig etwa 260.000 Menschen Finnisch als Muttersprache haben. Zahlenmäßig klein ist die Minderheit derer, die Samisch sprechen, Schätzungen zufolge etwa 15.000 Menschen. Kompliziert wird die sprachliche Situation, wenn man die rund 140 verschiedenen Sprachen der Einwanderer berücksichtigt. Der Anteil der Einwohner, die im Ausland geboren wurden, an der Gesamtbevölkerung Schwedens liegt bei 14 %.

info

Mord und Totschlag im Königreich Schweden

Glaubt man den deutschen Bestsellerlisten, dann ist Schweden ein äußerst gefährliches Pflaster. In Göteborg, Ystad und ganz besonders Stockholm wird auf perfide, brutale und spannende Art und Weise gemordet, was das Zeug hält.

Der Boom der Schweden-Krimis begann mit dem Autorenpaar **Maj Sjöwall** und **Per Wahlöö**, die schon 1965 ihren ersten von zehn Krimis um Kommissar Martin Beck veröffentlichten. Sjöwall/Wahlöö wollten als Helden keine pfeiferauchenden Herren oder älteren Damen wie in vielen englischen Krimis oder Privatdetektive nach amerikanischem Muster, sondern Kriminalpolizisten, die ihr Handwerk verstehen. Martin Beck und seine Kollegen sind alles andere als perfekte Helden. Sie sind ganz gewöhnliche Svenssons, die Krankheiten und Eheprobleme plagen, die über zu schlechte Bezahlung klagen und sich in den langen, dunklen Wintern nach dem Süden sehnen. Dieser Zyklus kann in mehrfacher Hinsicht als bahnbrechendes Vorbild für die spätere Autorengeneration gelten: Die Romane waren äußerst spannend, befanden sich auf einem hohen literarischen Niveau, entwickelten neben der Krimihandlung eine zweite, fortlaufende persönliche Geschichte des Kommissars, und sie entwarfen ein sozialkritisches Bild der sich verändernden schwedischen Gesellschaft. Die Kommissar-Beck-Reihe war außer in Skandinavien besonders in Deutschland populär und wurde bald auch verfilmt. Dass sie auch in späterer Zeit funktioniert, zeigen die neuzeitlichen filmischen Fortführungen des Stoffes, die schon seit Langem auch im deutschen Fernsehen als Serie zu sehen sind.

Politisch-journalistische Ambitionen verfolgte auch **Jan Guillou**, Autor vielgelesener Agentenromane. Er war wegen angeblicher Spionage in Schweden in der Zeit unter Olof Palme im Gefängnis und fand Zeit, sich bei Sjöwall/Wahlöö Anregungen zu holen.

Mit seinen populären Wallander-Romanen stand der im Jahr 2015 verstorbene **Henning Mankell** immer wieder auf den internationalen Bestsellerlisten. Für Mankells Identität als Schriftsteller ist seine Beziehung zu Afrika von besonderer Bedeutung, wo er einen Teil des Jahres lebte und ein Theater in Maputo/Mosambik leitete.

Anders als seine späteren Bücher sind die frühen Romane von **Arne Dahl** weitgehend auf Stockholm fokussiert. In jedem Fall kann der Autor für sich in Anspruch nehmen, die Genauigkeit der Recherche, die Verschachtelung der Handlung und die Detailtreue der dargestellten Verbrechen bis ins Extreme zu steigern und die Grenzen des für den Leser Erträglichen bis ins Letzte auszureizen.

Ohne ermittelnden Kommissar kommt die Fernsehjournalistin **Liza Marklund** aus, deren Hauptfigur Annika Bengtzon als Reporterin dem Verbrechen auf der Spur ist. Nach dem Debütroman „Olympisches Feuer“ stieg Marklund zur erfolgreichsten Krimiautorin Schwedens auf. Die verfilmten Romane pendeln zwischen Spannung, Darstellung der Zeitungsarbeit und Beschreibung der Lebensumstände der Heldin, die je nach Familienstand und finanziellen Verhältnissen ganz unterschiedliche Wohnsituationen in diversen Stockholmer Vierteln erlebt.

Ein posthumer Shootingstar der internationalen Krimiszene war der 2004 viel zu früh gestorbene **Stieg Larsson**. Seine Millennium-Trilogie („Verblendung“, „Verdammnis“, „Vergebung“) war Dauergast auf den Bestsellerlisten und verkaufte sich als erfolgreichste Krimireihe der Welt über 80 Mio. mal. Klar, dass der spannende Stoff um den Stockholmer Journalisten Mikael Blomkvist und die Hackerin Lisbeth Salander auch verfilmt wurde – und zwar bislang in vier sehr erfolgreichen Kinoproduktionen in Europa und in den USA. Der schwedische Bestsellerautor David Lagercrantz verfasste nach Larssons Notizen eine zweite Trilogie (2015: „Verschwörung“, 2017: „Verfolgung“, 2019: „Vernichtung“).

Im Kielwasser des Schweden-Krimi-Erfolgs segeln viele weitere Autoren, die es immer wieder schaffen, mit überraschenden Plots, ausgeklügelten Verbrechen und Darstellungen manchmal erschreckender Brutalität in der Literaturszene Fuß zu fassen. So in jüngerer Zeit Erik Axl Sund (Pseudonym des Autorenduos Eriksson & Sundquist), Lars Kepler (Pseudonym des Autorenduos Alexandra Coelho und Alexander Ahndoril), John Ajvide Lindqvist, Anders Roslund, Börge Hellström, Stefan Thunberg, Michael Hjorth & Hans Rosenfeldt, Jenny Milewski, Jenny Rogneby oder Erik Eriksson, um nur einige zu nennen. Allen gemeinsam ist, dass sie ein wunderschönes und an und für sich friedfertiges Land als Rahmen für ihre Geschichten über Mord & Totschlag nehmen. Geschadet hat es Schweden nicht!

Der Wohlfahrts- und Sozialstaat

Am schwedischen Wohlfahrtsstaat scheiden sich schon seit Jahrzehnten die Geister. Je nach politisch-ideologischer Perspektive wurde das **schwedische Modell** im Ausland idealisiert oder in Grund und Boden verdammt. Trotz verschiedener Reformen der Steuergesetzgebung ist die Belastung des einzelnen immer noch hoch. Die wichtigsten direkten Steuern sind die kommunale und die staatliche Einkommensteuer, deren Höchstsatz seit 2013 bei oder über 57 % lag, während der Corona-Pandemie aber auf 32 % gesenkt wurde. Jede Kommune legt ihren eigenen Steuersatz fest, sodass es zwischen einzelnen Gemeinden erhebliche Unterschiede geben kann.

Oberhalb einer bestimmten Einkommensgrenze von ca. 510.000 SEK jährlich wird eine staatliche Steuer von 25 % fällig. Für die meisten Produkte und Dienstleistungen beträgt der Mehrwertsteuersatz 25 %, für Einfamilienhäuser liegt eine kommunale Abgabe bei max. 0,75 % eines hoch angesetzten Einheitswertes. Einkommen aus Kapital wird mit einem einheitlichen staatlichen Steuersatz von 30 % besteuert. Nach einer Berechnung des Vereins der Steuerzahler muss ein schwedischer Normalverdiener von Januar bis Anfang August arbeiten, nur um alle im Jahr anfallenden direkten und indirekten Steuern bezahlen zu können.

Inzwischen hat man festgestellt, dass der Wohlfahrtsstaat und die aktive Arbeitsmarktpolitik für das Land zu teuer werden, und einige Korrekturen vorgenommen. Folgende **Sozialleistungen** gibt es bis heute:

Schwedens Familienpolitik gilt als vorbildlich

- Das einkommensunabhängige und steuerfreie **Kindergeld** (barnbidrag) beträgt 1.250 SEK, also umgerechnet ca. 117 Euro pro Monat für jedes Kind bis zum vollendeten 16. Lebensjahr. Bei mehreren Kindern unter 16 Jahren wird zusätzlich eine „Zulage für große Familien" (flerbarnstillägg) gezahlt. Für Kinder, die nach dem 17. Geburtstag noch die Schule besuchen, kann ein „Verlängertes Kindergeld" (förlängt barnbidrag) beantragt werden.
- Eltern haben Anrecht auf hoch bezahlten **Elternurlaub**. 16 Monate lang gibt es 80 % des bisherigen Einkommens (höchstens 3.050 Euro brutto), wobei jeweils zwei Monate an den Vater sowie an die Mutter gebunden sind. Europaweit überdurchschnittlich ist der Prozentsatz der Väter, die **Elternzeit** nehmen (2023: 43 %).

Corona – Schwedens Sonderweg

info

Am 31. Januar 2020 wurde der erste Corona-Fall in Schweden bestätigt, sechs Wochen später hatte das Königreich den ersten Corona-Todesfall zu beklagen. Wie das Land mit der Krankheit umging, hat die Weltöffentlichkeit polarisiert: Der „schwedische Sonderweg" fand Bewunderer wie harte Kritiker. Der Staatsepidemiologe Anders Tegnell wurde zum international bekannten Repräsentanten dieses Weges – bei den einen als Ikone, bei den anderen als Feindbild. Tatsache ist, dass das skandinavische Land 2020/21 zunächst keine strikten Verbote, keine harten Lockdowns, keine Maskenpflicht und auch keine Komplettschließungen von Schulen, Gastronomie, Läden sowie Kultur- und Freizeiteinrichtungen verhängte. Stattdessen setzte die von Tegnell beratene Regierung auf Selbstverantwortung, Einsicht der Bevölkerung und Freiwilligkeit. Tatsache ist aber auch, dass Schweden dafür einen hohen Preis zahlte: Corona führte zu einer deutlich höheren Übersterblichkeit als in den Nachbarländern, vor allem unter den Bewohnern der Altenheime. Die Inzidenzwerte gehörten 2020 zu den höchsten in Europa, die Intensivstationen waren zeitweilig so stark belastet, dass überlegt wurde, Norwegen, Finnland und Dänemark offiziell um Hilfe zu bitten.

Was im Ausland jedoch oft nicht gesehen wurde: Auch Schweden ließ das Leben durchaus nicht so weiterlaufen wie vor der Pandemie. So wurde der Lehrbetrieb an Gymnasien und Universitäten auf Distanzunterricht umgestellt und es gab Kontaktbegrenzungen u. a. bei Sportevents und in der Gastronomie. Außerdem wurde sowohl von politischer Seite als auch vom Königshaus (wo sich zwischenzeitlich fast alle Mitglieder infiziert hatten) intensiv und erfolgreich zur Impfung aufgerufen. Nach einer kurzzeitigen Aufhebung der Corona-Maßnahmen im September 2021 verfügte die Gesundheitsbehörde (Folkhälsomyndigheten) schon im Dezember wieder eine Verschärfung, als sich die Omikron-Variante rasend schnell verbreitete. Ein 800 Seiten starker Bericht der staatlichen Corona-Untersuchungskommission stellte dem Krisenmanagement der schwedischen Politik kein gutes Zeugnis aus. Neben den im europäischen Vergleich sehr hohen Infektions-, Hospitalisierungs- und Todeszahlen vor allem der über 70-Jährigen habe auch das Prinzip der Freiwilligkeit nicht besonders gut funktioniert. Erschwerend kam hinzu, dass trotz des Sonderwegs die Wirtschaft ebenfalls unter der Pandemie litt – wie alle anderen Länder war auch Schweden 2021 von einer Rezession betroffen.

Am 9. Februar 2022 verkündete die damalige Ministerpräsidentin Magdalena Andersson aufgrund der hohen Impfquote und der meist leichten Krankheitsverläufe die Aufhebung fast aller Restriktionen. Anders Tegnell betonte, dass die „Pandemie in eine andere Phase eingetreten" sei, dass man aber weiterhin sehr vorsichtig sein müsse.

- Familien haben ab dem zweiten Lebensjahr eines Kindes Anspruch auf einen **Platz in der Vorschule** (für 1–5-jährige; Kindergärten gibt es nicht mehr). Der Besuch der Vorschule ist für 525 Stunden im Jahr kostenfrei.
- Anspruch auf eine **Studienunterstützung** (studiestöd) für maximal 240 Studienwochen haben alle Schweden bis 54 Jahre, diese besteht aus einer Studienbeihilfe (studiebidrag) von bis zu 2.572 SEK pro Monat plus einem Studiendarlehen (studielån) von monatlich bis zu 4.920 SEK. Letzteres muss innerhalb von 25 Jahren zurückgezahlt werden.
- Das **Arbeitslosengeld** ersetzt in den ersten 200 Tagen 80 % und in den nächsten 100 Tagen 70 % des vorherigen Einkommens (max. 910 SEK pro Tag für die ersten 100 Tage, ab dann max. 760 SEK pro Tag). Allerdings gibt es nur eine freiwillige Arbeitslosenkasse (in der aber 80 % der Arbeitnehmer versichert sind).
- Die **Altersrente** kann ab dem 62. Lebensjahr beantragt werden, eine Altersobergrenze für Arbeitnehmer gibt es nicht, aber das Recht, bis zum 68. Lebensjahr zu arbeiten. Die Beiträge für die Altersrente belaufen sich auf 18,5 % des Einkommens, davon fallen 16 % für die staatliche Rentenkasse und 2,5 % für einen Aktienfond an, den man sich selbst aussuchen kann. Zusätzlich gibt es betriebliche Altersvorsorge.

Es bleibt festzuhalten, dass die **Sozialleistungen** trotz der Kürzungen noch ein beachtliches Niveau aufweisen. Löhne und Gehälter liegen aber in Schweden häufig unter denen in Deutschland.

Auf **medizinische Versorgung** haben alle Einwohner, Ausländer und Asylbewerber in Schweden Anspruch. Finanziert wird dies über Einkommensteuern und Arbeitgeberabgaben. Wer einen Arzt aufsucht, zahlt eine Grundgebühr, die je nach Region 20–43 Euro je Besuch beträgt (mit einer Auslandskrankenversicherung kann man sich diese Kosten später erstatten lassen). Kostenlose zahnärztliche Betreuung erhalten Kinder und Jugendliche bis zum 19. Lebensjahr. Ansonsten werden Zahnarztkosten teilweise von der Krankenversicherung abgedeckt, die Selbstbeteiligung beträgt höchstens 320 Euro. Allgemein ist die Qualität der medizinischen Versorgung sehr hoch, allerdings werden immer wieder die langen Wartezeiten für Patienten kritisiert.

Gleichstellung

Allgemein hat die **Gleichstellungspolitik** in Schweden wie in allen skandinavischen Ländern eine längere Tradition als in anderen Staaten Europas. Vor allem seit den 1970ern wird diese Politik in Schweden aktiv betrieben und schon 1994 hatte das Königreich im europäischen Vergleich mit 41 % den höchsten Frauenanteil im Parlament. Auch 2023 waren innerhalb der EU die Frauenquoten in den Parlamenten von Schweden (46,4 %) und Finnland (46 %) am höchsten (Deutschland 35 %). Ziel der Gleichstellungspolitik ist, dass jede Person unabhängig von ihrem Geschlecht finanziell auf eigenen Füßen stehen soll. So liegt der Anteil der erwerbstätigen Frauen mit 81,2 % deutlich höher als im europäischen Durchschnitt. Der Anteil der Erwerbstätigkeit der Männer ist mit 83,1 % nur unbedeutend höher. Natürlich sind solche Werte nur möglich durch die **begleitende Familienpolitik**, die mit dem **System der Vor- und Ganztagesschulen** beiden Elternteilen die Berufstätigkeit ermöglicht.

Vor allem in der Landes- und Lokalpolitik sowie im öffentlichen Sektor war die Gleichstellungspolitik erfolgreich. So gab es im Kabinett von Ministerpräsidentin Magdalena Andersson 2021 elf Frauen und zehn Männer, ein Jahr später standen im konservativen Kabinett Ulf Kristerssons elf Frauen dreizehn Männern gegenüber. Der Frauenanteil im Reichstag beträgt derzeit knapp 47 %, der in den Provinziallandtagen um die 50 %. Ähnliche Werte gelten für die Verwaltung öffentlicher Behörden, während in der Privatwirtschaft (anders als in Finnland) leitende Positionen nur mit rund 10 % von Frauen besetzt sind – immerhin aber liegt der Frauenanteil in schwedischen Vorständen bei 25 % (Deutschland 13,4 %). Bei den Berufstätigen sind Einkommensunterschiede zwischen Männern und Frauen zwar vorhanden, diese liegen mit 1–8 % aber deutlich unter den Werten anderer europäischer Länder. Dass insgesamt aber Frauen auch in Schweden weniger verdienen als Männer, liegt daran, dass ihr Anteil in den nicht so gut bezahlten Berufen überwiegt und außerdem rund 25 % der erwerbstätigen Frauen in Teilzeit arbeiten – im Vergleich zu 7 % der Männer.

Bildungssystem

Nach den hervorragenden Platzierungen Schwedens in internationalen Vergleichsstudien wie PISA galt das Königreich noch im Jahre 2000 bei deutschen Bildungspolitikern als großes Vorbild. Wer die innerschwedische Diskussion verfolgte, kann aber die oft **unkritische Bewunderung** für das schwedische Bildungssystem in unseren Medien kaum nachvollziehen. Für einen Schock im Land sorgte die PISA-Studie von 2012, die Schweden nur noch Mittelmaß bei den Lernleistungen seiner Schüler bescheinigte. In den untersuchten Disziplinen Mathematik, Leseverständnis und Naturwissenschaften lag man unter dem **OECD-Durchschnitt** – im Gegensatz zum Punkt Chancengleichheit, bei dem Schweden auf Rang vier der Studie lag. Aufgrund neuer Lehrpläne (s. u.) hoffte man, dass die Defizite bis zur nächsten Studie abgemildert werden könnten, doch diese zeigte Ende 2015, dass Schweden im internationalen Vergleich noch weiter absackte. Da tröstete es auch nicht, dass das bislang bestbewertete Finnland ebenfalls deutlich abrutschte, genau wie die nordischen Nachbarn Norwegen und Dänemark. Vielleicht aufgrund der Reformen holte Schweden allerdings bei den letzten PISA-Erhebungen 2018 und 2022 wieder auf und lag bei den Lernleistungen deutlich über dem OECD-Durchschnitt

In Schweden gibt es seit Jahrzehnten die **neunjährige Gesamtschule** (*grundskola*) als Regelschule für alle Kinder. Bisher setzten mehr als 90 % der Jugendlichen ihre Ausbildung an der sich anschließenden **dreijährigen Gymnasialschule** (*gymnasieskola*) fort. Dort erfolgt ein großer Teil der Berufsausbildung, denn am Ende der Klasse 9, wenn der Schulwechsel ansteht, können die Schülerinnen und Schüler aus einem Angebot von 16 Ausbildungsprogrammen wählen. Zwei davon bereiten vor allem auf ein Studium, 14 primär auf einen Beruf vor. Dabei ermöglichen die berufsvorbereitenden Ausbildungsgänge grundsätzlich auch den Hochschulzugang.

Seit Jahrzehnten dominiert der **Gleichheitsgedanke** das Bildungswesen. Dieser hat die großen sozialen Unterschiede im Bildungssystem aber nicht beseitigen können. Neuere Untersuchungen zeigen deutlich die inneren Schwächen des Systems. Dennoch wird die Gesamtschule als Regelschule, in der 15 % der Lernenden ausländischer Herkunft sind, Hausaufgaben wenig Gewicht haben und Noten erst in den letzten beiden Klassen erteilt werden, offiziell nicht in Frage gestellt. Tatsache ist jedoch, dass zu viele Schüler diese für alle obligatorische Schule ohne solide Grundkenntnisse verlassen. Zum Beispiel hat in den letzten Jahren ein Viertel aller Schüler der Klasse 9 in einem oder mehr Fächern nicht einmal ausreichende Leistungen erbracht. Es gibt mehrere Kommunen, in denen sogar 40 % das Lernziel nicht erreicht haben. Das alte Prinzip, die Schule müsse so organisiert sein, dass alle erfolgreich sein können, hat sich offenbar nicht bewährt. Ernüchternd sind auch die Ergebnisse der jüngsten Untersuchung zur Gesamtschule: Sehr gute Englischkenntnisse bei Jungen und Mädchen, doch im Vergleich mit zehn Jahren zuvor deutlich schlechtere Leistungen, vor allem beim Leseverstehen, in Mathematik und Chemie. *Skolverket*, die staatliche Schulbehörde, sieht die Ursachen in ungenauen Lehrplänen und bescheinigt den Kommunen mangelnde Qualität in der Lehrerausbildung.

In der Kritik steht auch die **Gymnasialschule**. Schweden ist das einzige Land, das sich das ehrgeizige Ziel setzt, allen Jugendlichen Hochschulkompetenz zu vermitteln, obwohl gar nicht alle Schweden Akademiker werden wollen. Was als wohlgemeinte Reform zur Umsetzung des Gleichheitsgedankens gedacht war, trifft die leistungsschwächeren Schüler besonders. Denn die zuvor zweijährigen Ausbildungsprogramme wurden zu dreijährigen aufgestockt, der Theorieanteil des Unterrichts deutlich erhöht. So werden schwache und lernunwillige Schüler, die keine vollständigen Zeugnisse in der Regelschule erhalten konnten, in Sondergruppen unterrichtet. Aus diesen wird häufig von Gewalttätigkeit und Schule-Schwänzen als Folge von Überforderung berichtet. In Schweden gibt es kein duales System, die hohe **Jugendarbeitslosigkeit** ist seit Jahren ein erhebliches Problem.

Die Kommunalisierung des Schulwesens ließ die Unterschiede zwischen den Schulen wachsen. In Stockholm entstehen im Stadtzentrum Eliteschulen, während das Niveau der Gymnasialschulen in den Vorstädten stetig sinkt.

Das **Reformtempo im Bildungsbereich** und die schwierigen Arbeitsbedingungen haben offensichtlich eine Reihe von Lehrern verunsichert oder auch überfordert. Im Unterschied zu Finnland genießt der Beruf des Lehrers in Schweden nur ein geringes Ansehen. Sie werden erheblich niedriger bezahlt als in Deutschland.

Küche

Die zahlreichen Imbissbuden, Pizzerien, Hamburger-Ketten – so gibt es McDonald's rund 30 Mal allein in Stockholm – lassen beim Besucher schnell den Eindruck aufkommen, als gäbe es keine schwedische Küche. Natürlich haben die Reiselust der Schweden und die große Zahl der Einwanderer die Essensgewohnheiten der Skandinavier verändert und die **traditionelle ländliche Kochkunst**, *husmanskost* genannt, beeinflusst, doch eine Reihe althergebrachter Gerichte und Gewohnheiten bestimmen nach wie vor die Essenskultur. Die meisten der besseren Restaurants des Landes führen inzwischen einige der Gerichte der Vergangenheit auf ihrer Speisekarte, und ein Zurück zu den Rezepten aus Großmutters Tagen ist unverkennbar.

Auch im internationalen Vergleich können sich Schwedens Köche inzwischen behaupten, nachdem sie zahlreiche Wettbewerbe gewonnen haben und einige Restaurants höchsten Gourmetansprüchen gerecht werden. Der Beruf des Kochs hat in den letzten Jahren deutlich an Ansehen gewonnen, und viele junge Schweden drängt es dorthin. Viele Gerichte sind an bestimmte Fest- und Feiertage gebunden. Nicht selten gehen sie auf eine Vergangenheit zurück, in der die Nahrung für den langen, rauen Winter konserviert werden musste.

Schon die Wikinger kamen auf ihren langen Seefahrten nicht ohne getrockneten, gesalzenen Fisch und geräuchertes Fleisch aus. **Lachs** und **Hering** waren über etliche Jahrhunderte ein wichtiges Grundnahrungsmittel, vor allem in den Küstenlandschaften des Nordens. Die Unterscheidung von *sill* für den Hering und *fisk* für alle anderen Fischarten deutet sprachlich schon die besondere Bedeutung des Herings an, der in einer Vielzahl von

Variationen zubereitet wird – gebraten, mit Zwiebeln und Lorbeerblatt (*glasmästarsill*), in süß-saurer Senfsauce (*senapsill*). Der *strömming*, manchmal auch baltischer Hering genannt, wird immer noch reichlich in der Ostsee gefangen und ebenso abwechslungsreich wie der sill, sein artverwandter Nachbar aus der Nordsee, gegessen. Für Abwechslung in der Zubereitung sorgen Salz, Zucker, Essig, Pfeffer, Ingwer, Meerrettich, Zwiebeln, Petersilie, Dill, Senfkörner usw.

Nicht jedermanns Sache ist der *surströmming*, eine gegorene Heringsspezialität aus Nordschweden, die man Ende August als Konserve im Handel bekommen kann. Sobald man die Dose öffnet, erfüllt ein intensiver, fauliger Geruch oder, je nach Empfindung, Gestank den Raum. Schon im Mittelalter gelangte der Lachs aus dem Norden gesalzen, geräuchert oder gebeizt in großen Mengen nach Stockholm.

Empfehlenswert ist der *gravad lax*, eine mindestens zwei Tage in eine Beize aus Salz, Pfeffer, Zucker und Dill eingelegte Köstlichkeit. Zu den stärker an eine Region gebundenen Spezialitäten gehört sicher die Tradition in Schonen, am 10./11. November Gans zu essen. Vorher gibt es *svartsoppa*, gekocht aus dem Blut der Gans (*gås*). Die südlichste Provinz ist auch bekannt für verschiedene Aalgerichte. Wer besonders gerne Lamm- und Hammelfleisch isst, kommt auf der Ostseeinsel Gotland voll auf seine Kosten, wo man gegrillte oder geröstete Scheiben Lamm bekommt, wenn man *glödhoppa* bestellt.

Nicht jeder mag surströmming – gegorenen Hering

Neben **gebeiztem und geräuchertem Lapplandlachs** gehört die **Große Maräne**, ein bis zu 90 cm langer Lachsfisch mit wohlschmeckendem weißen Fleisch, ebenso zu den Besonderheiten des hohen Nordens wie der *löjrom*, der **rote Kaviar** aus den nördlichen Bereichen des Bottnischen Meerbusens. Einen zarten Wildgeschmack hat das **Rentierfleisch**. Geräuchertes Rentierschulterblatt (*rökt renbog*) gehört zum Feinsten, was lappländische Esskultur zu bieten hat. Andere Nordlandspezialitäten sind die goldgelbe **Multebeere** (*hjortron*) zur Herstellung von Marmelade (auch Likör) und das *tunnbröd*, ein hauchdünnes, aus dem Mehl von Roggen, Weizen und Gerste gebackenes Brot. Typisch schwedisch sind auch die **Blaubeer-** und die **Nyponsuppe** (Hagebuttenkaltschale). Empfehlenswert ist die *filmjölk*, eine Sauermilch, die in verschiedenen Fettstufen als *lättfil* (0,5 %), *mellanfil* (1,5 %) und *fil* (3 %) in jeder Lebensmittelabteilung erhältlich ist. Beliebt sind auch die *semlor*, aus hellem Weizenmehl gebacken und mit Mandelmasse und Sahne gefüllt. Ursprünglich nur am Tag vor Aschermittwoch verzehrt, am *fettisdagen*, gibt es sie heute von kurz nach Weihnachten bis Ostern.

Was die schwedische Küche außerhalb des Landes bekannt gemacht hat, ist das **schwedische Büfett** (*svenskt smörgåsbord*), das einer Zeit entstammt, als die Menschen auf dem Lande zu verschiedenen Anlässen zusammenkamen und jeder etwas zu essen mitbrachte.

Zum *julbord* laden viele Restaurants in der Vorweihnachtszeit oder zu Weihnachten, wenn das Büfett um weihnachtstypische Beilagen ergänzt wird.

Nach einem ungeschriebenen Gesetz beginnt man das *smörgåsbord* mit den Fischgerichten und Marinaden, dem *strömming* oder dem *sill*, mal süß, süß-sauer oder sauer. Der zweite Gang besteht häufig aus Lachs, Forelle und/oder Aal. Erst danach geht man zum Fleisch über, zum kalten Schweine- oder Rinderbraten, vielleicht findet sich auch Rentier- und Elchfleisch, das man mit einem der vielen Salate oder Kompott probieren kann. Jetzt folgt das warme Hauptgericht (*varmrätten*). Das Vergnügen endet mit einem Dessert oder Obstsalat, manchmal gibt es Aquavit und Bier zu trinken, mit Sicherheit wird der Kaffee nicht fehlen.

Einige typische schwedische Gerichte:

Hauptgerichte

- *Älggryta* – Elchgulasch
- *Biff à la Rydberg* – geschnetzeltes Rindfleisch, serviert mit Bratkartoffeln, Zwiebeln und rohem Eigelb
- *Gul ärtsoppa med fläsk* – dicke gelbe Erbsensuppe mit Speck; traditionelles Donnerstagsessen
- *Janssons frestelse* – Kartoffelauflauf mit Anchovis, Zwiebeln und Schlagsahne
- *Köttbullar* – Hackfleischbällchen aus Rind- und Schweinehack, serviert mit Salzkartoffeln, Pommes frites oder Kartoffelpüree, brauner Sahnesoße (*brunsås*) und Preiselbeeren (*lingon*)
- *Pytt i panna* – in der Pfanne gebratene gewürfelte Kartoffeln, Wurst- und Fleischstückchen samt Spiegelei, dazu Rote Bete; klassisches Restegericht
- *Wallenbergare* – Frikadellen aus Kalbshack, Zwiebeln und Sahne. Als Beilage gibt es meist Kartoffelpüree, Erbsen und Preiselbeeren

Zum Nachtisch oder im Café

- *Kanelbullar* – Hefegebäck mit Zimt
- *Pannkakor med sylt* – Pfannkuchen mit Marmelade
- *Princesstårta* – Sahnetorte unter giftgrüner Marzipanhaube, gefüllt mit Marmelade und Vanillecreme

Doch der schwedische Alltag besteht auch aus einer Fülle weiterer kulinarischer Köstlichkeiten. Neben den allgegenwärtigen *köttbullar* stehen in vielen Haushalten und den Schulkantinen oft **Dorsch**, **Hafergrütze**, **Erbsensuppe** oder dünne **Mehlpfannkuchen** auf dem Speiseplan. Beliebt sind die *filmjölk* (Sauermilch) und eine Reihe von **Käsesorten**; in den letzten Jahren hat Gemüse an Bedeutung gewonnen, vor allem isst man viel Salat.

Eine Kneipen- und Restaurantkultur wie in den südlicheren Breiten entsteht in den letzten Jahren in den großen Städten Schwedens. Doch oft ist man eher häuslich, lädt Familienangehörige, Freunde und Bekannte zu gemeinsamem Essen und Trinken in das eigene Heim und macht es sich dort in den langen Wintermonaten mit vielen Lichtern und Kerzen (*levande ljus*) gemütlich oder verbringt mit ihnen die langen, hellen Sommerabende an seiner *sommarställe* in der Natur.

Man sagt den Schweden nach, dass es bei ihnen sehr förmlich zugehe, zumindest gilt dies für eine Einladung zum *middag*, dem **Abendessen**. Von besonderer Bedeutung ist dabei ein kleines Wort, das den Menschen im Norden häufig über die Lippen geht und den

Umgang miteinander bestimmt: *tack*, danke. *Tack* kann aber auch bitte bedeuten. Wird man also von schwedischen Freunden oder Bekannten eingeladen, wird erwartet, dass man pünktlich ist. Blumen für die Gastgeberin sind üblich. Beim Betreten der Wohnung ist es üblich die Schuhe auszuziehen, andernfalls weist der Gastgeber darauf hin, dass dies nicht nötig ist.

Sowohl beim Kommen als auch beim Abschied gab man sich vor Corona die Hand. Wird man den Gästen nicht vorgestellt, so nennt man selbst seinen Vor- und Nachnamen bei der Begrüßung. Bei einer mehr formellen Einladung ist die Sitzordnung festgelegt, und es gilt als besondere Ehre, links neben der Gastgeberin sitzen zu dürfen. Was aber nach dem Essen die Verpflichtung einschließt, mit einer kleinen Rede und einem abschließenden *skål* für das Essen zu danken. Wenn man den Tisch verlässt, dankt man noch einmal für das Essen mit einem *tack för maten*. Üblich ist es auch, innerhalb einer Woche noch einmal seinen Dank für die Gastfreundschaft zum Ausdruck zu bringen, indem man anruft und das Gespräch mit einem *tack för senast* (Vielen Dank für neulich) beginnt. Unter der jüngeren Generation hat die strenge Etikette jedoch an Bedeutung verloren.

Getränke

Kaffee (*kaffe*) ist das Nationalgetränk der Schweden. Er wird nicht so stark zubereitet wie hierzulande und aus mittelgroßen Tassen getrunken, von denen man im Laufe des Tages die eine oder andere zu sich nimmt. In vielen Cafeterias und Restaurants ist es durchaus üblich, dass man die erste Tasse bezahlt und dann kostenlos Kaffee nachschenken kann. Zum Essen trinkt man häufig **Milch** (*mjölk*), die gut schmeckt und preiswert ist, oder **Mineralwasser** und *lättöl*, das leichte, fast alkoholfreie **Bier**. Mineralwasser, andere alkoholfreie Erfrischungsgetränke (*läsk*) und *lättöl* werden häufig in den Supermärkten in kleinen Kisten zu je 20 Flaschen je 0,33 l angeboten.

Wie in den anderen skandinavischen Ländern ist auch in Schweden der große Alkoholkonsum ein Problem. Und wie wohl nirgendwo in Europa sehen Norweger, Finnen und Schweden sich einer breiten und massiven Bewegung gegen den „Teufel Alkohol" ausgesetzt. Selten ist in Schweden eine andere Frage während des 20. Jh. so kontrovers und emotionsgeladen geführt worden.

In den letzten 200 Jahren entwickelte sich der **Alkoholmissbrauch** zu einer Volksseuche, als deren Ursache häufig das harte Klima, die langen, dunklen Winter, nackte Armut und Einsamkeit in den spärlich besiedelten Räumen angeführt werden. Gegen die verbreitete Trunksucht und ihre Folgen haben im 19. Jh. Abstinenzler, Guttemplerorden und Arbeiterbewegung gekämpft, und 1922 drohte Schweden mit den Abstinenzlern als stärkster Kraft im Reichstag die Prohibition. Nach einer Volksabstimmung entschied man sich dann für ein Kontrollsystem besonderer Art: Eine staatseigene Gesellschaft besorgte den Handel mit Alkoholika, und jeder Bürger erhielt ein Einkaufsbuch, sodass der Konsum einer Person über 25 Jahre auf maximal vier Liter Spirituosen pro Monat begrenzt wurde.

Noch bis 1955 galt dieses sogenannte **Bratt-System**, benannt nach einem Stockholmer Arzt. Geblieben ist das landesweite staatliche Monopol des Alkoholverkaufs. Wein, Spirituosen und Bier gibt es nicht in Kaufhäusern, Supermärkten, Lebensmittelgeschäften oder an Kiosken zu kaufen, sondern nur im **Systembolaget** oder **Systemet**, wie die Schweden es nennen. Außerhalb der staatlichen Monopolläden erhält man nur *lättöl* mit geringem Alkoholgehalt und *öl klass II* mit einem Alkoholgehalt von max. 3,5 %.

Trotz strenger Alkoholgesetze wissen die Schweden zu feiern

In den gut sortierten, aber unscheinbaren Verkaufslokalen von Systemet bestimmen Information und Antiwerbung die Auslagen. Noch immer sollen die Schweden weg von den harten Getränken hin zum zivilisierten Umgang mit Bier und Wein erzogen werden. Denn nach einer einfachen Formel steigt die Zahl der Alkoholiker mit dem Gesamtverbrauch. Wichtigstes Mittel einer restriktiven Alkoholpolitik ist eine gesalzene Steuer, die mit dem Prozentgehalt eines Getränkes ansteigt.

Die billigsten Weine beginnen bei ca. 6 Euro bzw. 70 SEK. Zum Basisangebot einer jeden Filiale gehören inzwischen rund 90 Rot- und 80 Weißweine, größere Geschäfte führen mehr als 2.000 verschiedene Produkte. Ein schlichter Wodka (0,7 l) ist unter 200 SEK nicht zu bekommen, für schottischen Whisky legt man je nach Sorte ca. 220–1.000 SEK auf den Tisch, wobei auch höhere und höchste Ansprüche bedient werden können, z. B. für den Whisky „Bowmore 1965" mit ganzen 371.557 SEK!

Solange die **Alkoholsteuer** in Schweden rund viermal so hoch ist wie in der Bundesrepublik, wird der Großeinkauf der Skandinavier auf deutscher Seite oder auch beim dänischen Nachbarn, der die Alkoholsteuern gesenkt hat, bei den zunehmend größeren Importmöglichkeiten weitergehen.

Um im Systemet, das in der Regel an Nachmittagen vor den Feiertagen geschlossen bleibt, einkaufen zu können, muss man mindestens 20 Jahre alt sein. Inzwischen müssen Kunden unter 25 Jahren immer ihren Ausweis vorlegen, bevor sie bedient werden. Ansonsten bekommt man natürlich Höherprozentiges in Kneipen, Restaurants o. ä., sofern diese die entsprechende Lizenz besitzen. Und hier reicht auch ein Mindestalter von 18 Jahren.

Aufgrund der **restriktiven Alkoholpolitik** ist der Pro-Kopf-Verbrauch gegenüber vielen anderen Ländern eher gering. In Deutschland trinkt man etwa doppelt so viel Bier und insgesamt liegt der Pro-Kopf-Konsum von Alkohol um rund 20 % höher. Durch den EU-Beitritt musste Schweden allerdings nach und nach einige strenge Bestimmungen über Bord werfen, z. B. sind Restaurants und Bars nicht länger gezwungen, ihre Alkoholika über das Systembolaget zu bestellen und im Sinne des freien Warenverkehrs können sich Schweden Spirituosen aus dem EU-Ausland direkt per Versandhandel zuschicken lassen. Wegen der hohen Freimengen auf den Fähren und des großen Marktes an Schmuggelware und Selbstgebrannten konnten auch die extrem hohen Preise nicht gehalten werden. Gegenwärtig, so schätzt man, kommen nur noch 30 % der im Land konsumierten Alkoholika durch das Systembolaget auf den Markt.

Feste und traditionelle Bräuche

In einem Land wie Schweden hat schon immer der Rhythmus der Jahreszeiten gerade auch in der alten Bauerngesellschaft das Leben der Menschen bestimmt. Kulturelle Strömungen von außen haben dabei oft die eigene volkstümliche Kultur beeinflusst. Vor allem eingewanderte deutsche Bergleute und die Hansekaufleute, die den Handel belebten und maßgeblich am Aufbau des Städtewesens beteiligt waren, lieferten Muster und Vorbilder für **schwedisches Brauchtum**. Von großer Bedeutung war die katholische Kirche, die die volkstümlichen Feste seit dem Mittelalter dermaßen geprägt hat, dass sie die Reformation überdauerten. Abgesehen von Ostern und Weihnachten, die im Schweden der Gegenwart in ähnlicher Weise gefeiert werden wie im deutschsprachigen Raum, sieht man einmal davon ab, dass vielen Schweden die Kirche und ihre Botschaft nichts bedeutet, sollen im Folgenden kurz einige der markanten jährlich wiederkehrenden Feste und Feiern vorgestellt werden.

Walpurgisnacht

Ähnlich wie das Mittsommerfest ist auch das bei uns unbekanntere Walpurgisfest, das in Schweden am Vorabend zum 1. Mai begangen und im Schwedischen als „Valborg“ (Walpurgis) bezeichnet wird, ein Tag, der draußen und in größeren Gruppen gefeiert wird. Die Festaktivitäten erreichen vor allem in den alten Universitätsstädten Uppsala und Lund, aber auch in Göteborg, Stockholm oder Umeå ein größeres Ausmaß als eine Art Willkommensgruß des Frühlings seitens der Studenten, wenn am Nachmittag vor der Walpurgisnacht die jungen Leute in feucht-fröhlicher Stimmung alle gleichzeitig ihre weißen Studentenmützen aufsetzen, als Zeichen des herannahenden Frühlings – zumindest in Südschweden. Auch andernorts entzünden ideelle Vereinigungen Walpurgisnachtfeuer, Redner und Chorsänger variieren in ihren Texten und Liedern die Ankunft des Frühlings. Die schwedische Sitte des Feuermachens leitet sich von der norddeutschen Walpurgisnacht her. Dort wollte man in jener Nacht die bösen Hexen abwehren, die sich zum Teufelskult trafen.

Der Nationalfeiertag am 6. Juni

Ein fester Bestandteil der schwedischen Kulturlandschaft sind die vielen privaten weißen Fahnenstangen, von denen die schwedische Fahne, ein gelbes Kreuz auf blauem Grund, weht. Das Verhältnis der Schweden zu ihrem nationalen Symbol ist völlig unverkrampft. Am 6. Juni, dem Nationalfeiertag, steht die Nationalflagge im Mittelpunkt verschiedener Feierlichkeiten. Der 6. Juni ist ein Tag, der erst seit 1983 offiziell begangen wird. Obwohl seit 2005 an diesem Tag nicht mehr (anstelle des Pfingstmontags) gearbeitet wird und Flaggenparaden, wie z. B. die auf Skansen in Anwesenheit der Königsfamilie, stattfinden, hat er nicht annähernd den Volksfestcharakter wie der überschwänglich gefeierte 17. Mai in Norwegen. Dass der 6. Juni als Nationalfeiertag ausgewählt wurde, liegt an der Geschichtsträchtigkeit des Datums, denn am 6. Juni 1523 wurde Gustav I. Vasa zum schwedischen König gewählt, am 6. Juni 1809 wurde die (mittlerweile überholte) neue schwedische Verfassung verabschiedet.

Krebsessen

Kommt der Reisende im August nach Schweden, bemerkt er bald, dass dieser Monat ganz im Zeichen des Krebses steht. Es ist die Zeit der Krebsessen (*kräftskivor*). Die Tiefkühltruhen der Supermärkte sind randvoll mit Flusskrebsen aufgefüllt, und zum Kult um die Krebsfestessen gehören mit Krebsen bedruckte Teller, Servietten, Schürzen sowie spezielle Schalen, Gläser, ferner bunte Papierlaternen, witzige Mondgesichter usw. Der Handel profitiert von dem **Spätsommerritual** der Schweden, die zu den Flusskrebsen Bier (*öl*) und Schnaps (*brännvin*) trinken und, wenn sie in der richtigen Stimmung sind, Trinklieder mit den unsinnigsten Texten zum Besten geben. Die Tradition der Krebsfestessen ist nicht sehr alt.

Als vor rund hundert Jahren die auch in europäischen Metropolen begehrten schwedischen Flusskrebse von der Ausrottung bedroht waren, erließen die Behörden ein Fangverbot, das nur für einige Wochen im Herbst außer Kraft gesetzt wurde, sodass das schwedische Bürgertum das Krebsessen in jenen Tagen als etwas Besonderes zelebrierte. Als 1907 eine tödliche Krankheit die schwedischen Flusskrebse weitgehend vernichtete, blieb nur noch der Import der Schalentiere, um das ritualisierte Krebsfestessen bis zum heutigen Tag aufrecht zu erhalten.

Die meisten der in Schweden verzehrten Flusskrebse stammen aus den USA, China und der Türkei. Zu den jährlich 2.500 Tonnen Krebsen aus dem Ausland kommen inzwischen 1.500 Tonnen in Schweden gefangene Krebse, die deutlich teurer sind (400–500 SEK/kg). Eine kleine Gruppe von Berufsfischern in den Seen Vättern und Hjälmaren lebt inzwischen gut vom Verkauf der *signalkräftor.* Um 1980 von den Behörden und Privatpersonen ausgesetzte Krebse aus den USA haben sich reichlich vermehrt, sodass die Fischer sechzig mal mehr der Schalentiere fangen als von 15 Jahren, aber gegen eine eventuelle Krebspest sind auch die neuen Bestände nicht immun.

Mittsommer

In einem Land, in dem die Menschen dem kurzen, sehr intensiv erlebten Sommer entgegenfiebern, gehört das Mittsommerfest zu den großen Festtagen des Jahres. Gefeiert wird das große Sommer-Volksfest an dem Wochenende, das dem 24. Juni am nächsten liegt. Die Ursprünge gehen möglicherweise auf Feiern und kultische Handlungen zur **Sommersonnenwende** in vorgeschichtlicher Zeit zurück. Überall im Lande sieht der Reisende in Dörfern und Städten die mit Blumen und Grün geschmückte Stange stehen, die Mittsommer- oder Maistange (von *maja* = schmücken), Sinnbild und Mittelpunkt der ausgelassenen Feiern in der hellsten Nacht des Jahres. Alt und Jung tanzen alte **Ringtänze um den Mittsommerbaum**, begleitet von den traditionellen Klängen der Volksmusik, bis der Jugend mit ihren modernen Tänzen und den neuesten Hits die Nacht gehört. Früher glaubte man an die magische Kraft der Mittsommernacht. So legte man jungen Mädchen nahe, sieben verschiedene Blumen zu pflücken und unter das Kopfkissen zu legen, weil sich dann im Traum der zukünftige Mann zeige. Heutige Schwedinnen halten nicht mehr viel von dieser Gepflogenheit.

Der Mittsommerbaum ist keineswegs urschwedisches Brauchtum, das der Bauernkultur Dalarnas entstammt, auch wenn der Maler Anders Zorn mit seinem bekannten Bild „Mittsommertanz in Dalarna" (s. S. 436), das die traditionelle Art, das Volksfest zu feiern, darstellt, möglicherweise zu dieser Vorstellung beigetragen hat. Der schwedische Mittsommerbaum ist nämlich ein kontinentaler Maibaum, der über den Einfluss der Deutschen nach Schweden gelangt ist. Doch da am 1. Mai die Natur vielerorts noch nicht so weit ist, einen Maibaum zu schmücken, musste man bis um Mittsommer warten. Dass Mittsommer vor allem ein Fest der Jugend und der Lebensfreude ist, zeigt sich jedes Jahr von neuem, wenn sich Tausende junger Leute zu den Brennpunkten des Geschehens

Vorbereitung fürs Fest: beim Aufstellen der Mittsommerstange

schon Tage vorher auf den Weg machen, um auf Öland, in den Stockholmer Schären, an der Westküste oder vor allem in der Traditionslandschaft Dalarna das Volksfest feucht und fröhlich zu begehen.

Verleihung der Nobelpreise am 10. Dezember

Bekannt wurde Alfred Nobel (1833–1896) als Erfinder des Dynamits. Sein Sprengstoff hat die industrielle Entwicklung weltweit beschleunigt, indem z. B. Bodenschätze schneller abgebaut und der Bau von Eisenbahnstrecken und Fernstraßen quer durch die Kontinente erleichtert wurden. Heute sind mit dem Namen des schwedischen Industriellen jene Preise verbunden, die als **höchste zivile Auszeichnungen** auf der ganzen Welt geschätzt werden. Jedes Jahr werden am 10. Dezember, dem Todestag des Stifters, im Stockholmer Konzerthaus feierlich die Nobelpreise für Physik, Chemie, Physiologie oder Medizin, Literatur und seit 1968 – von der Schwedischen Reichsbank gestiftet – für Wirtschaftswissenschaften vergeben. Am Abend finden die weiteren Feierlichkeiten dann in den festlichen Räumen des Stadthauses (Stadshuset) statt. An diesem Tag erfolgt auch die Verleihung des Friedensnobelpreises in Oslo.

Ausgewählt werden sollen von verschiedenen Komitees laut Nobels Testament jene, „die im verflossenen Jahr der **Menschheit den größten Nutzen** geleistet haben". Die Wissensgebiete spiegeln deutlich Nobels Interessen wider, weshalb er Kunst, Architektur und Musik nicht berücksichtigte. Da er sich intensiv mit dem Problem des Friedens befasste und die Initiativen der ihm nahestehenden Baronin Bertha von Suttner aus Österreich unterstützte, verfügte er in seinem Testament, demjenigen den Friedenspreis zuzusprechen, „der am meisten oder besten für die Verbrüderung der Völker gewirkt hat und für die Abschaffung oder Verminderung der bestehenden Heere sowie für die Bildung und Verbreitung von Friedenskongressen".

Keine leichte Aufgabe für das norwegische Nobelkomitee, das vom Parlament, dem Storting, gewählt wird. Den Grund, warum gerade Norwegen ausgewählt wurde, den Friedensnobelpreis zu verleihen, hat Nobel nie genannt. Zu seinen Lebzeiten waren jedoch Schweden und Norwegen (bis 1905) in einer Union vereinigt, sodass es für ihn wohl selbstverständlich war, die Preisverleihung auf beide Teilstaaten zu übertragen.

Die Höhe des Preisgeldes hängt von den finanziellen Vorjahresergebnissen der Nobelstiftung ab. Aber nicht nur aus finanziellen Gründen hat der 1901 erstmals verliehene Nobelpreis nichts von seiner einzigartigen Attraktivität verloren, auch wenn die Entscheidungen, vor allem bei der Vergabe des Literatur- und des Friedenspreises, immer wieder heftig kritisiert worden sind. Groß ist die Liste der berühmten Literaten, die nicht bedacht worden sind. Viel diskutiert wurde etwa die Verleihung des Friedenspreises an Barack Obama wenige Monate nach seinem Amtsantritt als US-Präsident 2009 oder die an den chinesischen Menschenrechtler Liu Xiaobo 2010. Und wegen ihrer Haltung in der Frage bezüglich der Minderheit der Rohingya wurden gegenüber der birmanesischen Politikerin Aung San Suu Kyi Stimmen laut, die eine Rückgabe des 1991 verliehenen Preises forderten. 2017 stürzte die **Schwedische Akademie** (S. 24 u. 133), die den Literaturnobelpreis vergibt, nach Vorwürfen der sexuellen Belästigung, Vergewaltigung und Korruption in eine schwere Krise. Wegen dieser Affäre und des darauffolgenden Rücktritts einiger Mitglieder konnte die Akademie 2018 keinen Nobelpreis verleihen, tat dies dann aber 2019 rückwirkend durch die Verkündung zweier Preisträger.

Lucia, 13. Dezember

Wer sich am 12./13. Dezember in Schweden bei Freunden und Bekannten aufhält, wird möglicherweise in den frühen Morgenstunden vom **Klang des Lucia-Liedes** „Sankta Lucia" geweckt, wenn ein junges Mädchen in einem langen weißen Gewand und mit einem Lichterkranz auf dem Haar als Lucia mit Kaffee, Glühwein und Safran-Gebäck erscheint. Wohl nicht wenige Schweden glauben, die Feier des Lucia-Festes gehe auf die sizilianische Heilige Lucia von Syrakus zurück, jene Märtyrerin, deren Namenstag am 13. Dezember begangen wird.

Der typisch schwedische Brauch setzt sich aus verschiedenen Traditionssträngen zusammen. Während des Mittelalters, als man annahm, auf Lucia falle die längste und dunkelste Nacht des Jahres, begann am 13. Dezember das **Weihnachtsfasten**, sodass man in den frühen Morgenstunden noch einmal kräftig zulangte. Die Sitte hielt sich auch nach der Reformation und gipfelte in der Regel, dass man sieben Mal vor Sonnenaufgang ein Frühstück zu sich nehmen solle.

Auch im 17. und 18. Jh. kamen Aufwartungen mit Essen und Trinken vor. In dieser Zeit ist es ein Mädchen mit weißem Gewand und einer Lichterkrone auf dem Haar. Dieser Einfluss stammt aus dem deutschen Raum. Nach der Reformation, als der Heiligenkult abgeschafft wurde, war es offensichtlich schwierig, eine so populäre Gestalt wie den Schutzpatron der Schulkinder, den heiligen Nikolaus, zu verbannen. So ersetzte man ihn in Deutschland durch das Christkind, und die Bescherung erfolgte statt am Nikolaustag an Weihnachten. In von Deutschland beeinflussten Kreisen in Schweden um den Vänersee

Wenn Mädchen mit einem Lichterkranz unterwegs sind, dann ist Lucia

und um Bergslagen konnte sich das Christkind nicht an Weihnachten behaupten, sondern wurde auf den Lucia-Tag verdrängt. Man übernahm den Namen der Heiligen, der trefflich in die Dunkelheit des Winters passte, denn Lucia leitet sich vom lateinischen Wort *lux* (Licht) ab. Die einst üppigen Frühstücksbräuche, auch Schnaps wurde früher getrunken, wurden im 19. Jh. durch Kaffee und Lucia-Katzen (*lussekatter*) – ein mit Safran gewürztes Hefegebäck – ersetzt.

In ganz Schweden wurde das Feiern der Lucia erst populär, als die Zeitung „Stockholms Dagblad" 1927 den ersten öffentlichen Lucia-Zug organisierte. Die rasche Verbreitung kam ganz offensichtlich einer Tendenz entgegen, immer öfter Weihnachtsfeiern an Arbeitsplätzen, in Schulen, Altenheimen, in Vereinen usw. zu veranstalten, zumal das Weihnachtsfest immer noch ein Familienfest ist. Daneben feiern viele Schweden ihr Lucia-Fest in der Familie, wo oft das jüngste weibliche Mitglied als Lucia, als Christkind in der Rolle einer Heiligen, auftritt. Populär sind auch **Lucia-Wettbewerbe** im Land, bei denen der Leser einer Zeitung oder die Konsumenten eines Einkaufszentrums aus den abgelichteten jungen Mädchen ihre Lucia, meist mit blondem, wallendem Haar, auswählen, auf die dann eine Reihe öffentlicher Auftritte wartet.

Das bekannte Lucia-Lied beruht auf einer neapolitanischen Melodie, die im 19. Jh. von Teodoro Cottran aufgeschrieben wurde. Bekannte schwedische Übersetzungen sind „Sankta Lucia, ljusklara hägring" von Sigrid Elmblad oder „Natten går tunga fjät" von Arvid Rosén. Wie ausgiebig die Schweden in der Gegenwart den 13. Dezember feiern, mag daran deutlich werden, dass die Polizei, ähnlich wie an Mittsommer, eine rekordverdächtige Zahl an Führerscheinen einsammelt.

2. SCHWEDEN ALS REISEZIEL

Allgemeine Reisetipps A–Z

 **Hinweis**

In den Allgemeinen Reisetipps A–Z finden sich – alphabetisch geordnet – reisepraktische Hinweise für die Vorbereitung der Reise und für den Aufenthalt in Schweden. Auf den anschließenden Grünen Seiten (ab S. 122) werden Preisbeispiele für den Schweden-Aufenthalt gegeben. Im Reiseteil (ab S. 126) sind bei den jeweiligen Orten und Routenbeschreibungen Auskünfte über Infostellen, Sehenswürdigkeiten mit Adressen und Öffnungszeiten, Unterkünfte, Restaurants, Nachtleben, Verkehrsmittel, Touren sowie Einkaufs- und Sportmöglichkeiten aufgeführt. Die Angaben in diesem Buch wurden sorgfältig recherchiert, sollten sich dennoch Details geändert haben, freuen wir uns über Anregungen und Korrekturen: info@iwanowski.de.

Angeln

Auch wenn es im Süden Schwedens eine Vielzahl von Seen gibt, die von Versauerung betroffen sind, so bietet der Naturraum mit seinem Reichtum an Flüssen und intakten Seen und einer fast 8.000 km langen Küstenlinie ideale Angelbedingungen. Schließlich ist das Angeln der Schweden liebstes Vergnügen, sodass ein bedeutender Wirtschaftszweig um den Angelsport entstanden ist. Etwa ein Viertel aller Schweden geht zuweilen diesem erholsamen Hobby nach. Eine Untersuchung der obersten Fischereibehörde zeigte, dass knapp 1,6 Mio. Schweden das Angeln als Freizeitbeschäftigung ausüben. Die von ihnen gefangene Menge Fisch wird auf 15.000–20.000 Tonnen pro Jahr geschätzt. Es gibt kaum einen Urlaubsort, Campingplatz oder Ferienhaus, in deren Nähe nicht lohnende Fischgewässer liegen. Ja selbst in der Stockholmer Innenstadt nahe dem Königlichen Schloss kann man gelegentlich beobachten, wie Lachse aus dem Wasser gezogen werden.

An der Küste sowie in den fünf großen Seen Vänern, Vättern, Mälaren, Hjälmaren und Storsjön ist das Angeln mit einer Rute kostenlos. Für andere Gewässer benötigt man eine Angelkarte *(fiskekort)*, die teilweise auch für eine ganze Region gültig ist. Diese bekommt man in Touristenbüros, in Sportgeschäften, manchmal auch in Lebensmittelläden, Tankstellen oder aus dem Automaten, die Preise sind je nach Lage, Saison und Beliebtheit des Angelreviers höchst unterschiedlich. Wer eine Angelkarte kauft, sollte sich auf jeden Fall über die in seinem Gebiet geltenden Bestimmungen informieren.

Grob lassen sich in Schweden **fünf Regionen für Angler** unterscheiden. An der Westküste sind vor allem Dorsch, Hecht, Barsch und Meerforelle oder auch Leng und Wolfsfisch verbreitet, an der Ostküste dominieren Felchen, Äsche, Meerforelle und Dorsch. In den Flüssen und Seen Südschwedens trifft der Angler vorwiegend auf Bach- und Regenbogenforelle, Lachs, Barsch, Bachsaibling, Renke, Aal und Meerforelle. In Mittelschweden, in den großen Seen und Flüssen, fängt man Lachs, Forelle, Saibling, Äsche, Barsch, Hecht und Regenbogenforelle, während der Norden ein ideales Fanggebiet für Lachs, Forelle, Renke, Saibling, Äsche, Hecht, Barsch, Regenbogenforelle und Zander ist.

Angler aus dem In- und Ausland zieht es zwischen April und September zu den bekanntesten Lachsrevieren wie Mörrum im südlichen Blekinge, zum Ätran bei Falkenberg im Südwesten oder zum Fluss Örkilsälv bei Munkedal.

Die besten Gewässer, um Lachse zu fangen, sind Göta älv, Ätran, Lagan, Morrumsån, Ångermanälven, Skellefteälven und Luleälven. Die Lachse, die man hier fangen kann, wiegen teils bis zu 30 kg.

Lachsfischen in Nordschweden

Der Atlantische Lachs *(salmo salar)*

info

Für Fischer und Sportangler hat der Lachs als „König der Fische" nichts von seiner Faszination verloren. Mit seiner weichen Konsistenz und seinem hohen Fettgehalt unterscheidet sich der Atlantische Lachs vom Pazifischen Lachs, der in den Gewässern Alaskas und Kanadas heimisch ist.

Frei lebend findet man den Atlantischen Lachs im nördlichen Atlantik, im Eismeer, in der Ostsee sowie in den Flüssen Skandinaviens und Schottlands. In Schweden ist der Wildlachs noch in einigen Flüssen anzutreffen, einzelne Populationen gibt es in großen Seen, wie z. B. dem Vänern.

Geboren wird der Wildlachs in den oberen Flussläufen, wo sich die kleinen Fischchen zunächst von ihrem Dottersack ernähren. Danach entwickeln sie Appetit auf kleine Krebse und Insektenlarven, später auch auf winzige Fische. Nach einem Aufenthalt von etwa zwei bis fünf Jahren, je nach Wassertemperatur, wandern die nur ca. 20 cm großen Edelfische ins Meer, wo sie dann allerdings kräftig an Gewicht zulegen, manchmal mehr als 1 kg pro Monat. Je mehr Krustentiere sie aufnehmen, desto intensiver wird die lachsrote Färbung des Fleischs. Nach bis zu dreijährigem Aufenthalt im Meer kehrt der Lachs geschlechtsreif in den Fluss zurück, aus dem er ursprünglich aufgebrochen ist – ein bisher **ungeklärtes Phänomen**. Erstaunlich sind die Distanzen, die Wildlachse im Meer zurücklegen: In norwegischen Flüssen markierte Lachse wurden vor der Küste Westgrönlands wiederentdeckt. Die bis zu 40 kg schweren und ca. 1,2 m langen Brocken überwinden Wasserfälle und Stromschnellen und springen dabei bis zu 3 m hoch und 5 m weit. Lachstreppen oder Betonrinnen helfen dem „König der Fische" dabei, schwierige Flussabschnitte zu meistern und ideale Laichgebiete zu erreichen.

Anreise

▶ Mit dem Flugzeug

SAS (www.flysas.com) bzw. **Lufthansa** (www.lufthansa.de) bieten von Berlin, Düsseldorf, Frankfurt, Hamburg und München Direktflüge zum schwedischen Hauptflughafen Stockholm-Arlanda (Drei-Letter-Code ARN) an. Auch Göteborg (GOT) ist direkt von Düsseldorf, Frankfurt, Hamburg, Hannover und München zu erreichen. Über das SAS-Drehkreuz Kopenhagen gibt es zahlreiche Weiterflüge nach Skandinavien. Weitere Anbieter für Direktflüge nach Schweden sind u. a. **Eurowings** (www.eurowings.com; z. B. ab Berlin, Düsseldorf, Hamburg, Köln, München, Stuttgart, Genf und Zürich nach Stockholm bzw. Göteborg) und **Norwegian** (www.norwegian.com; z. B. ab Düsseldorf, Berlin, Salzburg und München nach Stockholm, ab Berlin nach Göteborg, Luleå, Malmö, Skellefteå, Umeå). Der Billigflieger **Ryanair** (www.ryanair.com) bietet Verbindungen von Köln/Bonn und von Karlsruhe/Baden-Baden nach Stockholm-Arlanda sowie von Stuttgart nach Göteborg an. Häufige Flüge gibt es nach Stockholm ab Wien mit **Austrian Airlines** (www.austrian.com) und **Finnair** (www.finnair.com), ab Zürich mit **SAS** und **Swiss** (www.swiss.com), ab Berlin und Genf mit **Easyjet** (www.easyjet.com) sowie nach Göteborg ab Zürich mit **Swiss**. Neben den Linien- gibt es von Juli bis Ende August auch **Charterflüge der Lufthansa**, und zwar ab Frankfurt nonstop nach Jönköping (Småland).

Viele europäische Pkw-Hersteller fliegen ihre Testfahrer und Ingenieure **in den Wintermonaten zum Polarkreis**, um Neuwagen zu testen; dadurch gibt es zwischen Ende November und Ende März Direktflüge, die auch für den Wintertourismus interessant sind. Anbieter wie FlyCar GmbH haben auch Reisepakete inkl. Hotel im Programm. Meist wird der Flughafen Arvidsjaur in Lappland angeflogen, von **FlyCar** (www.fly-car.de) ab München, Stuttgart, Hannover und Frankfurt/Hahn sowie von **Pro Sky** (www.pro-sky.com) ab Köln und Stuttgart. Auch **Eurowings** bietet Winterflüge nach Schwedisch-Lappland an, von Dezember bis März zweimal wöchentl. auf der Route Stuttgart–Kiruna.

Im **schwedischen Inland** kann man zu rund 40 Orten fliegen. Drehscheiben des Binnenflugverkehrs sind neben Stockholm-Arlanda, von wo der Marktführer **SAS** allein knapp 20 verschiedene Inlandsrouten bedient, die Flughäfen Stockholm-Bromma (BMA) und Stockholm-Skavsta (NYO). Ab Bromma sind derzeit 14 innerschwedische Flugziele mit **BRA** (www.flygbra.se) zu erreichen.

Die Faustregel, dass das Ticket umso billiger ist, je früher man bucht, gilt im Wesentlichen immer noch, vor allem bei den Billig-Airlines. Daneben gibt es auch günstige **Sommerpreise (Mitte Juni–Mitte Aug.) mit Preisnachlässen von bis zu 50 % auf den Normaltarif**. Die **SAS** bietet für Reisende unter 26 Jahren preisgünstige SAS Youth Tickets an.

▶ Mit der Fähre

In den letzten Jahren vor der Corona-Flaute hatten die wachsende Reiselust der Mittel- und Nordeuropäer, die zunehmende wirtschaftliche Verflechtung sowie die Öffnung Osteuropas zum weiteren Ausbau der Fährkapazitäten geführt. Viele Skandinavier nehmen an Konferenzen auf den vorzüglich ausgestatteten schwimmenden Luxushotels teil und lassen es sich bei preiswertem Essen und Trinken gut gehen, für viele Ausflügler ist die kurze Seereise das Ziel an sich. Zur preiswerten Überfahrt vor allem zwischen Finnland und Schweden gibt es keine Alternative, sodass komfortable Riesenfähren wie die **Baltic Princess** gebaut wurden, die bis zu 2.800 Passagiere aufnehmen können. Gut sind inzwischen auch die Verbindungen ins Baltikum. Da die Fähren nur in den wenigen Sommerwochen fast ausgebucht sind, tobt in der übrigen Saison der Preiskampf. So bot z. B. die **Viking Line** wiederholt eine Tagesfahrt (hin und zurück) für Erwachsene von Stockholm auf die finnischen Ålandinseln zum Preis von nur wenigen Euro an.

Wer seinen Schweden- bzw. Skandinavienurlaub plant, sollte sich aber nicht nur über die günstigsten Fährverbindungen informieren, sondern auch überlegen, dass sich z. B. die teuren Tarife bei Nachtfahrten (z. B. mit **Stena** oder **TT-Line**) dadurch relativieren, dass man Fahrtzeit, Spritkosten und Brückenmaut spart sowie oft auch eine Zwischenübernachtung. Zudem beginnt man den Urlaub nach einer Nacht auf der Fähre ausgeruhter als nach einer langen Autofahrt.

Wer im Sommer zur Hauptreisezeit per Fähre nach Schweden möchte, sollte möglichst frühzeitig buchen, um lange Wartezeiten sowie Enttäuschungen zu vermeiden. Die **Hochsaisonpreise** gelten meist von Mitte Juni bis Ende August. Manchmal gibt es günstige Nachttarife, **Paketpreise** oder besondere Angebote für Kinder und Familien. Fahrten zwischen Freitag und Samstag/Sonntag sind in der Hochsaison teurer als an den anderen Tagen der Woche.

Autoreisende haben die Wahl. Die von den meisten benutzte Fährverbindung nach Schweden ist die Vogelfluglinie von **Puttgarden** auf Fehmarn bzw. **Rostock** zum dänischen Rødby bzw. Gedser, jeweils mit **Scandlines** (www.scandlines.de). Nördlich von Kopenhagen muss der Öresund zwischen Helsingør und Helsingborg auf der schwedischen Seite per Fähre der **ForSea Ferries** (www.forseaferries.com) überquert werden. Nicht ganz preis-

wert, aber bequem ist die Fährfahrt von **Kiel** nach Göteborg, die knapp 14 Stunden dauert. Ab **Travemünde** und **Rostock** ist Trelleborg in Südschweden per Tages- und Nachtfahrten zu erreichen. Die **schnellste Direktverbindung** zwischen Deutschland und Schweden bietet seit 2020 der High-Speed-Katamaran der Reederei **FRS Baltic** (www.frs-baltic.com), der die Strecke von **Sassnitz** nach **Trelleborg** in nur 2,5 Stunden schafft. Die schwedische Westküste erreicht man auch über das dänische Jütland, z. B. von **Grenå** nach Halmstad (4,5 Std.) oder von **Frederikshavn** nach Göteborg (ca. 3 Std.).

Besonders wer im Nordwesten Deutschlands wohnt, kann anstelle der Vogelfluglinie die **Brücke über den Großen Belt** zwischen Fünen und Seeland wählen, eine der längsten Hängebrücken der Welt (Maut!) – ein Erlebnis für sich.

Fährverbindungen zwischen Deutschland und Schweden: Auf den Strecken nach Trelleborg werden Tag- und Nachtfahrten angeboten (wobei die Schiffe nachts deutlich länger unterwegs sind, damit man nicht mitten in der Nacht starten bzw. ankommen muss). Auf der Strecke nach Göteborg gibt es ausschließlich Nachtfahrten:

- **Travemünde–Trelleborg** ▸ www.ttline.com/de
- **Rostock–Trelleborg** ▸ www.ttline.com/de, www.stenaline.de
- **Kiel–Göteborg** ▸ www.stenaline.de
- **Sassnitz – Trelleborg** ▸ www.frs-baltic.com

▸ Mit dem Zug

Zugreisende aus Deutschland haben mehrere Möglichkeiten, Schweden zu erreichen, z. B. mit der DB zu den Fährhäfen Rostock, Sassnitz oder Travemünde. Am schwedischen Zielort geht es dann mit der SJ weiter (Trelleborg hat seit 2016 wieder eine Bahnverbindung nach Malmö und Lund). Oder man fährt direkt nach Kopenhagen (Vogelfluglinie), ab wo es Zugverbindungen u. a. nach Malmö, Stockholm und Göteborg gibt. Die **einzige direkte Bahnverbindung** von Deutschland ist der schwedische Nachtzug **Snälltåget** Berlin–Stockholm („Berlin Night Express"), der Juni–Sept. tgl., sonst zweimal pro Woche abends Berlin Hbf. verlässt und über Hamburg, Kopenhagen und Malmö nach 19 Stunden Stockholm erreicht. Ein Ticket kostet 2023 ab 49 € im Großraum- und ab 74 € im Liegewagen. Fahrkarten gibt es in allen DB-Reisezentren, in Reisebüros mit Bahnverkauf oder direkt bei www.snalltaget.se/en/berlin. Die Mitnahme eines Fahrrades ist in diesem Zug allerdings nicht gestattet.

▸ Mit dem Bus

Die Gesellschaft **Flixbus** bietet ab mehreren deutschen Städten (z. B. Berlin, Dortmund, Lübeck, München, Wuppertal) eine preisgünstige, aber lange Busverbindung nach Schweden an – über Malmö, Linköping, Jönköping nach Stockholm. Das Streckennetz umfasst auch die Routen Göteborg–Stockholm und Oslo–Stockholm, Infos unter www.flixbus.de.

Ärzte/Apotheken

Bei akuten Unfällen oder Erkrankungen wählt man den **gebührenfreien Notruf 112** oder 900 00. Zuständig für die medizinische Versorgung ist die Unfallstation des nächstgelegenen Krankenhauses *(akutmottagning)* bzw. in ländlichen Gebieten die Vårdcentral. Manchmal kann man auch eine sogenannte Cityambulanz *(cityakuten)* aufsuchen. Auch Touristen wird empfohlen, zunächst die medizinische Servicehotline *(vårdcentral)* unter der **Nummer 1177** anzurufen, bevor sie ein Krankenhaus aufsuchen. In allen Fällen zahlt man für eine ambulante Behandlung eine Pauschalgebühr von etwa 25–45 €. Gegebenenfalls ist deshalb eine zusätzliche Auslandskrankenversicherung sinnvoll. EU-Bürger erhalten eine Behandlung zu den gleichen Bedingungen wie die Schweden. Sie sollten dafür ihre Europäische Krankenversichertenkarte (EHIC) mit sich führen.

Wer rezeptpflichtige Medikamente braucht, sollte sich darauf einstellen, dass sie gelegentlich schwer zu bekommen sind und in jedem Fall ein (gebührenpflichtiger) Arztbesuch nötig ist. Die **Apothekendichte** ist außerdem wesentlich geringer als in Deutschland.

Autofahren

Verkehrssicherheit wird in Schweden groß geschrieben. Auch wenn die oft wenig befahrenen Straßen des insgesamt ca. 573.000 km langen Verkehrsnetzes dazu verführen sollten, etwas mehr Gas zu geben, so muss dringend davor gewarnt werden. Schon geringe Geschwindigkeitsüberschreitungen werden mit saftigen Geldbußen geahndet. **Kontrollen** finden häufig statt, und Touristen können nicht mit Nachsicht und Milde der schwedischen Polizei rechnen. Wer z. B. in einer geschlossenen Ortschaft die zulässige Geschwindigkeit von 50 km/h um mehr als 20 km/h überschreitet, verliert sogleich seinen Führerschein für ein paar Monate! Im Einzelnen gelten folgende **Geschwindigkeiten**:

- 30 km/h in Wohngebieten bzw. an risikoreichen Stellen, wie in der Nähe von Schulen
- 50 km/h in geschlossenen Ortschaften
- 70–90 km/h außerhalb geschlossener Ortschaften je nach Beschilderung
- 90–120 km/h auf Autobahnen

Achtung, Wildwechsel und Warnschilder!

Eine nicht zu unterschätzende Gefahr für Autofahrer sind Kollisionen mit **Elchen** und **Rotwild**, die mehr als die Hälfte aller Verkehrsunfälle ausmachen. Besonders gefährlich sind die frühen Morgen- und Abendstunden, wenn die Tiere auf Futtersuche sind. In Südschweden werden in letzter Zeit vermehrt auch Unglücke mit **Wildschweinen** registriert, deren Anzahl kräftig gewachsen ist. Die meisten der Unfälle geschehen in den wildreichen Provinzen wie Kronoberg, Kalmar und Värmland. Jährlich gibt es rund 6.000 Zusammenstöße mit Elchen, in etwa 28.000 Fällen sind Rehe beteiligt. Den bisher wirkungsvollsten Schutz bieten die unendlich langen Fangzäune, die man zu beiden Seiten der am meisten befahrenen Straßen sieht.

Neben dem **Elchwarnschild**, das sich bei Souvenirjägern großer Beliebtheit erfreut, ist ein Schild mit **weißem M auf blauem Grund** häufig an schmaleren Straßen zu finden. Das M steht für *mötesplats* (Treffpunkt). Man sollte den Gegenverkehr beachten, an der folgenden Ausweichbucht halten und ihn passieren lassen.

- 110 km/h Höchstgeschwindigkeit auf Schnellstraßen und einigen Fernverkehrsstraßen in hervorragendem Zustand mit relativ geringem Verkehrsaufkommen
- Für Wohnwagengespanne gilt eine Höchstgeschwindigkeit von 80 km/h, für Pkw plus Wohnwagen ohne Bremsen von 40 km/h

Schwedens **restriktive Alkoholpolitik** spiegelt sich in den Verkehrsbestimmungen wider, die Promillegrenze liegt bei 0,2! Wer Auto fährt, sollte auf jeglichen Alkohol verzichten. Die Strafen sind knallhart und reichen von hohen Geldbußen über Führerscheinentzug bis hin zu Haftstrafen.

Weitere **Verkehrsbestimmungen**, die zu beachten sind:

- Einschalten des **Abblendlichts** am Tag: Das seit 1977 gültige Gesetz hat zu einem Rückgang der Unfälle im Gegenverkehr um rund 10 % geführt, da man vor allem auf den Landstraßen entgegenkommende Fahrzeuge eher wahrnimmt.
- Anschnallpflicht auf Vorder- und Rücksitzen
- Führerschein, Kfz-Schein und Nationalitäten-Kennzeichen sind erforderlich. Die Internationale Versicherungskarte („Grüne Karte") wird empfohlen.
- Um anderen Verkehrsteilnehmern das Überholen zu erleichtern, ist es erlaubt, den Seitenstreifen zu befahren.

▶ Brückenmaut- und Staugebühren:

Im Wesentlichen ist die Benutzung aller Straßen einschließlich der Autobahnen in Schweden gebührenfrei. Davon ausgenommen sind einige Brücken, deren Baukosten durch eine Maut refinanziert werden. Allen voran ist hier die **Öresundquerung** zwischen Kopenhagen und Malmö zu nennen, deren Benutzung 2023 für einen Pkw 60 € in der Neben- und 69 € in der Hauptsaison (Wohnmobil 6–10 m 118/139 €) pro Strecke kostet. Wer mehr als einmal im Jahr die Öresundquerung nutzt, sollte über den Kauf eines Jahresabos nachdenken: Das **ØresundGO-Abo** kostet aktuell 42 € für ein Jahr. Für Abokunden kostet die Überfahrt „nur" 25 €, sodass sich der Kauf schon ab der dritten Brückennutzung lohnt; außerdem muss man nicht an der Bezahlstation anhalten, da die Abrechnung durch die Registrierung des Autokennzeichens erfolgt (Infos: www.oresundsbron.com).

Deutlich günstiger sind mit 5 bzw. 9 SEK die Brücken am Vättersee, nämlich die Motalabrücke und die beiden Hammarsbrücken.

In Stockholm und Göteborg wird seit 2016 eine **City-Maut** *(trängselskatten)* erhoben, u. a. um die Verkehrsbelastung zu reduzieren. Sie wird jedoch an Wochenenden, an Feiertagen sowie im Juli nicht fällig. Der jeweils aktuelle Preis wird an der Bezahlstation *(Betalstation)* digital angezeigt. Für mehrere Fahrten gilt ein Höchstbetrag pro Tag von 60 SEK in Göteborg und 105 SEK in Stockholm (im Sommer 135 SEK). Man muss nicht anhalten, jeder Wagen wird automatisch registriert und der Fahrzeughalter bekommt zeitnah eine Rechnung, in der die Mautgebühren monatsweise gebündelt sind. Bei ausländischen Wagen kommt die Rechnung vom Inkassounternehmen *Epass24* (www.epass24.com). Wer nicht in der angegebenen Frist bezahlt, muss mit einer saftigen Gebühr rechnen. ACHTUNG: Zuletzt gab es Beschwerden von Reisenden, die nicht die eigentliche Rechnung, sondern sofort die Strafgebührenrechnung bekommen haben. Dagegen kann man innerhalb von 60 Tagen per Post oder E-Mail unter Angabe von Nummernschild, Rechnungsdatum, Einspruchsgrund, Name und Adresse Einspruch einlegen beim Zentralamt für Finanzwesen: Skatteverket, Trängselskattesektionen, 70187 Örebro, fordon@skatteverket.se.

▶ **Kostenlose innerschwedische Fähren:**
Es gibt einige gebührenpflichtige Fährstrecken (z. B. vom Festland nach Gotland oder im Schärengarten). Die meisten Fähren sind jedoch als Teil des Straßensystems kostenlos, man erkennt sie an ihrer gelben Farbe.

Autoverleih

Alle großen Autovermieter haben Niederlassungen in den größeren Städten und an den Flughäfen. Auch an vielen Bahnhöfen und in den Häfen können Pkw gemietet werden. Die meisten Anbieter haben inzwischen mehrere E-Auto-Modelle im Programm, Spezialreiseveranstalter auch Pakete inklusive Flug und Miet-E-Auto (z. B. eine 11-tägige Elektroautoreise Schweden bei https://nordtraeume-reisen.de).

In der Regel haben alle Mietwagen eine Haftpflicht- und Kaskoversicherung. Da diese aber einen Selbstbehalt von mehreren Tausend Kronen einschließt, ist eine Zusatzversicherung *(självriskreducering)* sinnvoll. Für den Mieter bleibt im Fall eines selbstverschuldeten Unfalls dennoch eine Eigenbeteiligung, für junge Leute unter 24 Jahren liegt der Selbstbehalt oft deutlich höher.

▶ **Information und Buchung**
- Avis Rent a Car, ✆ +46-770-820082, www.avis.se
- Hertz, ✆ +46-771-211212, www.hertz.se
- Budget Rent a Car, ✆ +46-770-110012, www.budget.se
- Europcar, ✆ +46-770-770050, www.europcar.se

▶ **Miet-Wohnmobile**
Schweden ist wie ganz Skandinavien ein perfektes Land für den Urlaub mit dem Wohnmobil. In Deutschland gibt es eine große Auswahl regionaler und überregionaler (z. B. ADAC, TUI) Wohnmobil-Vermieter. Der langen Fährstrecke und hohen Kosten für Fähren bzw. Brückenmaut wegen rechnet sich aber auch die Anmietung eines Wohnmobils in Schweden selbst, z. B. in Verbindung mit einem billigen Flugticket.

Einige deutsche (z. B. **Campanda,** ✆ +49-30-56874010, www.campanda.de) oder internationale (z. B. **Touring Cars,** ✆ +358-98494050, www.touringcars.eu, **Indie Campers,** https://indiecampers.de) Firmen stellen Miet-Wohnmobile in Schweden zur Verfügung. Auch schwedische Unternehmen bieten ausländischen Gästen Wohnmobile an, z. B.

Daylight Husbilcenter (✆ +46-36-122233, www.daylighthusbil.de) und **Solhem Husbil** (✆ +46-8-40907500, www.solhemhusbil.se). Die Fahrzeuge stehen dann an den Flughäfen Stockholm-Arlanda und Göteborg-Landvetter oder anderen Mietstationen bereit.

Bahn

Auch wenn die **Staatlichen Eisenbahnen (SJ)** im Verhältnis zu den anderen Verkehrsmitteln weniger bedeutend sind, kann Bahnfahren für alle, die hauptsächlich die großen Städte besuchen möchten, attraktiv sein. Das rund 10.900 km lange **Streckennetz** der SJ konzentriert sich naturgemäß auf das dichter besiedelte südliche Drittel des Landes. Hier wird auch hauptsächlich das Flaggschiff der SJ eingesetzt, der **Hochgeschwindigkeitszug** X 2000, der bis zu 210 km/h erreicht und auf den Strecken zwischen Stockholm und Göteborg, Jönköping, Karlskrona, Karlstad, Malmö/Kopenhagen, Mora, Nässjö, Oslo und Sundsvall sowie zwischen Malmö und Göteborg eingesetzt wird.

2010 wurde mit der **Botnia-Bahn** (Botniabanan; tgl. 9 Zugpaare) die teuerste Neubaustrecke seit 1937 eingeweiht; sie führt küstennah von Sundsvall nach Umeå. An der Folgestrecke von Umeå nach Luleå (Norrbotniabanan), ausgelegt für Zuggeschwindigkeiten von 250 km/h, wird seit 2018 gebaut. Geplant ist auch eine neue Trasse zwischen Stockholm und Linköping für bis zu 320 km/h schnelle Züge.

2021 wurde nach knapp 30 Jahren des Stillstands der Personenverkehr der **Haparandabahn** wieder aufgenommen. Auf z. T. neuer und elektrifizierter Strecke erreichen Züge von Luleå aus die Grenzstadt Haparanda in weniger als zwei Stunden. Geplant ist, ab 2025

Bequem und pittoresk: mit dem Zug durch Schweden

auch auf finnischer Seite den Personenverkehr wieder aufzunehmen, sodass demnächst Verbindungen von Luleå und Haparanda nach Tornio, Rovaniemi und Oulu möglich sein werden, also Bahnfahrten nach Finnland ohne Fähre!

Im Norden besitzt Schweden als einziges Land der Welt zwei unabhängige Strecken, die den **Polarkreis** überqueren: einmal die Inlandsbanan, die von Kristinehamn am Vänersee über Mora und Östersund bis Gällivare führt (S. 489). Und zum anderen die **Erzbahn** (Malmbanan), die von Luleå nach Kiruna und weiter zum norwegischen Narvik geht. Wer diese Strecke für Wanderungen im Abisko-Nationalpark o. ä. nutzen möchte, kann sich bei der SJ den **Arctic Circle Pass** besorgen, der drei Tage gültig ist und unbegrenzten Ein- und Ausstieg an den 14 Bahnhöfen erlaubt.

Das **Tarifsystem** der SJ ist kompliziert, preisgünstige Tickets sind zuggebunden und i. d R. länger im Voraus zu buchen. Studenten und Senioren (ab 60 Jahre) erhalten Preisnachlässe. Ein Erwachsener, der den Normalpreis zahlt, kann zwei Kinder kostenlos mitnehmen. Über die Website www.sj.se oder die SJ-App können Reisende unter 26 Jahren sowie Senioren und Studenten ab 24 Stunden vor Reiseantritt **last minute tickets** (ab 166 SEK) kaufen (bei der online-Buchung „student", „youth" oder „senior citizen" auswählen, dann werden die Last-Minute-Preise rot angezeigt).

Wer nur in Schweden mit der Bahn reisen möchte, kann den **Interrail Schweden Pass** erwerben, der an drei, vier, sechs oder acht Tagen innerhalb eines Monats gültig ist. Für Jugendliche (12–27 Jahre) kostet der Drei-Tage-Pass 2023 in der 2. Klasse 155 €, für Erwachsene 179 €, für Senioren ab 60 Jahre 161 €. Kinder bis 11 Jahre fahren kostenlos. Im Schweden-Pass sind auch die Destinationen Kopenhagen (samt Öresund-Querung) und Oslo inkludiert. Möchte man nicht nur in Schweden überwiegend mit der Bahn fahren, sondern auch Dänemark, Finnland und Norwegen in seine Reise mit einbeziehen, dann empfiehlt sich der für vier europäische Staaten gültige **Eurail Scandinavia Pass** (5, 6, 8, oder 10 Tage innerhalb von 2 Monaten). Zum Grundpreis kommen die Kosten für die meist obligatorischen Platzkarten. **Infos** bei: ACP Rails, www.acprail.com/rail-passes.

Barrierefreies Reisen/Reisende mit Handicap

In Schweden achtet man besonders auf die Wünsche und Bedürfnisse von Menschen mit Handicap (*handikappade*). So nimmt man z. B. auf den Fähren, Flughäfen, an Tankstellen, in Museen, Freizeitparks oder öffentlichen Toiletten Rücksicht auf die besonderen Bedingungen von Rollstuhlfahrern. Viele Hotels und Pensionen bieten barrierefreie Zimmer (*handikappvänliga rum*). Reisende mit Behinderung sind in Schweden nichts Außergewöhnliches. So wirbt beispielsweise Värmlands Turistråd in einem Ferienkatalog damit, dass in Värmland auch Menschen mit Behinderung Kanu und Draisinetouren unternehmen, mit einem Floß auf dem Klarälven fahren und sogar an Wildsafaris teilnehmen können. Bestimmte Angelplätze an manchen Binnenseen weisen behindertengerechte Stege auf. In Schweden versucht man generell, Sonderlösungen für Menschen mit Behinderung zu vermeiden und stattdessen die öffentlichen Einrichtungen für alle zugänglich zu machen.

Benzin/Tankstellen/E-Mobilität

Die Preise für Benzin/Diesel sind etwa gleich hoch wie in Deutschland. Nach Norden hin wird das Tankstellennetz dünner. Bargeld- und Kreditautomaten spielen eine größere Rolle als bei uns. Die Bezeichnung *sedel* an den Säulen steht für die Bezahlung mit Geldscheinen, *kassa* meint die Barzahlung und *kort* die Zahlung per Karte. **Wichtig:** Bei Tankstellen ohne Personal braucht man bei Kartenzahlung unbedingt eine PIN-Nummer für die Kreditkarte! Man tankt bleifreies Super-Benzin mit 95 oder 98 Oktan oder eben Diesel. Häufig muss man an den Zapfsäulen per Knopfdruck zwischen den Sorten wählen.

2021 machte in Schweden der Marktanteil an (teil-)elektrischen Autos bereits 25 % aus, ab 2030 sollen nur noch Autos neu zugelassen werden, die nicht mit fossilen Kraftstoffen fahren. Daher steht für E-Fahrzeuge eine gut ausgebaute Infrastruktur zur Verfügung. In allen Groß- und Kleinstädten gibt es zahlreiche Ladestationen *(Laddstationer)*, teilweise (auch an Autobahnraststätten) sogar Schnellladestationen *(Snabbladdare)*, an denen das Fahrzeug nach ca. einer Stunde vollgeladen ist. Die nächste Ladestation findet man z. B. bei https://maps.adac.de.

Busse

Ein **dichtes Netz von Überlandbussen** ergänzt das Eisenbahnnetz oder bietet Alternativen zur Fahrt mit dem Zug. **Flixbus** (www.flixbus.se) fährt über 150 Destinationen an, darunter alle größeren Orte in Süd- und Mittelschweden. Nach Norden verkehren die Busse deutlich seltener. Auf einer Vielzahl von Strecken in Süd- und Mittelschweden sowie nach Oslo und Kopenhagen (oft auch zu den Flughäfen Stockholm-Arlanda, Göteborg und Kopenhagen) fährt das Unternehmen **Vy Bus4You** (www.vybuss.com) mit Expressbussen.

Camping

In Schweden finden Camping-Freunde mit **über 700 Plätzen**, von denen 90 % dem SCR (Sveriges Campingvärdars Riksförbund) angeschlossen sind, ideale Voraussetzungen. Standard und Serviceniveau schwedischer Camping-Plätze sind beachtlich.

Siehe auch „Jedermannsrecht", S. 110

! **Wichtig:** *Um auf dem SCR angeschlossenen Plätzen wohnen zu können, was die Regel ist, benötigt man die* **Campingkarte** *Camping Key Europe mit einer gültigen Jahresmarke. Diese sollte man vor Antritt des Urlaubs bestellen bei SCR Svensk Camping, Mässans Gata 10, Box 5079, SE-40222 Göteborg, ✆ 031 3556000, www.camping.se. Die Campingkarte ist* **kostenlos**, *man braucht jedoch eine Marke für das jeweilige Jahr. 2023 kostet sie im Internet oder per App (My Camping Key) 199 SEK. ADAC-Mitglieder erhalten die Karte in jeder ADAC-Servicestelle oder online im ADAC-Shop (www.adac-shop.de) zum Vorzugspreis von 12 €. Die Karte ermöglicht ein einfacheres Ein- und Auschecken, gewährt während des Aufenthalts auf dem Campingplatz Unfallschutz und bietet oft Preisermäßigungen von 10 % bei vielen Fähren, Vergünstigungen beim Besuch von Tier- und Vergnügungsparks und einigen Museen und anderen Ausflugszielen sowie Rabatte bei Aktivitäten wie Bibersafaris, Kanu- und Bootsvermietungen oder Rafting-Touren. Außerdem erhält der Besteller der Karte jedes Jahr kostenlos den neuen Camping-Katalog in deutscher Sprache zugesandt. Der Preis für die Karte schließt nicht die Campinggebühren ein, die allerdings im internationalen Vergleich angesichts des Standards in der Regel nicht zu hoch sind.*

Auf der Website des SCR (www.camping.se) gibt es viele und stets aktuelle Informationen zu den Themen Campingstellplätze und Ferienhäuser, Vorteile für Karteninhaber, Routenvorschläge und vieles mehr. Die Buchung von Stellplätzen und Ferienhäusern ist direkt über die Website möglich.

Der Schwedische Fremdenverkehrsverband hat die Campingplätze klassifiziert: Je nach Standard werden ein bis fünf Sterne vergeben. Der Standard muss wenigstens in der Woche nach Mittsommer bis zur ersten Woche im August gewährleistet sein sowie in der übrigen Zeit, in der der Betreiber angibt, vollen Service zu bieten.

Auf den Campingplätzen des Landes können auch rund 7.400 Campinghütten bzw. Ferienhäuser gemietet werden. Wer mit Wohnwagen oder Wohnmobil unterwegs ist, sollte zum Kampieren auch einen Campingplatz aufsuchen! Eine einzelne Übernachtung – ohne Benutzung von Campingmöbeln etc. außerhalb des Fahrzeugs – ist auch auf öffentlichen Parkplätzen, am Straßenrand oder an Marinas (hier oft mit Sanitäranlagen) erlaubt. Manche Campingplätze bieten sog. Quick-Stop-Stellplätze an, z. T. vor der Schranke, wo man bis zu 50 % preisgünstiger übernachten kann. Das Einchecken ist hier frühestens um 21 Uhr möglich, das Auschecken muss am Folgetag bis 9 Uhr erfolgt sein.

In Schweden wird nur Propan (Gasol) benutzt. Für Butan vorgesehene Behälter dürfen auf keinen Fall mit Propan gefüllt werden.

Diplomatische Vertretungen

▶ In Schweden

- **Deutsche Botschaft**, Skarpögatan 9, SE-11527 Stockholm, ✆ +46-8-6701500, www.stockholm.diplo.de
- **Österreichische Botschaft**, Kommendörsgatan 35, SE-11458 Stockholm, ✆ +-46-8-6651770, www.bmeia.gv.at/oeb-stockholm
- **Schweizerische Botschaft**, Valhallavägen 64, SE-10041 Stockholm, ✆ +46-8-6767900, www.eda.admin.ch/stockholm

▶ In Deutschland, Schweiz und Österreich

- Schwedische Botschaft, Rauchstr. 1, D-10787 Berlin, ✆ +49-30-505060
- Schwedische Botschaft, Bundesgasse 26, CH-3001 Bern, ✆ +41-313287000
- Schwedische Botschaft, Liechtensteinstr. 51, A-1025 Wien, ✆ +43-1217530

Infos zu den schwedischen Vertretungen im Ausland unter www.swedenabroad.com.

Draisinefahrten

Auf stillgelegten Eisenbahnstrecken sind in nahezu allen schwedischen Provinzen Fahrten mit Tretdraisinen *(cykla dressin)* möglich, z. B. in **Schonen** (Tomelilla-Fyledalen, Sankt Olof-Gyllebosjön, Klippan-Ljungbyhed, Broby-Glimminge, Björnstorp-Veberöd), in **Småland** (Hultsfred-Målilla, Åseda-Triabo, Laderyd-Falköping), in **Östergötland** (Vadstena-Fågelsta) oder in **Värmland** (Degerfors-Torrved, Konsterud-Mosstorp, Bengtsfors-Årjäng). Auf stillgelegten Teilstrecken der Inlandsbanan kann man auch mehrtägige Draisinefahrten mit Zeltübernachtungen unternehmen.

Einkaufen

Die gegenüber dem Euro ihren Wert verändernde Krone macht das Shopping im einst teuren Schweden bisweilen interessant. Beliebt bei Touristen sind **Kleidung** und **Glaswaren**. Wer sich im Glasreich Småland aufhält, kann in den vielen Fabriken günstiger einkaufen als in Kaufhäusern. Neben Gebrauchsglas sind die Arbeiten bekannter Designer gefragt. Generell hat **schwedisches Design** einen guten Ruf, das Angebot an Holz- und schmiedeeisernen Gegenständen, Keramik und Schmuck ist beachtlich. Nicht ganz preiswert, weil aufwendig in der Herstellung, ist samisches Kunsthandwerk, z. B. aus Birkenholz oder Rentierhorn. Daneben gibt es Pelze, Lederbekleidung, Sport- und Freizeitartikel.

Einreise

Bei Aufenthalten bis zu drei Monaten genügt für deutsche, österreichische und schweizerische Staatsbürger der **Reisepass** oder **Personalausweis**. Kinder bis 12 Jahre benötigen einen Kinderreisepass. Weitere Auskünfte erteilen die Botschaften. Seit dem Schengen-Abkommen gibt es innerhalb der Mitgliedsländer keine Ausweiskontrolle, Pass oder Ausweis sollte man aber dabei haben. Schweizer benötigen eine gültige Identitätskarte bzw. einen Pass. Das Schengen-Abkommen gilt in ganz Nordeuropa, seit Sonderregelungen zwischen der EU und den Nichtmitgliedern Norwegen und Island ausgehandelt wurden. Zuletzt wurden die Schengen-Regelungen mehrmals ausgesetzt. Während der europäischen Flüchtlingskrise kam es an der Öresund-Brücke, in den Zügen und an den Fährstationen wieder zu **Passkontrollen** (und infolgedessen zu Staus und Wartezeiten). Seit 2020 gab es zeitweise Einreisebeschränkungen wegen der **Corona-Pandemie**, vor der Reise sollte man sich gegebenenfalls über die aktuelle Lage erkundigen, am besten auf der Website des **Auswärtigen Amts**: www.auswaertiges-amt.de.

Elektrizität

Das schwedische Stromnetz basiert auf 220 Volt Wechselspannung. Für deutsche Stecker werden keine Adapter benötigt.

Essen und Trinken

Einige sprechen von einer **kulinarischen Revolution**, die in den letzten 20 Jahren in Schweden stattgefunden habe. Sicher ist, dass sich die altbekannte schwedische Küche gegenüber Einflüssen aus der ganzen Welt geöffnet hat. Gleichzeitig nahm das Interesse der jungen, aufstrebenden Köche und auch des Publikums an traditionellen Kochtechniken und qualitativ hochwertigen, regional und oft auch in Bioqualität produzierten Nahrungsmitteln und Rohwaren zu. Heute gewinnen schwedische Köche internationale Auszeichnungen, schwedische Sternerestaurants werden weltweit in der Presse gelobt. Man kann Kebab, Sushi, Spaghetti, Curries oder schwedische Hausmannskost wie Fleischbällchen oder Kohlrouladen essen – und das zu akzeptablen Preisen.

Wer als Reisender unterwegs zu Mittag eine Mahlzeit zu sich nehmen möchte, fährt meistens gut mit dem **preiswerten Tagesmenü** *(dagens rätt)*, das die meisten Restaurants und Cafeterias anbieten. Oft hat man die Auswahl zwischen zwei oder drei Gerichten. Butter und Brot, oft Salat, das Hauptgericht und ein Softdrink, ein Bier *(lättöl)* oder Mineralwasser und/oder Kaffee kosten nicht mehr als 90–150 SEK. Abends, wenn man nach der Karte bestellt, wird es teurer. Preiswert kann man auch in den meisten Pizzerien essen, wo man oft für 100–160 SEK zur Pizza auch ein Getränk bekommt. Etwas teurer als daheim ist es, in einem der zahlreich vertretenen Hamburger-Restaurants etwas zu sich zu nehmen.

Wer seine ersten Schweden-Erfahrungen in einem Mittelklasse-Hotel macht, wird angenehm überrascht sein über ein reichhaltiges, oft **üppiges Frühstücks-Büfett**. Da gibt es Butter, Margarine, Marmeladen, Honig, verschiedene Brotsorten und Brötchen, Cornflakes, Müsli, Trockenobst, Joghurt, Sauermilch *(filmjölk)*, Fleischscheiben, Schinken und

Wurst, verschiedene Käsesorten, Eier, Fischbeilagen, Frikadellen, manchmal auch noch Hefegebäck sowie Kaffee, Tee, Milch und Orangensaft.

Etwas anders als bei uns werden die Mahlzeiten in Schweden eingenommen. Nach einem deftigen Frühstück trinkt man häufig zwischen 9 und 10 Uhr eine Tasse Kaffee. **Lunch** nennt man die meist leichte Mahlzeit in der Mittagszeit, die oft aus einigen belegten Broten besteht, *smörgåsar* genannt. Oder man isst in einem Restaurant oder einer Cafeteria das Gericht des Tages *(dagens rätt)*. Die Kinder und Jugendlichen, die meist erst am späten Nachmittag aus der Schule nach Hause kommen, erhalten von den Kommunen ein kostenloses Mittagessen. Die warme **Hauptmahlzeit**, *middag* genannt, nehmen die meisten Schweden am frühen Abend ein.

Geht man von der deutschen Bedeutung der Wörter aus kann man in der Gastronomie einige Überraschungen erleben: **Bar** bezeichnet in Schweden z. B. ein Selbstbedienungsrestaurant, in dem man schnell und recht preiswert essen kann. Viele dieser Gaststätten sind an größere Hotels angeschlossen oder gehören zu Warenhäusern. Mit **Café** bezeichnet man eine schlichte Schenke, in der man etwas Warmes bekommt und ein Bier oder einen Kaffee trinken kann.

Das Nationalgetränk der Schweden ist der Kaffee *(kaffe)*. Tee, Säfte und Wasser sind Standard. Gleichzeitig gilt Schweden als Biertrinkernation. Eine Leidenschaft, der mit verschieden starken und somit verschieden stark besteuerten Biersorten Rechnung getragen wird: Vom Leichtbier *(lättöl)* über mittelstarkes *mellanöl* bis hin zum *starköl* steigt der Preis. *Mellanöl* und *starköl* gibt es nur in staatlichen **Monopolgeschäften** *(systembolaget)*, in Restaurants und in Kneipen. Dasselbe gilt für Wein und Schnaps.

Fahrradfahren

Weite Teile Schwedens bieten ideale Bedingungen für Radfahrer. Vorgeschrieben sind neben Vorder- und Rücklicht ein weißer Reflektor vorn, ein weißer hinten sowie gelb-orange-farbene Speichenreflektoren. Mehr als 50 kg Gepäck dürfen nicht transportiert werden und die Ladung darf in keine Richtung mehr als 120 cm überstehen. Auskunft über Möglichkeiten, ein Fahrrad zu **mieten** und **Radtouren** zu planen, geben die örtlichen Touristenbüros sowie Svenska Cykelsällskapet, Torneågatan 10, 16406 Kista, ✆ 08-7516204, www.svenska-cykelsallskapet.se.

Innerhalb Schwedens kann man sein Rad **per Bahn** befördern lassen, sollte es aber mindestens zwei, im Sommer drei Tage vor der Abreise bei der Gepäckabfertigung *(resgods)* aufgeben. In schwedischen Zügen können Fahrräder nicht im Waggon mitgenommen werden (außer Inlandsbahn), sondern müssen als Gepäck aufgegeben werden. Ein Transport ist in den **Überlandbussen** nicht möglich, manchmal jedoch in den regional verkehrenden **Bussen** nach Absprache mit dem Fahrer. Die Gebühren sind je nach Busgesellschaft unterschiedlich. **Autofähren** und Schiffe auf den Kanälen, den Seen sowie im Küsten- und Schärenverkehr nehmen manchmal die Räder kostenlos mit. Wer sein Rad auf einem **Inlandsflug** mitnehmen möchte, muss es in einem Fahrradsack transportieren lassen.

Beliebt ist **Radfahren entlang des Göta-Kanals**. Informationen und Paketangebote sind erhältlich bei der AB Göta kanalbolag, ✆ 0141-202050, www.gotakanal.se/de/radfahren und unter www.upplevelsepaket.se/de.

Feiertage

- Neujahr *(Nyårsdagen)*
- Dreikönigstag *(Trettondagen)*
- Karfreitag *(Långfredagen)*
- Ostersonntag *(Påskdagen)*
- Ostermontag *(Annandag påsk)*
- 1. Mai *(Första maj)*
- Christi Himmelfahrt *(Kristi himmelfärdsdag)*
- Pfingstsonntag *(Pingstdagen)*
- 6. Juni Nationalfeiertag *(Nationaldag)*
- Mittsommertag, der Samstag zwischen dem 20. und 26. Juni *(Midsommardagen)*
- Allerheiligen *(Allhelgonadagen)*
- 1. Weihnachtstag *(Juldagen)*
- 2. Weihnachtstag *(Annandag jul)*

Wie in vielen anderen Ländern sind Heiligabend (*Julafton*) und Silvester (*Nyårsafton*) keine gesetzlichen Feiertage. Gleiches gilt für Mittsommer, der aber oftmals so behandelt wird.

Ferien

Die Ferienordnung im Land ist voll auf den kurzen, intensiv erlebten Sommer abgestimmt, denn von Anfang Juni bis Mitte August sind Sommerferien. Neben den Weihnachts-, Oster- und Herbstferien kommen schwedische Kinder und Lehrer im Februar/März auch in den Genuss einer Woche Wintersportferien, die je nach Region in der 7. bis 9. Kalenderwoche liegt. In der Industrie stehen landesweit alle Räder zwischen der letzten Juni- und der ersten Augustwoche still.

Geld/Währung/Bezahlen

Schweden gehört zwar zu den wenigen Ländern, die die Kriterien der Eurozone erfüllen, aber für die Einführung des Euro gab es keine Mehrheit in der Bevölkerung. Die Landeswährung ist die **Schwedische Krone (SEK)**.

„Kontantfri" – ein Land ohne Bargeld

info

Wenn man sich in einem schwedischen Supermarkt zum Bezahlen in die Schlange an einer „Kortkassa" einreiht, wird man nicht mit Bargeld, sondern nur mit Karte oder einer Handy-App bezahlen können. Der Hinweis „Endast kort och mobila betalningar" bedeutet das gleiche. In manchen Geschäften wird – wie bereits in einigen IKEA-Filialen – gar kein Bargeld mehr angenommen. Kein Zweifel: Schweden ist auf dem Weg zu einem bargeldlosen Land. Immer mehr Arztpraxen, Cafés, Campingplätze, Friseure, Geschäfte, Jugendherbergen, Museen, Tankstellen und Ticket-Schalter haben Bezahlmöglichkeiten mit Geldscheinen und Münzen abgeschafft. In Hotels und Restaurants heißt es ebenfalls immer häufiger „**kontantfri**" – also „bargeldlos".

Die wenigsten schwedischen Banken haben überhaupt noch Bargeld vorrätig und die Geldautomaten sterben langsam aus wie einst die Telefonzellen. Die Schweden zahlen selbst minimale Beträge mit Karte, meist indem sie „blippen", d. h. die Karte an das Kartenlesegerät halten; bei Beträgen von unter 200 SEK wird meist gar keine PIN mehr verlangt. Noch viel häufiger zahlt man mit dem **Smartphone**. Die Hälfte aller Schweden nutzt bereits das mobile Zahlungssystem **Swish**, das für Touristen jedoch (noch) nicht relevant ist, da es sowohl beim Verkäufer als auch beim Kunden ein schwedisches Bankkonto voraussetzt.

Geldscheine gibt es in Stückelungen von 20-, 50-, 200- und 1.000-Kronen-Banknoten, daneben sind 1-, 2-, 5- und 10-Kronen-**Münzen** im Umlauf. Öre-Münzen gibt es nicht mehr. Beim **Umtausch in Schweden** hat man i. d. R. minimale Vorteile gegenüber einem Umtausch im Heimatland, doch zahlt man beim Geldwechsel eine feste Gebühr, unabhängig vom Tauschbetrag. Da Banken kaum noch Bargeldbestände haben, tauscht man Geld in Wechselstuben um. Die günstigen Wechselkurse erhält man bei FOREX oder X-change.

▶ Kreditkarten

Kreditkarten wie Visa und Mastercard werden überall akzeptiert, American Express, Diners Club oder andere internationale Karten nicht immer. Auch die EC-Karte funktioniert an den meisten Geldautomaten und in den Geschäften. Es empfiehlt sich, eine Ersatz-Kreditkarte dabei zu haben. Bargeld wird immer seltener akzeptiert.

Golf

In dem weiträumigen Land ist Golf fast eine Art **Volkssport** geworden. Man muss nicht immer Mitglied sein, um auf einem Platz spielen zu dürfen. Schwedens Golfer gehörten in der Vergangenheit sowohl bei den Amateuren als auch bei den Profis zu den international erfolgreichsten Spielern. Es gibt rund 480 Golfclubs für immerhin knapp 500.000 Mitglieder, die Anlagen sind zumeist Privatplätze mit Green Fees für Besucher.

Informationen über Clubs, die schönsten Plätze oder Golfreisen bzw. -hotels findet man im Netz u. a. auf https://visitsweden.com/what-to-do/nature-outdoors/sports/golf-sweden, www.schwedentipps.se/golf oder www.sweden-golf.com/de, eine Karte der Golfplätze unter www.golfkartan.se und den Schwedischen Golfverband unter www.golf.se.

Haustiere

Seinen Hund oder seine Katze darf man als EU-Bürger oder Schweizer mit nach Schweden nehmen, allerdings muss eine Reihe von Bedingungen eingehalten werden. Eine Genehmigung zur Einfuhr ist nicht mehr erforderlich, wohl aber müssen die Tiere beim **Zoll** gemeldet werden, was auch online möglich ist. Außerdem muss das Tier eine ID-Kennzeichnung mit ISO-Mikrochip, eine gültige Impfung gegen Tollwut und einen gültigen EU-Heimtierausweis haben. In Schweden gehört es zum guten Umgangston, Tiere an der Leine zu führen und – selbstverständlich – die Hinterlassenschaften zu entsorgen.

Informationen über die Bestimmungen gibt es – auch in deutscher Sprache – auf der Website des **Schwedischen Zentralamts für Landwirtschaft**, Statens Jordbruksverk, 55182 Jönköping, www.jordbruksverket.se. Das Amt unterhält ein Servicetelefon für Hunde- und Katzenanfragen: ✆ +46-771-223223.

Information

Vor Ort informieren einige regionale und lokale Touristenbüros. Allerdings sind in den letzten Jahren viele kleine Fremdenverkehrsämter zugunsten von sog. InfoPoints aufgegeben worden, von denen es in den entsprechenden Orten meist mehrere gibt. Ansonsten informiert man sich auf den regionalen Websites. Allgemeine Informationen in deutscher Sprache sind außerdem erhältlich bei **Visit Sweden**, https://visitsweden.de; Fragen können per E-Mail gestellt werden: info@visitsweden.com.

Internet

Kostenfreies Surfen im Internet ist in Schweden kein Problem, solange man sich in Städten und Ortschaften aufhält. Beherbergungsbetriebe (auch Jugendherbergen), öffentliche Institutionen und Verkehrsbetriebe bieten i. d. R. alle **kostenlose WLAN/WIFI-Verbindungen** an. Schwieriger wird es, eine Internetverbindung in den Nationalparks und den kaum besiedelten Regionen Mittel- und Nordschwedens zu bekommen. Über die Website www.wifikartan.se kann man den nächsten WLAN-Hotspot in Erfahrung bringen.

Zahlreiche Internetseiten bieten umfassende Informationen zu Hintergrund und Reisepraxis in Schweden:

▶ Touristische Infos
www.sweden.se ▸ offizielles Internetportal Schwedens
www.visitsweden.com ▸ aktuelle Informationen, Veranstaltungen und Festivals
www.swedishtouristassociation.com ▸ Schwedischer Tourismusverein (STF) und Träger unterschiedlicher Unterkünfte wie Jugendherbergen oder Wanderhütten
www.si.se ▸ Schwedisches Institut in Stockholm, Informationen über Schweden
www.schwedenstube.de ▸ großes deutschsprachiges Internetportal
www.schwedentipps.se ▸ präsentiert Schweden vor allem als Reise- und Auswanderungsland
www.swedenabroad.com ▸ Schwedische Botschaft in Deutschland
www.glasriket.se ▸ Glasreich – Infos zu mundgeblasenem Glas
www.naturvardsverket.se ▸ Amt für Naturschutz
www.jordbruksverket.se ▸ Schwedisches Landwirtschaftsamt in Jönköping – Einfuhr von Haustieren

▶ Öffentliche Verkehrsmittel
www.sj.se ▸ Schwedische Eisenbahn
www.inlandsbanan.se ▸ Inlandsbahnen
www.resplus.se ▸ öffentliche Verkehrsmittel in ganz Schweden
www.vybuss.com ▸ Fahrpläne und Ziele des Busunternehmens Vy
www.flixbus.se▸ Fernbusse
www.gotacanal.se ▸ Reederei Göta Kanal

▶ Unterkünfte
www.camping.se ▸ SCR Sveriges Campingvärdars Riksförbund
www.novasol.de ▸ Ferienhäuser
www.scandichotels.com ▸ führende Hotelkette Skandinaviens
www.countrysidehotels.se ▸ Herrenhof- und Schlosshotels

Jagd

Ähnlich wie in Norwegen ist das Jagen kein Privileg einiger weniger, sondern eher eine Art Volkssport, der sich aus dem alten Jedermannsrecht ableiten lässt. Für viele Bewohner in den spärlich besiedelten Gebieten des Landes ist die Jagd zudem ein oft **wichtiger Nebenerwerb**, vor allem in Nordschweden. Rund 350.000 Schweden gehen der Jagd nach, hauptsächlich von August bis Februar. Die Jagdzeiten sind jedoch in den einzelnen Bezirken unterschiedlich. Das Hauptinteresse aus dem Ausland anreisender Jäger gilt dem Elch, der nur in Skandinavien, von Nordamerika abgesehen, in beträchtlicher Zahl erlegt werden kann (in Schweden rund 80.000 Tiere jährlich). In Nordschweden beginnt die Jagd auf den Elch am ersten Montag im Oktober, in den anderen Landesteilen am zweiten Montag, die Saison geht bis Januar/Februar.

Zu den wichtigsten Wildarten zählen ferner Reh, Hase, Ente, Birkhuhn, Auerhahn und Schneehuhn. Gejagt werden auch Fuchs, Dachs und Marder. Um Schäden verschiedener Art zu verhindern, stellt man Hühnerhabicht und Vielfraß nach. In einer Saison werden inzwischen außerdem durchschnittlich 300 Braunbären erlegt, 2023 waren es gut 500. Infolge des rauen Klimas im Norden ist die Zahl der verschiedenen Wildarten dort eingeschränkt, starken Schwankungen von Ort zu Ort und von Jahr zu Jahr unterliegen die Vorkommen von Auerhahn, Moorhuhn und den Schneehühnern in der Gebirgswelt.

Die Zahl ausländischer Jäger wächst von Jahr zu Jahr. Einige schwedische Forstunternehmen bieten Touristen die Möglichkeit, auf ihren Ländereien zu jagen – ein Angebot, das in besonderem Maße Deutsche in Värmland wahrnehmen. Mit der Zunahme des **Jagdtourismus** mehren sich die kritischen Stimmen im Land. Der Bestand einiger Arten werde bedroht, ferner sehen sich schwedische Jäger mit einer gewissen Besorgnis damit konfrontiert, dass sich Ausländer mit einem Freizeitwohnsitz in Schweden recht leicht an der Elchjagd beteiligen können. Befürchtet wird auch, dass die Pachtgebühren allgemein stark ansteigen werden, sodass die Bewohner dünn besiedelter Gebiete sich die Jagd als notwendigen Nebenerwerb nicht mehr leisten können. Andererseits ist der Tourismus gerade für die Menschen vieler entlegener Gebiete eine wichtige zusätzliche Einnahmequelle. Diskutiert wird, ob man nicht mehr Reservate benötigt, in denen jede Jagd verboten sein soll. In diesem Zusammenhang wird auch die Frage aufgeworfen, ob man den Samen das alte uneingeschränkte Recht zur Jagd im hohen Norden weiter zugestehen kann.

Jeder Jäger muss in Schweden seinen **Jahresjagdschein** lösen, was er auf dem Postamt oder über das Internet erledigen kann, und die Einzahlungsquittung bei der Jagd mitführen. Da das Jagdrecht an den Grundbesitz gebunden ist, ist die Erlaubnis des Grundbesitzers oder Pächters erforderlich. Neben dem **deutschen Jagdschein** und dem schwedischen Jahresjagdschein brauchen Jäger eine für das jeweilige Revier gültige **Jagderlaubnis**, die in der Regel für die Niederwildjagd gilt, u. U. aber auch die Reh- und Elchjagd einschließen kann. Wer an der Elchjagd teilnehmen möchte, muss in der Regel eine Prüfung auf einem schwedischen Schießstand ablegen. Die Einfuhr von Waffen und Munition kann nur über eine spezielle Genehmigung erfolgen, die rechtzeitig bei der zuständigen Polizeibehörde des Einreiseorts beantragt werden muss. Einfacher ist es, wenn der schwedische Jagdveranstalter den Antrag des nicht-skandinavischen Jagdgasts unterschreibt.

Die zuständigen **Polizeidienststellen** der wichtigsten Einreiseorte sind:
- Trelleborg, Polismyndigheten, Box 1, 23121 Trelleborg, ✆ 0410-16520
- Malmö, Polismyndigheten, vapenavdelningen, Box 5254, 20072 Malmö, ✆ 040-201000
- Helsingborg, Polismyndigheten, Box 632, 25106 Helsingborg, ✆ 042-174000
- Göteborg, Polismyndigheten, vapenavdelning, Box 429, 40126 Göteborg, ✆ 031-618000
- Stockholm, Polismyndigheten, Box 12510, 10229 Stockholm, ✆ 08-7693000
- Arlanda Polisvaktdistrikt, Box 38, 19045 Stockholm, ✆ 08-7979000

Jedermannsrecht

Viele Reisende kommen vor allem wegen der Natur nach Schweden und sollten sich mit dem Jedermannsrecht *(allemansrätt)* auskennen, einem alten Gewohnheitsrecht, das in Schweden (und in ähnlicher Weise auch in Norwegen) die **Rechte** und **Pflichten** des Einzelnen in freier Natur regelt. Es geht auf eine Zeit zurück, als man sich noch keinen Massentourismus vorstellen konnte. Leider lebten in den letzten Jahren Touristen aus Dänemark und Deutschland ihre eigenen Freiheitsvorstellungen aus, indem sie z. B. Müll zurückließen, Bäume fällten usw. In Schweden wird daher diskutiert, inwieweit das großzügig gefasste Jedermannsrecht noch beibehalten werden kann. Das Schwedische Amt für Umweltschutz hat in der Vergangenheit zahlreiche Informationsschriften zum Thema Gemeingebrauch veröffentlicht: „Nicht stören – nicht zerstören", lautet die Grundregel. Konkret sehen die Rechte und Pflichten folgendermaßen aus:

▶ Den Hausfrieden respektieren
Man darf den Grund und Boden anderer zu Fuß, auf Skiern, mit dem Fahrrad oder zu Pferd überqueren, wenn dabei Saaten, Schonungen und dergleichen keinen Schaden nehmen. Man darf sich jedoch nicht ohne Erlaubnis auf einem privaten Hausgrundstück aufhalten oder dieses überqueren, denn das gilt als Hausfriedensbruch. Als Hausgrundstück, das nicht unbedingt eingezäunt sein muss, ist der engere Bereich um ein Wohnhaus zu verstehen – die „Hausfriedenszone". Hier haben die Besitzer den berechtigten Anspruch, nicht gestört zu werden. Ist das Haus vor Einblicken geschützt, darf es recht nahe passiert werden, wobei eine 10-m-Distanz allerdings stets eingehalten werden sollte. Ist das Haus freistehend, sollte der Abstand mindestens 60–70 m betragen!

▶ Camping
Es ist immer erlaubt, eine Nacht zu zelten, sofern sich der Standort nicht auf landwirtschaftlicher Nutzfläche oder in der Nähe eines Wohnhauses befindet. Je unmittelbarer man in Hausnähe zelten möchte, umso wichtiger ist es, den Eigentümer um Erlaubnis zu bitten. Wie lange man am selben Ort zelten darf, hängt von den Umständen ab, am besten erkundigt man sich vor Ort.

▶ Unterwegs in Wald und Flur
Verboten ist es, mit Auto, Motorrad, Moped oder anderen Motorfahrzeugen im Gelände oder auf Straßen, die für Kraftfahrzeuge gesperrt sind, zu fahren. Solche Straßen sind durch Schilder gekennzeichnet, die die Aufschrift „Förbud mot trafik med motordrivet fordon" oder „Enskild väg" tragen. Das Parken an Straßenrändern ist generell erlaubt, wenn niemand behindert oder gefährdet wird. Reiter sollten gekennzeichnete Trimm-Dich-Pfade und Wanderwege meiden. Gleiches gilt für Radfahrer, insbesondere für Mountainbiker! Eingefriedetes Gelände darf nur überquert werden, wenn sichergestellt ist, dass die Umzäunung nicht beschädigt wird. Tore und Gatter dürfen zum Passieren geöffnet, müssen aber stets sorgfältig wieder geschlossen werden, sodass kein Vieh entweichen kann. Zäune von Hausgrundstücken dürfen keinesfalls überklettert werden!

▶ Lagerfeuer
Lagerfeuer sind nur dann erlaubt, wenn keine Flächen- oder Waldbrandgefahr besteht. Bei Trockenheit wird ein allgemeines Verbot erlassen, das z. B. Lagerfeuer gänzlich untersagt. Deshalb vor einem Outdoor-Aufenthalt im nächstgelegenen Touristenbüro nachfragen! Ein Feuer ist vor Verlassen des Lagerplatzes sorgfältig zu löschen: Breitet sich das Feuer aus, wird man für Schäden haftbar gemacht! Und: Niemals Feuer auf Felsen oder Klippen machen. Die Hitze kann diese bersten lassen.

▶ Baden und Bootfahren
Man darf baden, eine Nacht mit einem Boot an fremden Ufern anlegen und an Land gehen. Dies gilt jedoch nicht für Hausgrundstücke oder Gebiete mit behördlichem Zutrittsverbot, z. B. Vogel- oder Robbenschutzgebiete. Im Übrigen gelten dieselben Regeln wie für

das Zelten. Es ist grundsätzlich erlaubt, auf privaten Gewässern zu rudern, zu segeln, zu paddeln oder Motorboot zu fahren, es können aber Geschwindigkeitsbegrenzungen, Zutrittsverbote oder Verbote von bestimmten Aktivitäten wie Wasserskifahren gelten. Von Motorbootfahrern wird besondere Rücksichtnahme erwartet! Keine Abfälle zurücklassen, auch keine Abfalltüten neben volle Abfallbehälter stellen.

▶ Von Blumen und Beeren

Es ist verboten, Äste, Zweige, Laub, Rinde, Eicheln, Nüsse oder Harz von lebenden Bäumen oder Büschen zu entnehmen, abzubrechen und abzureißen. Dies wird als Sachbeschädigung oder Diebstahl gewertet. Selbstverständlich ist es verboten, lebende Bäume und Sträucher zu fällen. Man darf wilde Blumen und Beeren pflücken, Pilze suchen und herabgefallene Zweige und Reisig sammeln. Bestimmte seltene Blumen dürfen jedoch nicht gepflückt werden! Nähere Infos gibt es in den örtlichen Touristenbüros.

▶ Angeln und Jagd

Das Recht zum Gemeingebrauch schließt das Angeln nicht ein. Man darf jedoch mit üblichem Handangelgerät an allen Meeresküsten und in den fünf größten Seen (Vänern, Vättern, Mälaren, Hjälmaren und Storsjön) kostenlos angeln, wobei das Lachsangeln an der Küste Norrlands hiervon ausgenommen ist. Für alle anderen Gewässer benötigt man einen Angelschein (*fiskekort*, s. a. S. 94). Niemals Angelleinen oder -haken in der Natur zurücklassen, sie sind tödliche Fallen für Tiere. Auch die Jagd ist durch das Recht zum Gemeingebrauch nicht automatisch erlaubt (s. a. S. 109)! Die Mitnahme von Vogeleiern ist verboten.

Kanu/Kajak

Ein Land mit unzähligen Seen und Flüssen und einer langen Küstenlinie wie Schweden bietet hervorragende Bedingungen für den Kanusport. So ist es kein Wunder, dass rund 500.000 Schweden wenigstens einmal pro Jahr dieser Sportart nachgehen. Landesweit sind in den letzten Jahren immer mehr Kanuzentren errichtet worden. Der Schwedische Kanuverband führt in einer Broschüre rund **90 Kanuzentralen** an, die jährlich kontrolliert werden und bestimmte Auflagen erfüllen müssen. Sie dürfen nur bestimmte Kanus und Materialien verwenden, nur ausgebildete Kräfte beschäftigen und müssen für Sicherheitsstandards sorgen. Auch muss gewährleistet sein, dass die Kanuten Informationen über das schwedische Jedermannsrecht (S. 110) erhalten.

In der südschwedischen Region **Schonen** findet man sehr gute Paddelbedingungen u. a. an der Klippenküste des Naturschutzgebiets Kullaberg, im See Immeln mit seinen über 200 Inseln sowie auf den Flüssen Helge å und Rönne å. In **Blekinge** ist Karlskrona ein guter Ausgangspunkt für Kanutouren zu den Schären und Inseln der Umgebung. In **Småland** stellt der See Åsnen in Schwedens jüngstem Nationalpark mit seinem Archipel ein Paddel-Eldorado dar, das zudem durch die 120 km lange Kanuroute „Värendsleden" mit dem See Asa verbunden ist. Im westschwedischen Binnenland trägt die Region **Dalsland** westlich des Sees Vänern nicht umsonst den Beinamen „Kanuland". Das 250 km lange Labyrinth aus Seen, Flüssen und Kanälen bildet nicht nur ein für Kanuten ideales Gewässersystem, sondern verfügt mit etlichen Kajakverleihern und Zeltplätzen auch über eine entsprechende Infrastruktur. In der Region **Värmland** locken der größte schwedische See Vänern neben 10.000 anderen Seen Kanuten und Kajakfahrer aus nah und fern an. Auch die Flüsse Röjdån, Rottnan und Svartälven eignen sich bestens für Paddelausflüge, genau wie Schwedens längster Fluss Klarälven, der sich durch die gesamte Region schlängelt. Ein ähnlich gutes Angebot für Outdoor-Urlauber hat die wasserreiche Region **Östergötland** zwischen dem riesigen Vättern-See und der Ostsee vorzuweisen.

An der westschwedischen Küste ist die Region **Bohuslän** mit ihren Granitklippen und 8.000 Schären ein weiteres Paddel-Paradies. Gleiches lässt sich auch über die Ostseeküste sagen, wo die über 30.000 Inseln des **Stockholmer Schärengartens** alles zwischen mehrstündigen und mehrwöchigen Bootsausflügen möglich machen. Im Norden bietet **Lappland** Paddelerlebnisse unter der Mitternachtssonne, wobei hier die Flüsse wilder, die Schluchten tiefer und die Erlebnisse abenteuerlicher sind. Kanuten und Kajakfahrer auf den Strömen Torne, Ume, Kalix und Lule sollten über ausreichende Erfahrung verfügen! Auch die schwedischen Metropolen **Stockholm**, **Göteborg** und **Malmö** kann man mit einem gemieteten Kajak oder Kanu auf einem ungewöhnlichen City-Sightseeing erkunden.

Lokale Anbieter für individuelle oder geführte Kanu- und Kajaktouren findet man auf den Websites der regionalen Touristenämter und von Visit Sweden; Spezialreisebüros bieten auch Paketreisen nach und durch Schweden einschließlich Unterkünften an, z. B. **Scand Track** (www.scandtrack.com).

Kartenmaterial

Neben der diesem Buch beiliegenden Karte ist das Kartenprogramm des Schwedischen Landesvermessungsamtes (Lantmäteriet) empfehlenswert, das z. B. über die Geo Buchhandlung Kiel zu erhalten ist und online bestellt werden kann: www.geobuchhandlung.de. Die Schweden-Übersichtskarte gibt es im Maßstab 1:1.000.000. Die Auto- und Touristenkarte deckt Schweden in acht Blättern ab, und zwar die Götaland und Svealand umfassenden Gebiete in fünf Karten mit dem Maßstab 1:250.000, während die Blätter 6–8 das südliche, mittlere und nördliche Norrland im Maßstab 1:400.000 wiedergeben. Für Wanderer sind die Karten im Maßstab 1:50.000 oder 1:100.000 unentbehrlich. Zu den Klassikern gehört die Serie „Fjällkartan" für den nordschwedischen Naturraum.

Da die Netzabdeckung in Schweden im Wesentlichen gut ist, gibt es bei der digitalen Navigation kaum Probleme. Bei integrierten Navigationssystemen kann man allerdings nicht immer darauf vertrauen, dass alle Straßen, Plätze oder Sehenswürdigkeiten bei der Zieleingabe akzeptiert werden. Hier empfiehlt sich die zusätzliche Nutzung von Smartphone-Apps wie Google oder Apple Maps, die in Schweden gut funktionieren. Gleiches gilt für GPS-gestützte Navigationssysteme wie Waze oder Here WeGo. Bei mobilen Navigationsgeräten (z. B. TomTom) ist wichtig, dass die enthaltenen Karten das Reisegebiet abdecken – beim häufig installierten Kartenmaterial „Mitteleuropa" ist z. B. allenfalls Südschweden enthalten.

Kleidung

Schweden- und Skandinavienreisende sind gut beraten, sich auf wechselhafte Witterungsverhältnisse einzustellen. Neben südländischen Temperaturen, manchmal auch über längere Zeiträume, muss man auch auf kühle und feuchte Wetterlagen gefasst sein. Zur Badehose und dem Badeanzug nebst Sonnenschutz gehören warme Kleidung, Schutz gegen Regen und Wind, Wanderschuhe und/oder Gummistiefel.

Notruf

Unter der **gebührenfreien Notrufnummer 112** erreicht man Polizei, Feuerwehr und sämtliche Unfallrettungsdienste sowie die für Vergiftungsfälle zuständige Zentrale. Bei Pannen und Unfällen wendet man sich an die Polizei oder an Larmtjänst, eine von den Versicherungen betriebene Organisation mit 24-Stunden-Service, ✆ 020-910040 (Abschleppen) oder ✆ 020-220000 (sonstige Unfälle). Bei einem Unfall muss nicht unbedingt die Polizei gerufen werden. Die Unfallstelle darf aber nicht eher verlassen werden, bis Name und Anschrift bei den anderen beteiligten Parteien hinterlassen worden sind.

Öffnungszeiten

Die **Postämter** sind werktags 9–18, samstags in der Regel 10–13 Uhr geöffnet.

Es gibt in Schweden keine gesetzlich geregelten **Ladenschlusszeiten**. Die gewöhnlichen Geschäfte mit Waren für den täglichen Bedarf, wie z. B. ICA und COOP Konsum, haben auch sonntags geöffnet. Die meisten Geschäfte sind in der Regel von 9.30 bis 19 Uhr, samstags bis 14 oder 16 Uhr, geöffnet. In Warenhäusern kann man teilweise bis 21 Uhr einkaufen, sogar sonntags von 12 bis 16 oder 17 Uhr. Die Lebensmittelgeschäfte (u. a. auch Lidl mit einem auf den schwedischen Markt ausgerichteten Angebot) ermöglichen den Einkauf bis 21 Uhr. Die Geschäftskette 7-Eleven hat Öffnungszeiten von 7 bis 23 Uhr. Auch an vielen Tankstellen erhält man von früh bis spät Lebensmittel.

Post/Briefmarken

Die **Portokosten** für Briefe und Postkarten bis 50 g betragen ins europäische Ausland einheitlich 30 SEK, innerhalb Schwedens 15 SEK. Briefe ins Ausland werden oft mit einem Prioritaire-Etikett markiert. Internationale Post sollte man in die gelben Kästen einwerfen. Briefmarken erhält man häufig auch an Kiosken und in Hotels. Infos unter www.postnord.se.

Rauchen

Schon seit 1994 ist Werbung für Tabakwaren in Presse, Radio und Fernsehen verboten, seit 2005 das Rauchen in allen der Öffentlichkeit zugänglichen Räumen – also auch in Cafés, Bars und Restaurants –, in Transportmitteln und am Arbeitsplatz untersagt. 2019 wurden die Bestimmungen deutlich verschärft: Das Rauchverbot gilt seitdem auch in **Außenbereichen** von Restaurants und Cafés (also auch in Biergärten!), auf Bahnsteigen, an Bushaltestellen oder Taxiständen. Und es gilt **neben allen Türen**, die von der Öffentlichkeit genutzt werden! Die Regelungen betreffen auch E-Zigaretten und Shishas, nicht aber den schwedischen Lutschtabak *snus*. Ziel der Regierung ist, Schweden bis 2025 **rauchfrei** zu machen. Schon 2022 war der Anteil an Rauchern mit rund 6 % der geringste in der EU; erstaunlich ist, dass Zigaretten noch 2023 weniger kosteten als in Deutschland.

Reiseveranstalter

Eine Vielzahl von Reiseveranstaltern haben sich auf Schweden- oder Skandinavienreisen spezialisiert. Dazu gehören die Fährgesellschaften **Stena Line** (www.stenaline.de), **TT Line** (www.ttline.com) und **Viking Line** (www.vikingline.de), die auch Hotelrundreisen, Ferienhäuser oder Spezialreisen im Programm haben. Des Weiteren lohnt sich ein Blick auf die Websites von Reisebüros mit dem Schwerpunkt Nordeuropa, z. B. **Anders.Weg** (www.andersweg.reisen), **Elch Adventure Tours** (www.elch-adventure-tours.de), **Feelgood Reisen** (www.feelgoodreisen.de), **Highländer Aktivreisen** (www.highlaender-reisen.de), **Kontiki-Saga Reisen** (www.kontiki.ch), **Nordic Holidays** (www.nordic-holidays.de), **Nordic Team Travel** (www.nordic-team-travel.de), **Top Nord** (www.top-nord.de) oder **Troll Tours** (www.trolltours.de).

Reisezeit

Die Hauptreisezeit fällt weitgehend mit den **schwedischen Sommerferien** von Anfang Juni bis Anfang/Mitte August zusammen. Im schwedischen Fjäll beginnt die Sommersaison um Mittsommer und endet im September, die Hochsaison liegt zwischen dem 20. Juli und dem 10. August, sodass es dann in den Unterkünften recht eng wird. In den Fjällhotels beginnt die Wintersaison um Neujahr, auf den Fjällstationen dauert sie in der Regel von Februar bis in den Mai hinein. In den klassischen Wintersportgebieten herrscht während der entzerrten Sportferien (sportlov) Ende Februar/Anfang März reger Betrieb.

Telefonieren

Die Schweden haben ein **besonders inniges Verhältnis zum Telefon**. In kaum einem anderen Land gibt es mehr Mobiltelefone bzw. Smartphones pro Einwohner als in Schweden. Telefonieren mit dem **Handy** ist in Schweden kein Problem. Innerhalb der EU fallen seit 2017 keine Roaminggebühren mehr an. Bei automatischer Netzwahl bucht sich das Handy in das Partnernetz des Heimatanbieters ein bzw. in das stärkste verfügbare Netz. In den ländlichen Gebieten Mittel- und Nordschwedens kann der Empfang allerdings schwierig sein, das gilt auch und besonders für die Wander- und Kanurouten in den Nationalparks!

Die internationalen Vorwahlen:

von Schweden nach **Deutschland**	**0049**
von Schweden nach **Österreich**	**0043**
von Schweden in die **Schweiz**	**0041**
nach **Schweden**	**0046**

Nach der Wahl dieser Ziffern wartet man einen Signalton ab und wählt dann die Ortsvorwahl (die erste 0 entfällt) und die Anschlussnummer des Teilnehmers.

Hinweis: *Bei den reisepraktischen Hinweisen in diesem Buch wurde bei den angegebenen Telefonnummern auf die Ländervorwahl verzichtet. Wer aus dem Ausland eine dieser Nummern anruft, muss also die internationale Vorwahl wählen, dann die Ortsvorwahl, wobei die erste 0 entfällt.*

Seit 2017 gibt es in Schweden **keine Telefonzellen** mehr. Die wunderschönen Telefonzellen (teils von 1901), die man bisweilen in Stockholm oder Göteborg noch sieht, sind reine Erinnerungsstücke ohne Innenleben.

Trinkgeld

Auch wenn es in Schweden nicht so verbreitet ist wie in Deutschland: Wer mit dem Service zufrieden ist, sollte z. B. beim Restaurantbesuch 5–10 % Trinkgeld (*dricks*) geben. Auch der Taxifahrer freut sich, wenn seine Kunden den Rechnungsbetrag aufrunden.

Unterkunft

▶ Hotels

Inzwischen werden Hotels in Schweden offiziell nach einem System mit bis zu fünf Sternen klassifiziert, Hotels in Norwegen und Finnland sollen folgen. Der Standard ist durchweg hoch. Die Preise sind es keineswegs immer, denn es gibt ein Überangebot an Hotelbetten, von Stockholm abgesehen. Wenige Hotelketten bestimmen den Markt, der in den letzten Jahren von ständigen Unruhen und Verkäufen geprägt war, Billiganbieter sind hinzugekommen.

In den Sommermonaten und an den Wochenenden, wenn die Geschäftsreisenden ausbleiben, werden bis zu 50 % ermäßigte Preise gewährt, oft mit günstigen Angeboten für Familien mit Kindern. Um Angebote nutzen zu können, braucht man manchmal einen **Hotelpass** oder -scheck, mit dem die Hotelketten Touristen an ihr Unternehmen binden wollen. Nicht selten sind die Sommer- und Wochenendangebote preiswerter als Übernachtungen mit dem Schecksystem – manche Hotels bieten Last-Minute-Preise.

Aus dem Gesamtangebot ragen **35 der besten Ferienhotels** in den landschaftlich attraktivsten Regionen des Landes heraus: die **Countryside Hotels**. Ob in einem Nationalpark, in einem alten Fischerdorf, auf einem Fjällplateau oder an der Schärenküste, alle exklusiven Häuser haben ihren eigenen Charme, ihre ureigene, oft familiäre Atmosphäre. Hervorragend ist die Küche, schließlich zählt die Hälfte der Hotel-Restaurants zu den besten Restaurants des Landes. Interessant sind auch hier die Sommer- und Wochenendpreise, Kinder bis 12 Jahre bei Unterbringung im Zimmer der Eltern im Extrabett sind frei. Infos bei Visit Sweden (s. Information) oder Countryside Hotels, Stationsvägen 18, SE-18450 Åkersberga, ✆ +46-31-131870, www.countrysidehotels.se.

Hoteleinstufung

Die in diesem Band erwähnten Hotels werden der Übersicht halber und zum Zweck der groben Orientierung mit bis zu 5 €-Zeichen versehen. Die Preisangaben beziehen sich auf den Normaltarif pro Person im Einzelzimmer, inkl. Frühstück und Mehrwertsteuer. Folgende Einstufung gilt:

€	bis 450 SEK	€€€€	1.350–2.000 SEK
€€	450–700 SEK	€€€€€	mehr als 2.000 SEK
€€€	700–1.350 SEK		

▶ Ferienhäuser

Bei vielen Schwedenreisenden steht der Wunsch nach einem Ferienhaus, in dem man ungezwungen und frei seinen Urlaub verbringen kann, ganz obenan. In großer Zahl und allen Kategorien, meist jedoch mit beachtlichem Ausstattungsniveau, sind die Häuser über das Land verteilt – mal auf einem Grundstück im Wald, an einem See oder nahe am Meer. Nicht wenige Deutsche haben sich in der letzten Zeit im Süden des Landes ihren **Ferienhaus-Traum** erfüllt und ein Haus gekauft. Die Unterkunft im Ferienhaus ist familienfreundlich, da viele Häuser für vier oder mehr Personen ausgelegt sind. In der kurzen Hochsaison von Anfang/Mitte Juni bis Mitte/Ende August sind die Preise am höchsten, unmittelbar davor oder danach liegen sie ein Drittel oder mehr darunter.

Fast alle Ferienhäuser haben fließendes Wasser, geheizt werden sie meist elektrisch, offene Kamine haben nur geringen Heizwert und dienen der Behaglichkeit. In der Regel werden die Häuser von Samstag bis Samstag vermietet. Nach Beendigung des Aufenthalts ist der Mieter dafür zuständig, dass das Gebäude sauber verlassen wird, oder die Reinigung kann gegen eine Gebühr erfolgen. Einige Ferienhausvermieter erheben eine **Kaution**, um kleineren Beschädigungen oder dem Unterlassen der Reinigung vorzubeugen. Außer Handtüchern, Geschirrtüchern und Bettwäsche braucht man meist nichts mitzubringen. Eine große Auswahl an Ferienhäusern bieten u. a. folgende Websites: https://besuchschweden.de, www.casamundo.de, www.dancenter.de/schweden, www.ferienhaus-schweden-hsf.com, www.hometogo.de, www.svevilla.com/de, www.schwedenstube.de, www.schwedenurlaub.com.

Eine sehr einfache, praktische Unterkunft an markierten Wanderwegen in der schwedischen Gebirgswelt sind die rund **45 STF-Berghütten** *(mountain cabins).* Ideale Ausgangs- und Zielpunkte für Wanderungen und Skitouren im schwedischen Gebirge bieten die Fjällstationen des Schwedischen Touristenvereins STF, die zwischen Grövelsjön im Süden, Abisko im Norden und im Westen z. T. auf norwegischem Territorium liegen. Es sind einfache, sehr zweckmäßige Berghotels, die auf Wanderer eingestellt sind, die sich meist selbst verpflegen. In einigen Stationen kann man auch warme Mahlzeiten bekommen. Fast alle haben eine Küche für Selbstversorger und bieten Proviant zum Kauf. In allen Häusern ist Selbstbedienung üblich. In den Zwei- oder Vierbett-Zimmern gibt es kaltes und warmes Wasser, Duschen und Toiletten befinden sich auf dem Gang.

Die Sommersaison der Fjällstationen reicht von Ende Juni bis Mitte September, im Winter sind die gemütlichen Berghotels von Februar bis Ende Mai geöffnet, geschlossen sind allerdings die Stationen Saltoluokta und Kvikkjokk.

▶ Jugendherbergen/Gästehäuser

Der Name Vandrarhem im Schwedischen deutet schon an, dass die über das Land verteilten Herbergen keineswegs nur Jugendlichen vorbehalten sind. Es gibt keine Altersbegrenzungen, Familienzimmer mit zwei bis sechs Betten sind fast überall zu finden. Der Standard der meisten Gästehäuser ist beachtlich, ausgefallen ist bisweilen die Lage und frühere Nutzung der Herbergen, bei denen es sich mal um ein altes Segelschiff, einen alten Leuchtturm, eine ehemalige Wassermühle oder auch ein früheres Gefängnis (z. B. in Stockholm) handeln kann. Küchen für Selbstversorger sind die Regel, manchmal kann man auch ein Frühstück und weitere Mahlzeiten bekommen. Mehr als 100 der Gästehäuser sind das ganze Jahr über für Urlauber geöffnet.

Die **Preise pro Übernachtung** schwanken je nach Lage und Standard. In den über 320 vom Schwedischen Touristenverein (STF) betriebenen Gästehäusern zahlt man als Mitglied des DJH je nach Komfort 15–30 €, als Nichtmitglied ca. 5 € mehr. Man bringt seine eigene Bettwäsche mit, oft ist gegen Aufpreis aber auch möglich, Bettwäsche, Frühstück, Reinigung etc. hinzuzubuchen. Ein Verzeichnis der Herbergen samt Buchungsmöglichkeit gibt es auf der STF-Website www.swedishtouristassociation.com, die schwedischen Hostels und Jugendherbergen sind aber auch auf Buchungsportalen wie www.booking.com zu finden.

Wandern

Mehr als 1.000 km lang ist die schwedische Gebirgskette, die sich von der Landschaft Dalarna über den Polarkreis bis hinauf in den hohen Norden erstreckt. Jahrtausende lebten in den fast menschenleeren Räumen nur die Samen und einige wenige Siedler, die der unwirtlichen Natur das zum Leben Nötigste abtrotzten.

Die Faszination der schwedischen Gebirgswelt, die etwa ein Viertel der Oberfläche des Landes ausmacht, entdeckten die Pioniere des Bergtourismus Ende des 19. Jh. Bis heute

Wanderurlaub

Wer einen Wanderurlaub in den schwedischen Bergen plant, sollte auf jeden Fall Informationen (auch in deutscher Sprache) beim **STF** einholen und wegen zahlreicher Vergünstigungen vielleicht auch eine **Mitgliedschaft** erwägen, die immer für ein Jahr gilt. Denn im STF sind auch ausländische Gäste willkommen. Die Mitgliedschaft kostet 2023 für einen Erwachsenen 345 SEK, für Jugendliche (16–25 Jahre) 195 SEK, Kinder (5–15 Jahre) 50 SEK, Familienpreis 550 SEK. Jugendliche unter 16 Jahren, die in Begleitung eines Erwachsenen in einem der **STF-Gästehäuser** wohnen, müssen nicht eingetragenes Mitglied sein. Die Vorteile: STF-Mitglieder erhalten in den über 320 Gästehäusern (*vandrarhem*), rund 60 Fjällhütten und den neun Fjällstationen eine Ermäßigung, die allerdings auch DJH-Mitgliedern gewährt wird. Ansonsten bekommt man als STF-Mitglied u .a. 10–15 % Rabatt auf Zugreisen in Schweden, das Online-Magazin „Turist" (in schwedischer Sprache) sowie Rabatte bei der Buchung von durch den STF durchgeführten Reisen.

Infos: *www.swedishtouristassociation.com bzw. www.svenskaturistforeningen.se.*

hat die riesige Wildnis nichts von ihrem ursprünglichen Charakter verloren, wenngleich das Wandern in den schwedischen Bergen immer populärer wird. Einen Boom verzeichnete der **Wandertourismus** in den 1970er Jahren, als zahlreiche Buchveröffentlichungen, hervorragendes Kartenmaterial und vor allem beliebte Fernsehsendungen immer mehr Schweden für einen Urlaub im heimischen Gebirge interessierten, sodass heute rund eine halbe Million Schweden zur Kategorie der Gebirgswanderer gezählt werden kann. Rund 15 % der in der schwedischen Gebirgswelt Wandernden stammen aus Deutschland, Dänemark, den Niederlanden, Großbritannien sowie anderen Teilen Europas. Tendenz: stark steigend. Alle sind auf der Suche nach Europas letzter großer Wildnis. Über 85 % der geschützten natürlichen Gebiete des Landes liegen hier, einschließlich der größten Nationalparks und Naturreservate, die es in Europa gibt.

Wesentlich dazu beigetragen, das Bergwandern zu einem Volkssport zu machen, hat der STF, der **Schwedische Touristenverein**, den es seit mehr als hundert Jahren gibt. „Lerne Dein Land kennen" lautet das Motto der rund 240.000 Mitglieder starken Organisation, die die aktive Freizeitgestaltung stärker in Richtung eines sanften Tourismus lenken will und über Informationen zu Schwedens Natur und Kultur an die Verantwortung des Individuums gegenüber dem reichen Natur- und Kulturerbe appelliert.

Der Schwedische Touristenverein unterhält Fjäll- und Touristenstationen (s. Unterkunft), zahlreiche Berghütten und Herbergen. Inzwischen gibt es rund 7.000 km markierte Wanderwege, an denen etwa alle 20–25 km eine STF-Hütte liegt, einfach und praktisch eingerichtet. Betten in den Mehrbettzimmern können nicht im Voraus bestellt werden, doch auch in der Hochsaison findet sich ein Platz in der kleinsten Hütte, notfalls auf dem Boden. Proviant wird nur in einigen wenigen Hütten verkauft, sodass der Wanderer ihn samt Ausrüstung transportieren muss. Zunehmend größer wird die Zahl derer, die die markierten Wanderwege verlassen und abseits der ausgetrampelten Pfade zelten.

Markierte Sommerpfade erkennt man an den aufgeschichteten oder farblich gekennzeichneten Steinen, während die Winterwege mit langen Stangen markiert sind, an denen ein rotes Kreuz angebracht ist. Wege, die im Sommer und Winter genutzt werden, sind häufig mit einem Kreuz versehen. Wer auf den markierten Wegen bleibt, kann sich auf eine

solide Infrastruktur verlassen, für die überwiegend das Staatliche Amt für Naturschutz (SNV) zuständig ist. Denn häufig treffen Wege auf Flüsse oder Seen, wo Brücken oder Ruderboote zur Verfügung stehen. Die Boote kann man allerdings nur von Ende Juni bis etwa 20. Sept. benutzen. Gelegentlich säumen kleine Nothütten den Weg, die Schutz vor Sturm und schlechtem Wetter bieten. Zuständig für die Bergrettung (Fjällräddningen) ist die Polizei, die über ein Nottelefon in den meisten Hütten zu erreichen ist.

Der wohl bekannteste aller Wanderpfade ist der **Kungsleden**, der Königsweg, der auf einer Strecke von rund 500 km zwischen Abisko und Hemavan gut präpariert und recht leicht zu gehen ist. Er eignet sich besonders für weniger erfahrene Wanderer, doch sind die Unterkünfte im nördlichen Teil der Strecke zwischen etwa dem 20. Juli und dem 10. August voll belegt.

Nach einer Faustregel entspricht das Klima in rund 1.000 m Höhe in Schwedens Gebirgswelt dem in 2.500 m Höhe in den Alpen. Unentbehrlich sind warme, winddichte Kleidung, Handschuhe, eine Wollmütze und warme Unterwäsche. Da es häufig, wenn auch lokal unterschiedlich, stark regnen kann, ist **gute Regenkleidung** notwendig. Nach eigener Erfahrung sind Gummistiefel mit ordentlichem Profil im gelegentlich sumpfigen Gelände oder beim Durchwaten von Wasserläufen empfehlenswert. Für Hüttenübernachtungen benötigt man Bettwäsche oder einen Schlafsack. Bei unerfahrenen Wanderern besteht eher die Gefahr, dass sie zu viel Gepäck mitschleppen. Für eine Tagestour, bei der man

Über 7.000 Kilometer markierte Wanderwege laden zu einem unvergesslichen Naturerlebnis ein

Tipps zur besten Wanderzeit

Da wegen der Schneeschmelze das Gelände von Mai bis Juni noch morastig ist und die Bäche reichlich Wasser führen, ist die Zeit **von Juli bis etwa Mitte September** am günstigsten für Wanderungen in der schwedischen Gebirgswelt. In den südlichen Ausläufern des Gebirges sind kürzere Touren auch schon im Juni möglich. Empfehlenswert ist die Zeit Anfang Juli, wenn die Nacht zum Tag wird und die meisten Blumen ihre Blütenpracht entfalten. Doch ist dann auf den ausgetretenen Pfaden und in den Hütten recht viel Betrieb, denn Juli und August sind die Monate der Hochsaison.

Reizvoll ist auch die Zeit Ende August, wenn die Mücken auf dem Rückzug sind und die Natur ihr farbenprächtiges Herbstkleid anlegt – wenn das Fjäll „brennt". Da die meisten Schweden ihre Touren am Wochenende starten, ist es in der kurzen Hochsaison günstiger, Wanderungen unter der Woche zu beginnen. Manch einer vertritt die Ansicht, der **späte Winter** Ende April oder Anfang Mai mit reichlich Sonne und optimalen Schneeverhältnissen sei eine ideale Zeit im Fjäll, wo es meist nur um die Osterfeiertage herum in den Unterkünften etwas enger werden kann.

zum Ausgangspunkt zurückkehrt, sollten 4–5 kg Gepäck reichen, während man im Rahmen einer Wanderung von Hütte zu Hütte, bei der man Proviant mitnimmt und das Essen in der Unterkunft zubereitet, 10–12 kg veranschlagen muss. Auf 15–20 kg oder mehr kommt, wer sein Zelt mitnimmt und sich abseits der präparierten Wege aufhält.

Da das Wetter sehr schnell umschlagen und plötzlich auftretender Nebel sowie Regen und Dunkelheit die Orientierung beeinträchtigen können, sind **Karte und Kompass** unentbehrliche Hilfsmittel, sofern man nicht auf gut markierten Wegen läuft.

Hinweis

Vorsicht beim Verlassen der Hauptwege! Respekt vor der Natur! Nachtfrost und Schnee sind auch im Sommer nichts Ungewöhnliches. Leichtsinniges Verhalten führt in den Weiten der nordischen Gebirgswelt immer wieder zu Todesfällen.

Zur Anreise ins Gebirge wählen die meisten die Inlandsbanan oder den Pkw, günstige Inlandsflüge werden im Sommer nach Östersund, Gällivare und Kiruna angeboten, sodass man von dort mit Bus und Bahn zu seinem Ziel gelangen kann. Aber Vorsicht: Nicht alle entlegenen Orte haben eine tägliche Verbindung. Der immer im Frühsommer erscheinende Fahrplan des STF (www.swedishtouristassociation.com) **Turisttrafik i fjällen** enthält die wichtigsten Informationen zu den Zügen, Bussen sowie dem Flug- und Bootsverkehr.

In Mittelschweden wurde in den letzten Jahren die Infrastruktur des Pilgerwegs **St. Olavsleden** massiv ausgebaut. Dieser 580 km lange Pfad, Skandinaviens Antwort auf den Jakobsweg, verbindet Sundsvall bzw. Selånger an der Ostsee mit dem norwegischen Trondheim und kann auch mit dem Fahrrad zurückgelegt werden. Infos unter https://stolavsleden.com.

Zeit

In Schweden (und Norwegen) gilt wie bei uns die MEZ, ebenso die Sommerzeit. Anders verhält es sich in Finnland, das OEZ hat. Dort ist es also eine Stunde später.

Zeitungen

Aufgrund staatlicher finanzieller Zuschüsse ist die Pressekonzentration nicht so weit fortgeschritten wie in anderen Ländern. Die auflagenstärksten Zeitungen sind: Expressen, www.expressen.se (liberal), Dagens Nyheter, www.dn.se (liberal), Aftonbladet, www.aftonbladet.se (sozialdemokratisch), Göteborgs-Posten, www.gp.se (liberal) und Svenska Dagbladet, www.svd.se (unabhängig konservativ). Alle Tageszeitungen kämpfen aber seit Jahren mit einem allgemeinen Leserschwund, außerdem greifen immer mehr Schweden auf die Online-Ausgaben zurück. In den größeren Orten ist an Kiosken und häufig an den Tankstellen deutsche und internationale Presse erhältlich.

Zoll

Für Reisende aus EU-Ländern gilt: Es gibt für den privaten Verbrauch keine Beschränkungen mehr (Ausnahme: Personen unter 20 Jahre dürfen keinen Alkohol einführen). Von der EU sind jedoch Mengen festgelegt worden, an denen sich der Zoll orientiert, um einzuschätzen, ob die eingeführten Mengen als Waren für den eigenen Verbrauch angesehen werden können (z. B. 10 l Branntwein, 20 l Likörwein, 90 l Wein, 110 l Bier). Die Waren dürfen nicht an andere weiterverkauft werden. Für Reisende aus Nicht-EU-Ländern gelten folgende zollfreie Mengen an Alkoholika: 1 l Branntwein (über 22 % Alkoholgehalt) oder 2 l Likörwein (zwischen 15 % und 22 % Alkoholgehalt); ferner 4 l Wein (max. 15 % Alkoholgehalt), 16 l Bier. Infos auch unter www.tullverket.se.

Entfernungen

Entfernung in km	Gävle	Göteborg	Jönköping	Kalmar	Karlstad	Kiruna	Linköping	Luleå	Malmö	Mora	Stockholm	Sundsvall	Umeå	Östersund
Gävle	•	510	465	655	383	1.193	389	961	706	220	180	233	669	367
Göteborg	510	•	183	352	251	1.666	348	1.434	299	557	456	743	1.142	840
Jönköping	465	183	•	262	284	1.621	165	1.389	313	512	374	698	1.097	795
Kalmar	655	352	262	•	534	1.811	339	1.579	313	702	548	888	1.287	985
Karlstad	383	251	204	534	•	1.539	259	1.307	550	430	329	616	1.015	713
Kiruna	1.193	1.666	1.621	1.811	1.539	•	1.529	304	1.862	1.402	1.373	1.023	586	968
Linköping	389	348	165	339	259	1.529	•	1.297	390	427	209	622	1.005	703
Luleå	961	1.434	1.389	1.579	1.307	304	1.297	•	1.630	1.170	1.141	791	354	736
Malmö	706	315	313	313	550	1.862	390	1.630	•	753	599	939	1.338	1.036
Mora	220	557	512	702	430	1.402	427	1.170	753	•	329	453	878	587
Stockholm	180	456	374	548	329	1.373	209	1.141	599	329	•	413	849	547
Sundsvall	233	743	698	888	616	1.023	622	791	939	453	413	•	499	197
Umeå	669	1.142	1.097	1.287	1.015	586	1.005	354	1.338	878	849	499	•	444
Östersund	367	840	795	985	713	968	703	736	1.036	587	547	197	444	•

Das kostet Sie das Reisen in Schweden

Auf den „Grünen Seiten" geben wir Preisbeispiele für den Schwedenaufenthalt, damit man sich ein ungefähres Bild über die Kosten der Reise machen kann. Die Preisangaben können natürlich nur eine vage Richtschnur sein, auch angesichts der nicht unerheblichen Kursschwankungen zwischen Euro (€) und Schwedenkrone (SEK) in der letzten Zeit.

Wechselkurse (Stand Herbst 2023)

1 € = 11,76 SEK	10 SEK = 0,85 €
1 CHF = 12,00 SEK	10 SEK = 0,83 CHF

Beförderung

▶ Flüge

Lufthansa (www.lufthansa.de) und SAS (www.flysas.com) fliegen von mehreren deutschen Flughäfen mehrmals täglich direkt nach Göteborg und Stockholm. Es gibt inzwischen eine Vielzahl von Tarifen mit den unterschiedlichsten Bedingungen, z. B.:

- von Düsseldorf nach Stockholm ab ca. 150 € zum Sondertarif inkl. Steuern und Gebühren. Besonders günstig sind die Angebote im Sommer, vor allem innerhalb Schwedens.
- Recht günstige Flüge bieten mitunter auch Norwegian (www.norwegian.com), Ryanair (www.ryanair.com) und Eurowings (www.eurowings.com) an. Mit Eurowings kam man im Sommer 2023 z. B. von Düsseldorf nach Stockholm/Arlanda für 39,99 € (Tarif Basic: nur kleines Handgepäck, großes Handgepäck bis 8 kg gegen Aufpreis). Flüge von Düsseldorf nach Göteborg sind ab 49,99 € im Tarif Basic zu bekommen, Flüge nach Kiruna im März 2024 ab 79,99 €.

▶ Fähren

Für die Fährverbindungen zwischen Deutschland und Schweden gibt es keine verbindlichen Preislisten mehr, vielmehr richtet sich der Preis nach Angebot und Nachfrage. Naturgemäß ist er in der Hochsaison und an Wochenenden am höchsten. Bei Nachtfahrten sind oft Kabinen vorgeschrieben, da wiederum sind die günstigsten oft weit im Voraus ausgebucht. Es lohnt sich also, erstens frühzeitig zu buchen und zweitens bei der Buchungsanfrage hinsichtlich des Termins flexibel zu sein; manchmal kann man bei der Verschiebung der Abreise um nur einen Tag so viel sparen, wie eine Zwischenübernachtung in Schweden kosten würde. Zwei Preisbeispiele (one way):

- Auf der Strecke Travemünde–Trelleborg ist bei der TT-Line 2023 in der Nebensaison eine Überfahrt für einen Pkw mit bis zu 5 Mitreisenden für 90 € zu haben.
- Auf der Strecke Kiel–Göteborg (Stena Line) kostete ein Ticket in der Hochsaison (Juli 2023) für einen Pkw oder ein Wohnmobil bis 6 m Länge inkl. 5 Personen ab 780 € und die Economy-Vier-Bett-Innenkabine 195 €.

▶ Bahn

- Der **Interrail Schweden Pass** ist für einen Monat gültig, man kann ihn für 3, 4, 6 oder 8 Tage erwerben. Für Jugendliche (12–27 Jahre) kostet der 3-Tage-Pass in der 2. Klasse 155 €, für Erwachsene 179 €, für Senioren ab 60 Jahre 161 €.
- Der **Interrail Global Pass** ist in 33 europäischen Ländern gültig. Für Jugendliche (12–27 Jahre) kostet der Pass für 7 Reisetage innerhalb eines Monats 264 € (ganzer Monat 528 €), für Erwachsene 352 € (740 €), für Senioren 317 € (633 €).
- Ein Ticket für den schwedischen Nachtzug **Snälltåget** Berlin–Stockholm („Berlin Night Express") kostet 2023 ab 49 € im Großraum- und ab 74 € im Liegewagen.

▶ **Öresundverbindung**
- Pkw bis 6 m: 60 € (Nebensaison) bzw. 69 € (Hauptsaison)
- Pkw mit Anhänger/Wohnwagen und Wohnmobil über 6 m: 118 € (Nebensaison) bzw. 139 € (Hauptsaison)
- Jahresabo ØresundGO 42 €, pro Brückennutzung zusätzlich 25 €

Online-Buchung ist günstiger, außerdem verschiedene Ermäßigungen bei Mehrfahrten oder Tour-/Retourtickets; Buchungen und Informationen bei www.oresundsbron.com.

▶ **Kombi-Ticket Puttgarden-Rødby-Fähre** (Vogelfluglinie) und **Öresundbrücke** (Pkw einschl. Fahrer) oder **Helsingør-Helsingborg-Fähre**: Pkw bis 6 m ab 99,50 € (Frühbucher-Preis, Tarif „Early Booker").

▶ **Busse**: Anreise nach Schweden, beispielsweise mit FlixBus (www. flixbus.de) Berlin–Stockholm ab 125 €.

▶ **Taxis**: Stockholm Zentrum–Flughafen Arlanda ca. 500–600 SEK.

▶ **Flughafenbus** Stockholm/Arlanda – City Terminal 129 SEK (Online-Buchung).

▶ **Mietwagen**: pro Tag in der Hauptsaison ab 140 €, 7 Tage ab 350 €. Inklusive Haftungsreduzierung bei Schäden (CDW), Haftungsreduzierung bei Diebstahl (TP), Mehrwertsteuer, Standortzuschlag, Zulassungsgebühr und unbegrenzte Kilometer, Zusatzversicherung *(självriskreducering)* ca. 10 €/Tag.

▶ **Benzin**: Im Herbst 2023 waren die Preise ähnlich wie in Deutschland, d. h. mit einer weiten Spannbreite nach oben und nach unten.

▶ **Go-City-Pass Stockholm** und **Travelcard**
- Der **Go-City-Pass Stockholm** (u. a. Eintritte in Museen, Sightseeing-Touren) kostet für 1 Tag: 824 SEK (Kinder: 309 SEK), 2 Tage: 1.289 SEK (Kinder: 509 SEK), 3 Tage: 1.524 SEK (Kinder: 594 SEK), 4 Tage: 1.714 SEK (Kinder: 644 SEK). 5 Tage: 1.899 SEK (Kinder: 694 SEK).
- Die **Travelcard** (freie Benutzung des ÖPNV) kostet 165 SEK für 24 Stunden (Kinder: 110 SEK) und 330 SEK für 72 Stunden (Kinder: 220 SEK).

▶ **U-Bahn/ÖPNV Stockholm**: Einfach-Ticket (Strecke unbegrenzt, 75 Minuten gültig, Ticket-Automat, Ticket-Schalter oder via App) 39 SEK; Kinder unter 7 Jahre frei, ermäßigte Preise für Jugendliche bis 19 Jahre, Studenten und Senioren ab 60 Jahre.

▶ **Boote Stockholmer Schärengarten**: Ticket „Båtluffarbiljett" (engl.: „travelcard 5 days") für alle Schärenboote der Reederei Waxholmsbolaget (außer Cinderellaboote) und insgesamt 260 Häfen, 5 Tage Gültigkeit 545 SEK. „Periodbiljett 30 dagar" (engl.: „travelcard 30 days"), 30 Tage unbegrenztes Fahren auf allen Schärenbooten 970 SEK.

▶ **Personenfähre**: Stockholm mit M/S Emelie, 30 Min. Fahrtzeit von Hammarby Sjöstad bis Zentrum, 65 SEK oneway, Tagesticket 105 SEK.

Übernachtungskosten

▶ **Hotel**
- Sommer-/Wochenendpreise z. B. Scandic Hotels ab ca. 80 € pro Zimmer (Kinder unter 13 Jahre im Zimmer der Eltern kostenlos), Countryside Hotels ca. 65 € pro Person im DZ, ca. 95 € EZ (Kinder unter 13 Jahre frei ohne Extrabett).

- Die Normalpreise liegen 40–50 % höher. Z. B. Luxushotel: Grand Hotel Stockholm EZ ca. 190–390 €, DZ 240–510 €.
- Privatzimmer ab ca. 45 € pro Person im DZ.

▶ **Jugendherberge**: 20–38 € als STF-Mitglied oder mit DJH-Ausweis, als Nichtmitglied 6 € mehr. Nach der sechsten Übernachtung ist man automatisch Mitglied. Fragen Sie bei der ersten Übernachtung nach der Hostelling International Card.

▶ **Camping**: Tagespreis für eine Familie mit Zelt, Wohnwagen oder Wohnmobil inklusive Vorzelt und Auto ca. 15–40 €. Jahresgebühr für die obligatorische Campingkarte 199 SEK (beim ADAC zum Vorzugspreis von 12 €).

▶ **Im Gebirge**

- Gebirgsstationen des STF (p. P. ohne Bettwäsche, Handtuch) ca. 30–48 € im Zweibettzimmer, 25–35 € im Mehrbettzimmer; Halbpension 1 Woche im Zweibettzimmer p. P. 350–500 €.
- Gebirgshütten des STF (p. P. ohne Bettwäsche) ca. 20 €, Kinder 8 €.
- STF-Mitgliedschaft (1 Jahr Gültigkeit, Vergünstigungen) 345 SEK, junge Erwachsene (16–25 Jahre) 195 SEK, Senioren (ab 75 Jahre) 225 SEK, Familie (max. 2 Erwachsene/Senioren und alle Kinder/Jugendlichen mit der gleichen Adresse) 550 SEK.

▶ **Ferienhaus in Småland**: Wochenpreis (4 + 2 Betten) 650–850 €.

Eintritte/Aktivitäten

▶ **Beispiele aus Stockholm**

- Vasamuseum 170 SEK (Okt.–April) bzw. 190 SEK (Mai–Sept.)
- Große Synagoge mit Führung einschl. Holocaust Monument 200 SEK
- Freilichtmuseum Skansen Mai–Sept. u. Weihnachtsferien 245 SEK (sonst 185 SEK), Kinder 4–15 Jahre 70 SEK
- ABBA The Museum ab 290 SEK, 7–15 Jahre ab 110 SEK, Familienticket (2 Erwachsene und bis zu 2 Kinder) ab 695 SEK, Studenten und Senioren 260 SEK
- Königliches Schloss, 190 SEK, 7–17 Jahre 95 SEK, Kombiticket einschl. Riddarholmskyrkan 220 /110 SEK
- Historisches Museum 150 SEK, unter 19 Jahren frei
- Avicii Arena/Sky View 170 SEK, Kinder (5–12 Jahre) und Senioren über 65 Jahre 130 SEK
- Zentralbad (Jugendstilbad) Mo–Do 450 SEK, Fr–So 650 SEK
- Ca. einstündiger Ballonflug über Stockholm, insgesamt ca. 4,5 Std. inkl. Ballonfahrt, Transfers, Versicherung, Glas Prosecco, leichtes Picknick und Diplom 2.595 SEK (Upplands Ballongflyg)
- Miete Kanu/Kajak (Einsitzer, einschließlich Rettungsweste etc.) für 2 Std. 200 SEK, für 4 Std. 300 SEK, für einen Tag 400 SEK und für 1 Woche 2.000 SEK (Långholmen Kajak Uthyrning)

Essen und Trinken

- Schwedisches Büfett (smörgåsbord; ohne Getränke) 290–510 SEK
- Weihnachtsbüfett (*julbord;* ab Ende Nov.) in guten Restaurants (z. B. im Stortorgskällaren oder in Den Gyldene Freden, beide Stockholm) ca. 500–900 SEK, im Stockholmer Gourmetrestaurant Operakällaren 1.350–1.650 SEK
- Cheeseburger bei McDonald's 18 SEK
- Pizza in der Pizzeria 90–215 SEK
- Gutes Restaurant (gehobene Preisklasse, z. B. Fem Små Hus, Stockholm): Hauptgericht 300–460 SEK, 3-Gang-Menü 695 SEK

- Abendessen für 2 Personen in einem gehobenen italienischen Restaurant inkl. Wein und Dessert ab ca. 1.000 SEK
- Whisky in Pub/Bar 70–100 SEK
- Bier (Klasse 3) in Pub/Bar 70–110 SEK
- 1 Tasse Kaffee (Cafeteria) 20–38 SEK
- 1 Tasse Cappuccino im Szene-Café 45 SEK
- 1 Cocktail in einem angesagten Club 170 SEK

▶ **Lebensmittel (Supermarkt-Preise; ICA)**
- 1 l Bio-Milch 23 SEK
- 1,5 l Mineralwasser (Ramlösa) 18 SEK
- 1,5 l Coca Cola, Sprite o.ä. 25 SEK
- 12 Bio-Eier 57 SEK
- 250 g Cherrytomaten 33 SEK
- 4 Bio-Äpfel 38 SEK
- 1 kg Kartoffeln 12 SEK
- 1 Laib Graubrot (470 g) 74 SEK
- 400 g Käse, verpackt (Emmentaler) 58 SEK
- 1 kg Köttbullar 82 SEK
- 0,33 l Dose Leichtbier (Pripps Blå) 9 SEK
- 1 kg Bio-Bananen 33 SEK
- 1 Pckg. Knäckebrot (Wasa, 245 g) 25 SEK
- 1 Tafel schwedische Schokolade (Marabou, 200 g) 30 SEK

▶ **Alkoholische Getränke (Systembolaget)**
- Dose schwedisches Bier Norrlands Guld, 0,33 l, Vol 5,3 % 12 SEK
- Flasche Mariestads, Starkbier „Old Ox", 0,5 l, Vol 6,9 % 20 SEK
- Flasche Franziskaner, deutsches Hefeweizen, 0,5 l, Vol 5 % 26 SEK
- Flasche Casteloro, italienischer Rotwein, 0,75 l, Vol 13 % 89 SEK
- Flasche Côtes du Rhône, französischer Weißwein, 0,75 l, Vol 14 % 135 SEK
- Flasche Glenfiddich, schottischer Whisky (12 Jahre), 0,7 l, Vol 40 % 419 SEK

Pauschalangebote

- Selbstfahrerreise für Familien „Pippi & Freunde", 8 Tage ab/bis Stockholm, 7 Übernachtungen in Mittelklassehotels (Familienzimmer) mit Frühstück, Eintritte in Stockholm Astrid-Lindgrens-Welt, Freilichtmuseum Skansen & Aquarium; ab 782 € p. P. (ohne Mietwagen) plus Zusatzbett für die 3. und 4. Person im Familienzimmer.
- Klassische Schiffsreise auf dem Götakanal, 4 Tage/3 Nächte ab Göteborg bis Stockholm, ab 1.635 € p. P. in der Doppelkabine inkl. Vollpension (3 x Frühstücksbüfett, 4 x Mittagessen mit zwei Gängen, 3 x Abendessen mit drei Gängen), Ausflügen, Schiffsguide (Reederei AB Göta Kanal; www.gotacanal.se).
- „ Die Höhepunkte Schwedens zwischen Öresund und Stockholm ", Bus-/Schiffs-Studienreise, 12 Tage, u. a. mit Stockholm, Malmö, Karlskrona, Vadstena, Kalmar, Uddevalla, Göteborg; Fähren Rostock–Trelleborg und Göteborg–Kiel, Bootsausflüge Götakanal und Kungshamn, Imbiss in einer Glasbläserei, gute Hotels, Frühstück und z. T. Abendessen, ab 2.795 € p. P. im DZ (Studiosus).
- „Stockholm", 5-tägige Studienreise mit Ausflug Drottningholm und intensivem Besichtigungsprogramm, Vier-Sterne-Hotel in Gamla Stan mit Frühstück, 72-Stunden-Travelcard, ein Abendessen, ab/bis Stockholm, ab 1.060 € p. P. im DZ (Studiosus).
- „ Discover Inlandsbanan ", 9-Tage-Tour mit der Inlandsbahn über den Polarkreis und zurück (Kristinehamn–Gällivare–Kristinehamn), Übernachtung in Mittelklassehotels mit Frühstück, Besichtigungen mit Eintritt u. a. im Zorngården in Mora, ab 14.995 SEK (Inlandsbanan).

3. STOCKHOLM UND DIE MÄLARSEE-REGION

Stockholm – die Stadt, die auf dem Wasser schwimmt

Hinweis: *Ein* **Stadtplan von Stockholm** *findet sich in der hinteren Umschlagklappe, eine* **Umgebungskarte** *auf S. 128 und ein* **Innenstadtplan** *auf S. 130.*

Stockholm ist nicht die älteste Stadt des Landes. Zur Wikingerzeit existierte Birka im Mälarsee als Handelsort, gefolgt von Sigtuna, 35 km nördlich von Stockholm gelegen. Stockholm wurde zu Beginn des Mittelalters auf einer Schwelle gegründet, an der der östliche Ausläufer des Mälarsees und die Ostsee zusammentreffen. **Gamla Stan**, Altstadt, oder auch „Stadt zwischen den Brücken" heißt der Kern, der aus den Inseln Stadsholmen, Helgeandsholmen und Riddarholmen besteht.

Die ursprüngliche Lage ist sicher darin begründet, dass aus dem Ostseeraum kommende Waren zum Weitertransport in das Gebiet des Mälarsees bzw. vice versa umgeladen werden mussten. Neben der Versorgung des Umlandes hat auch der Fernhandel mit längs der Ostseeküste entstandenen Städten zum Aufstieg Stockholms beigetragen, dessen Name möglicherweise „Insel auf Pfählen" bedeutet.

Unter **Birger Jarl**, der als eigentlicher Gründer der Stadt Mitte des 13. Jh. gilt, wird die Anlage befestigt, bekommt Stockholm Stadtrechte, wird die Stadtkirche (Storkyrka) gebaut.

1252 erhalten Kaufleute aus Lübeck **Sonderrechte** wie die Möglichkeit, sich niederzulassen und keine Steuern zahlen zu müssen. Stockholmer Bürger tragen zunehmend deutsche Namen. Die Anlage der Stadt um den heutigen Stortorget ähnelt in Grundriss und Aufriss der Lübecker Altstadt. Das in Grundzügen deutsche Stadtrecht regelt im 14. Jh., wie je ein schwedischer und deutscher Bürgermeister und je 15 Ratsherren die Stadt regieren.

Die Funktion als Hauptstadt prägt die Entwicklung der Stadt im 17. Jh., als Schweden zur **Großmacht im Ostseeraum** aufsteigt. Der Einfluss von Handwerkern und Kaufleuten geht zurück gegenüber einer großen Zahl Beschäftigter im Dienste der Krone. Die Bevölkerung wächst bis Ende des Jahrhunderts auf 45.000 an, die *malmarna*, die Vororte, werden ausgebaut, erhalten rechtwinklige Straßenzüge, auf der Insel Stadsholmen lässt der Adel prächtige Paläste errichten. Großkaufleute verdienen erheblich am Eisenexport (Bergbau in Bergslagen), der über die Hauptstadt Stockholm abgewickelt wird. Der Nordische Krieg und die Pest 1710 aber versetzen der Stadt einen herben Rückschlag.

Noch zu Beginn der zweiten Hälfte des 19. Jh. war Stockholm im internationalen Vergleich eine rückständige Stadt ohne Straßenbeleuchtung und Kanalisation mit schlimmen hygienischen Verhältnissen. Dann führte die Industrialisierung zwischen 1860–85 zur Verdoppelung der Einwohnerzahl auf 200.000, Mietskasernen er-

Redaktionstipps

- Einkaufen im exklusiven **Warenhaus NK** (Nordiska Kompaniet) (S. 142).
- Besuch der Markthalle **Östermalms Saluhall** (S. 146).
- Mit Fahrrad oder Kanu rund um **Djurgården** (S. 150).
- Besuch des **Vasamuseums** (S. 152) und des **Freilichtmuseums Skansen** (S. 155).
- Bummel durch das **Szeneviertel SoFo** (S. 159).
- Spaziergang durch das pittoreske **Katharinenviertel** auf Södermalm (S. 159).
- Spaziergang über den Panoramaweg **Monteliusvägen** (S. 160).
- Bootsfahrt über den Mälaren zum **Schloss Drottningholm** (S. 164).

Stockholm Großraum
Östhammar
Gävle
Uppsala
76
Arholma
Norrtälje
Rimbo
77
E18
Kapellskär
Åland, Åbo/Turku, Nådendal/Naantali, Paldiski (Estland)
Schloss Skokloster
E04
276
Flughafen Arlanda
Märsta
Nationalpark Ängsö
Sigtuna
Schloss Steninge
E18
Västerås
Upplands -Väsby
Vallentuna
276
Bro
E18
Täby
265
Åkersberga
Kungsängen
Sollentuna
Jakobsberg
274
Vaxholm
Möja
Munsö
E18
Lidingö
Adelsö
Solna
274
Gustavsberg
Drottning-holm
Stockholm
222
Hemmesta
Sandhamn
Saltsjö-baden
222
Ekerö
Schloss Drottningholm
E20
Helsinki
Schloss Gripsholm
E04
Huddinge
Nationalpark Tyresta
Södertälje
226
259
73
Nämdö
E20
225
Väster-haninge
Dalarö
257
227
Järna
Årsta havsbad
Ornö
E04
225
73
Ösmo
Huvudskär
Nyköping, Norrköping
Utö
Nynäshamn
Trosa
OSTSEE
Landsort
Visby (Gotland), Rostock, Gdańsk/Danzig
Ventspils (Lettland)
N
0
20 km
© graphic

setzten die kleinstädtische Bauweise, und der Generalplan von 1866 brachte nördlich des historischen Kerns eine Straßenführung nach Pariser Vorbild mit sich. Das Bürgertum ließ sich in Vierteln auf Östermalm (Strandvägen) und auf Lidingö nieder, während die Gartenstadtidee nach 1905 z. B. in Bromma verwirklicht wurde – die Arbeiterviertel lagen in den Vorstädten.

Die Attraktivität Stockholms für den Besucher heute verdeutlichen die Beinamen wie „Die Schöne am Wasser" oder „Venedig des Nordens". Es ist die topografische Lage, die der Stadt auf 14 Inseln ihren besonderen Reiz verleiht. Ein Drittel der Fläche ist Wasser, sauberes Wasser: Am Fuße des königlichen Schlosses kann man Lachse angeln und unweit des Zentrums sogar baden. Ein weiteres Drittel nehmen die Parks und Grünanlagen ein. Das Herz- und Prunkstück ist die geschichtsträchtige, lebendige Altstadt mit ihren meist ockergelben Gebäuden verschiedenster Zeiten. Aus der Vielzahl an Museen ragen das Freilichtmuseum Skansen, das Vasamuseum, National- und Nordisches Museum sowie die Goldkammer im Historischen Museum heraus, beeindruckend ist das ganzjährige Angebot hervorragender sportlicher und kultureller Veranstaltungen, bei denen häufig die kugelförmige Avicii Arena (auch Globe Arena genannt) im Mittelpunkt steht.

Einzigartig ist schließlich das Umland der Weltstadt, deren Schärengarten ein Freizeitparadies besonderer Güte ist, das zunehmend mehr Touristen nicht nur für Tagesausflüge, sondern auch für den Sommerurlaub entdecken. Stockholms Einbindung in eine faszinierende Naturlandschaft unterstreicht schließlich die Schaffung eines Nationalstadtparks, Ekoparken genannt, den der schwedische König 1995 einweihte.

Das historische Zentrum: Gamla Stan

Ein Kurzbesuch in der faszinierenden Metropole sollte auf jeden Fall einen Spaziergang durch die sehenswerte Stockholmer Altstadt einschließen. Dass die weitgehend unter Denkmalschutz stehende **Altstadt** (**Gamla Stan**) erhalten geblieben ist, ist nicht zuletzt der Verdienst des Malers Carl Larsson und des Dramatikers August Strindberg, die sich Anfang des letzten Jahrhunderts für eine behutsame Erneuerung von Gamla Stan eingesetzt haben. Der folgende Vorschlag für einen Altstadt-Bummel nimmt etwa 3 Stunden (ohne Besichtigungen) in Anspruch.

Ein natürlicher Start- und erster Höhepunkt ist das **Königliche Schloss (1)**. Wenn Stockholm das Herz Schwedens ist und Gamla Stan wiederum das Herz Stockholms, dann stellt das Schloss eindeutig das Herz der Altstadt dar. Der klotzige, barocke Bau mit seiner Dach-Balustrade dominiert maßgeblich die Silhouette der Altstadt. Die **Geschichte** des Königsschlosses beginnt vor rund 800 Jahren, als in der nordöstlichen Ecke der Altstadt eine Befestigungsanlage mit Wehrturm errichtet wurde, dort wo der Mälarsee in die Ostsee mündet. Unter Birger Jarl wurde die Burg weiter ausgebaut, die unter dem Deutschen Albrecht von Mecklenburg Ende des 14. Jh. den Namen „Tre Kronor" (= drei Kronen) erhielt. Erst unter Gustav I. Vasa wurde Tre Kronor zum ständigen Aufenthaltsort des Hofes, und unter seinem Sohn Johan III. erfolgte der Umbau von der mittelalterlichen Burganlage zu einem prachtvollen **Renaissanceschloss**. Dieses entsprach bald nicht mehr dem Stand der Zeit und Hofbaumeister Nicodemus Tessin d. Ä. plante eine völlig neue, repräsentative Residenz, die Schwedens Großmachtrolle widerspiegeln sollte. Solche Pläne konnten aber erst unter seinem Nachfolger Nicodemus Tessin d. J. verwirklicht werden, nachdem der sparsame König Karl XI. gestorben und das alte Schloss bei einem verheerenden Brand im Jahre 1697 weitgehend zerstört worden war. Der prunksüchtige

Stockholm – Gamla Stan
Hotels
1 Grand Hôtel Stockholm
2 Lady Hamilton Hotel
3 Mälardrottningen Hotell
4 LogInn Hotel
5 Gustaf af Klint Hotel & Hostel
Restaurants
1 Operakällaren
2 Veranda
3 Fem Små Hus
4 Den Gyldene Freden
5 Zum Franziskaner
Sehenswürdigkeiten
1 Königliches Schloss
2 Domkirche
3 Stortorget
4 Deutsche Kirche
5 Järntorget
6 Ritterhaus
7 Riddarholmskirche
8 Birger-Jarl-Turm
9 Reichstagsgebäude
10 Mittelaltermuseum
16 Mittelmeermuseum
17 Rosenbad
18 Gustav Adolfs Torg
19 Kungsträdsgården
20 Grand Hôtel
46 Slussen
1 Lilla Hoparegränd
2 Pelikansgränd
3 Gaffelgränd
4 Norra Dryckesgränd
5 Funckens Gränd
6 Torgdragargränd
7 Södra Benickebrinken
Stadtrundgang
0
250 m
N
© graphic
GAMLA STAN
RIDDARHOLMEN
Norrström
Strömmen
Kungliga Slottet
Storkyrkan
Riksdagshuset
Kungliga Operan
Klara Kyrka
Jakobs Kyrka
Katolska Kyrkan
Kungsträdgården
Medelhavsmuseet
Arvfurstens Palats
Rosenbad
Medeltidsmuseet
Riddarhuset
Axel Oxenstiernas palats
Kungliga Myntkabinettet
Tessinska Palatset
Finska Kyrkan
Nobelmus.
Tyska Kyrkan
Wrangelska Palatset
Stenbockska Palatset
Birger Jarls Torg
Riddarholmskyrkan
Evert Taubes Terrass
Stadsmuseum
Karl Johans torg
Slussterassen
Nya Slussen
Slussen
T-Centralen
Gamla Stan
Centralbron
Vasabron
Strömbron
Skeppsbron
Norrbro
Riksbron
Stallkanalen
Slottskajen
Skeppsbrokajen
Munkbroleden
Södra Järngraven
Stadsgårdsleden
Katarinavägen
Söderledstunneln
Hornsgatan
Regeringsgatan
Drottninggatan
Klaratunneln
Malmtorgsgatan
Fredsgatan
Strömgatan
Tegelbacken
Södra Blasieholmshamnen
Strömkajen - Nacka Strand
Strömkajen - Slussen - Vaxholm
Slussen - Strandvägen, Slussen - Nacka Strand, Skeppsholmen - Djurgården
Västerlånggatan
Österlånggatan
Stortorget
Köpmangatan
Kornhamnstorg
Mälartorget
Järntorget
Myntgatan
Storkyrkobrinken
Prästgatan
Stora Nygatan
Lilla Nygatan
Trångsund
Svartmangatan
Kindstugatan
Skeppsbrokajen
Riddarholmshamnen
Arkivgatan
Birger Jarls Torg
Wrangelska backen
Södra Riddarholmshamnen
Gustav Adolfs Torg
Rikssplan
Bankkajen
Riksgatan
Rådhusgränd
Riddarhusgränd
Slottsbacken
Telegrafgränd
Bollhusgränd
Bredgränd
Kråkgr.
Nygränd
Brunnsgränd
Skottgränd
Drakens Gränd
Ferkens Gr.
Johannesgränd
Packhusgr.
Tullgränd
Norra Bankogränd
S.Bankogr.
Slussplan
Triewalds gr.
Jämtorgsgat.
Pustegränd
Brunkebergstorg
Västra Trädgårdsgatan
Kungsträdgårdsgatan
Jakobs Torg
Jakobsg.
Klara Östra Kyrkog.
Vattugatan
Herkulesgatan
Karduansmakargatan
Jakobsgatan
Rödbodgatan

Königliches Schloss und Domkirche

Karl XII. wünschte sich eine Residenz, die bei den Fürsten Europas Neidgefühle wecken sollte. Aber erst Jahrzehnte später konnte der Monumentalbau fertiggestellt werden, der unter Gustav III. (1771–92) seine glanzvollste Zeit erlebte. Das **Äußere** des im italienischen Renaissance- und Barockstil erbauten Stadtschlosses wird von der Nähe zum Wasser und der Hanglage geprägt, sodass es nicht eine, sondern vier unterschiedliche Schauseiten hat. Wer von der City/Norrmalm auf die **Nordseite** des Schlosses zugeht, wird von den beiden, von zwei mächtigen Löwen flankierten Rampen beeindruckt sein, über die früher die Kutschen hinauffuhren. Geht man nun weiter zur **Ostseite**, vorbei an einem künstlichen Wasserfall, sollte man die Stufen hinaufsteigen, um einen Blick auf die wunderschönen Gärten zu bekommen. Die Fassade der Südseite fängt die Steigung des Hügels Slottsbacken auf; hier kann man durch eine Art Triumphbogen in den inneren Schlosshof gelangen. An der **Westseite** schließlich umfassen zwei Gebäudebögen den äußeren Schlosshof, in dem täglich die **Wachablösung** *(Mo–Sa 12.15, So 13.15 Uhr)* erfolgt, ein Spektakel, das immer von vielen Schaulustigen begleitet wird.

Das **Innere des Schlosses** mit über 600 Zimmern wird heute vom König nur partiell noch als Arbeitsplatz genutzt, während die **schwedische Königsfamilie** schon seit vielen Jahren nicht mehr hier, sondern im Schloss Drottningholm wohnt (vgl. S. 164). Ansonsten sind weite Teile der Öffentlichkeit zugänglich, sofern nicht Staatsbesuche und andere feierliche Anlässe zu Änderungen der Öffnungszeiten führen. Besichtigt werden können die königlichen Gemächer und Räumlichkeiten, darunter die **Bernadottewohnung** mit der schönen Säulenhalle, die **Festwohnung** mit dem Sitzungssaal und dem Prachtsaal Karls XI., in dem Bankette stattfinden. Auch die gegenwärtig noch genutzte **Gästewohnung** und der **Reichssaal**, bis 1866 Tagungsort der Reichsstände (Adel, Kirche, Bürger, Bauern), einstiger Schauplatz mehrerer Krönungen mit dem ausgefallenen Silberthron Kristinas aus dem 17. Jh., stehen Besuchern offen. Wie der Reichssaal ist auch die 1754 eingeweihte **Schlosskirche** im Rokoko eine Schöpfung des Architekten Carl Hårleman. Ne-

ben den königlichen Gemächern befinden sich mehrere eigenständige Museen innerhalb des Schlosses: Erstens das **Antikenmuseum**, das eine Sammlung klassischer Skulpturen zeigt, die der kunstliebende Monarch Gustav III. Ende des 18. Jh. von seinen Reisen nach Italien mitgebracht hat. Zweitens die viel besuchte **Schatzkammer**, in der die ungemein wertvollen Regalien der schwedischen Könige und Königinnen ausgestellt sind, u. a. Kronen, Zepter, Krönungsmäntel und Reichsschwerter. Und drittens die sehenswerte **Königliche Rüstkammer** (Livrustkammaren, Eingang im Süden am unteren Slottsbacken), in der Waffen, Rüstungen, Gewänder, prunkvolle Kutschen, Schlitten und persönliche Gegenstände schwedischer Könige zusammengetragen und spektakulär in Szene gesetzt sind.
Kungliga Slottet, *Slottsbacken, www.kungahuset.se/kungligaslottet. Mai–Sept. tgl. 10–17, Okt.–April Di–So 10–16 Uhr.* **Königliche Rüstkammer**, *https://livrustkammaren.se. Juni–Aug. tgl. 10–17, Sept.–April Di–So 11–17, Mai tgl. 11–17 Uhr. Führungen tgl. 14 Uhr. Es ist möglich, eine Eintrittskarte für alle Museen des Schlosses zu lösen. Souvenirläden und Toiletten gibt es am äußeren Schlosshof, im inneren Schlosshof ein Café.*

Auf der Südseite des Schlosses ist der Hügel **Slottsbacken** vor allem während der Wachablösung von Reisebussen vollgestellt, und viele Touristengruppen nutzen den 34 m hohen **Obelisken** als Treffpunkt. Von hier geht der Blick den Schlosshügel hinunter zur Statue Gustavs III. und weiter über das Blau der Ostsee hinüber zum Nationalmuseum. Zur Rechten sieht man, dem Schloss gegenüber, die rote **Finnische Kirche**, deren profanes Äußere daran erinnert, dass sie einst als Ballhaus für höfische Feste diente. Der prächtige **Tessinsche Palast** daneben war die Privatresidenz des Schloss-Architekten Nicodemus Tessin d. J. Im Westen findet der Hügel seinen Abschluss in der ockerfarbenen Barockfassade der **Domkirche (2)** und dem Standbild des Reformators Olaus Petri. Die Fassade, die vorgeblendet wurde, damit sie besser mit dem Schloss harmoniert, stellt tatsächlich aber den rückseitigen Abschluss einer Kirche dar, die ansonsten im Innern gotisch geprägt ist. Der Eingang befindet sich auf der anderen, westlichen Seite unterhalb des ebenfalls barock umgestalteten Turms. Auf dem Weg dorthin passiert man an der Ecke zum Storkyrkobrinken **Axel Oxenstiernas Palast**, ein mit vielen Sandsteinreliefs geschmücktes, rostrotes Barockhaus. Der große Feldherr, der nach dem Tod von Gustav II. Adolf als Reichsverweser die Geschicke des Landes lenkte, ließ es ab 1653 bauen, bewohnte es aber nie. Ein Besuch der Storkyrkan, immerhin königliche Krönungs- und Hochzeitskirche, lohnt unbedingt – vor allem wegen ihrer zahlreichen Kunstschätze. Im Mittelalter war sie dem hl. Nikolaus, Schutzpatron der Fischer und Seeleute, geweiht, Ende des 15. Jh. wurde sie in eine spätgotische, fünfschiffige Hallenkirche umgestaltet.

Während das Äußere also die barocke Sprache des 18. Jh. spricht, wird das Innere von den roten Backsteinen der Gotik, eindrucksvollen Gewölben und einigen gut erhaltenen Kalkmalereien geprägt. Die Innenausstattung hingegen steht wieder ganz im Zeichen barocker Prachtentfaltung. Dazu gehören die **Kanzel** (1698) des Bremer Meisters Burchard Precht, die beiden Königsstühle (1684), ebenfalls von Precht nach Plänen von Nicodemus Tessin d. J. ausgeführt, und der silberne **Hauptaltar** mit seinem Rumpf aus Ebenholz. Die Mittelpartie zeigt Tod und Auferstehung Christi, geschaffen von dem Hamburger Goldschmied Eustachius Erdmüller. Herausragend ist die **Gruppe St. Georg und der Drache** im nördlichen Seitenschiff, eine weltberühmte Monumentalplastik des Lübecker Meisters Bernt Notke vom Ende des 15. Jh. Anlass der Stiftung durch Sten Sture war ein Sieg der Schweden gegen die Dänen auf dem Brunkeberg in Stockholm. Die Plastik, deren 3,60 m hohe Hauptgruppe überwiegend aus Eiche besteht, soll den Sieg des Guten gegen das Böse, in diesem Fall gegen das durch den Drachen symbolisierte Dänemark, veranschaulichen. Auf der nördlichen und südlichen Längsseite des Sockels wird die St.-Georgs-Legende dargestellt. Gegenüber der Monumentalplastik hängt **Das Jüngste Gericht** von

Südländische Atmosphäre unterhalb der Domkirche

David Klöcker Ehrenstråhl, ein riesiges Gemälde, das ursprünglich für die Kapelle des königlichen Schlosses bestimmt war. An der Südwand, unweit des Ausgangs, ist schließlich noch die älteste bewahrte Darstellung der Stadt Stockholm zu sehen. Das **Nebensonnengemälde** (Vädersolstavlan) zeigt eine Himmelserscheinung über Stockholm, die am 20. April 1535 beobachtet wurde: Sechs Lichtkreise mit funkelnden Nebensonnen schreckten die Stockholmer auf. Die Katholiken sahen darin ein Zeichen, dass Gustav I. Vasa für seine Rücksichtslosigkeit ihnen gegenüber bestraft wurde. Der Reformator und Domprediger Olaus Petri ließ die Nebensonnen malen, bei dem Gemälde in der Kirche handelt es sich allerdings um eine Kopie von 1636, das Original von 1535 ist verschollen.
Storkyrkan, *Trångsund 1, www.stockholmsdomkyrkoforsamling.se. Tgl. 9.30–17 Uhr (außer während der Gottesdienste etc.).*

Der Ausgang der Storkyrkan führt auf einen pittoresken Innenhof, von dem man in südlicher Richtung unmittelbar zum **Stortorget (3)** gelangt. Auf dem „großen Platz“ befand sich im Mittelalter der Hauptmarkt der Stadt, außerdem war er die Hinrichtungsstätte und Standort des Prangers. Im November 1520 fand hier das berüchtigte **Stockholmer Blutbad** statt. Damals hatte der Dänenkönig Christian II. etwa 80 schwedische Persönlichkeiten köpfen und ihre Leichname einige Tage auf dem Stortorget liegen lassen. Heute gehört der Platz mit seinem Brunnen und den bunten Renaissancefassaden der Patrizierhäuser zu den bekanntesten Postkartenmotiven Stockholms. Seine Nordseite wird zur Gänze vom edlen klassizistischen Gebäude der **Börse** (1773–78, Erik Palmstedt) eingenommen, in dem nicht nur Börsengeschäfte getätigt wurden, sondern das man auch sporadisch als Rathaus oder für Krönungsfeierlichkeiten nutzte. Die Börse beherbergt nun die altehrwürdige, 1786 gegründete Schwedische Akademie, die u. a. alljährlich den Literaturnobelpreis vergibt. Auch die **Nobelbibliothek** und das **Nobelpreismuseum** (mit Shop und Bistro) sind hier untergebracht.
Nobel Prize Museum, *Börshuset, Stortorget 2, ✆ 08-53481800, https://nobelprizemuseum.se. Tgl. 10–19, Fr bis 21 Uhr.*

Bummelt man der Börse gegenüber über die Svartmangatan nach Süden, kommt man schnell in das ehemalige **deutsche Quartier** Stockholms – erkennbar an den vielen Straßen- und Platznamen mit dem Bestandteil *tysk* (= deutsch). Sein unübersehbares Zentrum ist die **Deutsche Kirche (4)**, deren 96 m hoher Turm, errichtet nach einem Brand anno 1878, die Silhouette der Altstadt beherrscht. Die Kirche geht auf den Saal einer mittelalterlichen Gilde zurück, der zuerst in eine Kapelle und im 17. Jh. dann vom Straßburger Hans Jakob Kristler zu einer zweischiffigen, spätgotischen Hallenkirche für die deutsche St.-Gertrud-Gemeinde umgebaut wurde. Sie ist die älteste deutschsprachige Gemeinde im Ausland und besitzt das Recht, trotz Einbindung in die Schwedische Kirche ihre Pfarrer aus Deutschland zu berufen. Da immer schon gebürtige Deutsche im Königshaus vertreten und damit automatisch Mitglieder der Deutschen Gemeinde waren (wie derzeit Königin Sylvia), wurde Nicodemus Tessin d. Ä. beauftragt, in der Kirche eine **Königsloge** zu entwerfen. Neben dieser sind im barocken Innenraum auch die Kanzel aus Ebenholz und Alabaster, der 10 m hohe Altar, die Taufkapelle und die Glasmalereien vom Ende des 19. Jh. sehenswert. Auch das Sandsteinportal mit Skulpturenschmuck und deutscher Inschrift ist bemerkenswert.
Tyska Kyrkan, *Svartmangatan 16, www.svenskakyrkan.se/deutschegemeinde. Mai–Juni u. Mitte–Ende Aug. tgl. 11–15, Juli–Mitte Aug. tgl. 10.30–16.30, Sept.–Mai Mi, Fr, Sa 11–15, So 12.30–15 Uhr.*

Ein Stückchen weiter die Svartmangatan hinab findet man am **Tyska Brunnsplan** (Deutscher Brunnenplatz) eine edle, klassizistische Brunnenanlage. Der Platz mit seinen Kastanienbäumen bot früher eine Wendemöglichkeit für Kutschen. Ein kleiner, schöner Abstecher führt von hier aus über die Själagårdsgatan zunächst zum hübschen Mini-Platz Brända tomten. Wenige Schritte dahinter geht es rechterhand auf den **Köpmantorget** zu, als Wegweiser nimmt man hier die unübersehbare Skulptur des St. Georg mit dem Drachen, eine Bronzekopie von Bernt Notkes berühmten Kunstschatz in der Storkyrkan (s. o.). Über Treppenstufen gelangt man nun hinab auf die **Fußgängerzone Österlånggatan**, der man nach rechts folgt. Immer wieder schimmert auf diesem Weg durch die schmalen Gassen das Blau der Ostsee durch. Viele der lang gestreckten Häuser, die die Gassen zum ehemaligen Hafen Skeppsbron flankieren, stammen aus der Hansezeit, manche tragen noch die originalen Hebebäume.

Vorbei an Boutiquen, Cafés und dem traditionsreichen Wirtshaus Den gyldene Freden, das bereits 1722 eröffnet wurde, gelangt man schließlich zum **Järntorget (5)**, dem zweitgrößten Platz der Altstadt. Alte Banken, traditionsreiche Konditoreien und Cafés bestimmen sein Bild. Seinen Namen „Eisenplatz“ erhielt er nach der Waage, auf der hier das Eisen, Hauptexportartikel Schwedens, vor der Verschiffung gewogen wurde. Heute herrscht auf dem Platz tagsüber lebhaftes touristisches Treiben, das sich in der von hier ausgehenden **Fußgängerzone Vesterlånggatan** fortsetzt. Ihr gewundener Verlauf wird von mittelalterlichen Häusern flankiert, von denen viele im Lauf der Zeit umgebaut wurden und insgesamt ein wildes Stilmischmasch aus Gotik, Renaissance, Barock und Jugendstil abgeben. Sofort zu Anfang zweigt rechts die Treppengasse **Mårten Trotzigs Gränd** ab, mit knapp 90 cm die schmalste der Altstadt. Die vielen Restaurants, Cafés, Andenkenläden und Modegeschäfte sorgen dafür, dass es in der Saison auf der Vesterlånggatan brechend voll sein kann – die parallelen Stora Nygatan und Lilla Nygatan sind dann eine ruhigere Alternative, auf letzterer wäre auch das **Postmuseum** eine lohnende Adresse (nicht nur) für Philatelisten.
Postmuseum, *Lilla Nygatan 6, www.postmuseum.se. Di–So 11–16 Uhr.*

Am nordwestlichen Ende der Altstadt münden die Vesterlånggatan und der links abgehende Storkyrkobrinken auf die verkehrsreiche Myntgatan, die auf der anderen Straßenseite eine Reihe beachtlicher Gebäude aufzuweisen hat. Dort erhebt sich zur Rechten der große Komplex des **Kanzleihauses** mit seinem Annex. Er beherbergt u. a. das Büro des Regierungschefs, die Reichstagsverwaltung, die Bibliothek des Reichstages und Abgeordnetenbüros. Die beiden Gebäudeteile sind miteinander und unterhalb der Stall-Brücke auch mit dem Reichstag verbunden. Der älteste Teil ist die einem dorischen Tempel nachgebildete Fassade zum Mynttorg hin (1790), doch insgesamt geht das Erscheinungsbild auf die 1920er Jahre zurück, als auch die beiden sehr schönen und öffentlich zugänglichen Innenhöfe entstanden.

Links daneben stellt das weiße **Bondesche Palais** einen markanten Blickfang dar. Der H-förmige Palast wurde 1662–73 für den Reichsschatzmeister Gustaf Bonde nach Architekturplänen von Nicodemus Tessin d. Ä. und Jean de la Vallée errichtet. 1730–1930 diente das Palais als Rathaus; heute wird es vom Obersten Gerichtshof Schwedens genutzt.

Daran schließt sich links das **Ritterhaus (6)** an, das vielleicht schönste Gebäude aus der schwedischen Großmachtzeit. Es wurde 1641–74 als Palast der schwedischen Ritterschaft errichtet. Nicht weniger als vier Architekten waren am Bau beteiligt. Vor allem die beiden letzten, Jean de la Vallée und der Holländer Justus Vingboons, der die **herrliche Fassade** mit Sandsteinornamenten auf rotem Backstein im Stil des holländischen Klassizismus schuf, gestalteten den Prachtbau maßgeblich. Das ausgefallene Dach mit den zahlreichen Skulpturen und den vergoldeten Schornsteinen soll den Wahlspruch des Adels sinnbildlich darstellen: „Im Dienste der Kultur und des Krieges". Vor dem Ritterhaus wurde 1773 ein Standbild errichtet, das erste in Schweden überhaupt. Es zeigt König Gustav I. Vasa. Auf der Rückseite stellt ein weiteres Denkmal den Grafen Oxenstierna dar. Man findet es in einem hübschen Garten zwischen zwei Pavillons, die 1870 dem Ritterhaus angefügt wurden.

Im Inneren gelangt man über das Parade-Treppenhaus zum großen **Rittersaal**, dem Sitzungsraum des Adelsstandes. An den Wänden hängen die auf Kupferplatten gemalten Wappenschilde der Adelsgeschlechter, von denen heute noch rund 600 existieren. Der Forschungsreisende Sven Hedin war 1902 die letzte in Schweden geadelte Person. Das große Deckengemälde des Hofmalers David Klöcker Ehrenstråhl zeigt die Schweden verkörpernde Mutter Svea mit einer Vielzahl allegorischer Gestalten. Auf dem edlen **Elfenbeinstuhl** nahm der Sprecher des Adels, der Landmarschall, Platz. Ihre Glanzzeit erlebten die schwedischen Adeligen nach dem Tod Karls XII. bis zur Regentschaft Gustavs III., der ihre Macht und ihre Privilegien nach einem Staatsstreich erheblich beschnitt. Gegenwärtig trifft sich der schwedische Adel jedes dritte Jahr im Ritterhaus, um z. B. über Nutzung und Erhalt des Palastes zu entscheiden.
Riddarhuset, *Riddarhustorget 10, www.riddarhuset.se. Das Ritterhaus ist bis Ende 2024 wegen Renovierungsarbeiten geschlossen.*

Riddarholmen

Vom Ritterhaus bzw. der Altstadt ist die Ritterinsel/Riddarholmen durch Stadtautobahn und Eisenbahn getrennt, die Brücke Riddarholmsbron bildet die einzige Zugangsmöglichkeit. Dies – und die Tatsache, dass die Gebäude auf der Insel ausnahmslos von Institutionen genutzt werden – führt dazu, dass es hier sehr ruhig zugeht, Einkaufs- oder Einkehrmöglichkeiten gibt es kaum. Trotzdem sollten Stockholm-Reisende auf einen Besuch nicht verzichten, denn Riddarholmen kann mit drei Highlights punkten: der Grablege der schwedischen Könige, alten Adelspalästen samt dem Birger-Jarl-Turm sowie mit einem fantastischen Ausblick auf Mälarsee und Stadthaus.

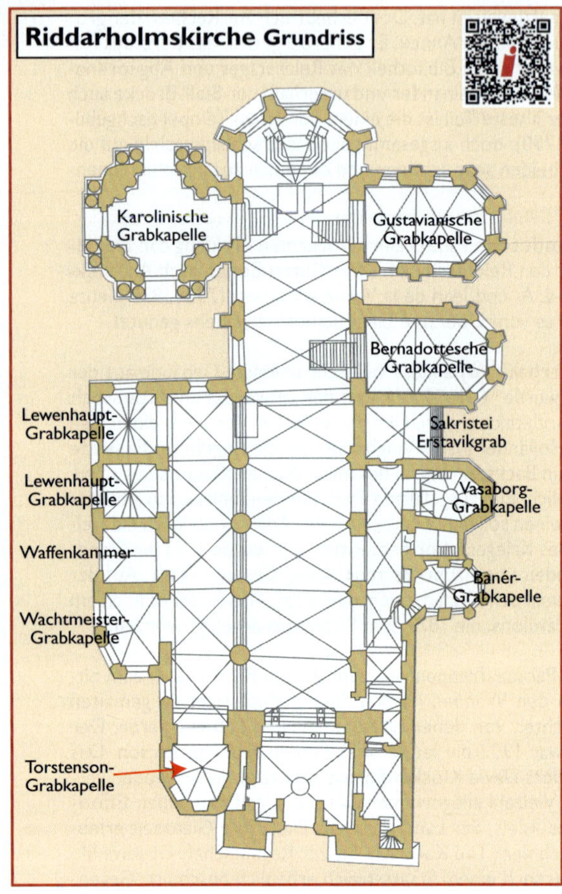

Sobald man die Insel betreten hat, öffnet sich der ansteigende, grob gepflasterte Birger Jarls Torg. In der Mitte des Platzes erhebt sich die Statue des sagenhaften Stadtgründers. Das auffälligste Gebäude zur Linken ist die spätgotische **Riddarholmskirche (7)**, die man unschwer an ihrem hohen Westturm mit schwarzer Spitze aus durchbrochenem Gusseisen erkennt. Schon bei der Annäherung über den Birger Jarls Torg sind die verschiedenen Grabkapellen zu sehen, die an die Kirche angebaut wurden. Und sie sind es auch, die den Besuch so lohnend machen – denn dies ist weniger ein Gotteshaus als vielmehr nationales Heiligtum und schwedisches Geschichtsmuseum: In der ehemaligen Klosterkirche der Franziskaner sind alle schwedischen Monarchen seit Gustav II. Adolf beigesetzt – außer Königin Kristina, deren Grabstätte sich im Petersdom befindet, und Gustav VI. Adolf, dem Großvater des jetzigen Königs. Die Gewölbe und Gruften der einzelnen Grabkapellen spiegeln die architektonischen Ideale der jeweiligen Zeit wider. Neben den großen Gestalten der schwedischen Geschichte, von Gustav II. Adolf über die Heldenkönige Karl X. und Karl XII. bis hin zu Gustav III. und den ersten Bernadottes sind hier auch Feldherren des Dreißigjährigen Krieges beigesetzt, des Weiteren sieht man Wappen adeliger Familien und die bunten Blechschilde der Ritter des Seraphinenordens. Da dieser Orden seit 1975 (mit Ausnahme der Königsfamilie) nur noch an Ausländer verliehen wird, die „sich um Schweden verdient gemacht haben", ist auf den Schilden viel politische Prominenz vertreten, u. a. mehrere deutsche Bundespräsidenten.

Riddarholmskyrkan, *Birger Jarls Torg 2, www.kungligaslotten.se/Riddarholmskyrkan. Juni–Sept. tgl. 10–17 Uhr.*

Wieder auf dem Birger Jarls Torg, sticht der helle Bau des **Wrangelschen Palais** ins Auge. Seine heute eher schlichte Fassade verrät nicht, dass es einst zu den prächtigsten und größten Adelspalästen des Landes zählte und nach dem Schlossbrand von 1697 auch Residenz der Königlichen Familie war. Nicodemus Tessin d. Ä. ließ das Haus 1652–70 für den Feldmarschall Carl Gustav Wrangel errichten, mit vier Türmen, einem grandiosen

Treppenaufgang an der Seeseite, terrassenförmigen Gartenanlagen und eigenem Hafen. Nach vielen Umbauten (zuletzt 1802) beherbergt es heute das höchste schwedische Gericht (Svea hovrätt). Auch in anderen ehemaligen Adelspalais auf der Insel – die Paläste derer von Stenbock, Hessenstein und Schering Rosenhane – sind nun unterschiedliche Gerichte untergebracht, sodass man Riddarholmen als das **schwedische Justizzentrum** bezeichnen kann.

Geht man zwischen Riddarholmskirche und Wrangelschem Palais zum Mälarsee-Ufer hinunter, wird man mit einem herrlichen Blick auf Södermalm, den See, den Bogen der Vesterbron und das Stadthaus belohnt – besonders schön in den Morgenstunden oder bei Sonnenuntergang. Ein kleiner Spaziergang führt über die breite Uferterrasse nach rechts bis zum runden **Birger-Jarl-Turm (8)**. Trotz seines Namens hat er nichts mit dem Stadtgründer zu tun, sondern gehörte zu einer ehemaligen Befestigungsanlage von Gustav I. Vasa, aber eindrucksvoll ist er allemal. Über einen schmalen Treppenweg am Turm gelangt man nun wieder hinauf zum Birger Jarls Torg und über die Brücke in die Altstadt zurück. Dort geht der Weg am Ritterhaus, Bondeschen Palast und Kanzleihaus vorbei zum **Mynttorget**, wo eine breite Fußgängerbrücke zur Insel Helgeandsholmen (und in gerader Linie weiter nach Norrmalm) führt.

Helgeandsholmen

Dieses Inselchen, das wie ein Boot zwischen Gamla Stan und Norrmalm im Strömmen (= Strom) ankert, wird von einem repräsentativen Doppelgebäude und einer Parkanlage eingenommen. Bei ersterem handelt es sich um das **Reichstagsgebäude (9)** (Riksdagshuset), das in seinem westlichen Teil aus der ehemaligen Reichsbank und in seinem östlichen aus dem ursprünglichen Reichstag besteht. Der mächtige, aus schwedischen Natursteinen errichtete neubarocke Bau (1897–1905) erhält seinen besonderen Reiz durch die unmittelbare Nachbarschaft zu Schloss, Oper und Ritterhaus sowie durch seine Lage, auf drei Seiten von Wasser umgeben. Nachdem 1971 das schwedische Zweikammer- in ein Einkammersystem umgewandelt worden war, legte man Reichstag und Reichsbank zusammen. Und in einem Umbau setzte man 1980–83 auf die ehemalige Reichsbank einen modernen Plenarsaal für die 349 Abgeordneten auf. Da die Straße Riksgatan durch die mit zwei monumentalen Torbögen verbundenen Gebäudeteile führt, spaziert man sozusagen mitten durch das politische Herz Schwedens. Und nicht selten begegnet man den Abgeordneten oder Regierungsmitgliedern, die auf dem Weg zum Plenarsaal oder zum Kanzleigebäude sind. Die Sitzungen des Reichstages sind öffentlich, außerdem kann das Gebäude im Rahmen englischsprachiger Führungen besichtigt werden (Infos unter *www.riksdagen.se/en/contact-and-visit*).

Als 1978 für das Reichstagsgebäude eine Tiefgarage angelegt werden sollte, entdeckte man bei den Schachtarbeiten u. a. Hausfundamente aus dem 13. Jh., die Reste einer Apotheke, Bestandteile der Stadtmauer, mehrere Boote aus verschiedenen Jahrhunderten und über 1.000 menschliche Skelette. Daher entschloss man sich, statt der Garage ein unterirdisches **Mittelaltermuseum (10)** einzurichten, das dem Besucher – vor allem Kindern! – eine Vorstellung von der Gründung, vom Leben und der Entwicklung Stockholms vermittelt. Der Eingang zum Museum befindet sich jenseits und unterhalb der zweiten Inselbrücke Norrbron. Von der Uferterrasse Strömparterren am äußersten östlichen Ende der Insel hat man einen herrlichen Blick auf die Stadt, den Strom und oft auch auf aufgehängte Fischreusen (Café).

Medeltidsmuseet, *Norrbron, ✆ 08-50831620, www.medeltidsmuseet.stockholm.se. Im Sommer Di–So 10–17, sonst Di–So 12–17, Mi bis 20 Uhr, freier Eintritt.*

Kungsholmen

Nordwestlich der Altstadt liegt im Mälarsee bzw. in seiner östlichen Bucht Riddarfjärden die große Insel Kungsholmen (= Königsinsel), auf der ca. 62.000 Menschen zu Hause sind. Ihr westlicher Teil ist hauptsächlich Wohngebiet. Gepflegte, ockerfarbene Mietshäuser aus den 1920–30ern herrschen dort vor. Naturliebhaber schätzen den Spaziergang entlang des Norrmälarstrand, der an mehreren Badebuchten vorbeiführt und stets einen herrlichen Blick auf das gegenüberliegende Södermalm freigibt. Noch weiter im Westen, nahe der großen Brücke Vesterbron, haben mehrere schwedische Zeitungsverlage (Dagens Nyheter, Svenska Dagbladet, Aftonbladet) ihren Sitz.

Der östliche Teil der Insel, also der Altstadt und der modernen City am nächsten, wird von öffentlichen Institutionen wie dem **Rathaus**, dem **Stadtarchiv**, dem **Reichsarchiv** oder dem **Polizeipräsidium** bestimmt. Dazu gehört auch jener Bau, der als das Stockholmer Wahrzeichen schlechthin gilt und bei keiner Stadtbesichtigung fehlen darf: das **Stadthaus (11)**. Seit der Fertigstellung 1923 repräsentiert der Riesenbau des Architekten Ragnar Östberg, in dem die kommunale Verwaltung und die ausgefallenen Repräsentationsräume der Stadt untergebracht sind, nicht nur die schwedische Metropole, sondern, wie die vergoldeten drei Kronen auf dem 106 m hohen Turm andeuten, das gesamte Königreich. Große feierliche Anlässe, z. B. die Bankette anlässlich der Verleihung der Nobelpreise, werden hier abgehalten. Das voluminöse Stadthaus aus Rohziegeln und mit einer Fülle an verspielten Details ist um zwei Höfe angelegt und zitiert verschiedene schwedische Baustile. Herrlich ist der Blick von der Parkanlage mit Skulpturen hinüber nach Södermalm und nach Riddarholmen. Am eindrucksvollsten ist der Panoramablick von der Plattform unter dem Glockenstuhl des Turmes (Fahrstuhl). Auch ein Spaziergang um das Gebäude herum, bei dem man u. a. auf das Scheingrab (Kenotaph) mit der vergoldeten Figur des Stadtgründers Birger Jarl stößt, lohnt unbedingt.

Da an der Innenausstattung viele Künstler beteiligt waren und das Gebäude ein Gesamtkunstwerk darstellt, empfiehlt sich eine Besichtigung im Rahmen einer offiziellen Führung. Vom offenen **Bürgerhof** kommt man zu den Ratssälen und Repräsentationsräumen, durch die 14 Türen des größten Festsaales des Hauses, der sogenannten **Blauen Halle**, gelangt man in alle Räume des faszinierenden Gebäudes.

Das Stadthaus: Wahrzeichen der Metropole

Der Name des größten Festsaals geht auf die ursprünglich beabsichtigte Farbgestaltung des Architekten zurück, der aber die Wandflächen roh behauen ließ. Der prachtvollste Saal, geeignet für 700 Bankettgäste, ist der **Goldene Saal**, in dem fast 19 Mio. blattgoldbelegte und farbige Mosaiksteinchen verarbeitet worden sind. Dominiert wird der Saal von dem Mosaik mit dem Motiv der Mälarkönigin, einer Allegorie auf Stockholm.

Stadshuset, *Hantverkargatan 1, www.stockholm.se/stadshuset. Ca. 45-minütige Führungen auf Englisch tgl. 10–15 Uhr jede volle Stunde, im Sommer bis 16 Uhr und auch zur halben Stunde; bei Empfängen fallen die Führungen aus. Bei einigen Stadtrundfahrten ist der Besuch des Stadthauses eingeschlossen. Der Turm steht Besuchern von Mai bis Sept. offen (zusätzlicher Eintritt!).*

Norrmalm

Norrmalm, einst die nördliche Vorstadt, ist heute das eigentliche Zentrum Stockholms und wird oft – auch in Stadtplänen! – als „City" bezeichnet. Der Stadtteil präsentiert sich gegenüber den übrigen am meisten „international" und am wenigsten schwedisch. Geschuldet ist dies dem Modernisierungswahn der 1950–60er, als man ein Zentrum nach amerikanischem Vorbild schaffen wollte und dafür Tausende alte Gebäude opferte. Norrmalm ist quirlig und hektisch, stellt das wichtigste Zentrum des Personennahverkehrs dar, ist Sitz der größten Banken und des World Trade Centers, verfügt über die längste Fußgängerzone und das größte Kaufhaus der Stadt und ist außerdem durch seine vielen Hotels auch ein beliebter touristischer Standort.

Das **Bahnhofsviertel (12)** an der Vasagatan/Klarabergsgatan ist der mit Abstand betriebsamste Ort in ganz Schweden. Allein der **Hauptbahnhof** (**Stockholm Centralstation** bzw. **Stockholm C**) wird tagtäglich von über 400.000 Menschen genutzt, hinzu kommen die über 160.000 Fahrgäste, die in bzw. aus der U-Bahn-Station **T-Centralen** unterhalb des Bahnhofs strömen. An den Bahnhof angeschlossen ist der **Cityterminal**, die größte Busstation der Stadt, an der täglich rund 800 Busse abfahren oder ankommen. Dort halten fast alle Fernbusse aus dem In- und Ausland, ebenso die Buslinien zu den Flughäfen Arlanda und Skavsta (Flygbussar) sowie die Zubringerbusse zu den Fährterminals der Viking Line und Stena Line (Båtbussar). Natürlich gibt es vor dem Bahnhof auch Haltestellen der städtischen Linienbusse, Taxistände sowie Fahrrad-Verleihstationen und ein Fahrrad-Parkhaus. Der **Bahnhof** selbst wurde 1871 eröffnet.

Das heutige Aussehen ist jedoch vom Umbau der Jahre 1925–27 bestimmt, als die **beeindruckende Wartehalle** (119 m lang, 28 m breit und 13 m hoch) geschaffen wurde. Da seit 1957, als die Stockholmer Tunnelbana eingeweiht wurde, und in der Folgezeit immer mehr Verkehrsbetriebe an und unter den Bahnhof gebaut wurden, stellt sich das Innere als ein riesiger, labyrinthartig verschachtelter Komplex auf vier Ebenen dar, die durch Treppen, Rolltreppen und runde Sichtöffnungen miteinander verbunden sind. Die verschiedenen Ebenen sind aber auch deshalb notwendig, weil das Straßenniveau der nördlichen Klarabergsgatan (Nebeneingang) deutlich höher liegt als das der Vasagatan (Haupteingang). Neben den digitalen Fahrplänen von Eisenbahn, S-Bahn, U-Bahn, Citybahn und Busterminal sowie den entsprechenden Ticket- und Infoschaltern befindet sich im Bahnhof die Touristeninformation sowie eine umfangreiche und fast rund um die Uhr geöffnete Auswahl an Geschäften, Fast-Food-Läden, Restaurants, Kiosken und Buchhandlungen. Interessant ist, dass es den Ingenieuren gelang, die Körperwärme der vielen Besucher zur Energiegewinnung zu nutzen, weshalb Bahnhof und Cityterminal als „grüne Gebäude" klassifiziert wurden.

Der **Cityterminal** für Fernbus-Reisende ist Teil des 45.000 m² großen **World Trade Center** mit gläsernem Tonnengewölbe. Im Komplex sind u. a. verschiedene schwedische Konzerne, Konferenz-Einrichtungen und ein Hotel zu Hause.

Gegenüber dem Haupteingang des Bahnhofs an der betriebsamen Vasagatan erhebt sich ein 2016 vollendeter, architektonisch anspruchsvoller Bau, bestehend aus vier unterschiedlich hohen Türmen (12–17 Stockwerke), jeweils mit begehbaren, teils auch begrünten Flachdächern. Eins davon ist der Öffentlichkeit zugänglich und mit einer Bar ausgestattet. Im Innern der Türme befinden sich u. a. ein 400-Zimmer-Hotel, exklusive Apartments, Boutiquen und Büros der Eisenbahngesellschaft. Im Untergrund liegt der **Terminal der Citybanan**.

Hinter der schmalen Straße zwischen den beiden Hotels ragt der Kirchturm der **Klarakirche (13)** (S:ta Clara kyrka) auf, mit 116 m immerhin der höchste der Stadt und der zweithöchste Skandinaviens. Der kurze Weg zur Kirche lohnt sich unbedingt für alle, die der Hektik des Bahnhofsviertels für eine Weile entkommen wollen. Denn der quadratische Kirchplatz mit Baumbestand ist eine grüne Oase im Großstadtgewimmel. Sehenswert sind auf dem Friedhof verschiedene Grabdenkmäler aus dem 18./19. Jh. In der Kirche sind u. a. der schwedische Nationaldichter Carl Michael Bellman und Ministerpräsident Gustaf Åkerhielm beigesetzt. Das Gotteshaus selbst steht diagonal auf dem parkähnlichen Platz; es entstand 1572–90 an der Stelle eines ehemaligen Klosters, wurde allerdings nach einem Brand 1751 und durch eine Renovierung 1884–86 stark verändert.

Einen Block weiter östlich stößt man auf die schnurgerade **Drottninggatan** (= Königinnenstraße), eine vor allem im Sommer und in der Weihnachtszeit stark frequentierte Fußgängerzone und Haupt-einkaufsmeile der Stadt. Zum Norden führt sie am **Sergels Torg (14)** vorbei, einem Produkt des Modernisierungswahns der 1950–60er, dem damals 750 Gebäude, viele davon aus klassizistischer Zeit und kulturhistorisch wertvoll, zum Opfer fielen! Der nach dem Bildhauer Johan Tobias Sergel benannte und 1966 eingeweihte Platz wird von einem elliptischen Kreisverkehr eingefasst, in dessen Mitte sich über Wasserfontänen eine 37 m hohe und abends schön erleuchtete Glassäule erhebt. Unterhalb des Straßenniveaus breitet sich „die Platte“ aus, bestehend aus schwarz-weißen Dreiecken, über die man zur U-Bahnstation T-Centralen und zu diversen Einkaufspassagen gelangt. Die gesamte Südseite des Platzes wird vom fünfstöckigen Glas-Stahl-Gebäude des **Kulturhuset (Kulturhaus)** eingenommen. Das ebenfalls 1966 eingeweihte Haus öffnet sich zum Sergels Torg mit einer gläsernen Fassade und beherbergt eine ganze Reihe öffentlicher und viel besuchter Institutionen, z. B. mehrere Bibliotheken, Kunstgalerien sowie das **Stadttheater**. Das Gebäude ist frei zugänglich und auch wegen des kulinarischen Angebots von Interesse.

Nördlich des Sergels Torg dominieren die fünf 72 m hohen **Hötorgs-Wolkenkratzer**. Zusammen mit weiteren Bauten und der Fußgängerzone Sergelgatan bilden sie die **HötorgsCity**, in die auch die Markthalle **Hötorgshallen** integriert wurde. Neben Obst, Fleisch und Fisch bekommt man hier an etlichen Ständen Speis und Trank für den schnellen Hunger (z. B. Krabbenbrote) oder Spezialitäten aus aller Welt (*Mo–Do 10–18, Fr 10–19, Sa 10–16 Uhr*). Zuletzt wurde die Sergelgatan aufgehübscht, immerhin die erste Fußgängerzone des Landes. Sie verfügt nun mit neuen Restaurants, einer Komplettverglasung unterhalb der fünf Hochhäuser, dem Multiplexkino Filmstaden Sergel und dem Designhotel Haymarket ein deutlich verbessertes gastronomisches und kulturelles Angebot. 2022 wurde im fünften Hochhaus (Sergelgatan 2) für Fans des verstorbenen Pop-Musikers Avicii (S. 162) das interaktive Museum **Avicii Experience** eingerichtet (*Sergelgatan 2, https://aviciiexperience.com, tgl. 10–18 Uhr*).

HötorgsCity und Sergelgatan reichen bis zum **Heumarkt (15)** (Hötorget), auf dem regelmäßig Wochenmärkte (Gemüse, Blumen, Kleidung) stattfinden. Eindrucksvoll ist im Westen des Platzes das **Konzerthaus** (Konserthuset), das 1923–26 nach Plänen des Architekten Ivar Tengbom gebaut wurde und als bedeutendstes Beispiel des schwedischen Neoklassizismus gilt. Sein Äußeres wird durch die blaue Fassade geprägt, die zu drei Seiten durch unregelmäßige rechteckige Fenster gegliedert ist, während die Schauseite zum Hötorget hin hohe, graue Granitsäulen und eine Freitreppe aufweist. Davor steht die bekannte Orpheus-Skulpturengruppe des Bildhauers Carl Milles. Das Konzerthaus ist nicht nur Heimat des Königlichen Philharmonischen Orchesters, sondern wird auch als Theater genutzt. Für seinen weltweiten Bekanntheitsgrad aber sorgt die alljährliche **Verleihung der Nobelpreise** (mit Ausnahme des Friedensnobelpreises).

Der schönste Teil von Norrmalm ist aber der Süden, in unmittelbarer Nähe zum Wasser und gegenüber der Insel Helgeandsholmen bzw. der Altstadt gelegen. Folgt man vom Sergels Torg der Drottninggatan in Richtung Reichstag, passiert man zunächst das private **Tanzmuseum**, eines der wenigen dieser Art weltweit (**Dansmuseet**, *Drottninggatan 17, www.dansmuseet.se. Tgl. 11–17 Uhr*). Wenige Schritte weiter, an der Fredsgatan, lohnt dann das **Mittelmeermuseum (16)** den Besuch, das in einem umgebauten Bankpalast untergebracht ist. In seiner umfangreichen Sammlung werden u. a. griechische Vasen, etruskisches Handwerk, islamische Kunst, ägyptische Mumien, römische Skulpturen und die berühmten 2.500 Jahre alten Terrakottafiguren aus Zypern gezeigt.
Medelhavsmuseet, *Fredsgatan 2, www.medelhavsmuseet.se. Di–So 11–17 Uhr, freier Eintritt Mi ab 14 Uhr. Empfehlenswertes Café „Bagdad".*

Unmittelbar vor der Brücke zum Reichstag stößt man auf die Uferstraße Strömgatan, wo in zwei Blocks mehrere kulturhistorisch bedeutsame Gebäude des ausgehenden 19. Jh. konzentriert sind, die heute von staatlichen Institutionen genutzt werden. Im **Rosenbad (17)** befinden sich die Büros des Ministerpräsidenten und das Justizministerium und im benachbarten ehemaligen **Erbfürstenpalais** (Arvfurstens palats) von 1794 das Außenministerium.

Letzterer begrenzt im Westen den wunderschönen **Gustav Adolfs Torg (18)**. In seinem Zentrum steht das **Reiterstandbild Gustavs II. Adolf**, ein Werk des französischen Bildhauers Pierre Hubert L'Archevêque. Die Nordseite des Platzes wird vom **Skandinavischen Bankenpalast** von 1914 eingenommen, der heute das Verteidigungsministerium beherbergt. Daneben sieht man ein ehemaliges Haus der Stockholmer Handelsbank und einen äußerst schönen Stadtpalast, in dem sich die dänische Botschaft befindet. Der größte und prächtigste Bau des Platzes liegt an seiner östlichen Seite: die **Königliche Oper** (Kungliga Operan). Der neoklassizistische Bau ersetzte 1898 das alte Opernhaus des kunstsinnigen Königs Gustav III. Das Äußere nähert sich in Form und Farbton dem Königlichen Schloss an, während innen der schwülstige Stil der Regierungszeit Oscars II. vorherrscht, so im großen, 1.100 Plätze fassenden Saal mit seinem zwei Tonnen schweren Kronleuchter und vor allem im sogenannten Gold-Foyer im ersten Stock. Für die königliche Familie ist eine eigene, besonders prächtige Loge reserviert. Opernaufführungen (etwa 18 pro Spielzeit) machen nur einen Teil des Programms aus, denn das Haus ist auch Sitz des Königlichen Balletts (etwa 5 Ballettproduktionen pro Spielzeit). Weitere Institutionen im Gebäude sind die Königliche Hofkapelle und im Keller das Restaurant „Operakällaren", lange Zeit das beste Schwedens! Doch es muss nicht dieser Gourmet-Tempel sein: Die Oper verfügt auch über weniger hochpreisige kulinarische Angebote in unglaublich atmosphärischen Räumlichkeiten.

Der Königliche Baumgarten zur Zeit der Kirschblüte

Auf der Rückseite der Oper stellt der **Kungsträdsgården (19)** die Grenze zur Halbinsel Blasieholmen dar. Früher war der „Königliche Baumgarten“, die älteste Parkanlage der schwedischen Hauptstadt, nur für Mitglieder des Hofes zugänglich und streng bewacht. Heute bestimmen Statuen, Brunnen, Pavillons, die Konzertmuschel und das große Wasserbassin den Platz, der zu jeder Jahreszeit ein überaus beliebter Treffpunkt der Stockholmer ist: Im Frühjahr lockt es zur Zeit der Kirschblüte Naturbegeisterte hierher. Im Sommer sind die gemütlichen Cafés und Pavillons mit einheimischer und internationaler Küche gut besucht, Parkbesucher spielen Boule oder Schach, andere veranstalten ein Picknick, und wieder andere erholen sich auf einer der Parkbänke. Der Sommer ist auch die Zeit, in der auf der überdachten Bühne Open-Air-Konzerte unterschiedlichster Musikrichtungen gegeben oder andere Feste, oft bis spät in die Nacht hinein – veranstaltet werden. Im Herbst schwelgt der Park in einem Farbenrausch aus Braun-, Gelb- und Rottönen. Schließlich locken im Winter die Schlittschuh-Laufbahn und der stimmungsvollste Weihnachtsmarkt der Stadt, mit zahlreichen Holzbuden, in denen Glögg, schwedische Spezialitäten und landestypische Souvenirs feilgeboten werden.

Auch die Umgebung des Parks ist sehenswert: An seinem Nordende prunkt das große, alte **Kaufhaus Nordiska Kompaniet** (NK), die schwedische Antwort auf Konsumpaläste wie die Galeries Lafayette in Paris oder das KaDeWe in Berlin (mit großer Feinkost-, Souvenir- und Design-Abteilung). Im Westen lockt die Shopping Mall **Gallerian** und die 1642 eingeweihte **Jakobskirche** (Jakobs kyrka) zieht Kultur- und Kirchenfans an. Und im Osten lohnt die katholische **St.-Eugenia-Kirche**, die sich hinter der Fassade eines Stadtpalastes aus dem Jahr 1887 versteckt, einen Abstecher, ebenso wie die Große Synagoge von 1870 mit jüdischer Bibliothek und Holocaust-Memorial (*Wahrendorffsgatan 3B*).

Blasieholmen

Unmittelbar östlich des Kungsträdsgården ist die Halbinsel Blasieholmen für Besucher ein mehr als reizvolles Ziel – man genießt die unmittelbare Nähe der Ostsee, bummelt an unzähligen Booten vorbei, bewundert die Prunkbauten und nutzt die herrliche Brücke hinüber nach Skeppsholmen. Die Halbinsel ist auf einem kleinen, etwa 15-minütigen Spaziergang schnell erkundet. Ein empfehlenswerter Rundweg beginnt am **Strömkajen**. Hier ist im Sommer immer viel los, denn zusätzlich zu den Passagieren der hier abgehenden Personenfähren (u. a. nach Nacka Strand und Vaxholm) stehen Touristen am Ticket Center Schlange, um an den beliebten Bootsrundfahrten rund um Djurgården teilzunehmen.

Dahinter erhebt sich die rosa Fassade der 1874 eröffneten Luxusherberge **Grand Hôtel (20)**. Das 5-Sterne-Hotel, das den Titel „Königlicher Hoflieferant" trägt, ist das einzige schwedische Mitglied der Leading Hotels of the World und verfügt mit zwei Restaurants des Star-Kochs Mathias Dahlgren natürlich auch über eine exquisite Küche. Die populäre Sommer-Veranda ist als lebhafter Treffpunkt von Einheimischen, Touristen und Hotelgästen zu einer Stockholmer Institution geworden und gleiches gilt für die einzigartige Cadier Bar. Spektakulär ist auch der Nordic Spa & Fitness Club, der nicht nur Wellness vom Feinsten bietet, sondern auch eine grandiose Aussicht über die Stadt.

Über die Stallgatan, die direkt links vom Grand Hôtel verläuft, kommt man nach wenigen Schritten zu einem ausnehmend hübschen Platz, an den sich nur selten Touristengruppen verirren: den **Blasieholmstorg**. Auf dem gepflasterten Rechteck sieht man zwei Bronzepferde, Abgüsse der berühmten byzantinischen Pferde des Markusplatzes in Venedig.

Am Ende des Platzes erhebt sich an der Stallgatan der **Bååtska-Palast,** 1669 nach Plänen von Nicodemus Tessin d. Ä. für den Schatzmeister Seved Bååth erbaut. Seit 1877 dient der Palast als Stammhaus der schwedischen Freimaurer. Geht man von hier aus zum Nordufer, sieht man vor dem **Nybrokajen** immer viele Schiffe liegen und hat einen phänomenalen Blick auf den Prachtboulevard Strandvägen (S. 148). Wer weiter die Aussicht auf die Bucht genießen möchte, schlendert am Jugendstilhotel **Strand** vorbei über den Nybrokajen bis zum **Museikajen**.

Dahinter erhebt sich das **Nationalmuseum (21)**. Das 1866 eröffnete Gebäude ist mit seiner historisierenden florentinischen und venezianischen Renaissancearchitektur ein Kunstwerk für sich, für das der „Königliche Architekt" Preußens, August Stüler, verantwortlich zeichnete. Im Innern sind die Treppenhalle mit großformatigen Malereien von Carl Larsson und der Große Saal im Obergeschoss ein purer Kunstgenuss. Zum Bestand des größten Kunstmuseums des Landes zählen ca. 16.000 Gemälde und Skulpturen, außerdem 30.000 kunstgewerbliche Objekte und eine 500.000 Blätter umfassende Grafiksammlung von Weltrang. Berühmt sind die Meisterwerke der niederländischen Malerei des 17. Jh. (u. a. Rembrandt, Rubens) und der französischen Malerei des 18./19. Jh. (u. a. Watteau, Manet). Natürlich ist auch die im Ausland weniger bekannte schwedische Malerei eindrucksvoll dokumentiert. Außerdem können u. a. im Innenhof und im Garten wertvolle Skulpturen bewundert werden. Das Nationalmuseum, das auch Kunstwerke auf vielen Schlössern verwaltet, wurde nach einer umfassenden Renovierung 2019 wiedereröffnet. Es verfügt über ein stimmungsvolles Restaurant mit prächtiger Aussicht, ein Café und einen gut sortierten Museumsshop.
Nationalmuseum, *Södra Blasieholmshamnen 2, ✆ 08-51954300, www.nationalmuseum.se. Juli/Aug. Di–So 10–17, sonst Mi–Fr 11–17 (Do bis 21), Sa/So 10–17 Uhr.*

Skeppsholmen

Seit 1634 war der Ortsteil Skeppsholmen, zu dem auch das Inselchen Kastellholmen gehört, eine Marinebasis. Kein Wunder also, dass zahlreiche militärische Einrichtungen wie Kasernen, Garnisonskirche, Admiralitätshaus, Exerzierplätze etc. entstanden, von denen die meisten im 19. Jh. vom Architekten Fredrik Blom gestaltet wurden. Als das Militär 1968 weitgehend abgezogen wurde, entstand auf dem Areal ein einmaliges Ambiente von Parkanlagen, Museen, Schulen (Volkshochschule, Kunsthochschule) und anderen kulturhistorischen Einrichtungen. Touristisch attraktiv wurde es zusätzlich durch Cafés, originelle Unterkünfte und Veranstaltungen wie z. B. das alljährliche Stockholm Jazz Festival im Sommer.

Den einzigen Zugang zu den Inseln bildet die schmale **Skeppsholmsbron** mit zwei hübschen vergoldeten Kronen. Um den Mini-Archipel kennenzulernen, empfiehlt sich folgender Rundgang im Uhrzeigersinn, für den man etwa eine halbe Stunde veranschlagen sollte:

In der Verlängerung der Brücke wandert man 200 m den Svensksundvägen hinauf, bis zur knallbunten, 16teiligen Skulpturengruppe des Künstlerpaares Niki de Saint Phalle und Jean Tinguely. Vom Skulpturengarten steigt man links die Anhöhe hinauf zum ehemaligen Exerzierplatz, dessen Längsseite vom **Modernen Museum (22)** eingenommen wird. Das 1998 eingeweihte, extrem lang gestreckte Gebäude des spanischen Architekten Rafael Moneo zeigt eine außergewöhnliche Vielfalt moderner Kunst skandinavischer und internationaler Herkunft – u. a. Duchamp, Picasso, Dalí und Matisse –, und macht immer wieder mit großen Sonderausstellungen von sich reden. Ein Besuch lohnt auch wegen des Restaurants mit herrlichem Blick und wegen des gut sortierten Kunstbuchhandels. Unter

Blick von der Skeppsholmsbron

Hingucker: die Skulpturengruppe von Niki de Saint Phalle und Jean Tinguely

dem gleichen Dach ist auch das **Architektur- & Designzentrum** (ArkDes) zu Hause, das permanente und Wechselausstellungen zur schwedischen und internationalen Architektur zeigt, u. a. sieht man hier Modelle prägender Stockholmer Bauten verschiedener Epochen.

Moderna Museet, *Exercisplan 4, ✆ 08-51955200, www.modernamuseet.se.* **Arkitektur- & Designcentrum** *(ArkDes), Exercisplan 4, ✆ 08-52023500, https://arkdes.se. Gemeinsame Öffnungszeiten: Di–So 10–18, Di/Fr bis 20 Uhr.*

Das auffälligste Gebäude ist jedoch die ehemalige **Skeppsholms-Kirche**, die 1842 als Kirche der Marine eingeweiht wurde und heute für Konzerte und andere Veranstaltungen genutzt wird, 2010 z. B. als Bankettsaal zur Hochzeit von Kronprinzessin Victoria. Die Passage zwischen Kirche und Modernem Museum bringt Kunstinteressierte zum **Ostasiatischen Museum (23)**, in dem Porzellan, Malerei und Skulpturen aus China, Japan, Korea und Indien zu sehen sind. König Gustav VI. Adolf, selbst leidenschaftlicher Archäologe, überließ dem Museum die wohl bedeutendste Sammlung chinesischer Kunst außerhalb Chinas.

Östasiatiska Museet, *Tyghusplan 4, ✆ 010-4561297, www.ostasiatiskamuseet.se. Di–So 11–17 Uhr, Mi 14–17 Uhr freier Eintritt.*

Hinter dem Museum folgt man dem Ostufer der Insel, vorbei am stimmungsvollen Lokal Hjerta, am **Theater Galeasen** und dem hölzernen **Ladekran** von 1751, dem ältesten in Schweden, stets mit tollem Blick hinüber nach Djurgården. Nach einer Weile geht rechts die **Långa Raden** ab. Die beiden lang gestreckten Gebäude, die sie flankieren, wurden ursprünglich als Unterkunft für die Leibgarde Karls XII. erbaut. Heute ist hier das stylische **Hotel Skeppsholmen** untergebracht, zu dem auch der angrenzende Eislaufpavillon von 1882 gehört.

Von dem Gebäude führt der Amiralsvägen zur Brücke, die einen zur südlichen Nachbarinsel **Kastellholmen** bringt. Neben ehemaligen Magazin- und Kasernengebäuden ist vor allem das rote, burgähnliche **Kastell (24)** auffällig, das 1848 ein älteres, abgebranntes ersetzte. Bei besonders feierlichen Gelegenheiten wird vom Kastell noch heute mit Kanonen Salut gefeuert. Am Ufer unterhalb des Kastells befindet man sich sozusagen mitten in der Stockholmer Hafeneinfahrt – an einem schönen Sommertag der perfekte Platz, um abseits der Touristenströme die Seeluft und die grandiose Aussicht auf Ostsee, Schiffe und Södermalm zu genießen!

Zurück auf Skeppsholmen, setzt man den Rundgang fort und kommt dann an der **Königlichen Kunsthochschule** vorbei, die zum Teil in einer ehemaligen Kaserne untergebracht ist. Vor dem Eingang stehen Abgüsse eines Medici-Löwen und eines Ebers, deren Originale sich in Florenz in der Loggia dei Lanzi bzw. an der Fontana del Porcellino befinden.

Unmittelbar dahinter sorgt am Ufer das Segelschiff **Af Chapman** für ein stimmungsvolles maritimes Motiv. Das sogenannte Vollschiff aus Eisen, 1888 in Irland gebaut, ist das drittälteste seiner Art in der Welt und dient seit 1949 als Jugendherberge. Seit 1983 gehört auch das Haus vor der Anlegestelle zur Herberge. Dort befinden sich nun u. a. die Rezeption und der Frühstücksraum. 100 m weiter gelangt man zur Skeppsholmsbron und damit zurück zum Ausgangspunkt des Rundgangs.

Östermalm

Östlich von Norrmalm liegt Östermalm, überwiegend ein Wohnviertel des Bürgertums, das mit einigen repräsentativen Boulevards nach Pariser Vorbild (Karlavägen, Narvavägen, Valhallavägen), Lehranstalten, Kirchen und dem Olympiastadion aufwartet. In dem fanden 1912 die sechsten Olympischen Sommerspiele der Neuzeit statt. Auf der Nahtstelle der beiden Stadtteile liegt im Norden der Park **Humlegården (25)**, die größte innerstädtische grüne Oase Stockholms. Der Park, in dem früher Hopfen (schwed.: *humle*) wuchs, dient heute gestressten Business-Leuten als Sonnenplatz fürs schnelle Mittagessen oder das After-work-Bierchen, Kindergärten als Ausflugsziel, Studenten als Open-Air-Studienzimmer oder Hundebesitzern als Auslauf. Das südliche Ende des Parks wird fast zur Gänze von der **Königlichen Bibliothek** von 1878 eingenommen, gleichzeitig Schwedens Nationalbibliothek und für jedermann zugänglich.

Fünf Gehminuten weiter südlich geht es am **Stureplan (26)** deutlich betriebsamer zu. Er ist *der* Hot Spot nicht nur der Stadt, sondern von ganz Schweden, was Shopping und Ausgehen auf höchstem (Preis-)Niveau angeht. Hier verkehren die Manager, Banker, Models und VIPs aus Wirtschaft, Sport, Kultur und Adel (dazu zählen auch einige jüngere, „hippe" Mitglieder des Königshauses), ebenso die finanzstarken Gäste aus dem Ausland (vor allem Russland). Sommers wie winters ist Premium-Shopping angesagt, an schönen Tagen sind die Straßencafés vollbesetzt, abends dann die Clubs und Restaurants. An den Wochenenden sieht man lange Schlangen vor den strengen Türstehern angesagter Ausgeh-Adressen wie East, Hell's Kitchen, Spy Bar, Sturecompagniet oder Sturehof.

Unweit vom Stureplan liegt der weder besonders große, noch besonders interessante Östermalmstorg, also der Marktplatz des Stadtteils Östermalm. Unbedingt sehenswert ist hier jedoch die fantastische **Östermalm-Markthalle (27)**, die zu den zehn besten der Welt gezählt wird. Die 1888 eröffnete, ca. 3.000 m² große Halle hat nach außen eine schön dekorierte Ziegelsteinfassade, während das bis heute nahezu unveränderte Innere

von einer komplizierten Gusseisenkonstruktion dominiert wird. Die Händler offerieren in wunderschönen hölzernen Pavillons ihre Waren: Obst, Gemüse, Fleisch, Wild (u. a. Ren, Elch), Käse, Kaffee, Tee und vor allem frischen, geräucherten oder gebeizten Fisch sowie Schalentiere aus schwedischen Gewässern. Nachdem bei einer dreijährigen Renovierung u. a. der ursprüngliche sternförmige Innenaufbau wiederhergestellt wurde, konnte die Markthalle 2020 wiedereröffnet werden.
Östermalms Saluhall, *Nybrogatan 31, Östermalmstorg, www.ostermalmshallen.se. Mo–Fr 9.30–19, Sa 9.30–17 Uhr, die Restaurants sind z. T. länger geöffnet.*

Einen Katzensprung entfernt machen neben und hinter der Markthalle weitere Gebäude das Viertel interessant: etwa die kuppelbekrönte **Hedvig-Eleonora-Kirche**, deren oktogonaler Zentralbau auf Pläne des Stadtarchitekten Jean de la Vallée von 1664 zurückgeht. Von Interesse ist auch das südlich des Kirchhofs gelegene **Armeemuseum**, in dem die schwedische Militärgeschichte vom Dreißigjährigen Krieg bis zur Gegenwart anhand vieler Originalgegenstände dargestellt wird. Diesem gegenüber beherbergt der Ziegelstein-Komplex des **Königlichen Hofstalls** (1884) nicht nur die Pferde der Königlichen Leibwache, sondern auch ca. 40 Prachtkutschen und den Fuhrpark des Königshauses, der rund 20 Limousinen umfasst.
H.M. Konungens hovstall, *Väpnargatan 1, www.kungligaslotten.se. Der Innenhof samt Café und Souvenirshop ist Juli–Mitte Aug. Do–Sa 13–15 Uhr geöffnet, Führungen Do/Fr 13 (engl.), 14 (schwed.), Sa 12, 14 (schwed.), 13 und 15 Uhr (engl.). Rest des Jahres nur Sa/So 13–15 Uhr, Führungen 13 (engl.), 14 Uhr (schwed.).*

Südlich des Hofstalls hat man am betriebsamen **Nybroplan** wieder das Ufer erreicht, nämlich die Bucht Nybroviken. Hier kommt es in der Rushhour regelmäßig zu Verkehrsstaus, weil zusätzlich zu Autos und Reisebussen die Linienbusse und die Tram Haltestellen am Nybroplan haben. Umgeben ist der Platz vom hübschen **Berzelii Park**, dessen östlicher Teil seit einigen Jahren **Raoul Wallenbergs Torg** heißt. Nicht nur der Name, sondern auch zwei Monumente erinnern an Raoul Wallenberg, eine der heldenhaften Gestalten aus der Zeit des Zweiten Weltkriegs. An der Westseite des Berzelii Parks liegen die fantastischen **Berns Salonger** aus den 1860er Jahren, ein Hotel-, Bar-, Café- und Nightclub-Komplex mit Jugendstileinrichtung. Und an der Nordseite des Parks, an der Hamngatan, beherbergt ein 1892–97 errichteter Stadtpalais das sehenswerte und ungewöhnliche **Hallwyl-Museum (28)**, das eine umfangreiche Kunst- und Kunstgewerbesammlungen zeigt, u. a. Gobelins, Ledertapeten, flämische Malerei, Musikinstrumente und Haushaltsgeräte. Mindestens genauso beeindruckend ist die Innen- und Außenarchitektur. Geradezu sensationell erscheint der Innenhof, der von der venezianischen und spanischen Architektur der Gotik und Renaissance inspiriert ist. Und innen wird im Treppenhaus, dem Billardzimmer, dem großen Salon oder der Kegelbahn (!) das Einrichtungsideal des späten 19. Jh. und zugleich das Können des schwedischen Handwerks jener Jahre dokumentiert.
Hallwylska Museet, *Hamngatan 4, ✆ 08-4023099, https://hallwylskamuseet.se. Juli/Aug. Di–So 11–18, sonst Di–Fr 12–16, Mi bis 19, Sa/So 11–17 Uhr, Eintritt zum Innenhof mit Bar und Restaurant frei.*

Links vom Hallwyl-Museum liegt der große Platz **Norrmalmstorg**, der als Marktplatz genutzt wird, gleichzeitig aber auch eine der Endstationen der Tram Djurgårdslinie ist. Am Nordende dieses Platzes führt die **Bibliotheksgatan** in Richtung Stureplan, die sich einen Namen als exklusivste Einkaufsstraße der schwedischen Hauptstadt gemacht hat.

Das auffälligste Gebäude am Nybroplan ist das **Königliche Dramatische Theater (29)**, das schwedische Nationaltheater, das im Volksmund einfach nur „Dramaten" heißt.

Manchmal sind die Logenplätze auch draußen in der Sonne ...

1908 wurde der Bau des Architekten Fredrik Lilljekvist eingeweiht; die prächtige verzierte Fassade samt Kuppel ist im Wiener Jugendstil gehalten und leuchtet in den hellen Farben des einheimischen Ekeberg-Marmors. Das glanzvolle Äußere findet seine Fortsetzung im Innern, das mit Skulpturen, Blattgold und Deckengemälden geschmückt ist. Bei der Gestaltung wirkten die bedeutendsten schwedischen Künstler der Zeit, darunter Carl Milles und Carl Larsson, mit. Die interne Schauspielschule brachte viele, auch international bekannte Schauspieler hervor, auch unter den Intendanten finden sich so berühmte Namen wie Gustaf Molander und Ingmar Bergman.

Das Dramatische Theater bildet den Auftakt für den prächtigsten Boulevard Stockholms, den **Strandvägen**. Seit seiner Fertigstellung gilt er als die „feine Adresse" der Hauptstadt, was dazu führte, dass sich nur die Noblesse, Bankiers und Prominente aus dem Sport- und Showbusiness hier Wohnungen leisten konnten und können. Die wenigen Geschäfte sind höchst exklusiv, die Hotels hochpreisig und die Restaurants edel. Das hindert „Normaltouristen" natürlich nicht daran, durch die Allee zu flanieren, den Blick auf Bucht, Boote und Bauten zu genießen. Architektur- und Jugendstilfans kommen bei jedem Gebäude auf ihre Kosten.

Nach etwa 600 m kommt man auf dem Strandvägen zu einer Kreuzung, an der nach rechts die schöne Djurgårdsbron zum Tiergarten leitet (s. u.), während nach links der Boulevard Narvavägen abzweigt. Auf diesem sind es nur ein paar Schritte bis zum **Historischen Museum (30)**. Wer sich für die nordische Vorgeschichte interessiert, für das sagenhafte Svear-Reich und die Wikinger, für Gotland und das schwedische Mittelalter, für den ist ein Besuch des Museums ein Muss. Nur das Kopenhagener Nationalmuseum kann in Skandinavien mithalten, was Größe und Wert des Bestandes angeht. Von den mehr als

10 Mio. Artefakten sind allerdings dauerhaft „nur“ 6.200 ausgestellt. Da die Sammlungen chronologisch geordnet sind, fällt eine Orientierung recht leicht. Im Erdgeschoss gelangt man zuerst durch die Abteilungen der Ur- und Frühgeschichte, dann zu Funden aus der Bronze- und Eisenzeit. Besonders wertvoll sind die Artefakte aus dem Svear-Reich, das dem heutigen Land seinen Namen gegeben hat. Es folgen Exponate aus der Wikingerzeit, einschließlich Waffen, Münzen, Schatztruhen, Funden aus der Wikingersiedlung Birka und Exemplaren der gotländischen Bildsteine, der einzigen germanischen Monumentalkunst überhaupt. Im ersten Stock wird man durch die Abteilungen der mittelalterlichen Kirchenkunst (darunter viele Exponate von der Ostseeinsel Gotland) und durch die „Textilkammer“ geführt. Letztere enthält wertvolle mittelalterliche Textilien, u. a. den berühmten Bildteppich aus der Skog-Kirche, der auf die Zeit von 1040 bis 1170 datiert wird.
Historiska Museet, *Narvavägen 13–17, ✆ 08-51955600, www.historiska.se. Juni–Aug. Di–So 10–17, sonst Di–So 11–17, Mi bis 20 Uhr. Für die Abteilungen Frühgeschichte und Wikinger sind Audioguides erhältlich; kostenlose Führungen via Smartphone erhält man durch den Download der App unter https://webapp.onspotstory.com.*

Die Goldkammer im Historischen Museum

info

Guldrummet (Goldkammer) heißt die wohl größte Attraktion des Historischen Museums. 1994 hatte man in den Fels unter dem Gebäude einen 700 m² großen Raum gesprengt, ihn mit einer mächtigen Betonwölbung versehen und mit allen denkbaren Sicherheitsvorkehrungen ausgestattet. Denn hierhin sollten all die wertvollen Kleinode gebracht werden, die bisher in den Sammlungen verstreut waren oder die man nicht auszustellen wagte. Die Schatzkammer knüpft bewusst an die **nordische Nibelungensaga** an, sichtbar auch an der Reproduktion der berühmten schwedischen Sigurdritzung (S. 201) auf dem Boden.

In der aus zwei Kreisen bestehenden Goldkammer sind Gold- und Silberfunde von der **Bronzezeit** bis zum Ausgang des **Mittelalters** ausgestellt, zusammen etwa 3.000 Objekte. Im Mittelraum sieht man die goldenen (insgesamt etwa 52 kg), in der umgebenden Galerie die silbernen Gegenstände (insgesamt über 200 kg). All das ist wirkungsvoll präsentiert – durch geschickte Ausleuchtung und Umrahmung aus schwarzem Granit, verschieden grauem Kalkstein sowie Ziegel und Putz in Rot und Lila. Die meisten der Schätze wurden im 19. Jh. von Bauern, Mägden und Knechten ans Tageslicht gebracht, als die Pflüge tiefer in den Boden drangen, Schwedens größter Goldschatz von gut 7 kg wurde 1905 beim Straßenbau entdeckt. Und ein 1960 in Südschweden auf einem Acker gefundener goldener Halsring kam nur durch Zufall ins Museum: Ein Bauernsohn hatte den seltsamen Metallring zunächst benutzt, um sein Moped zu reparieren. Zum Schönsten, was die Ausstellung zu bieten hat, gehören die einmaligen Goldkragen aus dem 5. Jh., verziert mit einem Filigrandekor und winzigen Tieren sowie mythologischen Gestalten.

Östlich der Djurgårdsbron führt der Strandvägen weiter zum **Nobelpark** und zu einer exklusiven Villensiedlung. Wegen der vielen Auslandsvertretungen hat sich für diese der Name **Diplomatenstadt (31)** (Diplomatstaden) eingebürgert. Die hochherrschaftlichen Villen, die alle 1913–27 gebaut wurden, sind in einem Halbkreis und fächerförmig um die neugotische **Englische Kirche** angelegt. Nördlich der Villensiedlung wurden in späterer Zeit andere, weitaus nüchterner gehaltene Botschaften gebaut, u. a. auch die **deutsche Botschaft**, die 1975 in die Schlagzeilen geriet, als Terroristen der RAF das Gebäude besetzten, mehrere Geiseln nahmen und zwei Botschaftsmitglieder ermordeten.

Folgt man über die Nobelgatan weiter der Bucht Djurgårdsbrunnsviken, stets mit ungehindertem Blick auf Djurgården und die hoch gelegenen Teile des Freilichtmuseums Skansen, kommt man bald schon zu einer weiten Rasenfläche, auf der gleich fünf Museen platziert sind. Während das **Polizeimuseum** und das **Sportmuseum** eher etwas für speziell Interessierte sind, sprechen die drei anderen auch die breite Allgemeinheit an.
Polismuseet, *Museivägen 7, https://polismuseet.se. Di–Fr 12–17, Sa/So 11–17 Uhr.*
Riksidrottsmuseet, *Djurgårdsbrunnsvägen 26, www.riksidrottsmuseet.se. Di–So 11–16 Uhr, freier Eintritt.*

Das weiße, 1938 eingeweihte **Seehistorische Museum (32)** mit langer, gebogener Fassade und Mittelturm wurde von Ragnar Östberg entworfen. Die Sammlung zur Geschichte der Seefahrt, die größte Skandinaviens, zeigt eine Vielzahl von maritimen Gemälden, Schiffsmodelle verschiedener Jahrhunderte sowie Exponate der Handels- und Kriegsseefahrt und aus dem Schiffsbau. Auch der Untergang der „Estonia" 1994 wird in einer Ausstellung thematisiert. Das unbestrittene Highlight sind Teile der „Amphion", der Lustyacht Gustavs III., deren königliche Kajüte rekonstruiert wurde, während ihr prächtiges Heck im Originalzustand ausgestellt ist.
Sjöhistoriska Museet, *Djurgårdsbrunnsvägen 24, www.sjohistoriska.se. Di–So 10–17 Uhr.*

Unweit vom Seehistorischen präsentiert das **Technische Museum (33)** Besuchern mit etwa 55.000 Exponaten Schwedens größte naturwissenschaftlich-technische Ausstellung. Mit seinen über 100 Experimentierstationen, einer begehbaren Erzgrube und einer Modelleisenbahn ist es zudem ein Eldorado für technisch interessierte Kinder aller Altersklassen. Besonders beeindruckend ist die große Maschinenhalle mit einer Sammlung von Dampfmaschinen, Autos und Flugzeugen.
Tekniska Museet, *Museivägen 7, www.tekniskamuseet.se. Museum und Restaurant tgl. 10–22 Uhr (einzelne Abteilungen können vorher schließen).*

Dahinter hebt sich das **Ethnografische Museum (34)** mit seiner falunroten Holzfassade deutlich von den anderen Gebäuden der Museumsmeile ab. In dem 1980 eingeweihten Haus werden verschiedene Kulturen aus China, Japan, Korea, Süd- und Südostasien, Ozeanien, Afrika und Südamerika vorgestellt. Ein Schwerpunkt der Sammlung von etwa 220.000 Objekten sind die Indianer Nordamerikas. Im Teehaus im Garten werden im Sommer regelmäßig japanische Teezeremonien abgehalten.
Etnografiska Museet, *Djurgårdsbrunnsvägen 34, www.etnografiskamuseet.se. Di–So 11–17 Uhr, Di 14–17 Uhr freier Eintritt.*

Hinter der Museumsmeile ragt unübersehbar der **Kaknästurm (35)** in den Himmel, ein 1964–67 errichteter und 155 m (mit Antenne 170 m) hoher Fernsehturm.

Djurgården

Der Name der Insel und des Stadtteils Djurgården verrät, dass sich hier einst ein Tiergarten befand, allerdings nicht im Sinne eines Zoos, sondern vielmehr ein **königliches Wildgehege** bzw. Jagdrevier. Bereits Königin Kristina ließ Löwen und andere exotische Tiere für das höfische Jagdvergnügen auf die Insel importieren. Lange Zeit war Djurgården allein dem Adel vorbehalten, bis es im Laufe des 18. Jh. öffentlich zugänglich wurde und mit den ersten Wirtshäusern und Karussellbetrieben schnell zu einem beliebten Ausflugsziel der Stockholmer avancierte. Auch heute noch schätzen Einwohner und Gäste Djurgården als einzigartiges Naherholungsgebiet unweit des Stadtzentrums

Blick über Djurgården

und als Standort für Kultur und Vergnügen. Immerhin sind hier **einige der meistbesuchten Attraktionen** der Hauptstadt relativ nah beieinander versammelt. Damit ist die Insel für Kunstliebhaber, Geschichtsinteressierte, Kinder und Naturliebhaber also unbedingt ein lohnendes Ziel. Man erreicht sie mit der Straßenbahn (auch der Museums-Tram, Linie 7) und einigen Buslinien, die alle bis Skansen, Gröna Lund oder Waldemarsudde verkehren. Von der Altstadt (Slussen) aus verkehrt die Personenfähre Djurgårdsfärjan direkt nach hier. Die schönste Art, die gesamte Insel zu erkunden, sind aber Wanderungen oder Touren mit dem (Miet-)Fahrrad.

Um vom Strandvägen nach Djurgården zu gelangen, überquert man die 35 m lange und 10 m breite Tiergartenbrücke, die **Djurgårdsbron**. Mit vier Kandelabern, dem reich dekorierten gusseisernen Geländer und Skulpturen nordischer Götter ist sie die vielleicht schönste der knapp 50 Stockholmer Brücken! Sie wurde für die Stockholmer Ausstellung 1897 eingeweiht. Direkt unterhalb der Brücke befindet sich das Ausflugslokal Djurgårdsbron mit Kanu-, Tretboot- und Fahrrad-Verleih (*April–Sept.*), Restaurant, Bar und der Touristeninformation Royal Djurgården Visitor Center (Infos zu Djurgården und ganz Stockholm).

Jenseits der Brücke bildet das **Nordische Museum (36)** den Auftakt zur Museumslandschaft Djurgårdens. Um 1900 wurde das Gebäude, das mit zahlreichen Türmen in der Silhouette der Stadt schon von weitem auszumachen ist, eingeweiht. Der Architekt Isak Gustaf Clason ließ sich außen wie innen von der nordischen Renaissance inspirieren und schuf mit der 125 m langen und 24 m hohen Mittelhalle einen beeindruckenden Raum. In dessen Zentrum thront ein 6 m hoher Gustav I. Vasa – ein Werk des Bildhauers Carl Milles. Mit ca. 1,5 Mio. Exponaten verfügt das Museum über genügend Stoff für einen mehrstündigen Aufenthalt: Auf zwei Etagen wird ein umfassender Überblick über das schwedische Alltagsleben seit dem 16. Jh. gegeben, z. B. die Kultur der Samen, Volkstrachten, Spielsachen, Kleidung und Mode, Porzellan und Besteck, Möbel, Gebrauchsgegenstände, Schmuck oder alte Fotografien und Fotoapparate. Besonders interessant sind die wenig bekannten expressionistischen Gemälde des Dramatikers Gustav Strindberg.
Nordiska Museum, *Djurgårdsvägen 6–16, ✆ 08-51954600, www.nordiskamuseet.se. Im Sommer tgl. 10–17, sonst zusätzlich Mi bis 20 Uhr.*

Hinter dem Nordischen Museum, direkt am Wasser, zieht es Kinder zum **Junibacken (37)**. Zwar wird die 1996 durch die Königliche Familie eröffnete Indoor-Anlage oft als „Kindermuseum" bezeichnet, tatsächlich aber ist sie ein märchenhafter Themen-Spielplatz. Vor allem jüngere Kinder können hier spielen und toben, basteln, an Vorstellungen des Kindertheaters oder anderen der täglich wechselnden Programmpunkte teilnehmen. Ursprünglich sollte sich Junibacken ausschließlich dem Werk von Astrid Lindgren widmen, diese bestand aber darauf, auch die Schöpfungen anderer Autoren einzubeziehen. Und so leben auf dem Märchenmarktplatz Sagotorget in kleinen Häuschen Wesen wie z. B. die Mumins, Pettersson & Findus oder Willi Wiberg. Nahebei liegt der Bahnhof Vimmerby, wo der schwebende Märchenzug Sagotåget zu einer Reise durch Astrid Lindgrens Welt mit Michel aus Lönneberga, Karlsson vom Dach und Ronja Räubertochter startet. Und natürlich gibt es hier auch Pippi Langstrumpfs Villa Kunterbunt. Da alles unter einem Dach stattfindet, ist der Andrang an regnerischen Tagen (und an Wochenenden) naturgemäß groß.
Junibacken, *Galärvarvsvägen, ✆ 08-58723000, www.junibacken.se. Im Sommer tgl. 9–17, Mi bis 18, sonst Di–So 10–17 Uhr. Ticketpreise variieren je nach Tag und Auslastung, am günstigsten sind sie online.*

Die Vasa in ihrer ganzen Pracht

In Sichtweite zum Nordischen Museum und zu Junibacken erhebt sich das eindrucksvolle, schiffsförmige Gebäude des **Vasamuseums (38)**, eine der größten Sehenswürdigkeiten Skandinaviens. 333 Jahre hatte die Vasa im Stockholmer Hafen auf dem Grund der Ostsee gelegen, zuerst vermisst und betrauert, dann vergessen. Durch die Wiederentdeckung und Bergung aber wurde das Wrack zu einer Weltsensation! Immerhin ist es das einzige original erhaltene Schiff aus dem 17. Jh. und eine internationale Attraktion höchsten Ranges. Das eindrucksvolle Kriegsschiff aus dem Dreißigjährigen Krieg sollte aller Welt die Pracht und Macht des schwedischen Königs Gustav II. Adolf zeigen. Außer von Gott hänge das Wohl des Reiches von seiner Flotte ab, soll der König gesagt haben. Um den Ostseeraum kontrollieren zu können, wurden also einige Superkriegsschiffe gebaut. Der Stolz des Königs sollte die Vasa sein: 69 m lang, 11,7 m breit, bis zu 52 m hoch, ein Gewicht von 1.200 t, drei Masten mit zehn Segeln, bestückt mit 64 Kanonen, 437 Mann Besatzung – die Vasa war **eines der mächtigsten Schiffe ihrer Zeit**. Und ein prachtvolles dazu, fast schon ein schwimmender Palast! Allein 700 vergoldete oder grell bemalte Skulpturen – Löwen, römische Kaiser, Meerestiere, furchterregende Fratzen, Helden und Götter der Antike –, sollten Schwedens Stärke demonstrieren und den Gegner (insbesondere Polen) einschüchtern.

Aber es kam ganz anders im Jahr 1628: Welch eine Blamage, als am 10. August die Vasa auf ihrer Jungfernfahrt mitten in ihrem Heimathafen von einer Windböe erfasst wurde, vor den Augen der entsetzten Stockholmer kenterte und innerhalb weniger Minuten „mit stehenden Segeln, Flaggen und allem“ versank. Fast ein Drittel der 150 Besatzungsmitglieder ertrank in den Fluten. 1956 ortete der Amateur-Meeresarchäologe Anders Franzén die Stelle, an der die Vasa einst gesunken war, und vier Jahre später gelang es ihm, das Wrack ans Licht zu bringen. Der Rumpf des Schiffes war recht gut erhalten, da es in diesen nur gering salzhaltigen Regionen der Ostsee den Schiffsbohrwurm *(teredo navalis)* nicht gibt, der andernorts Holzgegenstände in kurzer Zeit zerstört. Wie ein Riesenpuzzle mussten 14.000 einzelne Bausteine sortiert und an Ort und Stelle wieder angebracht und das Schiff konserviert werden.

Der Aufwand hat sich gelohnt: Immerhin ist es heute möglich, die Vasa in „fast“ ursprünglichem Zustand zu bewundern, denn fast alle Teile (= 95 %) sind original. Auf mehreren Etagen kann man sich dem Schiff vom Kiel bis zum Ausguck nähern – besonders eindrucksvoll ist das Heck! In neun unterschiedlichen Ausstellungen werden Besucher u. a. mit der Geschichte des Dreißigjährigen Krieges, dem Leben an Bord, der Suche nach den Schuldigen des Untergangs und der Bergung bekannt gemacht. In zwei Filmsälen läuft in kurzem Takt ein sehenswerter Film in mehreren Sprachen bzw. mit Untertiteln. Zum Museum gehören auch ein gut bestückter Souvenirshop und eine empfehlenswerte Cafeteria.
Vasa Museet, *Galärvarvsvägen 14, ✆ 08-51954800, www.vasamuseet.se. Juni–Aug. tgl. 8.30–18, sonst tgl. 10–17, Mi bis 20 Uhr.*

Vom Vasamuseum aus empfiehlt sich ein Spaziergang am Wasser entlang (Gehweg links am Museum vorbei). Dabei stößt man zunächst auf eine Bootssammlung, die in einer Halle untergebracht bzw. am Kai vertäut liegt – z. B. das Feuerschiff Finngrundet und den Eisbrecher Sankt Erik (freier Eintritt). Im Park dahinter führt der Weg zum eindrucksvollen **Estonia-Denkmal**, das an das Fährunglück auf der Ostsee 1994 erinnert; fast alle Namen der 852 Opfer sind in Stein gehauen.

Vis-à-vis, direkt am Uferweg Djurgårdsstrand, thematisiert das **Museum für Alkohol (39)** Bier, Schnaps und Wein – und das schwierige Verhältnis der Schweden zu diesen Genussmitteln. In Dauer- und Wechselausstellungen kann man sich hier über die Geschichte des Bierbrauens informieren, die Entwicklung bekannter schwedischer Marken (z. B. Absolut Vodka) verfolgen oder in der Kunsthalle themenbezogene Werke u. a. von Andy Warhol, Damien Hirst und Keith Haring bewundern. Komplettiert wird das Angebot durch ein Café, ein gutes Restaurant, einen Raum für Verkostungen und einen Museumsladen.
Spritmuseum, *Djurgårdsstrand 9, ✆ 08-12131300, https://spritmuseum.se. Mo–Sa 10–17, Mi bis 19, Do/Fr bis 18, So 12–17 Uhr.*

Ein paar Schritte weiter befinden sich am Djurgårdsstrand zwei große Bootshäuser von 1941, die museal genutzt werden. Im ersten Gebäude (Båthall 1) wurde 2017 die Dauerausstellung „**Vikingaliv – The Viking Museum**“ (*https://thevikingmuseum.com, Mo–Fr 11–18, Sa/So 10–18 Uhr*) eröffnet, die u. a. Fundstücke aus Wikingergräbern und Schiffsrekonstruktionen zeigt sowie auf einer Minibahnfahrt Szenen wikingischer Mythen und Sagen. In der benachbarten Halle (Båthall 2) wurde 2021 das Wrackmuseum „**Vrak – Museum of Wrecks**“ (*www.vrak.se, tgl. 10–18, Mi bis 20 Uhr*) eingerichtet, in dem u. a. mit digitaler Technik Ostsee-Schiffswracks aus verschiedenen Epochen sowie Methoden der Unterwasserarchäologie dokumentiert werden.

Zurück auf dem Djurgårdsvägen, gibt es erneut ein recht großes kulturelles Angebot. Zur Linken erstreckt sich die Freifläche Lejonslätten mit dem Reiterstandbild Karls XV., an der auch das **Biologische Museum** (Biologiska Museet) liegt. Das schwarze Holzgebäu-

de im Stil einer Stabkirche, in dem in Schaukästen rund 300 ausgestopfte Exemplare skandinavischer Tiere ausgestellt sind, ist wegen einer dringend notwendigen Renovierung für einige Jahre geschlossen. Zur Rechten werden in der architekturhistorisch bedeutsamen **Liljevalchs-Kunsthalle** Malerei und Skulpturen des 20. Jh. präsentiert, die der Industrielle Carl Fredrik Liljevalch zusammengetragen hat. Zum 100-jährigen Jubiläum im Jahr 2021 spendierte sich die Kunsthalle ein auffälliges Erweiterungsgebäude, dessen bunkerartige Betonarchitektur von der örtlichen Presse allerdings den zweifelhaften Titel „Stockholms hässlichster Neubau" bekam.
Liljevalchs Kunsthall, *Djurgårdsvägen 60, https://liljevalchs.se. Tgl. 11–17, Di/Do bis 19 Uhr, montags freier Eintritt.*

Deutlich populärer ist das **ABBA-Museum (40)** direkt daneben: Jährlich zieht es rund 1 Mio. Besucher an! So wie die Beatles in Liverpool haben die ABBA-Mitglieder, also Anni-Frid Lyngstad, Benny Andersson, Agnetha Fältskog und Björn Ulvaeus, nun ihre eigene Ausstellung in Stockholm bekommen. Auf 5.000 m² wird den Fans die gesamte Karriere der Popgruppe interaktiv nahegebracht. Man sieht die waghalsigen Outfits der Band, die Glitzeruniformen, Katzenkleider, Waterloo-Kostüme und Plateausohlen, und entdeckt auch Nachbauten, z. B. den der Bühne des Eurovision Song Contest 1974 in Brighton. An mehreren Stationen können Besucher zu ABBA-Songs tanzen und singen, u. a. auf einer Showbühne mit Hologrammen der Gruppe. Wer möchte, lässt sich ein digitales ABBA-Kostüm auf den Körper projizieren. Das Bild kann dann an Ort und Stelle in die sozialen Netzwerke einspeist werden. Sollte das „Ring-Ring-Telefon" klingeln, ist ein Mitglied der Gruppe an der Leitung, um mit zufällig anwesenden Besuchern zu sprechen.
ABBA The Museum, *Djurgårdsvägen 68, ✆ 08-12132860, https://abbathemuseum.com. Juni–Aug. tgl. 10–20, sonst tgl. mind. 10–17, Do bis 20 Uhr.*

Von vielen Stellen in Stockholm zu sehen und am schönsten mit der Personenfähre Djurgårdsfärjan zu erreichen, wartet südlich der genannten Museen eine weithin bekannte Institution auf Kinder, Jugendliche und Junggebliebene: **Gröna Lund (41)**, oft auch Tivoli oder einfach „Grönan" genannt. In der Saison braucht man keinen Stadtplan, man folgt einfach dem Gekreische, das von den Achterbahnen auf die Straße dringt. Die neuzeitlichen Attraktionen lassen nicht vermuten, dass der Vergnügungspark bereits 1883 gegründet wurde – und damit der älteste des Landes ist. Zwar sind viele Attraktionen durchaus auch für kleinere Kinder geeignet, doch liegt der Schwerpunkt auf Geräten, die für einen deutlichen Adrenalinschub sorgen – z. B. der „Freie Fall" oder die sieben Achterbahnen (darunter eine hölzerne). Wer schwindelfrei und wagemutig genug ist, sollte „Eclipse" ausprobieren, eines der höchsten Kettenkarussells der Welt. Wer oben in 121 m Höhe und mit 70 km/h seine Runden dreht, bekommt einen grandiosen Rundblick über Stockholm! Neben Fahrgeschäften, Buden und Restaurants besitzt der Vergnügungspark auch Bühnen, auf denen schwedische und internationale Stars auftreten. Wie früher Louis Armstrong, Benny Goodman, die Beatles oder Jimi Hendrix, zieht die besondere Atmosphäre von Gröna Lund auch heute die Crème de la Crème des internationalen Pop & Rock an! Tickets sind schnell vergriffen und sollten weit im Vorfeld besorgt werden, der Veranstaltungskalender auf der Website gibt einen Überblick über die zukünftigen Konzerte. Ab 2024 wird Gröna Lund erheblich erweitert und modernisiert, u. a. mit einer neuen Seepromenade und einer weiteren Achterbahn.
Gröna Lund, *Lilla Allmänna Gränd 9, www.gronalund.com. Ende April–Mitte Sept. mit sehr unterschiedl. Zeiten tgl. geöffnet, ab 10, 11, 12 oder 15 Uhr bis 20, 22 oder 23 Uhr.*

Schräg gegenüber fällt der Rundbau des **Cirkus** auf, ein 1892 eingeweihtes Gebäude mit einer krönenden Quadriga auf dem Dach, das für Zirkus-, Theater- und Konzertveranstaltungen (1.650 Sitzplätze) genutzt wurde bzw. wird. Daneben nimmt das weltberühmte **Skansen (42)** einen großen Teil Djurgårdens ein. Es war der schwedische Völkerkundler Artur Hazelius, der die Idee hatte, den Alltag, die Lebenssituation und die Wohnstätten der Menschen originalgetreu darzustellen – von den Fachwerkbauten im südlichen Schonen bis zu den Hütten Lapplands. Auf Djurgården fand er rund um eine ehemalige militärische Schanze (= *skansen*) den geeigneten Platz, und als das **Freilichtmuseum** schließlich 1891 gegründet wurde, war es das erste der Welt. Heute ist seine Fläche etwa zehnmal so groß wie im Gründungsjahr und es sind noch etliche weitere Häuser, Bauernhöfe und andere Gebäude aus ganz Schweden ab- und auf Skansen wieder aufgebaut worden – insgesamt mehr als 160. Der Besucher begibt sich also auf eine Zeitreise und gleichzeitig auf einen geografischen Streifzug durch ganz Schweden. Die meisten Häuser und Höfe stammen aus dem 18. und 19. Jh., es gibt aber auch ein hölzernes Vorratshaus aus dem 14. Jh. Daneben sieht man u. a. eine Sennhütte, ein Lappenlager (Samevistet), eine Schule und die wunderschöne, holzschindelgedeckte Seglora-Kirche von 1729, in der sich immer noch viele Stockholmer trauen lassen. Ein eigener Teil des Areals ist als Stockholmer Stadtviertel des 18.–20. Jh. konserviert – mit Gaslaternen, Straßenpflaster, Wohnhäusern, Läden und Werkstätten (u. a. auch Glashütte und Keramikwerkstatt).

Die Gebäude sind das eine, ihre **natürliche Umgebung** das andere: Weitläufige Parkflächen, Kiefernwald und kahle Granitklippen lassen vergessen, dass man sich mitten in der Hauptstadt befindet. Die wiederum sieht man an manchen Stellen ganz besonders prächtig, sodass allein schon die fantastische Aussicht auf Stockholm den Besuch lohnen würde. Neben den kulturhistorischen Anlagen und der schwedischen Natur ist der **Tierpark** ein Hauptanziehungspunkt, der alle wichtigen skandinavischen Tierarten beherbergt – z. B. Wolf, Luchs, Vielfraß, Braunbär, Elch, Rentier, Wisent, Rotfuchs, Wildschwein, Otter, Graue Robbe und viele andere. Weiter präsentiert das Skansen-Aquarium (extra Eintritt) exotische Tiere wie Krokodile, Zwergaffen, Papageien oder Paviane. Und rund um die Hofanlagen gibt es Schafe, Ziegen, Schweine, Pferde, Kühe, Gänse und Enten zu sehen. Kinder dürfen im Streichelzoo (Lill-Skansen) den Tieren ganz nah kommen.

Die jüngste Erweiterung innerhalb Skansens ist das 2019 eingeweihte **Baltic Sea Science Center** im südlichen Teil des Areals. Der fünfstöckige Komplex ist ganz der Flora und Fauna der Ostsee gewidmet, die Hauptattraktion für Besucher stellt dabei das 250.000-Liter-Aquarium dar.

Einen festen Platz hat Skansen für die Stockholmer im **Festtagskalender**. Denn hier feiern sie die Feiertage (z. B. Walpurgis, Nationalfeiertag, Mittsommer, Sta. Lucia, Weihnachten, Neujahr) ausgelassen und auf traditionelle Weise. Abgesehen davon werden im Sommer an jedem Tag/Abend auf der Bühne des Platzes Sollidenplan Konzerte gegeben (häufig Jazz) und andere Veranstaltungen angeboten. Daneben hat Skansen mehrere gemütliche und familienfreundliche Gartenlokale, Cafés und Restaurants, von denen einige im Winter geschlossen sind. Besucher sollten sich am Haupteingang mit Parkplänen ausstatten und auf die angezeigten aktuellen Veranstaltungen achten. Der Höhenunterschied zum hoch gelegenen Park wird hinter dem Eingang mit einer Rolltreppe überbrückt, während man am Nebeneingang (Hazeliusporten) mit der Zahnradbahn Bergbanan zum/vom Skansen-Hügel gelangen kann.

Skansen, *Djurgårdsslätten 49–51, ✆ 08-4428000, www.skansen.se.* **Park & Zoo**: *Okt.–März Mo–Fr 10–15, Sa/So 10–16, April tgl. 10–16, Mai–Sept. tgl. 10–18, an manchen Tagen bis 20 Uhr.* **Historische Gebäude**: *Okt.–April 11–15 (nur einige Häuser), Mai–Sept. 11–17 Uhr (manchmal auch länger).*

Südlich davon liegt das ausnehmend hübsche Wohnviertel **Djurgårdsstaden**, heute eine gefragte Wohngegend der *upper class*, mit Holzhäusern, Yachthafen und der Brücke zum Inselchen **Beckholmen**. Und östlich davon wiederum stellt inmitten eines wunderschönen Parks und mit Blick auf die Ostsee **Waldemarsudde (43)** ein beliebtes Ausflugsziel dar. Die Jahrhundertwendevilla war der frühere Wohnsitz des **Prinzen Eugen** (1865–1947), der auch ein ausgezeichneter Landschaftsmaler war. In der heutigen Galerie findet der Besucher neben seinen bekanntesten Bildern vor allem schwedische Malerei des späten 19. Jh. und wechselnde Ausstellungen.
Waldemarsudde, *Prins Eugens väg 6, Djurgården, ✆ 08-54583700, https://waldemarsudde.se. Di–So 11–17, Do bis 20 Uhr.*

Geht man von Waldemarsudde den Djurgårdsvägen entlang und biegt nach links in den Valmundsvägen ein, erreicht man nach gut 300 m die schöne Anlage des Schlosses **Rosendal (44)**. Das Empireschlösschen ist Wohnsitz von Verwandten der Königsfamilie; die prunkvolle Innenausstattung kann auf Führungen besichtigt werden. Nahebei liegt **Rosendals Trädgård**, ein Garten mit alternativem Anbau von Obst und Gemüse, den viele Stockholmer innig lieben und mehrmals im Jahr aufsuchen. In einem der Gewächshäuser ist ein gemütliches Café eingerichtet, in dem die dort angebauten Produkte angeboten werden.
Rosendals Slott, *Rosendalsvägen 49, www.kungligaslotten.se. Geöffnet (nur mit Führung) Juni–Aug. Di–So 12, 13, 14, 15 Uhr.* **Rosendals Trädgård**, *Rosendalsterrassen 12, ✆ 08-54581270, www.rosendalstradgard.se. Nov.–April Di–So 11–16, Mai–Okt. tgl. 11–16 Uhr.*

Weiter östlich, jenseits der Endstation der Straßenbahn, übernimmt die Natur die Regie: Wald, Klippen und Schären, kleine Seen und Kanäle, der „Viktoria-und-Daniel-Liebesstieg" oder die idyllische Halbinsel **Blockhusudden** – all das kann erwandert oder mit dem Fahrrad erlebt werden. Ein letztes kulturelles Highlight findet man ganz am östlichen Ende von Djurgården, umgeben von Wald und einigen Villen, mit herrlichem Blick auf das Blau der Ostsee: die blendend weiße **Galerie Thiel (45)**. Als der Bankier Ernest Thiel seine Sammlung französischer und skandinavischer Kunst in seinen Privaträumen nicht mehr unterbringen konnte, ließ er auf Djurgården 1904 dieses Jugendstilhaus errichten. Seine Leidenschaft für die Malerei um 1900 „im Lichte des Nordens" trug mit dazu bei, dass er 1924 bankrott ging und der Staat die Sammlung übernehmen musste. Besucher finden hier neben Werken von Carl Larsson, Richard Bergh, Ernst Josephson, Anders Zorn und dem als Maler weniger bekannten August Strindberg vor allem Holzschnitte und Gemälde des Norwegers Edvard Munch.
Thielska Galleriet, *Sjötullsbacken 8, www.thielskagalleriet.se. Di–So 12–17, im Sommer Do bis 20 Uhr.*

Södermalm

Wie am Namen ersichtlich, ist Södermalm der südliche der zentralen Stadtbezirke. Mit ca. 127.000 Einwohnern ist er gleichzeitig eine der am dichtesten besiedelten Areale in ganz Skandinavien. Historisch prägte die Zeit der **Industrialisierung** den Stadtteil: Hier entstanden Anfang des 20. Jh. große Fabrikanlagen und mit ihnen Arbeitersiedlungen, die sich zu den ärmlichen Holzhausvierteln gesellten. Lange Zeit galt deshalb Södermalm, das man kurz und bündig zu **Söder** abkürzte, als Schmuddelviertel der Stadt, gar als Brutstätte der Kriminalität, worauf der Spitzname „Messer-Söder" anspielt. Inzwischen sind viele Industriebauten durch neuere Wohnhausanlagen ersetzt, wohnen hier Mittelstandsfamilien mit Kindern und unterscheidet sich das Leben kaum vom Rest Stockholms. Andererseits gab es noch genügend ärmliche Gegenden mit schmucklosen Häusern auf Södermalm, für die man nur niedrige Mieten verlangen konnte. Das wiederum hat junge Leute, Künstler und Studenten angezogen, mit denen bald ein unkonventionelles Flair in die kahlen Betonbauten einzog.

Bald verwandelten sich ganze Quartiere in Stadtteile, die sich bei Künstlern, Intellektuellen, Bohemiens und jungen Designern großer Beliebtheit erfreuen, sprossen kleine Galerien, Boutiquen, Design-Shops, Cafés, Bars und Clubs aus dem Boden und machten ganz Söder zum **angesagtesten Ort und Trendsetter** der Stadt – eine Entwicklung, die mit der von Berlin-Mitte verglichen werden kann. Wer als Besucher auf eine **kreative Szene** gespannt ist, unkonventionell shoppen oder trendig ausgehen möchte, ist hier also richtig. Außerdem, heißt es, finde man in Södermalm schneller Kontakt zu den Einheimischen, sei die Atmosphäre spontan und trotzdem entspannt. Tatsächlich entdecken immer mehr Touristen Södermalms ganz speziellen Charme, manche kommen sicher auch, um hier die Schauplätze der Kriminalromane von Stieg Larsson und Arne Dahl live zu erleben. Und viele sind überrascht, wie viele pittoreske **Holzhausviertel** es in Söder noch gibt, die so gar nicht zum Image der Industrievergangenheit passen wollen, oder was für fantastische **Parks**, aussichtsreiche Wanderwege oder auch kulturelle Highlights der Bezirk zu bieten hat.

Mit Gamla Stan ist Södermalm durch eine Schleuse (= *slussen*) verbunden, die gleichzeitig einen der größten Verkehrsknotenpunkte der Stadt darstellt. Seit 1935 war **Slussen (46)** als eines der ersten innerstädtischen Straßen-Kleeblätter Europas weltbekannt, wurde im Lauf der Zeit aber immer baufälliger, weshalb das einstige Vorzeigeprojekt seit 2015 abgerissen und bis 2027 komplett neu gestaltet wird, einschließlich neuer Brücken nach Gamla Stan. Das ehrgeizige Vorhaben (neben Straßen, Fußgänger- und Fahrradwegen auch U-Bahnstation, unterirdischer Busbahnhof, Endstation der Vorortbahn Saltsjöbanan, Schleusenanlage und Anlegestelle der Djurgården-Personenfähre) sieht auf der Södermalm-Seite ein terrassenförmiges, verglastes Atrium mit Shopping-Adressen und Gastronomie vor, ebenso Parkanlagen und das hypermoderne Nobel Center mit Museum. Ein zentraler Baustein des Projektes war die 45 m breite Brücke, die wegen ihrer goldenen Farbe den Namen **Guldbron** bzw. Golden Gate erhielt und in China gefertigt wurde. Nach mehrmonatiger Reise auf dem Seeweg konnte sie 2021 an ihrem Bestimmungsort eingeweiht werden.

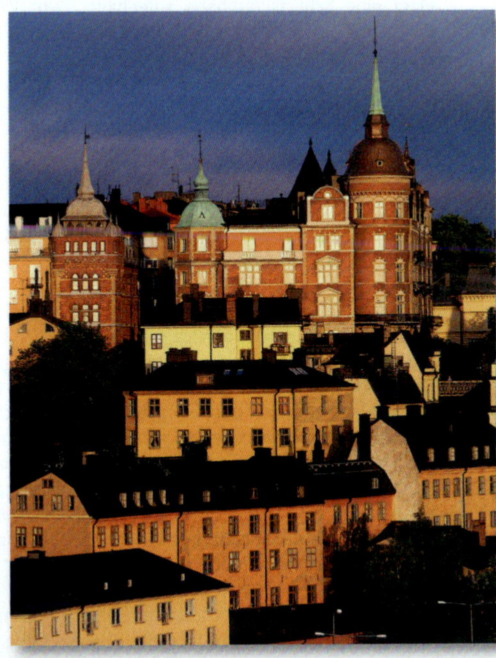

Trendviertel Södermalm

Inmitten der Riesenbaustelle wurden auf der Södermalm-Seite auch der Platz Ryssgården neugestaltet und

das **Stadtmuseum** renoviert. Es ist in einem Palast aus dem 17. Jh. untergebracht und vermittelt ein gutes Bild vom Leben im Stockholm der Großmachtzeit (Modelle u. a. des alten Schlosses etc.) und dem Zeitalter der Industrialisierung. Außerdem veranstaltet das Stadtmuseum Rundgänge zu verschiedenen Themen.
Stadsmuseum, *Ryssgården,* ✆ *08-50831620, https://stadsmuseet.stockholm.se. Im Sommer Di–So 11–17, sonst zusätzlich Di/Do bis 20 Uhr, freier Eintritt.*

Ein Quartier, in dem ruhige, ältere Wohnviertel und betriebsame Ausgehadressen eng benachbart sind, ist **Mariaberget** unmittelbar westlich von Slussen. Der Berg ist die steil zur See abfallende Klippe eines mächtigen Gneisblocks, die früher mittels Aufzug-Konstruktionen wie dem Mariahissen bezwungen werden konnte. Eine der schönsten Straßen im Quartier ist die kopfsteingepflasterte **Bastugatan**, während drei Blocks weiter südlich auf der vierspurigen **Hornsgatan** die Metropole zu spüren ist. Mit dem **Mariatorget (47)** hat die Straße einen sehr sehenswerten Stadtpark mit Skulpturenschmuck und Springbrunnen, umgeben von einigen Cafés, Bars, einem Kirchlein und dem Hotel Rival, das einem ABBA-Mitglied gehört. In einem weiteren Park, nur 100 m weiter westlich, stellt die 1625 eingeweihte und 1759 veränderte **Maria-Magdalena-Kirche** einen Blickfang dar; an ihrer Baugeschichte waren u. a. die beiden Architekten Nicodemus Tessin der Ältere und der Jüngere beteiligt.

Eine Art natürlicher Mittelpunkt Södermalms ist der **Medborgarplatsen (48)**, der gut über die U-Bahnstation gleichen Namens zu erreichen ist. Die Straßencafés, Biergärten, Clubs und Kneipen, Marktstände und oft auch Open-Air-Konzerte am Platz machen klar, dass der Medborgarplatsen ein Hotspot für Shoppingfreunde, Flaneure und Nachtschwärmer ist. Während das sommerliche Treiben ab dem 1. Mai beginnt, ist im Winter auf dem Platz eine Schlittschuhbahn aufgebaut. Zum Westen hin wird der Medborgarplatsen durch das **Göta Arkhus** von 1984 begrenzt, in dem sich Büros und die Verwaltung des Stadtteils befinden, und südlich davon durch die Markthalle **Söderhallarna** *(www.soderhallarna.se; Mo–Fr 10–19, Sa 10–16; Restaurants/Cafés Mo–Fr 9–19, Sa/So 10–18/17 Uhr)* mit dem Kino Filmstaden Söder. Hinter der Markthalle stößt man auf den unübersehbaren, achteckigen **Södertorn**, ein 1997 vollendetes und 86 m hohes Wohnhaus. An einer Skulptur von Niki de Saint Phalle vorbei erreicht man dahinter ein riesiges, halbrundes Wohngebäude mit einem Diameter von 180 m, das nach Plänen des spanischen Architekten Ricardo Bofill 1992 vollendet wurde. Die postmoderne Anlage, die auch **Bofills båge** (Bofills Bogen) genannt wird, umrahmt den **Fatbursparken**, der mit Springbrunnen und 16 Skulpturen geschmückt ist.

Zur anderen Seite, im Nordosten des Medborgarplatsen, findet man das älteste Gebäude am Platz, den **Lillienhoffska palatsen** (1670). Die Schauseite des Hauses ist der **Götgatan** zugewandt, die unbestrittene Hauptschlagader des Stadtteils, auf der fast rund um die Uhr etwas los ist. Sie verläuft vom Slussen in Nord-Süd-Richtung und steigt dabei deutlich an. Jenseits der Götgatan liegt der schöne Park **Björns trädgård** mit der **Stockholmer Moschee**, ein guter Ausgangspunkt für Spaziergänge zum pittoresken Katharinenviertel (s. u.). Geht man nun südwärts, passiert man das monumentale **Medborgarhus**, 1939 im funktionalistischen Stil errichtet. Es beherbergt u. a. eine Bibliothek, Bühnen und ein Schwimmbad. Zur Platzseite hin ist der Komplex durch zwei Freitreppen gegliedert, vor dem Haupteingang erinnert ein Glaskunstwerk an die 2003 ermordete Außenministerin Anna Lindh.

Hinter dem Medborgarhus, an der Folkungagatan, versteckt sich zwischen zwei größeren Häusern die **katholische Domkirche St. Erik**. Die Kathedrale im neuromanischen Stil wurde 1892 gebaut und gibt sich zur Straße hin verhältnismäßig bescheiden, während das Innere mit einer farbigen und reich dekorierten Ausstattung überrascht.

Möchte man die aufregende Szene Södermalms kennenlernen, bietet sich von hier aus eine Exkursion in das Areal südlich der Folkungargatan an, das kurz **SoFo** genannt wird. Noch vor 15 Jahren hätte wohl kaum ein Tourist seinen Fuß in diese Gegend gesetzt, in der nicht nur nichts los war, sondern die auch nicht gerade als urbane Perle bezeichnet werden kann. Seitdem sich aber in SoFo Künstler, Designer und sonstige kreative Köpfe niedergelassen haben, boomt das Quartier und wird zunehmend auch für Besucher interessant. Vor allem für solche, die auf der Suche nach ungewöhnlichen Shops, Retro-Artikeln, trendigen Friseurläden, unabhängigen Mode-Labels, Avantgardekunst und coolen Clubs sind. Die jungen und oft noch nicht etablierten Designer und Modemacher verkaufen hier ihre Ware zu deutlich günstigeren Preisen als die Geschäfte in den alteingesessenen Innenstadtvierteln. Die diesbezüglich interessanten Straßen sind die Åsögatan, Södermannagatan, Bondegatan, Skånegatan und Nytorgsgatan sowie der Platz **Nytorget (49)**, alle mit einer Konzentration von Cafés, Restaurants, avantgardistischen Modeläden und auffallend vielen Hairstylisten.

Gab dem Viertel seinen Namen: die Katharinenkirche

Eines der schönsten Viertel Södermalms ist das östlich der Götgatan und hoch gelegene **Katharinenviertel**. Es kann über steile Treppen von Slussen aus erreicht werden oder etwas bequemer vom Medborgerplatsen aus. Seinen Namen trägt das Viertel nach der evangelisch-lutherischen **Katarina kyrka (50)**. Die farbenfrohe Kuppelkirche ist die dritte an diesem Ort. Die erste, von Jean de la Vallée entworfen und 1695 eingeweiht, brannte 1723 nieder, die zweite erlitt 1990 das gleiche Schicksal. Damals waren nur noch die Außenmauern stehengeblieben, sogar die Glocken waren beim Feuer geschmolzen. Innerhalb von fünf Jahren wurde die Katharinen-Kirche aber originalgetreu wiederaufgebaut – einige sagen, schöner als zuvor! Auch aus dem völlig zerstörten Inneren hat man einiges rekonstruiert, z. B. den Orgelprospekt von 1751. Die Kirche ist umgeben von einem stimmungsvollen Friedhof, auf dem auch einige bekannte Persönlichkeiten beigesetzt sind – z. B. die schwedische Außenministerin Anna Lindh.

Unmittelbar nördlich der Kirche gelangt über einige Stufen auf den **Katarina Kyrkobacken**, der mit seinem groben Pflaster, den Gaslaternen und alten Holzhäusern wie ein Freilichtmuseum wirkt. In der Verlängerung der Gasse erkennt man in der Ferne die Hedvig-Eleonora-Kirche, beide Kuppelbauten stammen vom gleichen Architekten. Über die ebenfalls pittoreske Svartensgatan und die Fiskargatan geht der Spaziergang zum **Mosebacke**, der direkt auf der Granitklippe Södermalms liegt. Der populäre Biergarten **Mosebacke-**

terrassen hat also einen eindeutigen Standortvorteil, wenn es um die Aussicht geht – ganz Stockholm liegt einem sprichwörtlich zu Füßen. Der Biergarten ist Teil des **Södra Teatern**, eines eindrucksvollen Theaters von 1859, das auch heute noch mit seinen sieben Bühnen eine wichtige kulturelle und mit seinen diversen Bars und Restaurants eine kulinarische Rolle spielt. Auch der baumbestandene Platz **Mosebacke Torg**, zwischen Theater und Wasserturm platziert, passt mit seinen Bänken und Skulpturen in das angenehme Bild des Viertels. Vom Platz, rechts des Theaters, zweigt ein Treppenweg ab, der einen hinab zur U-Bahnstation Slussen bzw. zur Altstadt bringt. Doch vorher sollte man – wieder mal der Aussicht wegen! – die Fußgängerbrücke **Katarina Gångbro** begehen, die in schwindelerregender Höhe zum Aufzug **Katarinahissen** führt. Dieses Wahrzeichen der Stadt stammt ursprünglich aus dem Jahr 1881, wurde aber mehrfach umgestaltet und modernisiert. 2011 im Zuge des Slussen-Umbaus stillgelegt, soll der 38 m hohe Freiluft-Aufzug 2024 wieder in Betrieb genommen werden und dann auch bis zur unteren Etage des neuen Vorort-Bahnhofs führen.

Noch weiter östlich auf Södermalm (aber durchaus von der Katharinenkirche aus zu Fuß zu erreichen) liegt die **Fjällgatan (51)**, die ihrer guten Aussicht wegen von den Einheimischen liebevoll „Stockholms Balkon" genannt wird. Die Straße hoch oben auf der steil abfallenden Granitklippe des Stigbergets ist zweifellos eine der schönsten der Stadt – einmal wegen des grandiosen Panoramablicks und zum andern wegen der malerischen Holzhaus-Umgebung. Es mutet schon zynisch an, dass bis 1910 zum Tode Verurteilte ausgerechnet an diesem wunderschönen Platz den letzten Blick auf Stockholm werfen konnten, denn auf dem Stigberget stand einst der Stadtgalgen. Die Bebauung entlang der Fjällgatan, der Stigbergsgatan und der Stufengassen dazwischen entstand unmittelbar nach einem Brand 1723. Seitdem hat sich wenig verändert, das grobe Straßenpflaster, die Laternen, die gelb, braun und weiß verputzten Stein- oder buntgestrichenen Holzhäuschen wirken wie aus einer Puppenstube. Viele Gebäude lassen ahnen, dass hier eher die arme Bevölkerung zu Hause war, andere kann man ehemaligen Handwerksbetrieben zuordnen.

Vom Aussichtspunkt kann man über steile Stufen hinab zur Uferstraße gelangen, wo sich Fotoenthusiasten das **Museum der Fotografie (52)** nicht entgehen lassen sollten. Es befindet sich im Jugendstilgebäude des ehemaligen Großen Zollhauses und ist eines der größten seiner Art weltweit. Alljährlich finden hier bis spät in die Nacht vier große und 20 kleinere Wechselausstellungen zeitgenössischer Fotografie statt, daneben gibt es einen Buch- und Souvenirladen, ein Café mit toller Aussicht und ein ausgezeichnetes Restaurant.
Fotografiska Museet, *Stadsgårdshamnen 22, ✆ 08-50900500, www.fotografiska.com/sto. Tgl. 10–23 Uhr.*

Noch romantischer als die Fjällgatan, weil ohne Autos oder Reisebusse, zieht auf der anderen Seite Södermalms der Fußweg **Monteliusvägen (53)** Einheimische und Touristen an – darunter auffällig viele verliebte Pärchen. Denn einer Umfrage zufolge sind der Pfad und sein Panoramapavillon der beliebteste Ort in Stockholm, um einen Heiratsantrag zu stellen! Als reiner Panoramaweg konzipiert, ist der 416 m lange Pfad auf manchen Stadtplänen nicht eingezeichnet, und wenn, dann ist oft unklar, wie man zu ihm gelangt. Von Osten her geht man am besten von Slussen (U-Bahnstation) aus am Hilton-Hotel vorbei zur hübschen, kopfsteingepflasterten **Bastugatan**. Auf dem Weg passiert man auch die obere Plattform des ehemaligen öffentlichen Aufzuges **Mariahissen**, eine architektonisch und städtebaulich sehr interessante Ecke Södermalms. Ab hier gibt es Wegweiser zum Monteliusvägen. Kurz hinter der Einmündung der Skolgränd geht dieser rechts von der Bastugatan ab und verläuft in 20 m Höhe oberhalb des Seeufers bzw. der Uferstraße Söder Mälarstrand parallel zur Bastugatan nach Westen, um schließlich über ein Teilstück der Kattgränd wieder auf die Bastugatan zu führen. An dieser Stelle gibt es auch Treppenverbindungen nach unten. Unterwegs begleiten zur Södermalm-Seite rotgestrichene Holzzäune auf Feldsteinbasis den unasphaltierten Weg, während man zur anderen Seite freie Sicht auf den Mälarsee und die Insel Kungsholmen mit dem Stadthaus, Riddarholmen und Gamla Stan hat.

Weiter westlich wartet der Grüngürtel des **Skinnarviksberget**. Mit 53 m ü. d. M. ist dies **der höchste natürliche Punkt** innerhalb von Stockholm-Stadt und bietet dementsprechend ebenfalls einen tollen Blick. Im Sommer ist dies ein überaus populärer Platz für Picknicks und Spontan-Partys. Die Tatsache, dass seit einiger Zeit ein Alkoholverbot zwischen Mitternacht und 7 Uhr gilt, lässt den Rückschluss zu, dass es auf manchen dieser Feten mehr als feucht-fröhlich zuging. Der Park, der im unteren Teil mit einer Stahlskulptur geschmückt ist, verfügt im südlichen Abschnitt über ein Café/Kiosk und dient im Sommer oft als Bühne für Open-Air-Konzerte.

Im äußersten Nordwesten Södermalms gelangt man zur Nachbarinsel **Långholmen**, die von der 600 m langen, gewaltigen Bogenbrücke **Västerbron** überspannt wird. Auf der wiederum kann man zum nördlichen Ufer der Mälarsee-Bucht Riddarfjärden fahren, gehen oder radeln, wodurch sich die Möglichkeit einer Rundwanderung/Fahrradtour ab/bis Gamla Stan über die Inseln Södermalm, Långholmen und Kungsholmen ergibt. Långholmen selbst ist nur 1.380 m lang und 405 m breit, d. h., man muss kein Ausdauersportler sein, um sie relativ schnell zu umrunden. Der um die Insel führende Wanderweg bringt einen an den schmalen Sunden Långholmen-Kanal und Pålsundet vorbei, an deren Ufern Hunderte von Freizeitbooten festgemacht sind. Auch einen Sandstrand, Badeklippen und Kanuverleih wird man entdecken, außerdem baumbestandene Grasflächen und Granitfelsen, und natürlich stets den wunderbaren Blick auf den See im Westen und über den Riddarfjärden auf Kungsholmen im Osten.

Dass die Insel in ganz Schweden einen zwar legendären, aber eben auch sehr düsteren Ruf bekam, liegt daran, dass hier über 250 Jahre das **Zentralgefängnis** stand. 1975 wurde es für immer geschlossen, einige Gebäude wurden abgerissen, in andere zog mit Jugendherberge, Hotel, Restaurant und Café neues Leben ein. Am 8. August 1993 stürzte der Prototyp des Saab JAS 39 Gripen bei einer Flugvorführung vor den Augen Tausender Zuschauer neben der Brücke auf Långholmen ab. Der Pilot konnte sich mit dem Schleudersitz retten und niemand kam ernsthaft zu Schaden.

Weitere zentrumsnahe Museen und Sehenswürdigkeiten (Auswahl)

Park und Schloss Haga

Nördlich des Verkehrsknotenpunktes Norrtull am Ende des Sveavägen liegt mit dem Hagaparken einer der größten und kulturhistorisch vielleicht der interessanteste der Stockholmer Parks. Er und seine Gebäude gehen im Wesentlichen auf den kunstsinnigen König Gustav III. zurück. Die Rasenflächen, der Englische Park und das Wasser der Brunnsviken sind im Sommer die wunderschöne Bühne für sportlich Aktive (z. B. Jogging, Tennis, Fahrrad- und Kanufahren) und Naturliebhaber. Durch die Topografie und die beiden Eingänge kann man den Haga-Park in einen südlichen und einen nördlichen Abschnitt unterteilen, wobei die wertvollsten Bauten im Norden stehen.

Sofort hinter dem Nordeingang erhebt sich das vielleicht ungewöhnlichste Gebäudeensemble: die legendären **Kupferzelte**. Die drei bunt bemalten Blechzelte waren für die Leibgarde des Königs vorgesehen, heute befinden sich Cafés in den äußeren Zelten und im mittleren das Parkmuseum. In diesem wird die Geschichte des Haga-Parks dokumentiert, insbesondere findet man hier ein großes Holzmodell des nie vollendeten Großen Haga-Schlosses (freier Eintritt). Wenige Schritte nördlich steht man vor dem **Oberen Haga-Wirtshaus**, das zeitgleich mit den Kupferzelten entstand. Unter Gustav IV. Adolf wurde das Gebäude zu einer Orangerie umgebaut, flankiert von zwei Gewächshäusern. Während eines später wieder abgerissen wurde, wird das östliche seit 1983 als **Schmetterlingshaus** (Fjärilshuset) genutzt. Außer allen möglichen Schmetterlingen kann man hier auch ein Vogelhaus, asiatische Gärten und in einem Anbau das Aquarium **Haga Ocean** besuchen. Dessen größte Attraktion ist der 30 m lange, verglaste Tank mit Skandinaviens größter Sammlung kleiner und großer Riffhaie.

Von hier aus gibt es einen schönen Weg über die kleine Halbinsel in der Brunnsviken rund um das Haga-Schloss. Im Wald verstecken sich aber auch die **Ruinen des Großen Schlosses**. Das Hauptprojekt Gustavs III. ist nach dessen Ermordung im März 1792 nicht weitergeführt worden. Südlich davon steht das 1802–05 gebaute **Haga-Schloss** im Stil einer italienischen Villa, Geburtsort des derzeitigen Königs und seiner vier Schwestern. Seit ihrer Hochzeit im Jahre 2009 dient die Villa als Residenz von Kronprinzessin Victoria und Prinz Daniel. Gegenüber sind zwei weitere Prachtbauten des 18. Jh. zu bewundern: zum einen der **Pavillon Gustavs III.**, ab 1787 gebaut. Er gilt mit seinem Spiegelsaal, der Bibliothek, dem sogenannten Pompeji-Zimmer und der Dekorierung als schönstes Beispiel für das „Goldene Zeitalter" schwedischer Kunst. Und zum anderen der ausnehmend hübsche **Echotempel**, der 1790 als Open-Air-Speisesaal entstand.

Direkt am Wasser entlang führt der Spazierweg zum südlichen Teil des Haga-Parks. Auch hier sind ungewöhnliche Gebäude des 18. Jh. versammelt wie der **chinesische Pavillon**, der **türkische Kiosk**, die sogenannten **Finnenhütten** und der **Stallmeisterhof**, das älteste Landgasthaus in Stockholms Umgebung. Auch der **Königliche Friedhof**, seit Kronprinzessin Margareta (1920) letzte Ruhestätte der Bernadottes, befindet sich im Südteil des Parks.
Anreise: *Bus 515 ab Odenplan oder Buslinie 52 bis Karolinska Hospital, ab da Bus 607.*
Hagaparken, *Hagalund, ✆ 08-4026395, www.kungahuset.se.*
Gustav III:s paviljong, *www.kungligaslotten.se. Nur während einer 45-minütigen Führung zu besichtigen, Juni–Sept. mindestens jede volle Stunde.* **Fjärilshuset & Haga Ocean**, *Haga-Park, ✆ 08-7303981, www.fjarilshuset.se. Im Sommer tgl. 10–17, sonst Mo–Fr 10–16, Sa/So 10–17 Uhr.*

Avicii Arena (Globen, Ericsson Globe)

Es ist schon ein riesiges Gebäude, das sich gut 3 km südlich der Altstadt wie ein überdimensionaler Golfball über den Stadtteil **Johanneshov** erhebt! Die ehemals als Ericsson Globe bekannte Attraktion wurde 2019 zu Ehren des weltbekannten Stockholmer Musikers, DJs und Musikproduzenten Tim „Avicii" Bergling umbenannt, der 2018 im Alter von nur 29 Jahren verstorben war. Der spektakuläre Kuppelbau, das wohl markanteste Wahrzeichen der schwedischen Hauptstadt, wird auch als **größtes sphärisches Gebäude der Welt** bezeichnet. Es besteht aus 48 gebogenen Stahlpfeilern, die eine weißlackierte Aluminiumhülle tragen. Der damit geschaffene, 85 m hohe Raum umfasst eine Arena und Ränge für 16.000 Zuschauer. Genutzt wird das Gebäude für sportliche Großveranstaltungen (z. B. Welt- und Europameisterschaften im Eishockey) und kulturelle Events – u. a.

Kupferzelt im Hagaparken

wurde hier mehrfach der Eurovision Song Contest veranstaltet. Einmalig ist die Attraktion des **SkyView** auf dem runden Dach des „Globen". Möglich machen das zwei Schienen auf der Außenhaut, auf denen sich im 20-Minuten-Takt zwei Glasgondeln nach oben bewegen, wo man in 130 m ü. d. M. natürlich einen fantastischen Panoramablick genießt. Um die Riesenkugel herum entwickelte sich das Viertel **Globen City**, zu dem u. a. das Fußballstadion **Tele2 Arena** (30.000 Plätze), mehrere Sport- und Konzerthallen, das **Einkaufszentrum Globen Shopping**, Büro- und Geschäftshäuser sowie ein Hotel gehören.

Anreise: *Mit der U-Bahn bis zur Station Globen (grüne Linie). Viele Buslinien (u. a. 4, 150, 164, 807) halten am Busbahnhof Gullmarsplan, ab dort ca. 8 Min. zu Fuß.*

Avicii Arena, *Globentorget 2, https://stockholmlive.com/skyview. SkyView ist Mo–Fr 10–18, Sa/So 10–16 Uhr geöffnet, im Sommer tgl. 10–19 Uhr. Tickets sollten online vorgebucht werden.*

Millesgården

Im Osten Stockholms, gegenüber dem Frei- und Fährhafen, liegt die Insel Lidingö, die durch eine Doppelbrücke mit der Stadt verbunden ist. Gleich hinter der Brücke führt ein Abzweig zum Millesgården, einem Gesamtkunstwerk, bestehend aus dem Skulpturenpark, dem Künstlerheim und der Kunsthalle.

1906 hatten Carl und Olga Milles das hoch gelegene Grundstück gekauft, auf dem bis 1908 ihr Wohnhaus mit angeschlossenen Kunstateliers gebaut wurde. Zwischen 1920 und 1931, als das Paar in die USA zog, kaufte Milles angrenzende Grundstücke hinzu und ließ weitere Gebäude errichten. 1936 ging das gesamte Anwesen in eine Stiftung über, die dem schwedischen Volk als Geschenk vermacht wurde.

info

Schwedens bekanntester Bildhauer: Carl Milles

Carl Milles (1875–1955) ist sicher der international bekannteste aller schwedischen Bildhauer, der außerdem schon zu Lebzeiten äußerst erfolgreich war. Nach einem Studium an der Pariser École des Beaux-Arts (1887) und ersten Ausstellungen bekam er bald Aufträge für **Skulpturen** und **Brunnenanlagen** in ganz Europa, in Japan, Indonesien und in den USA; zudem hatte er 1920–31 eine Professur an der Kunsthochschule in Stockholm inne. Verheiratet war er mit der Österreicherin Olga Granner (1874–1967), die ebenfalls künstlerisch tätig war, übrigens ebenso seine Schwester Ruth Milles (1873–1941). Vor allem in Nordamerika war Milles erfolgreich. Als ihm dort eine Professur an der Cranbrook Academy of Art bei Detroit angeboten wurde, war es naheliegend, dass das Paar 1931 dorthin umsiedelte; 1945 nahm Milles dann auch die amerikanische Staatsbürgerschaft an. Fünf Jahre später kehrten Olga und Carl Milles nach Europa zurück und bezogen eine Atelierwohnung in Rom. In dieser Zeit besuchten sie oft ihr ehemaliges Heim, den Millesgården auf Lidingö, wo sie schließlich auch ihre letzte Ruhe fanden.

Kunstwerke von Carl Milles sind im öffentlichen Raum auf der ganzen Welt zu sehen. Allein in Stockholm finden sich mehr als 80 Skulpturen und Reliefs an insgesamt 27 Plätzen. Die meisten Originale in einem Museum sind im Cranbrook Art Museum, Michigan, ausgestellt.

Man betritt das Gelände durch die 1999 eingeweihte **Kunsthalle**, in ihr sind wechselnde Ausstellungen schwedischer und internationaler Künstler zu sehen. Hier befindet sich auch der kleine Museumsladen. Die ersten **Wohn- und Ateliergebäude** stellte man 1908 im nationalromantischen Stil fertig. Heute sind in den Gebäuden u. a. Milles' Sammlungen von Kunstwerken aus Griechenland und Rom sowie Kleinodien des europäischen Mittelalters und der Renaissance zu sehen, häufig finden jedoch auch Sonderausstellungen und Konzerte statt. Der 2 ha große **Skulpturenpark** ist sicher der schönste Teil des Millesgården und für sich alleine schon die Anreise wert. Das terrassierte Gelände liegt direkt oberhalb des Wassers und gibt einen weiten Blick auf die Värtan-Bucht und die Insel Lidingö frei. Arkadenbögen, Springbrunnen, Treppen und Grünanlagen bilden einen herrlichen Rahmen für die zum Teil monumentalen Skulpturen, die auf hohen Sockeln stehen und zum überwiegenden Teil Repliken von Werken des Meisters sind. Nach seinem Tod am 19. September 1955 wurde Carl Milles in der kleinen Waldkapelle (**Skogskapellet**) beigesetzt, ebenso seine Frau Olga, die 1967 starb.
Anreise: *Mit der U-Bahn bis zur Station Ropsten, ab dort Buslinien 201, 202, 204, 205, 206, 211, 212,2 21 bis Torsviks Torg, danach ca. 7 Min. zu Fuß (ausgeschildert). Buslinie 238 hält direkt am Millesgården. Oder ab U-Bahnstation Ropsten mit der S-Bahn (Lidingöbanan, Linie 21) bis Haltestelle Baggeby, ab dort 10 Min zu Fuß.*
Millesgården, *Herserudsvägen 32, ✆ 08-4467590, www.millesgarden.se. Di–So 11–17 Uhr.*

Drottningholm

Nur 4 km westlich vom Stockholmer Brommaplan (Straße 275) liegt auf der Insel Lovön am Ufer des Mälaren das **Schloss der schwedischen Königsfamilie**, Drottningholm. Dieses Ausflugsziel, das als erstes schwedisches Kulturdenkmal in die Liste des **Weltkulturerbes der UNESCO** aufgenommen wurde, zieht in der Saison unzählige Besucher aus aller Welt an. Unterhalb des Schlosses, an der skulpturengeschmückten Terrasse zum Mälarsee, ist das **Besucherzentrum** mit u. a. Restaurant, Café und gut sortiertem Souvenirladen die erste Anlaufstelle für Besucher. Jenseits der Straße wurde im ehemaligen Dragonerstall das **Museum de Vries** eingerichtet, mit der weltweit größten Bronzesammlung des flämischen Bildhauers Adriaen de Vries (1556–1626). Der Strom der Touristen bewegt sich aber natürlich zuerst auf das Schloss zu, das seit 1982 die offizielle königliche Residenz ist. D. h., man ist sozusagen bei der Königsfamilie zu Besuch und angehalten, deren Privatsphäre zu achten (Teile des Schlosses und des Parks sind der Öffentlichkeit nicht zugänglich!).

Es war Königin Hedvig Eleonora, die 1662 dem Architekten Nicodemus Tessin d. Ä. den Auftrag gab, ein Lustschloss nach französisch-holländischem Vorbild zu errichten. Nach des Vaters Tod übernahm 1681 Nicodemus Tessin d. J. die Bauleitung und vollendete das **Schloss Drottningholm** (= Königinnen-Insel) nebst Schlosskirche. Bekannte Maler und Bildhauer trugen zu der repräsentativen Inneneinrichtung bei. Im 18. Jh. kamen dann noch die Schlossflügel und neue Räume im Rokoko, darunter die sehenswerte Bibliothek, hinzu. Unmittelbar neben dem Schloss liegt das von Carl Fredrik Adelcrantz entworfene **Schlosstheater**. Es wurde 1766 eingeweiht und hatte seine größte Zeit unter dem theateraffinen König Gustav III., der 1777 bis zu seiner Ermordung 1792 Schloss und Theater übernahm. In der Blütezeit des schwedischen Musik- und Theaterlebens wurden hier ausländische und gustavianische Opern, Dramen und Ballettvorführungen zum Besten gegeben. Doch dann geriet das Schlosstheater in Vergessenheit, bis es in den 1920er Jahren zu neuem Leben erweckt wurde. Abgesehen von der elektrischen Beleuchtung ist es heute im selben Zustand wie zur Zeit Gustavs III., vor allem die original erhaltene Bühnentechnik und die Sammlung von 30 Bühnenbildern ist einzigartig auf der Welt! Die im Theater aufgeführten Opern- und Ballettdarbietungen sind sehr populär, die meisten Karten werden bereits im Vorverkauf ab Ende März abgesetzt. Das Gebäude kann nur im Rahmen von Führungen besichtigt werden.

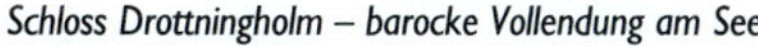

Schloss Drottningholm – barocke Vollendung am See

Drottningholms Slott, ✆ *08-4026100, www.kungligaslotten.se. Mai–Sept. tgl. 10–17, April u. Okt. Di–So 10–16, Nov.–März Sa/So 10–16 Uhr (auch Kombitickets mit China-Schloss erhältlich).*
Drottningholms Slottsteater, ✆ *08-7590406, https://dtm.se. Nur mit Führung, engl./deutsch, zu besichtigen, April u. Okt. Fr–So 12–15.30, Mai–Aug. tgl. 11–16.30, Sept. tgl. 11–15.30, Nov.–Mitte Dez. Sa/So 12–15.30 Uhr.*

Der Teil der Gesamtanlage, der am ehesten an Versailles erinnert, ist der enorm große **Park**. Der ganzjährig frei zugängliche Barockgarten ist streng symmetrisch aufgebaut und nimmt in seiner Abfolge von Terrassen, Kaskaden, Buchsbaumskulpturen und Labyrinthen die Breite des Schlosses auf, eingerahmt von vierreihigen Lindenalleen. Zentral in der Sichtachse platziert ist der **Herkulesbrunnen** mit Bronzeskulpturen von Adriaen de Vries. Ursprünglich für das dänische Schloss Frederiksborg geschaffen, kamen die Figuren als Kriegsbeute nach Drottningholm.

Geht man vom Schloss aus die Hauptsichtachse entlang, gelangt man über den Abzweig nach links zum China-Schloss. Auf dem Weg passiert man zunächst ein kupfernes **Wachzelt**, das unter Gustav III. errichtet wurde und stark an die Zelte im Haga-Park (S. 161) erinnert. Kurz danach steht man vor dem **Kina Slott** von 1769, einem kleinen Lustschloss im Stil des französischen Rokokos. Seinen Namen (= China-Schloss) verdankt es den zahlreichen asiatischen Elementen außen wie innen, den Lackmöbeln, dem kostbaren chinesischen Porzellan oder den ostindischen Stoffen.
Anreise: *Mit der U-Bahn bis zur Station Brommaplan, ab dort dann Buslinie 301, 323 oder Buslinien 176, 177. Besonders schön sind Fahrten mit dem historischen Boot S/S Drottningholm oder anderen Schiffen, von Ende April–Anfang Sept. mehrere Abfahrten tgl. ab Stadhusbron. Die Tickets der Strömma Kanalbolaget (www.stromma.se) enthalten bereits sowohl den Eintritt ins Schloss als auch ins Kina Slott. Sportlich Aktive werden gerne den Fahrradweg vom Stadtzentrum Stockholms bis zum Schloss nutzen.*

Täby

Für historisch und kulturell Interessierte lohnt ein Besuch in Täby, 15 km nördlich von Stockholm. Vor allem die 3 km außerhalb des riesigen Einkaufszentrums Centrum liegende **Täby kyrka**, die mittelalterliche Kirche im gleichnamigen Ort, ist sehenswert. Der im 13. Jh. errichtete Sakralbau weist in Schiff und Chorraum **Kalkmalereien** des Künstlers Albertus Pictor aus der Zeit kurz nach 1480 auf. Da die Malereien niemals mit Kalk übertüncht worden sind, haben sie ihre ursprüngliche Leuchtkraft bewahrt. Wer also eine bestens erhaltene mittelalterliche Kirche, ausgemalt im Stil der Bilderbibel sehen möchte, für den ist diese eine Art Wallfahrtsstätte. Die berühmte Szene, in der der Tod mit dem Menschen Schach spielt, kann man über die Treppen zur Orgel aus der Nähe betrachten.

Die aus der gleichen Zeit stammenden Malereien im Waffenhaus sind von Künstlern der sogenannten Tierpschule gefertigt. Der schöne Altarschrank ist ein Werk aus spätgotischer Zeit, die Kanzel mit ihrer eigenartigen Runeninschrift stand früher in der Stockholmer Schlosskirche und ist ein Geschenk Karls XI. von 1692.

Birka

Gut 30 km westlich von Stockholm, auf der naturschönen Insel Björkö im Mälarsee, liegt das berühmte Ausgrabungsgelände einer Ortschaft, die in der touristischen Literatur oft als „Schwedens erste Stadt“ bezeichnet wird. Das ist insofern falsch, als es weder Städte noch Schweden im heutigen Sinn zur damaligen Zeit gab; der dort aufgefundene Königssitz war also auch nicht die wikingische Residenz eines schwedischen Königs. Dennoch: Das um 750 gegründete Birka war zusammen mit der Siedlung Haithabu beim heutigen Schleswig die größte skandinavische Siedlung zur Wikingerzeit – errichtet als wirtschaftliches, politisches und religiöses Zentrum. Zwischen dem 8. und dem 10. Jh. entwickelte sich Birka zum **wichtigsten Handelsplatz des Nordens**, was durch die gemachten Funde eindrucksvoll belegt wird: arabische Silbermünzen, chinesische Seide, friesische Keramik. Auch gab es in Birka den **ersten Kontakt mit dem Christentum** auf schwedischem Boden, als 830 der junge Benediktinermönch Ansgar den Ort besuchte und über ein Jahr lang dessen Missionierung betrieb. Tatsächlich ließen sich einige Wikinger taufen, aber christlich wurde Birka nicht – stattdessen lebten Christen und Nichtchristen einträchtig nebeneinander.

Birkas **Blütezeit** währte rund 200 Jahre, dann setzte gegen Ende des 10. Jh. der **Verfall** ein – wahrscheinlich, weil sich die Routen der inzwischen größeren Schiffe änderten und weil andere Siedlungen wie Sigtuna und Uppsala die Mälarsee-Region kontrollierten. Schon 1060 vermerkt Adam von Bremen nach einem Besuch, dass er auf der Insel kaum noch Spuren einer Stadt entdecken konnte. Bald schon waren die Überreste von einer mächtigen Kulturschicht überlagert und selbst der Name des Ortes geriet in Vergessenheit.

Erst **1990–94** führte man systematische **Ausgrabungen** durch, die so aussagekräftig waren, dass noch während der Arbeiten, **1993**, Birka in die **UNESCO-Liste** des Weltkulturerbes aufgenommen wurde. In dem errichteten Museum werden die immer noch anhaltenden archäologischen Arbeiten dokumentiert und Artefakte präsentiert. Die wertvollsten Funde allerdings sind nicht hier, sondern im Stockholmer Historiska Museet ausgestellt! Um die Attraktivität des Geländes zu steigern, wurden außerdem fünf Häuser rekonstruiert und die Vermarktung der Reederei Strömma übergeben.

Zusammen mit Birka stehen auch die Überreste des **Königshofs (Hovgården)** auf der UNESCO-Liste. Er befindet sich auf der benachbarten Insel Adelsö und war noch nach dem Verfall Birkas bewohnt.

Fährverbindungen: *Mai–Sept. verkehrt die M/S Hjelmare Kanal von Stadshusbron im Zentrum Stockholms nach Birka. Die Tour dauert 7 ½ Stunden. Auch von den Ablegestellen Härjarö, Rastaholm, Vårby, Mariefred und Hovgården gibt es in der Saison (kürzere) Bootsverbindungen mit der M/S Victoria. Im Ticket sind der Museumseintritt und eine geführte Tour (schwed./engl.) über das Gelände enthalten. Infos bei Strömma Kanalbolaget, ✆ 08-12004000, www.stromma.se.*

Reisepraktische Informationen Stockholm

Information

Stockholm Visitor Center, *Kulturhuset, Sergels Torg 3–5, ✆ +46-8-50828508, www.visitstockholm.com. Nur telefonische (Mo–Fr 9–18, Sa/So 9–15 Uhr) bzw. Online-Beratung (touristinfo@stockholm.se, facebook.com/visitstockholm, instagram.com/visitstockholm).* **Tours and Tickets**, *Stockholm Central Station, Centralplan 15, ✆ +46-761969233, www.stockholminfo.se, tgl. 9–19 Uhr; bei diesem privaten Anbieter im Hauptbahnhof kann man SL-Tickets, Fahrscheine für Flughafenbusse, Arlanda-Express etc. kaufen sowie Sightseeingtouren mit Bus und*

Boot buchen. **Royal Djurgården Visitor Center**, *Djurgårdsvägen 2, ✆ +46-8-6677701, www.royaldjurgarden.se, tgl. 9–17 Uhr; Verkauf von SL-Tickets, Kauf oder Abholung des Go-City-Pass Stockholm, Buchung von Sightseeingtouren mit Bus und Boot.* **Arlanda Visitor Center**, *Stockholm Arlanda Airport, Ankunftshalle Terminal 5, ✆ +46-10-1091000, www.swedavia.se, tgl. 6.30–20 Uhr; u. a. Hotelbuchungen, Verkauf des Go-City-Pass Stockholm, Fahrscheine für Flughafenbusse und Arlanda-Express.*

Go-City-Pass Stockholm

Der **Go-City-Pass Stockholm** *ist eine Karte, die für eine gewählte Zeitdauer (1, 2, 3 oder 5 Tage) zu einem festen Preis freien Eintritt in rund 40 Museen und Attraktionen ermöglicht, u. a. Fotografiemuseum, Vasamuseum, Skansen, Artipelag, Königliches Schloss, Schloss Haga mit Schmetterlingshaus und Aquarium, Waldemarsudde, Festung Vaxholm, Schloss Gripsholm und Millesgården, Sky View. Zu den Boots- und Sightseeingtouren (z. T. auch mit Führungen am Zielort) zählen u. a. Bootsfahrten nach Drottningholm, Sigtuna, Skokloster, Vaxholm, Birka, den Fjäderholmarna, diverse Kanalrundfahrten, Sightseeing-Touren mit dem Bus, Nutzung der Hop-on/Hop-off-Bus- und Bootstouren, geführte Altstadt-Wanderung. Ob sich der Erwerb des Go-City-Pass Stockholm lohnt, hängt von der individuellen Planung ab. Dabei sollte man bedenken, dass Kinder und Jugendliche in vielen Museen freien Eintritt haben. Wer allerdings an einigen Bootstouren teilnehmen und mehrere hochpreisige Museen wie das Vasamuseum besuchen möchte, könnte in zwei Tagen etwa die Hälfte der anfallenden Eintrittsgelder sparen. Der Go-City-Pass Stockholm kostet 2023 zwischen 824 (1 Tag) und 1.809 SEK (5 Tage). Für Kinder (6–15 Jahre) kostet der Pass jeweils weniger als die Hälfte. Infos unter https://gocity.com/stockholm.*

Verkehrsmittel

Der ÖPNV (Busse, U-Bahn, S-Bahn, Personenfähren) wird von Stockholms Lokaltrafik (SL) betrieben, alle Tickets gelten für jedes Verkehrsmittel. Schon seit einiger Zeit gibt es keine Schaffner mehr und beim (Bus-)Fahrer können keine Tickets gekauft werden. Einzeltickets erwirbt man am einfachsten mit einer Bankkarte mit kontaktloser Zahlfunktion an einem der SL-Lesegeräte, die es z. B. in allen U-Bahn-Stationen und auch in vielen Bussen gibt. Achtung: Nicht alle Busse verfügen über ein SL-Lesegerät, also im Zweifel besser das Ticket vorher kaufen. Zur Bezahlung können auch digitale Wallets (z. B. Google oder Apple Pay) verwendet werden. Noch einfacher ist, die Tickets in der **SL-App** *zu kaufen. Eine weitere Alternative ist die Nutzung der grünen* **SL-Smartcard**, *die einmalig 20 SEK kostet und die man im zentralen Ticketbüro im Hauptbahnhof (s. u.), in anderen SL-Centern, an Schaltern in U-Bahnstationen sowie bei Ticket-Agenten in Kiosken oder Supermärkten erhält. Auf den Chip der Karte werden alle gekauften Tickets übertragen, d. h. man lädt beim Kauf eines Tickets an Automaten oder Schaltern diese Karte auf.*

Angeboten werden Einzelfahrscheine für die vier Zonen des Verkehrsverbundes sowie **Travelcards** *für Perioden zwischen einem Tag und einem Jahr. Ein Einzelticket kostet in der App, am Automaten und am Schalter derzeit SEK 39. Es ist 75 Min. gültig und erlaubt unbegrenztes Aus- und Umsteigen. Im Zeitraum Fr 12 Uhr bis So 24 Uhr reisen Kinder in Begleitung eines Erwachsenen gratis. Die für Touristen praktischen Travelcards mit unbegrenzter Nutzung innerhalb des gewählten Zeitraums sind die 24-Stunden-Karte (165 SEK, erm. 110 SEK), die 72-Stunden-Karte (330 SEK, erm. 220 SEK) oder die 7-Tage-Karte (430 SEK, erm. 290 SEK). Ermäßigungen gelten für Studenten, Menschen zwischen 7 und 20 sowie über 65 Jahren, Kinder bis 7 Jahre benötigen kein eigenes Ticket. Für die 7-Tage-Karte ist der Erwerb einer grünen SL-Karte obligatorisch; diese Travelcard ist auch übertragbar, kann also auch von anderen Reisenden genutzt werden (natürlich nicht gleichzeitig).*

Storstockholms Lokaltrafik *(SL), ✆ 08-6001000, https://sl.se (engl.: https://sl.se/en). Das zentrale Ticketbüro befindet sich im Hauptbahnhof, untere Halle, Mo–Fr 6.30–23.15, Sa/So 7–23.15 Uhr. Hier bekommt man Infos, U-Bahn- und Buspläne sowie eine kostenlose Broschüre zu künstlerisch gestalteten U-Bahn-Stationen. Die beste Verbindung zwischen zwei Standorten* *findet man schnell mit der SL-App für Android und iPhone. Einen Routenplaner gibt es auch auf der SL-Homepage.*

Flughäfen

Stockholm-Arlanda *(Kürzel ARN): www.swedavia.com/arlanda. Der größte und meistfrequentierte Flughafen Schwedens befindet sich nahe dem Ort Märsta, 36 km nördlich von Stockholm und 30 km südlich von Uppsala. Er wird von über 75 Airlines (u. a. auch Lufthansa und Ryanair) angeflogen und dient als Hauptbasis für SAS Scandinavian Airlines. Besonderheit: Es gibt vier Terminals mit den Nummern 2–5, ein Terminal 1 existiert nicht.*
Am einfachsten bringt einen der 200 km/h schnelle **Arlanda Express** *zum Hauptbahnhof von Stockholm (www.arlandaexpress.com). Im Flughafengelände gibt es dafür zwei Stationen, die Fahrtzeit beträgt 15 bzw. 18 Minuten. Vom Bahnhof Arlanda C unter dem Flughafen gehen Fernverkehrszüge und die S-Bahn u. a. nach Stockholm und Uppsala ab.* **Flughafenbusse** *(Flygbussarna, www.flygbussarna.se/en) verkehren zwischen den verschiedenen Terminals und dem City Terminal von Stockholm, eine andere Linie fährt zum Stadtteil Liljeholmen mit mehreren Ausstiegmöglichkeiten (129 SEK online). Mit dem Wagen erreicht man Arlanda über die Autobahn E 4 (Ausfahrt 181 und 182), es stehen rund 25.000* **Parkplätze** *zur Verfügung.*
Stockholm-Skavsta *(Kürzel NYO; www.skavsta.se) liegt nahe der E4, ca. 100 km südlich von Stockholm und 5 km von Nyköping entfernt.* **Flughafenbusse** *fahren ca. alle 30 Minuten nonstop zum Cityterminal in Stockholm, die Fahrtzeit beträgt etwa 80 Minuten (219 SEK online).*
Stockholm-Bromma *(Kürzel BMA): www.swedavia.se/bromma. Der älteste Flughafen Stockholms (1936) liegt nur 7,5 km westlich der City nahe der E4. Er ist mit 2,5 Mio. Passagieren wichtiges Drehkreuz des Regionalflugverkehrs (u. a. Århus, Visby, Östersund) mit einigen internationalen Verbindungen (Brüssel, Helsinki). Bromma erreicht man mit Linienbussen oder mit Flughafenbussen ab dem Cityterminal (alle 20 Minuten, Fahrzeit ca. 20 Min., 99 SEK online).*

U-Bahn

Ein blaues T auf weißem Grund zeigt die Station einer U-Bahn (Tunnelbana) an. Die drei Hauptlinien laufen in T-Centralen zusammen. Angegeben auf dem Display der Bahnen und in den Bahnhöfen ist jeweils der Endpunkt einer Linie. Das über 120 km lange System schließt die vielen Vororte und Trabantenstädte effektiv an das Zentrum der Metropole an. Den Beinamen „längste Kunstgalerie der Welt" trägt das Verkehrssystem mit Recht, denn viele Bahnhöfe sind kleine Kunstwerke für sich, da man seit den 1950er Jahren verschiedene Künstler an der Ausgestaltung der Stationen beteiligte. Interessant sind z. B. Kungsträdgården mit Kriegsgöttern, kleinen Wasserfällen und bunten Harlekinmustern oder T-Centralen mit den Schattenbildern der U-Bahn-Arbeiter. Die Tunnelbana verkehrt in einem sehr kurzen Takt von So–Do 5.30–3.30 und Fr/Sa bis 4 Uhr. Auf den Bahnsteigen werden digital die Minuten bis zur nächsten Bahn angezeigt.

Vorortzüge/S-Bahn (Pendeltåg)

Pendeltåg heißen die Vorortzüge, die das U-Bahnnetz ergänzen. Dazu gehören die Verbindung von der Hafenstadt Nynäshamn im Süden nach Kungsängen über Stockholm S (Süd), wo es gute Parkmöglichkeiten gibt, und Stockholm C (Zentrum) sowie die Linie von Märsta im Norden nach Gnesta südlich von Södertälje. Gemütlich und abwechslungsreich ist die Fahrt mit der modernisierten Roslagsbahn in den Nordosten, die bei Stockholms Östra an der U-Bahnstation Tekniska Högskolan beginnt. Die Saltsjöbanan führt von Slussen (Schleuse) nach Osten zum Nobelort Saltsjöbaden in die Schären.

Busse

Ein Bussystem ergänzt die U-Bahn und erschließt die entlegensten Winkel nicht nur innerhalb der weiträumigen Stadt, sondern ermöglicht Reisenden, zügig bis nach Vaxholm in den

Schären oder in das 70 km entfernte Norrtälje zu gelangen. Von Cityterminals verkehren Busse nach Arlanda, Bromma, Skavsta und Västerås.

Taxis

Eine Reihe verschiedener Gesellschaften bietet ihre Dienste an, darunter auch einige schwarze Schafe. Die Preise können unterschiedlich sein. Das größte seriöse Unternehmen ist Taxi Stockholm (✆ 08-150000, www.taxistockholm.se). Bei den sogenannten „fritaxi", den „freien Taxen", sollte man besser vorher nach dem Preis fragen. Die Fahrt für die ca. 40 km Stockholm–Flughafen Arlanda kostet ca. 550 SEK.

City Maut

Wer mit einem Pkw Mo–Fr zwischen 6.30 und 18.30 Uhr in die Stockholmer Innenstadt fährt oder auf der E4 (Essingeleden) die Stadt passiert, muss außer im Juli und an Feiertagen eine City Maut bezahlen. Die Höhe variiert je nach Tageszeit (Faustregel: zu den rush hours 7–8.30 und 16–17.30 Uhr am höchsten). Die Mautstationen („betalstation") werden durch Schilderbrücken angezeigt. Bezahlt wird nicht vor Ort, sondern von zu Hause aus, da die Rechnung postalisch zugestellt wird.

Parken

Besucher sollte sich unbedingt an die Parkvorschriften halten. Die „lapplisor", wie die Politessen heißen, greifen hart durch. Die Touristenbüros geben eine P-Karte zur Information heraus. Für das Parken in der Innenstadt ist das Parkhaus Klara Elefanten, Einfahrt von Tegelbacken/Söderleden (Ausgang zur Drottninggatan), werktags verhältnismäßig preiswert, nach 18 Uhr kostet das Parken eine geringe Gebühr für den Abend. Relativ günstig ist auch Galeriangaraget, Zufahrt über Regeringsgatan, sonntags 11–18 Uhr kostenlos, abends geringe Gebühr zwischen 18 und 24 Uhr. Djurgården ist für den Autoverkehr im Sommerhalbjahr teilweise gesperrt. Außerhalb der City müssen die Autos in der Nacht, die einem Tag mit ungeradem Datum vorausgeht, auf der Straßenseite mit ungeraden Hausnummern abgestellt werden. In Einbahnstraßen darf ein Fahrzeug nur jede zweite Nacht abgestellt werden.

Hotels (▸ Karte S. 130 bzw. hintere Umschlagklappe/Stadtplan Stockholm)

In Stockholm selbst gibt es mehr als 130 Hotels jeder Kategorie, im direkten Umland kommt noch einmal die gleiche Anzahl hinzu. In den letzten Jahren ist die Bettenkapazität durch viele Neubauten, meist der 4-Sterne-Kategorie, erheblich vergrößert worden. Bei der Wahl einer geeigneten Unterkunft sollte nicht nur der Geldbeutel, sondern auch die Lage und der Charakter der Herberge (modern, gemütlich, historisch etc.) eine wichtige Rolle spielen. Die großen Ketten (Elite, Scandic, First, Strawberry/Clarion, Best Western, Sheraton/Marriott, Hilton, Radisson Blu) sind oft mit mehreren Häusern vertreten. Eine Konzentration dieser großen Hotels gibt es in Norrmalm (Bahnhofsnähe, Sergels Torg, Humlegården), während in Gamla Stan eher kleine, historische Herbergen dominieren und auf Södermalm ein bunter Mix von Backpackerhostels, Familienherbergen und Designhotels vorherrscht.

Hotels in historischen Gebäuden

Grand Hôtel Stockholm €€€€€ (1), *Södra Blasieholmshamnen 8, ✆ 08-6793500, www.grandhotel.se. Die große alte Dame der Stockholmer Hotellerie, Mitglied der Leading Hotels of the World, ist die erste Adresse der Hauptstadt. Das Haus der Luxuskategorie hat eine fantastische Lage, ein gutes gastronomisches Angebot und die spektakuläre Wellnessabteilung Nordic Spa & Fitness Club. Es stehen 269 Zimmer und 31 Suiten zur Verfügung, darunter auch die von Staatsoberhäuptern bevorzugte Princess-Lilian-Suite, mit 330 m² eine der größten Penthouse-Suiten, die je in einem europäischen Hotel gebaut wurden. Die Preise für eine Übernachtung richten sich nach Verfügbarkeit, sind aber in jedem Fall hoch. Bei Buchung sollte man trotz der hö-*

heren Tarife Zimmer mit Hafenblick wählen. In dieser Kategorie kostet ein Standarddoppelzimmer umgerechnet ca. 400–800 €, eine Suite ca. 1.000–1.500 € und die Princess-Lilian-Suite ca. 8.000 €!

Lady Hamilton Hotel €€€€ (2), *Storkyrkobrinken 5, ✆ 08-50640100, www.thecollectorshotels.se/lady-hamilton. Kleines, ausgefallenes Haus aus der Kette der Romantikhotels. In der Altstadt nahe Schloss und Domkirche gelegen, ist das ursprünglich 1470 errichtete Gebäude, das 1980 zu einem Hotel mit 31 Zimmern umgebaut wurde, eine kleine Sehenswürdigkeit an sich. Eine beträchtliche Sammlung an Antiquitäten prägt die Atmosphäre des Hauses. Begrenzte Parkmöglichkeiten, ermäßigte Wochenendpreise.*

Hotel Skeppsholmen €€€€ (10), *Gröna gången 1, ✆ 08-4072300, www.hotelskeppsholmen.se. Charmantes Designhotel in einem Militärgebäude aus den 1690ern, ruhig auf der Insel Skeppsholmen gelegen. Die 78 Zimmer sind mit allem modernen Komfort ausgestattet, der Blick auf Park oder Ostsee ist wunderbar und die Verkehrsanbindung ideal. Kleiner Fitnessraum, gutes Restaurant mit schwedischer Küche, Terrasse mit schöner Aussicht.*

Hasselbacken €€€€ (11), *Hazeliusbacken 20, ✆ 08-12133300, https://hasselbacken.com. Herrliches, renoviertes historisches Herrenhaus auf Djurgården mit großem Garten und Terrasse, 113 komfortable Zimmer, in unmittelbarer Nähe zu Skansen und Gröna Lund gelegen, sehr gute Küche.*

Elite Hotel Marina Tower €€€€ (13), *Saltsjöqvarns kaj 25, Nacka, ✆ 08-55570200, www.elite.se. Etwas außerhalb in einer neugotischen Industriemühle von 1890 untergebrachtes Wellness- und Konferenzhotel mit 186 geschmackvoll eingerichteten Zimmern, exklusivem Spa, Restaurant, Bar und Hotelterrasse mit herrlicher Aussicht auf Djurgården und den regen Schiffsverkehr auf dem Ostseesund. Vor dem Hotel ist die Anlegestelle Saltsjöqvarns kaj, wo die Wasserbusse zum Nybrokajen, nach Djurgården oder weiter die Küste entlangfahren. Södermalm ist schnell zu Fuß zu erreichen.*

Långholmen Hotell €€–€€€ (12), *Långholmsmuren 20, ✆ 08-7208500, https://langholmen.com. Witzige Unterkunft auf der grünen Insel Långholmen in Gebäuden des 1880 eröffneten und 1975 geschlossenen Zentralgefängnisses Kronohäktet. Braucht man nicht allzu viel Komfort, nimmt man sich eine Zelle in der Jugendherbergsabteilung, die eher spartanisch eingerichtet ist. Neben Einzel- und Doppelzellen gibt es auch Schlafsäle (Männer und Frauen getrennt), Bad und WC befinden sich auf dem Korridor. Auf höherem Preisniveau erhält man in der Hotelabteilung mit allem Komfort ausgestattete Zimmer (die aber trotzdem Zellen heißen). Ansonsten stehen ein gutes Restaurant, ein Pub, ein Gefängnismuseum und ein Shop zur Verfügung, der natürlich auch gestreifte Långholmen-Gefängniskleidung im Sortiment hat.*

Hypermodern und stylish in Bahnhofsnähe

Clarion Hotel Sign €€€€ (6), *Östra Järnvägsgatan 35, ✆ 08-6769800, www.strawberry.se/hotell/clarion. Beeindruckendes Gebäude aus Granit und Glas mit überraschender, spitzwinkliger Fassade. Auch die 558 Zimmer sind klar, funktional und mit Möbeln skandinavischer Designer wie Arne Jacobsen ausgestattet. Das Restaurant Kitchen & Table Norrmalm offeriert amerikanisch-schwedische Gerichte auf höchstem Niveau. Coole Dachterrassenbar, Fitnessraum, ermäßigte Eintrittspreise für das Selma CitySpa im Hotel mit u. a. einem ganzjährig geöffneten beheizten Pool auf dem Dach.*

Nordic Light Hotel €€€€ (7), *Vasaplan 7, ✆ 08-50563000, www.nordiclighthotel.se. Designerhotel mit interessanten Lichtspielen, von der britischen „Elle" einmal zum World's Sexiest Hotel gewählt. Minimalistisch, aber komfortabel eingerichtete Zimmer, Wellnessabteilung mit Sauna, Pools und kleinem Fitnesscenter, Dry-Martini-Bar und Restaurant mit tollem Frühstück. Sehr populär ist auch der opulente Brunch am Wochenende. Nebenan liegt das* **C-Hotel** *(Vasaplan 4, ✆ 08-50563100, https://hotelcstockholm.se), das für seine Icebar bekannt ist, in der man in Spezialkleidung bei minus 5 °C trinken und feiern kann.*

Futuristische Fassade des Clarion Hotel Sign

Scandic Continental *€€€€* **(8)**, *Vasagatan 22, ✆ 08-51734200, www.scandichotels.de. Spektakuläres Hotel gegenüber dem Hauptbahnhof mit 400 Zimmern, Restaurants, grandioser Dachbar mit weiter Aussicht. Im Untergrund der Bahnhof der 2017 eingeweihten City-Bahn.*

Botels – Unterkünfte auf dem Wasser

In Stockholm wurde eine ganze Reihe von Schiffen – z. T. mit einem spannenden historischen Hintergrund – in originelle Boat Hotels oder Botels umgebaut. Die meisten wenden sich an ein eher jüngeres Publikum ohne große Komfortansprüche, aber auf fast allen Schiffen gibt es auch Kabinen mit einem Hauch von Luxus. Allen gemeinsam ist die geringe Größe der Kabinen. Und natürlich die Tatsache, dass die Boote am Ufer festgemacht sind, was wiederum heißt, dass die eine Hälfte der Bullaugen und Fenster zur See ausgerichtet ist, die andere zur Straße – also bei Buchung unbedingt den Wunsch nach einem Seeblick äußern. Ebenfalls gemeinsam ist den Botels die zentrale Lage: Länger als 10 Gehminuten vom Zentrum entfernt liegt keines der hier vorgestellten Schiffe.

Einige Empfehlungen:

Mälardrottningen Hotell *€€€€* **(3)**, *Riddarholmen, ✆ 08-12090200, www.malardrottningen.se. Die 1924 in Kiel gebaute Lady Hutton war einst die größte dieselbetriebene Privatyacht der Welt. Heute liegt sie wunderbar am Kai von Riddarholmen. In ihrer wechselvollen Geschichte gehörte sie u. a. der Woolworth-Erbin Barbara Hutton. 1980–82 wurde sie in ein First-Class-Hotelschiff verwandelt. Fast alle Kabinen versprühen mit Mahagoni und Messing authentisch-maritimes Ambiente, sind aber auch nicht unbedingt größer als die der anderen Schiffe und u. a. mit Etagenbetten ausgestattet. Gutes Restaurant und gemütliche Kapitäns-Bar.*

LogInn Hotel *€€* **(4)**, *Södermälarstrand, Kajplats 16, ✆ 08-4424420, www.loginn.se. Das 1928 gebaute ehemalige Post- und Passagierschiff liegt fest vertäut am Södermälarstrand, verfügt über kleine, aber elegante Zimmer, ein Restaurant und Konferenz-Einrichtungen.*

Gustaf af Klint Hotel & Hostel €–€€ (5), *Stadsgårdskajen 153,* ✆ *08-834940, www.gustafafklint.com. Auch dieser frühere Ozeandampfer wurde in ein ganzjährig geöffnetes, empfehlenswertes Hotel/Hostel umgebaut und liegt nur rund 250 m von Slussen entfernt vertäut. Es verfügt über ein Restaurant und in der Hotelabteilung über Einzel- und Doppelzimmer mit Du/WC, in der Hostelabteilung über 2- bis 4-Bett-Kabinen und einen 24-Betten-Schlafsaal.*

Af Chapman €–€€ (9), *Flaggmansvägen 8, Skeppsholmen,* ✆ *08-4632280, www.svenskaturistforeningen.se. Das älteste der Schiffhostels ist auch das schönste. Das 1888 in Irland vom Stapel gelaufene Segelschiff wurde 1949 zur Jugendherberge umgebaut und zuletzt 2022/23 umfassend renoviert. Die tolle Lage am Pier von Skeppsholmen und das rustikal-maritime Ambiente sorgen dafür, dass die Betten oft weit im Voraus ausgebucht sind. Wer keinen Platz mehr auf dem Schiff bekommt, kann in dem Haus vor der Anlegestelle nächtigen, das seit 1983 zur Jugendherberge gehört und in dem sich Rezeption, Frühstücksraum und weitere Zimmer befinden. Insgesamt hat die Herberge heute 282 Betten, die sich auf 77 2- bis 10-Bett-Zimmer verteilen.*

Camping

In der Region gibt es **rund 20 Plätze**, *oft am Stadtrand, von denen aus das Zentrum mit öffentlichen Verkehrsmitteln meist gut zu erreichen ist, einige liegen in den Schären.*

Ängby Camping, *Blackebergsvägen 25, 16850 Bromma,* ✆ *08-370420, www.angbycamping.se. 10 km westlich vom Zentrum der Hauptstadt, ganzjährig geöffnete familienfreundliche Anlage in naturschöner Umgebung am Mälarsee, Ortsmitte 2 km, Tennis, Minigolf, Bootsverleih, U-Bahnstation Ängbyplan 300 m (etwa 20 Min. Fahrzeit ins Zentrum). Eingeschränkter Service zwischen 1. Sept. und 1. April.*

Rösjöbadens Camping & Stugby, *19156 Sollentuna,* ✆ *08-962184, https://rosjobaden.se. 15 km nördlich von Stockholm liegt der ganzjährig geöffnete Platz am Rösjön Strandbad, ideal für Familien, Wasserrutsche, Segelschule, Wander- und Trimmpfade. Wohnmobil- und Zeltplätze, 40 Hütten und vollausgestattete Ferienhäuser, Restaurant und Bar. Zu erreichen über die E4, Abfahrt Sollentuna Centrum, Straße 262 (3 km), über die E18 Abfahrt Sollentuna, Straße 262 (ausgeschildert). Mit öffentlichen Verkehrsmitteln ins Zentrum der Metropole braucht man ca. 40 Minuten (Bus 607/Nachtbus 697 bis Mörby-Centrum, von dort U-Bahn nach Stockholm).*

First Camp City – Stockholm, *Flatens Skogsväg 30, 12830 Skarpnäck,* ✆ *08-7730100, https://firstcamp.se/destinationer/city-stockholm. Kleiner Zelt- und Stellplatz für Wohnmobile, dazu 12 neue 25 m² große Selbstversorger-Cottages mit je 4 Betten, Küche und Bad. 15 km südlich des Zentrums nahe der Straße 73 nach Nynäshamn. Schöne Umgebung im Schutzgebiet Flatens naturreservat am See Stora Flaten mit Badestrand, Kiosk.*

Restaurants (▸ Karte S. 130 bzw. hintere Umschlagklappe/Stadtplan Stockholm)

Die Restaurantszene von Stockholm kann sich sehen lassen. Unter rund 800 Restaurants kann der Besucher wählen. Wer das nötige Kleingeld hat und sich auf einen kulinarischen Streifzug begeben möchte, trifft auf eine reiche Auswahl feinster Stätten. Bei der Planung zu beachten ist, dass viele Spitzenrestaurants im Sommer für einige Wochen schließen. An der **Spitze der Stockholm-Gastronomie** *haben folgende Gaststätten* **Sterne im Guide Michelin** *erobert, wobei ein Besuch die Reisekasse der meisten strapazieren dürfte. Angeboten werden oft nur ein oder zwei täglich wechselnde Menüs (900–4.200 SEK), die sich durch die empfohlene Getränkebegleitung zusätzlich enorm verteuern:*

Operakällaren* (1), *Operahuset, Karl XII:s Torg,* ✆ *08-6765800, www.operakallaren.se. Einst das Flaggschiff der schwedischen Gastronomie mit dem schönsten aller Speiseräume, Königlicher Hoflieferant, Mitglied der exklusiven Traditions & Qualité Les Grandes Tables du Monde, mit preiswerteren Alternativen Operabaren und Bakfickan im Haus. Di–Sa 18–1 Uhr.*

Frantzén*** (6), *Klara Norra Kyrkogata 26,* ✆ *08-208580, www.restaurantfrantzen.com. Das einzige Drei-Sterne-Restaurant ist auch das teuerste des Landes. Seit 2017 ist es auf drei Etagen in einem Haus aus dem 19. Jh. untergebracht. Die modernen Menüs, großteils aus nordi-*

schen Produkten (Rentier, Königskrabbe etc.) kreiert, werden am Tisch zubereitet und erklärt.
Etoile* **(7)**, *Norra Stationsgatan 51, ✆ 08-101070, https://restaurantetoile.se. Kleines und sparsam eingerichtetes Lokal nördlich der Vasastaden und nahe dem Wenner-Gren-Center. Die Betreiber sind zwei befreundete Globetrotter, die die Inspirationen ihrer Reisen um die Welt nun in einem Verkostungsmenü verarbeiten. Di–Sa ab 17.30 Uhr.*
Aira* **(8)**, *Biskopsvägen 9, ✆ 08-48004900, www.aira.se. Das schön auf Djurgården gelegene Restaurant wurde 2020 eröffnet und sofort mit einem Michelin-Stern ausgezeichnet. Chef Tommy Myllymäki, schwedischer „Bocuse d'Or"-Teilnehmer und Kochbuch-Autor, zaubert im Aira neue nordische Küche vom Feinsten. Zum Abendessen (Di–Sa ab 17.30 Uhr) werden ebenso wie zum Mittagessen (Mi–Sa ab 12 Uhr) jeweils zwei Menüs und Delikatessen à la carte angeboten.*
Ekstedt* **(9)**, *Humlegårdsgatan 17, ✆ 08-6111210, www.ekstedt.nu. Innovative skandinavische Haute Cuisine des Meisterkochs Niklas Ekstedt in einem mit ausschließlich schwedischen Materialien eingerichteten Lokal nahe dem Stureplan. Alle Speisen werden über dem offenen Feuer oder im Holzofen erhitzt oder geräuchert. Di–Do ab 18, Fr ab 17, Sa ab 16 Uhr.*
Nour* **(10)**, *Norrlandsgatan 24, ✆ 08-50338971, https://restaurantnour.se. Seit 2022 mit einem Stern ausgezeichnetes Lokal im dritten Stock eines Art-déco-Gebäudes. Küchenchef Sayan Isaksson versteht es, schwedische und asiatische Zutaten fantasievoll zu kombinieren. Mi–Sa 17.30–1 Uhr.*
Sushi Sho* **(14)**, *Upplandsgatan 45, ✆ 08-303030, www.sushisho.se. Sehr einfach eingerichtetes, aber erstklassiges japanisches Restaurant mit ausschließlich einem Überraschungsmenü. Di–Fr 17–23, Sa 13–23, Fr Lunch 13–15 Uhr.*
Adam & Albin* **(18)**, *Rådmansgatan 16, ✆ 08-4115535, https://adamalbin.se. Am Eriksberg, nahe der Engelbrektskirche gelegenes Restaurant, in dem die Chefs Adam Dahlberg und Albin Wessman schwedische Küche auf höchstem Niveau zelebrieren. Es gibt nur ein Menü, das jeweils an den Tischen zubereitet wird. Mo–Sa 18–1 Uhr.*
Aloë** **(21)**, *Svartlösavägen 52, Ålvsjö, ✆ 08-55636168, www.aloerestaurant.se. Außerhalb gelegenes Zwei-Sterne-Spitzenlokal in einem ehemaligen Supermarkt. Es gibt nur ein Überraschungsmenü.*

Tipp

Außer den Gourmettempeln bieten fast alle Restaurants Mo–Fr zwischen meist 11.30 und ca. 14 Uhr ein **preiswertes Tagesgericht** *an (dagens rätt; dagens lunch), mit Salat, Brot und oft einem Getränk um 130–180 SEK. In der Regel kann man zwischen zwei oder drei Gerichten wählen. Über Restaurants und Wirtshäuser informiert die Website https://restaurangguiden.com.*

Empfehlenswert ist aus der traditionellen schwedischen Küche das **Smörgåsbord**. *Das typische kalt-warme Büfett wird an vielen Stellen in Stockholm angeboten, oft in den Restaurants der Hotels. Aber auch im größten Restaurant innerhalb des Freilichtmuseums Skansen, dem* **Solliden**, *bekommt man Juni–Aug. tgl. 12–16 Uhr ein traditionelles Smörgåsbord (www.skansensrestauranger.se). Das wohl beste und umfangreichste, allerdings auch teuerste Smörgåsbord Stockholms offeriert die* **Veranda** **(2)** *im Grand Hôtel sowohl mittags als auch abends, sogar abgerundet mit dem hoteleigenen Aquavit (www.grandhotel.se; Mo–Fr 12–15 und 18–22, Sa/So 12.30–16 und 18–22 Uhr; 675 SEK).*

Wer seine Hauptmahlzeit um die Mittagszeit einzunehmen pflegt, muss nicht unbedingt viel fürs Essen ausgeben. Die Preise in der Gastronomie sind im Vergleich zu den meisten anderen Lebensbereichen in den letzten Jahren wenig gestiegen. Gleichzeitig hat die zunehmende Konkurrenz der Stadt ein ungemein vielfältiges kulinarisches Angebot beschert. Relativ teuer – und zudem nicht jedermanns Sache – sind die Gerichte, die in den Imbissbuden an den Straßen und in touristischen Ecken angeboten werden.

Wie lange ein Restaurant geöffnet hat, ist u. a. abhängig von seiner Lizenz. Das Abendessen wird meist bis 23 Uhr serviert, einige Fast-Food-Restaurants haben 24 Stunden am Tag geöffnet. Insgesamt ist der Alkoholausschank in den letzten Jahrzehnten liberalisiert worden, Alkoholika werden nicht vor 11 Uhr ausgeschenkt. Kaffee, Schwedens Nationalgetränk, trinkt man hingegen zu jeder Tageszeit, an fast jedem Ort.

Hier einige Restaurantempfehlungen:

Fem Små Hus (3), *Nygränd 10, ✆ 08-108775, https://femsmahus.se. Charmantes Restaurant in Gamla Stan, untergebracht in sieben labyrinthartigen Kellergewölben, die sich wiederum auf verschiedenen Ebenen unter fünf kleinen Häusern (daher der Name!) zwischen der Österlånggatan und Skeppsbron erstrecken. Das Lokal bietet nicht nur eine eindrucksvolle historische Umgebung, sondern ebenfalls klassische schwedische Küche mit französischem Einschlag, darunter auch ein kleines Smörgåsbord mit Hering, Lachs, Krabben und Elch. Besuchenswert ist auch die Bar mit einer großen Auswahl an Weinen und Champagner. So–Di 17–23, Mi–Sa 17–24 Uhr.*

Den Gyldene Freden (4), *Österlånggatan 51, ✆ 08-249760, www.gyldenefreden.se. Ältestes und vielleicht auch das beste der Kellerrestaurants in Gamla Stan. Der Name (= Der Goldene Frieden) spielt auf den Frieden von Nystad im Jahr 1722 an. Das Gebäude gehört heute der Schwedischen Akademie, deren Mitglieder sich jeden Donnerstag zum Dinner treffen. Unter den drei Kellergewölben tafelt man vorzüglich im urigen und authentischen Ambiente des 18. Jh., die Küche serviert schwedische Klassiker auf hohem Niveau, und das noch nicht einmal zu abgehobenen Preisen. Di–Do 17–23, Fr–Sa 17–1 Uhr.*

Zum Franziskaner (5), *Skeppsbron 44, ✆ 08-4118330, www.zumen.se. Am Rande der Altstadt gelegenes Restaurant mit schwedischer und deutscher Küche und schöner Jugendstileinrichtung, reichhaltiges Essen zu akzeptablen Preisen, im Sommer auch draußen. Mo–Do 16–23, Fr 15–24, Sa 13–24, So 13–21 Uhr.*

Lisa Elmqvist (11), *Östermalms Saluhall, ✆ 08-55340400, www.lisaelmqvist.se. Schon vor über 90 Jahren hatte Lisa Elmqvist einen Fischstand am Östermalms Torg. Inzwischen ist der Familienbetrieb zum Königl. Hoflieferanten aufgestiegen und bietet in der vierten Generation frischen Fisch, selbstgeräucherte Delikatessen (Lachs, Aal) und Schalentiere wie Austern und Königskrabben an, alles lecker und ästhetisch serviert oder zum Mitnehmen. Mo 11–19, Di–Do 11–22, Fr 11–23, Sa 11.30–23 Uhr.*

Nybroe Smørrebrød (12), *Östermalms Saluhall, ✆ 08-6622320, https://nybroe.se. Dänemark zu Besuch in Stockholm: der einzige Ort, an dem man original dänische Smørrebrød (belegte Brote) bekommen kann, mit den Klassikern Bornholmer Räucherhering, Krabben, Scholle, Roastbeef mit Remoulade oder warme Leberpastete mit Bacon. Und im Ausschank selbstverständlich Tuborg-Bier, Aquavit und Gammeldansk. Mo/Di 11–21, Mi–Sa 11–23 Uhr.*

KB (Konstnärsbaren) (13), *Smålandsgatan 7, ✆ 08-6796032, www.konstnarsbaren.se. Im Herzen der City gelegenes Lokal der mittleren Preisklasse. KB steht für Künstlerbar, original eingerichtet wie im Jahr 1931, gestaltet von schwedischen Künstlern der damaligen Zeit. Herings- und Lammgerichte sind die Spezialität des Hauses. Mo/Di 11.30–23, Mi–Fr 11.30–24, Sa 17–24 Uhr.*

Wedholms Fisk (15), *Arsenalsgatan 1, ✆ 08-6117874, www.wedholmsfisk.se. Eine weithin bekannte Institution am Berzelii-Park, die sich ganz der hohen Kochkunst von frischem Fisch verschrieben hat, sehr schöne, edle Inneneinrichtung, aufmerksamer Service; etwas preiswertere Lunch-Gerichte. Mo–Fr 11.30–23, Sa 17–23 Uhr, bei gutem Wetter auch auf dem Raoul Wallenbergs Torg Mo–Fr 11.30–18, Sa 12–18 Uhr.*

B.A.R. – Blasieholmen's Aquarium & Restaurant (16), *Blasieholmsgatan 4A, ✆ 08-6115335, https://restaurangbar.se. Interessantes und nicht zu teures Lokal mit frischem Fisch und*

Schalentieren, als Rohware zu kaufen oder zubereitet im Restaurant bzw. als Takeaway. Di–Sa 17–22 Uhr.

Wärdshuset Ulla Winbladh (17), *Rosendalsvägen 8, ✆ 08-53489701, www.ullawinbladh.se. Wirtshaus unweit des Nordischen Museums auf der Insel Djurgården, das anlässlich der Industrie- und Kunstausstellung 1897 gebaut wurde. Schwedische Hausmannskost (mit Heringsbüfett als Spezialität) und französische Küche der gehobenen Preisklasse. Mo–Fr 11.30–23, Sa/So 12.30–23 Uhr.*

Kvarnen (19), *Tjärhovsgatan 4, ✆ 08-6430380, www.kvarnen.com. Bereits seit 1908 ist Kvarnen (= „die Mühle") eine kulinarische Institution in Södermalm: eine Mischung aus Bierhalle, Restaurant, Sportsbar und Tanzschuppen, bekannt auch aus diversen Stockholmkrimis. Mittags gibt es preiswerten „dagens lunch", abends wird à la carte gegessen (sehr leckere Schnitzel!). Im Ausschank sind elf verschiedene Fassbiersorten. Als Stammkneipe der Fans von Hammarby IF kann es nach den oder während der Fußballspiele gedrängt und sehr laut zugehen. Mo/Di 11–24, Mi–Fr 11–3, Sa 12–3, So 12–23 Uhr, Außenservice auf dem Medborgarplatsen April–Mitte Okt. (nur bei gutem Wetter) tgl. 11–24 Uhr.*

Pelikan (20), *Blekingegatan 40, ✆ 08-55609090, https://pelikan.se. Seit 1733 existierendes Lokal im Brauhausstil mit herrlich-altmodischen Speisesälen und guter, deftiger und recht preiswerter schwedischer Hausmannskost (prima: die Fleischbällchen mit Sahnesauce und Preiselbeeren). Mo–Do 11.30–24, Fr–Sa 11.30–1, So 11.30–24 Uhr.*

Stockholm bei Nacht

Ebenso wie in der Restaurantszene sind in den letzten Jahren zahlreiche Cafés, Kneipen, Pubs, Bars und Clubs wie Pilze aus dem Boden geschossen. Tausende junger Menschen halten sich an den Wochenenden in den Lokalen an der **Birger Jarlsgatan** *und um den* **Stureplan** *auf. Lebendiges Treiben herrscht auch im* **Kungsträdgården** *und im* **Berzelii Park**. *Die meisten Pubs gibt es auf* **Södermalm**, *z. B. an der Götgatan, der Hornsgatan und am Medborgarplatsen. Es gilt als schick, erst spät am Abend die Pubs, Bars und Discos aufzusuchen. Eine Unterscheidung der Gattungen der Lokale ist nicht immer möglich. Wo vor- und nachmittags Kaffee getrunken und Kuchen angeboten wird, werden mitunter warme Mahlzeiten serviert, abends kann die Stimmung ausgelassen und alkoholgeschwängert sein. Der Eintritt in* **Diskotheken** *kostet etwa 100, in der Spy Bar z. B. 200 SEK. An den Eingängen vieler Lokale sorgen Türsteher für geordneten Zugang. Vor den populären Lokalen bilden sich oft lange Schlangen, was nicht selten Aggressionen bei den Wartenden hervorruft.*

Tipp: Früher Start spart Geld und Zeit!

Freitags und samstags, z. T. auch donnerstags, sind viele Clubs nachts so populär, dass sich vor dem Eingang lange Schlangen bilden. Die Türsteher entscheiden gerade bei den schicksten Adressen (z. B. am Stureplan) nach Lust, Laune und Outfit, ob sie Einlass gewähren. Oft wird ab Mitternacht noch zusätzlich Eintritt erhoben. Möchte man langes Schlangestehen vermeiden, sollte man früher ins Nachtleben starten. Da es in vielen Clubs auch ein Restaurant gibt, könnte man dort das gesparte Eintrittsgeld für ein Abendessen investieren.

Achtung: *Für Discos, Nachtclubs und Bars gilt oft ein Mindestalter von 20, 23 oder gar 27 Jahren!*

Berns Salonger, *Berzelii Park, ✆ 08-856632000, https://berns.se. Schon seit 1863 hat das Restaurant und Varietélokal seinen festen Platz im Vergnügungs- und Kulturleben der Stadt. Hier trafen sich Menschen aller Gesellschaftsschichten. Mit Strindbergs Roman „Röda rummet" wurde Berns berühmt. Heute umfasst das Berns ein Boutiquehotel, zwei Restaurants, Bars und einen*

Nachtclub. Mit einer Kapazität von 1.200 Plätzen ist es die größte Ausgehadresse, die vor allem von finanzkräftiger Klientel mittleren Alters genutzt wird. An warmen Wochenenden sind Lounge und Terrasse zum Draußensitzen gut gefüllt, ebenso die Livekonzerte, die auf eine lange Tradition zurückblicken (u. a. Marlene Dietrich, Édith Piaf, Zarah Leander, Sammy Davis Jr., Bob Dylan). Heute wird meist Soul, Blues und Hip-Hop gespielt. Club Neu Fr/Sa 1–5, Terrasse Fr/Sa 22–3, Club Le! Fr/Sa 22–4 Uhr.

Spy Bar, *Birger Jarlsgatan 20, www.stureplansgruppen.se/nightlife. Die Spy Bar am Stureplan ist der vielleicht bekannteste Nachtclub des Landes und hat als bevorzugte Klientel in- und ausländische VIPs, JetSet, Medienleute und gut betuchtes Jungvolk ab 23 Jahren. Nach 1 Uhr brechend voll, gespielt wird aktuelle Clubmusik. Do–Sa 23–5 Uhr.*

Himlen, *Skatteskrapan, Götgatan 78, www.restauranghimlen.se. Die Aussicht ist das große Plus dieser Södermalm-Bar. 2007 setzte man auf das Hochhaus des Finanzamtes zwei weitere Etagen, die nun ein sehr gutes Restaurant („Matsal") im 25. Stock und die Skybar „Grill & Cocktail" im 26. Stock beherbergen. Klar, dass bei 104 m Höhe die Aussicht atemberaubend ist, aber auch sonst stimmt die Atmosphäre. Mo 16–23, Di–Do 16–24, Fr/Sa 16–3 Uhr.*

Fasching, *Kungsgatan 63, www.fasching.se. Wohl zu Recht wird dieser 1977 gegründete Jazzclub in der City als der wichtigste im ganzen Land bezeichnet. Denn wirklich jeder nationale und internationale Star dieser Musikrichtung (die hier nicht allzu eng gefasst wird), trat während seiner Skandinavien-Tourneen schon mal im Fasching auf. Außerdem spielt der Club bei dem alljährlichen Stockholm-Jazz-Festival eine wichtige Rolle als Veranstaltungsort. Samstags wird ab 24 Uhr vorwiegend Soul der 1960/70er gespielt. Tgl. 18–24, Fr/Sa bis 4 Uhr, Konzertbeginn 20/21 Uhr, Eintritt je nach Veranstaltung unterschiedlich.*

Stampen, *Stora Nygatan 5, Gamla Stan, ✆ 08-205793, www.stampen.se. 1968 eröffnet, ist dieser Jazzpub in der Altstadt eine Stockholmer Institution, in der die Zeit seit 40 Jahren stehengeblieben scheint. Früher traten hier Größen wie Dizzy Gillespie oder Dexter Gordon auf, heute wird täglich Swing, Dixie, New Orleans-, Chicago-Jazz, Blues oder Rock'n'Roll vor einem vorwiegend älteren Publikum gespielt. Man trinkt vorzugsweise Bier, knabbert Snacks und trifft sich samstags zu legendären Blues Jams (14–19 Uhr, freier Eintritt). Di–Do/So 17–1, Fr 16–1, Sa 13–1 Uhr.*

Mosebacke Etablissement, *Mosebacke Torg 1–3, ✆ 08-53199350, www.sodrateatern.com. Auf den aussichtsreichen Terrassen des Etablissements, das zum Komplex des Södra Teatern gehört, ist an schönen Tagen enorm viel los und nur schwer ein freies Plätzchen zu ergattern. Bier und andere Getränke holt man sich am Ölkiosk, bodenständige Gerichte am Grillstand, oder man nutzt die Bars und Restaurants im Innern. Die Stimmung ist gut bis ausgelassen, oft wird Livemusik gespielt und in den Räumlichkeiten sowie den noch höher gelegenen Dachgärten bis spät in die Nacht Party gemacht.*

Mälarpaviljongen, *Norr Mälarstrand 64, ✆ 08-6508701, www.malarpaviljongen.se. Viel frequentierte Location auf Kungsholm und direkt am Wasser gelegen, mit großem Garten, eigenem Designshop, häufiger Livemusik (meist Jazz) und Restaurant mit schwedischer Küche, April–Okt. ab 11 Uhr geöffnet.*

Orangeriet, *Norr Mälarstrand (Kajplats 464), ✆ 08-68423870, https://trattorian.se/orangeriet. Herrliches Lokal ebenfalls direkt am Wasser und auf Kungsholm, mit großer hölzerner Terrasse. Hier entspannt man bei fruchtigen Cocktails, Wein und Bier oder genießt die mediterrane Küche (auch Pizzas). Mo 11–22, Di 11–23, Mi/Do 11–24, Fr 11–1, Sa 11.30–1, So 11.30–22 Uhr.*

Einkaufen

Der gelegentliche Kursverfall der Krone macht das Shopping immer wieder interessant. Ständig gibt es Sonderangebote, vor allem im Sommer, was Schilder mit der Aufschrift „Rea" oder „Fynd" anzeigen. Die **Haupteinkaufsstraßen** *liegen im Bereich Hamngatan, Drottninggatan, Sergels Torg, zwischen Norrmalms Torg und Stureplan sowie in der Altstadt.* **NK** *(Nordiska Kompaniet) ist das erste Kaufhaus am Platz mit einem exklusiven Warenangebot. Preiswertere,*

In Stockholm kann man gut einkaufen

aber weniger ausgefallene Waren kauft man im gut sortierten **Åhléns City***. Attraktiv ist die Shoppingmeile* **Gallerian** *an der Hamngatan. Exklusiv kauft man in den Geschäften und Boutiquen von* **Sturegallerian** *am Stureplan und* **Mood** *(Regeringsgatan/Norrlandsgatan). Zur nobelsten Einkaufsstraße hat sich die* **Biblioteksgatan** *zwischen Stureplan und Norrmalmstorg entwickelt, während sich junge Shopper auf das Trend- und Szeneviertel* **SoFo** *auf Södermalm konzentrieren. An der* **Västerlånggatan** *und ihren Seitengassen finden sich kunstgewerbliche Läden und Boutiquen. Lohnend ist auch ein Besuch der Östermalms Saluhall* *(s. S. 146)**, in der seit 1888 Delikatessen angeboten werden.*

Die **Öffnungszeiten** *sind höchst unterschiedlich. Die meisten Geschäfte haben werktags 9.30/10–18 Uhr geöffnet, samstags schließen sie zwischen 13 und 16 Uhr. Auch sonntags ist Shopping möglich, in den großen Kaufhäusern zwischen 12 und 17 Uhr, im Untergeschoss bei Åhléns gar bis 20 Uhr.*

Das größte **Shoppingcenter** *der Stadt und das zweitgrößte Skandinaviens ist die* **Westfield Mall of Scandinavia** *(Stjärntorget 2, Solna, https://se.westfield.com/mallofscandinavia; tgl. 10–21 Uhr, Restaurants und Pubs z. T. länger geöffnet), die nördlich des Zentrums in Solna, nahe dem Stadion Friends Arena liegt. Sie wurde 2015 eingeweiht und verfügt über 225 Geschäfte, 22 Restaurants und das größte Multiplex-Kino Schwedens. Die innen wie außen architektonisch anspruchsvoll gestaltete Mall kann vom Zentrum aus leicht mit dem Vorortzug oder mit Bussen erreicht werden.*

Baden

Überall in Stockholm bieten sich Klippen, Strände und Holzbrücken zum Badevergnügen an, z. B. auf der Insel **Långholmen** *oder am* **Park Tantolunden***. Daneben gibt es etliche Schwimmbäder. Hier einige Anregungen:*

Vanadisbadet*: Freibad mitten in der Stadt am Sveavägen, schöne Umgebung mit Granitklippen (Sveavägen 142, ✆ 08-50842013, Mitte Mai–Aug. Mo–Fr 6.30–20, Sa/So 8–18 Uhr).*

Trekantens strandbad*: relativ kleiner See Trekanten, südlich von Södermalm auf der Insel Liljeholmen gelegen (Lövholmsvägen 65), beliebtes Bad für Familien mit kleineren Kindern, ca. 2 m breiter Sandstrand, Holzsteg und Liegewiesen. Von der U-Bahnstation Liljeholmen aus schnell auf einem Spaziergang zu erreichen, der Badeplatz befindet sich im nordwestlichen Teil des Sees.*

Rålambshovsparken: *kurz „Rålis" genannter, vor allem bei Jugendlichen und Studenten sehr populärer Park an und unter der Vesterbron (Smedsuddsvägen 6), große Grünfläche für sportliche Aktivitäten (Fußball, Boule, Skateboard, Beachvolleyball, Frisbee etc.) oder Grillpartys, in direkter Umgebung mehrere Restaurants und Cafés. Die schönste Art, hierhin zu kommen, ist ein Spaziergang oder eine kleine Fahrradtour über den Norr Mälarstrand ab dem Stadthaus oder aus Södermalm über die Vesterbron; die nächste U-Bahnstation ist Fridhelmsplan.*

Smedsuddsbadet: *sozusagen die Fortsetzung des Rålambshovsparken, jenseits (westlich) der Vesterbron am Smedsuddsvägen gelegen, mit schönem, sichelförmigem Sandstrand in der Bucht und großer Rasenfläche, Holzsteg, zwei Sommercafés und Windsurfschule, gut für Familien auch mit kleineren Kindern geeignet.*

Fredhällsbadet: *Am äußeren westlichen Ende der Insel Kungsholmen (Kungsholms Strandstig 602) lockt das Klippenbad, ausgestattet mit hölzernem Sonnendeck, mehreren Stegen, Duschen, Umkleidekabinen, WC und Kiosk. Man erreicht es am besten von der U-Bahnstation Kristineberg aus nach einem kurzen Spaziergang. Von den Stegen geht es direkt in tiefes Wasser, weshalb das Bad für kleinere Kinder oder Nichtschwimmer nicht geeignet ist. Der Schwimmbereich ist im Wasser durch eine Bojenkette abgegrenzt. Juni–Aug. tgl. 9–19 Uhr.*

Eriksdalsbadet: *Hammarby, Slussväg 20, ✆ 08-50840250. Schwedens größtes Schwimmbad, am südlichen Ufer Södermalms und nicht weit vom Globen entfernt, fünf unterschiedliche Bassins (u. a. 50-m- und zwei 25-m-Becken), Wasserpark, Halle für Turmspringer, Wasserrutschen, Whirlpools etc. Mo–Do 6.30–21, Fr 6–20, Sa/So 9–18 Uhr.*

Sturebadet: *Sturegallerian 36, ✆ 08-54501500, www.sturebadet.se. Geniales und edles Jugendstilbad von 1885 im Komplex der Sturegalerie, im Pool badete schon Greta Garbo. Wie vor 130 Jahren ist das Sturebad heute der exklusivste Ort zum Schwimmen, Saunieren und Relaxen, inzwischen natürlich mehrfach modernisiert und erweitert. Mehr als 50 verschiedene Massagen und Anwendungen, Gym, Sauna, Türkisches Bad, Nordische Spa-Abteilung, Restaurant. Mo–Fr 6.30–22, Sa/So 8.30–20.30 Uhr, hoher Eintritt (Altersgrenze 18 Jahre!).*

Centralbadet, *Drottninggatan 88/Holländergatan 11, ✆ 08-54521300, www.centralbadet.se. Eine weitere historische Wellnessoase, seit 1904 in Betrieb, deutlich preiswerter als das Sturebad, mit Spa-Abteilung und Öko-Restaurant. Mo–Fr 7–21, Sa/So 10–18 Uhr (Altersgrenze 18 Jahre!).*

Fahrradfahren

Stockholm ist ein ideales Radlerziel! Auf über 700 km summiert sich inzwischen das Netz der Radwege in der Stadt, es gibt eine große Zahl öffentlicher und privater Leihradanbieter sowie an U-Bahnstationen die ersten Radparkhäuser.

Eine herrliche **Radwanderung** *führt durch die Diplomatenstadt und an der Museumsmeile am Kanalufer entlang bis zur Brücke nach Djurgården, dann kreuz und quer über die Insel. Den Ausflug könnte man erweitern, indem man durch den Nationalstadtpark hinauf zum Brunnsviken-See, dem Haga-Park und dem Schloss Ulriksdal radelt. Ein anderer toller Radwanderweg mit Sightseeing-Charakter wartet auf der anderen Seite der Stadt. Dort lohnt unbedingt der Weg ab dem Stadthaus entlang der Uferstraße Norr Mälarstrand, bis man auf der aussichtsreichen Vesterbron den Riddarfjärden quert und dann auf der Söder Mälarstrand zur Altstadt zurückradelt.*

Spezielle **Fahrrad-Stadtführer** *und Radkarten bekommt man in Buchläden, Touristeninformationen und in der Kartbutiken, Mäster Samuelsgatan 54, www.kartbutiken.se.*

Eine kleine Auswahl an **Fahrradverleihern**, *von denen die meisten auch* **begleitete Fahrradtouren** *anbieten (April/Mai–Sept. tgl. geöffnet):*

Djurgårdsbron, *Galärvarvsvägen 2, ✆ 08-6614488, www.djurgardsbron.se*

Rent a Bike, *Strandvägen, Kajplats 18, ✆ 08-6607959, www.rentabike.se*

Cykelstallet, *Scheelegatan 15, ✆ 08-6510066, www.cykelstallet.se*

Kanu-/Kajakfahren

Stockholm ist wahrscheinlich die Hauptstadt mit den allerbesten Bedingungen für Kanuten weltweit, sowohl was die Gewässer selbst als auch die Dichte der Verleihstationen angeht. Noch nie in einem Paddelboot gesessen? Kein Problem, die meisten Verleiher bieten auch Kurse an. Oder Angst, sich in dem verwirrenden Wasserlabyrinth nicht zurechtzufinden? Auch das ist kein Problem, denn es gibt eine Vielzahl geführter Touren, sowohl in den Schären als auch im Stockholmer Stadtgebiet und auf dem Mälarsee. Die beliebtesten und auch für Anfänger machbaren Kanutouren gehen rund um Djurgården, rund um Kungsholmen, rund um Långholmen, über den Ulvsundasjön und durch den Karlbergs-Kanal sowie über den Brunnsviken-See.

Für die **Miete** *(Einsitzer, einschl. Rettungsweste etc.) muss man mit 200 SEK bis zu 2 Std., 300 SEK bis 4 Std., 400 SEK für den ganzen Tag und 2.000 SEK pro Woche rechnen.*

Einige **Verleiher**, *von denen manche Anfängerkurse oder geführte Kanuexpeditionen anbieten:*

Djurgårdsbron, *Galärvarvsvägen 2, ✆ 08-6614488, www.djurgardsbron.se/uthyrning.html. April–Sept. tgl. 11–20 Uhr, auch Tretboote und SUPs.*

Kajakkompaniet, *Kristinebergs Strand, ✆ 08-224818, https://kajakkompaniet.se (am besten von der U-Bahnstation Kristineberg aus zu erreichen). Juni–Aug. Mo–Fr 12–21, Sa/So 9–18, Mai/Sept. Sa/So 9–18 Uhr.*

Brunnsvikens Kanotklubb, *Frescati, Hagväg 5, www.bkk.se/uthyrning. Juni–Aug. Mo–Fr 10–21, Sa/So 10–19, Mai/Sept. Mi 16–20, Sa/So 10–18 Uhr.*

Långholmen kajak, *Alstaviksvägen 3, ✆ 076-0693852, www.langholmenkajak.se. Mitte Mai–Mitte Sept. tgl. 11–20, Juli/Aug. tgl. 9–21 Uhr.*

Jährlich stattfindende Veranstaltungen

Januar/Februar

Winter Run: *Ende Januar, in der nachmittäglichen Dunkelheit, beginnt das sportliche Jahr Stockholms mit einem 10-km-Lauf auf Djurgården, insbesondere auf Skansen. Der Winter Run ist aber auch ein Spektakel für die vielen Zuschauer: Die Rennstrecke ist von Fackeln begrenzt, Feuerartisten, Lightshows und DJs sorgen für Stimmung und Musik. Infos: https://winterrun.com.*

Formex *und* **Stockholm Design Week**: *Die größte Messe Skandinaviens für Möbel, Innenarchitektur und Design Ende Januar wird Anfang Februar abgelöst von der Designwoche mit Ausstellungen und Aktionen im gesamten Stadtgebiet. Infos: www.formex.se, www.stockholm designweek.com.*

April

Valborgsmässoafton (Walpurgisnacht): *Am 30. April begrüßt man den Frühling mit großen Feuern, alkoholischen Getränken und Gesängen. Besonders aufwendige Walpurgisfeiern gibt es auf Skansen und vor allem in der Studentenstadt Uppsala. Infos: www.skansen.se.*

Mai

Elitloppet: *Das Eliterennen gehört zu den prestigeträchtigsten Trabturnieren der Welt und wird seit 1952 alljährlich auf der Trabrennbahn in Solvalla ausgetra-gen. Der Wettkampf über eine Meile (1,6 km) gilt auch als inoffizielle Sprint-Weltmeisterschaft der Traber. Infos: www.elit loppet.se.*

Juni

Stockholm Early Music Festival: *Seit 2002 wird an fünf Tagen in der ersten Juniwoche dieses größte skandinavische Musikfestival für mittelalterliche, barocke und Renaissancemusik in Gamla Stan abgehalten. Die Konzerte finden mittags im Königlichen Münzkabinett, nachmittags in der Finnischen Kirche und abends in der Deutschen Kirche statt. Infos: www.semf.se.*

Stockholm Marathon: *Ebenfalls Anfang Juni laufen rund 16.000 aktive Teilnehmer aus über 40 Ländern die Marathonstrecke ab/bis Olympiastadion und über die diversen Stockholmer In-*

seln. Das bereits seit 1979 durchgeführte Sportereignis ist das größte dieser Art in Skandinavien und wird alljährlich von mehreren Hunderttausend Zuschauern verfolgt. Infos: www.stockholm marathon.se.

Nationaldagen (Nationalfeiertag, 6. Juni): *Am Nationalfeiertag ist ganz Stockholm mit Flaggen und Fähnchen in den schwedischen Farben geschmückt, überall gibt es Musik und Paraden. Der Höhepunkt ist der Besuch der Königlichen Familie auf Skansen zur Hauptveranstaltung. Im Königlichen Schloss ist Tag der offenen Tür und davor lässt man auf Skeppsbron 50.000 gelbe und blaue Luftballons fliegen.*

Skärgårdsbåtens dag (Tag des Schärenbootes): *Seit 1964 gibt es, meist am zweiten Mittwoch im Juni, eine Parade der Oldtimer-Boote, die zu den Schären und auf dem Mälarsee unterwegs sind. Gegen 18 Uhr starten die geschmückten Dampfer unter lautem Tuten am Strömkajen und fahren nach Vaxholm, wo an diesem Tag ein Volks- und Hafenfest stattfindet (Rückfahrt gegen 21.30 Uhr). Infos: www.skargardstrafikanten.se.*

Midsommar (Mittsommerfest): *Das wohl wichtigste Fest Schwedens wird jeweils an dem Wochenende gefeiert, das dem 21. Juni am nächsten liegt. Mittsommerfeuer brennen in vielen Parks und an den Ufern der Stadt, dazu gibt es traditionelle Tänze um die mit Birkengrün geschmückte Mittsommerstange (majstång), Volksmusik und viel Alkohol. Besonders aufwendig und mit viel Folklore wird Mittsommer auf Skansen gefeiert.*

Juli

Gotland Runt: *Zum Monatswechsel Juni/Juli ist Stockholm Start- und Zielpunkt einer der weltweit größten und bedeutendsten Regatten. Die Teilnehmer der Regatta (offiziell: ÅF Offshore*

Konzertbesucher auf Skansen

Am Nationalfeiertag in Stockholm

Race; organisiert vom Segelclub KSSS) segeln durch den Schärengarten zur Ostseeinsel Gotland, umrunden diese und fahren zurück nach Stockholm. Die Startlinie liegt mitten im Stockholmer Hafen, zwischen Kastellholmen und dem Stadsgårdskajen. Der Wettbewerb, an dem König Carl XVI. Gustaf, Prinz Carl Philip und auch Norwegens König Harald V. mehrfach teilnahmen, wird von Zehntausenden Zuschauern in Stockholm und auf den Schären verfolgt. Infos: www.ksss.se.

Bauhaus-Galan: *Seit 1967 trifft sich die internationale Elite der Leichtathleten jährlich im Olympiastadion. Das Großereignis, noch immer besser unter dem vormaligen Namen* **DN-Galan** *bekannt, ist Teil der Diamond League. Wer den Stadionrekord in seiner Disziplin bricht, bekommt einen 1-Karat-Diamanten als kleines Extra! Infos: https://stockholm.diamondleague.com.*

Stockholm Pride: *Zehn Tage lang weht alljährlich Ende Juli/Anfang Aug. die Regenbogenfahne über Stockholm. Das größte Schwulen- und Lesbenfest des Nordens findet seinen Höhepunkt in der Prideparade durch den trendigen Stadtteil Södermalm, doch überall in der Stadt finden während des Stockholm Pride Veranstaltungen, Debatten und Filmvorführungen o. ä. statt. Die Hauptbühne befindet sich im Pride Park (Fiskartorpsvägen 2), der nördlich vom Olympiastadion liegt. Infos: www.stockholmpride.org.*

August

Kulturfestivalen: *Mitte August, am Ende der schwedischen Sommerferien, treten an fünf aufeinanderfolgenden Tagen (immer Mi bis So) Musiker, Schauspieler, Tänzer, DJs und andere Künstler aus Schweden und aller Welt auf. Stockholms größtes Kulturevent findet auf sechs Bühnen (Sergels Torg, Kungsträdgården, Karl XIIs Torg, Skeppsbron, Norrbro, Gustav Adolfs Torg) statt, kostet keinen Eintritt und zieht mehrere hunderttausend Besucher an. Informationen: https://kulturfestivalen.stockholm.se.*

Midnattsloppet (Mitternachtslauf): *Der 10-km-Mitternachtslauf in der Mitte des Monats ist mit über 16.000 aktiven Teilnehmern und rund 200.000 Zuschauern nicht nur das zweitgrößte Laufereignis in Stockholm, sondern hat auch mit Getränkeständen, Sambagruppen und Livebands entlang der Laufroute durch Södermalm mitreißende Volksfestqualität. Informationen: https://midnattsloppet.com.*

September

Tjejmilen: *Anfang September lockt dieser 10-km-Langstreckenwettlauf nur für Frauen jedes Jahr rund 25.000 Teilnehmerinnen nach Stockholm. Start und Ziel des Laufes, der u. a. durch Djurgården und über die Insel Lidingö führt, ist Gärdet. Infos: https://tjejmilen.se.*

Stockholm Beer & Whisky Festival: *Seit 1992 wird am letzten September- und am ersten Oktoberwochenende das landesweit größte Fest gefeiert, bei dem Bier, Cidre und Whisky im Vordergrund stehen. Zentrum der Aktivitäten ist der Augustendalstorget in Nacka Strand, wo nicht nur rund 500 schwedische und internationale Getränkemarken vorgestellt und verkostet werden, sondern es auch ein ansprechendes musikalisches und gastronomisches Begleitprogramm sowie Seminare und Preisverleihungen gibt. Infos: www.stockholmbeer.se.*

Oktober

Stockholm Open: *Das internationale Tennisturnier (ATP-Turnier), das seit 1969 Mitte Oktober ausgetragen wird, hatte seine glorreichsten Zeiten, als Spieler wie Stefan Edberg und Boris Becker den Wettkampf dominierten. Mit Ausnahme einiger Jahre in der Globen-Arena fand und findet das Turnier in der Königlichen Tennishalle (Lidingövägen 75) statt. Infos: https://stockholmopen.se.*

Stockholm Jazz Festival: *Das renommierte und traditionsreiche Musikevent hieß früher Jazz & Blues Festival und fand im Juli und oft Open Air statt. Seit 1980 trat hier alles auf, was in der Szene Rang und Namen hatte, etwa Dizzy Gillespie, Stan Getz, Count Basie und B. B. King. Heutzutage ist das Festival auf 10 Tage ausgedehnt und auf Indoorbühnen wie das Konzerthaus, das Kulturhaus und den Jazzclub Fasching beschränkt. In den letzten Jahren sind beim Jazzathon mehrfach Weltrekorde gebrochen worden, indem in mehrtägigen ununterbrochenen Jamsessions mit jeweils über hundert Musikern Konzerte gegeben wurden. Infos: https://stockholmjazz.se.*

November

Stockholm International Film Festival: *1990 wurde das erste Stockholmer Filmfestival mit dem Film „Wild at Heart" von David Lynch eröffnet. Seitdem zeigt man an verschiedenen Orten in der Stadt alljährlich Filme etablierter sowie unbekannter internationaler Regisseure. Das Festival findet an vier Tagen im November vor einem breiten Publikum statt. Die Preise werden in 14 Kategorien vergeben, der wichtigste ist das Bronzepferd, das mit 7,3 kg als schwerster Filmpreis der Welt gilt. Infos: www.stockholmfilmfestival.se.*

Dezember

Nobeldagen (Tag der Nobelpreisverleihung, 10. Dez.): *Dieser Tag steht in Stockholm ganz im Zeichen der Nobelpreisverleihungen durch König Carl XVI. Gustaf. Vor allem vor dem Konzerthaus (Zeremonie) und dem Stadthaus (Bankett) sowie vor den Hotels der Nobelpreisträger herrscht dann ein großer Auftrieb von Persönlichkeiten aus aller Welt, Medienvertretern und Zuschauern. Infos: www.nobel.se.*

Santa Lucia (Luciafest, 13. Dez.): *Weil einst der 13. Dezember als kürzester Tag des Jahres galt, etablierte sich in Schweden das traditionsreiche Mittwinterfest zu Ehren der Lichterkönigin Lucia. U. a. Krankenhäuser, Kirchen, Altenheime und Kindergärten werden von jungen, weiß gewandeten und singenden Mädchen mit einer Lichterkrone auf dem Kopf besucht. Und auf Skansen wird die Stockholmer Lucia gekrönt. Infos: www.skansen.se.*

Traditionelle Weihnachtsmärkte: *Die größten Weihnachtsmärke gibt es im Kungsträdgården und auf Skansen.*

Die Welt der Stockholmer Schären

Die Inselwelt vor Schwedens Metropole ist **einzigartig** und mit Worten kaum zu beschreiben. Die hellen Sommernächte, die Nähe zum Meer, der Reichtum der Vegetation und der Vogelarten sowie die Vielfalt der Freizeitmöglichkeiten lassen den Aufenthalt in den Schären, in denen die Sonne oft scheint, zu einem besonderen Erlebnis werden.

Die größte Nord-Süd-Ausdehnung der Schärenlandschaft von Arholma bis Landsort beträgt rund 150 km, vom Zentrum Stockholms bis zu den äußersten Inseln sind es 60 km Luftlinie. Die Schären sind Eilande und Inseln aus Urgestein, die durch das Inlandeis überformt und abgeschliffen worden sind. Sie bilden eine vom Meer überflutete Rundhöckerlandschaft, deren längliche Felshügel heute teilweise über den Meeresspiegel herausragen. Seit der letzten Eiszeit steigen die Inseln langsam aus dem Wasser empor, rund einen halben Meter im Jahrhundert. Die gegen die Fließrichtung des Eises gerichtete Seite ist fast immer glattgeschliffen.

Die rund **24.000 Inseln** und Inselchen der Stockholmer Schären sind alles andere als eine homogene Landschaft. Auf einer Fläche von rund 6.000 km², davon ist ein Fünftel Land, und bei einer Gesamtküstenlinie von etwa 10.000 km sind sehr verschiedenartige Natur- und Kulturräume entstanden. Den inneren Schären mit ihren großen, bewaldeten Inseln nahe dem Festland und den gut erhaltenen Häusern aus der Zeit um 1900 schließen sich die mittleren Schären mit ihren kleineren Inseln und größeren Buchten, ihren guten Schiffsverbindungen und geschützten Fahrwassern an. In den äußeren Schären geht der Schärengarten schließlich in eine karge Landschaft mit flachen Felseninseln, meist in Gruppen vorkommend, über.

Seit dem Mittelalter lebten die Menschen der Schären von Ackerbau, Fischfang und Jagd. Ihr wichtigstes Handels- und Tauschobjekt mit den Stadtbewohnern war der gesalzene Hering. In der zweiten Hälfte des 19. Jh. ließen wohlhabende Stockholmer Bürger sogenannte Großhändlervillen auf den inneren Schären längs der Dampfschifffahrtslinien errichten, um dem belastenden Stadtklima des industrialisierten Stockholm auszuweichen. Mit zunehmendem Wohlstand wurden die Stockholmer Schären zu einem **Freizeitparadies** für weite Teile der Stadtbevölkerung, sodass in diesem Raum heute einige Zehntausend Wochenend- und Ferienhäuser und rund 150.000 Freizeitboote registriert sind.

Nach einem starken Bevölkerungsrückgang in den Schären im 20. Jh. ist es in den letzten Jahren populärer geworden, ganzjährig hier zu leben – die Zahl der dauernd auf den Inseln Wohnenden stieg um einige Tausend auf etwa 10.000 Menschen an. Nicht wenige Erwerbstätige, die in den mittleren Schären östlich der Hauptstadt wohnen und die besondere Lebensqualität ihrer Umgebung schätzen, pendeln täglich mit dem Pkw oder dem Bus in das Zentrum. Private und staatliche Initiativen verfolgen das Ziel, eine lebendige Schären-Kulturlandschaft zu bewahren, die immer schon zahlreichen schwedischen Künstlern ein kreatives Umfeld geboten hat, wie z. B. August Strindberg. Sein auch in der Gegenwart populärer Roman „Hemsöborna" („Die Leute auf Hemsö"), der im Jahr 1887 erschienen ist, stellt eine Art Liebeserklärung an die Insel Kymmendö und ihre Bewohner dar.

Der **Tourismus** ist in den letzten Jahren zu einem zunehmend wichtigen Faktor in der Wirtschaftsstruktur der Stockholmer Schären geworden. Neben der **Unterkunft** im meist wochenweise vermieteten Ferienhaus finden sich weit über das Schärenmeer verteilt rund zehn Hotels und zwölf Gästehäuser. Die Campingplätze, für Zelte ausgelegt, sind einfacher als die an der Festlandküste.

Die **Verkehrsinfrastruktur** kann sich in der zerrissenen Schärenlandschaft sehen lassen. So sind die großen, nicht weit vom Festland entfernten Inseln leicht über Brücken oder meist kostenlose Autofähren erreichbar, die bis spät abends verkehren, wie zwischen Vaxholm–Rindö–Värmdö (Straße 274). Ein hervorragend ausgebauter Schiffslinienverkehr, der von der Reederei Waxholmsbolaget mit ca. 30 Schiffen das ganze Jahr über betrieben wird, hält Inseln und Festland in Verbindung. Ausgangspunkt ist zumeist die Innenstadt von Stockholm.

Im Sommer werden über **200 Anleger** auf den Inseln regelmäßig angelaufen, dann sind auch alte Dampfschiffe, wie die S/S Norrskär und S/S Storskär, im Einsatz. Auf den größeren Inseln verkehren Busse. Ausflüge als Tages- oder Abendkreuzfahrten in die Welt der Schären bietet die Reederei Strömma Kanalbolaget mit alten Dampfschiffen wie auch mit modernen Fahrzeugen. Die Tagestouren führen von der Innenstadt u. a. nach Drottningholm zum Schloss der schwedischen Königsfamilie, zur Festungsstadt Vaxholm und der Badeinsel Badholmen, nach Birka, dem einstigen Wikingerzentrum, zum Keramikzentrum nach Gustavsberg, nach Sandhamn, Sigtuna, Skokloster sowie Dalarö und Utö. Weniger nostalgisch, aber bequemer, komfortabler und schneller sind die Fahrzeuge des Unternehmens Cindarellabåtarna. Die Cinderellaschiffe laufen z. B. die Badeinseln Grinda, Sandhamn und Finnhamn von Strandvägen in der Stadt an (**Infos** *unter* ✆ *208825, www.stromma.se*).

Orientierung

In den **südlichen Schären** von **Dalarö** bis **Landsort** liegt mit dem erstgenannten Ort Schwedens älteste Lotsenstation, von der immer noch den großen Schiffen der Weg südwärts gewiesen wird. Etwas außerhalb des Hauptortes liegt die Festung aus dem 17. Jh. mit Restaurant und Café. **Nynäshamn** besitzt einen wichtigen Hafen, von dem die großen Fähren nach Gotland, Danzig und Ventspils (Lettland) an- und ablegen.

Zu den **mittleren Schären**, die mit dem Auto und dem Bus gut zu erreichen sind, gehören die östlich der Hauptstadt liegenden Inseln **Värmdö**, **Ingarö**, **Fågelbrolandet** und **Vindö** mit schönen, weitläufigen Naturgebieten, einigen Stränden, Golfplätzen und etwas touristischer Infrastruktur. Als **innerer Schärengarten** gelten die in unmittelbarer Nähe zur Innenstadt liegenden Inseln, wie **Fjäderholmarna** östlich von Djurgården.

Etwa eine Stunde benötigt man mit dem Schiff hinaus zur idyllisch gelegenen Stadt **Vaxholm** mit der alten Festungsanlage. Vaxholm ist auch mit dem Auto bzw. Bus erreichbar (S. 186). Im Südosten, 10 km vom Zentrum entfernt, liegt der exklusive Badeort und Villenvorort **Saltsjöbaden** mit dem bekannten Grand Hôtel, der von der Station Slussen aus bequem mit der Vorortbahn Saltsjöbanan erreicht werden kann. Roslagen heißt die Landschaft, in der die **nördlichen Schären** liegen. Nahe des in den letzten Jahren ausgebauten kleinstädtischen Zentrums **Åkersberga** liegt mit **Ljusterö** die größte Insel im südlichen Teil, über eine kostenlose Fähre, meist im 30- oder 45-Min.-Takt, vom Festlandort **Östano** zu erreichen.

Von der Hauptstadt aus kann man mit den Schärenschiffen die Insel **Finnhamn** anfahren, die im Übergangsbereich zu den äußeren Schären mit ihren flachen Klippen und Sandstränden ideale Möglichkeiten zum Baden aufweist. Am Ende der Straße 278 südlich der E18 gelangt man per Autofähre zum Ort **Furusund**. 40 km nördlich vom Zentralort Norrtälje liegt der alte Fischerort **Grisslehamn** auf der Insel Väddö. Von hier aus kann man die kürzeste Schiffsverbindung zwischen Schweden und Eckerö auf den Åland-Inseln nehmen (2 Std.). Norrtälje hat seine einstige Bedeutung als Fährhafen nach Finnland und zu den Åland-Inseln eingebüßt, seitdem das weiter östlich liegende Kapellskär diese Funktion übernommen hat.

Schärenrundfahrt mit Auto und Fähre nach Vaxholm und Gustavsberg

Eine lohnende Tagestour in die Schären kann mit dem eigenen Auto und zwei kostenlosen Überfahrten mit den staatlichen Fähren vom Zentrum Stockholms aus durchgeführt werden. Dabei handelt es sich um eine **Rundfahrt** von gut 70 km Länge.

Um mit dem landschaftlich schönsten Teil der Rundfahrt zu beginnen, empfiehlt es sich, in Stockholm ab Slussen die Uferstraße (Straße 222) Stadsgårdsleden in östliche Richtung zu nehmen, vorbei am Birka-Terminal und dem Fotografiemuseum. Ab der Brücke nach Nacka heißt die Straße Värmdöleden und führt an **Saltsjöqvarn** und kurz danach am **Nacka-Strand** vorbei. Einige Fahrminuten später lohnt es sich, von der vierspurigen Straße abzubiegen und einen kleinen Bogen durch das nördlich gelegene Städtchen **Gustavsberg** zu schlagen. Das Gemeindezentrum der Insel Värmdö wartet mit einer Reihe von

Bootsfahrt durch die Stockholmer Schären

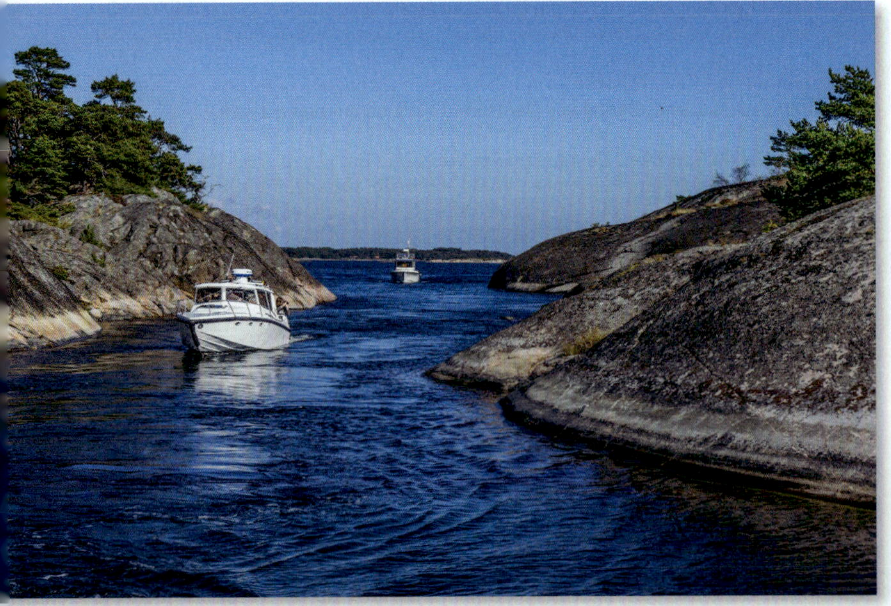

Geschäften und Dienstleistungen auf. Und Architekturfreunde sollten sich das Runde Haus, ein Kulturzentrum samt Bibliothek aus den 1950ern, anschauen.

Am interessantesten für Touristen ist aber die Bucht Farstaviken. Hier befindet sich die 1825 gegründete **Porzellanmanufaktur** samt Arbeitersiedlungen aus dem 19. Jh. Im alten Fabrikgebäude kann man zu Outletpreisen einkaufen, in unmittelbarer Nähe (*Tyra Lundgrens väg*) ebenso Glaswaren der renommierten Glas-Manufakturen Iittala, Kosta Boda und Orrefors (günstige Preise für Waren zweiter Wahl). Das in einem sehenswerten historischen Gebäude untergebrachte **Porzellanmuseum**, 2020 unter Ägide des Stockholmer Nationalmuseums wiedereröffnet, liegt nur 100 m entfernt und lohnt einen Besuch unbedingt.
Gustavsbergs Porslinsfabriken, *Odelbergs väg 1C, Gustavsberg, ✆ 08-57036900, https://gustavsbergsporslinsfabrik.se. Öffnungszeiten des Shops: Mo–Fr 11–18, Sa/So 11–17 Uhr.*
Gustavsbergs Porslinsmuseum, *Odelbergs väg 5, ✆ 08-51954300, https://gustavsbergsporslinsmuseum.se. Di–So 11–17, im Winter Fr–So 11–16 Uhr.*

Eine weitere Attraktion ist das Kunst- und Kulturzentrum **Artipelag**, das südlich der Straße 222 liegt. In dem architektonisch gelungenen Gebäude finden Konzerte und Veranstaltungen statt, außerdem beherbergt es ein Museum für moderne Kunst und Design, einen Design-Shop sowie zwei empfehlenswerte und herrlich gelegene Restaurants (Artipelag Restaurang, Bådan Café & Konditori). Das Kulturensemble und die herrliche Natur (Wanderwege, Seepromenade) sind als Ausflugsziel zu empfehlen und können von Mai bis September auch mit dem Oldtimer-Boot „M/S Gustafsberg VII" ab/bis Stockholm erreicht werden.
Artipelag, *Artipelagstigen 1, Gustavsberg, ✆ 08-57013000, https://artipelag.se. Juni–Aug. tgl. 11–17, Mi bis 20, sonst Di–So 11–17 Uhr.*

Kurz hinter Gustavsberg verengt sich die Straße 222 zu zwei Spuren und führt weiter durch den Weiler **Grisslinge** (schöner Park mit Marina und Sandstrand). Am nächsten Kreisel geht es dann auf die **Straße 274** nach Norden ab.

Abermals nach wenigen Kilometern fährt man unmittelbar an der Ende des 14. Jh. errichteten **Kirche von Värmdö** vorbei, die durch Umbauten von ihrem mittelalterlichen Charakter eingebüßt hat. Besonders interessant an der reich ausgestatteten Kirche sind der aus der Werkstatt von Bernt Notke stammende Altarschrein mit Szenen aus der Passionsgeschichte (Ende des 15. Jh.), der dem hl. Olav geweihte Flügelaltar von Lars Snickare (1514) sowie eine Reihe mittelalterlicher Holzskulpturen, darunter eine Holzfigur der heiligen Birgitta.

Die Insel Värmdö und die Straße enden am schmalen Sund der „Ochsentiefe". Innerhalb weniger Minuten werden hier Pkw, Lkw und Busse mit einer der gelben, kostenlosen Fähren auf die **Insel Rindö** gebracht, wobei man am Ufer der beiden Inseln, vor allem aber auf der Värmdö-Seite einige beeindruckende Festungsanlagen sieht (**Fredriksborg Fästning**). Zusammen mit dem Kastell von Vaxholm gehören sie zum ausgeklügelten Verteidigungssystem der Schären und der Einfahrt nach Stockholm. Die kleine Insel Rindö wird über ihre gesamte Länge auf der Straße 274 durchquert, bevor es wieder auf die Fähre geht, die recht nah am Kastell vorbeifährt.

Auf der anderen Seite des Sundes breitet sich das pittoreske und im Sommer sehr beliebte Städtchen **Vaxholm** (s. u.) aus, das zumindest einen zweistündigen Aufenthalt verdient hat. Bei genügend Zeit und Interesse könnte man hier noch einen 5-km-Abstecher zum Schloss **Bogesund** aus dem 17 Jh. (nahe dem Golfplatz von Vaxholm) unternehmen.

Man verlässt Städtchen und Insel Vaxholm über eine Brücke bzw. die Straße 274, die einen zur Autobahn E18 bringt. Auf dieser führt der Weg an der Trabantenstadt **Täby** mit Mittelalterkirche vorbei, bevor man schließlich nach Stockholm, dem Ausgangspunkt der Rundfahrt, zurückkehrt.

Ausflug nach Vaxholm

Ein Besuch des idyllischen Städtchens Vaxholm lässt sich prima mit einer gemütlichen Bootsfahrt verbinden: Die Reederei Waxholmsbolaget bedient die Strecke ab Stockholm vom Strömkajen aus, aber auch Strömma Kanalbolaget bietet Bootstouren nach Vaxholm an. Da die Kleinstadt seit 1926 mit dem Festland durch eine Brücke verbunden ist, kann man ebenfalls per Bus oder Auto dorthin reisen, sodass es in den Sommermonaten durchaus bunt und lebhaft zugeht: Rund 300.000 Touristen besuchen dann den herrlich gelegenen Ort, der außerdem ein wichtiges Dienstleistungszentrum für die inneren Schären ist. Mehrere Unterkünfte unterschiedlicher Art und ein netter, empfehlenswerter Campingplatz (mit Sandstrand und Kanuverleih) haben sich auf den Sommertourismus eingestellt.

Vaxholm liegt genau an der Stelle, an der die Einfahrt für Schiffe nach Stockholm eng und wegen der vielen Inseln besonders „kurvig“ ist. Damit ist der Platz von großer strategischer Bedeutung, um die Schiffspassage nach Stockholm zu schützen – was zur Anlage mehrerer Kastelle geführt hat, die z. T. noch bis 2006 militärisch genutzt wurden. Als erster ließ König Gustav I. Vasa 1540 eine Festung anlegen. Um diese entstand in den folgenden Jahrhunderten der heutige Ort. Und als die Dampfschiffe regelmäßig zu verkehren begannen und die Stockholmer ihre Sommerhäuser errichteten, entwickelte sich Vaxholm zum Bade- und Freizeitort.

Dessen fotogenes Wahrzeichen ist natürlich die Festung **Vaxholms Kastell**, die auf einer eigenen kleinen Insel thront. Die heute zu sehenden mächtigen Bastionen entstanden 1833–63, waren aber schon bald nach ihrer Fertigstellung militärtechnisch überholt. Hier befindet sich jetzt das **Festungsmuseum**, das größte Museum des Schärengarten, das die 500jährige Geschichte der Verteidigung der Inseln dokumentiert. Das Gebäude wird zudem für Events und Konferenzen genutzt und verfügt über ein Café. Der Transfer zum und vom Kastell erfolgt durch Boote. Eine fahrplanmäßige Personenfähre soll eingerichtet werden.
Vaxholms Fästnings Museum, ✆ *08-54131110, www.vaxholmsfastning.se. Mitte Mai–Mitte Aug. tgl. 11–17 Uhr; Bootstransfer ab/bis Kai 9 während der Öffnungszeiten ungefähr alle 20 Minuten.*

Dem Kastell gegenüber, vor den Kaiplätzen der Schärenboote, erhebt sich das renommierte **Vaxholms Hotell** mit seiner Jugendstilfassade. Nicht nur vom Holzbalkon der Gästezimmer hat man einen fantastischen Blick aufs Wasser, sondern auch vom verglasten Speisesaal in der zweiten Etage.

Überhaupt ist der **Hafen**, bestehend aus dem ehemaligen Fischerhafen im Norden, dem Fährhafen am Hotell und dem Yachthafen im Süden, das Herz des Städtchens. Geht man von hier am Wasser entlang nach Norden, kommt man in den ältesten Teil Vaxholms und sieht entlang der Straßen und Gassen Strandgatan, Fikaregatan, Lotsgatan oder Trädgårdsgatan manch schönes Holzhaus und idyllische Szenerien. U. a. kommt man dabei auch zum putzigen **Heimatmuseum** (Vaxholms Hembygdsgård), das im Sommer eine

Ausstellung über Heringsfischerei oder das Fischerleben im 19. Jh. zeigt. Am Museum, und ebenfalls nur im Sommer geöffnet, bietet ein Café Waffeln, Sandwiches und leichte Gerichte an.

In nördliche Richtung verläuft vom Hafen aus die Hamngatan, die kommerzielle Schlagader des Städtchens. Hier gibt es eine Vielzahl von Cafés, Restaurants und Geschäften, hier passiert man aber auch die schlichte, 1760–1803 gebaute **Vaxholm-Kirche**, und von hier aus geht es nach rechts zum hübschen, roten und von einem Zwiebeltürmchen gekrönten **Rathaus**, in dem sich auch die Touristeninformation befindet, in der man Infomaterial und Auskünfte erhält.

Weiter im Süden liegt der Süd- oder **Gästehafen** mit Anlegestellen für 120 Boote und Yachten, dahinter ist die Fährstation, von der aus die kostenlosen Autofähren regelmäßig – meist im 30-Min.-Takt – Besucher innerhalb weniger Minuten auf die Insel Rindö bringt.

Buslinie *670 ab Ostbahnhof Stockholm oder U-Bahnstation Danderyd Hospital, Fahrzeit ca. 35 Minuten. Am schönsten ist die An-/Abreise mit dem* **Schären- oder Cinderellaboot** *ab Strömkajen oder Nybrokajen (ca. 45–75 Minuten je nach Boot). Zwischen Vaxholm und dem Kastell gibt es in der Saison regelmäßige Bootsverbindungen. Selbstfahrer können Vaxholm im Rahmen einer Schärenrundfahrt (S. 193) besuchen.*

Schärenerlebnis vor Stockholms Haustür: Fjäderholmarna

Man muss weder mit dem Auto noch mit dem Schärenboot stundenlang unterwegs sein, um ein authentisches Schärenerlebnis zu erfahren. Das geht auch sozusagen vor der Haustür, genauer: unmittelbar östlich von Djurgården, zwischen Lindingö im Norden und Nacka Strand im Süden. Dort liegt mitten in der Einfahrt zu den Stockholmer Häfen (Inlopp) ein Miniarchipel mit dem Namen Fjäderholmarna (= Die Inseln in der Förde), bestehend aus den vier Inselchen Stora Fjäderholmen, Ängsholmen, Libertas und Lillholmen bzw. Rövarns holme (= Räuberinsel).

Die Inseln, die heute im Besitz des Staates sind und der Gemeinde Lidingö angehören, können in weniger als einer halben Stunde mit dem Boot vom Zentrum aus erreicht werden. Schon im 17. Jh. war die Hauptinsel wegen ihres Gasthauses bekannt, in dem den Fischern auf dem Weg nach Stockholm vor allem Selbstgebrannter angeboten wurde. Aus diesen Anfängen entwickelte sich ein regelrechter Schnaps-Tourismus, da der Archipel, der nicht zu Stockholm gehörte, unter Umgehung von Steuern und Zöllen den Fusel weitaus billiger anbieten konnte als die Konkurrenz. Es wurden sogar Gratisboote eingesetzt, die die Kundschaft in der Hauptstadt abholten, sehr zum Missfallen der dortigen Destillen und Kneipen. Das ganze eskalierte im 19. Jh. zum sogenannten Wodka-Krieg, bei dem z. B. in Sabotageakten auch Gewalt angewendet wurde. Als sich die Gemüter schließlich wieder beruhigt hatten, blieb der Archipel trotzdem ein beliebtes Ausflugsziel, das mit dem Bau des großen Restaurants Belvedèren einen neuen Mittelpunkt bekam.

Ein neues Kapitel der Inselgeschichte schrieb die Marine, die hier schon seit 1918 eine Munitionsfabrik besaß. Als der Zweite Weltkrieg ausbrach, übernahm das Militär die komplette Inselgruppe, ließ das Restaurant Belvedèren abreißen und verhängte ein Fotografier- und Anlandungsverbot. Erst 1985 verließ das Militär den Archipel und machte Platz für eine erneute zivile Nutzung als beliebtes Ausflugsziel für Stockholmer und Touristen.

Der Fremdenverkehr konzentriert sich auf Stora Fjäderholmen, die Hauptinsel. Vom Bootsanleger aus bummelt man durch den kleinen Ort, vorbei an Fischerkarten und Bootshäusern, von denen eins mit Hechtköpfen dekoriert ist. Man besucht Boutiquen und Ateliers mit Kunsthandwerk, lässt es sich in einem Restaurant gut gehen, besichtigt das kleine, aber sehenswerte und kostenlose Fischer- und Bootsmuseum oder sucht sich ein stilles Plätzchen zum Sonnenbaden. Der große Granithügel im Südosten bietet sich als Aussichtsplattform zur Vogelbeobachtung an (u. a. Silber- und Lachmöwen, Seeschwalben, Wildgänse). Von der Nordküste aus hat man einen guten Blick auf die beiden kleinsten Inseln, Libertas mit dem denkmalgeschützten Leuchtturm und Rövarns holme, beide sind Vogelschutzgebiet und dürfen während der Brutzeit nicht betreten werden.

Fähre: *Die Fjäderholmslinjen (✆ 08-215500, www.fjaderholmslinjen.se) verkehrt von Mai bis Mitte Sept. tgl. auf der Route Slussen – Nacka Strand – Fjäderholmarna, die Fahrtzeit beträgt 25 Minuten. Abfahrten in Slussen (während Umbauarbeiten 2023 100 m weiter ab Skeppsbrokajen) jede volle Stunde zwischen 10–22 Uhr, von den Insel jeweils 30 Min. später, das Ticket kostet 185 SEK. Die Reederei Strömma (www.stromma.se) bietet Touren zu den Fjäderholmarna mit Führung an.*

Whisky, Bier & Essen: *Die renommierte schwedische Whisky-Destillerie Mackmyra mit Sitz in Gävle nutzt die alten, in den Granit gesprengten Munitionsbunker der Insel zur Lagerung ihrer Fässer. In der Saison kann man eine Verkostung in der Bar des herrlich gelegenen Restaurants Fjäderholmarnas Krog buchen (Mo–Fr 18.30, Sa 14.30 Uhr). Das Lokal ist Mitte Juni bis Mitte Sept. geöffnet (✆ 08-7183355, www.fjaderholmarnaskrog.com). 2014 haben zwei junge, ambitionierte Bierbrauer ihre Zelte auf den Fjäderholmarna in Gestalt einer Mikrobrauerei aufgeschlagen, die seitdem ungewöhnliche und inzwischen preisgekrönte Biere produziert (Fjäderholmarnas Bryggeri & Pub, www.fjaderholmarnasbryggeri.se, Mai–Mitte Sept. Mo–Sa 12–23, So 12–20 Uhr).*

Ausflug nach Grinda

Nur 90 Schiffsminuten (Waxholmsbolaget, Cinderellaschiffe, z. T. mit Umstieg in Vaxholm) vom Stockholmer Söderkajen entfernt, ist die wunderschöne grüne Insel Grinda ein nahes und reisetechnisch gut erreichbares Ausflugsziel, das von den Stockholmern wegen der vielen Strände und flachen Klippen im Sommer gerne zum Baden aufgesucht wird. Henrik Santesson, der erste Direktor der Nobelstiftung, hatte 1906 die gesamte Insel gekauft und für seine Familie die hochherrschaftliche Jugendstilvilla bauen lassen, die heute Mittelpunkt des Grinda Wärdshus ist. Langzeitgästen stehen daneben einige Hütten, eine Jugendherberge und ein Campingplatz zur Verfügung. Für einen Tagesausflug empfiehlt sich (außer dem Badevergnügen) eine Tour mit dem Mietfahrrad, ein Spaziergang über den Promenierweg zwischen den beiden Bootsanlegern oder die Wanderung auf dem 2,5 km langen Pfad Grindastigen, auf dem man auch zum höchsten Punkt der Insel gelangt (35 m ü. d. M.).

Djurö

50 km östlich von Stockholm liegt die 92 ha große und grüne Insel Djurö (ca. 2.000 Einwohner), die selbst zum inneren Schärengarten zählt und als Sprungbrett zu den äußeren

Schären genutzt werden kann. Da das Eiland seit 1962 durch eine schöne und aussichtsreiche Bogenbrücke mit dem Festland verbunden ist, eignet sich Djurö für Selbstfahrer, die ohne viel Aufwand die Wunderwelt der inneren Schären entdecken möchten. Nach der Brücke über den Sund Kanholmsfjärden gelangt man zur schmalen südlichen Landzunge von Djurhamn, einem der beiden Zentren der Insel (großes Tagungshotel, Läden, Schule, Kirche, Station der Küstenwache etc.). Auch die Bucht Bruksfladen mit der Freizeitanlage Vita Grindarna (Campingplatz, Hüttenverleih, Restaurant) befindet sich im Süden. Sommergäste freuen sich über den recht großen Sandstrand und die vielen sportlichen Angebote (Kanuverleih, Minigolf, Boule, Beachvolleyball). Weiter im Norden bis hinauf zum Fährhafen Sollenkroka wird Djurö breiter. Das hügelige Inselinnere ist von Kiefern- und Fichtenwald bedeckt, dazwischen zeigt sich aber immer wieder der blanke Felsen und Wanderer stoßen auf mehrere Binnenseen. Die durch viele schmale Buchten gegliederte Küste weist etliche Badeklippen und auch kleinere Sandstrände auf (Högmalmarna, Barnholmarna). Wer länger hier bleiben möchte, kann auf ein ansehnliches Angebot an Ferienhäusern und Hütten zurückgreifen.

Djurö ist von Stockholm aus mit **Buslinie** *433/434 oder mit dem eigenen* **Auto** *in knapp einer Stunde auf dem Landweg zu erreichen, wenn man ab Södermalm immer der Straße 222 folgt.* **Bootsverbindungen** *bestehen ab Stavsnäs u. a. nach Sandhamn und nach Vaxholm bzw. Stockholm ab Sollenkroka im Norden der Insel.*

Ausflug zum Nationalpark Ängsö

Die nördlich von Stockholm und südlich von Norrtälje gelegene Schäre Ängsö und ihre angrenzenden Gewässer (insgesamt 168 ha) wurden 1909 als einer der ersten schwedischen bzw. europäischen Nationalparks unter Naturschutz gestellt. Das Eiland ist nur auf dem Wasserweg zu erreichen und es gibt weder Cafés noch Läden. Ein Netz von Wander- und Spazierwegen führt durch das ehemalige Weiden- und Wiesenland, das im Zustand des 19. Jh. konserviert ist. Besucher werden von der Flora (u. a. mehrere Orchideenarten) entzückt sein, die sich am prächtigsten im Frühjahr zeigt, und von dem reichen Vogelleben, inklusive Fisch- und Seeadler. Wenn morgens die Boote aus Stockholm und Östanå anlegen, wartet ein Ranger, der die Schätze des Nationalparks auf einer Tour präsentiert. Man kann Ängsö aber genauso gut auf eigene Faust erkunden, die sehenswerte Ausstellung im Nationalparkhaus besuchen oder sich eine verschwiegene Badestelle suchen. Von Februar bis Mitte August darf der östliche Teil der Insel nicht betreten werden (Vogelschutzgebiet).

In den Sommermonaten gibt es einen regelmäßigen **Schiffsverkehr** *von Stockholm (Strömkajen) zum Nationalpark mit der Reederei Blidösundsbolaget: Ferkens gränd 3, ✆ 08-243090, www.blidosundsbolaget.se. Tickets kann man hier, an Bord oder in den Touristeninformationen Gallerian, Hauptbahnhof oder Västerlånggatan kaufen.*

Möja

Geografisch liegt Möja, das außerdem Mittelpunkt eines eigenen, kleinen Archipels ist, ziemlich zentral im Schärengarten, auf der Grenze zwischen den inneren und den äußeren Schären. Dass diese recht große, von etwa 300 Menschen ganzjährig bewohnte Insel touristisch keine allzu große Rolle spielt, liegt daran, dass sich Möja kaum zum Schwimmen eignet: Die Strände sind unzugänglich und Badevorrichtungen irgendwelcher Art gibt es nicht! Vielleicht ist auch deshalb die Zahl der Sommerhäuschen relativ bescheiden, allerdings gibt es einige Unterkünfte (u. a. Jugendherberge), Läden und Restaurants. Außerdem kann Möja mit unverfälschter Schären-Atmosphäre aufwarten und bietet den Outdoorfans gleich zwei Naturreservate: Björndalen im nördlichen Tal mit Laub- und Nadelwäldern, Mooren und reichem Tierleben (u. a. Elche), während sich im Möja-Naturreservat die Landschaft von der Idylle zur Kargheit der äußeren Schären wandelt. Dort sind vor allem viele Seevögel und vereinzelt Seeadler zu beobachten. Inselbesucher können Fahrräder (in Berg und in Ramsmora) oder Kanus und Kajaks (in Berg) mieten sowie auf markierten Wegen wandern. Und auch einige kulturelle Sehenswürdigkeiten wollen gewürdigt werden: z. B. die aus dem 18. Jh. stammende, weiße Holzkirche mit ihrem schönen Votivschiff oder das kleine, aus einigen typischen Gebäuden und Katen bestehende Heimatmuseum. Das Wahrzeichen der Insel, ein hölzerner Wachturm (Vårdkasen), steht in Berg auf einem Klippenhügel mit herrlicher Aussicht.

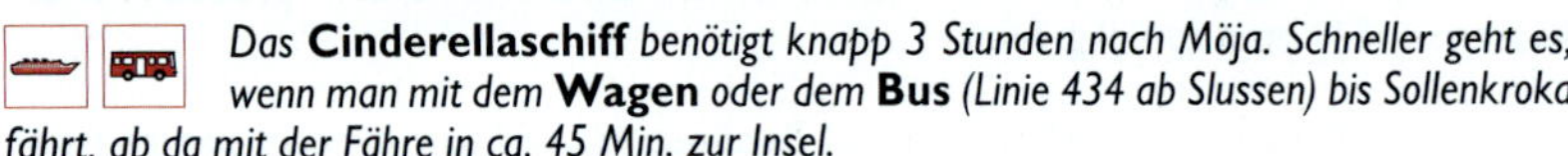
Das **Cinderellaschiff** *benötigt knapp 3 Stunden nach Möja. Schneller geht es, wenn man mit dem* **Wagen** *oder dem* **Bus** *(Linie 434 ab Slussen) bis Sollenkroka fährt, ab da mit der Fähre in ca. 45 Min. zur Insel.*

Tagesausflug nach Sandhamn

Das schöne Sandhamn sei „von drei Seiten von Wasser umschlossen und auf der vierten vom Meer" bemerkte August Strindberg 1873. Tatsächlich fühlt man sich auf diesem äußeren Vorposten ein bisschen wie am Ende Welt. Trotzdem oder gerade deswegen ist die Schäre ein sehr populäres Ausflugsziel, nicht zuletzt bei den Seglern, da Sandhamn Austragungsort zahlreicher Regatten ist. Hinzu kommt, dass der 100-Einwohner-Ort mit roten und weißen Holzhäuschen, den idyllischen Gassen, dem Blumenschmuck und einigen Architekturperlen wie dem Zollhaus von 1752 ohnehin einen Ausflug wert ist. In den letzten Jahren sind neue Hotels und Ferienwohnungen errichtet worden, die den kleinen Ortskern deutlich verändert haben. Am besten fährt man vormittags von Stockholm mit dem Schärendampfer los. Die beiden bekanntesten Sandstrände – der lang gestreckte Trouville und der kleinere Fläskberget – liegen etwas außerhalb der Ortschaft (ca. 20 Minuten Fußweg).

Die **Ausflugsboote** *der Reederei Strömma brauchen ab Stockholms Nybrokajen ca. 3 Stunden; auf der Insel selbst bleibt dann nicht viel Zeit. Schneller geht es mit den regulären* **Fähren** *der Waxholmsbolaget (knapp 2 Stunden), die auch häufiger am Tag verkehren.*

Ausflug nach Utö

Viel weiter südlich, aber ebenfalls draußen (*ut*) im Meer, liegt die Insel (*ö*) Utö etwa auf der Höhe von Nynäshamn. Die beliebte, 610 ha große Schäreninsel zieht im Sommer wegen ihrer Sandstrände viele Tagesurlauber an – rund 70.000 sind es jedes Jahr. Eine Besonderheit der Schäre sind ihre Eisenerzgruben, die vom 12.–19. Jh. betrieben wurden und die noch zu sehen sind, inzwischen wassergefüllt. Nach dem Bergbau wurde der Fremdenverkehr die insulare Haupteinnahmequelle, angeregt auch durch viele Künstler und Berühmtheiten wie Greta Garbo, die sich gerne auf Utö aufhielten. Besucher der Insel können Touren mit dem Mietfahrrad zu den weißen Sandstränden von Ålö unternehmen, das Eisenerz-Museum besuchen oder an den Klippen von Rävstavik baden.

Reisepraktische Informationen Stockholmer Schären

Information

Informationen über die Stockholmer Schären gibt: **Stockholms Skärgård**, *Strandvägen, Kajplats 18, ✆ 076-2743462, www.visitskargarden.se. Ansonsten haben alle größeren Orte und Gemeinden auch eigene Touristeninfos und Websites, u. a.* **Dalarö** *(✆ 08-50150800, www.dalaro.se),* **Grinda** *(✆ 08-54249491, http://grinda.se),* **Möja** *(✆ 08-57164053, www.mojaturistinfo.se),* **Norrtälje** *und* **Österåker** *(✆ 0767-650660, www.roslagen.se),* **Nynäshamn**, *✆ 08-52068000, www.nynashamn.se),* **Utö** *(✆ 08-50157410, www.uto.se),* **Värmdö** *(✆ 0707-282274, https://visitvarmdo.com),* **Vaxholm** *(✆ 08-54131480, www.destinationvaxholm.se).*

Schären-Schifffahrt

Die wichtigste Reederei für den Linienverkehr zu den Schären ist **Waxholmsbolaget**, *✆ 08-6001000, https://waxholmsbolaget.se. Den Stockholm-Terminal am Strömkajen erreicht man unter ✆ 08-6862465. Über das größte Angebot an geführten Bootstouren (Halbtages-/Tagestouren) verfügt* **Strömma**, *✆ 08-208825, www.stromma.se.*

Tipp

Wer sich länger in Stockholm aufhält und das Schärenparadies erkunden möchte, dem sei das **Båtluffarbiljett** *(engl.: „travelcard 5 days") der Reederei Waxholmsbolaget empfohlen. Mit dem fünf Tage gültigen Ticket kann man mit allen Schärenbooten (außer den Cinderellabooten) insgesamt 260 Häfen anlaufen, die Fahrt beliebig unterbrechen und frei zwischen den einzelnen Linien wählen. Das Båtluffarbiljett bekommt man an SL-Ticketautomaten an Land oder an Bord, der Preis beträgt 545 SEK. Eine andere Rabattkarte ist das 30 Tage gültige* **Periodbiljett 30 dagar** *(engl.: „travelcard 30 days"), das 970 SEK kostet. Für Kinder, Studenten und Senioren gelten stark vergünstigte Preise.*

Aktivitäten

Schwimmen und Baden, Angeln, Segeln, Windsurfen, Radfahren, Kanufahren, gelegentlich Golf. Im Winter, wenn er nicht zu mild ausfällt, sind die Schären bei den Schlittschuhläufern beliebt, die mit fast einem halben Meter langen Spezialschlittschuhen weite Strecken auf dem Eis zurücklegen. Jedes Jahr werden im Sommer und Winter die Risiken eines Aufenthaltes im Ostseebereich unterschätzt, sodass vor allem im Sommer, oft in Verbindung mit dem Genuss von Alkohol, und im Winter, wenn das Eis nicht hält, Menschen ums Leben kommen.

Angeln: *In den Schären braucht man zum Angeln mit der Rute keine Angelkarte. Gefangen werden vor allem der Ostseehering (Frühsommer), Barsch und Hecht (Sommer) sowie Lachsforellen (Herbst/Frühjahr). Wer kein Glück beim Angeln hat, kann frisch geräucherten Hering oder Lachs direkt bei den Schärenfischern kaufen. Passionierte Angler mieten sich in den Schären eines der vielen Ferienhäuser mit Boot. Oder man greift auf professionelle Anbieter zurück, die einen Angelurlaub einschließlich Unterkunft, Transfers, Booten und Ausrüstung organisieren, wie z. B. das in Vaxholm ansässige Unternehmen Catch & Relax (✆ 08-54491320, www.catchrelax.se) oder das Stockholm Fishing Camp, das in Byviken auf der Schäreninsel Gällnö beheimatet ist (Mikael Hedlund, Gällnö, Byviken, ✆ 073-8993282, www.stockholmfishingcamp.se).*

Kanu-/Kajakfahren: *Die Wunderwelt der Schären mit dem Paddelboot zu erforschen ist ein Traum! Die meisten Campingplätze und viele andere Unterkünfte auf den Schären haben sich auf die Kanuten eingestellt, die sich diesen Traum erfüllen wollen. Ein großes Unternehmen ist das Skärgårdens kanotcenter, 35 km von Stockholm und 3 km von Vaxholm entfernt auf Resarö gelegen. Hier werden nicht nur Ein- und Zweisitzer auf Stunden-, Tages- oder Wochenbasis vermietet, sondern auch Fahrräder und Mountainbikes, wasserdichte Seekarten sowie Outdoor-equipment wie Gaskocher, Zelte, Tipis oder Isomatten. Das Kanucenter hat eine breite Palette an*

geführten Halb- und Ganztagestouren im Programm, z. B. zum Sonnenuntergang oder mit Picknick auf einer Schäre. Außerdem ist man Gästen, die einen individuellen, längeren Trip unternehmen möchten, mit Tipps zu geeigneten Routen, Übernachtungs-/Zeltmöglichkeiten etc. behilflich.
Skärgårdens kanotcenter, *Resarövägen 10, Resarö, ✆ 08-54137790, www.kanotcenter.com. Mai–Sept. tgl. 10–18, Juni–Aug. Sa/So ab 9 Uhr, in der restlichen Zeit auf Anfrage.*

Restaurants und Hotels

An vielen Orten entlang der Wasserwege gibt es Gasthäuser (värdshus), in denen das Angebot an Fischgerichten recht groß ist. Eine Spezialität ist der Strömming, eine kleine Heringsart, die in vielen Zubereitungsvarianten serviert wird. Im Katalog Bed & Breakfast Stockholm Archipelago werden auch einfache Unterkünfte in den Stockholmer Schären angeboten – erhältlich beim Stockholmer Touristenamt.
Fjäderholmarnas Krog, *Stora Fjäderholmen, Fjäderholmarna, ✆ 08-7183355, www.fjaderholmarnaskrog.se. Herrlich an der östlichen Inselspitze gelegener, quirliger Treff für alle Inselbesucher und -bewohner mit typischer Schärenküche und Pub-Betrieb.*
Röda Villan, *Fjäderholmarna, ✆ 08-215031, www.rodavillan.nu. Die rote Villa auf der südwestlichen Landzunge ist das erste Gebäude, das man von der Fähre aus sieht. Das typische, 1897 gebaute Schärenhaus wurde in ein Restaurant verwandelt, das nicht nur als Café, Restaurant und Bar für alle Gelegenheiten gerüstet ist, sondern durch seinen großen Garten mit alten Bäumen, Granitklippen und kleinem Badestrand vorzüglich geeignet ist, die Seele baumeln zu lassen – z. B. in einer der Hängematten! In der Saison 11–22 Uhr.*
Grinda Wärdshus, *Södra Bryggan, Grinda, ✆ 08-54249491, https://grinda.se. Leckere schwedische Küche mit südländischen Akzenten, das Wirtshaus wurde mehrfach als „Bester Krog des Schärengartens" ausgezeichnet. Übernachtungsmöglichkeiten in sehr komfortablen Zimmern in vier Neubauten. Im Sommer tgl. 10–23 Uhr.*
Sandhamns Värdshus, *Sandhamn, am Hafen, ✆ 08-57153051, www.sandhamns-vardshus.se. Schönes, ganzjährig geöffnetes Restaurant in einem Holzhaus von 1672 mit zwei Etagen, Pub und Veranda mit toller Aussicht. Einfache Übernachtungsmöglichkeiten im ehemaligen Missionshaus.*
Hamnkrogen, *Söderhamnen 10, Vaxholm, ✆ 08-54132039, www.hamnkrogenvaxholm.com. Am Südhafen bietet das seit 1958 bestehende Restaurant gehobene Küche, aber auch traditionelle schwedische Gerichte zum Mittag- und Abendessen. Mo–Do 10.30–22, Fr 10.30–23, Sa 12–23, So 12–22 Uhr.*
Utö Värdshus, *Gruvbryggan, Utö, ✆ 08-50420300, www.utovardshus.se. Gemütliches Vier-Sterne-Gasthaus mit 78 Zimmern, Restaurant mit vorzüglicher Küche, Bar und Sauna. Billigere Unterkünfte stehen im angeschlossenen Hostel zur Verfügung.*
Djurönäset hotell, spa & konferens, *Seregårdsvägen 1, Djurhamn, ✆ 08-57149000, www.djuronaset.com. Ganzjährig geöffnetes, fantastisch gelegenes Vier-Sterne-Haus sofort hinter der Djurönäset-Brücke, mit 274 Zimmern in acht Gebäuden, Konferenzeinrichtungen, gutem Restaurant, Saunalandschaft mit Pool und Gästehafen.*
Waxholms Hotell, *Hamngatan 2, Vaxholm, ✆ 08-54130150, www.waxholmshotell.se. Charmantes Jugendstilhotel von 1903 mit 42 Zimmern und eindrucksvollem Speisesaal. Herrliche Lage vor der Anlegestelle der Schärenboote und der Festung. Gute schwedische Küche. Idealer Standort sowohl für Inselhüpfer in die Schären als auch für Stockholmbesucher.*

Camping

Waxholms Camping, *Eriksövägen 44, Vaxholm, ✆ 08-40064323, https://waxholmscamping.com. Kleine, kinderfreundliche Anlage, ca. 35 km nordöstlich der Hauptstadt in den Schären nahe Vaxholm gelegen. Gute Bademöglichkeiten, schöner Strand, Trimm- und Wanderpfade, 20 Min. Fußweg nach Vaxholm. Zu erreichen über die E18 Richtung Norrtälje, Abfahrt Arninge, Straße 274 Richtung Vaxholm, dann Richtung Eriksö. Verbindung nach Stockholm: Bus (600 m), Linienboote ab Vaxholm nach Stockholm-City (45 Min.). Mai–Sept. geöffnet.*

Rund um den Mälarsee

Der Mälarsee (schwed.: Mälaren) ist mit 1.090 km² nach dem Vänern und dem Vättern der drittgrößte See Schwedens. Anders als diese hat er einen direkten Ausfluss in die Ostsee, und zwar mitten in Stockholm (Hammarby, Slussen, Norrström). Ein weiterer Unterschied, was die **Landschaftsform** anbelangt, sind die Vielzahl an Buchten, Sunden, Inseln, Halbinsel und Inselchen, sodass der Anblick einer weiten Wasserfläche am Mälaren eher ungewöhnlich ist. Auch im Vergleich zum Bodensee, der nur etwa halb so groß ist, kann man die wahren Ausmaße des Mälaren nur auf der Karte bzw. aus der Luft erkennen. Der Mälaren ist ein junger See: Bis zur Wikingerzeit war er eine Bucht der Ostsee und erst danach ließ die Landhebung die Verbindung zum Meer abbrechen. Heute liegt die Wasseroberfläche etwa 70 cm über Meeresspielniveau. Der bis zu 64 m tiefe See dient auch als Wasserreservoir für die Hauptstadtregion, insgesamt beziehen etwa 1,5 Mio. Menschen ihr Trink- und Brauchwasser aus dem Mälaren. Das Wasser ist sauber, was auch die Bestände der 31 hier vorkommenden Fischarten belegen. Artenreich ist ebenfalls die Vogelwelt vertreten, u. a. mit Fischadler, Sturmmöwe, Stockente, Reiherente, Kanadagans, Heringsmöwe, Flussuferläufer und Kormoran.

Der Naturraum Mälaren findet seine Entsprechung in der kultur- und geschichtsträchtigen Bedeutung. Zeugnisse aus Bronze-, Eisen-, Vendel- und Wikingerzeit sind in einer Vielzahl vertreten. Große Steinsetzungen, Grabhügel, und Runensteine belegen die Rolle, die die Mälarsee-Region nicht erst seit Beginn des schwedischen Reiches gespielt hat. Hier entstanden die ersten Handelspunkte und Städte, hier war der politische, wirtschaftliche und religiöse Mittelpunkt des Sveareiches, hier fasste das Christentum erstmalig in Schweden Fuß und entstanden die ersten Kirchen.

Für die Stockholmer ist der Mälaren ein beliebtes Naherholungsgebiet, in dem sie ihre Wochenendhäuschen (*stugor*) und Anlegeplätze haben und wo viele den schwedischen Sommer verbringen. Andererseits leben in Städten wie Västerås, Södertälje, Enköping und Köping viele Pendler, die zur Arbeit in die Hauptstadt fahren.

Im Folgenden werden **die wichtigsten Sehenswürdigkeiten** und Ortschaften am Mälarsee **im Uhrzeigersinn** genannt, also zunächst die am südlichen Seeufer, dann die am nördlichen. Viele dieser Ziele können auch direkt von Stockholm aus mit den Schärendampfern (*skärgårskryssare*) erreicht werden. Die beiden einzigen Straßenverbindungen zwischen Süd- und Nordufer ergeben sich über die Straßen 55 von Strängnäs nach Enköping (drei Brücken) und über die 56, die ca. 8 km westlich von Eskilstuna nach Norden von der E20 abzweigt und bei Kvicksund den Brückenschlag macht.

Entlang des Südufers (E20)

Viele der Vororte Stockholms an der südlichen Peripherie sind nicht unbedingt schön. In Huddinge oder Fittja z. B. dominieren langweilige Zwecksiedlungen und Plattenbauten, an denen man auf der E20, der großen Ausfallstraße nach Süden, vorbeifährt. Ein architektonisches Schmuckstück aber ist von der Autobahn nach ca. 15 km gut zu sehen: die Kirche von **Botkyrka**. Die Feldsteinkirche, die sich etwas südlich der Gemeinde auf freiem Feld erhebt, stammt aus dem Jahre 1176 und ist damit nicht nur ein schönes, sondern auch sehr frühes Beispiel sakraler Baukunst aus Stein. Möchte man sie näher anschauen, verlässt man die E20 am Trafikplats 146 (Hallunda). Im Innern sind die gotischen Gewölbe, ein Flügelaltar von 1525 und Überreste von vier Runensteinen sehenswert (Botkyrka kyrka,

Am Ufer des Mälarsees

Sankt Botvids väg 27, ✆ 08-53022200). Eine weitere Sehenswürdigkeit der Ortschaft befindet sich weiter nördlich direkt am Seeufer: das **Schloss Sturehov**. Der 1781 fertiggestellte Herrensitz mit gustavianischer Einrichtung wird bei ausländischen Staatsbesuchen zu Repräsentationszwecken genutzt.

Södertälje

Die nächste größere Ortschaft entlang der E20 ist die 76.000-Einwohner-Stadt Södertälje, die durch den Södertäljekanal (Schleuse) sowohl mit dem Mälarsee als auch mit der Ostsee verbunden ist. Vom mittelalterlichen Ursprung der Stadt bemerken Besucher nichts mehr. Zu sehr hat die Industrialisierung im 20. Jh. das Stadtbild überformt. Ein wirtschaftliches Standbein ist Scania, einer der größten Nutzfahrzeughersteller der Welt, der in Södertälje seinen Hauptsitz hat und in der Nähe eine Lkw-Teststrecke unterhält. Auch der schwedisch-britische Arzneimittelkonzern AstraZeneca sorgt für das ökonomische Wohlergehen der Stadt. Zu den touristisch interessanten Punkten gehören das **Freilichtmuseum Torekällberget**, die S/S Ejdern (das älteste noch betriebene Dampfschiff der Welt) und vor allem das Wissenschaftszentrum und Kinder-Museum **Tom Tits Experiment**. In dem großen Komplex eines ehemaligen Fabrikgebäudes gibt es eine Unmenge von Indoor- und Outdoor-Attraktionen, umgeben von einem großen Park. Der Name leitet sich von einer Figur aus dem französischen Magazin „L'Illustration" ab, die etliche naturwissenschaftlichen Experimente durchführte. Das interaktive Museum richtet sich an alle Kinder „von 2 bis 102 Jahren" und wird jährlich von 200.000 Gästen besucht. Auf vier Stockwerken kann man hier an über 600 verblüffenden und magischen Experimenten teilnehmen und sich spielerisch mit Phänomenen aus Technik, Physik, Mathematik, Geografie oder Biologie bekannt machen. Angesichts der Fülle der Attraktionen (und des hohen Eintrittspreises!) sollte man mindestens einen halben Tag für den Aufenthalt einplanen.

Tom Tits Experiment, *Storgatan 33, ✆ 08-55022500, www.tomtit.se. Tgl. 10–17 Uhr, der Park ist Mai–Sept. geöffnet. Büfett-Restaurant 11–14, Sa/So bis 15.30 Uhr, Café tgl. 10–17 Uhr.*

Mariefred mit Gripsholm

Folgt man in Södertälje im Autobahndreieck weiter der E20, erreicht man bald den Abzweig zum idyllischen Kleinstädtchen Mariefred, das zweifellos zu den lohnendsten Ausflugszielen im Großraum zählt. Sein Name geht auf eine Klostergründung (Pax Marie) im Jahre 1493 zurück. Die Geschichte des Städtchens ist eng mit der von **Schloss Gripsholm** verknüpft. 1380 ließ der Reichsfürst Bo Jonsson Grip auf der Insel eine Burganlage errichten, doch die Grundmauern des jetzigen Schlosses wurden um 1540 unter Gustav I. Vasa teilweise mit dem Material der zuvor zerstörten Klosteranlage ausgeführt. Von nun an wurde Schweden von der Vasaburg aus regiert, die ein entsprechend repräsentatives und eines Renaissancefürsten würdiges Aussehen bekam. Weitere bauliche Veränderungen erfolgten dann in der zweiten Hälfte des 18. Jh. unter Gustav III. Im Schloss können Einrichtungsgegenstände verschiedener Epochen von der Vasazeit bis hin zum Theater im gustavianischen Stil besichtigt werden. In der Galerie der Unsterblichen findet sich die umfangreichste Porträtsammlung schwedischer Größen.

Das Schloss mit seinen mächtigen Rundtürmen befindet sich am Ortseingang (großer Parkplatz). Neben dem Weg zum Portal der Vorburg sind eine Reihe interessanter Runensteine aufgestellt. Hinter der Zugbrücke betritt man den äußeren Burghof mit den Kanonen Eber und Sau, die in Russland erbeutet wurden. Dahinter führt ein Gewölbegang zum inneren Burghof mit einem hübschen Renaissancebrunnen. Diesen Weg können auch die beschreiten, die das Innere des Schlosses nicht besichtigen wollen. Ebenso können sie den empfehlenswerten Spaziergang einmal um die Burg herum durch den Schlosspark gehen, der mit Pavillon, Kräutergarten, Skulpturen und vor allem dem Blick auf den See zauberhaft ist!

Gripsholms Slott, *Mariefred, ✆ 0159-10194, www.kungligaslotten.se. Mai–Sept. tgl. 10–16, April u. Okt.–Nov. Sa/So 12–15 Uhr.*

Schloss Gripsholm – Kurt Tucholsky hat es in seiner Sommergeschichte verewigt

Der Bahnhof von Mariefred

»Das Schloß, aus roten Ziegeln erbaut, stand leuchtend da, seinen runden Kuppeln knallten in den blauen Himmel (...). Ich weiß nichts vom Stil dieses Schlosses – ich weiß nur: wenn ich mir eins baute, so eins baute ich mir«. (Kurt Tucholsky) In Deutschland verbindet man das Schloss gleich mit **Kurt Tucholsky**, der mit seiner Erzählung „Schloß Gripsholm“ (1931) die Anlage bekannt gemacht hat. Tucholsky hielt sich seit 1929 ständig in Schweden auf, wurde 1933 aus Deutschland ausgebürgert und setzte seinem Leben 1935 ein Ende. Viele Bewunderer des Schriftstellers kommen nach Mariefred, auch um sein Grab zu besuchen. Dazu geht man am Wasser entlang zum idyllischen Kern des Städtchens, in dessen Mitte der weiße Kirchturm hoch aufragt. Auch das Rathaus, Holzhäuser und Stadthöfe sowie nette Geschäfte an der Storgatan lohnen den Spaziergang. **Tucholskys Grab** findet man auf dem Friedhof Mariefred-Gripsholm, 15 Gehminuten von der Kirche entfernt (Hinweisschild am Friedhofseingang).

Zwischen Ort und Schloss liegt der **Bahnhof**, eine Art Puppenstube von einem Bahnhof, mit altem Warteraum, Blechschildern und anderen musealen Stücken. Er ist auch Endstation der **Museums-Dampfeisenbahn**, die in den Sommermonaten bis nach Läggesta schnauft.

Bei der Weiterfahrt nach Strängnäs sollte man der naturschönen Strecke über Stallarholmen (s. u.) den Vorzug gegenüber der Europastraße geben.

Reisepraktische Informationen Mariefred

Information

Mariefreds Turistbyrå, *Kyrkogatan 13, Rådhustorget, ✆ 0152-29790, www.strangnas.se/turism. Juni–Aug. Mo–Fr 10–18, Sa/So 11–15 Uhr.*

Restaurant/Hotel

Gripsholms Värdshus *€€€€–€€€€€, Kyrkogatan 1, ✆ 0159-34750, www.gripsholms-vardshus.se. Das historische Wirtshaus, das bereits auf das 17. Jh. zurückgeht und Schauplatz mancher Inga-Lindström-Filme war, genießt einen guten Ruf als Hotel (45 Zimmer). Das vorzügliche Restaurant (Matsalen) ist Mo–Sa 12–17 zum Lunch und 17–21 zum Abendessen geöffnet, der Pub (Skänken) mit einfacheren Gerichten Mo–Fr 11.30–21, Sa/So 12–21 Uhr.*

Verkehrsanbindung

Zug *ab Stockholm nach Läggesta, ab dort mit Abschlussbus (ca. 4 km) nach Mariefred. Am schönsten ist die Reise mit dem historischen* **Dampfer** *S/S Mariefred (1903) ab/bis Stockholm, im Sommerhalbjahr tgl. außer Mo (www.mariefred.info, ✆ 08-6698850). Zusammen mit der* **Schnauferl-Bahn** *Mariefred-Läggesta lässt sich eine herrliche Rundreise zusammenstellen: mit dem Boot nach Mariefred, Besichtigung von Schloss und Stadt, dann mit der Dampflok nach Läggesta, ab da mit dem Schnellzug zurück nach Stockholm.*

Strängnäs

Auf schnellstem Wege bringt einen die E20 von Mariefred nach Strägnäs. Viel schöner aber ist es, wenn man in Mariefred dem Stallarholmsvägen folgt. Der Weg durch Kiefernwäldchen, an Weiden und dem satten Grün des Golfklubs vorbei ist nämlich nicht nur schöner, sondern führt einen auch zu kulturgeschichtlichen Sehenswürdigkeiten von Rang. Hier hat vor allem die zwischen Strängnäs und Mariefred gelegene Gemeinde **Stallarholmen** enorm viel zu bieten. Wer auf dem beschriebenen Weg in Stallarholmen die Brücke zur Insel Selaön nutzt und dann weiter Richtung Överselö fährt, kommt nach einigen Kilometern zu einem Abzweig nach rechts, der mit **„Åsa gravfält"** beschriftet ist. Dabei handelt es sich um ein riesiges, herrlich gelegenes Gräberfeld der jüngeren Eisenzeit mit ca. 250 verschiedenen Grabanlagen. U. a. kann man 45 Grabhügel und ca. 160 Steinsetzungen bewundern, am bekanntesten jedoch ist die 33 m lange und 8 m breite Schiffssetzung. Folgt man der Straße weiter, ist auch die Mittelalterkirche von **Överselö** (u. a. Kalkmalereien aus dem 15. Jh., sechs Runensteine) einen Besuch wert. Und auf der Rückfahrt kann man noch auf der Insel Selaön einen Abstecher zum stattlichen **Barockschloss Mälsåker** unternehmen.

Von Stallarholmen geht es dann auf dem Strängnäsvägen nach Strangnas, einer kleinen, malerischen Hafenstadt mit knapp 15.000 Einwohnern am Südufer des Mälaren. Schon im 12. Jh. zum Bischofssitz erhoben, war sie im Mittelalter eine bedeutende kirchliche Verwaltungsstadt. In Strängnäs ließ sich Gustav I. Vasa 1523 zum König ausrufen und 1626 wurde hier das zweite Gymnasium des Landes eingerichtet.

Autofahrer finden automatisch zum schönen, am Wasser gelegenen **Stadtkern**, der sich zwischen dem Yachthafen, der Uferpromenade mit Park und dem Domhügel ausbreitet, überragt von einer großen **Bockwindmühle**. An warmen Sommertagen findet man in den Restaurants und Cafés schnell ein herrliches Plätzchen, um den lebhaften Bootsverkehr zu beobachten und es sich gutgehen zu lassen. In den Gassen laden kleine Antiquitätengeschäfte und Boutiquen zum Shoppen oder Spazierengehen ein. Die schönste Straße von allen, die **Gyllenhjelmsgatan**, führt vom Hafen den Kirchberg hinauf zum bekannten **Löwenportal**, hinter dem hoch der Turm der **Domkirche** aufragt, die größte Sehenswürdigkeit der Stadt. Im 13. Jh. begann man mit dem Bau einer dreischiffigen Backsteinhallenkirche, die später um Kapellen und Anbauten erweitert wurde, in denen königliche und adlige Familien ihre Grabstätten bekamen. Der reich ausgestattete Dom weist

u. a. Gewölbe- und Wandmalereien, zwei Passionsschreine aus Brüssel (1490) und eine Kanzel von 1789 auf. Besonders sehenswert ist das **Grabmonument Karls IX.**, gekrönt von einem Pferd mit Ritter in vergoldeter Kupferrüstung. Auch die Begräbnisinsignien Karls, die lange im Stockholmer Schloss aufbewahrt wurden, sind zu sehen. Ein außergewöhnliches Grabdenkmal ist die liegende Statue von Prinzessin Isabella, der Tochter von König Johan III. und Katarina Jagellonica, die auf Schloss Gripsholm in Gefangenschaft geboren wurde und dort mit nur 2 Jahren verstarb.
Domkyrkan, *Biskopsgränd 2, ✆ 0152-24500, www.svenskakyrkan.se/strangnas. Mitte Juni–Mitte Aug. tgl. 10–18, sonst 10–16 Uhr.*

Um die Kirche liegen einige historische Gebäude, wie der heutige Bischofssitz Biskopsgården, das Paulinsche Haus, ein Bischofssitz aus dem Anfang des 17. Jh. und die in den 1480ern errichtete Roggeburg des umtriebigen Bischofs Kort Rogge, die heute als Filiale der Königlichen Bibliothek in Stockholm dient. Im **Museum** bei der Domkirche, einst Druckerei und Bibliothek, erfährt man Wissenswertes über die Stadt und ihre Gebäude. In der pittoresken Altstadt finden sich zahlreiche Holzhäuser aus dem 17. und 18. Jh. Mit etwas Zeit kann man sich auch den Bürgerhof **Grassagården** (im Sommer mit Gartencafé), die ehemalige Fabrik **Gula Industrihuset** (Kunstgalerie, Bäckerei, Geschäfte), das Schwedische Militärfahrzeugmuseum **Arsenalen** oder das **Haus der Keramik** anschauen. Und wer Kondition hat, sollte hinauf zum Aussichtspunkt am neuklassizistischen **Ekotempel** wandern und den Panoramablick auf Stadt, Hafen und See genießen.

Von Strängnäs bieten sich verschiedene **Bootsfahrten** auf dem Mälarsee an. Und für sportlich Aktive stehen vier markierte **Radwanderwege** (je 20–30 km) zur Verfügung; Infos, Karten u. a. gibt es beim Infopoint oder am Café in Stallarholmen, Brogatan 3.

Für die Weiterfahrt hat man in Strängnäs die Wahl: Möchte man auf den gesamten westlichen Teil des Mälarsees verzichten, fährt man über die **Straße 55** nach Norden. Auf der herrlichen Strecke über mehrere Inseln und Brücken, darunter die lange **Hjulstabron**, erreicht man nach 35 km Enköping am Nordufer des Sees. Ansonsten folgt man der E20 für etwa 30 Minuten bis zur nächsten größeren Ortschaft Eskilstuna.

Reisepraktische Informationen Strängnäs

Information

Strängnäs Turistbyrå, *Nygatan 10 (Kommunhuset), ✆ 0152-29791, www.strangnas.se/turism. Mo–Do 8–16.30, Fr 8–16 Uhr. Juni–Aug. steht am Gästehafen (Storgatan 38) ein Infopoint zur Verfügung.*

Restaurant

Café Grassagården, *Kvarngatan 2, ✆ 073-7448602, www.cafe-grassagarden.se. Das wunderschöne Café befindet sich in einem Holzhof aus dem 17./18. Jh., mit Garten, in dem man in den Sommermonaten auch bewirtet wird (Kaffee und Kuchen sowie leichte Gerichte wie Suppen, Salate oder Smörgåsar). April–Nov. tgl. 10–17, Juli Do bis 22 Uhr.*

Eskilstuna

Die 70.000-Einwohner-Stadt Eskilstuna, die größte der Provinz Södermanland, liegt am Fluss Eskilstunaån, der die Seen Hjälmaren und Mälaren miteinander verbindet. Stadt und

Fluss tragen ihren Namen nach dem heiligen Eskil, einem englischen Mönch, der in der Gegend auf einer Missionierungsreise um 1080 starb.

Eisenverarbeitung und Schmiedekunst waren über Jahrhunderte die wirtschaftliche Grundlage der Stadt. Reinhold Rademacher und 70 andere Schmiedemeister aus Süddeutschland brachten die Schmiedekunst in diese Gegend. 1658 begann man auf Initiative von König Carl X. Gustav mit dem Aufbau einer Manufaktur. Das Areal der **Rademacher-Schmieden** ist mit seinen falunroten Holzgebäuden, dem Kopfsteinpflaster und den Gaslaternen ein wahres Schmuckstück, und in der Museumsschmiede kann man den Handwerkern über die Schulter schauen, die nach traditionellen Methoden Messer, Scheren und anderes herstellen. Für das leibliche Wohl sorgt der **Jernberghska Krog** in einem Hof aus den 1650ern.
Rademachersmedjorna, *Rademachergatan 42–50, ✆ 0167-102375, https://rademachersmedjorna.eskilstuna.se. Das Gelände ist rund um die Uhr frei zugänglich, die einzelnen Werkstätten April–Aug. tgl. 10–16/18 Uhr, freier Eintritt.*

Ebenfalls sehenswert ist die **Altstadt** (Gamla Staden) am östlichen Flussufer und hier vor allem die Köpmangatan, mit pittoresken Holzhäusern, Antiquitätenläden, Kunstgalerien und Cafés. Auch das **alte Theater** (Gamla Teatern), die älteste noch benutzte kleinstädtische Bühne Schwedens, verdient Beachtung, ebenso das wunderschöne Stadthaus. Es liegt am neugestalteten Marktplatz **Fristadstorget**, der von der 22 m hohen Nadel-Skulptur „Pin Point“ dominiert wird. Weitere Sehenswürdigkeiten sind die doppeltürmige ehemalige **Klosterkirche** der Johanniter und der moderne, außen wie innen beeindruckende Campus des dänischen Architekturbüros 3XN – seit 2022 ist Eskilstuna nämlich Sitz der jüngsten **Universität** Schwedens.

Die größte Anziehungskraft für Besucher geht aber vom weitläufig ausgeschilderten **Parken Zoo** aus, der Tiere aus allen Kontinenten in weitgehend natürlicher Umgebung zeigt und dem ein Vergnügungspark für kleinere Kinder sowie ein Freibad angeschlossen sind.
Parken Zoo, *Flackstavägen 13, www.parkenzoo.se. Mai–Aug. Tierpark 10–18, Vergnügungspark 12–18 Uhr.*

Die Sigurdritzung

Etwa 10 km nördlich von Eskilstuna (der Beschilderung nach Sundbyholm, dann der zur Sigurdsristningen folgen) liegt die berühmte Sigurdritzung, eine eindrucksvolle Felszeichnung aus der Wikingerzeit. Auf der glatten Felsplatte des Ramsundsberget sind auf fast 5 m Breite und 2 m Höhe Szenen aus der populären Sigurdsage dargestellt. Man erkennt, wie Sigurd den Drachen Fafnir mit dem Schwert tötet, den geköpften Schmied Regin und dessen Werkzeuge, Sigurd mit dem Herzen des Ungeheuers sowie sein Pferd Grani und die Vögel auf dem Baum. Mit dem Runenband im Körper des Drachens erinnert eine Frau namens Sigrid an ihren verstorbenen Mann Holmger, der durch das Bildwerk in die Nähe des Helden Sigurd gerückt werden soll. Eine Kopie der Sigurdritzung schmückt den Eingangsbereich zum Goldzimmer im Historischen Museum in Stockholm (S. 149).

Möchte man ab Eskilstuna nicht mehr den Mälarsee in seiner gesamten Ost-West-Ausdehnung abfahren, hat man wenige Kilometer hinter der Stadt die Möglichkeit einer **erheblichen Abkürzung**, indem man über die **Straße 56** nach Norden abbiegt und über die Brücke bei Kvicksund das andere Ufer erreicht. Ansonsten folgt man weiter der E20, bis in Kungsör die Straße 250 abzweigt. Auf dieser gelangt man 42 km hinter Strängnäs zum nächsten größeren Ort Köping.

Entlang des Nordufers (E 18)

Köping

Schon im Mittelalter als Bischofssitz Kaupinga erwähnt, war Köping mit seinem Hafen ein wichtiger Knotenpunkt für Handel und Kommunikation. Mit Ausnahme der Altstadt zerstörte ein Brand 1889 viele Viertel der Stadt. Die ursprünglich mittelalterliche Kirche mit einem beachtlichen Altarschrein aus dem 16. Jh. wurde im 17. Jh. unter Nicodemus Tessin dem Jüngeren erheblich umgestaltet. Auf dem Marktplatz steht die Skulptur von Carl Milles, die den berühmten Chemiker C. W. Scheele zeigt. Ein kleines Museum erinnert an den großen Sohn der Stadt, der u. a. Sauerstoff, Stickstoff und Chlor entdeckte.
Köpings Museum, *Östra Långgatan 37, ✆ 0221-25351, https://koping.se. Di–So 13–16 Uhr, freier Eintritt.*

Västerås

Zwar gibt es zahlreiche Nebenstraßen am nördlichen Ufer des Mälaren, doch sollte man die rund 40 km zwischen Köping und **Västerås** auf der E18 zurücklegen. 1120 zum Bischofssitz erhoben, erhielt die Stadt in der Vasazeit große politische Bedeutung, als hier mehrere Reichstage abgehalten wurden, u. a. der von 1527, auf dem die Reformation eingeführt wurde. Für wirtschaftlichen Aufschwung sorgten im 17. Jh. der Handel und der Export von Eisen und Kupfer aus dem Raum Bergslagen. Heute gehört die Industriestadt (ca. 128.000 Einwohner) mit dem größten Binnenhafen des Landes zu den bedeutendsten Städten am Mälarsee. Größter Arbeitgeber in Västerås ist der **Energiekonzern ABB**, das **Dampfkraftwerk** der Stadt (1917–92) versorgte lange Zeit große Teile Schwedens mit Energie. Und auf der Smedjegatan wurde 1947 der heutige Mode-Gigant **H&M** gegründet. Dank der rund 12.000 Studenten, die an der **Hochschule** Mälardalens högskola eingeschrieben sind, verfügt Västerås aber auch über ein vitales studentisches und Kneipenleben.

Das älteste Baudenkmal der Stadt ist die **Domkirche**, die 2021 ihre 750-Jahr-Feier beging. Chor und Turm stammen aus dem 15. Jh., die Spitze kam erst 1693 hinzu. Sehenswert sind u. a. der Altarschrein von 1516, die Taufkapelle mit einem Marienschrein aus Antwerpen, der Sarkophag Eriks XIV., das dreieinhalb Meter hohe Triumphkreuz aus dem 14. Jh. und Schwedens größte Sammlung an Epitaphen. Die Skulptur vor der Kirche erinnert an Johannes Rudbeckius, der 1623 nur wenige Hundert Meter entfernt das erste schwedische Gymnasium gründete.
Västerås domkyrkan, *Västra Kyrkogatan 6, ✆ 021-814600, www.svenskakyrkan.se. Tgl. 9–17 Uhr.*

Nördlich der Kirche liegt das Viertel **Kyrkbacken**, dessen niedrige alte Holzhäuser unter Denkmalschutz stehen. Und im **Schloss** (13./14. Jh.) am westlichen Ufer des Flusses Svartån hat heute der Regierungspräsident seinen Amtssitz. Zur alten Bausubstanz sind in den 1990er Jahren moderne Gebäude und Stadtteile hinzugekommen, so z. B. das Zentrum **Skrapan** an der Kreuzung Stora gatan/Kopparbergsvägen mit Kongresshalle, Hotelturm und Einkaufszentren.

Spannender und architektonisch interessanter ist das, was sich im und um das alte Dampfkraftwerk am Yachthafen abspielt. Neben einem geplanten Wissenschaftszentrum bildet

das denkmalgeschützte Ziegelsteingebäude mit seinen Turbinen seit 2017 den Rahmen für ein ebenso außergewöhnliches wie erstklassiges Hotel und für Schwedens erstes „Actionbad“, Kokpunkten (= der Siedepunkt), mit spektakulären Rutschen, Wildwasserkanal, Turbinenstrudel, Pool- und Saunalandschaft, Kletterwand, Kino, hypermoderner Sound-und-Light-Technik sowie vielfältiger Gastronomie.
Kokpunkten Actionbad, *Kraftverksgatan 11, ✆ 021-4485500, https://kokpunkten.se. Tgl. 10–19 Uhr.*

Ebenfalls ein Besuchermagnet ist **Power Big Meet**, das weltgrößte Treffen amerikanischer Autos (ca. 20.000!), das alljährlich Do–Sa in der ersten Juliwoche stattfindet. Der Höhepunkt dieses Festivals ist, wenn am Freitag und Samstag die US-Wagen abends durch Västerås cruisen (*http://bigmeet.com/eng*).

Abstecher Anundshög

6 km nordöstlich der Stadt trifft man in Anundshög auf **eine der stattlichsten vorgeschichtlichen Anlagen Schwedens** aus der Völkerwanderungs- bis zur Wikingerzeit. Außer einem mächtigen **Hügelgrab** mit 60 m Durchmesser und etwa 10 m Höhe gibt es hier ein Gräberfeld mit anderen kleineren Hügeln und fünf **Schiffssetzungen** zu sehen. Die zwei größten Schiffssetzungen messen über 50 m Länge und bestehen aus 26 bzw. 24 Steinblöcken. Das Verhältnis von Länge und Breite der Schiffe entspricht exakt denen echter Wikingerschiffe. Das Gebiet um den Anundshög diente nicht nur als Begräbnisplatz, sondern wahrscheinlich auch als Thingstätte. Merkwürdig erscheint eine Reihe aufgestellter Bautasteine, zwischen denen ein hoher, schlanker Runenstein steht, der wohl im 10. Jh. hinzugefügt wurde. Die Inschrift lautet: „Folkvid errichtete alle diese Steine für seinen Sohn Heden, den Bruder Anunds, Vred meißelte die Runen.“

Abstecher nach Skultuna

Skultuna liegt 12 km nordwestlich von Västerås. Bekannt ist der kleine Ort wegen seines **Messinghüttenwerkes**, in dem seit 1607 edle Gebrauchs- und Ziergegenstände hergestellt werden. Die berühmten Messingkronleuchter finden sich in vielen schwedischen Kirchen. Damals ließ König Karl IX. holländische und deutsche Handwerker nach Skultuna holen, die die Messinghütte aufbauten. Jährlich zählt die Messinghütte, zu der ein kleines Museum mit Sammlungen von einfachen Gebrauchsgegenständen bis zu erlesenem Kunsthandwerk aus vier Jahrhunderten gehört, rund 300.000 Besucher. Im Laden gibt es Messingwaren aus der laufenden Produktion – deutlich preiswerter als üblich. Empfehlenswert ist ein Spaziergang in der nahen Umgebung der Messinghütte (Rhododendrenpark, Runensteine, Schmieden und Kohlehütten).
Skultuna Messingbruk, *Bruksgatan 8, Skultuna, ✆ 021-78300, https://skultunabruk.se. Mo–Fr 10–18, Sa/So 10–17 Uhr.*

Reisepraktische Informationen Västerås

Information

Visit Västerås, *https://visitvasteras.se. Touristeninformation über diverse Infopoints in der Stadt oder online.*

Hotels

The Steam Hotel *€€€€–€€€€€, Ångkraftsvägen 14, ✆ 021-4759900, www.steamhotel.se. 2017 eröffnetes, außergewöhnliches 4-Sterne-Haus im alten Kraftwerk, 227 komfor-*

table Zimmer, Restaurants und Bars, z. T. tolle Aussicht auf Yachthafen und Mälarsee, Spa und als nächsten Nachbarn das spektakuläre Actionbad Kokpunkten.

Hotel Plaza *€€€–€€€€, Kopparbergsvägen 10, ✆ 021-101010, https://plazavasteras.se. 4-Sterne-Haus der Best-Western-Kette im höchsten Hotelturm weit und breit. 202 gut ausgestattete Zimmer, Parkhaus, Einkaufszentrum, Touristeninformation im gleichen Gebäude, im 22. Stock Fitnessstudio, im 23. und 25. Stock fantastisches Spa mit Sauna-Landschaft und grandioser Aussicht, im 24. Stock Schwedens höchstgelegene Cocktail- und Piano-Bar (Sky Bar).*

Daneben sind in Västerås genügend Betten in den üblichen Hotels, Bed-&-Breakfast-Häusern, Jugendherbergen und auf Campingplätzen mit stugor vorhanden. Daneben gibt es aber auch deutlich ausgefallenere Unterkünfte, etwa das von dem Künstler Mikael Genberg gestaltete **Utter Inn** *(https://visitvasteras.se/hotell-utter-inn) in der Bucht von Västerås. Hier werden Gäste mit dem Boot zu einem roten Holzhäuschen mitten im Wasser gebracht, von dort geht es durch eine Röhre in ein einfach ausgestattetes Zweibettzimmer 3 m unter der Wasseroberfläche, von dem man durch vier Panoramafenster die Unterwasserwelt beobachten kann.*

Enköping

34 km sind es auf der E18 von Västerås nach Enköping, einer Kleinstadt, die ihre große Zeit im Mittelalter hatte. Einst reichte eine Bucht des Mälaren bis zu dem damals recht bedeutenden Handelsplatz, infolge der Landhebung ging dieser Hafen jedoch verloren. Übrig blieb der Fluss Enköpingså, der südlich der Stadt in den Mälarsee mündet. Nach einem Großbrand wurde die Stadt um 1800 nach einem rechtwinkligen Bebauungsplan wieder aufgebaut. Die **Vårfrukyrkan** (Liebfrauenkirche) stammt in ihren ältesten Teilen aus dem 12. Jh., die Ruinen eines 1267 errichteten Franziskanerklosters finden sich am Munksund (*munk* = Mönch). Ansonsten ist der Ort wegen seiner Gärten bekannt.

Aufgrund seiner Lage war Enköping ein wichtiger Handelsplatz. Als Ausgleich für den Rückgang des lukrativen Eisenhandels im 16./17. Jh. bekam die Stadt von der Krone das Recht, das Königshaus mit Gemüse zu versorgen. Dieser Wirtschaftszweig wurde mithilfe holländischer Landwirte aufgebaut. Im 18. Jh. versuchte man sich im Tabakanbau, im 19. Jh. war Enköping das Zentrum des Meerrettichanbaus. Heute werden in jedem Frühjahr Zehntausende von Stauden, Blumen und Kräutern gepflanzt, ein farbenfrohes Bild, das zur Blütezeit inzwischen auch viele Touristen anzieht.

Etwa 5 km südlich der Stadt kann man in Boglösa an der Straße nach Veckholm **Felszeichnungen** (Schiffe, Menschen- und Tierdarstellungen, Spiralen, Räder, Fußspuren) sehen, die hier in der Bronzezeit (ca. 1500–500 v. Chr.) in den Granit geritzt wurden. Auf einem 4 km langen Wanderpfad informieren Tafeln über die Ritzungen und diverse andere vorhistorische Artefakte. Von den vielen in Uppland gefundenen Felszeichnungen finden sich die meisten im Gebiet südwestlich von Enköping.

Die größte kunsthistorische Attraktion in der Nähe von Enköping aber ist die **Härkeberga kyrka**. Sie liegt ca. 10 km östlich des Städtchens (Abfahrt E18 bei Grillby nach Norden, den braunen Schildern „Medeltidskyrka" folgen) und ist eine von über 30 Mittelalterkirchen der Region. Von außen erscheint das zu Beginn des 14. Jh. errichtete Gotteshaus nicht besonders auffällig. Im Innern aber entfaltet sich eine farbenfrohe und fast vollständig erhaltene *Biblia pauperum*, eine Armenbibel, deren Ausmalung um 1480 erfolgte, als die Backsteingewölbe eingesetzt wurden. Gewölbe und Wände sind komplett mit biblischen, aber auch magischen und irritierenden Szenen illustriert, z. B. in der Vorhalle groteske Teufel und ein Hase, der Kühen Milch aus dem Euter saugt. Eine Männerdarstellung

wird als Selbstporträt des Künstlers Albertus Pictor gedeutet. Älter als die Malereien ist das wunderbare Triumphkreuz (14. Jh.), ansonsten stammt die Inneneinrichtung hauptsächlich aus dem 18. Jh. Unterhalb der Kirche liegt der Pfarrhof (Kaplangården) mit einigen hübschen Holzhäusern.
Härkeberga kyrka, *Härkeberga, ✆ 0171-470006, www.svenskakyrkan.se.*

Für die nächsten Ziele Skokloster und Sigtuna sollte man die E18 kurz hinter Enköping verlassen und als landschaftlich reizvollere Alternative die **Straße 55** und wenig später die **Straße 263** wählen. Auf diesem Weg kommt man auch am **Schloss Ekolsund** vorbei, dem einzigen königlichen Schloss Schwedens in Privatbesitz. Das Anwesen hatte schon Gustav I. Vasa gehört, später u. a. Gustav II. Adolf und Johan III. Der heutige Bau besteht aus zwei Flügeln (Südliches Schloss und Nördliches Schloss), die durch einen bogenförmigen sogenannten Excedran miteinander verbunden sind. Der Park ist frei zugänglich, ansonsten können Führungen gebucht werden. Die derzeitigen Besitzer unterhalten u. a. ein Restaurant und ein Hotel.
Ekolsunds Slott, *Ekolsunds slottsallé 1–2, ✆ 0171-472200, www.ekolsundsslott.se.*

Skokloster

Von der Landstraße 263 zweigt der Skoklostervägen ab, der auf 12 km durch eine wunderschöne Landschaft, durch Felder und Wälder und vorbei an Runensteinen führt. Schon von Weitem ist das weiße, blockhafte Barockschloss zu sehen, das herrlich auf einer Halbinsel liegt. Auf dem historischen Grund stand bereits im Mittelalter ein Zisterzienserkloster, an das heute noch die Kirche erinnert. Carl Gustav Wrangel, einer der großen Feldherren des Dreißigjährigen Krieges, ließ ab 1655 das eindrucksvolle Schloss in vier Geschossen mit vier Ecktürmen um einen quadratischen Hof bauen. Die erhaltene Einrichtung, vor allem im Königssaal, Schlafgemach, Kuriositätenkabinett und Rüstkammer, vermittelt ein Bild, auf welch hohem Niveau der Adel in der Großmachtzeit lebte.

Ganz fertig wurde der Prachtbau nie, so z. B. der große Bankettsaal im Obergeschoss – aber auch das macht das Ungewöhnliche dieses Schlosses aus: Wo sonst findet man einen Barockbau, dessen halb fertiges Obergeschoss ohne jegliche Veränderung seit dem 17. Jh. überdauert hat? Fast meint man, die Handwerker könnten jeden Moment zurückkehren, um ihre Arbeit wieder aufzunehmen.

Eingebettet ist das Schloss in einen wunderschönen, direkt am Wasser gelegenen und immer frei zugänglichen **Park** mit Lindenalleen, Apfelbäumen und Kastanien – ein ideales Plätzchen für ein Picknick. Oder, wenn das Wetter es zulässt, für einen Sprung ins kühle Wasser des Mälaren vom alten Steinpier aus.

Sehenswert ist die **Klosterkirche** aus rotem Backstein unweit des Schlosses, die ab ca. 1250 gebaut, aber schon vor ihrer Einweihung um 1300 durch einen Brand schwer beschädigt wurde. Die dreischiffige Basilika erinnert sehr an die Marienkirche in Sigtuna, hat aber einen viel höheren, freistehenden hölzernen Glockenturm. Der überwiegende Teil der wertvollen Ausstattung gelangte als Kriegsbeute unter Feldmarschall Carl Gustav Wrangel nach Schweden, darunter die Kanzel von 1612 aus Oliva bei Danzig sowie ein kostbarer **Altaraufsatz**. Aus dem Mittelalter stammen das Triumphkreuz und die Madonnenskulptur mit dem Kind. Die Angehörigen der Familie Wrangel sind im Chor in einer Grabkapelle beigesetzt, die ab 1630 errichtet wurde. Auch die vielen Wappenschilder im Kirchenschiff erinnern an die Adelsfamilie.

An der Kirche sind einige besonders schöne Exemplare von **Runensteinen** aufgestellt, deren Inschriften und bildliche Darstellungen (wikingische Krieger zu Pferd) durch rote Farbe leicht zu erkennen sind. Wer einen längeren Spaziergang machen möchte, kann von hier aus auch die romantische **Kirchenruine** von Flasta aufsuchen.

Reisepraktische Informationen Skokloster

Information

Skokloster, *Skoklostervägen 98–100, ✆ 08-4023077, https://skoklostersslott.se. Mai und Sept. Sa/So sowie in den Herbstferien 11–16, Juni–Aug. tgl. 11–17 Uhr; freier Eintritt zum Erdgeschoss.*

Cafés

Im Schloss selbst gibt es unter den Gewölben der ehemaligen Kleinen Küche das **Schlosscafé** *mit Sandwiches, Lunch und anderen kleinen Gerichten, auch Außengastronomie. An der Kirche befindet sich in einer herrlichen Holzvilla das* **Sjövillans Café**, *das in der Sommersaison tgl. 11–17 Uhr geöffnet ist. Empfehlenswert ist auch die Tankstelle* **Macken** *aus den 1960er Jahren. In dieser Retro-Perle kann man nicht nur Benzin oder Diesel kaufen, sondern sich auch im Lebensmittelladen, im Café und im guten Restaurant mit Essen versorgen (Skoklostervägen 96, ✆ 018-386011, Mo–Sa 10–19, So 10–17 Uhr). Ein Gästehafen gehört ebenfalls zur Anlage.*

Verkehrsverbindung

Von Stockholm aus mit dem **Zug** *nach Bålsta, ab dort mit* **Bus** *311 bis Skokloster (ca. 75 Min. Fahrzeit). In der Saison ist Skokloster auch mit dem* **Ausflugsboot** *erreichbar.*
Wer als **Selbstfahrer** *ab* **Stockholm** *anreist, nimmt die E18 und ab Bro die Landstraßen 269/263. Für die 70 km sollte man ca. eine Stunde einplanen. Vor allem den letzten Teil der Strecke legt man auf einer wunderschönen Straße zurück.*

Sigtuna

Sigtuna wurde schon vor dem Jahr 1000 von König Erik Segersäll gegründet und kann deswegen zu Recht von sich behaupten, Schwedens erste Stadt zu sein. Hier wurden zum ersten Mal im Land Münzen geprägt, hier entstand einer der ersten Bischofssitze und damit wurde Sigtuna zum Zentrum der christlichen Mission – mit einem Kloster und nicht weniger als sieben Kirchen. Archäologische Untersuchungen zeigten, dass die Stadt von Anfang an planmäßig angelegt worden ist. Die frühe Besiedlung belegen aber auch die erhaltenen **Runensteine** – gut 150 sind es in der Kommune, ein gutes Dutzend im Zentrum. Mit dem Überfall estnischer Seeräuber 1187 und dem Aufstieg Stockholms und anderer Städte im Mälarsee-Gebiet ging die Blütezeit der kleinen Stadt zu Ende, die Kirchen verfielen, wurden als Steinbrüche benutzt und blieben als Ruinen stehen.

Im 20. Jh. haben die Gartenstadtidee, kirchliche Einrichtungen und Stiftungen dem Ort neues Leben eingehaucht, der sich auch zur bedeutenden Schulstadt entwickeln konnte (u. a. studierten hier Olof Palme und König Carl XVI. Gustaf). Die Nähe zu Uppsala, Stockholm und dem Flughafen (14 km) hat die Gemeinde zu einem beliebten Wohnort werden lassen. Besucher können sich auf ein charmantes Städtchen mit vielen Sehenswürdigkeiten und einer schön gestalteten Uferzone am Mälarsee freuen.

Als kommerzielle Hauptschlagader durchzieht die **Stora gatan** Sigtuna, die als älteste Straße Schwedens gilt. Heute liegt sie etwa 3 m höher als zur Zeit der Stadtgründung. Auf der Stora gatan mit ihren pittoresken, bunten Holzhäuschen gibt es kleine Boutiquen, Cafés und Restaurants. Im **Drakegården**, einem Haus aus dem 18. Jh., ist die Touristeninformation untergebracht. Ihm gegenüber steht hinter einem netten Platz das knuffige Rathaus mit Glockentürmchen, das 1744 eingeweiht wurde und bis 1948 in Gebrauch war. Das **kleinste Rathaus Schwedens**, *das* Symbol für Sigtunas Kleinstadtcharme, kann mit seinem völlig unveränderten Ratssaal im Sommer besichtigt werden (*tgl. 12–16 Uhr, freier Eintritt*).

Wenige Schritte weiter, an der zum Mälarsee führenden Laurentiigränd, folgt mit Tant Bruns Kaffestuga ein idyllisches Holzhauscafé des 17. Jh. Noch ein Stückchen weiter gelangt man auf der Stora gatan zum **Sigtuna museum**, das mit der Basisausstellung „Sigtuna im Mittelalter" interessante Funde aus der Blütezeit der Stadt zeigt sowie wechselnde Ausstellungen.

Sigtuna museum, *Stora gatan 55, ✆ 08-59126670, www.sigtunamuseum.se. Juli–Aug. tgl. 12–16, Sept.–Juni Di–So 12–16 Uhr.*

An der Prästgatan, der nördlichen Parallelstraße der Stora gatan, gelangt man auf Höhe des Rathauses zur kulturhistorischen Hauptsehenswürdigkeit des Städtchens. Hier liegen inmitten eines schönen, parkähnlichen Kirchhofs eine Kirchenruine und die einzig erhaltene der mittelalterlichen Kirchen Sigtunas. Die St.-Olofs-Kirchenruine, neben den Ruinen St.-Lars und St.-Per die eindrucksvollste, geht etwa auf das Jahr 1100 zurück, doch fanden Archäologen unter dem Boden Reste einer noch älteren Steinkirche. Gegenüber, hinter einem Kirchhofsgebäude mit deutscher Inschrift, erhebt sich eindrucksvoll die

In Tant Bruns Kaffestuga in Sigtuna wird hauseigenes Gebäck serviert

Marienkirche. Sie gehörte ursprünglich zu einer Klosteranlage, mit deren Bau die Dominikaner um 1230 begannen. In ihrer Mischung aus romanischen (Chor) und gotischen (Schiff) Stilelementen hat die Kirche, abgesehen von den Gewölbebögen im Kirchenschiff, weitgehend ihr Aussehen wie vor 700 Jahren bewahrt. Neu im damaligen Schweden war die Technik, Ziegel herzustellen und zu verwenden. Nach der Reformation ließ König Gustav I. Vasa das Kloster abreißen, die Marienkirche durfte als Gemeindekirche fortbestehen. Besonders sehenswert sind in der Kirche neben den mittelalterlichen Skulpturen der aus Norddeutschland stammende Altarschrank im Chor, das alte Taufbecken sowie der um 1400 in Schweden gefertigte Altarschrank im nördlichen Seitenschiff.

Reisepraktische Informationen Sigtuna

Information

Drakegården Turistbyrå, *Stora gatan 33, ✆ 08-59480650, www.destinationsigtuna.se. Mo–Fr 8–16, Sa/So 11–15 Uhr.*

Hotels

1909 Sigtuna Stadshotell €€€€, *Stora Nygatan 3, ✆ 08-59250100, www.sigtunastadshotell.se. Nostalgische Fünf-Sterne-Hotelperle gegenüber dem Museum, 24 Zimmer und Suiten im Stil der 1950er Jahre, einige mit herrlicher Aussicht über den Mälaren. Eine Mini-Spa-Abteilung mit Sauna kann zu alleiniger privater Nutzung gebucht werden. Das* **Restaurant 1909** *hat sich unter Leitung des Küchenchefs Gustav Brixelius zu einer der besten kulinarischen Adressen Schwedens entwickelt.*

Stora Brännbo €€€, *Stora Brännbovägen 2–6, ✆ 08-59257500, https://storabrannbo.se. Zentrumsnah im Grünen gelegene Hotel- und Konferenzanlage aus den 1950ern mit 101 zweckmäßig eingerichteten Zimmern, gutem Restaurant, Fitnessraum; ermäßigte Sommerpreise.*

Café

Tant Bruns Kaffestuga, *Laurentii Gränd 3, www.tantbrun-sigtuna.se. Bekanntes Café im Stil des 17. Jh. mit eigener Bäckerei in einer Nebengasse der Storagatan. Mo–Fr 10–17, Sa/So 10–18 Uhr.*

Aktivitäten

Der **Wanderweg** *„Upplandsleden" (orangefarbene Markierungen) verläuft durch Sigtuna, ebenso die* **Kanu-Route** *„Vikingaleden". Kanuverleih: über das Touristenbüro oder beim „Aktivitetsteam", ✆ 08-51064700.* **Angeln** *im Mälaren ist ohne Angelkarte erlaubt.*

Verkehrsverbindung

Von **Stockholm** *mit dem Vorortzug (Pendeltåg) 2 x stündl. nach Märsta, von dort mit dem Bus 575/570 nach Sigtuna. Von* **Uppsala** *mit dem Vorortzug nach Märsta oder direkt mit dem Bus 883 nach Sigtuna. Juni–Aug. gibt es auch Schiffsverbindungen ab/bis Stockholm bzw. Uppsala via Skokloster.* **Selbstfahrer** *auf dem Weg* **von Sigtuna nach Uppsala** *nehmen am besten die landschaftlich reizvollen Straßen 263 und 255. Wer hingegen* **von Stockholm nach Sigtuna** *fährt, nimmt die E04. Diese sollte man in Märsta verlassen und auf der Straße 263 auf Sigtuna zufahren. Knapp 2 km vor Sigtuna empfiehlt es sich, auf den Märstavägen abzubiegen, das ist die eindeutig schönere Strecke.*

Uppsala – Schwedens geistiges Zentrum

Schwedens nach Einwohnern gerechnet viertgrößte Stadt (ca. 167.000 Einwohner) ist Verwaltungszentrum, Residenz des Erzbischofs und vor allem Universitäts- und Ausbildungsstadt. Die **älteste Universität des Nordens** wurde 1477 als Institution der katholischen Kirche gegründet. Während der Reformation im 16. Jh. hatte sie folglich einen schweren Stand, sodass der Lehrbetrieb weitgehend eingestellt wurde. Zu neuem Leben erwachte die Universität in der schwedischen Großmachtzeit, als der Staat fähige Beamte brauchte oder Mathematiker, z. B. im Dienste der Kriegswissenschaften.

Neben der altehrwürdigen Lehrinstitution und dem Schloss, auf dem immerhin Königskrönungen stattgefunden haben, steht vor allem die Kathedrale, Sitz des Primas der schwedischen Kirche, für die herausragende Stellung Uppsalas. Auch die vorgeschichtlichen Königsgräber von Gamla Uppsala unterstreichen, dass die Stadt lange Zeit das **geistliche und politische Zentrum Schwedens** war und als solches sogar Stockholm überstrahlte. Damit steht Uppsala zur heutigen Hauptstadt Stockholm in etwa so wie in den nordischen Nachbarländern Roskilde zu Kopenhagen, Trondheim zu Oslo oder Turku zu Helsinki.

Das ursprünglich Östra Aros genannte Uppsala entstand im 11. Jh. als Handelsort am östlichen Ufer des Flusses Fyris, während auf der westlichen Seite der Dom und später Universität und Schloss das akademisch-kirchliche Viertel bildeten, ein Kontrast, der immer noch im Stadtbild festzustellen ist. Leider hat das Zentrum, die bürgerliche Stadt östlich des Flusses, aufgrund der Bauwut vor allem in den 1960er und 1970er Jahren viel von seinem ursprünglichen Charme verloren, Neubauten sind oft unharmonisch ohne Rücksicht auf benachbarte Gebäude errichtet worden. Dennoch prägen die vielen Institutionsgebäude, die über die Stadt verteilt sind, sowie die Gebäude der einzelnen Studentenschaften das Stadtbild: Häuser, in denen die Studenten aus den verschiedenen Landschaften Schwedens ihre jeweiligen „Servicestationen" mit eigenen Bibliotheken, Aufenthaltsräumen, Sportangeboten und allen erdenklichen Hilfen finden, die ihnen das Leben in der ungewohnten Umgebung erleichtern sollen. Die meisten Besucher der Stadt kommen wegen der Sehenswürdigkeiten im Dom- und alten Universitätsviertel. Uppsala ist wie keine andere schwedische Stadt fest in der Hand der Radfahrer.

Hinweis: *Da die Straßen im Stadtkern nur wenig Parkmöglichkeiten bieten bzw. das Parken recht teuer ist, empfiehlt es sich bei einem mehrstündigen Aufenthalt, das Schloss (Slottet) anzufahren, wo man für nur wenige Kronen den ganzen Tag parken kann.*

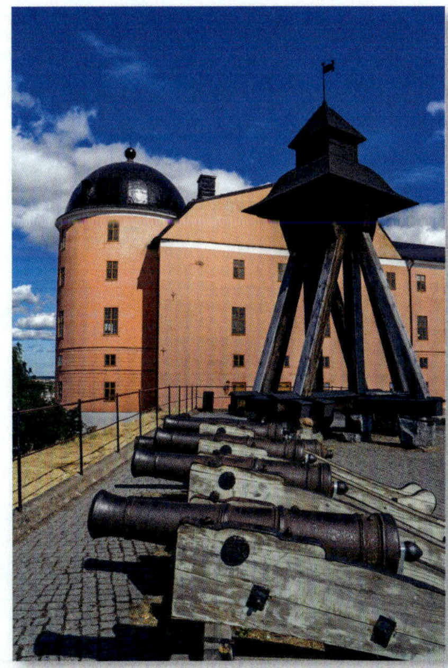

Auf der Terrasse von Schloss Uppsala

Kleiner Stadtrundgang

Es bietet sich an, eine Stadtbesichtigung am **Schloss (1)** zu beginnen, denn der rostrote Bau thront hoch oben auf dem Schlosshügel (Slottsbacken), von dessen Terrassen sich ein schöner (Über-)Blick über die Stadt und die beiden Türme des Doms ergibt. Mit dem Bau des Schlosses wurde unter Gustav I. Vasa im 16. Jh. begonnen; es sollte aber nicht nur Verteidigungszwecken dienen, sondern gleichzeitig der Kirche demonstrieren, dass nun die Macht beim Königshaus lag. Das heutige Aussehen geht auf die Mitte des 18. Jh. zurück, als der ursprüngliche Renaissancebau nach einem Brand weitgehend durch einen Neubau ersetzt werden musste – in kleinerem Maßstab und nun im klassizistischen Stil. Die geschichtsträchtigen Gemäuer haben schon viel gesehen – hier fand 1567 das Sture-Massaker statt, während dessen der geisteskranke König Erik XIV. mehrere Adlige wegen angeblichen Verrats hinrichten ließ, hier wurde am 16. Juni 1654 beim Reichstag die Abdankung von Königin Kristina verkündet. Heute beherbergt das Schloss drei Museen: das **Haus des Friedens** (Fredens Hus), die **Vasaburg** (Vasaborgen) und **Uppsalas Kunstmuseum** (Uppsala konstmuseum). Bei einem Besuch kann man u. a. erhaltene Teile des alten Schlosses, die Altarwand der Schlosskirche, die Sture-Gewölbe, das historische

Wachskabinett (Vasavignette) und die Kunstsammlungen der Universität mit Grafiken und zeitgenössischer Malerei besichtigen.

Uppsala Slott/Uppsala konstmuseum, *Drottning Christinas väg 1E, ✆ 018-7272482, https://konstmuseum.uppsala.se. Juni–Aug. tgl. 11–17, sonst Di–So 11–17, Do bis 20 Uhr, freier Eintritt.*

Der Aussicht wegen lohnen die Schlossterrassen auch für die, die nicht an den Museen interessiert sind. Oberhalb der Stadt ist der hölzerne Glockenbaum ein beliebtes Fotomotiv, und natürlich darf auch eine ganze Reihe alter Kanonen nicht fehlen. Besonders gut zu sehen ist von hier oben der **Botanische Garten** mit dem **Linneanum (2)**. Weil der alte Linné-Garten (s. u.) nicht mehr genügend Platz bot, legte hier der Linné-Schüler Carl Peter Thunberg den neuen Botanischen Garten an, das Gelände hatte König Gustav III. 1787 der Stadt geschenkt. Besonders schön ist die gelb-weiße neoklassizistische **Orangerie** (1787–1807). Zum Areal gehören auch die gläsernen **tropischen Gewächshäuser** weiter südlich, die in den 1930ern angebaut wurden und in denen die Flora von Steppe, Savanne, Wüste und Regenwald repräsentiert ist.

Geht man nun den Schlosshügel abwärts, zieht zur Linken das mächtige Gebäude der **Universitätsbibliothek Carolina Rediviva (3)** die Blicke auf sich. Es wurde 1819–41

Codex argenteus – Wulfilas Silberbibel

info

Die fast 1.500 Jahre alte Silberbibel (Codex argenteus) gilt als **eine der wertvollsten Handschriften weltweit** und ist das älteste und umfassendste Dokument der gotischen (und damit allgemein der altgermanischen) Sprache. Es war Bischof Wulfila, der in der Völkerwanderungszeit im 4. Jh. die Bibel aus dem Griechischen ins Gotische übersetzte und das gotische Alphabet einführte. Die in Uppsala verwahrte Silberbibel ist eine Abschrift dieser Übersetzung und wurde vermutlich zu Beginn des 6. Jh. in Ravenna für den ostgotischen Herrscher Theoderich den Großen angefertigt. Die beiden anonymen Skriptoren haben dabei die vier Evangelien mit Gold- und vor allem mit Silbertinte auf purpurfarbenes Pergament aus der Haut neugeborener oder ungeborener Kälber aufgetragen.

Im 16. Jh. tauchte das Prachtbuch in dem Benediktinerkloster Werden (heute in der deutschen Stadt Essen) auf und wurde schon damals als „Silberbibel" bezeichnet. Sie ging in den Besitz des deutschen Kaisers Rudolf II. über und wurde in Prag aufbewahrt, bis während des Dreißigjährigen Krieges die Schweden die Stadt stürmten. Als Beutekunst wurde die Bibel der Bibliothek Königin Kristinas II. einverleibt, nach deren Abdankung entführte der schwedische Bibliothekar das kostbare Buch nach Holland, wo sie Reichskanzler (und Universitätsdekan) Magnus Gabriel De la Gardie zurückkaufte und sie 1669 der Universität von Uppsala schenkte.

Im Lauf der wechselvollen Geschichte gingen viele Seiten verloren, sodass in der Carolina Rediviva von den ursprünglich 336 Blättern des Buches nur 187 aufbewahrt wurden. 1970 fand man im Dom zu Speyer ein weiteres Blatt in einem Reliquienverwahr, das letzte der Handschrift. In einem spektakulären Raub wurde zudem 1995 eine der kostbaren Seiten gestohlen und später in einem Bahnhofsschließfach wiedergefunden. In der Expo Rediviva ist in einem abgedunkelten Raum und hinter dickem Glas jeweils nur eine Doppelseite ausgestellt, Interessenten können jedoch auf der Website der Unibibliothek die gesamte Silberbibel digital durchblättern. 2011 wurde der Codex argenteus in die UNESCO-Liste des Weltkulturerbes aufgenommen.

erbaut und ist mit einem Bestand von rund 5 Mio. Büchern und 30.000 Handschriften eine der wichtigsten Bibliotheken Skandinaviens. Nach der Renovierung 2017–19 sollte man sich auf alle Fälle die **Expo Rediviva** rechts vom Eingang anschauen. Hier sind viele Handschriften, Karten und Zeichnungen von unschätzbarem Wert ausgestellt. Z. B. babylonische Keilschrifttafeln von 515 v. Chr., eine Karte von Tenochtitlán (Mexiko-Stadt) von 1521, die Carta Marina des Olaus Magnus (die erste halbwegs korrekte Karte Skandinaviens), die Götterlieder der isländischen Edda (sog. Uppsala-Edda), Fredrika Bremers Illustrationen einer Reise nach Nordamerika und Kuba oder Mozarts eigenhändige Partitur der Zauberflöte. Das wertvollste Kleinod der Sammlung aber ist die Silberbibel, der sogenannte Codex argenteus.
Carolina Rediviva, *Dag Hammarskjölds väg 1, ✆ 018-4713909, www.uppsalasmuseer.se. Ausstellungssaal Expo Rediviva, tgl. 12–16 Uhr, freier Eintritt.*

Hinter der Universitätsbibliothek erstreckt sich der weitläufige, parkähnliche **Alte Friedhof (4)** (Gamla Kyrkogården), auf dem man u. a. das erstaunlich schlichte **Grab von Dag Hammerskjöld** (1905–61) findet. Hammarskjöld war der zweite Generalsekretär der UNO. Kurz nach seinem Tod – er starb unter ungeklärten Umständen bei einem Flugzeugabsturz in Afrika – wurde ihm posthum der Friedensnobelpreis verliehen.

Geht man von der Carolina Rediviva zur anderen Seite durch den Odinslund, einen lauschigen Park mit einigen Skulpturen, auf den Dom zu, passiert man zunächst rechter Hand die **Dreifaltigkeitskirche (5)**, eine zwar kleine, aber wunderschöne Basilika aus dem 14. Jh. Der warme Ton der Ziegelsteine und die Wandmalereien an den Seitenschiffen (spätes 15. Jh.) machen den Besuch der Gemeindekirche lohnend. Links neben der Kirche beeindruckt außerdem das klassizistische **Haus des Dekans** (1746), der größte Privatpalast der Stadt.
Helga Trefaldighetskyrkan, *Nathan Söderbloms plan, ✆ 018-4303500, www.svenskakyrkan.se/helgatrefaldighet.*

Uppsalas größte Sehenswürdigkeit ist die **Kathedrale (6)**, deren beiden Westtürme mit 118,7 m genauso hoch sind wie der Dom lang ist. Der hochgotische Bau ist nicht nur die **größte Kirche des Nordens**, sondern gleichzeitig Krönungs-, Grabes- und erzbischöfliche Kirche. Wie alle bedeutenden sakralen Gebäude hat auch der Dom zu Uppsala seine eigene Baugeschichte, die irgendwann Ende des 13. Jh. beginnt. Sicher ist hingegen die Einweihung im Jahre **1435**. Östra Aros mit seinem Hafen lief dem alten Uppsala den Rang ab, da infolge der Landhebung Gamla Uppsala über den Fluss nicht mehr erreichbar war. Seinem Erscheinungsbild nach ist das

Uppsalas größte Sehenswürdigkeit: der Dom

Gotteshaus das Ergebnis einer grundlegenden Restaurierung der Jahre 1885–93, mit der der Architekt Helgo Zetervall sich eng an die nordfranzösische Gotik des 13. Jh. anlehnte, sodass der Dom außen wie innen eher neugotisch wirkt. Die letzte große Renovierung wurde 1976 abgeschlossen.

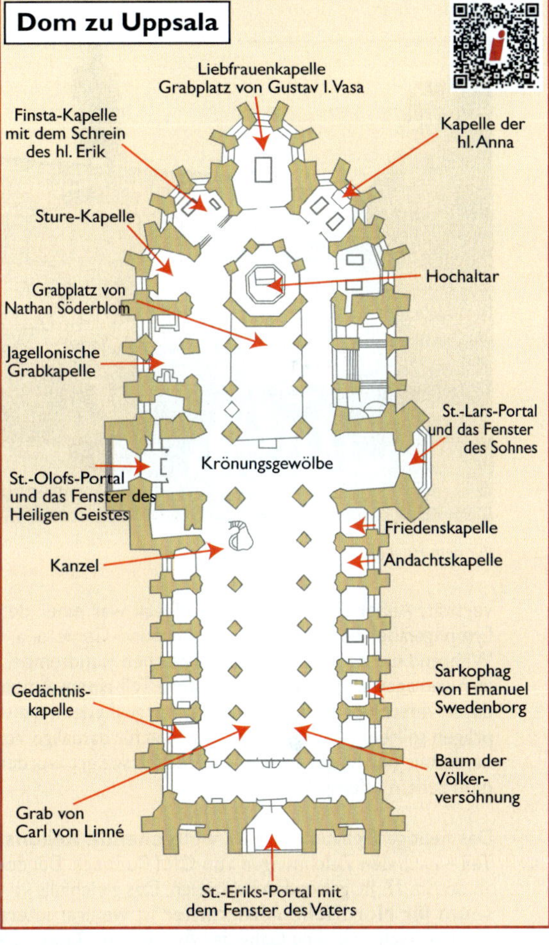

Der Dom ist auch ein Museum schwedischer Geschichte, zumal die alten Heiligenkapellen nach der Reformation zu **Grabstätten für Könige**, die führenden Adelsgeschlechter und andere Persönlichkeiten umfunktioniert wurden. So gibt es hier die Gräber von **Gustav I. Vasa**, Johan III., **Carl von Linné** und Bischof Nathan Söderblom. Im nordöstlichen Chor ist mit den Reliquien im vergoldeten **Silberschrein des hl. Erik**, Schwedens Nationalheiligem, das wertvollste Andenken aus dem Mittelalter bewahrt. König Gustav I. Vasa ließ im östlichsten Chor den Marienaltar entfernen, um für sich und seine Familie einen repräsentativen Grabplatz anlegen zu lassen. Die großen Fresken aus den 1930er Jahren zeigen die wichtigsten Stationen im Leben des Königs. Kunstgeschichtlich bedeutender ist sicher der kostbare **Altarschrank** in der Sture-Kapelle, den ein Künstler 1520 in Brüssel fertigte. Eine Arbeit im Renaissancestil, die die Legende der hl. Anna darstellt, kann man in der Kapelle der Heiligen bewundern. Ein **Museum im Dom** zeigt im nördlichen Kirchturm Gold- und Silbergeräte und wertvolle Kirchentextilien.

Uppsala Domkyrka, *Domkyrkoplan 2a, ✆ 018-4303630, www.uppsaladomkyrka.se. Tgl. 8–18 Uhr.* **Museum im Dom/Schatzkammer**: *Mo–Sa 10–16, So 12.30–16, im Sommer bis 17 Uhr.*

Auf dem Domplatz steht gegenüber den Westtürmen der Kirche das **Gustavianum (7)**. Im Mittelalter war hier der Sitz des Erzbischofs, bis König Gustav II. Adolf das Gebäude Anfang des 17. Jh. der Universität für den Lehrbetrieb überließ. In dem obersten Stockwerk unter der auffälligen Kuppel ist das berühmte **Anatomische Theater** (1663) untergebracht. Entworfen hat den Seziersaal **Olof Rudbeck**, der damalige Rektor der Uni-

Vor dem Hauptgebäude der Universität Uppsala

versität. Außer mit Anatomie (Rudbeck war einer der Pioniere in der Erforschung der Lymphgefäße) befasste sich das Allround-Genie u. a. mit Geschichte und Architektur. Während die Kuppel an einen klassischen Rundtempel erinnert, der von acht Wandpfeilern getragen wird, gleicht der untere Teil einem Amphitheater. Die Stehplatzreihen sind durch verschiedene antike Säulentypen gegliedert, die sich die Studenten so nebenbei einprägen sollten. 200 Stehplätze scheinen für damalige Verhältnisse recht viele zu sein, doch da damals nur hingerichtete Verbrecher seziert wurden, fanden Obduktionen nur selten (und zudem öffentlich) statt.

Das heutige Gebäude ist eine **weitgehende Rekonstruktion** – vor allem im unteren Teil – nach den Zeichnungen von Olof Rudbeck. Bei der Farbgebung orientierte man sich an den im 17. Jh. geltenden Prinzipien. Das gleichfalls im Gustavianum untergebrachte **Museum für Nordische Altertümer** ist weniger interessant als der berühmte Augsburger Kunstschrank, eine Gabe des Augsburger Rates an König Gustav II. Adolf. Das Gustavianum wird bis 2024 umfassend renoviert.
Museum Gustavianum & Anatomiska teatern, *Akademigatan 3, ✆ 018-4717571, www.gustavianum.uu.se.*

Auf der Rückseite des Gustavianums kommt man nach wenigen Schritten durch einen schönen Park mit einigen dort aufgestellten Runensteinen zum Hauptgebäude der **Universität (8)**. Das heutige Bauwerk im Stil der italienischen Renaissance wurde 1887 eingeweiht. Sowohl das Äußere als vor allem auch das Innere mit dem Treppenhaus, der Vorhalle und der prächtigen Aula sind sehenswert. Die oft zitierte Inschrift über dem Aulaeingang lautet in der Übersetzung: „Frei zu denken ist groß, aber richtig zu denken ist größer". Im Universitätsgebäude befinden sich auch das wertvolle Münzkabinett sowie die Porträtsammlung und Teile der Kunstsammlung.
Universitetshuset, *Biskopsgatan 3, ✆ 018-4710000, www.uu.se. Mo–Fr 8–16.30 Uhr.*

Auch ein Kurzbesuch Uppsalas wäre unvollständig, würde man nicht östlich von der Kathedrale den Weg über die Domtreppen hinab zum Fluss Fyris nehmen. Wendet man sich vor dem Hauptportal nach links, passiert man das **Senatsgebäude** und das für das Domkapitel vorgesehene **Ecclestasticum** (mit dem ansprechenden Café Katedralkaféet, *Di–So 11–16 Uhr*) und steigt dann hinab zum S:t Eriks Torg, der im Norden von der Jugendstilmarkthalle begrenzt wird. Rechts davon, hinter dem kleinen Rosenpark, ist in einer alten Mühle oberhalb des Flusswehres das **Upplands-Museum (9)** untergebracht, das kulturgeschichtliche Hauptmuseum für Uppsala und das Uppland. Auf vier Etagen werden Ausstellungen präsentiert, die Erwachsene wie Kinder ansprechen.
Upplandsmuseet, *S:t Eriks torg 10, ✆ 018-169100, www.upplandsmuseet.se. Di–So 12–17 Uhr, Café, Shop, freier Eintritt.*

Von hier aus kann man weiter am **Fluss Fyris** entlang bummeln, der mit seinem Wehr, den Straßencafés und Restaurants an beiden Ufern sowie den Brücken und dem Blumenschmuck einen ungemein stimmungsvollen Anblick bietet. Auf der nördlichen Flussseite stellt der **Linné-Garten (10)** ein (nicht nur) für Hobbybotaniker mehr als interessantes Ziel dar. In dem nach Carl von Linnés Plänen von 1745 hergerichteten Garten sind 1.300 Pflanzenarten zu bewundern. Das angeschlossene kleine Museum zeigt nicht nur die Wohn- und Arbeitsumgebung des großen Naturforschers, sondern auch seine Arbeitsgeräte.
Linnéträdgården, *Svartbäcksgatan 27, ✆ 018-136540, www.linnaeus.se. Mai–Sept. Di–So 11–17 Uhr, Juni–Aug. tgl. 11–17 Uhr, Führungen (engl.): 11.30 u. 14.30 Uhr. Von 17 bis 20 Uhr kann der Garten ohne Eintritt besucht werden.*

Carl von Linné

info

Schweden erlebte im 18. Jh. eine naturwissenschaftliche Revolution. Mit der Gründung der **Königlich Schwedischen Akademie der Wissenschaften** 1739 begann man, naturwissenschaftliche Forschung systematisch anzulegen. Zu den bekanntesten Entdeckern und Erfindern von damals gehören Universalgenies wie Christopher Polhem (1661–1751), ein Konstrukteur verschiedener Maschinen, der Astronom und Mathematiker Anders Celsius (1701–44), der die nach ihm benannte universelle Temperaturskala entwickelte, der Chemiker Carl Wilhelm Scheele (1742–86), der neun Elemente entdeckte und viele verschiedene Stoffe isolierte, sowie vor allem der **Naturforscher** Carl von Linne (1707–78), von dem Goethe sagte, er habe ihn nach Shakespeare und Spinoza am meisten beeindruckt.

In Stenbrohult in Småland geboren, studierte Linné in Uppsala Biologie und Medizin. Ab 1732 unternahm er seine ersten wissenschaftlichen Reisen nach Lappland, Dalarna und Schonen, über die er ausführliche Berichte verfasste. Auf seine Initiative wurde die Akademie der Wissenschaften in Stockholm gegründet, 1741 wurde er Professor in Uppsala, 1756 erhielt er den Adelstitel. Sein Leben widmete er den Pflanzen, von denen er rund 8.000 Exemplare gesammelt, manche selbst entdeckt und erforscht hat. Mit der Benennung des Moosglöckchens als Linnaea borealis ließ Linné sich selbst ein Denkmal setzen. International berühmt wurde Linné vor allem wegen seiner Abhandlung „Systema Naturae“. Für Biologen und Botaniker ist seine wissenschaftliche Arbeit zur Ordnung und Beschreibung der Pflanzen auch heute noch von großem Wert. Als der Forscher 1778 verstarb, wurde er im **Dom zu Uppsala** beigesetzt.

Einst Sommersitz des Botanikers: Linnés Hammarby

Weiter östlich gelangt man rund um den **Stortorget** zum heutigen kommerziellen Zentrum der Innenstadt, etwa mit der Shoppingmall Forumgallerian. Zwei Blocks weiter sind an der Kungsgatan neben mehreren Hotels u. a. das Stadttheater, der ZOB und der Bahnhof (mit Touristeninformation) zu finden. Geht man durch die Bahnhofspassage auf die nördliche Seite, stößt man auf zwei sehenswerte Beispiele moderner schwedischer Architektur: zum einen das Reisezentrum **Juvelen** (= Juwel; am Triangeltorget) mit seiner glitzernden Fassade, das derzeit als nachhaltigstes Bürogebäude der Welt gilt. Zum anderen auf das markante, 2007 eingeweihte Kultur-, Kongress- und Eventgebäude **Uppsala Konsert & Kongress** an der Storgatan.

Weitere lohnende Besichtigungsziele liegen außerhalb des Zentrums, so etwa **Linnés Hammarby (11)**. Carl von Linnés Sommersitz befindet sich 13 km südlich, nahe der Kirche in Danmark, und wartet mit einem Besucherzentrum, einem kleinen Botanischen Garten, Ausstellungen und einem Café auf. Das Wohnhaus des Botanikers kann nur im Rahmen einer Führung besichtigt werden.
Linnés Hammarby, *✆ 018-4712838, www.hammarby.uu.se. Mai–Aug. Di–So 11–17, Sept. Fr–So 11–17 Uhr, Führung jeweils 12.30 Uhr (engl.). 17–20 Uhr freier Eintritt in den Park.*

Ein anderes Besichtigungsziel ist das **Haus von Bror Hjorth (12)**, das westlich des Botanischen Gartens liegt. Gemälde, Skulpturen und Zeichnungen des in Schweden geschätzten Künstlers Bror Hjorth, der von 1894 bis 1968 lebte, sind hier in seinem Heim ausgestellt. Der von Auguste Rodin, dem Kubismus und der Volkskunst beeinflusste Künstler hat in seiner robusten Formensprache und seiner intensiven Farbgebung zahlreiche religiöse Motive geschaffen, die im Land zu sehen sind (z. B. in der Kirche von Jukkasjärvi in Lappland oder auch die Skulptur vor dem Bahnhofsgebäude in Uppsala, s. o.).
Bror Hjorths Hus, *Norbyvägen 26, ✆ 018-567030, https://brorhjorthshus.se. Di–So 12–16 Uhr.*

Gamla Uppsala (13)

Uppsala hat auch sonst noch viel zu bieten, doch alle, die an der nordischen Vergangenheit interessiert sind, sollten auf alle Fälle den 5-km-Abstecher nach Gamla Uppsala unternehmen, zur vielleicht bedeutendsten vorgeschichtlichen Stätte des Nordens. Vom ausgeschilderten Parkplatz führt ein kurzer Weg zu den großen Grabhügeln, wobei man zuerst das **Historische Zentrum** passiert. Dieses originelle, im Jahr 2000 eingeweihte Museum vermittelt unter dem Motto „Mythen, Macht und Menschen" ein Bild der Blütezeit des Svear-Reichs, in der die Könige des Ynglinger-Geschlechts herrschten. Vom Panoramafenster des Museums blickt der Besucher auf die drei Königshügel, die der Sage nach vor rund 1.500 Jahren als Gräber für die Könige Aun, Egil und Adlis errichtet worden sind. Schon für die Wikinger waren die Gräber ein Symbol des Goldenen Zeitalters, in dem die führende Königsfamilie des Nordens herrschte. Im 17. Jh. versuchte der bekannte schwedische Wissenschaftler Olof Rudbeck nachzuweisen, dass die Königsgräber das Zentrum des untergegangenen Atlantis gewesen seien und die ganze Weltkultur in Alt-Uppsala ihren Ursprung habe.

Gamla Uppsala Museum, *Disavägen 15, ✆ 018-239301, www.upplandsmuseet.se. April–Mai u. Sept. tgl. 10–16, Juni–Aug. tgl. 11–17, sonst Mo/Mi/Sa/So 12–16 Uhr.*

Gleich dahinter erheben sich die manchmal etwas übertrieben „Pyramiden des Nordens" genannten **großen Grabhügel**, die am Königssitz des altnordischen Volkes der Svear um 500 n. Chr. angelegt wurden. Die Untersuchung zweier der strukturiert angelegten Hügel hat gezeigt, dass hier Menschen mitsamt kostbaren Gegenständen verbrannt wurden. Wer hier bestattet wurde, ist kaum nachzuweisen. In einem altnordischen Text aus dem 10. Jh. heißt es, drei Könige seien in den Hügelgräbern beigesetzt, aber im Gelände sind

Grabhügel von Gamla Uppsala

darüber hinaus Hunderte weiterer Grabanlagen erkennbar. Datierungsvorschläge und weitere Infos erhält man über die mehrsprachigen Tafeln bei den Grabhügeln.

Vis-à-vis ist die altertümliche Holzfassade des Restaurants **Odinsborg** ein beliebtes Fotomotiv. In dem Lokal gibt es u. a. nach altem Geheimrezept selbstgebrauten Met zu trinken, in dem Hopfen und Honig die wichtigsten Ingredienzien sind.

Sofort dahinter gelangt man zum ehemaligen Dom, **Gamla Uppsala kyrka**. Er ist nicht nur der Vorgängerbau der heutigen Kathedrale in Uppsala, sondern seinerseits Nachfolger einer hölzernen Stabkirche und wahrscheinlich auch des berühmten Heidentempels, dem wichtigsten altgermanischen Kultzentrum des Nordens. Mit dem Bau der Backstein- und Feldsteinkirche wurde Anfang des 12. Jh. begonnen. Als um 1245 nach einem Brand der Bischofssitz in das heutige Uppsala verlegt und dort die neue Kathedrale gebaut wurde, widmete man den alten Dom zur Pfarrkirche um. Die zerstörten Türme und das Langhaus wurden gar nicht erst wiederhergestellt, stattdessen mauerte man die Öffnungen zum Mittelschiff zu, sodass die heutige Kirche eigentlich nur aus dem ehemaligen Chor samt Apsis der Vorgängerkirche besteht. Sakristei und Kirchenvorhalle wurden nach dem Brand hinzugebaut. Aus dem Mittelalter bewahrt sind drei Triumphkreuze, eine schön bemalte Marienholzskulptur, ein Bischofsstuhl und der Opferstock in der Vorhalle. Die Kalkmalereien stammen aus dem 15. Jh., als die Gewölbe eingezogen wurden.
Gamla Uppsala Kyrka, *Tunagatan 29, ✆ 018-4303500, www.svenskakyrkan.se/gamlauppsala. Tgl. 8–18 Uhr.*

Bei genügend Zeit könnte man auch dem **Freilichtmuseum** Disagården einen Besuch abstatten, das hinter der Kirche liegt und einen Eindruck von der uppländischen Bauernkultur vermittelt. Die Inneneinrichtung der Häuser zeigt die Wohnverhältnisse im 19. Jh. *(Juni–Aug. tgl. 10–17 Uhr).*

Reisepraktische Informationen Uppsala

Information

Destination Uppsala, *Olof Palmes plats (im Bahnhof), ✆ 018-7270000, www.destinationuppsala.se. Mo–Fr 7–19, Sa 9–17 Uhr. Eine weitere Touristeninformation befindet sich im Rathaus (Stadshusgatan 2, Mo–Fr 8–17 Uhr), daneben gibt es mehrere Infopoints.*

Hotels (▸ Karte S. 210)

Clarion Hotel Gillet €€€€ **(1)**, *Dragarbrunnsgatan 23, ✆ 018-681800, www.strawberry.se. Zentrale Lage, 161 Zimmer und Suiten, darunter barrierefreie und Allergiker-Zimmer. Stark ermäßigte Preise in den Sommermonaten und an Wochenenden. Im Restaurant Kitchen & Table wird amerikanische Küche des Starkochs Marcus Samuelsson in angenehmer Atmosphäre zelebriert, beliebt ist auch der Brunch am Wochenende (jeden Sa und So 11.30–14.30 Uhr). Weiter verfügt das Haus u. a. über eine Bar und ein Spa mit Sauna und Swimmingpool.*
Best Western Hotel Svava €€€–€€€€ **(2)**, *Bangårdsgatan 24, ✆ 018-130030, www.bestwestern.com. Zentral gelegenes, praktisches Hotel in einem älteren Gebäude, 127 Zimmer mit allem Komfort, Sauna, Frühstücksrestaurant und Lobbybar.*
Grand Hotell Hörnan €€€–€€€€ **(4)**, *Bangårdsgatan 1, ✆ 018-139380, www.grandhotellhornan.com. Stilvolles Jugendstil-Hotel von 1907 am Flussufer, 37 klassisch-elegant eingerichtete Zimmer, Lobbybar, opulentes Frühstücksbüfett im wunderschönen Speisesaal.*
Scandic Uppsala Nord €€€ **(5)**, *Gamla Uppsalagatan 50, ✆ 018-4952300, www.scandichotels.se/Uppsala. 3 km nördlich der Stadt an der E04 gelegen, 184 Zimmer, günstige Sommer-/*

Wochenendpreise, Kinder unter 13 im Elternzimmer kostenlos. Restaurant, Cocktailbar, Fitnessraum und Sauna.
Akademihotellet €€ (3), *Övre Slottsgatan 5, ✆ 018-155190, https://akademihotellet.se. Zentral gelegenes Haus aus den 1930ern in historischer Umgebung von Uni, Schloss und Dom, 37 einfach eingerichtete Zimmer (einige mit Bad auf dem Gang), Frühstücksraum, Gästeküche, Sauna, zwei komplett eingerichtete Apartments, sehr freundliches Personal, familiäre Atmosphäre.*

Camping

Fyrishov Stugby & Camping, *Idrottsgatan 2, ✆ 018-7274950, https://fyrishov.se. Ganzjährig geöffneter Campingplatz am Rande der Stadt, Zelt- und Wohnwagenplätze, außerdem werden 38 Hütten für 4–5 Personen vermietet, gleich neben dem Erlebnisbad gelegen, Kanuverleih.*

Jugendherberge/Hostels

Uppsala City Hostel, *S:t Persgatan 16, ✆ 018-100008, https://uppsalacityhostel.se. Modernes und zentral gelegenes Hostel mit 21 Zimmern, Lobbybar mit kleineren Gerichten, Rabattangebote für Fahrradverleih, Restaurants und Konzerttickets.*
Hotell & Vandrarhem Centralstation, *Bangårdsgatan 13, ✆ 018-4442010, www.hotellcentralstation.se. Nur 50 m vom Bahnhof und Reisezentrum entferntes Hotel mit Jugendherberge, kleine, zweckmäßig eingerichtete Einzel-, Doppel- und Familienzimmer mit und ohne Bad en suite, Schlafsaal und Apartments mit Küche, gutes Frühstücksbüfett.*
Hotell & Vandrarhem Kungsängstorg, *Kungsängstorg 6, ✆ 076-1858485, www.hotellkungsangstorg.wallmountproperties.co. Charmante Unterkunft in einem Pfarrhof des 19. Jh. mit 22 renovierten Einzel-, Doppel- und Dreibettzimmern, nahe dem Hotel Centralstation (s. o.) gelegen, mit dem eine Partnerschaft besteht.*

Restaurants (▶ Karte S. 210)

Hambergs Fisk (1), *Fyristorg 8, ✆ 018-712150, https://hambergs.se. Beliebtes und nett im Bistrostil eingerichtetes Fischgeschäft und Restaurant am Flussufer unweit der Domkirche. Di–Sa 11.30–22 Uhr.*
Domtrappkällaren (2), *S:t Eriks Gränd 15, ✆ 018-130955, www.domtrappkallaren.se. Schönes Lokal in Uppsalas Altstadt unterhalb der Domkirche, untergebracht im Domtrapphuset von 1280, das im 18. Jh. als Gefängnis für Studenten gedient hat und seit 1930 eine Gaststätte ist. Es gibt recht preiswerte Mittagsgerichte und zum Abendessen schwedische Küche auf hohem Niveau mit sehr guter Weinauswahl. Innen- und Außenbereich. Mo–Fr 11–22, Sa 12–22 Uhr.*

Aktivitäten

Im Sommer sind Bootstouren mit der 1868 vom Stapel gelaufenen M/S Enköping – dem **ältesten Passagierschiff der Welt** *– nach Skokloster möglich, Abfahrten ab Islandsbron, Fahrtdauer: 5 ½ Std. Angeboten werden u. a. auch Abendkreuzfahrten mit Krabben-Büfett. Info: Destination Uppsala (s. o.) oder www.stromma.com/de-se/uppsala.*
Vier **Kanurouten** *führen durch das Uppland, die als leicht eingestuft werden, sieht man vom südlichen Teil des sogenannten „Vikingleden" ab. Längs der Strecken gibt es Übernachtungsmöglichkeiten, Feuerstellen, Windschutz usw. Eine Informationsschrift über drei der Routen ist bei Uppsala Turist & Kongress erhältlich.*
Fahrradvermietung: Stationsgatan Cykel, *Stationsgatan 62 (am Frodepark), ✆ 076-7120509, https://stationsgatancykel.com. Mo–Fr 8–19, Sa 10–16 Uhr.*
SkiTotal Cykel, *Dragarbrunnsgatan 46, ✆ 018-105040, www.skitotal.se. Mo–Fr 11–18, Sa 11–16 Uhr.*
Fyrishov, *Idrottsgatan 2, ✆ 018-7274950, https://fyrishov.se. Fantastisches tropisches Erlebnisbad mit Wasserrutschen, Innen- und Außenpools, Sauna, Sportbecken, Squash-, Bowling- und andere Hallen, Restaurant. Tgl. 9–19, Schwimmbad Mo–Fr 6–21, Sa/So 7.30–21 Uhr.*

4. VON MALMÖ NACH STOCKHOLM: DIE OSTSEEKÜSTE ENTLANG

Überblick

Wer sich von Malmö, den großen Straßen folgend, über die Stationen Trelleborg, Ystad, Kristianstad, Karlskrona, Kalmar, Norrköping und Södertälje auf den Weg nach Stockholm macht, hat rund 785 km zurückzulegen, d. h. mit vereinzelten Abstechern und landschaftlich reizvollen Alternativrouten etwa 1.000 km. Immer begleitet einen dabei die Ostsee und wenigstens der Statistik nach auch meist gutes Wetter: Die Südostküste ist die Sonnenseite Schwedens!

An historischen Landschaften werden auf der Strecke die Provinzen Schonen, Blekinge, Småland, Östergötland und Södermanland durchquert, die sich nicht nur durch ihre Geschichte (Schonen und große Teile von Blekinge waren über Jahrhunderte hinweg dänisch beherrscht und geprägt), sondern auch landschaftlich unterscheiden. Schonen ist ein weitgehend niedriges, nur leicht gewelltes Bauernland mit gelben Rapsfeldern, Laubwäldern und idyllischen Städten mit Fachwerkhäusern und weißen Treppengiebelkirchen. Zur Küste hin erstrecken sich Sandstrände, die nur manchmal von Steilküsten und felsigen Hügeln (Sandhammeren, Stenshuvud) unterbrochen werden.

Ab Karlshamn tritt immer häufiger das Urgestein an die Oberfläche, ein meist rosafarbener Granit. Dem Ufer sind nun Schären und Inseln vorgelagert, die z. T. vorzügliche Naturhäfen bilden. Dann folgt eine Zeit lang der Kalmarsund, eine schmale Meerenge, hinter der die lang gestreckte Insel Öland zu sehen ist. Nördlich davon, in Småland, entsprechen Natur und Bebauung deutlicher dem schwedischen Klischee: kahlgefegte Schären an der Blauen Küste, im Hinterland saftige Weiden und Fichtenwälder, eine hohe Elchdichte und immer wieder falunrot gestrichene Holzhäuser. Erst weiter im Norden, bei Norrköping und Nyköping, hat man es wieder mit urbanen Ballungszentren und mit Industriebauten zu tun. Ab Södertälje schließlich ist man im Bereich des Mälarsees und damit in der Hauptstadtregion angelangt.

Malmö

Malmö, mit knapp 360.000 Einwohnern die **drittgrößte Stadt des Landes**, hat eine lange Tradition als Handelsplatz. Im 12. Jh. spielte der saisonmäßig betriebene Heringshandel eine bedeutende Rolle. Die ältesten Stadtprivilegien gehen auf das Jahr 1353 zurück. Im späten Mittelalter wuchs die Stadt zum Zentralort für Ostdänemark und zur wichtigsten Stadt nach Kopenhagen. Mit dem Frieden von Roskilde 1658 ging Schonen an Schweden, Malmö wurde zur Grenzfestung am Rand des Schwedischen Reichs. Das Fehlen eines Hafens behinderte lange Zeit die Entwicklung. Dass Malmö dann im 18. Jh. schneller als andere schwedische Städte wuchs, ist auf den Ausbau eines Hafens seit 1775, die Abschaffung der die wirtschaftliche Entwicklung hemmenden Zünfte und die Liberalisierung des Handels zurückzuführen.

Redaktionstipps

- Besuch der beiden Plätze **Stortorget** (S. 223) und **Lilla Torg** (S. 224) mit ihrem Altstadtflair.
- Fahrt über die spektakuläre **Öresundbrücke** (S. 223).
- Spaziergang zur Festung **Malmöhus** mit den städtischen Museen (S. 224).
- Bummel durch das stadtplanerische Vorzeigeprojekt **Västra Hamnen** mit Malmös modernem Wahrzeichen, dem Hochhaus Turning Torso (S. 226).
- Baden und Strandleben genießen an „Malmös Copacabana", dem **Ribersborg Strand** (S. 226).

Die Industrialisierung erreichte Malmö Mitte des 19. Jh. Bedeutsam entwickelten sich Textil-, Lebensmittel-, Bau- und metallverarbeitende Industrie, sodass die Stadt am Öresund 1880 den dritten Platz in der Rangfolge schwedischer Städte einnahm. Die Bevölkerung wuchs kontinuierlich. Vor allem nach dem Zweiten Weltkrieg gab es einen starken Schub und 1970 hatte die Stadt schon rund 270.000 Einwohner. Der folgenreiche **Strukturwandel** der letzten vier Jahrzehnte hat vor allem die textil- und metallverarbeitende Industrie hart getroffen, die Werftindustrie ist heute ohne Bedeutung. Dennoch blieb Malmö eine bedeutende Industriestadt, ein wichtiger Warenumschlagplatz, Brückenkopf zum Kontinent und Provinzhauptstadt von Schonen. Besonders deutlich wird der Wandel der Stadt, wo einst die riesige Kockum-Werft stand, im neuen Stadtteil Västra Hamnen.

Die Hälfte der Einwohner ist jünger als 35 Jahre und die Bevölkerung ist kulturell vielfältiger als in anderen schwedischen Städten. Das hat in einigen Stadtvierteln auch zu Problemen geführt; das „Ghetto" **Rosengård**, wo ca. 86 % der Einwohner einen Migrationshintergrund haben, wurde wegen Jugendunruhen und Clan-Kriminalität international bekannt.

Was das kulturelle Angebot betrifft, kann sich Malmö natürlich nicht mit Stockholm oder der gegenüberliegenden Metropole Kopenhagen messen. Mit ihrem Altstadtkern, einem beachtlichen Kunst- und Theaterleben, zahlreichen Restaurants, Kneipen, Hotels und Shoppingmöglichkeiten, schönen Strandpromenaden sowie der spannenden modernen Architektur ist die Stadt am Öresund aber auf alle Fälle einen Aufenthalt wert. Inzwischen ist Malmö Schwedens **Operetten- und Musicalmetropole** und erste Adresse für Liebhaber moderner Kunst. Der Wandel von der Industriestadt zu einem Ort der Ausbildung und der modernen Kunst und Dienstleistungen erfolgte in kaum einer anderen schwedischen Stadt so rasant.

Beeindruckt durch Technik und Eleganz: die Öresundbrücke

Malmö erkunden

Das alte Malmö – der kompakte Kern – liegt innerhalb des Ringkanals und lässt sich gut zu Fuß bewältigen. Vom Hauptbahnhof sind es so nur wenige Minuten in südlicher Richtung über die Brücke Mälarbron bis zum Altstadtkern mit dem Platz **Stortorget**, um den herum der Grundriss teilweise noch ursprünglich ist. Auf dem lebendigen Platz steht das **Reiterdenkmal (1)**, das Karl X. Gustav zeigt, eine Erinnerung an den Anschluss Schonens an das schwedische Reich 1658. Interessante historische Gebäude liegen am oder nahe dem Marktplatz, wie das **Rathaus (2)** aus der Mitte des 16. Jh. Im 19. Jh. wurden die Innenräume, etwa der Versammlungssaal der Knutsgilde, und die Außenfassade umgestaltet.

Das Jahrhundertbauwerk der Öresundquerung

info

Pläne zur Querung des Öresunds existieren schon seit Ende des 19. Jh. Nach einer mehr als hundertjährigen Diskussion schufen die dänische und die schwedischen Regierung 1991 schließlich die Grundlagen dafür, dass im Jahr 2000 aus der Vision Wirklichkeit werden konnte. Erst nach langen Untersuchungen, vor allem zu den Konsequenzen des Projekts für die Umwelt, war der Weg frei. Die Öresundverbindung wurde für den **Autobahn- und Eisenbahnverkehr** gebaut. Die Verbindung zwischen Tunnel und Brücke befindet sich auf der künstlich aufgeschütteten, 4 km langen Insel Preberholm. Östlich der Insel wird die Fahrrinne (*flinterenden*) von einer 3.014 m langen, zweistöckigen Brücke auf 23 Betonstelzen überquert, wobei die Autobahn über das obere Deck und die Eisenbahngleise über das untere geführt werden. Den Mittelteil der Brücke stellt eine 1.092 m lange Drahtseilbrücke dar, die mit 490 m die weltweit längste Spannweite einer Schienen-/Autobrücke aufweist. Deren vier Pylonen sind 203,5 m hoch und damit **die höchsten Bauwerke** in Schweden, in Kürze wird ihnen jedoch der im Bau befindliche Göteborger Karlatornet diesen Rang ablaufen. Die lichte Höhe beträgt 57 m. Insgesamt ist die Öresundquerung 15,9 km lang. Die Ländergrenze verläuft viel näher zu Schweden als zu Dänemark und ist durch Schilder markiert (ca. 900 m westlich des ersten Pylonenpaares).

Für den Alltag bedeutete die Verbindung eine große Zeitersparnis auf dem Weg zum skandinavischen Nachbarn: Anstelle der einstündigen Fahrfahrt Dragør–Limhamn oder Kopenhagen–Malmö ist man nur noch zehn Minuten unterwegs. Allerdings muss man für das Vergnügen auch tief in die Tasche greifen (S. 123). Die **Mautstation** heißt Lernacken und liegt auf der schwedischen Seite, mit elf Fahrspuren in jeder Richtung kommt es hier so gut wie nie zu Verzögerungen. Es gibt Fahrspuren mit Zahlstationen, in denen man die Gebühr bar (alle EU-Währungen) beim Personal zahlt, sowie Stationen mit Automaten für Kreditkartenzahler ohne Personal. Die anderen Spuren sind für Abonnenten oder Onlinezahler.

Mit der Eröffnung der Öresundquerung entstand eine ganz neue Region, die sogenannte Öresundregion, in der mehr als drei Millionen Menschen zu Hause sind. Sie gilt als das am schnellsten wachsende **Wissenschafts- und Hightechzentrum** Europas, in dem sich inzwischen ca. 350 nationale und internationale Firmen der Pharmazeutik-, Telekommunikations- und Hochtechnologie-Branche niedergelassen haben.

Unmittelbar nordwestlich des Rathauses schließt sich die **Residenz (3)** an, der elegante Amtssitz des Regierungspräsidenten, ein Gebäude aus den 1720er Jahren. Erwähnenswert sind auch die Apotheke Lejonet aus dem 16. Jh. an einer Ecke des Platzes sowie das **Jörgen-Kocks-Haus (4)**, das stilvolle Backsteinhaus des umtriebigen Bürgermeisters und königlichen Münzmeisters Jörgen Kock, der alles tat, um die Reformation zu unterstützen und den Einfluss des Adels und der Priesterschaft zu begrenzen.

Das älteste Gebäude der Stadt ist die hinter dem Rathaus liegende **St.-Petri-Kirche (5)**, ein dreischiffiger gotischer Backsteinbau aus dem 14. Jh., wahrscheinlich nach dem Vorbild der Marienkirche in Lübeck gebaut. Von der mittelalterlichen Ausstattung ist nach dem Bildersturm der Reformation nichts bewahrt geblieben, das Inventar stammt überwiegend aus dem 16. und 17. Jh., darunter die Kanzel aus Sandstein und schwarzem Kalkstein sowie der mächtige Altaraufsatz aus Holz von Jacob Kremberg. Gewölbe und Wände sind reich ausgemalt, sie gehören zu den besten des Nordens (z. B. in der Krämare-Kapelle). Das mittelalterliche Taufbecken befindet sich in den Sammlungen der Museen der Stadt.

Als Stortorget, der große Marktplatz, bei wachsender Handelstätigkeit nicht mehr ausreichte, erhielt er mit dem **Lilla Torg**, dem kleinen Platz, seine Ergänzung. Die hübschen Fachwerkhäuser aus dem 17. und 18. Jh. um den kopfsteingepflasterten Platz bilden eine Oase innerhalb der Stadt. Hervorzuheben aus dem Gebäudekomplex des Hedmanska Gård, einem alten Kaufmannshof, ist das Haus, in dem die Design- und Kunstgewerbeausstellung **Form Design Center (6)** untergebracht ist. Das Design-Zentrum dokumentiert schwedisches Design aus Vergangenheit und Gegenwart.
Form Design Center, *Lilla Torg 9, ✆ 040-6645150, www.formdesigncenter.com. Di–Sa 11–17, So 12–16 Uhr, freier Eintritt.*

Vier Blocks östlich des Stortorget, nahe am Kanal, bietet das in einem früheren Elektrizitätswerk untergebrachte **Moderna Museet (7)** eine beachtenswerte Ausstellung moderner Kunst. Das Museum ist eine Filiale des Moderna Museet in Stockholm (S. 144), eines der führenden Häuser in Europa. Der orange gefärbte Kubus mit seinen perforierten Platten hebt sich markant von der Umgebung ab.
Moderna Museet, *Gasverksgatan 22, ✆ 040-6857937, www.modernamuseet.se/malmo. Di–So 11–17, Do bis 19 Uhr, unter 19 Jahren freier Eintritt.*

Geht man vom großen Marktplatz die Einkaufsstraße Södergatan Richtung Gustav Adolfs Torg im Süden der Innenstadt, so gelangt man nach wenigen Minuten zum **Flensburgska hus (8)**, Södergatan 9, einem Bürgerhaus aus dem Jahr 1595 im Stil der niederländischen Renaissance. Von der St.-Petri-Kirche kommt man über die Östergatan zum St.- Gertrud-Viertel mit einer Reihe vorbildlich restaurierter Häuser verschiedener Jahrhunderte.

Westlich des Altstadtkerns liegt die **Festung Malmöhus (9)**, die der Dänenkönig Christian III. zwischen 1537 und 1542 errichten ließ. Das viergeschossige Backsteingebäude wurde von einem Wallgraben umgeben, an den Ecken kamen flache Kanonentürme hinzu. Nach dem Verfall im 18. Jh. und der Nutzung als Gefängnis danach wurde die Anlage vor dem Zweiten Weltkrieg restauriert. Heute sind innerhalb und außerhalb der Wallgräben die **Museen Malmös** (Malmö Museer) untergebracht, der größte Museumskomplex Südschwedens. Dazu gehören auf der eigentlichen Schlossinsel (**Slottsholmen**) das **Stadtmuseum** (Stadsmuseet) mit der Festung Malmöhus sowie das **Kunstmuseum** mit einer der größten Sammlungen nordischer Gegenwartskunst sowie Kunsthandwerk. Auch das **Aquarium** ist auf Slottsholmen zu finden. Außerhalb der Wallgräben wird am Malmöhusvägen im **Technik- und Seefahrtsmuseum** (Teknikens och sjöfartens hus)

Schonens Industrie- und Seefahrtsgeschichte präsentiert, u. a. mit einem kompletten U-Boot.

Malmö Museer, *Malmöhusvägen 6, ✆ 040-344400, www.malmo.se/museer. Di–So 11–17, Do bis 19 Uhr, separater Eintritt für die Museen auf Slottsholmen und das Technik- und Seefahrtsmuseum, unter 19 Jahren freier Eintritt.*

Nördlich der Festung ist das neue Quartier **Västra Hamnen** (Westhafen), das sich mittlerweile zum **Trendstadtteil** entwickelt hat, ein besonderes architektonisches Highlight. Es entstand auf einem alten Industrie-, Hafen- und Werftgebiet und wurde schnell zu einem mehrfach preisgekrönten Vorzeigeprojekt. Verschiedene Architekturbüros haben hier unter Berücksichtigung von Ästhetik und Ökologie einen spannenden Stadtteil geschaffen, mit Parks und Häfen, Wohn- und Bürogebäuden, Freilichtbühnen und Fußgängerzonen, öffentlichen Plätzen, Fahrradwegen und Sportanlagen, mit künstlichen Bächen, Springbrunnen und Teichen. Strom und Wärme kommen zu 100 % aus lokal gewonnener Wind- und Sonnenenergie. Der wegen seiner Hochhaus-Bebauung manchmal auch übertrieben „Malmhattan“ genannte Stadtteil beherbergt u. a. neue Gebäude der Universität

Das neue Malmö: Westhafen und Turning Torso

sowie das Event-Center **Malmö Live (10)**, das zusammen mit einem Kongress-Zentrum und dem Clarion-Hotel in einem 85 m hohen Komplex untergebracht ist. Teil von Malmö Live ist auch die **Konzerthalle**, Sitz des bekannten Malmö Symphonieorchesters.
Malmö Live Konserthus, *Dag Hammarskjölds torg 4, https://malmolive.se.*

Nur hundert Meter entfernt lohnt der Besuch der 2017 eingerichteten **Markthalle (11)**. Umgeben von höheren, modernen Gebäuden ist sie in einem ehemaligen Güterbahnhof untergebracht und lockt mit gut 20 Marktständen und Restaurants.
Malmö Saluhall, *Gibraltargatan 6, ✆ 040-6267730, www.malmosaluhall.se. Mo–Do 11–20, Fr 11–21, Sa/So 11–17 Uhr.*

Gut einen Kilometer weiter nordwestlich stößt man auf den spektakulärsten Höhepunkt des Viertels und zugleich das moderne Wahrzeichen Malmös: das 2005 eingeweihte Hochhaus **Turning Torso (12)** des spanischen Stararchitekten Santiago Calatrava. Der 190 m hohe Büro- und Wohnturm (54 Etagen) war das höchste Gebäude Skandinaviens, bis er im September 2022 von dem im Bau befindlichen Göteborger Karlatornet „überholt" wurde. Mehr noch als durch ihre Höhe beeindruckt die bis nach Kopenhagen sichtbare Landmarke durch ihre Gestalt, die eher an eine riesige Skulptur erinnert. Jede der fünf Etagen der neun würfelähnlichen Segmente des Wolkenkratzers ist um jeweils ca. 1,6 Grad zum darunter liegenden Geschoss verdreht, sodass es scheint, als würde sich der Turning Torso um seine eigene Achse drehen. In den beiden unteren Segmenten des Gebäudes befinden sich Büros, in den oberen insgesamt 147 Miet- und Eigentumswohnungen.

Unweit des Västra Hamnen zieht sich über 2,5 km der Sandstrand **Ribersborg Strand (13)** an der Küste entlang, der manchmal überschwänglich Malmös Copacabana genannt wird. An zehn Stellen führen lange hölzerne Piere in den Öresund hinaus, auf einem von ihnen liegt das **Ribersborg Kaltbadehaus** (mit Restaurant und Café). Seit 1898 dient es als Institution für Badefreunde und Unerschrockene, denn die Schwimmanstalt ist ganzjährig geöffnet, sodass man auch im Winter ins Meerwasser springen kann. Gut, dass es auch einige Saunen gibt! Abgehärtete springen auch im Winter von hier aus ins Meer.

Auf der anderen, südlichen Seite der Festung, am besten zu erreichen über die Kastellgatan, steht hinter zwei Parkanlagen am Östra Rönneholmsvägen die **Malmö Oper (14)** (Malmö Opera, *Infos unter www.malmoopera.se*), Dreh- und Angelpunkt des Malmöer Kulturlebens und architektonisches Meisterwerk des Funktionalismus. Das weitläufige und u. a. für seine Marmortreppe berühmte Gebäude (Lewerentz, Lallerstedt, Heldén, 1944) besitzt einen der größten Konzertsäle Skandinaviens und eine der größten Bühnen Nordeuropas. Und für Freunde moderner Kunst ist die benachbarte **Malmö Konsthall** mit ihren internationalen Wanderausstellungen eine wichtige Adresse. Angeschlossen sind Südschwedens größter Kunstbuchhandel und das gute Café Smak.
Malmö Konsthall, *S:t Johannesgatan 7, ✆ 040-346000, www.malmokonsthall.se. Di–So 11–17, Mi bis 19 Uhr, freier Eintritt.*

Gegenüber der Kunsthalle symbolisieren die futuristischen Glaseingänge zum unterirdischen **Bahnhof Triangeln** das moderne, architektonisch avantgardistische Malmö. Der Bahnhof ist Teil des Citytunnels mit direkter Verbindung nach Kopenhagen.

Lange Zeit hatte das Viertel **Augustenborg**, das sich südöstlich des Bahnhofs Triangeln zwischen der Lönngatan und dem Ystadvägen befindet, einen denkbar schlechten Ruf. Eine Aufwertung erfuhr das Wohngebiet, indem man großflächig dessen Dächer begrünte und einen hoch gelegenen **Botanischen Garten** anlegte. Die 9.500 m² Dachfläche sind weltweit rekordverdächtig und ziehen viele internationale Besucher an.

Über den Öresund – Ausflug nach Kopenhagen

Die Überquerung der Öresundbrücke nach Kopenhagen mit dem eigenen Wagen ist ein kostspieliges Unterfangen – die **Mautgebühren** betragen 2023 für eine Strecke 60 € (Hochsaison Juni–Aug. 69 €; Wohnmobil 6–10 m 118/139 €); mit dem Fahrrad darf man nicht über die Brücke fahren (Infos: www.oeresund-bruecke.de).
Viel bequemer ist die Fahrt mit dem **Zug** von Stadtzentrum zu Stadtzentrum (ab ca. 130 SEK; Preis abhängig von der gewählten Zeit). Seit Eröffnung des neuen Citytunnels kann man an drei Stellen in Malmö in den Zug steigen, der die dänische Hauptstadt in weniger als 35 Minuten und im Zehn-Minuten-Takt erreicht.
Wer sich zu beiden Seiten des Öresunds bewegen will, kann in den Kundencentern von Skånetrafiken (in Malmö im Hauptbahnhof) das Ticket „Öresund Runt" kaufen. Das **2-Tage-Ticket** für 299 SEK (Kinder ab 7 Jahre 149 SEK, bis zu zwei jüngere Kinder fahren kostenlos) gilt für alle schwedischen und dänischen Züge sowie Fähren auf der Strecke Malmö–Kopenhagen–Helsingør–Helsingborg–Malmö, Fahrtunterbrechungen sind überall möglich, außerdem ist die Benutzung von Metro, Bussen und anderen Verkehrsmitteln in Kopenhagen enthalten.

Reisepraktische Informationen Malmö

Information

Touristische Informationen erhält man an den Infopoints im ganzen Stadtgebiet (grünweiße Hinweisschilder) sowie über https://malmo.se/malmotown und https://visitskane.com oder unter ✆ 040–341200.

Bootstouren

Sehr schön ist eine 50-minütige **Bootsfahrt** *mit einem der offenen* **Rundan-Boote**, *die in der Saison auf dem Kanalsystem um die City verkehren. Start/Ziel ist gegenüber dem Hauptbahnhof. An gleicher Stelle kann man sich auch ein solarbetriebenes Elektroboot („*__GoBoat__*") bis*

Station der Kanalrundfahrten

zu drei Stunden ausleihen und in Eigenregie Kanäle und Hafen erkunden (Führerschein nicht notwendig, bis zu 8 Personen). Infos/Buchungen bei **Stromma**, *Norra Vallgatan 60, www.stromma.se/Malmo.*

Hotels (▶ Karte S. 225)

Mayfair Hotel Tunneln €€€€ **(1)**, *Adelgatan 4, ✆ 040-101620, www.mayfairtunneln.com. Wunderschönes, zentral gelegenes Boutique-Hotel mit 700-jähriger Geschichte und viel historischem Flair. Moderne Kunst, Bibliothek. Sehr gutes Frühstück unter Gewölbedecken. Im Hotel befindet sich auch das Feinschmecker-Restaurant Que.*

Radisson Blu Hotel Malmö €€€€€ **(2)**, *Östergatan 10, ✆ 040-6984000, www.radissonblu.com. First-Class-Hotel im Zentrum östlich des Stadtkerns, mit glasverspiegelter Fassade direkt neben Fachwerkhäusern, 229 moderne und geräumige Zimmer, Bar, gutes Restaurant Thott's, Sauna, Fitnesscenter und Fahrradverleih.*

Scandic Hotel Kramer €€€€ **(3)**, *Stortorget 7, ✆ 040-6935400, www.scandichotels.com/Kramer. Am zentralen Platz mit Blick auf das Rathaus ist dieser klassizistische Prachtbau seit 1878 eine Institution unter den Malmöer Hotels. Eindrucksvolle Lobby und Treppenhaus, 113 komfortable Zimmer, Terrasse, Fitnessraum und Sauna.*

Camping

First Camp Sibbarp – Malmö, *Strandgatan 101, Limhamn, ✆ 040-155165, www.firstcamp.se/destinationer/sibbarp-malmo. Ganzjährig geöffnete, schöne Anlage 5 km südwestlich von Malmö mit Blick auf den Öresund und die Öresundbrücke und kinderfreundlichem Sandstrand. 400 Wohnwagenstellplätze, Ferienhäuser für Selbstversorger, Campinghütten, im Sommer Kids-Club.*

Restaurants (▶ Karte S. 225)

Dass man in Schonen und speziell in Malmö gut essen kann und dass es dort mehr Restaurants pro Einwohner als in allen anderen schwedischen Städten gibt, hat sich auch auf der dänischen Seite herumgesprochen. Die kulinarische Vielfalt der jungen und kosmopolitischen Stadt erfährt man besonders in den Bistros und Restaurants an den Plätzen **Möllevångstorget (5)** *und* **Davidshallstorg (6)**.

Vollmers (1)**, *Tegelgårdsgatan 5, ✆ 040-579750, www.vollmers.nu. Das elegante kleine Restaurant, untergebracht in einem schönen Stadtpalais aus dem 19. Jh., ist das kulinarische Aushängeschild der Stadt. Die mit zwei Michelin-Sternen ausgezeichnete Küche (nordisch, französisch) zählt zu den besten Nordeuropas und hat natürlich ihren Preis (Menü ohne Getränke ca. 2.700 SEK). Reservierung notwendig. Mi–Sa ab 18 Uhr.*

Brasserie Sture 1912 (2), *Adelgatan 13, ✆ 040-121253, www.sture1912.com. Traditionsreiches Bistro mit gutem Preis-Leistungsverhältnis, tgl. von Mittag bis mind. 22 Uhr geöffnet.*

Årstiderna i Kockska Huset (3), *Frans Suellsgatan 3, ✆ 040-230910, https://arstiderna.pieplowsrestauranger.se. Gutes Restaurant in einem Gewölbekeller, der seit 500 Jahren gastronomisch genutzt wird. Vorzugsweise schwedische Klassiker. Mo–Do 17–22, Fr 17–23, Sa 16–23 Uhr.*

Johan P. (4), *Hjulhamnsgatan 5, ✆ 040-971818, www.johanp.nu. Seit vielen Jahren gastronomische Institution nahe dem Lilla Torg, spezialisiert auf Fisch und Schalentiere, mit leckeren Gerichten zum Lunch, Brunch und Dinner. Mo–Fr 11.30–23, Sa 12–23, So 13–16 Uhr. Fischverkauf oder Takeaway Mo–Fr 10–19, So 13–16 Uhr.*

Einkaufen

Eine lange **Fußgängerzone** *mit vielfältigen Einkaufsmöglichkeiten verläuft vom großen Marktplatz* **Stortorget** *über Södergatan vorbei am Gustav Adolfs Torg über Södra Förstadsgatan bis zum Einkaufszentrum Triangeln mit rund 60 Geschäften und Boutiquen. Hübsche kleine Läden findet man an den Plätzen* **Lilla Torg** *und* **Davidhallstorg** *sowie an der* **Davidshallsgatan**. *An der Straße Stora Nygatan liegt mit* **Hansa** *eines der größten Kaufhäuser Malmös (www.hansamalmo.se), doch die größte Attraktion ist die Mall* **Emporia** *(Hyllie Boulevard 19, www.emporia.steenstrom.se, tgl. 10–20 Uhr).*

Hinweis

Malmö ist Ausgangspunkt der Route über die E06 in Richtung Helsingborg, Göteborg und norwegische Grenze (S. 299) und Ausgangspunkt der Route durch das Landesinnere über Lund und Växjö in Richtung Stockholm (S. 316). Auch wer nicht diesen Routen folgt, sollte überlegen, ob die nahe und sehr sehenswerte **Universitätsstadt Lund** (S. 317) nicht doch ins Reiseprogramm passt. Wer sich länger in Malmö aufhält, könnte mit Zug oder Bus ganz bequem einen Halbtagesausflug nach Lund machen.

Zwischen Malmö und Kristianstad

Falsterbo/Skanör

Eine landschaftlich reizvollere Alternative zur 30 km langen Autobahnfahrt (E06) von Malmö nach Trelleborg ist die Strecke am Öresund entlang, auf der man nicht nur den besten Blick auf die Öresundbrücke hat, sondern auch 25 km südlich von Malmö einen Abstecher zur Halbinsel Falsterbo unternehmen kann (Straße 100).

Der südwestlichste Landzipfel Schwedens ist durch den 1,6 km langen Falsterbokanal vom Festland abgetrennt und stellt die Grenze zwischen Öresund und Ostsee dar. Von den vier Ortschaften Ljunghusen, Höllviken, Falsterbo und Skanör zählen die beiden letzteren zu den ältesten Städten Schwedens. Für ihren legendären Reichtum waren die Erträge aus der Heringsfischerei verantwortlich. Die großen Mittelalterkirchen von Skanör und Falsterbo (13./14. Jh.) verdeutlichen die damalige Bedeutung der beiden Orte.

Außer für Kirchenfans lohnt sich der Abstecher für alle, die am Yachthafen und Sandstrand von Skanör,

Redaktionstipps

- Die schönsten Natur-Areale: die Halbinsel **Falsterbo** (S. 229), das Dünengebiet von **Sandhammaren** (S. 235) und der **Nationalpark Stenshuvud** (S. 236).
- Die idyllischsten Orte: das Wallander- und Fachwerkstädtchen **Ystad** (S. 232) und der alte Heringsfischereihafen **Simrishamn** (S. 236).
- Die eindrucksvollsten vorgeschichtlichen Denkmäler: die rekonstruierte Wikingerburg **Trelleborg** (S. 230), die größte Schiffssetzung der Welt in **Kåseberga** (S. 234), das bronzezeitliche Königsgrab von **Kivik** (S. 236).

Strandhütten in Skanör

einem der schönsten Südschwedens, sommerliche Badefreuden genießen möchten. Und für Ornithologen ist Falsterbo ohnehin ein Begriff: Denn die meisten der ca. 500 Mio. Zugvögel, die im Herbst von Skandinavien zu ihrer langen Reise in südlichere Gefilde aufbrechen, nutzen das 5 km lange Falsterboriff und die großen Heideflächen als letzten Rastplatz vor dem Weiterzug zum Kontinent. Daher ist die Vogelwarte Falsterbo weithin bekannt, der nahe Leuchtturm bietet einen guten Blick auf die Halbinsel, die Vogelschutzgebiete, die Strände und die Öresundbrücke in der Ferne.

Trelleborg

Wer nicht die malerische Küstenstraße von Skanör nach Trelleborg nutzt, hat die 30 km von Malmö nach Trelleborg auf der Autobahn (E06) schnell zurückgelegt. Unterwegs sieht man nahe dem Weiler Skegrie unmittelbar neben der E06 ein über 5.000 Jahre altes **Ganggrab**, den von 18 Steinen umgebenen Langdolmen Skegriedösen.

Die 31.000-Einwohner-Stadt Trelleborg ist die südlichste Schwedens, was bei der Einfahrt über die zum Fährhafen führende Travemündeallén bzw. Strandgatan mehr als deutlich wird: Seit dem Jahr 1984 flankieren Dattelpalmen die Straße, die man aus Alicante importiert hat. Die über 100 exotischen Bäume entlang der Allee und an anderen Stellen in Trelleborg haben zum Beinamen **Stadt der Palmen** geführt, der aber nur im Sommer seine Berechtigung hat. Überwintern müssen die Pflanzen in einem Palmenhaus, bis sie am ersten Samstag im Juni wieder das Stadtbild schmücken.

Ansonsten bietet Trelleborg Besuchern nicht allzuviel. Seine Bedeutung hat der Ort vor allem wegen seines **Fährhafens**. Bereits 1909 wurde die ständige Fährlinie nach Sassnitz eröffnet, die sogenannte Königslinie. Seitdem hat sich der Hafen mit einem Passagieraufkommen von 1,7 Mio, einer Frachtleistung von über 10 Mio t und mit über 30 täglichen Fährverbindungen zu einem der größten RoRo-Häfen Skandinaviens entwickelt. Außer Travemünde, Rostock und Sassnitz wird ab Trelleborg auch die Strecke zum polnischen Świnoujście (Swinemünde) bedient. Dem hohen Passagieraufkommen wurde Ende 2015 auch insofern Rechnung getragen, als man die lange stillgelegte **Eisenbahnstrecke** Trelleborgsbanan wiedereröffnete und ein modernes Reisezentrum in der Nähe des Hafens einweihte, von dem aus zweimal stündlich Personenzüge nach Malmö (35 Min.) und Lund (45 Min.) starten.

Die schönsten Partien der zwischen Dänemark und Schweden hart umkämpften Stadt sind die alten Häuser und Gassen rund um den Marktplatz **Gamla Torg**, die **Kloster-**

ruine (Klostergränd), die mittelalterliche **Pfarrkirche** (13. Jh.) und die **St.-Nicolai-Kirche** aus dem 19. Jh.

Die meistbesuchte Sehenswürdigkeit und das neue Wahrzeichen der Stadt ist die teilrekonstruierte **Wikingerburg Trelleborgen**. Sie entstand um 980 auf Befehl des Königs Sven Gabelbart, wurde aber ab dem Jahr 1000 verlassen. Die Anlage entsprach dem Muster ähnlicher Wikingerburgen in Dänemark (darunter z. B. auch die Trelleborg auf der Insel Seeland), d. h. sie bestand aus einem kreisrunden Wall, der mit Holzpalisaden verstärkt und von Wallgräben umringt war. Durch vier Tore gelangte man in das Innere, das u. a. von hölzernen Kasernen besetzt war. Die Rekonstruktion betrifft etwa ein Viertel der ursprünglichen Burg und befindet sich über den ab 1988 ausgegrabenen Überresten aus der Wikingerzeit.
Trelleborgen, *Västra Vallgatan 6, ✆ 0410-733021, www.trelleborg.se/trelleborgen. April und Okt. Sa/So 12–16, Mai–Mitte Juni und Sept. Do–Mo 12–16, Mitte Juni–Aug. tgl. 10–17 Uhr.*

Wandern

In Trelleborg beginnt der populäre **Wanderweg Skåneleden**, der auf 1.000 km durch die schönsten Szenerien der Provinz Schonen führt. Mit der Wiedereröffnung der Eisenbahnstrecke hat man 2016 den Start zum Wanderweg an den Trelleborger Bahnhof verlegt. Wer die Region erwandern möchte, stößt hier auf die ersten Wegweiser und Infotafeln. Broschüren etc. gibt es im benachbarten Touristenbüro oder unter https://skaneleden.se/de.

Reisepraktische Informationen Trelleborg

Information

Trelleborg Turistbyrå, *www.visittrelleborg.se. Informationen auf der Website, an drei Infopoints (Museum, Trelleborg, Clarion-Hotel) oder unter ✆ 0410-733320. Im Sommer gibt es auch eine Touristeninformation im Hafen von Smygehuk.*

Hotel

Clarion Collection Hotel Magasinet *€€€, Hamngatan 9, ✆ 0410-18899, www.strawberry.se. In einem eindrucksvollen, renovierten ehemaligen Getreidespeicher untergebrachtes Hotel mit 58 bequemen Zimmern, viele davon mit Blick auf die Stadt oder den Hafen, direkt gegenüber vom Fährterminal. Frühstücksrestaurant, Café und Lounge, sehr praktisch bei später Ankunft bzw. früher Abfahrt mit der Fähre.*

Fähre

TT-Line, *Hamngatan 9, ✆ 0410-56000, www.ttline.com/de. Vom Terminal an der Hamngatan u. a. mehrere Abfahrten tgl. nach* **Rostock** *und* **Travemünde** *mit der TT-Line (auch Nachtfahrten), die modernen, nicht sehr großen Fähren Peter Pan, Nils Holgersson, Robin Hood, Tom Sawyer und Huckleberry Finn benötigen für die Überfahrt zwischen 4,5 und 9,5 Std. (Nachtfahrten).*
Stena Line, *Hamngatan 9, ✆ 0770-575700, www.stenaline.de. Vom gleichen Terminal bis zu sechs Abfahrten tgl. mit den Fähren FS Mecklenburg-Vorpommern und M/S Skåne nach* **Rostock** *(Tag- und Nachtfahrten).*
FRS Baltic, *Norra Nyhamsgatan (Fußgänger und Fahrradfahrer: Hamngatan 9), ✆ +49-461-864608, www.frs-baltic.com. April–Oktober fast immer zwei Abfahrten tgl. mit der Schnellfähre Skane Jet nach Sassnitz/Rügen. Die Überfahrt dauert nur 2½ Std.*

Die schönste Strecke für die knapp 50 km **zwischen Trelleborg und Ystad** ist die auf der küstennahen Straße 9, vorbei an Kiefernwäldern, Sandstränden, Leuchttürmen, Campingplätzen, Hotelanlagen und winzigen schonischen Weilern. Anhalten sollte man in **Smygehuk**, einem kleinen Hafen mit Mole, Fischräucherei, Café und einem Hinweis, dass man sich hier **am südlichsten Punkt Schwedens** aufhält. Die Bronzestatue des Künstlers Axel Ebbe (1930) zeigt eine nackte Frau, die auf die Ostsee schaut – dem Künstler soll dafür Birgit Holmquist, die Großmutter der Hollywood-Schauspielerin Uma Thurman, Modell gestanden haben.

Ystad

60 km östlich von Malmö oder 80 km südlich von Kristianstad liegt mit Ystad (ca. 20.000 Einwohner) eine interessante und idyllische Kleinstadt, die schon im Mittelalter als Hauptort des Heringsfangs bekannt war und erst seit 1658 zu Schweden gehört. Von hier gibt es Fährverbindungen nach Rønne auf Bornholm sowie nach Swinemünde in Polen. Zwei mittelalterliche Kirchen und rund 300 erhaltene Fachwerkhäuser verleihen dem Städtchen einen besonderen Reiz.

Für einen Stadtbummel empfiehlt es sich, nahe dem Fährterminal am **Bahnhof** (in den Kommissar-Wallander-Filmen die Polizeistation) zu parken und über die Hauptgeschäftsstraße Hamngatan zum **Stortorget** (großen Marktplatz) zu flanieren. Hier stößt man auf das schöne **Rathaus** im Empirestil (1838–1840), das über einem älteren Gebäude errichtet wurde, auf den **Delfinbrunnen** und auf die aus einer ursprünglich romanischen Kirche hervorgegangene **Marienkirche**. Setzt man den Rundgang über die Gassen Garvaregränd, Tvättorget, Lilla Östergatan und Kvarngränd fort, passiert man einige der **schönsten Häuser** wie z. B. das Pilgrändshuset und den Kemnerska gården (16. Jh.), das Änglahuset (17. Jh.) und den Pär Hälsas gård, Schwedens größtes zusammenhängendes Fachwerkgebäude. Auf diesem Weg kommt man auch zur mittelalterlichen **Petrikirche** des **Gråbrödraklostret** (von *gråbröder*, Franziskaner), einer der am besten bewahrten Klosteranlagen des Landes, die nach einer wechselvollen Geschichte (Baubeginn 1267) heute als sehenswertes historisches Museum dient.

Reisepraktische Informationen Ystad

Information

Ystad Turistbyrå, *S:t Knuts torg, ✆ 0411-577681, www.ystad.se/turism und https://visitskane.com. Mo–Fr 9–17 Uhr.*

Hotels

Hotel Continental du Sud *€€€€, Hamngatan 13, ✆ 0411-13700, www.hotellcontinental.se. Hochherrschaftliches Haus im Stil eines Grandhotels mitten im Zentrum, mit fantastischer Lobby, Marmortreppe, Kamin und Kristallleuchtern. Die 1829 eröffnete Herberge gilt als ältestes Hotel des Landes und ist aus vielen Kommissar-Wallander-Filmen bekannt. 53 stilvolle Zimmer, Gourmet-Restaurant im originalen Speisesaal, Bar.*

Anno 1793 Sekelgarden Hotel *€€€–€€€€, Långgatan 18, ✆ 0411-73900, www.sekelgarden.se. Zentral gelegenes, romantisches Fachwerkhaus von 1793 mit 24 individuell und gemütlich eingerichteten Zimmern auf drei Etagen, Restaurant im Landhausstil mit Mikrobrauerei, Bar, Garten, Sonnenterrasse, Sauna, Fahrradverleih.*

Camping

Ystad Camping, *Österleden 97, ✆ 0411-19270, www.ystadcamping.se. Etwas östlich der Stadt gelegene Anlage im Naturreservat Sandskogen, 300 Stellplätze, Ferienhaus- und Campinghüttenvermietung, nur 200 m vom sehr schönen Sandstrand entfernt, Geschäft, Minigolf, Fahrradverleih, ganzjährig geöffnet.*

Restaurant

Restaurang Store Thor, *Stortorget 1, ✆ 0411-18510, www.storethor.se. Am zentralen Platz in Schwedens ältestem Rathauskeller (mit tollen Gewölben) untergebrachtes Lokal mit regionalen und internationalen À-la-carte-Gerichten, Mi–Fr ab 16, Sa ab 12 Uhr. Im Sommer tgl. und mit Außenbereich.*

Fähre

Bornholmslinjen, *Bornholmsgatan 8, ✆ 054-8585996, www.bornholmslinjen.dk. Mehrfach tgl. Abfahrten nach Rønne/Bornholm mit schnellen Katamaranfähren (1 Std. 20 Min.).*

info

Schön oder schaurig? Wallander-Land

An einem schönen Frühsommertag durch Schonen zu fahren, unter blauem Himmel und an gelben Rapsfeldern vorbei, ist entspannend, und ein Bummel durch das Fachwerkstädtchen Ystad Idylle pur. Dass mancher Besucher der Region trotz der friedlichen Stimmung an perfide Morde, ausgeklügelte Verbrechen und bedrückende Brutalität denkt, hat einen einfachen Grund: Man ist nicht nur in Schonen, sondern eben auch im Wallander-Land!

Seitdem 1991 mit „Mörder ohne Gesicht" der erste von zwölf Bänden um Kommissar Kurt Wallander erschien (2009 der letzte, „Der Feind im Schatten"), wurde die Gegend zum Wallfahrtsort für Krimifans. Denn die weltweiten und mehrfach verfilmten Bestseller des Schriftstellers und Theaterregisseurs Henning Mankell sind zwar fiktiv, aber die Schauplätze nicht. Ortschaften, Straßen, Plätze, Häfen, sogar einzelne Häuser, Hotels und Restaurants werden in den düsterspannenden Romanen so konkret genannt und beschrieben, dass man die Krimis fast schon als Reiseführer zur dunklen Seite Schwedens nutzen kann. Aus diesem Grund halten oft Touristen vor dem unscheinbaren Backsteinhaus auf Ystads Mariagatan 10, denn hier lebt in den Krimis der Protagonist Kurt Wallander. Und auch rings um Ystad bekommen Kenner der Bücher an vielen Stellen Aha-Erlebnisse der besonderen Art: Dort also wurde das alte Bauernpaar erdrosselt, in dem Schloss lebte der „Mann, der lächelte", in diesem Wald geschahen die „Mittsommermorde", an jenem Strand wurden die Leichen aus Riga angespült, und in diesem Ort malte Wallanders Vater seine Auerhahn-Bilder ...

Angesichts der präzisen Ortskenntnisse könnte man glauben, Mankell stamme aus Ystad. Dem ist aber nicht so. Er wurde 1948 in Nordschweden geboren, lebte lange Zeit in Stockholm, verlagerte seinen Lebensmittelpunkt ab den 1990er Jahren nach Afrika, wo als er Leiter eines Theaters in Maputo (Mosambik) arbeitete, und verbrachte nur die Sommer in Schweden. Seine Wallander-Romane sind also in erster Linie das Ergebnis guter Recherche. Henning Mankell starb 2015 mit 67 Jahren in Göteborg.

Wallander-Fans können sich in der Touristeninformation einen **Wallander-Guide** (auch auf Deutsch) besorgen, in dem 109 berühmte Orte aus den Büchern und Filmen beschrieben werden. Für Filmfans lohnt ein Besuch im interaktiven Ausstellungszentrum **Ystad Studios Visitor Center** in der Innenstadt (Elis Nilssons väg 14, ✆ 070-9477057, www.ysvc.se/de).

Die Küste entlang nach Kivik

Bei Zeitdruck nimmt man für die Strecke **von Ystad nach Kristianstad** am einfachsten die Straße 19, die schnelles Vorwärtskommen garantiert. Allerdings verpasst man dabei einige der schönsten Küstenszenerien Südschwedens, schnuckelige Ortschaften, grandiose vorgeschichtliche Denkmäler und interessante Kirchen.

Wer all das erleben möchte, orientiert sich immer am Küstenverlauf. Zunächst geht es über die Straße 9. Bei Kabusa kann man auf den Östra Kustvägen in Richtung **Hammar** abbiegen und durch eine ungewöhnlich hügelreiche Wiesen- und Weidelandschaft parallel zur Ostsee fahren. Kirchenfans aber sollten unbedingt ein Stückchen weiter auf der Straße 9 fahren und rechts in Richtung Ingelstorp abbiegen. Dabei gelangt man zur ausgeschilderten Kirche von **Valleberga,** eine der interessantesten in Südschweden. Im 12. Jh. wurde hier (im damals dänischen Schonen) eine Rundkirche erbaut, wie man sie heute nur noch auf der Insel Bornholm findet. Während des Mittelalters wurde der Bau mit einer Vorhalle versehen, eingewölbt und um einen separaten Glockenturm und einen etwas abseits stehenden Verteidigungsturm (*kastal*) ergänzt.

1791 wurde die Kirche komplett umgebaut, indem man an den Rundbau drei Kreuzarme (Langhaus und Querschiff) anfügte. Diese ergeben zusammen mit dem Chor für den Besucher ein höchst ungewöhnliches Ensemble. Im Inneren ist das spätromanische Sandstein-Taufbecken des gotländischen Magister Majestatis sehenswert, ebenso der mittelalterliche Altar und die Kalkmalereien aus dem 15. Jh.
Valleberga kyrka, *Valleberga, ✆ 0411-5245 46. Mai–Aug. tgl., sonst nach Vereinbarung.*

Von Hammar oder Valleberga sind es nur wenige Fahrminuten zum kleinen Fischerort **Kåseberga**, der wegen seiner riesigen Schiffssetzung Ales Stenar Besucher von nah und fern anzieht. Wegen des Touristenandrangs wurde am Ortseingang ein großer Parkplatz angelegt, ab dem man nur zu Fuß weiterkommt. Zunächst geht es in den kleinen Ort mit Restaurant, Fischräucherei, Cafés, Souvenirshop und Toiletten, dann über Treppen hinauf zur Steilküste, auf der majestätisch die in Form eines Boots gesetzten Steine thronen, die gern als schwedisches Stonehenge bezeichnet werden. Von der Anlage hat man einen weiten Blick über das Meer und erahnt in der Ferne die dänische Insel Bornholm.

Steinschiff über der Ostsee: Ales stenar

Ales stenar – die Schiffssetzung von Kåseberga

info

Steinsetzungen in Schiffsform kommen häufig im Süden Skandinaviens und in benachbarten Ländern vor, doch die meisten finden sich in Schweden. Das wohl eindrucksvollste Steinmonument ist Ales stenar in Kåseberga in der Nähe von Simrishamn in der Landschaft Schonen. Die **Grabsteine** stellen ein kraftvolles Symbol für Macht und Glauben dar. Sie wurden vermutlich vor 1.000 bis 1.500 Jahren in der frühen Vendelzeit hier aufgestellt, sagen schwedische Archäologen. Die 58 stehenden Steinblöcke und ein liegender Stein sind mit 67 m Länge und 19 m Breite die größte Grabsteinanordnung in Schweden und die größte Schiffssetzung weltweit. Leider sind bei einer Restaurierung der Anlage 1956 keine archäologischen Ausgrabungen erfolgt, sodass möglicherweise wichtige Funde verschwanden.

Umstritten ist die Bedeutung des Namens: Manche Forscher meinen, er bedeute „Bergrücken", andere sehen in *Ale* ein altes Wort für Tempel und **Heiligtum**. Noch immer regt das Monument in landschaftlich reizvoller Lage am Meer die Fantasie der Menschen an. Auf streitbare Verfechter jenseits der etablierten Wissenschaften kann man vor allem im Sommer an dem Monument treffen, die – wenn sie Gruppen führen – die Ansicht vertreten, Ales stenar sei kunstvoll als Kultplatz, Kalender und Uhr in einem während der Bronzezeit angelegt worden, was allerdings die C14-Untersuchungen zum Alter der Anlage nicht bestätigen. Archäologen des Historischen Museums Stockholm kamen zudem zu dem Schluss, dass die groben und unregelmäßig aufgestellten Steine niemals die Funktion eines Kalenders gehabt haben können.

Von Kåseberga sollte man unbedingt auf der Küstenstraße (Östra Kustvägen) bleiben. Nach wenigen Kilometern empfiehlt sich ein weiterer Abstecher nach rechts zum Dünengebiet von **Sandhammaren,** das gleichzeitig den südöstlichsten Punkt der schwedischen Küste darstellt. Das unter Naturschutz stehende Gebiet zeichnet sich durch feinsandige, weiße Strände, hohe Dünen und eine eigentümliche Flora und Fauna aus. An manchen Stellen sieht man noch kleinwüchsige, knorrige Exemplare des ursprünglichen Eichenwalds. Unterhalb des roten Leuchtturms Sandhammarens fyr von 1861, dem vielleicht merkwürdigsten des Landes, weist eine Plakette mit den Namen der hier 1852–1951 gestrandeten Schiffe auf die Gefährlichkeit der Gewässer hin. Aufgrund der Strömungen und Sandbänke befindet sich hier mit ca. 1.000 Wracks der größte Schiffsfriedhof Schwedens.

Bei der Weiterfahrt zwischen Sandhammaren und Simrishamn ist auf Höhe von Skillinge ein Abstecher zu einer der eindrucksvollsten Zwingburgen Skandinaviens möglich. Trotz ihres mittelalterlichen Aussehens wurde die Burg **Glimmingehus** (30 m lang, 12 m breit, 26 m hoch) verhältnismäßig spät gebaut, nämlich unter dem Reichsadmiral und dänischen Statthalter auf Gotland, Jens Holgersen Ulfstand (1450–1523). Als Architekt engagierte er den bekannten Baumeister Adam van Düren (vgl. Domkirche Lund). Vermutlich diente das von Wassergräben und früher von einer Ringmauer umgebene Gebäude der Abwehr aufständischer Bauern, hatte allerdings in schwedischer Zeit keine militärische Funktion mehr und wurde u. a. als Getreidespeicher genutzt. In Selma Lagerlöfs „Nils Holgersson" ist die Burg Schauplatz des vierten Kapitels.

Glimmingehus, *Hammenhög, ✆ 072-7025990, www.raa.se. Juli–Mitte Aug. tgl. 10–18, Mai/Juni und Mitte Aug.–Sept. tgl. 10–16, April tgl. 11–16, sonst an einzelnen Tagen, Führungen auf Deutsch Juli/Aug. So 13.30 Uhr.*

Sandstrand unterhalb des Stenshuvud

Ansonsten bringt einen die Küstenstraße nordwärts zur bezaubernden 7.000-Einwohner-Kleinstadt **Simrishamn**, deren Name sich entweder von *simris* (Quelle, Wasserfläche) oder vom Stamm der Kimbern ableitet. Der bereits 1161 erwähnte Ort gewann vor allem durch die Heringsfischerei an Bedeutung und besaß bis weit in die 1970er Jahre hinein Schwedens größte Fischereiflotte. In dem Städtchen, das heute weitgehend vom Fremdenverkehr lebt, erinnert am Hafen eine Skulptur mit Heringen noch an die ehemalige Wirtschaftsgrundlage. Am Hafen mit seinen drei Becken befindet sich auch das Touristenbüro (mit Café), in dem es Pläne mit Erläuterungen für einen Stadtbummel auf eigene Faust gibt. Auf kopfsteingepflasterten Gassen findet man so leicht den Weg zu pittoresken Fachwerkhäusern, urgemütlichen Hinterhöfen (z. B. Bergengrenska Gården) und den vielen Restaurants und Straßencafés (besonders an der Storgatan).

Unbedingt sehenswert ist die mittelalterliche **St.-Nicolai-Kirche**, deren Äußeres durch die Treppengiebeltürme und unverputzten Feldsteine beeindruckt. Davor stehen zwei Skulpturen von Carl Milles: ein Engel mit Trompete und die beiden „Systrarna" (Schwestern). Zu den schönsten Plätzen Schonens zählt der **Rosenplatz** (Rosentorget) an der Ecke Allgatan/Ehrenflyktsgatan, in dem Rosensorten aus ganz Südschweden wachsen.

Das nächste lohnende Ziel ist 15 km nördlich von Simrishamn der 1986 gegründete und mit 3,9 km² nicht besonders große **Nationalpark Stenshuvud** (= steinernes Haupt), zu dem von der Küstenroute 9 eine ausgeschilderte Stichstraße in Richtung Ostsee führt. Der Weg endet am Besucherzentrum Stenshuvud naturum (Kartenmaterial, Ausstellung, Kiosk; Infos unter *www.sverigesnationalparker.se/stenshuvud*). Von dort führen Wanderwege durch das Areal. Allein die schattigen Hainbuchen- und Eichenwälder mit ihrem reichen Pflanzen- und Vogelleben (u. a. Orchideen, Nachtigallen) lohnen den Aufenthalt. Alle aber zieht es auf den 97 m hohen Urberg, das steinerne Haupt, der direkt oberhalb eines Ostsee-Sandstrands aufragt. Seit jeher ist er als weithin sichtbare Landmarke bei Seefahrern bekannt. Wer den kahlen Granithügel erklommen hat, wird mit einem prächtigen Ausblick belohnt. Bei klarer Sicht kann man bis nach Bornholm schauen.

Nur wenige Fahrminuten weiter nördlich bringt einen die Küstenstraße nach **Kivik**, bekannt wegen seines Obstanbaus (Äpfel). Kulturtouristen erwartet hier eine bronzezeitli-

che Sensation, das sogenannte **Königsgrab** (Kiviksgraven, Kungagraven). Das um 1000 v. Chr. angelegte, ursprünglich riesige Grab wurde jahrhundertelang als Steinbruch genutzt, 1931–1933 untersucht und teilweise wiederhergestellt, wobei man eine Grabkammer und einen Eingang rekonstruierte. Unter einem 3,5 m hohen Steinhügel (heute schätzt man, dass dieser dreimal so hoch gewesen sein dürfte) mit 75 m Durchmesser lagen zwei Grabkammern. Auf den Steinplatten befinden sich Zeichnungen (Petroglyphen), was eine Besonderheit ist. Dargestellt wurden stilisierte Menschen, Schiffe, Sonnensymbole sowie ein Pferdewagen. In der Umgebung sind viele weitere vorgeschichtliche Kultanlagen anzutreffen, u. a. Dolmen und eine 60 m lange Schiffssetzung.
Kiviksgraven, *Bredarörsvägen 18, Kivik, ✆ 070-6328829, https://bredaror.se. Mai Do–So 11–16, Juni u. Mitte–Ende Aug. tgl. 11–17, Juli–Mitte Aug. tgl. 10–18, Sept. Di–So 12–16 Uhr.*

Kristianstad

Die noch zur Provinz Schonen gehörende Stadt mit rund 41.000 Einwohnern ist eine Gründung des Dänenkönigs Christian IV. aus dem Jahr 1614, als er eine Festungsanlage gegen die Schweden errichten ließ. Das ursprüngliche rechtwinklige Straßensystem und Teile des Wallgrabens sind erhalten geblieben. Von den einstigen Wällen und Bastionen blieb einzig das **alte Stadttor** (Gamla stadsporten) stehen. Das am Marktplatz liegende **Rathaus** stammt von 1891, deutlich älter sind das Freimaurer- und das Bürgermeisterhaus. Schön ist auch das **Theater Kristianstad** im Tivoliparken. Östlich der Stadt nahe dem Nybodalsvägen, der Straße zwischen den Dörfern Viby und Fjälkinge, befinden sich auf dem **Dösabacken** (= Dolmenhügel) eindrucksvolle steinzeitliche Grabhügel.

Kristianstads größte kulturelle Sehenswürdigkeit ist aber die **Dreifaltigkeitskirche**, 1617–1628 im Stil der dänischen Renaissance errichtet (Hans van Steenwinckel d. J.). Das Backsteingebäude mit seinen Sandsteinornamenten und den mit Skulpturen ausgeschmückten Portalen gilt als bestes Beispiel einer protestantischen Kirche dieser Zeit in Schonen. Besonders eindrucksvoll ist das Raumerlebnis mit den fein abgestimmten Proportionen der dreischiffigen Hallenkirche.
Heliga Trefaldighetskyrkan, *Västra Storgatan 6, ✆ 044-7806400. Tgl. 8–17 Uhr.*

Am Marktplatz Stora Torget steht das **Regionalmuseum** samt Café und Museumsladen, der wichtigste kulturelle Treffpunkt der Stadt. Zu sehen sind Ausstellungen zur Stadtgeschichte und sakrale Kunstgegenstände, in der **Kunsthalle** Gemälde, Grafiken und Skulpturen schonischer Künstler ab dem 19. Jh. (mit Schwerpunkt auf den letzten 40 Jahren), und im ältesten Filmstudio des Landes ist das **Filmmuseum** untergebracht, wo u. a. die 1909–1911 gedrehten Filme zu sehen sind.
Regionmuseet Kristianstad, *Stora Torget, ✆ 044-6201900, www.regionmuseet.se. Di–So 11–17 Uhr, Juni–Aug. auch montags.*

Der größte natürliche Schatz Kristianstads ist seine Lage innerhalb eines ca. 35 x 35 km großen Naturreservats, das von dem Fluss Helge å geschaffen wurde. „**Wasserreich**" (Vattenriket) wird dieses Gebiet genannt, es ist das älteste der sechs schwedischen Biosphärenreservate. Das moderne **Besucherzentrum Naturum Vattenriket** ist nur 15 Gehminuten vom Zentrum entfernt. Von dem verglasten, z. T. im Wasser stehenden Gebäude mit Aussichtsplattform, Café und kleinem Aquarium kann man auf Bohlenwegen zu 21 Ausflugsplätzen und Vogelbeobachtungstürmen wandern.
Naturum Vattenriket, *Naturumsvägen 2, https://vattenriket.kristianstad.se.*

Reisepraktische Informationen Kristianstad

Information

Kristianstads Turistbyrå, *Rådhus Skåne, Västra Storgatan 12, ✆ 044-135000, www.kristianstad.se. Mo–Fr 10–17, Sa 10–14 Uhr.*

Hotel

First Hotel Christian IV €€€€, *Västra Boulevarden 15, ✆ 044-126300, www.firsthotels.com. In der City an recht verkehrsreicher Straße gelegenes, fantastisches Gebäude der Nationalromantik. Die ehemalige Bank mit ihren Gewölben, einem repräsentativen Treppenhaus, der alten Schalterhalle und vielen Details beherbergt 86 individuell und mit allem Komfort ausgestattete Zimmer, Restaurant, Bar und einen Weinkeller.*

Zwischen Kristianstad und Kalmar

Redaktionstipps

- Spaziergang durch die mittelalterlichen Gassen von **Sölvesborg** und über die imposante Fußgängerbrücke (s. u).
- Besichtigung des UNESCO-Weltkulturerbes **Karlskrona** mit seinem Marinehafen, der größten Holzkirche Schwedens und dem Marinemuseum (S. 240).
- Ausflug in den **Schärengürtel**: entweder mit dem Wagen nach Hasslö (S. 240) oder mit dem Ausflugsboot ab Karlskrona.
- In **Kalmar** Besuch des Schlosses, der Domkirche und der Kronan-Ausstellung im Länsmuseum (S. 243).

Auf den ersten rund 30 Kilometern hinter Kristianstad gibt es keine empfehlenswerte Alternative zur E22, die in westlicher Richtung über einen Landrücken führt, der die Ostsee vom buchten- und inselreichen Binnensee **Ivösjön** trennt.

Sölvesborg

Das an der Ostsee liegende 9.000-Einwohner-Städtchen gehört bereits zur Provinz Blekinge. Die schmalen Straßen im Zentrum verraten den mittelalterlichen Ursprung. Die häufigen Kriege zwischen Dänen und Schweden haben die Stadt wiederholt in Mitleidenschaft gezogen. 1567 zerstörten die Dänen selbst die Festung, um sie nicht den Schweden überlassen zu müssen. Dänenkönig Christian IV. hielt die strategische Lage der Stadt für zu ungünstig zur Verteidigung gegen die Schweden und ließ sie zugunsten der Gründung von Kristianstad fallen.

Dennoch weist Sölvesborg ein geschlossenes Ortsbild mit gewundenen Gassen auf, das im Sommer von vielen Besuchern aufgesucht wird. Neben den Baudenkmälern und der schönen Umgebung sind dafür diverse Events und Festivals verantwortlich, z. B. das renommierte **Sweden Rock Festival** und der **Mittelaltermarkt** von Killebom.

Das bedeutendste Bauwerk der Kleinstadt ist die **St.-Nicolai-Kirche**, ein 700 Jahre altes Backsteingebäude mit einem Treppengiebelturm. Sehenswert sind die schönen Kalkmalereien aus der Zeit um 1420 im westlichen Gewölbe des Chors und im östlichsten Joch des Langhauses sowie ein Triumphkreuz aus der gleichen Zeit. Auf dem Marktplatz steht der 1948 von Stig Blomberg geschaffene **Brunnen** mit Ask und Embla, Esche und Ulme in der altnordischen Mythologie, aus denen Odin und seine Helfer das erste Menschenpaar schufen.

Eine deutlich ältere Sehenswürdigkeit ist der **Stentoften-Stein**, ein Runenstein aus dem 6. Jh. (!). Berühmt ist der Zusatz zur Runeninschrift mit dem Text: „Ich, Meister der Runen, ritzte hier machtvolle Runen. Für immer behaftet mit Leid, dem Tod soll anheimfallen, der dieses Denkmal zerstört."

Zu einem neuen Wahrzeichen des Orts wurde die Ende des Jahres 2012 nach einjähriger Bauzeit eingeweihte **Sölvesborgsbron**. Mit 760 m ist sie **die längste Fußgängerbrücke Europas** – und zwar mit deutlichem Vorsprung. Das nicht nur lange, sondern mit seinen drei Stahlbögen auch imposante Bauwerk verbindet Sölvesborgs Zentrum mit der Insel Kaninholmen. Von dort führt eine zweite Brücke zum neuen Stadtteil Ljungaviken und weiter nach **Listerlandet**. Beide Brücken können auch mit dem Fahrrad überquert werden. Die flache Halbinsel Listerland ist ansonsten durch die Straße 123 erschlossen. Sie führt zum Natur- und Vogelschutzgebiet, zum Strand und zu einigen typischen Fischerdörfern, die an der Bucht von Hanö liegen. Vom Hafen Nogersund kann die **Insel Hanö** per Fähre erreicht werden.

Ab Sölvesborg verläuft die E22 in nördlicher Richtung und führt auf das Ufer der Ostsee-Bucht **Pukavik** zu. Nach deren Scheitelpunkt erreicht man, 10 km vor Karlshamn, **Mörrum**. Die Ortschaft ist wegen ihrer ausgezeichneten Lachsgewässer weithin bekannt. Das **Haus des Lachses** zeigt das Leben des Königs der Fische und die Entwicklung des Angelsports im Fluss Mörrumsån, der jährlich Tausende von Anglern aus aller Welt anzieht. Neben Ausstellungen und einem Lachsaquarium bietet das Haus durch Fenster direkten Ausblick auf eine Lachstreppe im Fluss. Gegenüber vom *Laxens Hus* kann man sich über die Aufzucht der Lachse informieren. Jährlich werden mehr als 100.000 Jungtiere im Fluss ausgesetzt.
Laxens Hus, *Kvarnvägen, Mörrum, ✆ 0454-50123, www.sveaskog.se/morrum/omoss/laxens-hus. April–Sept. Mo–Sa 9–17, So 10–15 Uhr, Jan.–März Mo–Fr 9–16 Uhr. Angelsaison von Mitte März bis Sept.*

Karlshamn

Der Name der 20.000-Einwohner-Stadt geht ebenso wie der des bedeutenderen Karlskrona auf König Karl XI. zurück. Stadtrechte erhielt Karlshamn, das über einen guten Naturhafen verfügt und ursprünglich als Standort der schwedischen Flotte vorgesehen war, erst 1664. Stadtplaner und Baumeister Erik Dahlbergh entwarf die Stadtanlage, das Kastell auf einer Insel in der Einfahrt zum Hafen und die im karolinischen Stil errichtete Karl-Gustav-Kirche.

Einige alte schöne Holzhäuser aus dem 17. und 18. Jh. sind erhalten geblieben, wie das **frühere Rathaus**, das Asschierska huset, unweit der Kirche, der Kaufmannshof Smithska gården mit dem kleinen **Stadtmuseum** und das Holländarehuset, in dem einst holländische Kaufleute auf ihren Geschäftsreisen nach Småland Station machten. An Karlshamns Rolle während der Auswanderung vieler Schweden nach Amerika im 19. Jh. erinnert die bekannte Skulptur „Utvandrarmonumentet" (= Auswandererdenkmal). Vor allem für amerikanische Touristen, die sich auf die Spuren ihrer schwedischen Wurzeln begeben, ist das Denkmal von Axel Olson ein Muss; es zeigt Kristina und Karl-Oskar, zwei Figuren aus der vierbändigen Auswanderer-Romanreihe von Villhelm Morberg. Man findet die Skulptur im Park am Hafen.

Reisepraktische Informationen Karlshamn

Information

Karlshamns Turistcenter, *Pilgatan 2, ✆ 0454-81203, https://visitkarlshamn.se. Mo–Fr 10–17 Uhr, Informationen Sept.–Mai nur über die Infopoints in der Stadt oder online.*

Hotel

Hotel Carlshamn *€€€–€€€€, Varvsgatan 1, ✆ 0454-89000, www.hotelcarlshamn.se. Zentral und nahe dem Gasthafen gelegenes Haus mit 99 komfortablen Zimmern, einige mit Balkon und Blick über den Hafen, Á-la-carte-Restaurant, Bar, Sauna, Dampfbad, Solarium.*

Jugendherberge

STF-Vandrarhem Karlshamn, *Surbrunnsvägen 1c, ✆ 0454-14040, www.vandrarhemkarlshamn.se. 500 m vom Bahnhof entferntes, ganzjährig geöffnetes Haus. Kombination von Jugendherberge, Low-Budget-Hotel und Studentenheim, alle Ein- bis Vierbettzimmer haben ein eigenes Bad und TV.*

Zwischen Karlshamn und der Provinzhauptstadt Karlskrona liegt mit dem alten Kur- und Hotelstandort **Ronneby** eine kleine Stadt, deren mittelalterliche **Heilig-Kreuz-Kirche** (Heliga Kors Kyrka) einen Besuch lohnt. Bei einer Renovierung hat man 1911 schöne Kalkmalereien freigelegt. An der südlichen Chorwand lässt sich das Motiv des Totentanzes erkennen. Altar und Kanzel stammen aus der Zeit des Dänenkönigs Christian IV.

Abstecher in die Schären und nach Hasslö

Zwischen Ronneby und Karlskrona zweigt von der E22 nach Süden ein Weg ab, der einen über mehrere Inseln, Schären, Dämme und Brücken (darunter die 1964 eingeweihte Hasslöbrücke) und oft ganz nah am Wasser entlang zur großen Insel Hasslö bringt. Als Marinebasis war sie lange Zeit nicht für Ausländer zugänglich. Bei diesem Abstecher ist der Weg das Ziel, denn größere Sehenswürdigkeiten sind auf Hasslö nicht zu erwarten. Dass es dennoch viele Besucher dorthin zieht, liegt an einer recht hohen Dichte an Ferienhäusern, mehreren guten Sandstränden (am schönsten ist der von Sandvik) und an den guten Wetterdaten, die Hasslö den Beinamen „Klein-Hawaii" eingebracht haben.

Karlskrona

Auch nach Karlskrona, einige Kilometer weiter östlich, geht es von der E22 nach Süden auf einer Stichstraße ab, die über zahlreiche durch Brücken miteinander verbundene Inseln zum Zentrum der reizvoll gelegenen **Hauptstadt der Provinz Blekinge** bringt. Karlskrona wurde unweit des Kalmarsunds 1680 auf königlichen Befehl Karls XI. gegründet. Der Grund für die Anlage der Stadt war der Aufbau eines Flottenstützpunkts auf der Insel Trossö, nachdem Dänemark versucht hatte, die 1658 an Schweden abgetretenen Provinzen Schonen, Halland und Blekinge zurückzuerobern. Auch heute noch ist Karlskrona die **Basis der schwedischen Marine**. Die Stadt mit ihren rund 37.000 Einwohnern ist nicht nur das administrative Zentrum für ein weites Umland, sondern angesichts ihrer Größe auch ein recht bedeutender Industriestandort. Der Hafen und die Altstadt mit den meist nach 1790 entstandenen Häusern sind inzwischen von der UNESCO zum **Weltkulturerbe** erklärt worden.

Sehenswert ist das Zentrum mit dem **Stortorget** (= großer Platz), der eine Vorstellung von den großen Ausbauplänen im 17. Jh. vermittelt. Das Denkmal stellt Karl XI. dar, den Gründer der Stadt. Hier liegen die Fredrikskirche und die Dreifaltigkeitskirche als besondere Bauwerke, sehenswert sind ferner die Admiralitätskirche, vor allem das Marinemuseum und das Blekingemuseum.

Der bekannte Architekt Nicodemus Tessin d. J., der in Stockholm tätig war, entwarf für die damalige deutsche Gemeinde die **Dreifaltigkeitskirche**, einen über einem Achteck errichteten Bau mit barocken und italienischen Einflüssen. Die Säulenvorhalle zum Marktplatz hin ist eine Ergänzung, die im 19. Jh. erfolgte. Aus dem damals zu Schweden gehörenden Pommern waren damals zahlreiche deutsche Seeleute und Handwerker in die Stadt gekommen. Auch die 1744 eingeweihte **Fredrikskirche** geht auf einen Entwurf Tessins zurück. In ihrer Architektur orientiert sie sich an römischen Vorbildern. Pilaster gliedern die zweigeschossige Fassade der Langkirche mit ihren beiden Vierecktürmen.

Gubben Rosenbom vor der Admiralitätskirche

Das dritte interessante sakrale Bauwerk der Stadt liegt in der Nähe der Marinebasis. Die **Admiralitätskirche Ulrica Pia**, das älteste erhaltene Gebäude Karlskronas, 1685 eingeweiht, ist zugleich **Schwedens größte Holzkirche**. Vor der Kirche steht eine Kopie der Holzfigur „Gubben Rosenbom" (= der Alte Rosenbom), eine Sammelbüchse für die Armen, bekannt auch durch Selma Lagerlöfs „Nils Holgersson". Es heißt, die Holzfigur stelle den Bettler Mats Hindriksson Rosenbom dar, der hier in der Neujahrsnacht 1717 erfroren sein soll.

Ein Stück des alten Karlskrona ist im Stadtteil **Björkholmen** erhalten geblieben, wo die Holzhäuschen der Seeleute und Werftarbeiter zu finden sind. Eine Sonderstellung, auch in architektonischer Hinsicht, nimmt das **Marinemuseum** der von der Seefahrt durch und durch geprägten Stadt ein, das auf der **Insel Stumholmen** nahe des Stadtzentrums untergebracht ist und alles aus dem Umfeld von Schiffbau und Seefahrt thematisiert, u. a. jahrhundertealte Schiffsmodelle, das Leben der Seeleute und die berühmten Galionsfiguren von Johan Törnström aus der Zeit um 1700. Durch die Fenster eines Unterwassertunnels blickt der Besucher auf das Wrack eines Schiffs aus dem 18. Jh.
Marinmuseum, *Stumholmen, ✆ 045-5359300, www.marinmuseum.se. Juni–Aug. tgl. 10–18, sonst Di–So 10–16, Mi bis 19 Uhr.*

Gegenüber dem Scandic-Hotel am Fischmarkt liegt das **Blekinge-Museum** mit seinen interessanten kulturgeschichtlichen Sammlungen, das über Leben und Arbeit der Menschen dieser Küstenregion informiert. Das Museum ist in einem Gebäude aus dem Jahr 1705 des Admirals Hans Graf Wachtmeister zu Johannishus untergebracht, seinerzeit Mitglied der deutschen Gemeinde. Im alten Palast der Familie Wachtmeister ist auch eine

herrschaftliche Wohnung aus dem 17. Jh. zu besichtigen. In dem kleinen barocken Garten lohnt eine Pause in einem gemütlichen Café.
Blekinge museum, *Borgmästaregatan 21, ✆ 0455-304985, www.blekingemuseum.se. Juli/Aug. tgl. 12–18, sonst Di–So 10–16 Uhr; freier Eintritt.*

Die wohl schönste Aussicht auf die Stadt und den Schärengürtel genießt man vom **Brauereiberg** (Bryggareberg). Ausflugsboote in die östlichen Schären starten am Fischmarkt (Fisketorg). Und auf der kleinen Insel **Brändaholm**, 2 km vom Zentrum entfernt, liegt das vielleicht schwedischste Karlskrona-Motiv: 43 rote Häuschen mit ihren weißen Fenstern und Ecken und – jedenfalls im Sommer – wehenden schwedischen Flaggen.

Reisepraktische Informationen Karlskrona

Information

Karlskrona Turistbyrå, *Skeppsbrokajen 10, ✆ 0455-303490, www.visitkarlskrona.se. Juni Mo–Fr 9–17, Sa 10–15, Juli/Aug. Mo–Fr 9–17, Sa/So 9–15 Uhr; Infopoint am Stortorget Ende Juni–Mitte Aug. tgl. 10–15/16 Uhr.*

Hotels

Karlskrona First Hotel Statt €€€–€€€€, *Ronnebygatan 37, ✆ 0455-55550, www.firsthotels.com. Herrschaftliches Haus aus der Zeit um 1900, alt und modern, im Zentrum an der Fußgängerzone, 107 komfortable Zimmer, Restaurant, stimmungsvoller Pub, Nachtclub, Sauna, Pool.*
Hotel Aston €€€, *Landbrogatan 1, ✆ 0455-19470, www.bestwestern.se. Zur Best-Western-Kette gehörendes historisches Gebäude, 400 m vom Bahnhof entfernt. Das Hotel mit 41 ansprechenden Zimmern ist im 3. und 4. Stock untergebracht. Das Haus wird auch „U-Boot-Hotel“ genannt: Als das sowjetische U-Boot U-137 in Karlskrona auf Grund lief, wohnten hier viele der Journalisten, die davon berichteten.*

Jugendherberge

STF Karlskrona Kronohäktet, *Bastionsgatan 14, ✆ 0701-408919, www.svenskaturistforeningen.se. Ganzjährig geöffnete Herberge im ehemaligen, 2021 liebevoll restaurierten Militärgefängnis aus dem Jahre 1910; auf der Insel Stumholmen neben dem Marinemuseum und am Wasser gelegen. 32 kleine, aber modern ausgestattete „Zellen“, davon 29 für bis zu 2 und 3 für bis zu 4 Gäste. WC und Duschen auf dem Gang, Restaurant für Frühstück und Mittagessen.*

Camping

Skönstaviks Camping, *Ronnebyvägen 17, ✆ 0455-23700, https://firstcamp.se. Schöne Anlage an der westlichen Einfahrtsstraße nach Karlskrona, geöffnet April–Aug. Zelt- und Wohnwagenplätze, 30 Campinghütten, Küche, in der Nähe vom Strand gelegen, Organisation von Ausflügen in die Schären.*

Auf der 80 km langen Strecke **zwischen Karlskrona und Kalmar** geht es auf der E22 in nördlicher Richtung, parallel zum Ufer des Kalmarsunds, der Meerenge zwischen dem Festland und der Insel Öland. Unterwegs biegt eine Stichstraße nach **Kristianopel** ab, einem winzigen Ort mit großer historischer Bedeutung. Sein Name leitet sich vom Gründer, dem Dänenkönig Christian IV. ab, d. h., dass der Ort einst Grenzfeste zwischen Schweden und Dänemark war. Immer noch erinnern eine 3 km lange Granitmauer und Bastionen an die kriegerische Vergangenheit. Eine weiße Treppengiebelkirche sowie eine Windmühle setzen unübersehbare dänische Akzente.

Kalmar

Kalmar ist eine der ältesten Städte des Landes. Die beiden bedeutendsten Gebäude, das **Schloss** und der **Dom**, überragen das überschaubare Stadtgebiet. Der 6 km breite Sund, die Lage des Schlosses, die Größe und die Einwohnerzahl der Provinzhauptstadt (72.000 Einwohner) sind mit dem dänischen Helsingør vergleichbar.

Das mittelalterliche Kalmar lag nahe dem Schloss, doch nach dem verheerenden Brand des Jahres 1647 wurde die heutige Altstadt auf der Insel Kvarnholm entsprechend der vom Barock geprägten Stadtplanung mit einem Netz aus sich rechtwinklig kreuzenden Straßen angelegt. Schon in der Wikingerzeit war die Stadt wegen ihrer Lage am Kalmarsund ein wichtiger Handels- und Umschlagplatz mit weitreichenden internationalen Beziehungen nach Gotland, Russland, Dänemark und zum Baltikum. Zusammen mit Lund galt Kalmar im frühen Mittelalter als **Hauptstadt des Nordens**.

Der ständige Konflikt zwischen Dänemark und Schweden sowie die Bedrohung durch wendische Seeräuber führten in der Umgebung der Stadt sowie auf Öland zum Bau zahlreicher Verteidigungskirchen und zur Befestigung der Stadt mit einer massiven Burg. Kalmar lag lange Zeit im Grenzgebiet zwischen Schweden und Dänemark. In der Geschichte wurde die Hansestadt wegen der **Kalmarer Union** 1397 bekannt, als es Königin Margarethe I. gelang, ein Riesenreich zu schaffen, dem neben den Königreichen Norwegen, Schweden und Dänemark noch die Provinzen Island und Finnland angehörten – eine Union unter dänischer Vorherrschaft, die 1523 endgültig zerbrach. Als mit dem Frieden von Roskilde (1658) Dänemark seine Gebiete in Südschweden an den Nachbarn abtrat, verlor die Stadt ihre Schlüsselstellung als Grenzfeste. Heute ist Kalmar eine **Ausbildungs- und Industriestadt**, die in den Sommermonaten viele Reisende anzieht, die vor allem Öland besuchen oder die Stadt als Ausgangspunkt für Fahrten ins Glasreich wählen. Neben dem herrlich gelegenen Schloss und der interessanten Architektur der Domkirche bietet sich als weitere Sehenswürdigkeit das Provinzmuseum mit der **Kronan-Ausstellung** an, den Funden im Zusammenhang mit dem Untergang des großen Regalschiffs im Jahr 1676.

Bei einer Stadtbesichtigung kommt man am **Kalmarer Schloss** nicht vorbei, der größten Sehenswürdigkeit der Stadt. In unmittelbarer Nähe zum gut ausgeschilderten Bauwerk, das auf einer Insel gegenüber der Stadt liegt, gibt es ausreichend Parkplätze. Schon die Außenbesichtigung (dazu gehört auch der Innenhof mit dem schönen Renaissancebrunnen) und der Spaziergang an den Bastionen vorbei und über die Zugbrücke sind absolut lohnend.

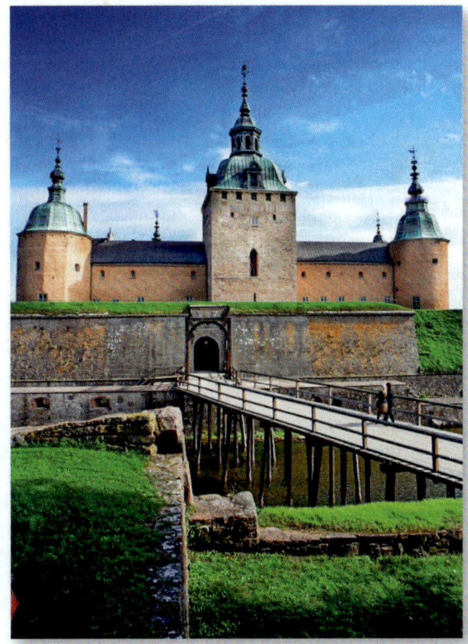

Das Kalmarer Schloss

Das Schloss geht auf einen massiven, runden Verteidigungsturm zurück, aus dem ab dem 12. Jh. eine der größten Burganlagen des Ostseeraums entstand. Auf Befehl des Königs Magnus Ladulås, der hier 1276 Helvig von Holstein heiratete, wurde die Burg Ende des 13. Jh. zu einem stattlichen Schloss umgebaut. Hier wurden die Verhandlungen des Kalmarer Unionsbeschlusses geführt. Das westliche Wallsystem und die wichtigsten der heute zu besichtigenden Bauteile wie Königssaal, Königsgemach, Königs- und Königinnentreppe sowie Torturm sind unter Gustav I. Vasa entstanden, dessen Söhne das Werk zu einem Renaissancepalast vollenden ließen. Besonders das Gemach König Eriks XIV. mit seiner Intarsienvertäfelung und der Goldene Saal sind sehenswert.

Im 17. Jh. verlor das Schloss, das mehr als 20-mal belagert, aber nie eingenommen wurde, seine Funktion als Festung, weshalb es anderweitig genutzt wurde, aber immer weiter verfiel. Bis Mitte des 19. Jh., als man mit der Renovierung begann, war der zwischenzeitlich verwahrloste Bau Getreidespeicher, Schnapsbrennerei, Staatsgefängnis und Heeresverwaltungsamt. In der Schlosskirche aus dem 16. Jh., im Südflügel gelegen, sind die verzierten Wände mit Bibelsprüchen versehen. Bei einer Innenbesichtigung erlebt man Räumlichkeiten, die – einschließlich der Möblierung – bis ins kleinste Detail so rekonstruiert wurden, wie sie im 17. Jh. ausgesehen haben mögen. Hilfreich zum Verständnis sind die interaktiven Infoterminals, an denen man auch auf Deutsch mit einer Vielzahl an Texten, Anekdoten und Bildern über die Geschichte unterrichtet wird. Das Schloss verfügt auch über einen Laden und ein wunderschönes Café, das u. a. warme Mittagsgerichte *(tgl. 11–16 Uhr)* serviert.
Kalmar Slott, *Kungsgatan 1, ✆ 0480-451490, www.kalmarslott.se. Jan./Feb. Do–So 11–15, März Sa/So 10–16, Apr./Mai tgl. 10–16, Di bis 20, Juni–Sept. tgl. 10–18, Di–Do bis 20, Okt. tgl. 10–16, Di–Do bis 20, Nov./Dez. meist Sa/So 10–15/16 Uhr.*

Unweit des Schlosses lohnt ein kleiner Spaziergang in die **Gamla stan**. Die Altstadt begeistert mit ihren Gässchen und charmanten Holzhäuschen, die im 18. und 19. Jh. den Kalmarer Bürgern als Sommerhäuser dienten. Ihnen war das Wohnen in dem Viertel Kvarnholmen zu eng geworden.

Auf dem Weg in die Innenstadt spaziert man durch den Schlosspark am Wasser entlang und kommt dabei am **Kunstmuseum** vorbei, einem kubischen Bau mit dunkler Holzvertäfelung. Das 2008 eingeweihte Gebäude (Martin Videgård Hansson & Bolle Tham) wurde sofort nach der Fertigstellung mit Schwedens wichtigstem Architekturpreis ausgezeichnet. In aktuellen Ausstellungen ist hier zeitgenössische internationale und regionale Kunst zu sehen, aber auch schwedische Kunst des 19. und 20. Jh. mit einzelnen Werken von Carl Larsson, Anders Zorn oder Siri Derkert. Lohnend ist auch die Präsentation der Geschichte des schwedischen Designs vom 20. Jh. bis zur Gegenwart.
Kalmar konstmuseum, *Stadsparken, ✆ 0480-426282, www.kalmarkonstmuseum.se. Tgl. 11–17 Uhr, freitags freier Eintritt.*

Vom Kunstmuseum geht man weiter auf das Zentrum zu, überquert die Eisenbahngleise und passiert den Bahnhof sowie den schönen alten Wasserturm. Am Freimaurer-Hotel vorbei erreicht man über die Storgatan bald den **Stortorget**, den zentralen Platz des Innenstadtviertels **Kvarnholmen** (= Mühleninsel), das im 17. Jh. mit rechtwinkligem Straßenraster neu angelegt wurde. Den großen Platz prägen das **Rathaus** (1684–1690) und das **Stadshotell** im Jugendstil, vor allem aber die **Domkirche**. Sie ersetzte die alte mittelalterliche Kirche, die im Krieg von 1611 bis 1613 und bei dem Großbrand von 1647 stark beschädigt worden war. 1660 wurde der Grundstein für die neue Domkirche gelegt.

Nach den Plänen des bekannten Architekten Nicodemus Tessin d. Ä. erhielt die Kirche, die nach Karl XI. Karls Kyrka heißen sollte, ein **eigenwilliges Aussehen**: Mit den vier 38 m hohen Ecktürmchen und der 16 hohen Steinurnen mit ihren symbolischen Fackeln erinnert sie eher an einen Adelspalast. Tessins Pläne, eine große Kuppel im römischen Barockstil sowie höhere Ecktürme zu errichten, ließen sich wegen Geldmangels nicht verwirklichen. Die Domkirche steht auf einem kräftigen Granitsockel, der Rest ist verputzter öländischer Kalkstein, die Details bestehen aus hellgrauem Kalkstein.

Das Rathaus von Kalmar

Von außen wirkt die Kirche wie ein gleichmäßiger Zentralbau, doch im Inneren wird der Charakter einer Langhauskirche deutlich. Das Tonnengewölbe und die Emporen verstärken diesen Eindruck. Die Architektur des Raums, seine Einrichtung und seine Farbgebung entsprechen dem Idealbild eines sogenannten karolinischen Baus. Besonders beachtenswert ist der von Tessin d. J. gestaltete Altar und das von David von Kraft stammende Altarbild „Kreuzabnahme", das an Rubens erinnert. Sehenswert ist auch die Kanzel des Bildhauers Baltzar Hoppenstedt mit Moses als Kanzelträger und einem dreifach gestaffelten Kanzelbaldachin, der symbolische Frauenfiguren und den auferstandenen Christus trägt.
Kalmar Domkyrkan, *Stortorget, ✆ 0480-12300, www.kalmardomkyrka.se. Mo–Fr 8–18, Sa/So 9–16 Uhr.*

Direkt am Hafen, wenige Schritte vom Stortorget entfernt, vermittelt das **Kalmarer Provinzmuseum** Einblicke in die Blütezeit der Stadt und erklärt ihre Rolle für die Kriegs- und Handelsseefahrt. Kernstück der Sammlungen in der alten Dampfmühle, einem Beispiel bester schwedischer Industriearchitektur, ist die **Kronan-Ausstellung**. Das Kriegsschiff Kronan wurde 1676 bei einer Seeschlacht vor der Insel Öland versenkt. 1980 gelang es Anders Franzén, der auch die Vasa in Stockholm wiederentdeckte, das Wrack in 26 m Tiefe zu lokalisieren. Noch ist es nicht geborgen, aber es wurden schon mehr als 30.000 Objekte heraufgeholt, u. a. Schwedens größter Goldschatz. Kulturgeschichtlich ist die Kronan im Vergleich zur Vasa deshalb interessant, weil das Regalschiff größer und im Unterschied zur Vasa vollständig ausgerüstet war.
Kalmar Läns Museum, *Skeppsbrogatan 51, ✆ 0480-451300, www.kalmarlansmuseum.se. Mo–Fr 10–16, Sa/So 11–16, Mitte Juni–Mitte Aug. tgl. 10–17 Uhr.*

Von der großen Freifläche vor dem Provinzmuseum geht der Blick über den Passagierhafen, an dem manchmal Kreuzfahrtschiffe festmachen, hinüber zum Kalmarsund mit der 6 km langen Ölandbrücke. Und wer noch etwas **Kalmar-Idylle** sehen möchte, bummelt am Museum und am alten Badehaus vorbei über die Östra Vallgatan bis zu einer Reihe putziger geduckter Holzhäuser, darunter drei Nachbarhäuser, die „Tripp, Trapp, Trull" genannt werden. Schräg gegenüber erhebt sich das mit 65 m höchste Gebäude Kvarnholmens über Stadt und Wallgräben, der alte **Wasserturm** *(Gamla vattentorn)*. In dem Jugendstil-Turm von 1900 sind heute Eigentumswohnungen untergebracht.

Reisepraktische Informationen Kalmar

Information

Kalmar Turistcenter, *Ölandskajen 9, Gästhamnen, ✆ 010-3570500, www.kalmar.com. Juni–Aug. Mo–Fr 9–18, Sa/So 10–15, Mai und Sept. Mo–Fr 9–17, Sa 10–15, Jan.–April und Okt.–Dez. Mo–Fr 10–16 Uhr.*

Hotels

Calmar Stadshotell *€€€, Storgatan 14, ✆ 0480-496900, www.ligula.se. Wunderschönes, strahlend weißes Jugendstilhotel am Stortorget, neben dem Rathaus und gegenüber vom Dom, 126 klassisch eingerichtete, komfortable Zimmer, Wintergarten mit Frühstücksrestaurant, Fitnessraum, Bibliothek, urige Bar (Pipes of Scotland) mit großem Whisky- und Bierangebot und herzhaften Pubgerichten, im Sommer für draußen Reservierung empfehlenswert.*

Frimurarehotellet *€€€, Larmtorget 2, ✆ 0480-15230, www.frimurarehotellet.se. Individuelle Unterkunft in elegantem Haus der Freimaurerloge aus dem 19. Jh., wenige Schritte vom Bahnhof entfernt am Platz Larmtorget, 35 unterschiedliche, komfortable und unlängst renovierte Zimmer, gutes Restaurant Kött & Bar und Pub. Bietet Sauna, Bibliothek und Fahrradverleih.*

Jugendherberge

Kalmar Sjömanshem Vandrarhem *€–€€, Ölandsgatan 45, ✆ 0480-10810, www.kalmarsjomanshem.se. Zentral gelegene Herberge in dem schönen, neoklassizistischen ehemaligen Seemannsheim von 1909. Juni–Mitte Aug. geöffnet, 12 einfach eingerichtete Einzel-, Doppel- und Mehrbettzimmer, z. T. mit eigenem Bad, moderne Küche zur Selbstversorgung.*

Zwischen Kalmar und Södertälje (Stockholm)

Die ohne Abstecher 380 km lange Strecke von Kalmar bis Södertälje verläuft zunächst entlang der Ostküste über die E22, auf der ersten Teilstrecke durch das Küstengebiet gegenüber der Insel Öland. Diese Region der Provinz Kalmar wird als die **Blaue Küste** (Blå Kusten) bezeichnet, ein herrliches Schärengebiet, das zu mehreren Abstechern zum Kalmarsund verlockt.

Von Oskarshamn gibt es regelmäßigen Fährverkehr hinüber zur Insel Gotland. Über das alte Städtchen Söderköping am Götakanal führt die E22 in die für schwedische Verhältnisse große Industriestadt Norrköping. Ab hier geht es auf der E04 weiter in Richtung Södertälje und die Mälarseeregion, den direkten Einzugsbereich der Hauptstadt Stockholm. Auf der ersten Etappe hinter Kalmar laden schöne Strände und kleine hübsche Orte immer wieder dazu ein, die Fahrt auf der E22 zu unterbrechen: z. B. **Pataholm**, der alte Seefahrtsort, oder der Ferienort **Timmernabben** auf halbem Weg nach Oskarshamn, oder wenige Kilometer weiter **Mönsterås** mit seinen Cafés und Geschäften an der gepflasterten Storgatan.

Oskarshamn

Die Hafen- und Industriestadt mit rund 19.000 Einwohnern im östlichen Småland liegt an einer Bucht des Kalmarsund. Von hier verkehren die Fähren das ganze Jahr über nach Visby zur Insel Gotland. Auch zur vorgelagerten Insel Blå Jungfrun setzen in den Sommermonaten Fähren über. Außer diesem Eiland, dessen Granit bei schräg stehender Sonne übrigens nicht blau, sondern rosa leuchtet, gibt es einen ganzen Kranz von Schären unmittelbar vor der Hafeneinfahrt. Im Sommer bietet die Küstenstadt ein buntes Veranstaltungsprogramm. Oberhalb des Hafens liegt der pittoreske Stadtteil **Fnyket** mit seinen gut erhaltenen Seemannshäuschen und kleinen Gärten, der heutzutage als Kulturdenkmal geschützt ist.

Redaktionstipps

- Naturerlebnis pur in den Nationalparks **Blå Jungfrun** (S. 248) und **Tyresta** (S. 257).
- Rundgang durch das schwedische Manchester **Norrköping** mit seiner umgewandelten Industriearchitektur und Museumslandschaft (S. 250).
- Für Familien: Ganztagesausflug zum Tier- und Vergnügungspark **Kolmården** (S. 252) mit Safari-Abenteuer und Achterbahn-Nervenkitzel.
- Schwedische Sommerfreuden in den Schären, z. B. in den beiden Bilderbuchstädtchen **Trosa** (S. 254) und **Dalarö** (S. 256).

Untergebracht im Kulturhaus, zeigt das **Döderhultar-Museum** eine weithin bekannte Sammlung mit Kunstschnitzereien von Axel Pettersson (1868–1925). Der Name des Museums leitet sich von Petterssons Spitz- und Künstlernamen Döderhultarn ab, der auf seinen Geburtsort, die damalige Gemeinde Döderhults, zurückgeht. Mehr als 200 seiner kantigen, lebendigen Holzskulpturen zeigen den harten Alltag der Menschen und Tiere auf dem Land zu Beginn des 20. Jh., oft auf humorvolle Art und Weise. Im Seefahrtsmuseum im gleichen Gebäude dokumentieren Gegenstände die Geschichte der Seefahrt in der Region.

Döderhultarmuseet, *Hantverksgatan 18, ✆ 0491-88040, www.oskarshamn.se. Di–Fr 10–18, Sa 10–14, So 12–16 Uhr.*

Reisepraktische Informationen Oskarshamn

Information

Oskarshamn Turistbyrå, *✆ 0491-77072, www.oskarshamn.se. Infos Juni–Aug. an Infopoints sowie per Telefon, ansonsten per E-Mail oder Chat.*

Hotels

Best Western Hotell Corallen €€€, *Gröndalsgatan 35, ✆ 0491-768181, www.hotelcorallen.se. Modernes, zweistöckiges Haus, außerhalb des Orts, ruhig an der Hafeneinfahrt gelegen, 75 Zimmer im skandinavischen Stil, die meisten mit Balkon oder Terrasse zum Wasser mit Blick auf die Nationalpark-Insel Blå Jungfrun, gutes Restaurant, Bar, Außen- und Whirlpool, Sauna.*

Badholmen Restaurang & Rum €€€, *Skeppsbron 2, ✆ 491-12979, https://badholmen.se. Gemütliche Unterkunft mitten im Hafen auf der „Badeinsel" (über eine Brücke zu erreichen), 14 Zimmer mit maritimem Charakter und z. T. grandioser Aussicht, Restaurant, Veranda mit Außenbedienung, Fährterminal und Stadtzentrum in wenigen Minuten fußläufig zu erreichen.*

Jugendherberge

STF Oskarshamn/Oscar Vandrarhem, *Södra Långgatan 15–17, ✆ 0491-15800, www.forumoskarshamn.com. Im Forum (Theater, Konferenzzentrum, Hotel, Restaurant) untergebrachte Herberge mit Doppel- und Mehrbettzimmern und gut ausgestatteter Gästeküche.*

Fähre

Destination Gotland, *Verkstadsgatan 1, 57235 Oskarshamn, Info ✆ 0491-761400, Buchungs-✆ 0498-223300, www.destinationgotland.se. Schnellfähre mit tgl. 1–3 Abfahrten nach Visby/Gotland (S. 390), Überfahrt ca. 3 Std., am Fährterminal gibt es einen Parkplatz, Sanitäreinrichtungen und einen Kiosk.*

Ölandsfärjan, *Skeppsbron, 57257 Oskarshamn, ✆ 072-1777732, www.olandsfarjan.se. Fährverbindung zum nordöländischen Byxelkrok mit der kleinen Autofähre MS Solsund, Überfahrt ca. 2 Std., zwei Überfahrten tägl. in jede Richtung, Fährbetrieb nur Mitte Juni bis Mitte August.*

Blå Jungfrun (= Blaue Jungfrau) heißt die sagenumwobene Insel im Kalmarsund, die bei gutem Wetter von Oskarshamn mit dem Boot in etwa 40 Min. zu erreichen ist. Das 86 m hohe Eiland, hauptsächlich aus rotem Granit, ist ein **Nationalpark** mit abwechslungsreicher Natur: Grotten, Klippen, reiches Vogelleben und interessante Flora. Bootstouren werden von Juni bis August angeboten, Auskunft erteilt Oskarshamns Turistbyrå (s. o.).

Nördlich von Oskarshamn liegt mit Oskarshamnsverket Schwedens erstes kommerziell betriebenes Kernkraftwerk. Nach Norden beginnt die Blaue Küste, der schöne Schärengarten mit seinen vielen Inseln und Inselchen. Auf der Höhe von Fårbo führt eine Nebenstraße über Hultsfred zur Kleinstadt **Vimmerby** (s. S. 328), bekannt als Geburtsort Astrid Lindgrens und mit „Astrid Lindgrens Welt“ ein vielbesuchtes Touristenziel.

Västervik

Die Hafenstadt im nordöstlichen Småland, die in der Vergangenheit ganz und gar von der Seefahrt und vom Schiffsbau geprägt war, bietet eines der besten Beispiele einer schwedischen Kleinstadt mit gut erhaltener Holzhausbebauung aus dem 18. und 19. Jh. Die im 15. Jh. errichtete St.-Gertruds-Kirche hat im Laufe der Zeit verschiedene An- und Umbauten erfahren. Auf dem Fischmarkt wird u. a. der flachgeräucherte Aal als Västervik-Spezialität angeboten. Die kleinen roten Häuser der Bootsleute aus dem 18. Jh. in der Gasse Båtsmansgränd erinnern an die Zeit der Seefahrer. Die in der Nähe liegende mittelalterliche **Schlossruine Stegeholm** ist heute Schauplatz des jährlichen Liederfestivals.

Außerhalb der Stadt liegt der schöne **Schärengarten von Tjust** mit mehreren alten Fischerdörfern, 3 km vom Zentrum entfernt das Freizeit- und Badegebiet Västervik Resort.

Reisepraktische Informationen Västervik

Information

Västerviks Turistbyrå, *Rådhuset, Stora Torget 4, 59350 Västervik, ✆ 0490-87520, www.vastervik.com.*

Hotel

Slottsholmen *€€€€€, Slottsholmsvägen 10, ✆ 0490-795800, https://slottsholmen.com. Zentral gelegenes, 2020 eingeweihtes und auf eigenem Ponton „schwimmendes“ Hotel, 33 Zimmer mit Balkon oder Terrasse, im Annex „an Land“ zehn Suiten mit wunderbarem Blick auf den Schärengarten und Platz für je 4 Personen, sehr gutes Restaurant. Zubuchbar ist ein Besuch im schönen Jugendstil-Schwimmbad Warmbadhuset, das zu einem modernen Spa mit Saunen, Hamam und Pool umgebaut wurde.*

Camping

Västervik Resort, *Lysingsvägen, Västervik, ✆ 0490-258000, www.vastervikresort.se. Eine der größten Camping- und Freizeitanlagen des Nordens. Ferienhausdorf mit über 160 Häusern, Hütten, Apartments und Studios unterschiedlicher Kategorie; Spaßbad mit Wasserrutschen, Saunen, Golf, Gästehafen, Fitnesscenter, Ruderboot- und Kanuverleih, Sandstrand, im Sommer viele kostenfreie Aktivitäten für Kinder, mehrere Restaurants, ganzjährig geöffnet. 3 km vom Zentrum entfernt.*

Söderköping

Das zur Provinz Östergötland gehörende Söderköping, eine der ältesten Städte Schwedens, war im Mittelalter ein bedeutender Handelsort mit deutschem Einfluss, eine Handelskolonie Lübecks. Aufgrund der günstigen Lage am Fluss Storån entwickelte sich der Ort zu einem Warenumschlagplatz für Östergötland. Er erhielt auch politische Bedeutung, denn hier fanden häufig Reichstage statt. Der Hafen lag bis zum 15. Jh. gegenüber dem Rathausplatz, wo heute das Stadthotel steht. 1567 wurde die Stadt von den Dänen weitgehend zerstört. Johan III. verlegte die Verwaltung nach Norrköping. Infolge der Landhebung verlor Söderköping allmählich seine Hafenfunktion und damit seine Bedeutung, sodass Norrköping der Stadt im 17. Jh. den Rang ablief. Auch die Entdeckung einer Heilquelle und wenig später die Eröffnung des Götakanals im Jahr 1832, der am Nordrand der Stadt am Fuß des Ramunderbergs verläuft, vermochten der Stadt keine wesentlichen Impulse zu geben.

Während von den Bürgerhäusern des Mittelalters nur einzelne Keller erhalten geblieben sind, konnte ein Teil der Holzhausbebauung aus dem 19. Jh. in die Gegenwart gerettet werden. Älter ist das schöne Rathausgebäude von 1770, noch älter ist das *Braskens hus*, Munkbrogatan, wo 1523 Schwedens erste Druckerei stand. An der Einfahrt zur Bucht Slatbäken steht die **Schlossruine Stegeborg**, ursprünglich im 13. Jh. angelegt, als Söderköping Stadt wurde. Eine **attraktive Schärenküste** erstreckt sich im Osten der Stadt vor St. Anna.

Sehenswert in der Stadt sind zwei Kirchen. Die **St.-Laurentius-Kirche**, eine dreischiffige Hallenkirche aus Backstein, wurde von Deutschen vom Ende des 13. Jh. an gebaut. Der Glockenturm aus Holz wurde Ende des 16. Jh. hinzugefügt. Zu den Besonderheiten der Ausstattung gehören ein aus Norddeutschland stammender Altarschrein (ca. 1500), ein Triumphkreuz von ca. 1400 und die Kanzel von 1671. Die gleichfalls mittelalterliche **Drothem-Kirche** (*drott*, König) wurde Ende des 13. Jh. ähnlich wie die Laurentius-Kirche zu einer Hallenkirche mit drei Schiffen umgebaut. Der Altarschrein aus Eiche stammt von 1512.
S:t Laurentii kyrka, *Prästgatan, www.svenskakyrkan.se. Mai–Aug. tgl. 10–18, sonst 10–15 Uhr.*
Drothems kyrka, *Drothemsgatan, ✆ 0121-35800, www.svenskakyrkan.se. Tgl. 9–15 Uhr.*

Abstecher

Von Kalmar aus bieten sich zwei Ausflüge an: einmal nach Osten, über die riesige Brücke zur Ostseeinsel **Öland** (S. 371) und zum anderen nach Westen, wo in Richtung Växjö das berühmte schwedische **Glasreich** liegt (S. 324).

Reisepraktische Informationen Söderköping

Information
Söderköpings Turistbyrå, ✆ *0121-18160, www.soderkoping.se. Touristische Information an mehreren Infopoints in der Stadt oder über die Website.*

Hotel
Söderköpings Brunn *€€€–€€€€, Skönbergagatan 35, ✆ 0121-10900, http://soder kopings brunn.se. Der Kette Countryside Hotels angeschlossenes, stilvolles, historisches Kurhotel im hoteleigenen Park am Götakanal. 103 gemütliche und individuell eingerichtete Zimmer (viele mit eigener Whirlpool-Badewanne), Restaurant mit gehobener Küche, Bar, Wellnessabteilung mit Sauna, Whirlpool, Pool, Anwendungen etc., Vermietung von Fahrrädern und Kanus.*

Jugendherberge
Söderköping/Mangelgården Vandrarhem, *Mangelgården, Skönbergsgatan 48, ✆ 0121-21621, https://stf-vandrarhem-mangelgarden-soderkoping.booked.se. Eine der ältesten Jugendherbergen Schwedens in einem wunderschönen, falunroten Holzhaus aus dem 18. Jh., 100 m vom Hotel Söderköpings Brunn (s. o.) entfernt, zehn einfache Zwei- bis Sechsbettzimmer, Küche für Selbstversorger, Zeltmöglichkeit auf dem angeschlossenen Campingplatz Korskullen, Boot- und Fahrradverleih, geöffnet April–Okt.*

Norrköping

Norrköping, am Fluss Motala ström gelegen, ist mit rund 98.000 Einwohnern eine für schwedische Verhältnisse recht große Stadt. Die bronzezeitlichen Felsritzungen von Himmelstalund (1500–500 v. Chr.) dokumentieren die lange Besiedlungsgeschichte der Region. Norrköping gehört zu den traditionsreichsten Industriestandorten des Landes, in der schon früh Metall verarbeitet und Textilien produziert wurden. Die Bezeichnung **Schwedens Manchester** erhielt die Stadt Mitte des 19. Jh., als hier drei große Baumwollfabriken errichtet wurden. Das Maschinenzeitalter begann 1837 mit der Papierindustrie, bedeutend war lange Zeit die Lebensmittelindustrie (u. a. mit der Lutsch- und Schnupftabakfabrik des Petter Swartz). Auch in der Gegenwart prägt die Industrie die Stadt, die seit dem Bau des Lindökanals über einen bedeutenden Ölhafen verfügt. Heute sind viele der alten Industriegebäude am Strömmen renoviert und beherbergen die Universität, eine großes Konzerthaus, interessante Museen und vorzügliche Restaurants.

Besucher finden von den Europastraßen E04 und E22 schnell zum Stadtkern, der von drei großzügigen Promenaden und dem Volkspark eingerahmt wird. Ab dem **Bahnhof** (Centralstationen, *Norra promenaden*, Parkplätze) sind die Sehenswürdigkeiten durchaus fußläufig zu erreichen, aber wer möchte, kann auch die **Tram** nutzen, um sich bequem fortzubewegen. Neben Stockholm und Göteborg hat sich dieses Verkehrsmittel in Schweden nur in Norrköping gehalten. Interessanterweise haben die Straßenbahnwagen noch die gleiche gelb-orange Farbe wie 1913, die der Volksmund „Norrköpingsgult" (Norrköping-Gold) nennt. Und an einigen Aufschriften sieht man, dass einige der alten Wagen ursprünglich in Deutschland (Duisburg) gekauft wurden.

Die **Promenaden** wurden im 19. Jh. angelegt, wobei die 3,5 km lange, nördliche Promenade mit ihren vier Lindenreihen, zwei getrennten Straßen und Rondells besonders repräsentativ geraten ist. Die Altstadt wird durch den **Motala ström**, der an Wehren wasser-

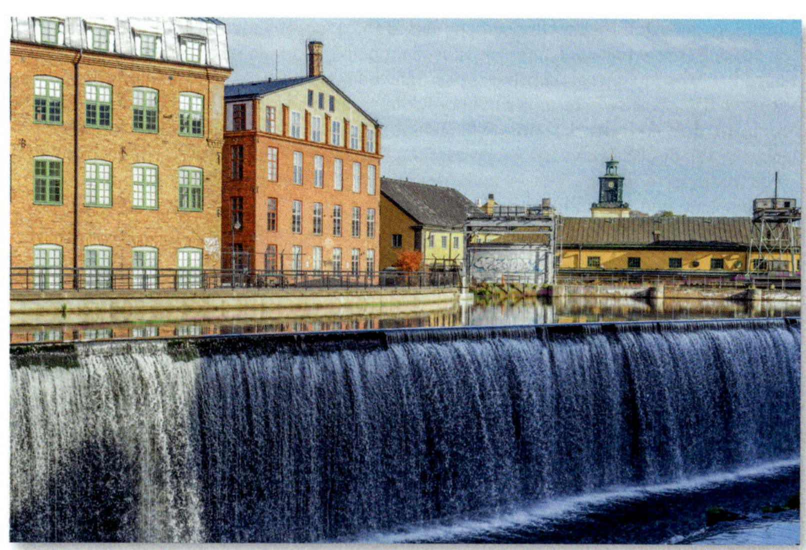

Norrköping: Schwedens „Manchester"

fallartig dem Meer zuströmt, in einen Nord- und einen Südteil getrennt. Im Osten verläuft die Drottninggatan, Norrköpings Hauptstraße und große Verkehrsachse, in Nordsüdrichtung und verbindet den 1866 eingeweihten Bahnhof mit dem Kunstmuseum. Zwischen Bahnhof und Flussbrücke kommt man auf der Drottninggatan am sehr schönen **Karl-Johan-Park** vorbei, mit repräsentativen Gebäuden wie dem Alten Stadthaus (1801), dem ehemaligen Grand Hotel (1854) und dem Jugendstiltheater (Stora teatern, 1908).

Unmittelbar südlich der Flussbrücke passiert die Drottninggatan den **Deutschen Platz** (Tyska Torget) mit dem Rathaus (1910), dem eindrucksvollen **Elite Grand Hotel** (1906) und der **Hedvigs kyrka**. Diese wurde 1673 fertiggestellt, 1860–1861 umgebaut und nach einer letzten umfassenden Renovierung 2014 wieder eingeweiht. Auf der anderen Seite der Drottninggatan kommt man zum Platz **Gamla Torget** mit einer Statue von Carl Milles und Häusern aus dem 18./19. Jh. Folgt man von hier aus dem gewundenen Flussverlauf, gelangt man zu den interessantesten Beispielen der Industriearchitektur und in das Quartier **Knäppingsborg** mit einer Bebauung aus dem 18./19. Jh. In die alten Gemäuer sind heute Geschäfte, Kneipen und Restaurants eingezogen, und an schönen Tagen entwickelt sich an den Straßencafés fast schon südländisches Leben.

Ganz in der Nähe beherbergen das Flussufer und die Inseln im Motala ström ein kulturhistorisch sehr interessantes Viertel, das man **Industrilandskapet** nennt. Es besteht aus ehemaligen Fabriken, Lagerhallen und Arbeiterhäusern. Die meisten der Gebäude entstanden zwischen 1850 und 1917. Nach dem Niedergang der Textilindustrie und einer Zeit des Verfalls wurden die ursprünglichen Industriebauten renoviert und einer neuen Funktion zugeführt. So nutzt der Campus Norrköping (eine Zweigstelle der Universität Linköping) für seine rund 6.000 Studierenden unter anderem eine alte Baumwollspinnerei und ein altes Produktionsgebäude von Ericsson. Und eine alte Papiermühle wird nun vom Symphonieorchester genutzt.

Besonders gelungen ist die Umwidmung des Stahlbetongebäudes **Strykjärnet**, das 1916 von Folke Bensow entworfen wurde. Die siebeneckige, an die Inselform angepasste ehemalige Baumwollspinnerei wurde einst als Schwedens schönste Fabrik bezeichnet. Sie beherbergt das sehenswerte und zur Entwicklungsgeschichte der Industriestadt passende **Museum der Arbeit**, das Ausstellungen zum Thema Arbeit und Arbeitsbedingungen zeigt. Ein Teil des Museums ist den politischen Karikaturen von Ewert Karlsson gewidmet. In der renovierten Fabrik gibt es außerdem noch Seminarräume, ein sehr gutes Restaurant, ein Café und einen Museumsshop.
Arbetets museum, *Laxholmen, ✆ 011-189800, www.arbetetsmuseum.se. Tgl. 10–17 Uhr, freier Eintritt.*

Einige 100 m weiter westlich, ebenfalls am Flussufer, stellt das **Visualisierungscenter C** an der Kungsgatan mit 3D-Filmen und Ausstellungen zu Themen zwischen Himmel und Erde eine spannende Kombination von Forschung, Kultur und Freizeitvergnügen dar.
Visualisierungscenter C, *Kungsgatan 54, ✆ 011-156300, www.visualiseringscenter.se.*

Bei einem längeren Aufenthalt lohnt ein Besuch im Stadtteil **Kneippen**, einem um 1900 gebauten Villenvorort für das gehobene Bürgertum, sowie in der **roten Stadt**, einem Arbeiterquartier von 1917/18, das aus etlichen Einfamilienhäusern aus Holz besteht, die alle im einheitlichen Falunrot gestrichen sind.

Ausflug zum Tier- und Vergnügungspark Kolmården

Wenige Kilometer hinter Norrköping weisen von der E04 Schilder den Weg zum Tier- und Vergnügungspark Kolmården, mit über einer Million Besucher pro Saison eins der beliebtesten Ausflugsziele Skandinaviens. Die flächenmäßig große Anlage (150 ha) besteht aus dem **Safaripark** mit u. a. Löwen, Elefanten, Elchen, Bären, Zebras, über den man in einer Seilbahn schweben, in einem Glastunnel den Tigern ganz nah kommen oder an einer Elefanten-Führung teilnehmen kann. Zu den attraktivsten Shows gehören die Raubvögel-Vorführung und die **Delfinshow**. Andere Abteilungen wie Bamses-Welt und Marine World locken mit Fahrgeschäften, Spielplätzen, Geschäften und Food-Courts. Seit 2016 ist „Wildfire", die größte und mit 57 m auch **höchste Holzachterbahn Europas**, hier die kassenfüllende Attraktion.

Mit Kindern lohnt es sich, hier einen ganzen Tag zu verbringen. Wem die Zeit nicht ausreicht, dem bieten sich Übernachtungsmöglichkeiten in unmittelbarer Nachbarschaft zu den Tieren im Zeltdorf Safari Camp an oder in dem von Afrika inspirierten Hotelkomplex Vildmarkshotellet mit Spa (*www.vildmarkshotellet.com*).
Kolmården, *✆ 010-7087000, www.kolmarden.com. Tier-, Safari- und Vergnügungspark Juni tgl. 10–18, Juli–Mitte Aug. tgl. 10–19, Mitte Aug.–Sept. nur Sa/So 10–18 Uhr. Der Eintritt ist nicht günstig, aber alle Attraktionen sind inbegriffen, dazu gehören beliebig viele Fahrten mit den Karussells, Safaris sowie alle Shows und Führungen.*

Reisepraktische Informationen Norrköping

Information

Visit Norrköping, *✆ 011-150000, https://visit.norrkoping.se. Touristische Informationen an mehreren Infopoints in der Stadt oder über die Website.*

Hotel

Comfort Hotel Norrköping *€€€–€€€€, Saltängsgatan 29, ✆ 011-156500, www.strawberry.se. Zentral gelegenes und durchgestyltes Hotel mit 186 Zimmern (auch Familienzimmer), Fitnessstudio und einer „Barception“ (Bar, Restaurant und Rezeption in einem), Parkhaus.*

Jugendherberge

Turistgården, *Ingelstagatan 31, ✆ 011-101160, https://turistgarden.se. Recht zentral gelegene, angenehme Unterkunft mit Einzel-, Doppel- und Mehrbettzimmern, alle mit TV und WLAN, die meisten Zimmer mit eigenem Bad, mehrere Gemeinschaftsküchen, ganzjährig geöffnet.*

Camping

First Camp Kolmården, *Kolmården, Sandviken, ✆ 011-398250, www.firstcamp.se/kolmarden. 4 km vom Tierpark entfernter, großzügiger Komplex mit einer breiten Auswahl unterschiedlich großer und moderner stugor, 400 Wohnwagenstellplätzen, Bootssteg, Strand und Gastronomie.*

Norrköpings Camping, *Campingvägen, ✆ 011-171190, www.norrkopingscamping.se; 2 km westlich der Stadt nahe der E 4 gelegener Platz mit 300 Wohnwagenstellplätzen und 10 Campinghütten. Ganz in der Nähe der Felsritzungen Himmelstalund gelegen.*

Restaurants

Lagerqvist Restaurant & Bar, *Gamla Torget 4, ✆ 011-100740, www.restauranglagerqvist.se. Zentral gelegenes, gemütliches Restaurant unter Kellergewölben aus dem 18 Jh., Küche mit schwedischen und internationalen Gerichten, Bar mit Schnaps aus eigener Destillation. Mi–Do 16.30–23, Fr/Sa 16.30–3, So 13–21 Uhr.*

Pappa Grappa, *Gamla Rådstugugatan 26–28, ✆ 011-180014, www.pappagrappa.se. Populäres Lokal mit drei Abteilungen: Im Restaurant Ànima (www.restauranganima.se) gibt es kleinere und größere Gerichte nach Tapas-Art (Do–Sa ab 17 Uhr), in der Matbaren Pizza und Pasta zu familienfreundlichen Preisen (Mo–Fr 16–22, Sa/So 12–22/21), auf der Terrasse im Sommer Gegrilltes bei Sonnenuntergang und mit Blick auf den Park (Mo–Do ab 16, Fr ab 15, Sa/So ab 13 Uhr). Großes Weinangebot – und natürlich gibt es auch Grappa.*

Nyköping

Nyköping, schon im Mittelalter bedeutender Markt- und Hafenplatz und eine der wichtigsten schwedischen Siedlungen, ist Verwaltungsstadt des Bezirks Södermanland. Das **Schloss Nyköpingshus** war oft Residenz der Könige, bis der Renaissancepalast 1665 nach einem Brand weitgehend in Schutt und Asche fiel.

Der Fluss Nyköpingsån teilt die Stadt in einen westlichen und einen östlichen Teil. Um den ansprechenden Platz Stora Torget liegen einige recht interessante Gebäude: die mittelalterliche **Nicolai-Kirche**, das Rathaus aus dem 18. und der Amtssitz des Regierungspräsidenten von Anfang des 19. Jh. Das Stadthaus wurde 1969 eingeweiht, das Kulturhaus **Culturum** mit der originellen Fassade kam 1990 hinzu. Erst 1984 entdeckte man im Släbropark eine große Zahl an Felsritzungen aus der Zeit von 1800 bis 500 v. Chr., darunter rund 400 figürliche Darstellungen.

Abstecher nach Trosa

Von der E04 ist über die Straße 218 ein kurzer Abstecher zum idyllischen Trosa möglich und empfehlenswert. Eine landschaftlich schönere Alternative ist die Straße 219, der man ab Nyköping folgen kann und die durch ein Küstennaturreservat führt. Unterwegs kommt man auf diesem Weg an **Schloss Nynäs** (*www.nynasslott.se*) vorbei. Es entstand auf dem Grund einer mittelalterlichen Burg in den 1650ern und ist von einem großzügigen Park umgeben. Das Hauptgebäude und der historische Pachthof Långmaren 6 km nördlich können heute als Museum besichtigt werden, in dem das Leben auf einem klassischen schwedischen Herrenhof lebendig wird. Darüber hinaus gibt es eine Glashütte, einen Gewächshausladen und Gastronomie.

Trosa, ein Städtchen mit 7.000 Einwohnern, liegt an der Mündung des Flusses Trosaån und wird aus ungeklärten Gründen oft als Ende der Welt bezeichnet. Bereits im 15. Jh. ein bedeutender Handelsplatz, bekam Trosa 1454 die Stadtrechte. Wegen der Landhebung, die den Ort vom Meer trennte, entschloss man sich im 17. Jh., ihn zu verlegen und neu zu errichten. Das heutige harmonische Stadtbild ist das Ergebnis eines abermaligen Neuaufbaus nach der Zerstörung durch russische Truppen 1719. Heute ist Trosa eine lebhafte Sommerstadt mit vielen Ausflüglern aus dem nahen Stockholm. Die gemütlichen Gassen, pastellfarbenen Holzhäuschen am Flussufer, der Bootshafen mit seiner steinernen Mole, das putzige Mini-Rathaus mit Zwiebeltürmchen, einladende Cafés und Restaurants – all das macht Trosa zu einer wahren Perle unter den schwedischen Kleinstädten. Kein Wunder, dass sich Filmemacher den Ort und seine Umgebung als Schauplatz der zahlreichen Folgen der Inga-Lindström-Reihe ausgesucht haben.

Wie in Legoland – Trosas Rathaus

Zu den kulturellen Sehenswürdigkeiten gehört der Gerberhof (Garvaregården) an der Västra Långgatan, der heute als kleines **Heimatmuseum** mit Café und Handwerksladen dient. Am Rand der Stadt und in ihrer näheren Umgebung locken neben Schloss Nynäs zwei weitere fotogene Schlösser. Das **Schloss Tureholm** wurde 1640 errichtet und befindet sich im Privatbesitz der Adelsfamilie Bonde. In der Nähe wurde 1774 Schwedens größter Goldschatz gefunden, 12,5 kg aus dem 5. Jh. **Schloss Tullgarn** samt großem Park befindet sich 10 km nördlich von Trosa, etwas östlich der E04. Das heutige neuklassizistische Gebäude war 1727 vollendet; es gehört zu den elf schwedischen Königlichen Schlössern. Von Mai bis

September kann man es bei einer 45-minütigen Führung von innen kennenlernen. Der Park ist ganzjährig frei zugänglich. Auf dem Anwesen gibt es auch ein Wirtshaus, ein Café und einen Museumsshop.

Ausflügler können in Trosa an **Bootsrundfahrten** mit der M/S Storsand zu den Schären teilnehmen, z. B. nach Kråmö (Naturreservat) und Askö. **Wanderer** haben auf dem „Sörmlandsleden" wunderbare Möglichkeiten für kürzere oder längere Touren, z. B. zum Schloss Tullgarn. Und für **Radfahrer** gibt es den gelb beschilderten „Näckrosleden" (= Seerosenweg) mit 14 Etappen.

Reisepraktische Informationen Trosa

Information

Trosa Turistcenter, *Rådstugan Torget, im Winterhalbjahr: Västra Långgatan 4, Trosa, ✆ 0156-52222, www.trosa.com. Juni–Aug. Mo–Fr 9–17, Sa/So 10–14, Mai Mo–Fr 9–12 u. 13–17, Sa 10–14, sonst Mo–Fr 8–12 u. 13–17 Uhr.*

Hotels

Trosa Stadshotell & Spa *€€€€, Västra Långgatan, ✆ 0156-17070, www.trosastadshotell.se. Schönes Haus von 1867 mit 44 komfortabel ausgestatteten Zimmern und Mini-Suiten; Spa mit Sauna und Anwendungen, Restaurant und modernes Bistro, auch für Menschen mit Behinderung und Allergiker. Speisesaal aus dem 19. Jh., Pub, Whirlpool, Golf.*

Bomans Hotell *€€€€, Östra Hamnplan, ✆ 0156-52500, www.bomans.se. Kleines, charmantes Boutiquehotel am Hafen, 31 individuell und ausgefallen eingerichtete Zimmer und Suiten, Feinschmeckerrestaurant.*

Über die Straße 218 und ein Stückchen auf der E04 ist 20 Fahrminuten hinter Trosa **Södertälje** (S. 196) erreicht und damit die Mälarseeregion. Zur Weiterfahrt nach Stockholm gibt es einige Alternativen, die alle unterwegs viele Sehenswürdigkeiten beinhalten.

Zum südlichen Schärengarten

Möchte man ab Södertälje der bisherigen Linie treu bleiben und wieder die Nähe der Ostsee suchen, bedeutet das einen ziemlichen Umweg auf der Fahrt nach Stockholm, aber durchaus einen, der sich lohnt. Denn dabei gelangt man in den Bereich des südlichen Stockholmer Schärengartens, von dem man auf der E20 nichts mitbekommt. Folgt man kurz hinter Södertälje der landschaftlich reizvollen, gewundenen Straße 225, geht es immer weiter südwärts, bis man auf die breite Straße 73 stößt, auf der es fast bis zum Ende der Halbinsel mit dem Fährhafen **Nynäshamn** geht. Wohl und Wehe des ansonsten wenig interessanten Städtchens hängt am Hafen, der durch vorgelagerte Inseln gut geschützt ist und wo Fähren nach Rostock, Visby auf Gotland (S. 390), Danzig und Ventspils in Lettland abgehen.

Reisepraktische Informationen Nynäshamn

Information
Nynäshamns Besökscenter, *Fiskargränd 5, 14930 Nynäshamn, ✆ 08-52073700, https://nynashamn.se; Mai–Sept. tgl. mind. 9–18, Juli/Aug. 8–20/22, Okt.–April Mo–Fr 9–17 Uhr.*

Fähre/Bus/Zug
Destination Gotland, *Nynäsvägen 3, Info-✆ 08-52068600, Buchungs-✆ 0771-223300, www.destinationgotland.se. Schnellfähre mit mehreren Abfahrten tgl. nach Visby/Gotland (S. 390), Überfahrtsdauer ca. 3 Std. 15 Min. Abgepasst auf die Fährzeiten verkehrt ein Bus der Firma Merresor zum Stockholmer Cityterminal (✆ 08-4793200, https://merresor.se). Daneben gibt es auch eine S-Bahn-Verbindung (Pendeltåg) auf der Strecke Nynäshamn–Stockholm. Der Bahnhof befindet sich wenige Hundert Meter vom Fährhafen entfernt.*
2022 gab es von **Hansa Destinations** *eine Fährverbindung zwischen Rostock und Nynäshamn. Anfang 2023 wurde die Verbindung eingestellt, es gibt aber Überlegungen, sie 2024 oder 2025 wieder in Dienst zu stellen.*

Ca. 8 km nördlich von Nynäshamn kann man von der Straße 73 auf den **dramatisch schönen Muskövägen** (gegenüber der Einmündung der 225) abzweigen, der über Dämme und Brücken sowie durch den knapp 3 km langen Muskötunnel, an Granitkuppen und Sandbuchten, Feldern und Holzhausweilern vorbei auf mehrere Schären (**Nynäshamn Ö, Muskö, Yxlö**) führt. Er endet an dem Dörfchen mit dem hübschen Namen **Kanada**.

Wieder auf der Straße 73, lohnt sich weiter nördlich die Abfahrt (Haninge C) über die Straße 227. Das erste Ziel, **Gålö**, ist vor allem wegen des **10 km langen Sandstrands** bekannt, dem längsten in der Nähe von Stockholm. In der Hauptsaison geht es dicht gedrängt zu, das Örtchen (Hotels, Pensionen, Campingplatz) verzeichnet über eine Million Besucher jährlich. Zu Gålös Highlights zählen der jährliche Kuhabtrieb auf dem Hof Stegsholms und das Naturreservat mit seiner artenreichen Vegetation.

Dalarö

10 km weiter lohnt der 2.000-Einwohner-Ort Dalarö auf der gleichnamigen Insel unbedingt einen Aufenthalt. Von **Schwedens ältester Lotsenstation** wird immer noch den großen Schiffen der Weg südwärts gewiesen. Vor allem aber ist die Siedlung ein entzückender Ort mit vielen Holzhäusern aus dem 17./18. Jh., Cafés, Pensionen, Hotels und einer Jugendherberge (im alten Lotsenhaus). Im Sommer gehört er zu den beliebtesten Ausflugszielen der Stockholmer. Dann steigt die Bevölkerungszahl auf ca. 15.000 Bewohner und das Parken kann schwierig werden (Tipp: den Wagen an den Parkplätzen bei Vadviken oder im Askfatshamnen abstellen). Vom Festland ist die Insel durch einen 10–30 m breiten natürlichen Kanal getrennt, der vom Dalarövägen überbrückt wird. Zu den Sehenswürdigkeiten gehören die Festung aus dem 17. Jh. (mit Restaurant und Café), das Zollhaus von 1788, der pittoreske Fischereihafen und der Marktplatz (Dalarö Torg).

Abgesehen davon ist Dalarö auch das Sprungbrett zu vielen kleinen und größeren Inseln des südlichen Stockholmer Schärengartens. Zu den größeren gehört **Ornö**, zu der man ab Dalarö mit einer Autofähre übersetzen kann. Auf Ornö erwartet Besucher unverfälschte Natur mit mehreren Binnenseen, Badestellen, Naturhäfen, großen Tieren (Rotwild und Elche), vielen Vogelarten (u. a. Hühnerhabichte, Eulen und Seeadler) sowie einer

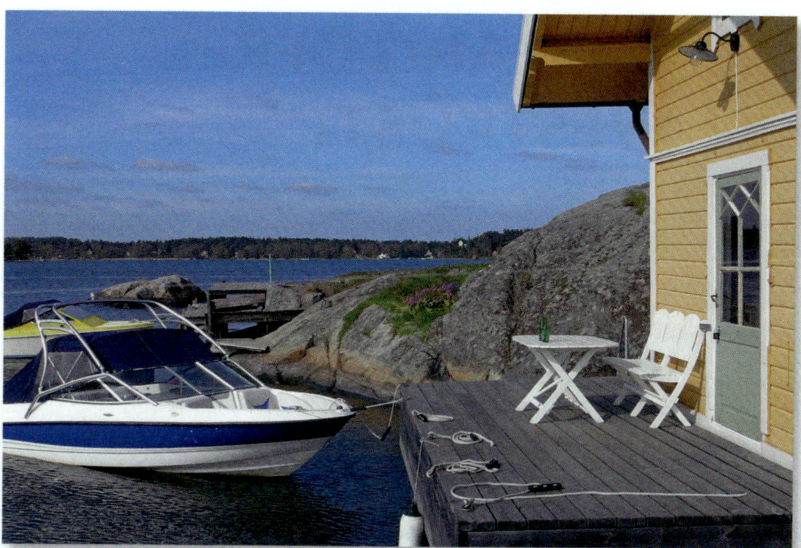

Idylle wie aus dem Bilderbuch – Sommer in den Schären

vielfältigen Flora mit allein 22 verschiedenen Orchideenarten. Eine andere von Dalarö aus erreichbare Insel ist **Kymendö**, auf der August Strindberg ein Sommerhaus hatte. Im Sommer bringt ein Boot Besucher auch nach **Utö** (S. 192) und an drei Tagen in der Woche ebenso nach **Huvudskär**, wo man Schärenerlebnis pur genießen kann.

Nationalpark Tyresta

Von der Straße 227 (Dalarövägen) zweigt nach Osten eine Stichstraße zur Ortschaft Tyresta ab, in deren Nähe sich der Haupteingang zum gleichnamigen Nationalpark befindet. Das Schutzgebiet, rund 30 Autominuten (20 km) vom Stockholmer Zentrum entfernt, erfüllt alle Erwartungen an unverfälschte schwedische Natur. Das naturgeschützte Areal ist fast 5.000 ha groß; ein rund 2.700 ha großer Teil ist seit 1993 Nationalpark. Tyresta gilt als eines der unberührtesten Gebiete Mittelschwedens und verfügt über viele landschaftliche Besonderheiten, die es anderswo nicht gibt. Der Untergrund ist ein fast 2 Mrd. Jahre altes granitenes Urgestein, das vor mehreren 100 Millionen Jahren eingerissen ist und deshalb als Riss-Tal-Landschaft bezeichnet wird. Außer in Südfinnland findet man ein solches Phänomen nirgendwo auf der Welt. Das zweite Highlight ist der einzigartige Urwald. In den felsigen Regionen halten sich knorrige, bis zu 500 Jahre alte Kiefern fest, während in den Risstälern uralte, bis zu 30 m hohe Fichten wachsen. Der Nationalpark bietet eine vielfältige Flora und Fauna, zehn klare Waldseen, viele Teiche, Moore, offene Weidegründe, Laubwälder, beweidete Strandwiesen und Schären. Einzige Spuren des Menschen sind ein verlassener Bauernhof und Reste einer vorhistorischen Burg (*fornborg*).

Nahe dem Haupteingang liegt das **Besucherzentrum Naturum**, das Infos über Tyresta und andere schwedische Nationalparks sowie eine Karte anbietet. Wer einen ersten, aber intensiven Eindruck gewinnen möchte, sollte von hier aus den ca. 3 km langen Naturlehrpfad begehen, an dem auf acht Infotafeln Flora und Fauna erläutert werden.

5. ENTLANG DER WESTKÜSTE

Überblick

Die Fahrt entlang der schwedischen Westküste, von Malmö im Süden bis zur norwegischen Grenze im Norden, geht durch die **drei historischen Provinzen** Schonen (Skåne), Halland und Bohuslän. Gemeinsam ist ihnen, dass sie ursprünglich nicht zum schwedischen Reich gehörten, sondern erst nach zähen Kämpfen den Dänen bzw. Norwegern abgerungen wurden. Erst in der zweiten Hälfte des 17. Jh. hatte Schweden seinen Machtbereich bis an den Öresund, ans **Kattegat** und ans **Skagerrak** ausgedehnt, was bedeutet, dass z. B. die gotischen Kirchen in diesem Raum eigentlich dänischen Ursprungs sind und Burgen am Öresund von einer Zeit erzählen, in der Kopenhagen die damals ausschließlich innerdänischen Zufahrtswege in die Ostsee sichern wollte. Die Vielzahl der späteren Burgen, Festungen, Zitadellen und Bastionen wiederum dokumentiert, wie Schweden seine neuen Grenzen in häufigen Kämpfen gegen die benachbarten Königreiche verteidigte.

Reisende, die durch diese geschichtsträchtigen Landschaften fahren, orientieren sich meist an der **Europastraße 6**. Der „Einstieg" hängt davon ab, wo man zuerst schwedischen Boden betritt: ob über die Öresundbrücke in Malmö, in einem der schonischen Fährhäfen (Trelleborg, Helsingborg), in Halmstad (Halland) oder in Göteborg. Die **Etappen** der 480 km langen **Gesamtstrecke** betragen von Malmö nach Helsingborg 60 km, von Helsingborg nach Göteborg 225 km und von Göteborg bis zur Grenze bei Svinesund 192 km. Nicht nur wegen der unterschiedlichen „Einstiege" werden die wenigsten diese Strecke komplett abfahren, sondern auch, weil viele unterwegs abbiegen, auf Routen, die sie zu den großen Seen, nach Stockholm oder auf den Inlandswegen in den Hohen Norden bringen. Oder weil der Westen selbst das eigentliche Reiseziel ist, ein Ferienhaus etwa an der Schärenküste oder im wald- und seenreichen Hinterland. Allen aber sei empfohlen, die Europastraße nur als Richtschnur zu nehmen. Die Vielzahl an kulturellen und landschaftlichen Highlights unterwegs ist enorm, aber nur dann auch nur ansatzweise zu genießen, wenn man immer wieder die Ausfahrten zu Städten und Sehenswürdigkeiten nimmt oder die empfohlenen Alternativrouten abfährt.

Auf dieser Strecke wird die Grenze zwischen Schonen und Halland am Kullaberg passiert, der nordwestlichen Fortsetzung des Söderåsen-Bergrückens. Damit hat man auch die Küste des Öresunds verlassen und fährt nun am Kattegat entlang. Der größte Teil **Hallands** besteht aus flachen, z. T. kilometerlangen Sandstränden mit Dünen, denen eine fruchtbare Ebene vorgelagert ist. Lediglich im Norden wird der Landschaftscharakter rauer. Mit ihrer hohen Zahl an Sonnenstunden ist die Halland-Küste ein beliebtes Urlaubsziel vieler Schweden, mit Varberg als populärstem Ort. Bekannt in Anglerkreisen ist Falkenberg am Fluss Ätran wegen seiner Lachsvorkommen. Auch hier gilt: Wer sich mehr Zeit nimmt und der relativ vielbefahrenen E06 ausweicht, kann zumindest abschnittsweise über die Küstenstraßen fahren, die im Sommer zahlreiche Bademöglichkeiten und schöne Natur bieten.

Hinter der Westküstenmetropole Göteborg beginnt **Bohuslän**, eine faszinierende Landschaft, die sich bis hinauf zur norwegischen Grenze zieht. Kaum eine andere hat schwedische Dichter, Maler und Sänger so in ihren Bann gezogen wie das Gebiet zwischen den Granitfelsen. Vor allem der in Schweden hochverehrte Dichter, Liedermacher und Maler Evert Taube hat unvergessliche Landschaftsbilder geschaffen. Gestaltet wurde der Naturraum vom Inlandeis, an das vor allem die sanft geschliffenen Felsen und gelegentlich die Gletschertöpfe erinnern. Nach der Eiszeit hob sich die Erdoberfläche rasch mit rund

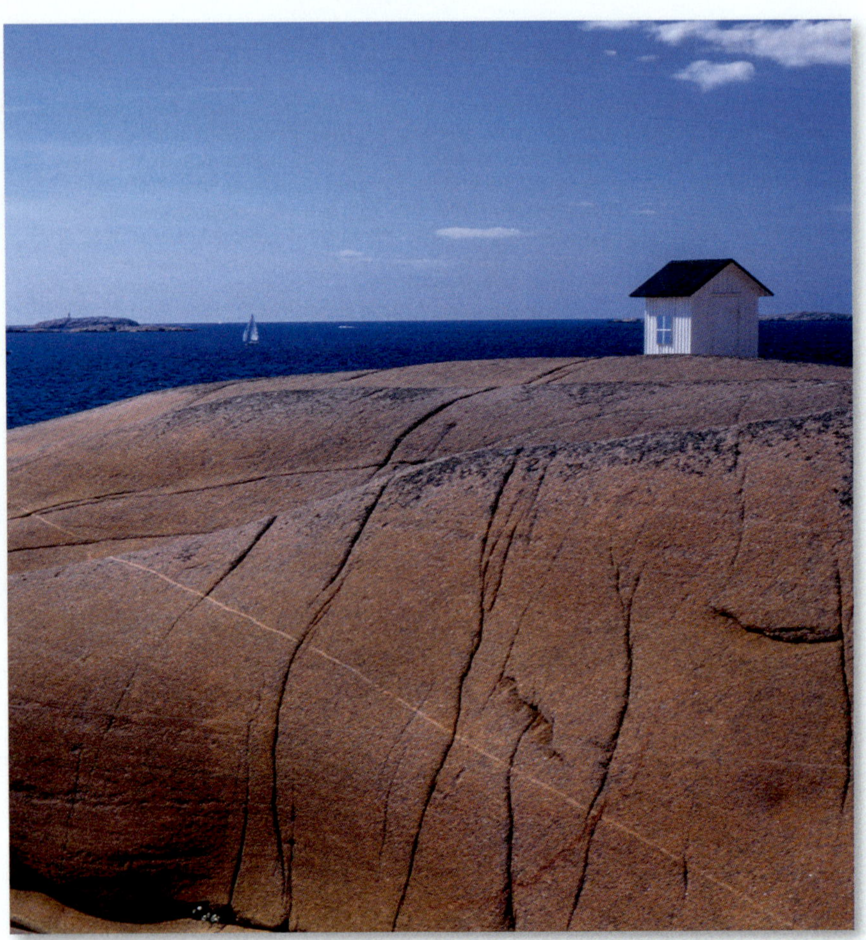

Unverbaute Sicht: die Schären in Bohuslän

10 m pro Jahrhundert, und die unzähligen kleinen und größeren Felsinseln, die Schären, tauchten auf, zwischen denen sich breite und recht tiefe Sunde bildeten.

Seit Jahrtausenden haben in diesem Raum Menschen gelebt, wie die unzähligen Zeugnisse aus vorgeschichtlicher Zeit dokumentieren. Berühmt sind die Felszeichnungen von Tanum und Backa. Beeindruckend ist auch die eisenzeitliche Schiffssetzung von Blomsholm nahe Strömstad. Die große Zahl an Fliehburgen zeigt, dass die Wege zum Meer schon frühzeitig verteidigt werden mussten. Neben der Natur und den vorgeschichtlichen Denkmälern sind es die pittoresken Küstenorte wie Smögen oder Lysekil, die in- und ausländische Besucher in Scharen anziehen. Viele davon verdanken ihre Entstehung der Heringsfischerei des 18. und 19. Jh., sind aber heute ganz auf die Bedürfnisse des Fremdenverkehrs ausgerichtet.

Zwischen Malmö und Göteborg

Für die nördliche Ausfahrt aus der Stadt **Malmö** (S. 221) ist die Straße E06/E20 der einfachste Weg, wobei man durchaus auch direkt am Öresund entlang fahren kann. In diesem Fall kommt man nach wenigen Fahrminuten nach **Lomma** mit seinem Yachthafen, schönen Strandpromenaden, zwei großen Campingplätzen und einer der größten Golfanlagen Schwedens. Ab Lomma führt die Europastraße küstennah an **Barsebäck** vorbei, einem seit 2005 komplett abgeschalteten Kernkraftwerk, und bringt einen bald zum Abzweig nach Landskrona.

Redaktionstipps

- Auf einer Teilstrecke der Landborgspromenaden in **Helsingborg** vom Kärnan bis zum Schloss Sofiero wandern (S. 265).
- Kurze Fährfahrt über den Öresund zum dänischen **Helsingør** mit Besuch des Hamlet-Schlosses (S. 266).
- Naturerlebnis am **Kullaberg** mit Wanderung und Tümmler-Safari (S. 268).
- Besichtigung der Festung **Varberg** mit Besuch des Kulturhistorischen Museums (S. 271)

Landskrona und die Insel Ven

Das 47.000-Einwohner-Städtchen **Landskrona** erhielt im 15. Jh. die Stadtrechte, als der Dänenkönig Erik VII. zeitweilig den Plan verfolgte, Landskrona zur Hauptstadt der Kalmarer Union zu machen. Dank des tiefen Naturhafens konnte es sich zur Industrie- und Hafenstadt entwickeln. Das markanteste Bauwerk ist das Schloss in der ehemaligen **Zitadelle**, die unter dem Dänenkönig Christian III. im 16. Jh. im Stil der Renaissance errichtet wurde. In schwedischer Zeit wurde sie später als Gefängnis genutzt. Mit ihren runden Bastionen in einem Ring breiter Wallgräben ist die Zitadelle heute ein beliebtes Ausflugsziel, in dem die Stiftung Skånehandwerk untergebracht ist, ein Zusammenschluss traditioneller Kunsthandwerker, die dort ihr Können zeigen. Innerhalb der Zitadelle und des Schlossgartens findet man auch einige der ältesten Schrebergärten (*koloniträdgårdar*) Schwedens sowie die städtische Kunsthalle.
Landskrona Slott, *Landskrona Citadellet, ✆ 0418-474000, https://ilandskrona.se (unter Besuch/Kultur). Im Sommer Führungen in englischer Sprache, Burghof und Ausstellung tgl. 9–18 Uhr geöffnet.*

Die ältesten erhaltenen Stadtteile Landskronas stammen aus dem 18. Jh., da mit dem Ausbau der Befestigungsanlagen die mittelalterliche Bausubstanz zerstört wurde. Der Rathausplatz mit dem neugotischen Rathaus von 1882 ist das Zentrum des Ortes. Hier liegt auch das interessante **Landskrona-Museum**, untergebracht in der ehemaligen 1760 erbauten Adolf-Fredriks-Kaserne. In liebevoll gestalteten Szenen wird die Geschichte der Stadt lebendig, u.a. trifft man hier auch auf den kleinen Nils Holgersson, die berühmte Romanfigur von Selma Lagerlöf.
Landskrona museum, *Slottsgatan, ✆ 0418-473120, www.landskrona.se/museum. Di–So 12–17, Sa ab 10 Uhr, freier Eintritt.*

In der nahen Kungsgatan Nr. 13 steht das **Hajska huset** aus der Mitte des 18. Jh., das früher eine Mädchenschule war. Hier schrieb Selma Lagerlöf die ersten Kapitel ihres Debütromans „Gösta Berling". In unmittelbarer Nähe ergibt sich vom Dach des 1970 eingeweihten **Wasserturms**, der wie eine auf drei Stelzen gelandete fliegende Untertasse aussieht, aus 66 m Höhe ein überwältigender Blick über die Stadt und den Öresund.

Reisepraktische Informationen Landskrona

Information

Destination unit, *Drottninggatan 7, Landskrona, ✆ 0418-473000, https://ilandskrona.se.*

Hotel/Restaurant

Hotel Öresund €€€€, *Sofia Albertina Plats 5, ✆ 0418-474000, www.hoteloresund.se. Zentrales und komfortables Vier-Sterne-Hotel mit Restaurant, 2018 eröffnet, Rooftop-Bar, Wellness-Bereich in der obersten Etage, Tiefgarage.*

Hamnhotellet Kronan €€€, *Lilla Strandgatan 11, ✆ 0418-446360. Charmantes, kleineres Jugendstil-Hotel direkt am Hafen, gemütliche, im maritimen Stil eingerichtete Zimmer (möglichst eins mit Balkon buchen!), hübscher Frühstücksraum.*

Fähre

Von Landskrona gibt es eine regelmäßige Fährverbindung mit Ven-Trafiken zur Insel Ven. Skeppsbron 2, ✆ 0418- 473473, www.ventrafiken.se.

Ausflug zur Insel Ven

Es gibt viele Fähren zur kleinen Insel Ven, die man in knapp einer halben Stunde erreicht – ein Ausflug, der bei schönem Wetter nur zu empfehlen ist. Die Insel ist 4,5 km lang, 2,4 km breit und hat rund 370 Einwohner. Bei gutem Wetter sieht man die imposante Öresundbrücke. Das autofreie Ven lässt sich gut zu Fuß oder mit dem Rad bewältigen.

Bekannt wurde die Insel wegen Tycho Brahe, dem großen Astronomen und Allroundwissenschaftler, der hier im 16. Jh. lebte. Vom Schloss und vom Observatorium *Uraniborg* aus seiner Zeit sind nur noch Ruinen zu sehen, doch informiert ein liebevoll angelegtes **Museum** über Brahes Leben und Werk. Die Ausstellungen werden in der ehemaligen Allerheiligen-Kirche und in dem restaurierten Observatorium *Stjärneborg* multimedial präsentiert. Auch ein wiederhergestellter Renaissancegarten gehört zur Anlage. Eine schöne Aussicht hat man oberhalb des Hafens Kyrkbacken. Im Sommer Badesachen nicht vergessen!
Tycho Brahe-muséet, *Landsvägen 182, Ven, ✆ 0418-473109, www.landskrona.se. Mai–Sept. tgl. 9.30–16, Mitte Juni–Mitte Aug. bis 17.30 Uhr.*

Helsingborg

Helsingborg am nur 4 km schmalen Öresund und Malmö sind für Auto- und Zugreisende wichtige erste Stationen einer Skandinavienreise. In der Handels-, Hafen- und Industriestadt werden jährlich rund 18 Mio. Passagiere per Fähre über den Sund befördert (täglich 125 Überfahrten, Fahrtzeit 20 Min.), dem letzten Teil der Vogelfluglinie. Gelegentlich muss man in der Hochsaison Wartezeiten in Kauf nehmen, schließlich ist Helsingborg der wichtigste skandinavische Verkehrsknotenpunkt. Viele Reisende nehmen die Stadt selbst kaum zur Kenntnis und lassen sie nach dem Verlassen der Fähre rasch hinter sich. Das ist schade, denn die Stadt hat einiges zu bieten, Mittelalterliches und Modernes, gemütliche Cafés, eine lebhafte Restaurant-Szene, gute Shoppingmöglichkeiten und schöne Strände.

Helsingborg (rund 151.000 Einwohner in der gesamten Gemeinde) ist eine der ältesten Städte des Landes. Die strategisch günstige Lage an der schmalsten Stelle des Sundes führte früh zur Errichtung von Befestigungsanlagen. Von hier ließ sich der Seeverkehr kontrollieren, schließlich war die Stadt bis ins 17. Jh. dänisch. Das Wahrzeichen Helsingborgs ist der 39 m hohe und 15 m breite Backsteinturm **Kärnan**, der vom mittelalterlichen Burgkomplex erhalten geblieben ist. Die Burg wurde wahrscheinlich 1310–1320 im Auftrag des Dänenkönigs Erik VI. Menved errichtet. Wer vom Stortorget durch das neugotische Torgebäude geht und die insgesamt 170 Treppenstufen bis zur Spitze bewältigt, wird mit einem herrlichen Blick auf die Stadt und den Sund belohnt; auch das gegenüberliegende Schloss Kronborg in Helsingør (knapp 5 km Luftlinie, s. S. 266) ist von hier aus zu sehen. Das Innere des Kärnan beherbergt eine historische Ausstellung u. a. mit einem Modell der 1680 zerstörten Festung samt Burgkapelle. Umgeben wird der Turm vom Park Slottshagen – bei schönem Wetter ideal für ein Picknick.

Der Stortorget mit mehreren historischen Hotels und Banken verbindet den Burgkomplex mit dem Hafen. In den umliegenden Straßen und Gassen finden sich gut erhaltene Fachwerk- und Kaufmannshöfe aus dem 17. Jh., z. B. **Jacob Hansens Fachwerkhaus** von 1641 (*Norra Storgatan 21*), der **Henckelsche Hof** oder das Bürgerhaus **Gamlegård**.

Einen Block südlich des Stortorget stellt die **Marienkirche** die zweite große mittelalterliche Sehenswürdigkeit der Stadt dar. Das romanische Gotteshaus mit seinem gedrungenen Treppengiebelturm stammt aus dem 12. Jh. und war damals eine der größten Kirchen Dänemarks. Im 15. Jh. baute man sie zu einer gotischen Hallenkirche um, die u.a. einen sehenswerten Altarschrein und eine schöne Kanzel aufweist *(tgl. 8–16, So 9–16 Uhr)*. In der idyllischen Umgebung der Kirche befinden sich mehrere Cafés.

Am westlichen Ende des Stortorget erhebt sich das eindrucksvolle neugotische **Rathaus** von 1897 mit seinem Turm. Die Glasmalereien in den Fenstern illustrieren die Stadtgeschichte. Vor dem Gebäude erinnern ein dänischer und ein norwegischer Gedenkstein an die schwedischen Hilfeleistungen während der deutschen Besetzung im Zweiten Welt-

Dunkers Kulturhus

krieg. Das Reiterstandbild vor dem Rathaus zeigt den Feldherrn Magnus Stenbock, der 1710 aus einer Schlacht zwischen Schweden und Dänen als Sieger hervorging.

Da, wo der Stortorget in die Strandgatan übergeht und ans Ufer des Öresunds stößt, wurden in Helsingborg, ähnlich wie in Malmö, moderne Bauakzente gesetzt. Ein Glanzstück ist dabei das 2002 eingeweihte **Dunkers Kulturhus** des dänischen Architekten Kim Utzon. Das Gebäude für Musik, Theater, Gastronomie sowie wechselnde Ausstellungen verdankt die Stadt dem Nachlass Henry Dunkers. Dunker (1870–1962) war der Besitzer der Helsingborger Gummifabrik, die er zu einem internationalen Unternehmen ausbaute, und galt an seinem Lebensende als reichster Mann Schwedens.
Dunkers Kulturhus, *Kungsgatan 11, ✆ 042-107400, www.dunkerskulturhus.se. Das Gebäude ist i. d. R. Mo–Fr 8–20, Sa/So 10–17 Uhr geöffnet, Ausstellungen und Gastronomie z. T. länger.*

Das Kulturhaus ist Teil einer architektonisch anspruchsvollen Umgestaltung des gesamten Stadtteils **Sea U**, bestehend aus Wohn- und Bürokomplexen, Geschäften, Kongresszentrum samt Hotel, Parkanlagen und einer Seepromenade. Einige Apartment-Häuser entstehen auf einer künstlichen Insel im Hafenbecken. Vom Kulturhaus führt die Brücke Kvickbron hinüber zur langgestreckten Insel **Parapeten**, wo man auf eine Reihe von Bootsanlegestellen, Gastronomie und den Sandstrand **Tropical Beach** trifft, der mit seinen Palmen an heißen Sommertagen einen Hauch von Karibik versprüht.

Noch schönere Strände finden sich am nördlichen Stadtrand. Folgt man vom Zentrum der Drottninggatan, vorbei am hypermodernen Hotel Scandic Oceanhamnen, kommt man nach 1,5 km zum langen Sandstrand **Örestrandsbadet**, unmittelbar nördlich davon zum 1909 eröffneten sog. Kaltbadehaus **Pålsjöbaden**. Der Steg in Form eines Y wird ganzjährig als Freibad mit Sauna und Restaurant (Pålsjö Krog) genutzt. Mit seinen gelbgestrichenen Badekabinen samt Pavillon dient der Steg auch als beliebtes Fotomotiv. Die Statue am kleinen Sandstrand stellt Henrik „Henke" Larsson dar. Die Fußballlegende wurde 1971 in

Das Kaltbadehaus Pålsjöbaden von 1909

 Wanderweg Landborgspromenaden

Ein wunderschöner Wanderpfad, die **Landborgspromenaden**, verbindet Christinelund im Norden von Helsingborg mit dem Kärnan im Zentrum und der Mittelalterkirche Raus im Süden. Insgesamt ist der gut ausgeschilderte Wanderweg 13 km lang und verläuft in einer Höhe von 30–40 m ü. d. M., sodass sich oft herrliche Ausblicke ergeben. Die nördliche Strecke ab dem Kärnan bringt Wanderer u. a. bis zum Schloss Sofiero, unterwegs müssen einige Treppen bewältigt werden.

Treppen gibt es auch im ca. 8 km langen südlichen Abschnitt, allerdings verläuft der Pfad über weite Strecken entlang gut ausgebauter, ebener Fahrradwege, sodass man hier auch mit Kinderwagen etc. wandern kann. Die Route ist insgesamt sehr abwechslungsreich; sie geht durch Wälder und Talsenken, verläuft dann wieder oberhalb der Küste, an Weiden, Ruinen und Kirchen vorbei sowie durch Helsingborger Stadtteile und Parkanlagen. Seit 2004 ist die Promenade Teil des regionalen Wanderwegs Skåneleden. Wanderbroschüren gibt es beim Touristenbüro und online unter www.helsingborg.se.

Helsingborg geboren und spielte u. a. für Feyenoord Rotterdam, Celtic Glasgow und den FC Barcelona.

Noch knapp 4 km weiter in nördlicher Richtung liegt **Schloss Sofiero**, dessen Schlosspark wegen seiner Blumenpracht und landschaftlich schönen Lage besonders lohnt. Das Schloss ließ der spätere König Oscar II. für sich und seine Frau Sofia als Sommerresidenz errichten. Mit der Auszeichnung „Europas schönster Park 2010" ist die Anlage mit der attraktiven Aussicht auf den Öresund über Schonen hinaus bekannt geworden. Hier finden sich über 10.000 Rhododendronsträucher, deren Sammlung auf König Gustav VI. zurückgeht. Das verhältnismäßig milde Klima in Schonen sowie die Nähe zum europäischen Festland und zahlreiche Schlösser begünstigten die jahrhundertelange Tradition, Gärten anzulegen.
Sofiero Slott, *Sofierovägen 131, ✆ 042-102500, www.sofiero.se. Mai–Sept. tgl. 10–18 Uhr, Eintritt bis 18 Jahre frei. Von Okt. 2023 bis April 2024 ist wegen Renovierungsarbeiten am Schloss nur der Park geöffnet, tgl. 10–16 Uhr.*

Wer nicht nur auf Stippvisite in Helsingborg ist, sollte sich einige Ausflüge in die Umgebung nicht entgehen lassen, z. B. zum **Freilichtmuseum Fredriksdal** 3 km nordöstlich des Zentrums, das einem „Schonen en miniature" anhand des Fredriksdals Herrenhauses und einiger typischer Bauernhäuser nahebringt. Eingebettet ist das Open-Air-Museum in einen schönen Park mit botanischem Garten und sehr populärer Freilichtbühne. Ganz in der Nähe wartet der sehenswerte Indoor-Zoo **Tropikariet** *(Hävertgatan 21, https://tropikariet.com)* mit einer Vielzahl an exotischen Tieren auf.
Fredriksdal museer och trädgårdar, *Gisela Trapps väg 1, ✆ 042-104500, www.fredriksdal.se. Anf. April–Ende Sept. tgl. 10–18, Ende Sept.–Dez. 10–16 Uhr.*

Am Wochenende lohnt ein Abstecher zur **Oxhallen** im Süden des Zentrums, nahe der E04. Die renovierte Kaserne aus dem 19. Jh. gehört der Helsingborgs Bryggeri. Jeden Samstag verkaufen hier lokale Anbieter Obst, Früchte und Blumen, an Essständen werden Delikatessen aus der Region angeboten (großer Parkplatz).
Oxhallen, *Bredgatan 25, https://oxhallen.se. Sa 12–24 Uhr.*

Im Süden, 4 km vom Stadtkern entfernt, liegt **Ramlösa Hälsobrunn**, ein altes Mineralbad. „Ramlösa" kennt jedermann in Schweden als Inbegriff des Mineralwassers schlechthin. Erwähnenswert ist ebenfalls der südlich gelegene alte Fischerort **Råå** am Öresund, heute ein 3.000-Einwohner-Stadtteil von Helsingborg. Von den Anlegern an der Mündung des Flusses Rååan sind Angeltouren und Bootsfahrten zur Insel Ven möglich (s. S. 262).

Hinweis: *Helsingborg ist Ausgangspunkt der Route über die E04 in Richtung Stockholm (S. 331).*

Über den Öresund: Ausflug zum Hamlet-Schloss

Es ist wirklich nur ein Katzensprung hinüber zur dänischen Seite des Öresunds, mit den schnellen „Sundbussen" dauert die Überfahrt gerade mal 15 Minuten! Dort wartet die sympathische Kleinstadt **Helsingør**, die nicht nur ein weltberühmtes Schloss hat, sondern auch sonst mit ihrer Fußgängerzone, vielen alten Häusern und Kirchen, interessanten Museen, schönen Stränden und einer Tradition als Seebad den Ausflug unbedingt lohnt. Von der Fähranlegestelle ist über die Uferstraße Havnegade schnell die Hauptsehenswürdigkeit erreicht, das **Schloss Kronborg**. Da William Shakespeare die Burg als Schauplatz für sein Drama über den Prinzen Hamlet ausgewählt hat, ist Kronborg auch als „Hamlet-Schloss" bekannt. Das Gebäude ist eine Mischung aus trutziger Festung und elegantem Palais, mit Wassergräben, Kasematten, Bastionen, Vorburg, Innenhof, Rittersaal, Ornamenten und Räumlichkeiten im Stil von Renaissance und Barock. Im August werden im Schlosshof Dramen als Gastspiele anerkannter ausländischer Bühnen aufgeführt – natürlich nur solche von Shakespeare!

Seit 2014 ist das Schloss eingebettet in den sogenannten **Kulturhafen**, der einige der wichtigsten Attraktionen der Region vereint, z. B. das Nationale Schifffahrtsmuseum Dänemarks und die **Kulturwerft** mit Bibliothek, Museum und mehreren Gastronomiebetrieben.
Kronborg Slot, *Helsingør, ✆ +45-49213078, www.kronborg.dk. Mai–Okt. tgl. 10–17, Nov.–April Di–So 11–16 Uhr. Vorburg, Seebatterien etc. sind tgl. von 6 Uhr bis Sonnenuntergang frei zugänglich.*

Reisepraktische Informationen Helsingborg

Information

Visit Helsingborg, *✆ 042-105000 (Mo–Fr 10–17, Do bis 18 Uhr), https://visithelsingborg.com. Stadtpläne, Broschüren etc. bekommt man an den rund 10 Infopoints in der Stadt, z. B. im Dunkers Kulturhus, im Kärnan oder am Bahnhof.*

Hotels

Clarion Hotel Sea U *€€€€, Kungsgatan 1, ✆ 042-4052600, www.strawberryhotels.com. 2021 eingeweihtes Vier-Sterne-Hotel an der Seepromenade neben dem Kongresszentrum, mit 250 Zimmern das größte der Stadt. Tiefgarage, mehrere Bars (darunter die Rooftop-Bar mit tollem Blick auf den Öresund), sehr gutes japanisches Restaurant AMA Nikkei, Fitnesscenter und Außenpool auf dem Dach. Die besten Zimmer sind natürlich die mit Balkon zur Seeseite.*
The Vault Hotel *€€€€, Stortorget 20, ✆ 042-371800, https://thevaulthotel.se. Außergewöhnliches Hotel in einem prächtigen alten Bankgebäude mitten in der Stadt, 56 individuell und komfortabel eingerichtete Zimmer mit einem guten Mix aus alt und modern, Restaurant und fantastische Atrium-Bar.*
Continental Apartment Hotel Helsingborg *€€–€€€, Mariagatan 8, ✆ 010-1789740, https://continentalapthotels.se. Wunderschöne Unterkunft, zentral am Mariatorget und an der*

Marienkirche gelegen, charmante Fachwerkarchitektur, modern eingerichtete Apartments und Studios unterschiedlicher Größe, alle mit Bad, Kühlschrank, TV etc., Gemeinschaftsküche, kein Restaurant und kein Personal (Online-Check-in), mehrere Restaurants in unmittelbarer Nähe.

Jugendherberge

STF Vandrarhem Helsingborg/Miatorp Hotell, *Planteringsvägen 71, ✆ 042-131130. Wenige Fahrminuten vom Zentrum entfernte, zwischen Helsingborgs Knutpunkten (s. u.) und dem Fischerdorf Råå gelegene, ganzjährig geöffnete Jugendherberge mit Hotelbetrieb, 43 Einzel-, Doppel-, Familien- und Mehrbettzimmer, alle mit Dusche, WC und TV.*

Fähren

Trotz der Öresundbrücke ist Helsingborg immer noch einer der betriebsamsten Ostseefährhäfen, wo praktisch rund um die Uhr Auto- und Personenfähren zum dänischen Helsingør auslaufen. Auf der **HH-leden** *genannten Strecke legt ab* **Knutpunkten**, *dem zentralen Knotenpunkt zwischen Zug-, Bus- und Fährverbindungen, etwa alle 20 Min. eine* **ForSea-Fähre** *ab, die Überfahrt dauert ca. 20 Min. (ForSea Ferry, ✆ 042-186100, www.forseaferries.com). Während die Fähren Personen, Autos, Busse und Lkw befördern, nehmen die* **Sundbusse** *(Sundbusserne, ✆ 042-216161, www.sundbusserne.dk) nur Personen (und Fahrräder) mit. Diese Fähren verkehren tagsüber mindestens jede Stunde ab dem alten Zollhaus am Hafenplatz (Gamla Tullhuset – Hamntorget).*

Abstecher zum Naturreservat Kullaberg

Auf der Weiterfahrt in den Norden ist das erste Ausflugsziel abseits der Europastraße die weit ins Kattegat ragende Kullen-Halbinsel, die zweifellos zu den schönsten Gebieten Schonens zählt. Bleibt man am Schloss Sofiero bei Helsingborg immer in Wassernähe, gelangt man zur Straße 111, die die gesamte Halbinsel erschließt; für den Rückweg nimmt man dann die Straße 112. Nach einigen kleinen Häfen und pittoresken Orten wie **Viken** folgt **Höganäs**, der erste größere Ort und gleichzeitig Zentralort der gleichnamigen Gemeinde. Hier kann man schön in den Cafés und Restaurants am Hafen sitzen und den Sonnenuntergang beobachten. Weltbekannt aber ist Höganäs für die Herstellung von Keramik. Die weißen Klinker des Opernhauses in Sydney stammen von hier, gefertigt aus dem Ton der Gegend von Ekeby. Die Schweden sprechen vom „Keramikreich", die Produktion erfolgt an mehreren kleinen Orten. Seit 1748 sind im Nordwesten der Landschaft Schonen Fabriken für Ton und Steingut in Betrieb. Ein Besuch der Töpfer in und um Höganäs lohnt. Interessant ist z. B. ein Besuch bei **Wallåkras Stenkärlsfabrik**. Hier wird der alte Ziegelofen von 1864 noch per Hand mit Kohle gefeuert.

Wallåkras Stenkärlsfabrik, *Ryavägen 38, Vallåkra, ✆ 042-99031, www.wallakra.com. Jan./Feb. Fr–So 12–16, März–Juni Mi–So 12–16, Juli–Mitte Aug. tgl. 11–17, Mitte Aug.–Mitte Dez. Mi–So 12–16 Uhr.*

Als Nächstes erreicht man das Seebad **Mölle**, das mit dem **Grand Hôtel Mölle** (€€€€, *Bökebolsvägen 11, ✆ 042-362230, www.grandhotelmolle.se*) ein traditionsreiches Hotel in herrlicher Lage mit Blick auf den Sund hat. Das Restaurant ist auf Fisch und Schalentiere spezialisiert.

Hinter Mölle wird die Landschaft dramatisch. Vorbei am parkartigen **Golfplatz** des Mölle Golfklubb, landesweit gerühmt wegen der fantastischen Aussicht, geht es ziemlich steil hinauf zum **Naturreservat Kullaberg** mit seinem **Leuchtturm Kullens Fyr**, einem

Die Kullen-Halbinsel

beliebten Fotomotiv. Das rund 100 Jahre alte Leuchtfeuer ist eines der stärksten Skandinaviens und kann noch in 50 km Entfernung gesehen werden. Das 1.000 ha umfassende Schutzgebiet ist eins der meistbesuchten Südschwedens, was man angesichts der wildromantischen Natur gut verstehen kann. Zu den Highlights gehören der 188 m hohe Kullaberg und die bis zu 70 m ins Wasser abfallenden Steilklippen. Die Wellenerosion hat die schroffen Felsen des Urgesteins zu merkwürdig aussehenden Formationen abgeschliffen, sowie Felsburgen, Klippen und Höhlen gebildet (z. B. die Valdemarsgrotte im Norden und die Silbergrotte im Südwesten).

Der Tourismus wird im Besucherzentrum (Naturum) unweit des Leuchtturms gebündelt. Hier kann man sich u.a. über Klettertouren in den Klippen, Grottenwanderungen, Schnorchel- und Kajaktouren informieren. Nördlich des Leuchtturms werden vom „Paradieshafen" aus auch Tümmlersafaris angeboten, da das Gebiet rund um den Kullen regelmäßig von den Meeressäugern aufgesucht wird. Weiter ist die Tierwelt durch viele brütende Seevögel vertreten. Wer Selma Lagerlöfs „Nils Holgersson" gelesen hat (5. Kapitel), weiß aber auch, dass der Kullaberg einst Schauplatz des alljährlichen Treffens aller Tiere war! Ansonsten kommen auch Hobbybotaniker auf ihre Kosten; schon der große Carl von Linné war von der besonderen Flora am Kullen begeistert.

Wandern am Kullaberg

Das Naturreservat ist durch den Küstenpfad Kullaleden erschlossen, der 2013 eingeweiht wurde. Insgesamt ist der Wanderweg ca. 70 km lang und führt von Helsingborg immer dem Küstenverlauf folgend bis zum Kullaberg, ab dort entlang der Nordküste über Arild bis nach Utvälinge. Der Kullaleden ist Teil des großen schonischen Wanderwegs Skåneleden (Teilstrecke SL5). Broschüren und Karten zum Kullaleden gibt es im Besucherzentrum am Leuchtturm und im Touristenamt Helsingborg.

Auf der Rückfahrt sollte man der Nordküste folgen, dabei lohnt sich ein Stopp im schönen Fischerort **Arild** und vor allem 1 km dahinter (sich am Hinweisschild „Flickorna Lundgren Skäret 1 km" orientieren) im herrlichen **Café Flickorna Lundgren på Skäret**. 1938 von sieben Schwestern gegründet, genießt es inzwischen einen legendären Ruf und ist entsprechend gut besucht. Im Café bekommt man leckeren Kuchen und Teilchen aus der eigenen Konditorei, im Restaurant schwedische Hausmannskost (*Skäretvägen 19, Skäret, ✆ 042-346044, https://flickornalundgren.se. Im Sommer tgl. 10–19, Vor- und Nachsaison tgl. 11–16, April Sa/So 11–16 Uhr*).

Laholm

Wieder auf der E06 könnte man bei Melby über die Straße 24 einen 3-km-Abstecher nach Laholm unternehmen, in die kleinste und zugleich älteste Stadt Hallands. Rund 7.000 Einwohner leben in dem charmanten Ort, dessen ältester Stadtteil Gamleby mit seiner alten Bausubstanz das mittelalterliche Straßennetz bewahrt hat. In Schweden nennt man Laholm auch „die kleine Stadt mit den großen Kunstwerken", mehr als 20 Werke sind über die Stadt und ihre Umgebung verteilt, vor allem dank des umtriebigen Bürgermeisters Malmquist (1925–47). Das Umland bietet viele Aktivitätsmöglichkeiten, z. B. Angeln im Fluss Lagan, Skifahren, Baden an Schwedens längstem Sandstrand und Golf auf zwei Anlagen. Laholm liegt auf der Grenze zwischen Schonen und Halland.

Halmstad

Die Verwaltungshauptstadt der Provinz Halland liegt unweit der Mündung des Flusses Nissan. Neben ihrer administrativen Funktion ist sie Industrie- und Hafenstadt mit regelmäßigem Fährverkehr nach Jütland sowie vielbesuchter Badeort. Die Küstenlandschaft um Halmstad war über Jahrhunderte ein Gebiet ständiger kriegerischer Auseinandersetzungen, im Mittelalter zwischen Dänemark und Norwegen, dann Dänemark und Schweden, bis die Stadt 1645 schwedisch wurde. 1619 war Halmstad völlig niedergebrannt. Dänenkönig Christian IV. ließ es neu aufbauen und anlegen.

Der **große Marktplatz** (Stora Torg) und das Straßensystem der Altstadt gehen auf die Stadtplanung im 17. Jh. zurück. Auf dem Marktplatz steht die Skulptur „Europa und der Stier" (1926) von Carl Milles. Das **Schloss**, kurz vor dem Großbrand 1619 errichtet, dient heute als Residenz des Regierungspräsidenten. Davor liegt das restaurierte ehemalige **Segelschulschiff Najaden** von 1897. Ebenso wie das Schloss gehörte das erhalten gebliebene Stadttor Norre Port im Norden des Zentrums zur alten Befestigungsanlage. Das **Rathaus** am Marktplatz stammt aus dem 20. Jh., ausgeschmückt von sechs Künstlern aus Halmstad und Umgebung, die sich in den 1920ern zusammenschlossen und vom Surrealismus beeinflusst waren. Vor dem Gebäude steht eine Granitskulptur, die das Treffen der beiden Könige Christian IV. und Gustav II. Adolf im Jahr 1619 in der Stadt zum Thema hat. Nahe dem Rathaus liegt ein schönes Fachwerkhaus aus dem 18. Jh. Es diente einst als Hospital, heute ist hier das beliebte Café Tre Hjärtan untergebracht. Die im 14. Jh. im gotischen Stil erbaute **St.-Nicolai-Kirche** hat als einziges der Gotteshäuser Hallands die Dimensionen einer Kathedrale. Kanzel und Altartafel des Backsteinbaus stammen aus dem 17. Jh.

Auch Freunden moderner Architektur hat Halmstad einiges zu bieten, allem voran den verglasten Bau der **Stadtbibliothek** (*Axel Olsons gata 1*) am Ufer des Flusses Nissan. An dessen östlichem Ufer sind im **Picassopark** einige moderne Skulpturen zu bewundern,

u. a. ein weiblicher Kopf („Kvinnohuvud") vom Meister selbst. Im nördlichen Teil der Stadt, nahe der E06, liegt das **Freilichtmuseum Hallandsgården** mit rund zehn alten Gebäuden aus der Region und einem Schulmuseum.

8 km westlich von Halmstad liegt mit **Tylösand** einer der bekanntesten Badeorte Schwedens, auch als **Schwedens Riviera** bezeichnet. Die langen Sandstrände sind bewacht, die Klippen laden zum Sonnenbaden ein. Zwischen Halmstad und Tylösand liegt der Vergnügungspark **Halmstad Äventyrsland** (*Gamla Tylösandvägen 1, www.aventyrslandet.se*), in dem es neben Karussells, einem Wasserpark und Dinofiguren auch Modelle bekannter schwedischer Bauten zu sehen gibt.

Reisepraktische Informationen Halmstad/Tylösand

Information

Halmstad Turist Center, *Fredsgatan 20 (im Foyer des Stadttheaters), ✆ 035-120200, www.destinationhalmstad.se. Mo–Fr 10–18, Sa 10–14 Uhr.*

Hotels

Grand Hotel Halmstad €€€€, *Stationsgatan 44, ✆ 035-2808100, www.grandhotel.nu. 1905 errichtetes Grandhotel der Best-Western-Kette, gegenüber dem Hauptbahnhof, 114 großzügige und helle, modern eingerichtete Zimmer, gutes Restaurant Stationsgatan44 mit Bar, außerdem Sauna und Sommerterrasse.*

Clarion Collection Hotel Norre Park €€€–€€€€, *Norra vägen 7, ✆ 035-218555, www.strawberry.se. Elegantes Jugendstilhaus mit 54 komfortabel eingerichteten Zimmern sowie Suiten (z. T. mit Whirlpool), zentral am Park gelegen, im Zimmerpreis ist Halbpension eingeschlossen. Wellnessabteilung mit Sauna und Fitnessraum.*

Hotell Natti Natti €€, *Stationsgatan 34, ✆ 035-109910, www.natti-natti.se. Preisgünstiges Wohnen in einem Sommerhotel (Mitte Juni–Mitte Aug.) in zentraler Lage mit 33 Zimmern und einigen Apartments mit Küche; kein Restaurant und wenig Service, in der übrigen Zeit dient das Haus als Studentenheim.*

Camping

First Camping Tylösand/Halmstad, *Kungsvägen 3, ✆ 035-30510, www.firstcamp.se. Der Ausschilderung nach Tylösand folgen, 300 m zum Sandstrand, 1 km zum zentralen Tylösand mit Restaurants und großem Spielpark. Geöffnet 21. April–28. Aug. Begrenzter Service vor dem 18. Juni und nach dem 13. Aug. 420 Wohnwagenstellplätze, Häuser- und Hüttenvermietung.*

Gullbrannagården, *Eldsberga, ✆ 035-2412100, www.gullbrannagarden.se. 10 km südlich von Halmstad an der Laholmsbucht, Abfahrt Straße 117 bei Eldsberga Richtung Gullbrannsgården. Sommerkirche, Kinderaktivitäten, 200 Wohnwagenstellplätze, Ferienhäuser, Campinghütten, Zimmervermietung.*

Restaurant

Pio Matsal & Bar, *Storgatan 37, Halmstad, ✆ 035-210669, www.pio.se. Traditionelle schwedische Küche auf hohem Niveau und aus regionalen Zutaten, Di–Sa 11.30–14/16 und 17–22/23 Uhr geöffnet.*

Fähre

Stena Line Halmstad-Grenå, *mindestens zwei Abfahrten tgl. zum dänischen (jütländischen) Grenå mit dem großen Fährschiff Stena Nautica. Die Überfahrt dauert ca. 4 Std. Infos bei www.stenaline.de.*

Falkenberg

Der Name der mittelalterlichen Siedlung am Fluss Ätran geht auf einen Fangplatz für Jagdfalken zurück, die einst von hier verkauft wurden. Die Schifffahrts- und Industriestadt mit ca. 28.000 Einwohnern hat im Viertel um die St.-Laurentius-Kirche (14. Jh.) einen äußerst idyllischen Stadtteil. Die Zollbrücke über den Ätran stammt von 1765. Schöne Spazierwege (Doktorspromenaden, Laxpromenaden) führen am Fluss entlang. Ein klassisches Gewässer zum Lachsangeln inmitten der Stadt ist der Ätran, an dessen Unterlauf an einem 2 km langen Abschnitt von März bis Ende Aug./Anfang Sept. dem Lachs und der Lachsforelle nachgestellt wird.

In südöstlicher Richtung von Falkenberg liegt in **Asige** mit **Hagbards Galge** eine der bekanntesten Steinsetzungen des Landes aus der Bronzezeit (gut 10 km vor dem Ort von der E06 abfahren).

Reisepraktische Informationen Falkenberg

Information

Falkenbergs Turistbyrå, *Holgersgatan 7, ✆ 0346-886100, www.falkenberg.se. Im Sommer Mo–Sa 10–18, So 13.30–17.30, sonst Mo–Fr 10–17, Sa 10–14 Uhr.*

Hotels

Falkenberg Strandbad €€€€€, *Havsbadsallén 2A, ✆ 0346-714900, www.strandbaden.se. Elegantes Hotel am Sandstrand Skrea und unmittelbar vor dessen langem Steg, 2 km vom Stadtzentrum entfernt. 136 Zimmer und 5 Suiten, die Hälfte davon mit Balkon bzw. Terrasse zum Kattegat hin. Renommiertes À-la-carte-Restaurant „Famille“ sowie Seafood- und Grillrestaurant „Sandy's“ mit Cocktailbar, Lobbybar, großzügige Wellnesseinrichtungen.*
Hwitan €€€, *Storgatan 24, ✆ 0346-14450, www.hwitan.se. Romantisches Haus aus dem 18. Jh. mit zwei 1924 angebauten Flügeln, Kooperation mit dem nahe gelegenen Grand Hotel, 34 eher einfach eingerichtete Zimmer mit gutem Preis-Leistungs-Verhältnis.*

Camping

Hansagårds Camping, *Hansagårdsvägen 11, ✆ 0346-16944, www.hansagard-camping.se. Am Meer 4 km südlich von Falkenberg, Abfahrt von der E06 nach Falkenberg, Schild Richtung Rinsegård. Geöffnet 21. April–22. Aug. Begrenzter Service vor dem 17. Juni und nach dem 7. Aug. 100-m²-Grundstücke mit Hecken und Laubbäumen, geheiztes Schwimmbad. 325 Wohnwagenstellplätze, Campinghütten- und Wohnwagenvermietung.*
Olofsbo Camping, *Olofsbo 222, ✆ 0346-92022, www.olofsbocamping.se. Meeresnah, 8 km nordwestlich von Falkenberg, Abfahrt E06 bei Morup. Geöffnet 1. Mai–15. Sept. Begrenzter Service vor 2. Juni und nach 15. Aug. 523 Wohnwagenstellplätze, Campinghütten, Wohnwagenvermietung.*

Varberg

Varberg ist die zweitgrößte Stadt Hallands. Die Landschaft der weitläufigen Sandstrände im Süden geht hier in die Schären- und Inselwelt des Nordens über. Der 36.000-Einwohner-Ort in verkehrsgünstiger Lage lebt vom Handel, der Industrie und dem Tourismus, denn dank der schönen Strände ist Varberg ein vor allem von Schweden bevorzugter **Seebadeort**, der seit Anfang des 19. Jh. entstand. Begünstigt wurde die Entwicklung zum

Der Bockstens-Mann, eine Moorleiche

Kurort durch die Entdeckung der Heilquelle Svartekällan. In dem kleinen Zentrum herrscht im Sommer eine ausgelassene Stimmung in den vielen Restaurants, Bars und Cafés. Dreh- und Angelpunkt des Fremdenverkehrs ist die über 100 Jahre alte **Strandpromenade**, an deren nördlichem Ende das **Kaltbadehaus** (Kallbadhuset) steht. Der imposante Holzbau von 1903 wird immer noch und ganzjährig (!) genutzt.

Größte Sehenswürdigkeit ist die **Festung**, die auf die Kriege zwischen Dänemark und Schweden zurückgeht und im 13. Jh. erwähnt wurde. In der Renaissance ließ Dänenkönig Christian IV. sie zu einer der modernsten Festungen Europas ausbauen. Wenig später kam sie in schwedischen Besitz, verfiel und diente als Gefängnis. Seit 1916 ist das Kulturhistorische Museum von Halland in der Festung untergebracht, mit dem bekannten **Bockstens-Mann**, einer Moorleiche, deren Bekleidung aus dem Mittelalter vollständig bewahrt geblieben ist. Innerhalb des Geländes befinden sich auch eine Jugendherberge im alten Gefängnis sowie das sehr gute Bistro Hus 13. Und von den Wällen genießt man einen schönen Blick auf Stadt und Kattegat.
Hallands kulturhistoriska museum, *Fästningen 1, ✆ 0340-82830, www.museumhalland.se. Sept.–April Di–So 12–16, Mai/Juni Di–So 10–16, Ende Juni–Aug. tgl. 10–17 Uhr, unter 19 Jahren freier Eintritt.*

Zu den Ausflugszielen in der näheren Umgebung gehören das frühgeschichtliche **Gräberfeld Högaberg** 10 km östlich der Stadt, das **Vogelschutzgebiet Getterön** (mit Ausstellungsraum, Café und Campingplatz) sowie natürlich die schönen Sandstrände. Der populärste ist der von Apelviken, der vor allem auch als ausgezeichnetes Windsurfingrevier einen Namen hat. Weiter südlich steht der Strand am **Björkängs Havsbad** dem von Apelviken in nichts nach. An beiden Stellen befinden sich große Campingplätze.

Reisepraktische Informationen Varberg

Information

Varbergs Turistinformation, *Brunnsparken, Västra Vallgatan 39, ✆ 0340-86800, www.visitvarberg.se. Mitte Juni–Aug. Mo–Fr 10–17, Sa 10–14 Uhr.*

Hotels

Hotell Gästis *€€€€, Borgmästaregatan 1, ✆ 0340-18050, www.hotellgastis.se. Zentral und 5 Gehminuten von der Festung entfernt gelegenes Haus aus dem 18. Jh. mit 33 renovierten und zweckmäßig eingerichteten Zimmern. Restaurant mit Frühstücks- und Abendbüfett, witziges Spa Leninbadet mit Whirlpool, Sauna und einem Nachbau von Lenins Badewanne (Aufpreis), gemütliche Dachterrasse.*

Varbergs Stadshotell & Asia Spa *€€€–€€€€, Kungsgatan 24–26, ✆ 0340-690100, www.varbergsstadshotell.com. Sehr schönes, traditionsreiches Haus am Marktplatz, 500 m vom Bahnhof entfernt. Die 30 Zimmer im Hauptgebäude und 94 im Anbau sind individuell und komfortabel eingerichtet, einige haben einen schönen Blick auf die Festung. Sauna und Pool findet man im angeschlossenen Asia Spa. Sehr gutes Restaurant in der Lobby sowie auf der Terrasse, außerdem das renommierte japanische Restaurant Nami.*

Strandgården Logi *€–€€, Valvikavägen 14, ✆ 0709-300305, www.strandgardenlogi.com. 5 km vom Zentrum auf Getterön nahe dem Vogelreservat gelegene, sympathische Selbstversorger-Unterkünfte mit je eigenem Eingang und eigener Terrasse. Netter Garten.*

Camping

Getteröns Camping***, *Valvikavägen 3, ✆ 0340-16885, www.getteronscamping.se. Auf dem südöstlichen Teil der Insel Getterön, 5 km nordwestlich des Zentrums Varbergs. Geöffnet 21. April–11. Sept., begrenzter Service vor 10. Juni und nach 14. Aug. Familienfreundliche Anlage mit 500 Wohnwagenstellplätzen. Kostenlose Saunanutzung, Ferienhäuser, Zimmer, Hüttenvermietung.*

Destination Apelviken***, *Sanatorievägen 4, ✆ 0340-641300, www.apelviken.se. 3 km südlich von Varberg, 50 m bis zum Meer. Geöffnet 21. April–3. Sept. Familienfreundliche Anlage, Sandstrand, beste Voraussetzungen für Windsurfing, mit Hotel- und Restaurantbetrieb.*

Firstcamp Björkäng***, *Havsbadsvägen, Tvååker, ✆ 0340-42134, https://firstcamp.se/destination/bjorkang-varberg. 12 km südlich von Varberg am Meer. Abfahrt von der E06 Richtung Varberg Süd. Geöffnet 21. April–23. Sept. Begrenzter Service vor dem 21. Juni und nach dem 12. Aug. 420 Wohnwagenstellplätze, 10 stugor.*

Jugendherberge

Fästningens – rum vid havet, *Varbergs Fästning, ✆ 0340-692469, https://fastningens.se. Beliebtes und ungewöhnliches Hostel mit 39 Zimmern Doppel- und Mehrbettzimmern, innerhalb der Festung in Gebäuden eines alten Gefängnisses von 1856 gelegen, mit herkömmlichen Zimmern und umgebauten Gefängniszellen, Gemeinschaftsgarten, gegen Aufpreis Frühstücksbüfett.*

Auf den nächsten knapp 80 km bis Göteborg hält die Europastraße immer gebührenden Abstand zum Meer; eine küstennähere Variante stellt ab Kungsbacka die Straße 158 dar. Für einen Zwischenstopp empfiehlt sich 45 km nördlich von Varberg und 15 km südlich von Kungsbacka das 1904 im englischen Tudorstil errichtete **Schloss Tjolöholm**, am Meer in schöner Umgebung mit Park, Spielwiesen, Sandstrand und Spazierwegen gelegen. Ein reicher Göteborger Kaufmann ließ das Schloss mit allem Komfort mitsamt Wohnhäusern und Kirche für die Angestellten bauen.

Tjolöholm Slott, *Fjärås, ✆ 0300-404600, www.tjoloholm.se. Das Schloss kann nur auf Führungen (im Sommer tgl. 11–15/16 Uhr) erkundet werden, weitere Öffnungszeiten (jeweils im Sommer tgl.): Kirche 11–16, Restaurant 8.30–16, Kutschenmuseum, Shop und Café 10–17 Uhr, der Park ist ganzjährig frei zugänglich.*

Letzter Punkt auf der Strecke, knapp 30 km vor Göteborg, ist das 24.000-Einwohner-Städtchen **Kungsbacka**. Trotz mittelalterlichen Ursprungs hat es nicht übermäßig viel zu bieten, zumal nach dem Großbrand von 1846 ganze zwei Häuser in der Innenstadt erhalten blieben. Die pastellfarbenen Holzhäuser um Markt und Kirche stammen aus der Zeit um 1900. Die Skulptur auf dem Platz, auf dem jeden ersten Donnerstag im Monat der große Markt abgehalten wird, stellt den „Baum des Lebens" dar.

Die schöne Umgebung innerhalb der Gemeinde bietet allerdings viele Aktivitäten: **Angeln** im Meer um den Kungsbackafjord, in den Seen und im Fluss (Lachs, Hecht, Barsch, Aal-Angelkarte), **Baden** an Klippen und Sandstränden der 80 km langen Küste, **Bootsfahrten** im Sommer zur Insel Nidingen, **Radtouren** auf den beiden großen Fahrradwegen Hallands (Cykelspåret durchs Inland, Ginstleden entlang der Küste), **Golf** auf Kungsbackas fünf Plätzen (Kungsbacka war bereits Schauplatz der Scandinavian Masters), **Tauchkurse** in Gottskär, **Wandern** auf einem Teilstück des Hallandsleden.

Einkaufen XXL: Europas größtes Kaufhaus

Der kleine Ort **Ullared**, von Falkenberg über die Straße 154 und von Varberg über die Straße 153 in jeweils ca. 15 km schnell zu erreichen, wäre nicht der Rede wert, gäbe es hier nicht **Gekås**! Diesen Namen kennt in Südschweden jeder, steht er doch für das größte Kaufhaus Europas und gleichzeitig Schwedens meistbesuchtes Ausflugsziel. Alles fing im Jahr 1963 an, als Göran Karlsson in Ullared einen Laden gründete, dessen einfache Geschäftsidee ein möglichst großes Sortiment und möglichst geringe Preise war. Keiner konnte damals ahnen, dass sich aus diesen bescheidenen Anfängen ein Shoppingkomplex der Superlative entwickeln sollte. Nach vielfachen Um- und Anbauten ist Gekås heute ca. **35.000 m²** groß, was fünf Fußballfeldern entspricht. Allein die Lebensmittelabteilung umfasst 1.800 m². Jährlich besuchen mehr als 4,5 Mio. Menschen das Warenhaus (im Schnitt ca. 20.000 täglich!) und sorgen für einen Umsatz von über 4 Mrd. SEK. Zu den weiteren **Rekordzahlen** gehören: über 6.000 Einkaufswagen, bis zu 1.400 Mitarbeiter in der Hauptsaison, 51 Busparkplätze, 69 Kassen, 5.000 warme Mittagessen tgl. im Restaurant.

An der Geschäftsidee hat sich nichts verändert. Das Sortiment ist breit aufgestellt (Elektronik, Lebensmittel, Mode, Schuhe, Spielwaren, Campingartikel etc.), und die Preise sind für schwedische Verhältnisse Schnäppchen. Deshalb kommen die Schweden in Scharen, stellen sich geduldig in die Schlange beim Einlass (der Rekord war am 30. Oktober 2010 mit einer Warteschlange von 1,4 km!) und kaufen dann, was das Zeug hält. Da es nur ein Gekås gibt, kommen die Shopping-Touristen auch von weit her. Damit sie ihren Einkauf in die Länge ziehen können, stehen ihnen ein Hotel und ein Campingplatz mit Busshuttle zur Verfügung, und wer seinen Vierbeiner dabei hat, kann ihn derweil in der Hundepension abgeben.

Inzwischen sind um Gekås herum auch weitere Einkaufsmöglichkeiten entstanden, u.a. das große Schuhgeschäft Sko-Boo, sodass sich auch für ausländische Besucher ein Besuch in Ullared lohnen könnte, z.B. vor dem Beziehen des Ferienhauses oder zu Beginn des Campingurlaubs. Oder einfach nur, um sich das skurrile Megawarenhaus als Sehenswürdigkeit der besonderen Art anzuschauen!
Gekås, *Ullared, Danska vägen 13, ✆ 0346-37500, www.gekas.se. Mo–Fr 7–20, Sa 6–18/20, So 7–18/20 Uhr.*

Göteborg – die Westküstenmetropole

Mit ca. 600.000 Einwohnern (im Großraum gut 1 Mio.) ist Göteborg **Schwedens zweitgrößte Stadt** und dominiert die Westküste. Der verhältnismäßig junge Ort mit dem größten Seehafen Skandinaviens hat seinen Besuchern viel zu bieten, die weltoffene, gastfreundliche Westküstenmetropole ist reich an Geschichte, Kultur und Sehenswertem. Ihre Bewohner, so sagt man in Schweden, seien offener und humorvoller als die Hauptstädter. Göteborg ist nach Ansicht der meisten Schweden die **gemütlichste Großstadt** des Landes.

Göteborgs mittelalterliche Vorläuferin **Lödöse** (später Gamla Lödose), am Göta-Fluss 40 km von der Mündung entfernt gelegen, sollte Schweden den Küstenraum sichern, der ständig von norwegischer bzw. dänischer Seite bedroht wurde. In den folgenden Jahrhunderten scheiterten weitere Versuche einer Stadtgründung. Auch die erstmals Göteborg genannte Siedlung, die nahe der Flussmündung Anfang des 17. Jh. für eine Gruppe von Holländern angelegt wurde, die den Kupferhandel voranbringen sollten, wurde 1611 wieder zerstört, als sich Schweden und das mächtige Dänemark bekriegten.

Das heutige Göteborg lässt sich auf König Gustav II. Adolf zurückführen, der ab 1619 die Stadt auf sumpfigem Boden nach holländischem Vorbild errichten ließ. Die Zielsetzung blieb unverändert: Göteborg sollte Schwedens **Hafen zur Nordsee** und zu den nordwesteuropäischen Märkten werden. Die holländischen Experten wies der König an, den Hafen im Herzen der Stadt zu bauen, geschützt vor Feinden, die von der Meer- und Flussseite anzugreifen drohten. Das Kanal- und ein damals modernes Verteidigungssystem aus Bastionen und Wallgräben entstanden unter holländischer Anleitung, angelegt von schwedischen Soldaten und Bauern.

Göteborgs Entwicklung wurde im 17. Jh. maßgeblich von den **Niederländern** und ihrem Kapital geprägt. Über 200 Jahre lang war Stora Hamnkanalen (= der große Hafenkanal) Göteborgs eigentlicher Hafen. Hier wurde Deutsch, Englisch und Holländisch gesprochen, zu beiden Seiten der Wasserstraße ließen sich die Kaufleute nieder. Doch die großen Handelsfahrzeuge konnten wegen ihres Tiefgangs nicht in den Kanal hineinfahren, die Güter mussten umgelastet werden. In der Glanzzeit der Ostindischen Handelskompanie zwischen 1731 und 1806 gelangten Tee, Porzellan, Seide, Gewürze usw. nach Göteborg, wo sie auf Auktionen an Händler anderer europäischer Handelsstädte verkauft wurden. Bedeutend war der Export von Eisen und Holzwaren aus Värmland und dem übrigen Gebiet des Vänersees nach England sowie die Ausfuhr von gesalzenem Hering und Tran.

Anfang des 19. Jh. verloren Ostindienhandel und Heringsfang an Bedeutung, doch die Kontinentalsperre während der Napoleonischen Kriege führte zu einer kurzen, aber **intensiven Blüte** der Handelsstadt, als Göteborg zur Zwischenstation für englische Waren wurde, die man von hier in andere europäische Länder transportierte. Die Kontakte vor allem mit Schottland blieben eng, und eine große

Redaktionstipps

- Panoramablick von **Göteborgs Utkiken** (S. 278) und der **Masthuggskyrkan** (S. 287).
- Besuch einer Vorstellung der **Göteborger Oper** (S. 278).
- Für Liebhaber von Fisch und Schalentieren: Besuch der Markthalle **Feskekörka** (S. 284), Abendessen im Restaurant **Sjömagasinet** oder **Fiskekrogen** (S. 295).
- Fahrt mit der **Veteranen-Straßenbahn** auf der Lisebergslinjen zwischen Hauptbahnhof und dem Vergnügungspark **Liseberg** (S. 282, 288, 296).
- Klassische **Kanal- und Hafen-Rundfahrt** mit den Paddan-Booten (S. 297).

Zahl britischer Geschäftsleute ließ sich in der Stadt nieder. Die Industrialisierung ließ die Einwohnerzahl von ca. 13.000 im Jahr 1800 auf 130.000 zum Ende des 19. Jh. anwachsen. Nach der Textil- und Lebensmittelindustrie gewann die metallverarbeitende Industrie an Bedeutung. Lange prägten die großen **Schiffswerften** zusammen mit Volvo und SKF (Svenska Kullagerfabriken) im 20. Jh. die Industrie- und Seefahrtsstadt, die nach einem wirtschaftlichen Boom in den 1960er Jahren wenig später vom Niedergang der Werftindustrie eingeholt wurde. Gegenwärtig kommen rund 20% der schwedischen Industrieproduktionen aus Göteborg, ca. ein Viertel der gesamtschwedischen Im- und Exporte werden über den Hafen abgewickelt.

2021 wollte Göteborg sein 400stes Stadtjubiläum feiern und sich dafür richtig aufhübschen. Wegen Corona konnten viele Projekte aber nicht rechtzeitig vollendet werden und die Geburtstagsparty musste um zwei Jahre verschoben werden. Immerhin: Nachdem die Stadt zehn Jahre lang einer Großbaustelle glich, wird die Runderneuerung nun sichtbar. Zur Flussseite hin verschwanden Straßenschneisen und Bahngleise im Untergrund, eine neue Brücke wurde gebaut, Promenaden und Parkanlagen angelegt. Hinter dem Bahnhof entsteht ein neues Hochhaus-Viertel, ebenso auf der anderen Flussseite, wo in Karlastaden der höchste Wolkenkratzer des Nordens in den Himmel ragt.

Noch ist der Strukturwandel nicht abgeschlossen, doch die Zukunft hat in Göteborg schon längst begonnen. Ihre **Universitäten** und Fachhochschulen, die wiederum eng mit innovativen Unternehmen der **IT-Branche** verzahnt sind, machen die Stadt auf diesem Gebiet zu einer der führenden Skandinaviens. Besucher können in Göteborg also eine dynamische, zukunftsorientierte, kreative, junge und kulturell vielseitige Szene mit einem fantastischen Umland erwarten. Neben der **touristischen Hochsaison** in den Sommermonaten mit ihren hellen Nächten verzeichnet die Westküstenmetropole in der **Weihnachtszeit** einen Besucherandrang, wenn die gesamte Innenstadt spektakulär illuminiert ist und der berühmte Weihnachtsmarkt in Liseberg lockt.

Ankunft mit der Fähre

Immer schon war der Seeweg die natürlichste Art, sich der auf das Kattegat und die Nordsee hin ausgerichteten Stadt zu nähern. Das hat sich bis heute nicht geändert: Jährlich erreichen rund 4 Mio. Passagiere Göteborg an Bord einer Fähre; hinzu kommt eine ständig steigende Zahl von Kreuzfahrttouristen. Viele Schwedenreisende betreten also in Göteborg an Bord der riesigen Fähren aus Kiel oder Frederikshavn zum ersten Mal den Boden des Königreichs. Darunter sind etliche, für die Göteborg Start- und Zielpunkt einer Westküstenfahrt – evtl. bis hinauf nach Oslo – oder auch nur zum gebuchten Ferienhaus im Schärengarten ist. Andere nutzen die Fährverbindung der Stena Line für einen Wochenend- oder Kurztrip nach Göteborg mit Kreuzfahrtcharakter (zwei Nächte auf der Fähre, einen Tag in Göteborg). Und für einen Großteil der Passagiere stellt Göteborg das Tor zu Skandinavien dar, steht also am Anfang einer längeren Tour. Alle Schiffsreisenden sollten aber wissen, dass Göteborg bereits vor der Ankunft im Hafen beginnt! So sehr auch das Frühstücksbüfett an Bord verlocken mag, es wäre – zumal bei gutem Wetter! – ein Fehler, die Einfahrt unter Deck zu verbringen.

Etwa eine gute Stunde vor der fahrplanmäßigen Ankunft wird es richtig interessant, denn die Fähre nimmt ihren Weg durch den Schärengarten (S. 292). Zuerst passiert man kleine, blankgeputzte Granitbuckel, einige davon gerade groß genug, um einen Leuchtturm oder eine Lotsenstation zu tragen. Dann werden die Schären immer größer; einige sind bewaldet, auf anderen ist Landwirtschaft möglich. Und je näher man der Westküsten-Metropole kommt, desto dichter sind die Inseln mit Yacht- und Industriehäfen, Windkraftanlagen oder Göteborger Vororten besiedelt. Sobald die Fähre die trichterförmige Mündung des Göta älv erreicht hat, sieht man von Bord aus backbord die kleine Insel Kyrkogårdsholmen, die zur Gänze von der **Festung Nya Älvsborg** eingenommen wird. Sie wurde zum Schutz von Stadt und Hafen im Jahre 1650 als Ersatz für die ausgediente Festung Älvsborg errichtet und ist heute ein beliebtes Ausflugsziel der Göteborger.

Danach kommt die weitgespannte **Hängebrücke Älvsborgsbron (1)** immer näher, die in der Hafeneinfahrt den Göta älv überquert. Mit ihren 107 m hohen Pylonen, einer Länge von 933 m und einer Spannweite von 418 m ist sie zwar kein Riese unter den Brücken dieser Welt, aber dennoch sehr eindrucksvoll und seit 1966 das verkehrstechnische Wahrzeichen der Stadt. Ihre grüne Farbe trägt sie seit 1995. Bei der Durchfahrtshöhe von 45 m haben selbst größere Schiffe noch Spielraum, trotzdem scheinen die Schornsteine der Fähren von unten an der Fahrbahn zu kratzen.

Vor und hinter der Brücke geben rechterhand die schmucken Yachthäfen, ehemalige Magazingebäude, die heute als Hotel genutzt werden, Cafés und die Ruinen der alten Festung Älvsborg ein buntes Bild ab. Auf der nördlichen Seite des Flusses sieht man das Ufer der

Schwedens Tor zur Welt – Einfahrt in den Göteborger Hafen

Insel Hisingen, früher ein reiner Industrie- und Werftenstandort, der in den letzten Jahren sein Gesicht rasant verändert hat und heute von Büro- und Apartmenthäusern in postmoderner Architektur bestimmt ist. Die **Anlegestelle der Kiel-Fähre** befindet sich nicht weit von der Brücke entfernt, ca. 2 km westlich des Zentrums, während der **Stena-Terminal der Dänemark-Fähren** ca. 1 km näher zur Stadt liegt.

Spaziergang durch das alte Göteborg

Wer Göteborg mit Bus oder Bahn erreicht, wird seinen Aufenthalt wahrscheinlich am **Hauptbahnhof (2)** (Göteborgs centralstation; Göteborg C) beginnen. Dieser ist nach dem in Stockholm der zweitgrößte des Landes – ein repräsentatives, interessantes Gebäude aus dem Jahr 1858 mit einer historisierenden Fassade sowie einer Kuppel aus Glas, Eisen und Holz. Im Inneren des Kopfbahnhofs (u. a. Verbindung nach Oslo, Stockholm, Malmö und Kopenhagen) findet man eine Vielzahl an Boutiquen, Restaurants und Cafés. Auf der rückwärtigen (nordöstlichen) Seite des Bahnhofs entsteht derzeit das komplett neue Viertel Älvstaden, dessen bis zu 30 Etagen hohe Büro- und Wohnhäuser dem Zentrum eine völlig neue Silhouette verleihen werden. Bereits im Bau ist der hypermoderne Bahnhof, der sich direkt an den Hauptbahnhof anschließt und dessen Inbetriebnahme für 2027 geplant ist. Er und zwei weitere Stationen (Korsvägen, Haga) sind für das ehrgeizige Eisenbahnprojekt Västlänken (= Westanbindung) vorgesehen, eine zweigleisige Tunnelstrecke unter der Stadt, auf der zukünftig Nahverkehrs- und Regionalzüge im 15-Minuten-Takt verkehren sollen.

Auf der westlichen Seite des Bahnhofes befindet sich **Nordstan (3)**, eines der größten Einkaufszentren Skandinaviens, das einen ganzen Straßenblock einnimmt. Rund 180 Geschäfte (v. a. Mode, Sport und Einrichtung) und Restaurants sind hier unter einem Dach versammelt (*https://nordstan.se, Mo–Fr 10–20, Sa/So 10–18 Uhr, Restaurants z. T. länger*).

Ein Spaziergang von rund 3,5 km Länge, auf dem man einen **guten Überblick** über das Zentrum Göteborgs erhält, könnte unweit des Bahnhofs am Ufer des Göta älv beginnen. Dort überspannt seit 2021 die markante **Hisingsbron (4)** den Fluss, eine Hubbrücke, die bis zu einer Höhe von 28 m angehoben werden kann, um Schiffen die Durchfahrt zu ermöglichen. Südlich der Brücke und des benachbarten schwimmenden Parkhauses stellt das Segelschiff **Viking (5)** einen Blickfang dar. Die 1907 gebaute Viermastbark beherbergt heute ein Hotel samt Restaurant. Überragt wird die Windjammer vom auffälligen rot-weißen Hochhaus Skanskaskrapan des Architekten Ralph Erskine. Der Büro- und Wohnkomplex, von den humorvollen Göteborgern „Wasserstand" genannt, besitzt eine Aussichtsplattform in 86 m Höhe – **Göteborgs Utkiken (6)** – von der aus man einen herrlichen Panoramablick auf Stadt und Hafen genießen kann. Unterhalb des Komplexes befindet sich das Hafenbecken **Lilla Bommen (7)**, von wo aus u. a. die Ausflugsschiffe nach Älfsborg, Vinga, Marstrand oder zum Baden nach Rörö verkehren.

Südlich schließt sich die 1994 eröffnete **Oper (8)** an, eins der architektonischen Glanzstücke Göteborgs. Der moderne Bau mit aktuellster Theatertechnik und einer faszinierenden Akustik bietet 1.250 Sitzplätze. Hier sind die Göteborger Symphoniker zu Hause, die seit 1997 den offiziellen Titel „Schwedisches Nationalorchester" tragen dürfen. Gespielt werden neben klassischen Opern auch Operetten und Musicals, außerdem wird modernes Tanztheater geboten. Besonders bei Dunkelheit zeigt sich die eindrucksvolle Architektur des Gebäudes von Jan Izkowitz, der sich vom Meer und der Seefahrt hat inspirieren lassen.

Beeindruckend: die Architektur der Göteborger Oper

Auf einer Promenade bummelt man von hier aus an Göteborgs **Maritiman (9)** entlang, mit 19 Schiffen, Booten und Lastkähnen eines der weltweit größten Schiffsmuseen (nicht zu verwechseln mit dem Seefahrtsmuseum!). Man kann hier an Bord der verschiedenen Wasserfahrzeuge (u. a. Feuerschiff, Frachtschiff, Hafenfähre, U-Boot, Minenleger oder Zerstörer) gehen und sich alles im Detail anschauen, bei geringen Zeitreserven ist es aber durchaus auch lohnend, das maritime Ambiente von der Uferpromenade aus zu betrachten.

Maritiman, *Packhusplatsen 12, ✆ 031-105950, www.maritiman.se; Juni–Aug. tgl. 10–17, Juli bis 18, April/Mai & Sept./Okt. Sa/So 11–16 Uhr.*

Südlich der Promenade, hinter dem Casino und der Brücke über den Großen Hafenkanal, ist am Reisezentrum **Stenpiren (10)** vor allem an sonnigen und windstillen Tagen viel los. Der 2016 fertiggestellte Komplex wartet mit Restaurants, Cafés und Außenterrassen auf – ein herrlicher Platz, um das Leben am Hafen und den Blick auf die Insel Hisingen zu genießen. Vom Stenpiren fahren die **Älvsnabben-Personenfähren** den Fluss entlang und hinüber zum Stadtteil Lindholmen ab, ebenso Boote in die südlichen Schären und nach Hönö Klåva in den nördlichen Schären. Mit seinen Haltestellen für Straßenbahnen und Busse ist Stenpiren zusätzlich ein wichtiger Verkehrsknotenpunkt.

Zurück am nördlichen Ufer des **Großen Hafenkanals** empfiehlt sich der kurze Schlenker zum **Kronhuset (11)**, dem ältesten erhaltenen Profangebäude der Stadt aus den Jahren 1643–53. Im Reichssaal, heute als Festsaal für jeden buchbar, wurde 1660 der Reichstag abgehalten und der damals fünfjährige Karl XI. zum König ausgerufen. Im Obergeschoss zeigt eine Ausstellung Göteborg zur Großmachtzeit. In den kleinen Läden und Geschäften um den Hof herum, Kronhusbodarna genannt, findet man recht originelles Kunsthandwerk (u. a. eine Glasbläserei und eine Uhrmacherei).

Wieder auf der Norra Hamngatan, folgt man nun dem Ufer des Kanals. Hier entstand in der Zeit, als drei Mitglieder der Familie Carlberg während eines Jahrhunderts als Stadt-

Göteborg
N
500 m
RAMBERGSSTADEN
LINDHOLMEN
Lundbyleden
Herkulesgatan
Lundby-
hamnen
Göta älv
Stena Line
Danmarksterminalen
Stena Line
Kiel-
Göteborg
Stigbergskajen
Masthuggskajen
Emigrantvägen
Andréegatan
PUSTERVIK
NOM
VALL-
GRAVEN
HAGA
MAST-
HUGGET
STIG-
BERGET
OLIVE-
DAL
MAJORNA
ANNE-
DAL
VASA
NORDS
Lilla
Bommens
Hamn
Stenpiren
Skeppsbrokajen
Packhuskajen
Lilla
Torget
Olof
Palmes
plats
Haga-
parken
Skans-
torget
Djurgårds-
platsen
Slottsskogen
Flughafen

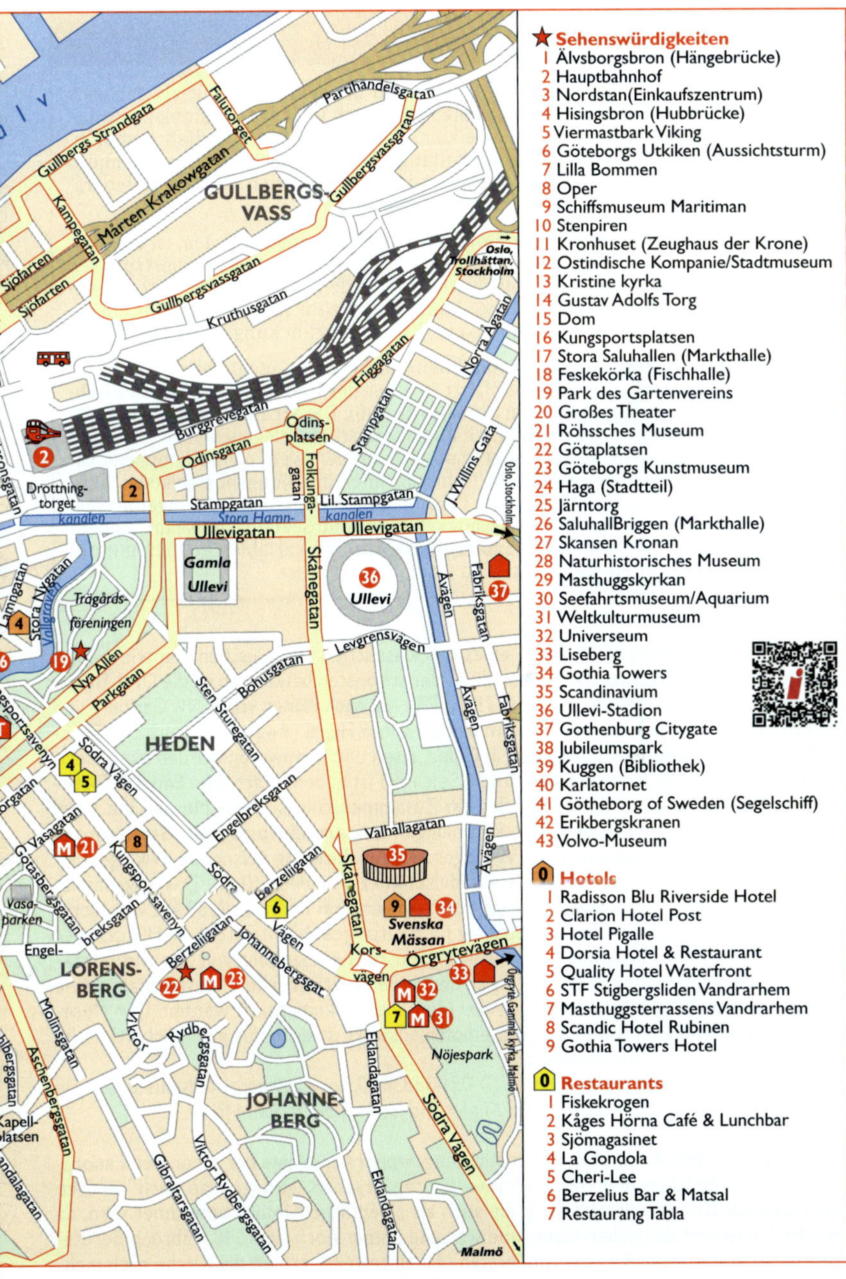

Sehenswürdigkeiten

1 Älvsborgsbron (Hängebrücke)
2 Hauptbahnhof
3 Nordstan(Einkaufszentrum)
4 Hisingsbron (Hubbrücke)
5 Viermastbark Viking
6 Göteborgs Utkiken (Aussichtsturm)
7 Lilla Bommen
8 Oper
9 Schiffsmuseum Maritiman
10 Stenpiren
11 Kronhuset (Zeughaus der Krone)
12 Ostindische Kompanie/Stadtmuseum
13 Kristine kyrka
14 Gustav Adolfs Torg
15 Dom
16 Kungsportsplatsen
17 Stora Saluhallen (Markthalle)
18 Feskekörka (Fischhalle)
19 Park des Gartenvereins
20 Großes Theater
21 Röhssches Museum
22 Götaplatsen
23 Göteborgs Kunstmuseum
24 Haga (Stadtteil)
25 Järntorg
26 SaluhallBriggen (Markthalle)
27 Skansen Kronan
28 Naturhistorisches Museum
29 Masthuggskyrkan
30 Seefahrtsmuseum/Aquarium
31 Weltkulturmuseum
32 Universeum
33 Liseberg
34 Gothia Towers
35 Scandinavium
36 Ullevi-Stadion
37 Gothenburg Citygate
38 Jubileumspark
39 Kuggen (Bibliothek)
40 Karlatornet
41 Götheborg of Sweden (Segelschiff)
42 Erikbergskranen
43 Volvo-Museum

Hotels

1 Radisson Blu Riverside Hotel
2 Clarion Hotel Post
3 Hotel Pigalle
4 Dorsia Hotel & Restaurant
5 Quality Hotel Waterfront
6 STF Stigbergsliden Vandrarhem
7 Masthuggsterrassens Vandrarhem
8 Scandic Hotel Rubinen
9 Gothia Towers Hotel

Restaurants

1 Fiskekrogen
2 Kåges Hörna Café & Lunchbar
3 Sjömagasinet
4 La Gondola
5 Cheri-Lee
6 Berzelius Bar & Matsal
7 Restaurang Tabla

Rundfahrten

Wer zum ersten Mal nach Göteborg kommt und die Stadt nicht nur als Tor nach Skandinavien ansieht, dem sei, um einen Überblick über die Stadtanlage zu bekommen, eine Busrundfahrt oder eine kombinierte Bus-/Bootsrundfahrt empfohlen. Diese werden von Anfang Mai bis Anfang Oktober täglich vom Touristenbüro am **Kungsportsplatsen** angeboten. Eine Anmeldung ist auch mit dem Göteborg-Pass erforderlich.

Die vielleicht beste Art und Weise, Göteborg genauer kennenzulernen, ist die klassische **Paddan-Rundfahrt**. In offenen Booten fährt man vom Kungsportsplatsen in der Stadtmitte vorbei an sehenswerten Gebäuden, Plätzen und Parkanlagen durch den Wallgraben und den Stora-Hamn-Kanal zum Hafen. Über den Rosenlundkanal geht es dann vorbei an Feskekörka zurück zum Kungsportsplatsen.

Eine andere, der Stadt der Straßenbahnen angemessene Möglichkeit, Göteborg kennenzulernen, ist eine Stadtrundfahrt in einer der **historischen Straßenbahnen**, wie sie der Verein Ringlinien anbietet (S. 296). Die **Straßenbahnlinie 7** eignet sich vorzüglich, um zu den südlich und südwestlich gelegenen Sehenswürdigkeiten zu gelangen. Am besten steigt man dazu auf der Avenyn ein (Haltestelle Valand, schräg gegenüber dem Hotel Rubinen) oder am Kungsportsplatsen bzw. Brunnsparken Richtung Saltholm. Die Fahrt geht u.a. über Södra Hamngatan, Feskekörka, Stadtteil Haga, Dom, Masthuggskirche und Seefahrtsmuseum. Zudem bietet Västtrafik eine kostenlose **Smartphone-App** mit variablen Routen, mit der jede Tram-Fahrt zur Stadtführung wird (*www.vasttrafik.se*).

architekten tätig waren (1717–1814), eines der klassischen europäischen Stadtviertel mit zahlreichen repräsentativen Gebäuden. Eines der schönsten bewahrten ist die Drei-Flügel-Anlage der **Ostindischen Kompanie (12)**, 1750–62 nach Plänen von B. W. Carlberg und C. Hårleman errichtet und im 19. Jh. um einen vierten Flügel erweitert. Zahlreiche Expeditionen fuhren meist bis nach Kanton in China. Eisen und Eisenwaren wurden exportiert, Porzellan, Tee, Seide, Gewürze importiert. Seit 1993 ist in dem prächtigen Bau das **Göteborger Stadtmuseum** untergebracht, ein Zusammenschluss dreier Museen mit ihren Sammlungen. Der Schwerpunkt der Sammlungen des **archäologischen Stadtmuseums** liegt auf der Steinzeit und der Wikingerzeit. Als Blickfang der neuen Wikingerausstellung dienen die Überreste eines Handelsschiffes aus dem 10. Jh. Das sogenannte „Äskekärrsskeppet“ ist Schwedens einziges Wikingerschiff und wurde 30 km von Göteborg entfernt ausgegraben. In der Abteilung für **Kulturgeschichte** steht die Historie der Stadt Göteborg im Mittelpunkt, während in den reichen Sammlungen zur **Industriegeschichte** die technische Entwicklung an den Arbeitsplätzen in der Industriestadt sowie ihr Einfluss auf die Lebensbedingungen der Menschen dokumentiert werden. Der Museumsshop bietet interessante Literatur, empfehlenswert ist auch das gemütliche Café im geschichtsträchtigen Ostindienhaus.
Stadsmuseum, *Norra Hamngatan 12, ✆ 031-3683600, www.goteborgsstadsmuseum.se; Di/Do 10–18, Fr–So 10–17, Mi 10–20 Uhr, Kinder und Jugendl. bis 20 Jahre frei.*

Folgt man nun dem Kanal in östlicher Richtung, wobei sich einige der schönsten Panoramablicke auf Brücken und repräsentative Bauten ergeben, gelangt man nach wenigen Schritten zur **Kristine kyrka (13)**, die auch als „Deutsche Kirche“ bezeichnet wird, da sie die Kirche der deutschen Gemeinde war und immer noch ist. 1648 während der Regentschaft von Königin Kristina zum ersten Mal eingeweiht, erhielt die Kirche nach mehreren Bränden ihr heutiges Aussehen um 1750. Das Innere ist hauptsächlich klassizistisch gehalten und überzeugt u. a. mit einer wertvollen Orgel, einer weißen Empore und einer schönen Kanzel.

Östlich der Christinenkirche schließt sich der **Gustav Adolfs Torg (14)** an, ein wunderbarer Platz, in dessen Mitte die 1854 von B. E. Fogelberg geschaffene Statue mit dem Stadtgründer Gustav II. Adolf steht. Nördlich flankiert das Stadthaus von B. W. Carlberg aus der Mitte des 18. Jh. den Platz, an dessen rechter Seite sich die einstige **Börse** aus dem Jahr 1849 anschließt. Hier ist heute die Stadtverwaltung untergebracht. In dem Gebäude befinden sich die offiziellen Repräsentationsräume der Stadt. Die Statuen an der Fassade zum Platz hin symbolisieren Industrie, Reichtum, Seefahrt, Handel, Glück und Fleiß. Das 1672 nach einem Brand eingeweihte Haus an der Westseite ist das alte Gericht (**Rådhuset**), das dem Architekten Nicodemus Tessin d. Ä. zugeschrieben wird. Die Säulenfassade wurde erst Anfang des 19. Jh. hinzugefügt. Das Flügelgebäude nach Norden mit dem Innenhof ist eine Ergänzung des bekannten Architekten Gunnar Asplund aus den 1930er Jahren.

Südlich des Gustav Adolfs Torg wird der gerade Stora Hamnkanal von einer breiten Brücke überquert, nach der die Östra Hamngatan schnurgerade auf das südliche Pendant des Rosenlundkanals zuführt. Dieses Stadtviertel „zwischen den Kanälen“ lohnt die Erkundung unbedingt, sowohl für Shoppingenthusiasten (u.a. Kaufhaus NK) als auch für Architekturinteressierte und solche, die auf der Suche nach guten Restaurants oder gemütlichen Kneipen sind. Sofort zu Beginn bietet sich links der Brücke der **Brunnsparken** für eine Verschnaufpause am Kanal an. Wer Göteborgs Hauptkirche kennenlernen möchte, sollte der zweiten Straße nach rechts (Kyrkogatan) bis zum **Dom (15)** folgen, einem Gotteshaus, das Anfang des 19. Jh. nach Plänen von Carl Wilhelm Carlberg im neoklassizistischen Stil errichtet wurde. Es ist die dritte Kirche, die sich an dieser Stelle inmitten eines schönen Parks erhebt; die beiden Vorgängerkirchen brannten 1721 und 1802 ab.

Über die lange Einkaufsstraße Kungsgatan kommt man nach wenigen Minuten auf die Östra Hamngatan zurück und steht dann schon vor dem **Kungsportsplatsen (16)** (= Kö-

Die „Fischkirche“

nigstorplatz) am Rosenlundkanal. Dieser folgt der Zickzacklinie der alten Bastionen, was eine Bootsfahrt besonders spannend macht. Am Kungsportsplatsen starten die empfehlenswerten Rundfahrten mit den **Paddan-Booten**. Auch die Touristeninformation befindet sich hier.

Rechter Hand schließt sich der Kungstorget an, der Königsplatz, dessen **Stora Saluhallen (17)** man auf keinen Fall verpassen darf. Die „Große Markthalle" geht auf das Jahr 1850 zurück; damals gab es hier in einem Halbkreis angeordnete Verkaufsstände. In die Mitte setzte der Architekt Hans Hedlund dann 1889 die Markthalle, die damals etwa 90 Geschäfte beherbergte. Der Halbkreis der Verkaufsstände wurde in den 1960ern abgerissen und durch Bäume entlang der Basargatan ersetzt, und auch in der Halle reduzierte sich das Angebot auf rund 40 Geschäfte und Restaurants. Diese bieten aber echte Delikatessen an, Obst und Gemüse ebenso wie Gewürze, Nüsse und Trockenfrüchte, Fleisch und Fisch, Brot und Blumen. Es macht Spaß, durch die engen Gänge der Markthalle zu schlendern, einen Kaffee zu trinken oder sich für ein Picknick am Kanal einzudecken. Außerdem stößt man hier nicht nur auf verführerische Auslagen, sondern auch auf eine gute Portion Göteborger Lokalkolorit.
Stora Saluhallen, *Kungstorget, ✆ 031-139326, www.storasaluhallen.se. Mo–Do 9–18, Fr 9–19, Sa 9–17 Uhr.*

Während man nun vom Kungsportsplatsen aus über den Prachtboulevard der Avenyn (s. u.) flanieren kann, lohnt sich auf dieser Seite des Kanals weiter westlich noch der Besuch einer anderen Markthalle, der **Fischhalle Feskekörka (18)**, die nach einer umfassenden Renovierung Ende 2023 wiedereröffnet wird. Sie liegt allerdings näher an den Sehenswürdigkeiten im Stadtteil Haga und sollte deshalb auf dem Weg dorthin oder mit der Straßenbahn aufgesucht werden. Die 1874 erbaute Halle wurde wie mehrere andere Großbauten im Göteborg jener Zeit von Victor von Gegerfelt konzipiert und trägt den Beinamen „Kirche" wegen ihrer Architektur, die an sich schon sehenswert ist. Daneben gibt es aber im ganzen Königreich keinen besseren Ort, um fangfrische Fische oder Krebse, Westküsten-Hummer, Garnelen, Austern und Muscheln aus Kattegat, Nordsee und Nordatlantik zu kaufen. Auch internationale Fachzeitschriften und Gourmets rühmen die Qualität und Frische des hiesigen Angebotes, das an den Ständen als Rohware, zubereitet in Restaurants oder als Take Away zu bekommen ist.
Feskekörka, *Rosenlundsvägen, Fisktorget 4, www.feskekörka.se.*

Südlich der Altstadt: entlang der Kungsportsavenyn

Am **Kungsportsplatsen** geht die Östra Hamngatan jenseits des Wallgrabens in die Kungsportsavenyn über, Göteborgs Prachtstraße, die kurz **Avenyn** genannt wird. Die schnurgerade, leicht ansteigende Flaniermeile mit ihren zahlreichen Restaurants, Hotels, Cafés, Diskotheken und Geschäften findet ihren gelungenen Abschluss am Götaplatsen (S. 285).

Schon das Entree zur Avenyn ist eindrucksvoll. Sobald man die Brücke passiert hat, erstreckt sich linkerhand die grüne Oase der Stadt, der **Park des Gartenvereins (19)** (Trädgårdsföreningens Park). Der Park wurde ab 1842 angelegt, mit einem aus England importierten Palmenhaus, einem Rosengarten mit rund 2.600 verschiedenen Rosenarten und einem Schmetterlingshaus.

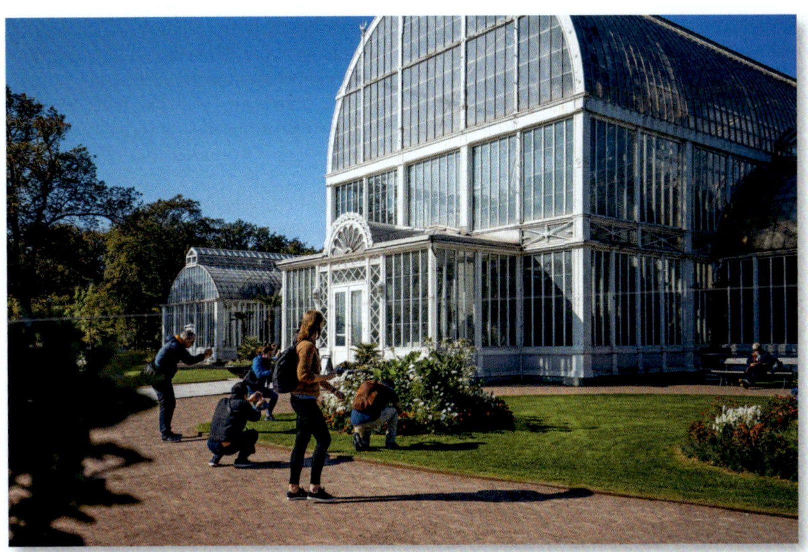

Palmenhaus im Park des Gartenvereins

Ihm gegenüber stellt das schneeweiße, klassizistische **Große Theater (20)** das erste größere Steingebäude Göteborgs außerhalb des Wallgrabens dar. Als es 1859 eingeweiht wurde, hieß es noch das Neue Theater, heute wird es oft kurz als Storan (= das Große) bezeichnet. Dahinter flankiert der weitläufige **Kungsparken** den Verlauf des Rosenlundkanals.

Etwas weiter die Flaniermeile hinauf und nach rechts über die Vasagatan zu erreichen liegt das bekannte **Röhssche Museum für Design und Formgebung (21)**. Schwedens anerkannt erste Adresse für Design und Kunsthandwerk, nach zweijähriger Renovierung 2022 wiedereröffnet, ist in einem repräsentativen Ziegelsteingebäude von 1916 untergebracht. Zwei chinesische Marmorlöwen aus der Ming-Dynastie (1368–1644) säumen den Eingang. In dem Museum gibt es vorzügliche Sammlungen von Möbeln, Textilien, Silber, Glas, Keramik sowie zur Buchdruckerkunst. Die Exponate stammen zum Teil aus China, Japan und dem Griechenland der Antike. Ständig wechselnde Ausstellungen, ein Designshop und das nette Café St Agnes runden das Angebot ab. Noch einen Block weiter westlich erstreckt sich der enorm große **Vasapark** rund um das alte Hauptgebäude der Göteborger **Universität**.
Röhsska museet, *Vasagatan 37–39, ✆ 031-3683150, www.rohsska.se. Di/Mi 11–18, Do 11–20, Fr–So 11–17 Uhr.*

Das obere Ende der Avenyn bildet der eindrucksvolle, u-förmige **Götaplatsen (22)** mit dem **Poseidon-Brunnen** von Carl Milles. Anlässlich des 300-jährigen Stadtjubiläums wurde der Platz 1923 mit dem neoklassizistischen Bau des Kunstmuseums und der Kunsthalle angelegt. Auf der linken Seite von der Avenyn aus gesehen liegen das **Stadttheater** und die 1967 erbaute **Bibliothek**, auf der rechten Seite schließt sich an die Kunsthalle das Konzerthaus an. **Göteborgs Kunstmuseum (23)** weist nach dem Nationalmuseum in Stockholm die bedeutendste Sammlung schwedischer und nordischer Malerei vom 17. Jh. bis zur Gegenwart auf, darunter die um die Wende vom 19. zum 20. Jh. so populären

Künstler, die „im Lichte des Nordens" gemalt haben. Neben den Bildern von u. a. Carl Larsson und Anders Zorn gehören zu den Sammlungen des Museums auch bekannte Werke von Rembrandt, Rubens, Picasso und einigen Impressionisten. Inzwischen ist auch das **Hasselblad Center** mit jährlich fünf bis sechs Fotografieausstellungen, einer fotografischen Sammlung sowie einer Referenzbibliothek im Kunstmuseum untergebracht. Die **Göteborger Kunsthalle** befindet sich ebenfalls in diesem Komplex; sie ist ein Forum für die Kunst der Moderne und der Gegenwart.
Konstmuseum, *Götaplatsen, ✆ 031-3683500, https://goteborgskonstmuseum.se. Di und Do 11–18, Mi 11–20, Fr–So 11–17 Uhr, unter 20 Jahren freier Eintritt.*
Hasselblad Center, *Götaplatsen, ✆ 031-7782150, www.hasselbladfoundation.org. Öffnungszeiten wie Kunstmuseum.*
Konsthallen Göteborg, *Götaplatsen, ✆ 031-3683450, https://goteborgskonsthall.se. Öffnungszeiten wie Kunstmuseum, freier Eintritt.*

Vom Götaplatsen sollte man anschließend per Straßenbahn oder Bus die Avenyn zurückfahren, oder man setzt den Weg hinter dem Kunstmuseum durch die Grünanlage zum nahen Vergnügungspark Liseberg (S. 288) fort.

Südwestlich der Altstadt

Südwestlich der Wallgräben gibt es eine ganze Reihe interessanter Bauwerke und Stadtteile, die z. T. aber weit auseinander liegen und deshalb am besten mit der Straßenbahn erreicht werden. Ein guter Startpunkt ist hier die Fischhalle Feskekörka (S. 284) am Rosenlundkanal. Jenseits des Kanals, begrenzt durch die Södra Allégatan, befindet sich **Haga (24)**, die erste Vorstadt Göteborgs und das spätere Arbeiterviertel. Im Westen wird der Stadtteil von dem gesichtslosen **Järntorg (25)** begrenzt, der wiederum in den Olof Palmes Plats übergeht. Auf dem Järntorg (= Eisenplatz) wurde einst das für den Export bestimmte Eisen gewogen. Die Blocks westlich des Järntorg werden von gleichmäßigen historischen Fassaden entlang schnurgerader Straßen, die der Einfachheit halber durchnummeriert sind (erste, zweite, dritte etc. Langstraße), bestimmt. Auch hier findet man nette Restaurants und Kneipen, aber auch die **Saluhall Briggen (26)**. Die in einer ehemaligen Feuerwache untergebrachte Markthalle ist ein weiterer Tipp zum Einkaufen oder Lunchen – vor allem im Sommer, wenn man die frisch gekauften Delikatessen an den Tischen im Freien genießen kann.
Saluhall Briggen, *Nordhemsgatan 28. Mo/Di 11–20, Mi–Sa 11–21 Uhr.*

Im eigentlichen Haga existiert von der ursprünglichen Bebauung des 17. Jh. heute nur noch die Verteidigungsanlage **Skansen Kronan (27)**, in der ein kleines Militärmuseum eingerichtet ist. Ein Spaziergang über die Kanalbrücke zurück Richtung Haga-Kirche führt westlich der Kirche in das idyllische Kleinstadtmilieu. Nach gründlicher Sanierung ist noch ein Fünftel der älteren Häuser, vor allem aus dem 19. Jh., erhalten geblieben. Hier lohnen ein Bummel über Haga Östergata und Haga Nygata mit kleinen Läden, Antiquitätengeschäften, Werkstätten, Restaurants und Cafés – und ein Blick in die Hinterhöfe des lebendigen Wohnviertels mit seinen Häusern aus Holz und Stein. Haga ist heute ein Synonym für innovative Boutiquen (*Infos unter www.hagagoteborg.se*), studentisches Leben und die einheimische Kaffeehaus-Kultur.

Südlich von Haga und am Rand des ausgedehnten Schlosswaldes **Slottsskogen** (Teiche und Seen, Jogging- und Wanderwege) liegt das besonders Kinder ansprechende **Naturhistorische Museum (28)** (Straßenbahnlinie 2, Station Linnéplatsen). Das älteste Muse-

um der Stadt wartet mit einer Sammlung von mehr als 10 Mio. ausgestopften oder anders konservierten Tieren auf, wobei die zwei Hauptattraktionen ein Blauwal und ein afrikanischer Elefant sind. An der Außenseite des Museums befindet sich ein Modell unseres Sonnensystems im Maßstab 1:2.000.000.000 (1 zu 2 Milliarden).
Naturhistoriska museet, *Museivägen 10, ✆ 010-441400, www.gnm.se. Di–So 11–17, Do bis 20 Uhr, freier Eintritt.*

Ebenfalls jenseits von Haga, knapp 2 km westlich, trägt eine granitene Anhöhe die weithin sichtbare **Masthuggskyrkan (29)** (*masthugget* = Masthauerei). Der Besuch (mit Straßenbahnlinie 4, Station Stigbergstorget) lohnt sich wegen der überwältigenden Aussicht auf Stadt, Hafen, Hängebrücke und die Schärenküste unbedingt, und bei Sonnenuntergang finden sich viele Einheimische und Touristen ein, um diesen Blick mit einem Getränk zu feiern. Auch die 1910–14 gebaute Kirche selbst (Architekt: Sigfrid Ericsson) ist überaus interessant: Auf einem Sockel aus Granit erhebt sich das aus wohlproportionierten Flächen in dunkelrotem Ziegel errichtete Gebäude mit seinem mächtigen, 62 m hohen Turm, das als eines der **bedeutendsten Werke der Nationalromantik** gilt. An die Tradition der altnordischen Holzarchitektur erinnert die von massiven Querbalken gehaltene Deckenkonstruktion aus dunklen Rundstämmen. Da das Licht in der dreischiffigen Kirche nur durch die Fenster der schmalen Seitengänge in den Raum gelangt, wirkt das Innere trotz der geweißten Wände recht dunkel. Eine während des Zweiten Weltkriegs unter der Kirche platzierte Bombe sollte im Falle eines feindlichen Angriffs das Gebäude in Schutt und Asche legen, um dem Feind die Orientierung zu erschweren *(Storebackegatan 15, Sept.–Mai Mo–Fr 9–16, Juni–Aug. tgl. 9–18 Uhr).*

Nahe der Haltestelle der Straßenbahn liegt außerdem das **Seefahrtsmuseum mit Aquarium (30)**, das unlängst umfassend modernisiert und erweitert wurde. Es zeigt die Entwicklung der Seefahrt, des Schiffsbaus und der Fischerei anhand von Modellen von der Wikingerzeit bis zur Gegenwart. Im Aquarium erhält man einen Überblick über die nordische und tropische Unterwasserfauna. Das „Korallhavet" (= Korallenmeer) enthält die größte Sammlung lebender Korallen in Europa.
Sjöfartsmuseet med Akvariet, *Karl Johansgatan 1–3, ✆ 031-3683600, www.sjofartsmuseetakvariet.se. Di/Mi 10–18, Do bis 20, Fr–So bis 17 Uhr, unter 20 Jahren freier Eintritt.*

Neben dem Museum steht der 49 m hohe **Seemannsturm** (Sjömanstornet, fantastischer Ausblick) mit der Skulptur „Frau am Meer", die an die 800 Seeleute erinnern soll, die während des Ersten Weltkriegs ihr Leben verloren. Mit der Linie 4 geht es zurück ins Zentrum.

Südöstlich der Altstadt: Kultur, Sport, Wirtschaft und Vergnügen

Südöstlich der Altstadt und begrenzt vom Fattighusen-Kanal im Norden sowie dem Flusslauf Mölndals Ån samt Autobahn im Osten erstreckt sich ein breiter Streifen, der trotz seiner peripheren Lage für Geschäftsleute, Sportenthusiasten, Museumsfans und Vergnügungssüchtige manchmal den Nabel der Welt bedeuten kann. Am nächsten zum Götaplatsen am Ende der Avenyn (S. 285) liegt dabei zunächst das **Weltkulturmuseum (31)**. Mit dem von den Architekten Brisac und Gonzalez entworfenen Haus mit ständig neuen Ausstellungen und zahlreichen Veranstaltungen verbindet man die Zielsetzung, dass sich „Menschen im Dialog mit ihrer Umwelt jenseits von Grenzen zu Hause fühlen und Ver-

antwortung für eine gemeinsame globale Zukunft in einer sich ständig ändernden Welt übernehmen."
Världskulturmuseet, *Södra Vägen 54, ✆ 010-4561179, www.varldskulturmuseet.se. Di–So 11–17, Mi bis 20 Uhr, Do 14–17 Uhr freier Eintritt.*

In unmittelbarer nördlicher Nachbarschaft kann man im **größten Science Center Nordeuropas**, dem **Universeum (32)**, Natur, Tiere und Technik erforschen. Von den Haien und Rochen gelangt man hier unter einem Dach zum tropischen Regenwald, in die Tiefen des Weltmeeres, in den Weltraum oder nach Schwedisch-Lappland, verbunden mit Hunderten von spannenden Experimenten, die vor allem das Interesse von Kindern und Jugendlichen an der Natur ansprechen. Ein architektonisches Highlight ist der 2023 eingeweihte futuristische Holzbau, mit dem das ohnehin schon riesige Center nochmal um 4.000 m² erweitert wurde.
Universeum, *Södra Vägen 50, ✆ 031-3356450, www.universeum.se. Tgl. 10–18 Uhr. Tickets am besten online kaufen!*

An große und kleine Kinder wendet sich vis-à-vis auch das Angebot des **Liseberg (33)**. Größer als Stockholms Gröna Lund oder Kopenhagens Tivoli, zieht der Vergnügungspark jährlich fast 3 Mio. Besucher an – und für viele Göteborger ist ein Sommer ohne Liseberg kein richtiger Sommer. Nordeuropas größter Vergnügungspark wurde 1923 im Zusammenhang mit der Jubiläumsausstellung der Stadt eröffnet. Hier treten die Größen des Showgeschäfts auf. Besucher können im Riesenrad die Aussicht genießen, ins Theater gehen, tanzen, unter zahlreichen Restaurants wählen oder sich an Wasserspielen und Blumenarrangements erfreuen. Als spektakulärstes Fahrgeschäft gilt die Achterbahn Valkyria, die längste und steilste Europas. Beliebt ist Liseberg auch in der Vorweihnachtszeit durch seinen Weihnachtsmarkt. Zu seinem hundertsten Jubiläum im Jahr 2023 wurde der Park durch einige Erweiterungen bereichert, darunter das Familien- und Themenhotel Li-

Blick von Liseberg auf die Gothia Towers

seberg Grand Curiosa mit 457 Zimmern. 2024 wird das gigantische Spaßbad Oceana mit Innen- und Außenpools sowie 14 Wasser-Attraktionen wie Riesenrutschen etc. eröffnet. **Liseberg**, *Örgrytevägen 5, ✆ 031-400100, www.liseberg.se. Saisonabhängige Öffnungszeiten und Eintrittspreise. Kinder unter 7 Jahre frei. Da neben dem Einlass Tickets für die einzelnen Attraktionen zu zahlen sind, kann ein Besuch recht teuer werden; es gibt verschiedene Pässe (All-in-One, Ride Pass etc.) sowie Coupons für einzelne Fahrten.*

Unmittelbar nördlich der genannten Attraktionen ragen jenseits des Örgrytevägen die **Gothia Towers (34)** auf, ein Komplex aus drei verglasten Hochhäusern, der 2015 fertiggestellt wurde. Die 77–100 m hohen und untereinander mit Brücken verbundenen Türme beherbergen den größten integrierten Hotel-, Konferenz- und Messekomplex Europas, u. a. mit einem 1.200-Zimmer-Hotel der Vier-Sterne-Kategorie (das größte Skandinaviens), einem Fünf-Sterne-Luxushotel (in den obersten Stockwerken von Tower 2) und vielfältigen anderen Einrichtungen, von denen etliche der **Svenska Mässan** angeschlossen sind, der größten Messe des Nordens. Restaurant und Bar im 23. Stock des Hotels Gothia Tower bieten einen grandiosen Rundumblick.

Nördlich des Komplexes schließt sich die große Multifunktionsarena **Scandinavium (35)** an, welche 1971 zur 350-Jahr-Feier der Stadt eröffnet und 1990 erweitert wurde. In der Halle, in der bis zu 14.000 Zuschauer Platz haben, finden alle möglichen kulturellen und sportlichen Events statt (z. B. Eishockey- und Handball-Weltmeisterschaften). Abseits der Veranstaltungen kann man in dem Mammutbau ein Restaurant, ein Fastfood-Lokal und eine Bar aufsuchen.

Sportlich geht es auch weiter nördlich im 1958 eingeweihten **Ullevi-Stadion (36)** zu, das u. a. Schauplatz einer Leichtathletik-WM und des Fußball-EM-Finales 1992 war. Auch internationale Stars wie Bruce Springsteen oder U2 treten hier vor bis zu 60.000 Zuschauern auf. Das Stadion mit seiner charakteristischen geschwungenen Tribüne ist zudem Heimat des IFK Göteborg, der mit bislang 18 Meisterschaften, acht Pokalsiegen und zwei UEFA-Pokal-Siegen einer der erfolgreichsten Fußballvereine Schwedens ist.

Direkt hinter dem Stadion, wo die Ullevigatan auf die E6 stößt, sind in den letzten Jahren viele Büro- und Businesskomplexe hochgeschossen, u. a. das Kongresszentrum Gröna Skrapan und das Gårda Business Center. Alles überragt aber das 2022 eingeweihte und 144 m hohe **Gothenburg Citygate (37)**, das mit seinen 36 Stockwerken das vierthöchste Gebäude Skandinaviens ist.

Attraktionen am nördlichen Flussufer: Lindholmen, Karlastaden, Eriksberg und Volvo

Gegenüber dem Stadtzentrum am anderen Ufer des Flusses Göta älv, an der Küste der **Insel Hisingen**, entstand und entsteht ein komplett neues Gebiet, bestehend aus mehreren Stadtvierteln. Wo sich früher Werften, Silos, Industriegebiete, Autoverladeanlagen und der Freihafen ausdehnten, erstreckt sich nun eine Spielwiese für Göteborgs innovative Architektur- und Designszene. Dieses attraktive Ausflugsziel ist leicht mit dem Fahrrad, zu Fuß oder mit der kostenlosen Flussfähre Älvsnabbaren erreichbar.

Nahe dem Zentrum, 200 m neben der neuen Hubbrücke **Hisingsbron (4)** gelegen, ist hier zunächst der **Jubileumspark (38)** einen Besuch wert, der anlässlich des 400-jähri-

Spektakulär: die öffentliche Sauna im Jubileumspark

gen Bestehens der Stadt angelegt wurde. Der ökologisch, nachhaltig, experimentell und visionär geplante Park ist als Treffpunkt für Einheimische und Touristen gedacht. So kann man sich an heißen Tagen im öffentlichen Pool (20 m lang, 8 m breit) abkühlen, nebenan gibt es einen künstlichen Sandstrand. Für kühlere Tage steht eine Sauna bereit, konzipiert vom deutschen Architekturbüro raumlaborberlin, größtenteils aus recyceltem Material gebaut und die wohl spektakulärste Sauna des Landes. Weiterhin steigern ein eindrucksvolles Wasserkunstwerk samt Spielplatz, Skater-Bahnen, eine Segel- und Schwimmschule, Fahrradwege und eine Promenade den Freizeitwert der Anlage.

Südwestlich schließt sich **Lindholmen** an, ein Stadtteil mit Parkanlagen, einer breiten Allee, großen Plätzen sowie zwei Yachthäfen. Das Spannendste ist hier sicher der **Lindholmen Science Park**, einer der drei Wissenschaftsparks Göteborgs. Er ist umgeben vom Campus der IT-University, dem auffälligen runden Bürogebäude **Kuggen (39)** (*Lindholmsplatsen*), der Technischen Hochschule Chalmers, mehreren Gymnasien und anderen Schulen, Hightech-Firmen und einem großen Theater. Mobile Kommunikation, Internet, Verkehrsmittel der Zukunft und modernes Design sind die Themen, um die sich die angeschlossenen Hochschulen und Privatfirmen hier vorrangig kümmern und die sich in der Architektur des Stadtteils niederschlagen, etwa im eindrucksvollen **Radisson Blue Riverside Hotel**.

Einen Steinwurf vom Riverside Hotel entfernt, jenseits der Lindholmsallén, entsteht das Stadtviertel **Karlastaden**, das wie kein anderes für das neue, aufstrebende Göteborg steht. Die neun Büro- und Wohnkomplexe mit ihren mythologischen Namen (Lynx, Callisto, Cassiopeja etc.) ragen viele Stockwerke in die Höhe, es gibt Plätze, Parkanlagen, Schulen und Gastronomie. Das Kronjuwel des Viertels und neues Wahrzeichen Göteborgs ist der Wolkenkratzer **Karlatornet (40)**, der 2024 eingeweiht wird. Mit seinen 245 m Höhe (73 Etagen) ist er das mit Abstand höchste Gebäude in ganz Skandinavien und beherbergt 550 Apartments, die zu den teuersten in Europa gehören. Entworfen wurde der Turm vom Büro Skidmore, Owings & Merrill, das u. a. auch den Burj Khalifa in Dubai und das One World Trade Center in New York geplant hat.

Vom Lindholmen Science Park kann man zu Fuß oder mit dem Fahrrad immer am Wasser entlang und vorbei an modernen Wohnhäusern in den Stadtteil **Eriksberg** gehen bzw. fahren. Über die Fußgänger- und Fahrradbrücke Sannegårdsbron überquert man den Yachthafen Sannegårdshamnen, umrundet den Hügel Sörhallsberget und kommt zu den vier Piers, wo sich auch eine Anlegestelle der Personenfähre Älvsnabbare befindet. Manchmal ist am Pier 4 der Ostindienfahrer **Götheborg of Sweden (41)** zu sehen, ein detailgetreuer Nachbau des 1745 im Göteborger Hafen untergegangenen Seglers, der im 18. Jh. für die Schwedische Ostindien-Kompanie bis nach China fuhr. Immer noch nimmt der Windjammer an internationalen Expeditionen teil, als größtes hölzernes Segelschiff der Welt. Wenn sie aber am Pier liegt, kann sie besichtigt werden (*Götheborg of Sweden, Pir Fyra 2, www.gotheborg.se*).

Am Ende der Promenade steht man vor dem ikonischen **Eriksbergskranen (42)**, der seit 1969 als Wahrzeichen des Göteborger Hafens gilt. Der 89 m hohe und 1.750 t schwere Bockkran leuchtet seit 2021 wieder in seiner ursprünglichen, knallroten Farbe.

Eine Attraktion für Auto-Enthusiasten liegt einige Kilometer weiter, westlich der Hängebrücke **Älvsborgsbron (1)**. In unmittelbarer Nähe des **Kreuzfahrt-Terminals** befindet sich das **Volvo-Museum (43)**. Göteborg steht auch für Volvo, und Volvo (lat.: „ich rolle") steht für Schweden, insofern ist das Automuseum an dieser Stelle passend und sinnvoll. Untergebracht in einer ehemaligen Schiffswerft, kann das Haus von seiner Größe (7.000 m²) und architektonischen Qualität her längst nicht mit Konkurrenten wie etwa der Wolfsburger Autostadt oder dem Stuttgarter Mercedes-Museum mithalten, dafür

Wahrzeichen des Göteborger Hafens: der Eriksbergs-Kran

aber in puncto Aussicht! Und Fans der schwedischen Automarke kommen hier ohnehin auf ihre Kosten: Selbstverständlich sind alle Personenwagen-Typen seit dem ersten Modell von 1927 („Jakob") auf zwei Stockwerken ausgestellt, daneben aber auch Designstudien, diverse Renn- und Rallye-Fahrzeuge, Lastwagen, Busse, Bootsmotoren, Landwirtschafts- und Baufahrzeuge vom Traktor bis zum Radlader sowie Flugzeuge mit Volvo-Logo! Das Museum erzählt aber auch vom Strukturwandel des Viertels. So wurde eine Müllkippe zu einer Grünanlage mit Oldtimer-Parcours umgewandelt und Besucher können das Museum auch über den neu errichteten Sportboothafen beim alten Leuchtturm erreichen.
Volvo Museum, *Arendal Skans, ✆ 031-664814, www.volvomuseum.com. Mo–Fr 10–17, Sa/So 11–16 Uhr. Mit öffentlichen Verkehrsmitteln zu erreichen mit den Straßenbahnlinien 5, 6 und 10 bis Eketrägatan/Hisingen, dort umsteigen in Buslinie 32 nach Volvo Torslanda (via Arendal), Haltestelle Arendal Skans (100 m zum Museum). Mitte Juli–Mitte Aug. gelangt man auch auf einer Hafentour direkt hierhin (Infos bei der Touristeninformation,* *s. S. 293**).*

Göteborgs Schärengarten

Der Schärengarten (Skärgården) zählt zu den ganz großen Naturwundern an der schwedischen Westküste und zu den größten Natursehenswürdigkeiten in Göteborgs näherer Umgebung. Auch immer mehr deutsche Touristen entdecken den Schärengarten als Urlaubziel und mieten sich eines der vielen Ferienhäuschen, andere gehen per Fähre, Auto oder Ausflugsboot auf eine ein- oder mehrtägige Entdeckungstour, und wieder andere bestaunen die Märchenlandschaft während der Ein- oder Ausfahrt an Bord der Kiel- oder Frederikshavn-Fähre. Der Schärengarten besteht aus Hunderten von größeren, kleinen und kleinsten, z. T. völlig kahlen Granitinseln, Schären genannt, aber es gibt durchaus auch größere Eilande mit Wäldern, Landwirtschaft und Siedlungen. Es wird unterschieden zwischen dem nördlichen Schärengarten, der zur Gemeinde Öckerö gehört, und dem südlichen Schärengarten, der Teil der Gemeinde Göteborg ist.

Der südliche Schärengarten wird durch Fährverbindungen der Styrsöbolaget im Auftrag von Västtrafik von der Halbinsel Saltholmen aus erschlossen. Die Fährstation liegt einige Kilometer südwestlich der Innenstadt (Saltholmsgatan) inmitten einer schönen Landschaft mit mehreren Yachthäfen. Aus der Innenstadt bringt einen die Straßenbahnlinie 4 dorthin. Inseln wie Asperö, Känsö, Rivö, Brännö, Styrsö, Vargö, Källö und Stora Förö sind autofrei und eignen sich vorzüglich zum Wandern, Fahrradfahren (Fahrräder können auf den Personenfähren mitgenommen werden), Baden oder auch zur Erkundung mit dem Kajak (*www.goteborg.com/natur-sport/vattensport*).

Auf einigen der kleineren Schären wie **Böttö** gibt es nur einen Leuchtturm, andere wie **Gäveskär** verfügen immerhin über einen kleinen Hafen, während z. B. **Styrsö** (ca. 1.300 Einwohner, 1,6 km^2) samt gleichnamigen Hauptort schon von beträchtlicher Größe ist und über eine touristische Infrastruktur verfügt (einige Hotels, Campingplätze und drei Fährhäfen). Außerdem gibt es eine Brücke zur Nachbarinsel **Donsö**. Eines der beliebtesten Ausflugsziele der Göteborger ist die Insel **Vinga**, die in der Mitte zwischen nördlichem und südlichem Schärengarten liegt und auf der der schwedische Dichter und Sänger Evert Taube seine Kindheit verbrachte. Vingas Leuchtturm (herrliche Aussicht, Zimmervermietung) und das pyramidenartige Seezeichen sind ein bekanntes Postkartenmotiv, die Fahrzeit der Fähre beträgt ca. 1,5 Stunden.

Die Inseln des **nördlichen Schärengartens** sind im Schnitt etwas größer, zwischen einigen bestehen auch Brückenverbindungen, und auf der kostenlosen Fähre des Unternehmens Vägverket, die ab Lilla Varholmen auf Hisingen einige der Inseln anläuft, kann man auch den Wagen mitnehmen. Auf Björkö, Fotö, Grötö, Hälsö, Kalvsund, Rörö und vielen anderen erwarten den Reisenden nicht nur Naturidylle pur, sondern auch ein annehmbares touristisches Angebot, vereinzelte Relikte aus Bronze- und Wikingerzeit oder hübsche Dorfkirchen (z. B. auf Hönö). Das populärste Ausflugziel in den nördlichen Schären, das auch vom Festland aus erreicht werden kann, ist das pittoreske Marstrand (S. 299).

Hinweis: *Göteborg ist Ausgangspunkt der Route über die E20 in Richtung Stockholm (S. 344).*

Reisepraktische Informationen Göteborg

Information

Turistbyrån Kungsportsplatsen, *Kungsportplatsen 2 ✆ 031-3684200, www.goteborg.com. Im Sommer Mo–Fr 10–18, Sa 10–17, So 11–16, sonst Mo–Fr 10–17, Sa 10–15, So 11–15 Uhr.*

Hotels (▸ Karte S. 280/281)

Göteborg verfügt über ein hervorragendes Angebot an Hotels für jeden Geldbeutel. Qualitäts- und Serviceniveau sind hoch, viele gute Häuser liegen sehr zentral. Auch hier gelten in den Sommermonaten und an den Wochenenden stark ermäßigte Sonderpreise (die Dauer der Sommersaison kann von Hotel zu Hotel variieren). In einem guten oder hervorragenden Hotel in zentraler Lage zu wohnen, muss also kein teures Vergnügen sein. Wenn nicht gerade ein Sport-Großereignis oder eine bedeutendere Messe stattfindet, bereitet es keine Mühe, ein Quartier zu finden.

Radisson Blu Riverside Hotel *€€€€€* **(1)**, *Lindholmspiren 4, ✆ 031-3834000, www.radissonblu.com/en/riversidehotel-gothenburg. Vier-Sterne-Plus-Haus mit spektakulärer Architektur. Die auffällige Landmarke im neuen Stadtteil Lindholm liegt direkt am Fluss, am Yachthafen und an der Personenfähre zur Innenstadt. Die 265 Zimmer und Suiten lassen keinen Wunsch offen, das angeschlossene City Spa lockt mit zwei Pools, Whirlpool, Sauna und Fitnessstudio, das Restaurant Cuckoo's Nest serviert kreative Gerichte, und auf der Dachterrasse kann man bei gutem Wetter sonnenbaden und die Aussicht genießen.*

Dorsia Hotel & Restaurant *€€€€€* **(4)**, *Trädgårdsgatan 6, ✆ 031-7901000, www.dorsia.se. Zentral gelegenes, besonderes Haus im dekadenten Stil des französischen Art nouveau – mit viel Plüsch, schweren Vorhängen, Skulpturen und Gemälden sowie außen wie innen durchgängig roter Farbgebung. Die 37 Zimmer sind unterschiedlich groß (von „klein" bis „luxuriöse Suite") und individuell eingerichtet. Fantastisches Feinschmecker-Restaurant – der Inhaber legt Wert auf die Feststellung, dass das Dorsia ein Restaurant mit Hotel sei und nicht umgekehrt.*

Gothia Towers Hotel *€€€€–€€€€€* **(9)**, *Mässans gata 24, ✆ 031-7508800, www.gothiatowers.com. Das mit 1.200 Zimmern größte Hotel im Norden lässt Massenbetrieb befürchten, dennoch ist das komfortable Vier-Sterne-Haus neben dem Ausstellungs- und Kongresszentrum Svenska Mässan und dem Vergnügungspark Liseberg empfehlenswert. Die Zimmer sind geräumig und mit allen Annehmlichkeiten ausgestattet. Toll sind einige der Bars und Restaurants, vor allem die höchstgelegenen. Vom 23. Stock aus bieten das Restaurant Heaven 23 – in dem man einmal ein Kingsize-Garnelensandwich probieren sollte – und seine Bar eine atemberaubende Aussicht. Das Twentyfourseven ist, wie der Name schon sagt, tgl. 24 Stunden geöffnet.*

Innerhalb der Gothia Towers ist das **Upper House** *€€€€€ (✆ 031-7088200, www.upperhouse.se) die kleine und feine Fünf-Sterne-Variante. Die Nobelherberge liegt auf den oberen Etagen des mittleren Turms (Tower 2) und ist mit ihren luxuriösen 49 Zimmern und Suiten (31–*

158 m² groß) das wohl beste der modernen Hotels Schwedens. Von jedem Zimmer aus genießt man einen fantastischen Blick auf die Stadt oder Liseberg, der Service ist rund um die Uhr perfekt. Das Restaurant zählt ebenfalls zu den besten Gourmetadressen im Norden, und die Wellnessabteilung samt hoteleigenem Spa mit Türkischem Bad ist einfach genial – vor allem der Außenpool auf dem Dach mit seinem gläsernen Boden!

Clarion Hotel Post €€€€ (2), *Drottningtorget 10, ✆ 031-619000, www.strawberry.se/hotell/sverige/goteborg/clarion-hotel-post. Sehr schickes Designhotel neben dem Bahnhof, im pietätvoll restaurierten alten Postgebäude und einem modernen Anbau, die 250 Zimmer verfügen über allen zeitgemäßen Komfort. Es gibt ein Spa und ein Beautystudio, doch das Highlight des Hotels ist der Außenpool auf der Dachterrasse. Und gastronomisch die je zwei Bars und Restaurants: Im Norda trifft die schwedische West- auf die amerikanische Ostküste, während das innovative VRÅ den preisgekrönten Versuch unternimmt, Sushi schwedisch zu interpretieren.*

Scandic Hotel Rubinen €€€€ (8), *Kungsportsavenyn 24, ✆ 031-7515400, www.scandichotels.se/rubinen. Kein Luxus-, aber eines der besten Hotels (eines von sieben der Scandic-Kette in der Stadt), vor allem hinsichtlich der Lage an der Paradestraße Avenyn sowie des Service-Angebots, mit 185 komfortablen Zimmern. Die populäre Bar Ruby und das Restaurant sowie die Bar-Terrasse sind Treffpunkt vieler Göteborger und Besucher der Stadt. Die Dachterrassenbar auf der 7. Etage bietet einen tollen Blick über das angesagte Viertel Avenyn, weiter gibt es einen Fitnessraum und Wellnessbereich.*

Hotel Pigalle €€€€ (3), *Södra Hamngatan 2A, ✆ 031-802521, www.hotelpigalle.se. Das sehr zentral gelegene Haus aus dem Jahre 1749 ist ganz dem Ambiente des Fin de Siècle verpflichtet, was sich vor allem in der z. T. überbordenden und dunkel gehaltenen Innenarchitektur niederschlägt. Die Zimmer sind individuell und elegant eingerichtet sowie mit allem modernen Komfort ausgestattet. Besonders schön ist das Restaurant Atelier mit Terrasse im Dachgeschoss.*

Quality Hotel Waterfront €€€ (5), *Adolf Edelsvärds gata 10, ✆ 031-7202200, www.strawberry.se. Familienfreundliches Hotel am Fuße der Älvsborgsbrücke im Kulturreservat Klippan, nahe Stena-Terminal, untergebracht im Gebäude einer ehemaligen Brauerei. 151 großzügige, renovierte Zimmer, herrlicher Blick von Restaurant und Bar auf die Hafeneinfahrt, Wellness- und Fitness-Abteilung, kostenloses Parken vor dem Hotel, gute Straßenbahn- und Busverbindung ins Zentrum.*

Jugendherbergen (▸ Karte S. 280/281)

STF Stigbergsliden Vandrarhem (6), *Stigbergsliden 10, ✆ 010-1902480, www.svenskaturistforeningen.se. 3 km vom Bahnhof und nur 300 m vom Stena-Terminal entfernte Jugendherberge, untergebracht in einem sehr schönen Gebäude aus dem Jahr 1854. Es gibt Einzel- bis 6-Bett-Zimmer, gratis WLAN, ein gutes Frühstücksbüfett und für Selbstversorger auf jeder Etage eine Küche. Mit den Straßenbahnlinien 3, 5, 9, zu erreichen und ganzjährig geöffnet.*

Masthuggsterrassens Vandrarhem (7), *Masthuggsterrassen 10, ✆ 031-424820, www.mastenvandrarhem.com. Herberge nahe dem Stena-Terminal. 13 Zimmer (2–4 Betten) sowie zwei 8-Betten-Schlafräume, Selbstversorgung. Mit der Straßenbahnlinie 3, 4 oder 9 bis Masthuggstorget zu erreichen, ganzjährig geöffnet.*

Camping

First Camp Lilleby – Göteborg, *Lillebyvägen 100, Torslanda, ✆ 031-3850600, https://firstcamp.se/destinationer/lilleby-goteborg. Nette Anlage, 15 km nordwestlich von Göteborg und 250 m vom Badestrand entfernt, Juni–Mitte Aug. geöffnet, 160 Wohnwagenstellplätze, 80 Campinghütten. Man fährt auf der E06 von Malmö oder Stockholm Richtung Hisingen durch den Tunnel, dann auf die Straße 155 Richtung Torslanda.*

Lisebergs Camping Askim-Strand, *Marholmsvägen 124, Askim, ✆ 031-400100, www.liseberg.se. 12 km südlich des Zentrums am Ende der Halbinsel Marholmen gelegene, familienfreundliche Anlage, direkt am Wasser mit Badegelegenheit, Mai–Mitte Sept. geöffnet.*

Restaurants (▶ Karte S. 280/281)

Die Auswahl an guten und sehr guten Restaurants in der weltoffenen Stadt kann sich sehen lassen. Allein fünf Restaurants tragen einen Guide-Michelin-Stern, andere sind nominiert, und in der Gourmet-Fachpresse wird immer wieder die Frische und Qualität der hiesigen Fischlokale gelobt. Zahlreiche Restaurants liegen in der Linnégatan, südlich vom Järntorget und den angrenzenden Straßen, innerhalb des Wallgrabens und in den Vierteln um die Paradestraße Avenyn. Kleinere Gerichte werden auch in den vielen Cafés serviert. Daneben kann man oft auch in den über 20 Mikrobrauereien der Stadt solides Pub-Essen genießen. Göteborgs Craftbeer-Szene ist eine der spannendsten Europas und alljährlich findet hier im Frühling die GBG Beer Week statt, eines der größten Bier- und Whiskyfestivals der Welt.

Fiskekrogen (1), *Lilla Torget 1, ✆ 031-101005, www.fiskekrogen.se. Gourmettempel in absolut zentraler Lage. Das älteste Fischrestaurant der Stadt hat den Anspruch, die Nr. 1 zu sein, besonders gerühmt wird das Fisch- und Schalentier-Büfett (jeden Fr 17–19 und Sa 12–16 Uhr, unbedingt reservieren!). Ohne Tischreservierung und mit einfacheren Gerichten wartet der Ableger Fêskens Bar (gleiche Adresse) auf. Mo–Sa bis 22, Mo–Do ab 17.30, Fr ab 16, Sa ab 12 Uhr, teuer.*

Kåges Hörna Café & Lunchbar (2), *Stora Saluhallen, ✆ 031-130450, www.kages.se. Gemütliches Lunchlokal in der Markthalle, in dem man hervorragend zu Mittag isst, mit typisch schwedischen Gerichten und preiswertem „dagens rätt“. Mo–Do 11–18, Fr 17–19, Sa 11–17 Uhr.*

Sjömagasinet (3), *Adolf Edelsvärds gata 5 (Klippans Kulturreservat), ✆ 031-7755920, www.sjomagasinet.se. Beliebtes und mehrfach ausgezeichnetes Fischrestaurant (im Guide Michelin aufgeführt) im Magazin der Ostindischen Kompanie von 1775 mit Aussicht auf Hafeneinfahrt und Älvsborgsbrücke. Tgl. 11.30–22.30 Uhr.*

La Gondola (4), *Kungsportsavenyn 4, ✆ 031-7116828, www.gondola.se. Ältestes italienisches Restaurant der Stadt an der Flaniermeile. Auch internationale Gerichte, werktags preiswerte Lunchmenüs. Mo–Do 11.30–24, Fr 11.30–1, Sa 12–1, So 12–23 Uhr.*

Cheri-Lee (5), *Kungsportsavenyn 8, ✆ 031-105830, www.cheri-lee.se. Gut besuchtes panasiatisches Restaurant an Göteborgs Prachtstraße mit Außenbereich; in Ausstattung, Musik und Kunst eher an ein jüngeres Publikum gerichtet, sehr leckere Sushi und vegane Gerichte, auch Takeaway, recht preisgünstige Lunch-Menüs, Bar mit guten Cocktails. Mo–Do 11.30–23, Fr 11.30–1, Sa 12–1 Uhr.*

Berzelius Bar & Matsal (6), *Södra Vägen 20, ✆ 031-160030, www.berzeliusbar.se. Sehr schönes und beliebtes Lokal mit Außenbereich nahe dem Götaplatsen, drei Speiseräumen und*

In der Stora Saluhall

Bar mit u. a. lokalen Bieren. Innovative schwedische Küche und Hausmannskost, Mo–Fr preiswertes Lunchmenü inkl. Salatbüfett. Mo–Do 11.30–23, Fr 11.30–24, Sa 12–24, So 12–23 Uhr.
Restaurang Tabla (7), *Södravägen 54, ✆ 0760-256595, www.varldskulturmuseet.se. Modernes Restaurant im Gebäude des Weltkulturmuseums. Leckeres Lunch-Büfett für 110–139 SEK, Di–Fr 11–14, Sa/So 11–15 Uhr.*

Nachtleben

Göteborgs Nachtleben konzentriert sich auf die Prachtstraße Avenyn, die idyllische Linnégatan mit ihrer Umgebung, die ein etwas älteres Publikum anzieht, sowie den Stadtteil Vasastan zwischen der Avenyn und Haga. Neuerdings mausert sich auch die Magasinsgatan samt Nebenstraßen zum Trendviertel mit schicken Boutiquen, originellen Restaurants und angesagten Bars, die meisten im Sommer mit Außengastronomie. Etwas weiter vom Zentrum entfernt, aber leicht mit der Straßenbahn zu erreichen, sind in den letzten Jahren zwei Viertel als Ausgehadressen immer populärer geworden: zum einen das ehemalige Industrieviertel Ringön jenseits der Hisingsbron mit einer Vielzahl an Mikrobrauereien, Pubs und Clubs und zum anderen die nördlich gelegene Gamlestaden mit dem alten Schlachthausviertel (Slakthusområdet), wo sich in Ziegelsteingebäuden jede Menge Clubs, Restaurants, Brauereien, Secondhand-Läden und Vintage Shops angesiedelt haben.

Einkaufen

Nicht wenige Wochenendbesucher kommen zum Shopping in die lebendige Stadt. Das Angebot ist groß, die Fußwege sind verhältnismäßig kurz. Für viele Göteborger ist die **Saluhallen** *am Kungstorget das Herzstück mit einem üppigen Angebot erlesener Lebensmittel* **Östra Hamngatan** *und* **Kungsgatan** *gelten als die bedeutendsten Einkaufsstraßen. Noble Geschäfte und Boutiquen finden sich an der südländisch wirkenden* **Kungsportsavenyn**. *Gegenüber dem Hotel Rubinen an Göteborgs Prachtstraße gibt es bei* **Bohus Slöjd** *gutes, nicht ganz preiswertes schwedisches Kunsthandwerk. Am Anfang der Västra Hamngatan liegen* **Antikhallarna**, *ein alter Bankpalast, in dem verschiedene Anbieter Antiquitäten verkaufen. Hinter dem Platz zu Ehren Gustav Adolfs befindet sich neben dem ältesten profanen Gebäude Kronhuset ein kleines* **Handwerkerviertel** *mit Gold- und Silberschmied, Uhrmacher, Glasbläser usw., die ihre Produkte feilbieten. Schwedens wohl größtes Einkaufszentrum mit rund 180 Geschäften und Boutiquen ist das westlich des Bahnhofs gelegene* **Nordstan**.

Göteborg-Pass

Der **Go City Gothenburg Pass** *bietet u. a. freien Eintritt zu mehr als 25 Museen und Attraktionen sowie die kostenlose Teilnahme an einer Hop-on/Hop-off-Bustour und an diversen Bootsausflügen. Der Pass wird für 1/2/3/5 Tage angeboten und kostet 299–644 SEK, Kinder zahlen ca. 75 %. Infos: www.ilovegoteborg.se.*

Verkehrsmittel in der Stadt

Göteborg hat keine U-Bahn, sondern ein leistungsfähiges Straßenbahnsystem, ergänzt durch biogasbetriebene und Elektro-Busse. Die Stadt mit ihren vielen Einbahnstraßen macht es dem Autofahrer nicht leicht. Einfacher ist es, die wesentlichen Sehenswürdigkeiten, die meist recht zentral liegen, zu Fuß oder per Straßenbahn aufzusuchen. Da ein Einzelfahrschein verhältnismäßig teuer ist, lohnt sich schnell ein 24-Stunden-Ticket. Tickets kauft man vor Antritt der Fahrt.
Göteborg ist bekannt für seine gemütlichen **blau-weißen Straßenbahnen (Spårvagn)**, *die das Stadtbild bestimmen. An den Haltestellen im Zentrum sind die wichtigsten Informationen zur Fahrt u.a. in deutscher Sprache abgefasst. Einzel-, Mehrfahrten- und 24-Stunden-Tickets kauft man bei den* **Servicestellen** *von Västtrafik, an Pressbyrå-Kiosken oder bei 7-Eleven. In den beiden Touristeninformationen und in den Hotels gibt es ein Faltblatt, das neben einem Stadtplan und Informationen zu den aktuellen Veranstaltungen eine Übersicht über Parkmöglichkeiten und das Straßenbahnnetz enthält. Alle Linien kommen an dem Knotenpunkt Brunnspar-*

City-Maut

Wer mit einem Pkw Mo–Fr zwischen 6 und 18.30 Uhr in die Göteborger Innenstadt fährt, muss außer im Juli und an Feiertagen eine City-Maut bezahlen. Der Preis variiert je nach Tageszeit (Faustregel: Zur Rushhour 7–8 Uhr und 15.30–17 Uhr ist es am teuersten). Die Mautstationen („betalstation") werden durch Schilderbrücken angezeigt. Bezahlt wird nicht vor Ort, sondern von zu Hause aus, da die Rechnung postalisch zugestellt wird *(s. S. 100)**.*

ken gegenüber dem Gustav-Adolf-Platz zusammen. Sieben der insgesamt neun Linien (Nr. 4 und 5 ausgenommen) halten am Hauptbahnhof (Centralstationen). Die **Veteranen-Straßenbahn** *verkehrt von April bis Sept. samstags, im Juli täglich auf der Strecke Hauptbahnhof – Vergnügungspark Liseberg. Ehrenamtliche Kräfte des Vereins* **Ringlinien** *unterhalten und betreuen die alten Straßenbahnwagen. Infos unter www.ringlinien.org.*

Busse

Wo das Schienennetz der Straßenbahn aufhört, ergänzen Busse das öffentliche Nahverkehrssystem. Zum Teil führen die Verbindungen ins Umland hinaus, z. B. gibt es bis zu acht Fahrten tgl. mit dem Schnellbus nach Marstrand. Zentraler Busbahnhof, sowohl für Busse des ÖPNV (Stadsbussarna) als auch für nationale und internationale Expressbusse, ist der **Nils Ericson Terminal** *neben dem Hauptbahnhof. Der* **Flughafenbus** *verkehrt alle 15–20 Min. zum 25 km entfernten Flughafen Landvetter. Für eine Stadtbesichtigung gut geeignet sind die grünen Doppeldecker der* **Hop-on/Hop-off-Busse***, die die wichtigsten Sehenswürdigkeiten der Altstadt passieren. Ein Ticket (gültig 24 Stunden) erlaubt unbegrenztes Ein- und Aussteigen, die Rundtour selbst dauert knapp eine Stunde. Die Doppeldecker sind offen, werden aber bei Regen mit einem Faltdach geschlossen. Es gibt auch Kombitickets mit den Hop-on/Hop-off-Booten (s. u.); Infos unter www.stromma.se/goteborg.*

Bahn

Göteborg ist ein wichtiger Eisenbahnknotenpunkt. Am **Hauptbahnhof Göteborg C (Centralstation***, Nils Ericsonsplatsen) treffen die Hauptbahnen von Oslo (ca. 4 Std.), Stockholm (ca. 3 Std.) und Malmö bzw. Kopenhagen (ca. 3,5 Std.) zusammen. Für den Nahverkehr in die umliegenden Gemeinden gibt es den S-Bahn-ähnlichen Pendeltåg. Eine unterirdische Westanbindung (Västlänken) mit drei neuen Bahnhöfen ist im Bau und soll 2026 fertiggestellt sein.*

Taxi

Taxi Göteborg *ist das größte Unternehmen der Stadt, ✆ 031-650000, www.taxigoteborg.se. Taxis können auch online oder über die App des Unternehmens gebucht werden.*

Ausflugsboote und Personenfähren

Bei den **Fluss-Personenfähren** *über bzw. entlang dem Göta älv gibt es zwei Linien: Die Fähre Älvsnabbaren geht im Pendelverkehr von der Station Rosenlund (an der Einmündung des Rosenlund-Kanals in den Fluss) zum gegenüberliegenden Ufer auf Hisingen, Station Lindholmspiren. Für die Fähre benötigt man kein Ticket, sie ist kostenlos! Die Fähre Älvsnabben verkehrt entlang dem Fluss mit den Stationen Lilla Bommen, Rosenlund, Lindholmspiren, Slottsberget, Eriksberg, Klippan. Für diese Fähre gelten die Tickets für Busse oder Straßenbahn.*
Die **Schärenboote** *(skärgårdsbåtarna) in den südlichen Schärengarten starten fahrplanmäßig in Saltholmen, südwestlich des Zentrums. Die Ablegestelle erreicht man vom Zentrum aus in 35 Minuten mit den Straßenbahnlinien 9 und 11 oder in 25 Minuten mit dem Bus 114. Die* **Auto- und Personenfähren** *in den nördlichen Schärengarten starten in Lilla Varholmen auf Hisingen, diese sind kostenlos! Auf allen Fluss- oder Schärenbooten kann man ein Fahrrad mitnehmen!*

Kanalrundfahrt mit dem Paddan-Boot

*Zu den beliebtesten Bootstouren zählen die **Paddan-Rundfahrten** mit offenen Booten und unter 20 Brücken hindurch in den Hafen. Diese Touren starten am Kungsportsplatsen im Zentrum. Saison: April–Mitte Oktober, bis zu 3 Abfahrten pro Stunde, Fahrzeit ca. 50 Min. Länger und wunderschön sind die zweistündigen Paddan-Touren auf den Flüssen Götaelf und Säveån. Infos unter www.stromma.com/sv-se/goteborg/sightseeing.*

*Die gleiche Gesellschaft unterhält auch eine Linie mit den **Hop-on/Hop-off-Båten** – Sightseeing-Boote, die eine Runde über den Fluss und durch Kanäle u. a. zu den Stationen Kungsportsplatsen, Lejontrappan, Lilla bommen, Eriksberg und Feskekörka drehen. Man kann aus- und zusteigen, wo man möchte, und die Tour auch mit den Paddan-Booten oder den Hop-on/Hop-off-Bussen kombinieren. Infos unter www.stromma.se/goteborg.*

*Daneben werden im Sommer **Bootsausflüge** u. a. zur **Festung Elfsborg**, zur **Insel Vinga**, nach **Hisingen** oder nach **Marstrand** angeboten.*

City-Räder (Styr & Ställs hyrcyklar)

*In den letzten Jahren hat Göteborg große Anstrengungen unternommen, sich als Stadt für Fahrradfahrer zu positionieren. Dazu dienen auch die blau-weißen, einfach zu bedienenden 3-Gang-Mieträder von **Styr & Ställ**, von denen es mehr als 1.000 im Zentrum gibt. Diese leiht man sich an einer der rund 130 Mietstationen in der Innenstadt, die nie mehr als 300 m entfernt sind. Vor der Fahrradmiete muss man sich über die Nextbike-by-Tier-App registrieren, dazu benötigt man eine Kreditkarte (Mastercard oder Visa, mit PIN-Nummer!) und bekommt dann einen Zahlencode. Mit einem Account können bis zu vier Fahrräder gleichzeitig ausgeliehen werden. Bei der Touristeninformation sind spezielle Fahrradkarten – auch digital – erhältlich. Infos unter https://styrochstall.se.*

Internationale Fährverbindungen

*Die Fährverbindung zwischen **Kiel und Göteborg** wird von der Stena Line (www.stenaline.de) bedient, Abfahrt ist in beiden Häfen um 17:45 und Ankunft jeweils um 9.15 Uhr. Eingesetzt werden die Fährschiffe Stena Germanica und Stena Scandinavica, die zu den längsten der Welt zählen. Der Stena-Terminal in Göteborg liegt an der Elof Lindälvs gata, ✆ +46(0)770575700, er ist an den Europastraßen E06 und E20 mit „Kiel" ausgeschildert. Direkt außerhalb des Terminals gibt es einen großen Parkplatz. Mit der Straßenbahn (Linien 3, 9) erreicht man den Terminal (Haltestelle Chapmanstorget) ab dem Bahnhof in etwa 15 Minuten.*

*Auch die Fährverbindung **Frederikshavn-Göteborg** wird von der Stena Line bedient, die Passage dauert etwa 3,5 Stunden. Je nach Saison gibt es zwischen drei und sechs Abfahrten täglich mit den Schiffen Stena Jutlandica und Stena Danica. Der Stena-Terminal in Göteborg hat die Adresse Danmarksterminalen, ✆ +46 (0)770575700, der auf Hinweisschildern mit „Danmark" angezeigt wird. Auf den Fährschiffen ist Barzahlung nicht mehr möglich. **Achtung:** Es ist enorm wichtig, die beiden auseinanderliegenden Stena-Terminals nicht zu verwechseln!*

Zwischen Göteborg und der norwegischen Grenze

Trotz hohen Verkehrsaufkommens und gelegentlicher Staus im Tunnel unter dem Gätaälv ist die E06 die beste nördliche Ausfahrt aus Göteborg. Als Alternative bietet sich die E45 an. Beide Hauptverkehrsstraßen führen durch ein weites Tal und flankieren über 20 km lang den Fluss und den Götakanal (S. 356), bis es in **Kungälv** wieder eine Querverbindung gibt. An dieser gelangt man zur **Festung Bohus**, die am Zusammenfluss von Nordreälv und Göta älv liegt. Mit dem Bau der Anlage, die das damals norwegische Bohuslän vor den Schweden schützen sollte, begann man schon um 1300. Der massive Hauptturm („Papis Hut") geht auf die Zeit um 1450 zurück. Im 16. Jh. weiter ausgebaut, verlor die Festung im Jahrhundert darauf ihre strategische Bedeutung, als Bohuslän zum schwedischen Reich kam. Eine Ausstellung über die Festung ist im Turm zu sehen *(tgl. 12–18 Uhr)*.

Redaktionstipps

- Fahrt über die Brücke Tjörnleden zu den Inseln **Tjörn** und **Orust** (S. 301).
- Spaziergang durch das pittoreske **Fiskebäckskil** (S. 303).
- Abstecher zu traditionellen Fischersiedlungen, wie **Lysekil** (S. 304), **Smögen** (S. 306), **Fjällbacka** (S. 307) und **Grebbestad** (S. 308).
- Besuch einer Fisch- und Krabbenauktion auf **Smögen** (S. 306), Spaziergang entlang der Smögenbrücke, der Vergnügungsmeile des Ortes.
- Besuch in der **Arche des Nordens** (Nordens Ark), einem Reservat für bedrohte Tierarten (S. 306).
- Das Panorama vom Gipfel des **Vettebergs** in Fjällbacka (S. 308).
- Besuch der kulturgeschichtlich bedeutenden Felszeichnungen im Gebiet um **Tanum** (S. 308).

Abstecher Marstrand

An der Eo6, im Autobahnkreuz unmittelbar nördlich der Flussbrücke von Kungälv (Ausfahrt 86), zweigt nach Westen die Straße 168 ab, auf der es rund 30 km bis Marstrand sind, einem der bekanntesten Ziele an der Westküste. Allein die Anfahrt über viele Brücken und Dämme lohnt den Abstecher! Die Straße endet am großen Parkplatz auf der Insel Koön, wo der Wagen abgestellt werden muss und es mit der Personenfähre weitergeht, denn die kleine Schäreninsel Marstrand ist **autofrei!** Nach der kurzen (kostenpflichtigen) Passage erreicht man den pittoresken Ort, der im Mittelalter gegründet wurde und nach dem Frieden von Roskilde 1658 an die Schweden fiel. Diese erhoben den Ort 1775 zum ersten Freihafen im Norden, mit großen Rechten und Freiheiten für die Bewohner. Mitte des 19. Jh. erlebte die Stadt eine Blütezeit, als Seebäder und Badehäuser in Mode kamen. König Oscar II. liebte sein Marstrand über alles.

Heute ist Marstrand ein Sommerparadies und ein mondäner Badeort in den Schären, der zur Hochsaison allerdings überlaufen sein kann. Vor allem bei bestem Wetter zieht es viele Göteborger hierhin, und wenn dann noch eine Segelregatta wie der Match Cup Sweden stattfindet, können sich schon mal bis zu 100.000 Menschen auf der Schäre drängen. An weniger turbulenten Tagen haben Ort und Insel aber alle Zutaten, die einen Urlaub angenehm machen können: enge Gassen, bunte und reich dekorierte Holzhäuschen, Blumenschmuck, jede Menge Cafés und Restaurants, Boutiquen, Galerien, Läden mit Kunsthandwerk und Souvenirs. Und überall kann man draußen sitzen, den schwedischen Sommer genießen und Fähren und Boote beobachten.

Pittoreskes Marstrand mit der Festung Carlsten

Über allem thront die **Festung Carlsten**, mit deren Bau die Schweden Ende des 17. Jh. begannen, um die neuerworbene Provinz Bohuslän zu sichern. Die Anlage, die später als Staatsgefängnis genutzt wurde, ist ein wahres Labyrinth mit steilen Treppen, Zugbrücken, Geheimgängen, Korridoren, Kanonenstellungen und Innenhöfen. Einige Räumlichkeiten (Küchenräume, Gefängniszellen) sind gut erhalten und können besichtigt werden. Der Höhepunkt ist allerdings der spektakuläre Rundumblick auf Stadt, Schären und die Meere Skagerrak und Kattegat, die sich direkt vor Marstrand begegnen.

Reisepraktische Informationen Marstrand

Information

Marstrands Turistinformation, *✆ 0303-60087, www.vastsverige.com/sodrabohuslan. Infos nur per E-Mail, Chat oder Telefon; das nächstgelegene analoge Touristenbüro ist in Stenungsund.*

Hotel

Carlstens Soldathotell *€€€–€€€€, Carlstens Fästning, ✆ 0303-60265, www.carlstenssoldathotell.se. Das Bed&Breakfast-Hostel innerhalb der Festung ist eine ungewöhnliche und verhältnismäßig preiswerte Übernachtungsmöglichkeit. Die 21 Einzel-, Doppel- und Mehrbettzimmer haben alle ein eigenes Bad, man kann Tischtennis und Billard spielen und ist mitten im Geschehen – am höchsten Punkt der Insel, 10 Min. zu Fuß vom Fährhafen entfernt.*

Restaurant

Johans Krog, *Kungsgatan 12, ✆ 0303-61212, www.johanskrogmarstrand.se. Eine wahre Perle mitten in der Stadt (am Rathausplatz), wunderbare Holzhausarchitektur mit überdachter Veranda, französisch inspirierte Westküsten-Küche, ganzjährig geöffnet.*

Alternativroute über die Inseln Tjörn und Orust

Nach Marstrand wieder auf der E06, hat man nach nur wenigen Fahrminuten die nächste, unbedingt lohnende Alternativstrecke vor sich. Wer auf dem Weg in den Norden vor **Stenungsund** die Europastraße in Jörlanda oder Stora Höga verlässt und auf der Straße 160 weiterfährt, kommt automatisch auf den sogenannten **„Tjörnleden"**, den Weg zur Insel Tjörn. Eine beeindruckende Brückenkonstruktion, die über vier Inseln und drei Sunde führt, bringt einen zur Insel. 1980 kam es hier zu einer Katastrophe, als im Winter ein Schiff den Pfeiler der Almöbrücke rammte, wodurch diese einstürzte und acht Autofahrer in die Tiefe fielen. Nach dem Einsturz wurde die heutige bogenförmige Konstruktion errichtet. Der Rastplatz hinter der Brücke ermöglicht einen herrlichen Blick auf den Hake- und Askeröfjord sowie den Brückenbogen, und bei gutem Wetter sind die hoch gelegenen Klippen perfekt für ein Picknick.

Über die Straße 160 durchquert man nur den obersten nordöstlichen Zipfel der **Insel Tjörn**. Wer mit viel Zeit etwas mehr vom Schärenparadies erkunden möchte, könnte deren kleinen Hauptort **Skärhamn** besuchen, das Zentrum der Frachtschifffahrt in Bohuslän. Aus diesem Grund gibt es hier auch ein Schifffahrtsmuseum. Ansonsten herrscht in Skärhamn im Sommer ein geradezu südländisches Treiben. Kunst- und Architekturfreunde sowie Hobbykünstler dürfen sich das **Nordische Aquarellmuseum** nicht entgehen lassen, untergebracht in einem tollen falunroten Holzgebäude mit viel Glas. Neben einer Sammlung nordischer Kunst zeigt es auch internationale Gegenwartskunst. In den fünf Gästeateliers gegenüber dem Museum arbeiten nordische und internationale Künstler. In der Experimentierwerkstatt können sich Besucher selbst in der Aquarellmalerei üben.
Nordiska Akvarellmuseet, *Skärhamn, Södra Hamnen 6, ✆ 0304-600080, www.akvarellmuseet.org. Mai–Anfang Sept. tgl. 11–17 Uhr, unter 26 Jahren freier Eintritt.*

Man kann auch bis in den Inselsüden fahren, wo das Fischerdörfchen Rönnäng liegt. Wer durch den Ort bis zum Pensionat Tjörngården fährt, kann hier das Fahrzeug abstellen und dem Schild „Utsikten" folgen. Vom Aussichtspunkt Tjörnehuvud gibt es einen schönen Blick über den Schärengarten.

Oder man stattet der nordwestlichen Halbinsel einen Besuch ab – auf der Straße 169 in Richtung Skärhamn, auf Höhe von Wallhamn dann nach rechts in Richtung Kållekärr und Kyrkesund. Braun-weiße Schilder weisen hier den Weg zum **Pilane gravfält**, wo es ein wunderbares Zusammenspiel von Natur, Historischem und Moderner Kunst gibt. Am Ziel passiert man zunächst auf dem Kyrkesundsvägen die **Basteröds-Felsritzungen** aus der Bronzezeit, mit u. a. 15 Schiffen die schönsten, die es auf der Insel gibt. Dann kommt man zu einem eisenzeitlichen **Gräberfeld** mit rund 90 Steinen und Steinformationen sowie prächtiger Sicht über die Insel und das Meer. Auf diesem Gelände wird seit 2007 jedes Jahr von Mai bis September die Ausstellung **Skulptur i Pilane** (*http://pilane.org*) mit Werken verschiedener Künstler gezeigt, was viele kunstinteressierte Besucher nach Tjörn bringt (*tgl. 9–19 Uhr, Eintritt zum Gräberfeld und zu den Felsritzungen frei*).

Ansonsten geht es auf der Straße 160 erneut über eine Brücke nach **Orust**, zur **drittgrößten Insel Schwedens**. Ihr östlicher Teil wird durch waldbedeckte Hochflächen, Wiesen und Weiden bestimmt, während im Westen kahler Fels und Schluchten dominieren. Auch hier erschließt die Straße 160 nur einen kleinen Teil der Insel: Sie durchquert das Inselinnere und verläuft dann an der Nordküste entlang, wobei mehrfach schöne Aussichtspunkte ausgeschildert sind (*utsikten*). Möchte man auch den „wilden Westen" kennenlernen, sollte man im Süden bei Varekil auf die Straße 178 abbiegen. Auf dieser gelangt man z. B. zu den für Bohuslän besonders **typischen Fischerdörfern Hälleviksstrand** und **Mollösund**. Westlich von Ellös erreicht man per Fähre (oder mit dem Kajak) das malerische **Gullholmen**, das älteste Fischerdorf von Bohuslän, in dem im 18./19. Jh. 900 Menschen vom Heringsfang lebten. Heute hat das Dorf ganzjährig nur noch zehn Einwohner, die ehemaligen Fischerkaten sind auch hier in attraktive Ferienhäuser umgewandelt worden. Die Schärenlandschaft rund um die Felseninsel bietet sich zum Paddeln, Segeln und Klettern an. Das älteste Haus, **Stenstuga** genannt, zeigt die Geschichte Gullholmens. Von Ellös aus gibt es auch eine (gebührenpflichtige) kleine Autofähre nach Rågårdsvik, einen Nachbarort von Grundsund (S. 303).

Auf der Fahrt in den Norden gelangt man nach der letzten Orust-Brücke auf der 161 wieder aufs Festland und stößt bald auf die 162. Heißt das nächste Reiseziel Fiskebäckskil, Lysekil oder Smögen (S. 306), kann man hier nach links (Westen) fahren, wobei unterwegs eine Fährpassage anfällt. Nach Osten ist bald wieder die E06 erreicht; in der Verlängerung kommt man nach wenigen Fahrminuten nach Uddevalla. Eingefleischte Brückenfans haben an dieser Stelle allerdings bereits ein Highlight verpasst: die **Uddevalla-Brücke** über den Sunningesund und Byfjord. Dieses architektonische und ästhetische Meisterwerk (entworfen vom japanischen Architekten Yincheng Hou) liegt auf der E06 ca. 2 km südlich. Die beiden 149 m hohen Pylonen halten mit ihren fächerförmigen Schrägseilen die 1.712 m lange Brücke. Durch ihre Einweihung im Jahr 2000 verkürzte sich die Fahrstrecke um 12 km!

Uddevalla

Uddevalla ist mit rund 36.000 Einwohnern der größte Ort der Provinz sowie ein wichtiger Industriestandort, der seit der Stilllegung der Werft sowie der Pkw-Produktion im Volvo-Werk jedoch mit dem Strukturwandel zu kämpfen hat. Im 19. Jh. vernichteten

Krabbenfarm vor der Küste bei Uddevalla

gleich zweimal schwerste Stadtbrände die alte Bausubstanz. Aus diesem Grund hat die Stadt für Touristen abgesehen von Einkaufsmöglichkeiten nicht allzu viel zu bieten. Schön aber ist der Platz **Kungstorget**, auf dem Schwedens erste Doppelstatue steht: Sie zeigt Karl X. Gustav und seinen Ratgeber Erik Dahlbergh beim Kriegszug gegen die Dänen über den Belt. Rathaus und Kirche stammen aus dem Anfang des 19. Jh. Das **Museum der Provinz Bohuslän** (*Museigatan 1, www.bohuslansmuseum.se*), zeigt Geschichte und Gegenwart der Küstenprovinz.

Ein Highlight ist die insgesamt 9,3 km lange **Strandpromenade** für Fußgänger und Fahrradfahrer, deren spektakulärster Teil vom Oljehamnsvägen (Parkplatz, Café) nach Süden führt: mit einer aufwändigen Stütz- und Hängekonstruktion direkt unterhalb der Klippen und sozusagen über das Wasser. Endpunkt dieser Etappe ist der pittoreske Ort **Gustafsberg**, Schwedens ältestes Seebad mit sehr schöner Holzhaus-Architektur (u. a. Badehaus, Hotel, Restaurant).

Hinweis: *Uddevalla ist Ausgangspunkt der Route über die Straße 45 in Richtung Karlstad (S. 366).*

Alternativroute entlang der Westküste

Zwischen der Insel Orust im Süden und Tanumshede im Norden sind einige der schönsten Westküstenorte wie Perlen an einer Kette aufgereiht, zumeist ehemalige Fischerorte, die heute zu den beliebtesten Urlaubs- und Ausflugszielen Westschwedens gehören. Wegen der vielen Fjorde, die tief ins Land einschneiden, gibt es keine direkte Verbindung zwischen ihnen, manchmal müssen auch Fähren benutzt werden. Die gesamte Region wird westlich der E06 durch die Straßen 161, 162, 163 und 171 erschlossen. Die schönsten Ziele werden im Folgenden (von Süden nach Norden) vorgestellt.

Fiskebäckskil und Grundsund

Das herrlich gelegene **Fiskebäckskil** auf der durch eine Brücke mit dem Festland verbundenen Insel **Skaftö**, auch Skaftölandet genannt, lohnt einen Besuch. An beiden Seiten des *kilen*, der Wasserrinne, die Fiskebäckskil und Östersidan trennt, erklimmen die Häuser die Felsen. Die Holzhausarchitektur verschiedener Zeiten ist hervorragend erhalten geblieben. Dass die Insel sich kulturgeschichtlich ähnlich entwickelte wie Lysekil, lässt sich an der Bebauung ablesen: Dem ältesten Teil aus der Zeit des Fischfangs nahe am Wasser folgt auf der mittleren Terrasse die Architektur aus der Epoche der Frachtschifffahrt und der ersten Badegäste. Oberhalb schließt sich die Freizeitbebauung des 20. Jh. an. Fiskebäckskil ist heute vor allem der Freizeitwohnsitz gut situierter Schweden.

Eine gute Idee ist ein Spaziergang durch die Kaptensgata mit ihren prächtigen Holzhäusern. Das Konferenzhotel Gullmarsstrand (s. u.) unmittelbar am Wasser, harmonisch in die Umgebung eingefügt, genießt einen guten Ruf. 250 m neben der Hotelanlage lädt der kinderfreundliche Sandstrand neben den Klippen trotz einiger harmloser Quallen zum Bad ein. Unweit der Mühle fällt der Blick auf ein ausgefallenes dunkles Haus im nordischen Stil, in dem der Maler Carl Wilhelmson lebte.

Das 6 km entfernte **Grundsund** hat stärker den Charakter eines Fischerdorfes beibehalten, die Häuser sind kleiner und in der Regel weniger ausgeschmückt als in Fiskebäckskil.

Ein Gedenkstein vor der Kirche erinnert an 200 Fischer und Seeleute, die im Laufe der Jahre auf dem Meer umgekommen sind. Einige wenige Berufsfischer fahren auch heute noch mit ihren Kuttern von hier tagelang aufs Meer hinaus.

Reisepraktische Informationen Fiskebäckskil und Grundsund

Hotel

Gullmarsstrand Hotel *€€€–€€€€, Strandvägen 2–14, Fiskebäckskil, ✆ 0523-667788, www.gullmarsstrand.se. Harmonisch in den Ort eingefügtes Konferenzhotel in herrlicher Lage. 81 helle, modern ausgestattete Zimmer, vorzügliches Restaurant, Bar, Sonnenterrasse, Wellnessabteilung mit Saunen, Minigolf; Golf zu ermäßigten Greenfees wird arrangiert. 250 m neben dem Hotel liegt der Badestrand. Bootsfahrten von der Brücke neben dem Hotel, Personenfähre nach Lysekil.*

Restaurants

Pelles Rökeri, *Östra kajen 20, Fiskebäckskil, ✆ 0523-21274, www.pellesrokeri.com. Hier isst man (nicht nur) Fischgerichte preiswert und gut sowie mit tollem Meerblick. Angeschlossen ist die rustikale alte Fischerkate* **Hugos Bu** *mit Bar, Eiscafé und Diskothek sowie das darüber liegende Restaurant* **Terrassen**, *in der Saison tgl. ab 15 Uhr bis spät geöffnet.*
Brygghuset, *Fiskebäckskilsvägen 28, Fiskebäckskil, ✆ 0523-22222, www.brygghusetkrog.se. Schönes Holzgebäude mit Terrasse am Hafen, herrlich frische Hummer, Austern, Langusten, Hering und Lachs. Fr ab 18, Sa/So ab 12 Uhr, in der Hauptsaison auch Di–Do geöffnet.*
Smultron & Tång, *Västra Kajen 79, Grundsund, ✆ 0523-21720, www.smultrontang.se. Angenehmes Lokal der gehobenen Preisklasse mit Fischspezialitäten. In der Hauptsaison Mo–Fr 12–23, Sa/So 12–1 Uhr, sonst nur Sa/So.*

Lysekil

Lysekil erreicht man mit der kostenpflichtigen Personenfähre ab Fiskebäckskil, mit der Autofähre über den **Gullmarnfjord** oder über die Straße 161. Gullmarn bedeutet so viel wie „Gottes Meer". Er ist der **einzige eigentliche Fjord** an Schwedens Küste, da an seiner Mündung die Schwelle nur rund 35 m tief ist, während er ansonsten bis zu 125 m Meerestiefe erreicht. Die Bedingungen für Fauna und Flora entsprechen denen in 200 m Tiefe im Skagerrak. Der Salzgehalt liegt bei 4 Promille, die Temperatur ab einer Wassertiefe von 60 m beträgt gleichbleibend 4–5 °C. Der Gullmarn ist ferner Grenzbereich zwischen dem Granit des Nordens und dem Gneis, der den Süden Bohusläns prägt. Um zu dem weit draußen auf der Halbinsel Stångenäset am Gullmarnfjord liegenden **Lysekil** zu gelangen, nutzt man aus südlicher Richtung kommend die Straße 161. Eine kostenlose, regelmäßig verkehrende **Autofähre** setzt in zehn Minuten über den Gullmarnfjord. Bis Lysekil sind es dann nur wenige Kilometer auf der Straße 162; etwa auf halbem Weg folgt ein Hinweis auf die sehenswerten Felszeichnungen *(hällristningar)* von **Backa/Brastad** (südlich der Kirche von Bro nach links Richtung Brastad, dann erste Kreuzung nach rechts). Wer über die E06 anreist, biegt bei Håby auf die Straße 162 ab. Nach rund 30 km auf einer gut ausgebauten Landstraße erreicht man die Kleinstadt am Meer.

Die Industrie- und Handelsstadt Lysekil (knapp 8.000 Einwohner) ist fast 500 Jahre alt. Fischfang und Seefahrt bescherten ihr immer wieder Perioden der Expansion und des Rückgangs. Zwischen 1750 bis etwa kurz nach 1800 lockte der große Heringsreichtum Menschen

Kayak-Erlebnis vor der schwedischen Westküste

der Umgebung an. Danach entwickelte sich der Ort zu einem **Zentrum der Frachtschifffahrt**, sodass um 1850, als Schiffer und Seeleute das Wirtschaftsleben prägten, 38 kleinere Segelschiffe registriert waren. Doch dann beendete die konkurrierende Dampfschifffahrt die als „Skeppartiden" bezeichnete Periode. Seit der Mitte des 19. Jh. wurde Lysekil zunehmend als **Badeort** populär. Wirtschaftlich wichtig wurde der Granitabbau. Fischfang und Seefahrt bilden auch gegenwärtig die Grundlage für eine verarbeitende Industrie (u. a. Konserven, Verpackungsmaterial), die stark konjunkturanfällig ist. Der Tourismus ist trotz der kurzen Saison ein wichtiger Faktor im Wirtschaftsleben der Gemeinde.

Sehenswert ist das **Haus des Meeres**, ein Aquarium südlich des Zentrums in Meeresnähe, das die Tier- und Pflanzenwelt aus dem Fjord Gullmarn und dem Meer zeigt. Inzwischen kommen 150.000 Besucher jährlich, um die Westküste aus der Unterwasserperspektive zu erleben. Angeschlossen ist ein Informationszentrum zu meeresbiologischen Fragen.
Havets Hus, *Strandvägen 9, ✆ 0523-668161, www.havetshus.se. In der Hauptsaison tgl. 10–18, sonst 10–16 Uhr.*

Das **Seebädergebiet** unweit des Aquariums ist sehr liebevoll restauriert und erinnert an Lysekils Epoche als Badeort in der zweiten Hälfte des 19. Jh. Hier gibt es das Kaltbadehaus, ein Seebäderrestaurant, ein Strandhotel, Oscars Festsaal und die Curmanschen Häuser im altnordischen Stil. Westlich des Zentrums liegt **Gamlestan**, die kleine Altstadt mit schönen, aber bescheidenen Holzhäusern, die nur in wenigen Fällen Freizeitwohnsitze sind. **Vikarvets Museum** (*Turistgatan 17, ✆ 070-7507322, www.vikarvet.se. So 14–16 Uhr und auf Anfrage*) dokumentiert die Geschichte der Steinindustrie und Fischerei. Gezeigt werden zahlreiche Schiffsmodelle sowie die Lebensweise der Menschen in früheren Zeiten. Die 1901 erbaute Kirche hat wegen ihrer Lage auch die Funktion eines Seezeichens. Gegenüber lohnt der Blick von einem kleinen Aussichtsturm. Das **Naturreservat Stångehuvud** nahe dem Zentrum mit rund 250 verschiedenen Pflanzenarten zwischen den Granitfelsen ist im Sommer Ziel geführter botanischer und meeresbiologischer Exkursionen.

Reisepraktische Informationen Lysekil

Information

Lysekils Turistinformation, *Kungsgatan 44, ✆ 0523-613200, www.vastsverige.com/lysekil.*

Hotel

Vann Spa Hotel *€€€–€€€€, Brastad, ✆ 0523-44200, www.vann.se. 23 km nordöstlich von Lysekil gelegene Unterkunft inmitten eines Naturschutzgebiets direkt am Fjord Gullmarn, nach einem Entwurf des Architekten Gert Wingårdh ausschließlich aus Bohuslän-Materialien errichtet. Die Zimmer und Suiten sind großzügig und sehr komfortabel (z. T. mit eigenem Whirlpool), das Restaurant bietet moderne schwedische Küche auf höchstem Niveau, die Spa-Abteilung ist eine der größten Westschwedens mit 6 unterschiedlichen Pools (Baden ist aber auch im Fjord möglich).*

Camping

Gullmarsbadens Camping, *Dalskogen 144, ✆ 070-4159472, www.gullmarsbadenscamping.se. Nette Anlage am Gullmarsfjord Gullmarsfjord, 1,5 km östlich von Lysekil, mit 150 Stellplätzen, Klippen und Sandstrand. Juni–Aug. geöffnet.*

Aktivitäten

Tauchexkursionen *rund um Lysekil organisiert das Dive Team Lysekil (Badhusgatan 16, ✆ 0523-16470, www.diveteam.se).*
Eine **„Muschel- und Schalentier-Safari"** *an Bord des Fischerbootes Signe von 1952 wird ab dem Norra Hamnen angeboten. Infos unter www.lysekilsostronomusslor.se.*

Smögen

Schon die Anfahrt über die Straße 174 ist eindrucksvoll, denn seit 1970 kann man Smögen von Kungshamn aus über eine imposante, 400 m lange Brücke erreichen. Der Ort selbst gehört zu den größten Fischersiedlungen Bohusläns. Der Strukturwandel in der Fischereiwirtschaft hat aber auch Smögens Sozialstruktur gründlich geändert. Zu für schwedische Verhältnisse fantastischen Preisen haben viele der stimmungsvollen Holzhäuser im Ort den Besitzer gewechselt. Nicht wenige von ihnen sind inzwischen nur vorübergehend genutzte Freizeitwohnsitze. Nach Mittsommer bis Anfang August tobt auf der Brücke das Leben. Tanz, Livemusik, Hochstimmung in den Bars und Pubs, Shopping und Sehen und Gesehenwerden sind angesagt. Die Luxusyachten und Boote liegen in Zweierreihen, das Publikum ist international. Der **Fischmarkt Smögens** bietet alle Delikatessen des Meeres. Bekannt ist Smögen für seine Garnelen; Lachs, Makrele und Krabben werden in den Räuchereien veredelt. Spannend sind ein Besuch der Fischauktion und das Studium von Mimik und Gestik der Fischaufkäufer.

Von Smögen oder auf dem Weg nach Smögen lohnt sich gerade auch für Kinder ein Aufenthalt in Åby an der Straße 171. **Arche des Nordens** heißt das besuchenswerte Reservat für vom Aussterben bedrohte Tiere, auf das Schilder im weiteren Umkreis immer wieder verweisen. Am Ende des Åbyfjords hat man auf einem herrlichen Gelände für rund

Auf dem Fischmarkt in Smögen finden sich alle Delikatessen des Meeres

50 verschiedene Tierarten aus Nordeuropa und anderen Teilen der Erde artgerechte Lebensbedingungen geschaffen, um Überleben und Fortpflanzung der Tiere zu gewährleisten. Besucher werden auf einen 3 km langen, vorzüglich präparierten Weg geschickt, der bei den roten Pandabären beginnt. An zehn sogenannten **Kinderstationen** können die Jüngsten spielerisch Neues über die Tierwelt erfahren. Wie kostenaufwendig die Anlage mancher Gehege ist, wird dem Besucher spätestens klar, wenn er zu den Schneeleoparden kommt. Der Eintritt gerade für Familien mit Kindern ist recht hoch (*Erwachsene ab SEK 260, Kinder 5–17 Jahre ab SEK 110*), aber der Besuch lohnt.
Nordens Ark, *Åby säteri, Hunnebostrand, ✆ 0523-79590, www.nordensark.se. Juli/Aug. tgl. 10–18, sonst bis 16 Uhr.*

Hamburgsund und Fjällbacka

An einem langen, schmalen Sund zwischen dem Festland und der Insel Hamburgö liegt das pittoreske **Hamburgsund**, touristisch weniger erschlossen als Grebbestad, Fjällbacka oder Smögen. Von Süden kommend, lohnt 7 km vor dem Ort entlang Straße 163 die aus dem Mittelalter stammende Kirche **Svenneby gamla kyrka** mit einem Taufbecken aus Speckstein einen Besuch. Die Decke wurde im 18. Jh. prachtvoll ausgemalt. Eine kleine Sünde wert ist ein Eis aus **Pipershuset** (*Parkvägen 4, www.pipershuset.se*), einer kleinen Eisfabrik mit Eiscafé. Hier kann man das Auto parken oder es mit der kostenlosen Fähre auf die andere Seite des Sundes zur Insel Hamburgö mitnehmen. Die Fähre pendelt ständig hin und her.

Die Straße 174 verläuft an der Küste durch den Ort Hunnebostrand, wo in einem alten Steinbruch bei Gamlegården ein **Steinhauermuseum** (Stenhuggerimuseet) aufgebaut wurde, das ein Bild von den Arbeitsbedingungen zur Zeit des Granitabbaus vermittelt. Über rund 150 Jahre wurde in der Umgebung mit Sotenäs als Zentrum das Gestein gebrochen. In dem Museum gibt es auch eine Freilichtbühne aus Granit. Ein Kulturpfad im An-

Pittoresker Anblick – Fischerhütten in Smögen

schluss an das Museum bietet neben geschichtlich und geologisch Interessantem einen schönen Blick auf Hunnebo, Ramsvik und den Skagerrak.
Stenhuggerimuseet, *Asslerödsvägen 1, ✆ 073-0610887, www.stenhuggerimuseet.se. Jederzeit frei zugänglich, im Sommer werden Führungen angeboten.*

Zu den idyllischen Orten der Küste Bohusläns gehört ohne Zweifel **Fjällbacka**, wo der Schärengarten im Sommer viele Touristen anzieht. Die kleinen roten Häuschen aus dem 18. Jh. und die fast 80 m hohe, senkrechte Granitwand des Vettebergs sind die Kennzeichen der Siedlung. Auf dem Marktplatz erinnert eine kleine Büste an die Schauspielerin Ingrid Bergman, die zu den regelmäßigen Sommergästen des Ortes gehörte.

Grebbestad und Tanum

Auch in **Grebbestad** ist von der malerischen Bebauung einiges erhalten geblieben. Kern des Ortes sind der Hafen und die Brücke. An der Hauptstraße Nedre Långgatan findet man Banken, Post, zahlreiche Geschäfte, Restaurants usw. Der Gästehafen bietet 230 Booten Platz. Dass vorwiegend Meeresfrüchte auf den Speisekarten der Lokale zu finden sind, verwundert nicht, denn die Hälfte des schwedischen Hummerfangs und fast alle Aus-

tern werden hier im Hafen angelandet. Im Juli ist Grebbestad überlaufen, der Verkehr quält sich durch den Ort. Zu den Sandstränden und Muschelbänken der Otterinsel verkehren im Sommer zahlreiche Boote. 2 km nördlich der Kirche liegt das Gräberfeld **Greby** aus der Eisenzeit mit rund 200 Grabhügeln. 2 km südlich von Grebbestad folgt mit Tanum Strand eine von Nordeuropas größten Freizeit- und Konferenzanlagen mit unzähligen Aktivitätsmöglichkeiten.

Im Norden grenzt Grebbestad an **Tanum**, die flächenmäßig größte Kommune in Bohuslän. Sie ist wegen ihrer gut erhaltenen **Felszeichnungen** (*hällristningar*, S. 14) weit über Schwedens Grenzen hinaus bekannt. 1994 wurden sechs ausgewählte Fundstellen in die **UNESCO-Liste** des Weltkulturerbes aufgenommen, nämlich Vitlycke, Aspeberget, Fossum, Litsleby, Gerum und Kalleby. Die am besten zugänglichen liegen nahe dem **Museum Vitlycke**. Von der E06 fährt man bei der Kirche von Tanum in südliche Richtung (Hinweisschild Hällristningar, Museum), nach 2 km folgt links ein Parkplatz. Oberhalb liegt das **Felsritzungsmuseum** Vitlycke mit einem kleinen Dorf aus der Bronzezeit. Zwei Hauptgebäude mit steilen Dächern werden durch einen niedrigeren elliptischen Zentralraum verbunden, der durch das Haus führt und sein Licht durch die Dachfenster erhält. Die Ausstellungen sind recht unkonventionell angelegt: Dreidimensionale Installationen versuchen, dem Betrachter ein Bild der in der Bronzezeit lebenden Menschen zu vermitteln.
Vitlycke museum, *Vitlycke 2, Tanumshede, ✆ 010-4414310, www.vitlyckemuseum.se. Mai–Aug. tgl. 10–17, April u. Sept.–Anfang Nov. tgl. 10–16 Uhr, freier Eintritt, Café.*

Gegenüber dem Parkplatz liegen die eindrucksvollen **Ritzungen von Vitlycke**, eine Fülle von Figuren und Szenen, verschiedenen Schiffstypen, Männer mit erhobenen Äxten, ein Liebespaar sowie zahlreiche kleine, runde Vertiefungen im Granit. Der Inhalt gibt den Forschern noch manches Rätsel auf. Sicher ist nur der Zusammenhang der Darstellungen mit der Glaubenswelt der Menschen in der Bronzezeit, die Ackerbau und Viehzucht betrieben, aber auch von Jagd und Fischfang lebten. Das Alter der Abbildungen (Entstehungszeit etwa 1800–500 v. Chr.) ermittelten die Archäologen durch den Vergleich mit bronzezeitlichen Grabbeigaben wie Äxten, Schwertern usw. Als diese geschaffen wurden, lag die Felsplatte am Meeresufer. Ihre heutige Höhe von 25–30 m ü. d. M. erklärt sich durch die nacheiszeitliche skandinavische Landhebung. Dass die Bezeichnungen Felszeichnung oder auch Felsritzung nicht ganz korrekt sind, ergibt sich aus der Technik, mit der die bildlichen Darstellungen gefertigt wurden. Es waren einfache Werkzeuge aus hartem Gestein, wie z. B. Diabas, mit denen die Motive in den Granit geschlagen wurden. Die Rotfärbung der Bilder ist nicht original, soll aber dem Betrachter helfen, die Motive besser zu erkennen. Auch der harte Granit schützt die Felsbilder leider nicht vor schädlichen Umwelteinflüssen, sodass die sich beschleunigende Verwitterung viele Felsbilder bedroht.

Wer der Straße einige Hundert Meter weiter nach Süden folgt, gelangt zu den Abbildungen von **Aspeberget** (Informationsschild). Weitere 500 m weiter südwärts, dem Schild nach Tegneby folgend, erreicht man nach knapp 1 km die **Ritzungen von Listleby**

Felsbilder in Bohuslän

(Parkplatz mit Informationshinweis). Die mehr als ein Ganzes aufzufassenden Abbildungen von **Fossum** und **Balken** liegen von der Tanum-Kirche etwa 4 km in nordöstlicher Richtung an der Straße 163 gegenüber dem Parkplatz.

Das **Hällristningsmuseum** liegt 2 km weiter östlich des Fossumfelsens an der 163 und ist das älteste Felsritzungsmuseum Skandinaviens (seit 1952). Es wird von der privaten Scandinavian Society for Prehistoric Art getragen.
Tanums Hällristningsmuseum, *Underslös, ✆ 0525-29555, www.rockartscandinavia.com. Mai–Okt. tgl. 10–17 Uhr.*

Reisepraktische Informationen Grebbestad und Tanum

Information
Tanum Turist, *Nedre Långgatan 48, Grebbestad, ✆ 0525-61188, www.tanumturist.se.*

Hotels
TanumStrand *€€€–€€€€, Grebbestad, ✆ 0525-19000, www.tanumstrand.se. Großer Freizeitkomplex in herrlicher Lage an der Küste. Das Hotel TanumStrand hat 77 Zimmer mit hohem Standard, die meisten mit Meerblick. Das Restaurant Latitud 58° serviert moderne schwedische Küche mit Blick aufs Wasser. Die 77 Tanumstrand Stugor sind sehr komfortabel ausgestattete Ferienhäuser mit u. a. privater Terrasse, TV, Bad und voll ausgestatteter Küche. Zum Komplex gehört eine Badelandschaft mit Außen- und Innenpools mit Rutschen, Whirlpool und Sauna, außerdem gibt es ein breites Freizeitangebot mit u. a. Minigolf, Tennis, Fahrrad- und Bootsverleih, Tauchen und Angeln; im Sommer auch ein Kiddie Club.*
Tanums Gestgifveri *€€€, Apoteksvägen 1, Tanumshede, ✆ 0525-29010, www.hoteltanum.se. Traditionsreiche, 1663 eröffnete Herberge mit 27 etwas altmodisch, aber charmant eingerich-*

teten und komfortablen Zimmern. Das Restaurant zählt nicht nur zu den ältesten des Königreichs, sondern seit Jahren auch zu den besten an der Westküste.

Camping

Grebbestadfjorden****, *Grebbestad, ✆ 0525-61211, www.grebbestadfjorden.com. Großer, ganzjährig geöffneter Platz am Meer mit 475 Stellplätzen, 4 komfortablen Häuschen, einer Pension mit 21 Zimmern sowie einer Jugendherberge, an der Straße 163 südlich des Zentrums gelegen.*

Restaurant

Grebys Hotell & Restaurang, *Strandvägen 1, Grebbestad, ✆ 0525-14000, www.grebys.se. In der Saison tgl. geöffnet, im Winterhalbjahr an den Wochenenden. Tolles Lokal in den Gebäuden einer stillgelegten Konservenfabrik, mit Lounge und Terrasse mit Sofas. Die ambitionierte Küche ist spezialisiert auf Krabben, Hummer, Muscheln, Austern, Algenbrot und Schnecken, ausgeschenkt werden u. a. Produkte lokaler Mikrobrauereien. An Wochenenden Live-Musikevents. Das angeschlossene Hotel verfügt über 9 individuell eingerichtete Zimmer mit Balkon und Meerblick.*

Strömstad

Das Küstenstädtchen, in dessen Gemeindegrenzen rund 13.000 Einwohner leben, liegt nördlich von Tanumshede und ist am besten über die E06 zu erreichen. Als Bohuslän schwedisch wurde, erhielt das ursprüngliche Fischerdorf 1668 Stadtrechte, zeitweilig war Strömstad unter Karl XII. Königssitz. Heute sind Tourismus und Handel die wirtschaftlichen Grundlagen Strömstads. Das Herz des **ältesten Badeortes der Westküste** ist der Hafen mit seinen zahlreichen Ausflugs- und Fischerbooten. Über 20 Restaurants bieten in der Stadt der Garnelen vorwiegend frischen Fisch und Schalentiere. Die Yachthäfen, Hotels und Campingplätze des Ortes werden in jedem Sommer von mehr als 100.000 Gästen besucht. Ideal sind die Bademöglichkeiten von den Klippen aus oder an den seichten Stränden.

Empfehlenswert ist eine Fahrt mit der Personenfähre hinaus zu den westlichsten Inseln Schwedens, den **Kosterinseln**. 16-mal täglich laufen die Fähren im Sommer die bewohnten Inseln mit ihren hübschen Fischerhäusern, Sandstränden, Klippen und einer artenreichen Flora an. Inzwischen ist Strömstad ein beliebtes Ziel vieler Norweger, die mit dem Boot oder dem Auto in die für sie preisgünstige Stadt kommen, um dort einzukaufen oder die Restaurants zu besuchen. Nicht wenige Freizeithäuser auf der schwedischen Seite gehören inzwischen Norwegern, und der Kaufrausch der westlichen Nachbarn hält aufgrund der für sie günstigen schwedischen Krone an. Bis zur norwegischen Grenze sind es nur 20 Autominuten, außerdem gibt es mehrmals täglich eine Fährverbindung nach Sandefjord.

Reisepraktische Informationen Strömstad

Information

Strömstad Turistinformation, *Ångbåtskajen 1, ✆ 0526-62330, www.vastsverige.com/stromstad. Mi–Fr 11–16, Sa 11–14 Uhr, im Sommer Mo–Sa und längere Öffnungzeiten.*

Hotel

Scandic Laholmen *€€€€, Laholmen 1, ✆ 0526-19700, www.laholmen.se. Moderne, komplexe Anlage der Scandic-Kette direkt neben dem Bootshafen auf der Laholm-Halbinsel.*

171 großzügige Zimmer, davon viele mit Balkon, beliebtes und gutes Restaurant mit Blick auf den Kosterfjord, Lobbybar mit abendlicher Klaviermusik, Nachtclub, Sauna, kostenfreie Leihfahrräder.

Fähren

Nach Norwegen: *2 x täglich fährt die Autofähre Color Hybrid von Strömstad nach Sandefjord in Norwegen, die Überfahrt dauert ca. 2,5 Std. Die bis zu 2.000 Passagiere fassende Fähre der Color Line ist mit 160 m Länge das größte Plug-In-Hybrid-Schiff der Welt. Fährterminal und Check-in der Color Line sind zentrumsnah. Infos:* **Color Line**, *Färjeterminalen, ✆ 0526-62000, www.colorline.de. Auch Fjordline bedient diese Strecke tgl. zweimal mit der M/S Oslofjord, die Überfahrt dauert ebenfalls ca. 2,5 Std.* **Fjordline**, *Torskholmen (Uddevallavägen 3C), www.fjordline.com.*

Zu den Kosterinseln: *Der vorgelagerte Miniarchipel der Kosterinseln (Sydkoster, Nordkoster) wird ganzjährig mehrfach täglich von Personen- und Frachtfähren der Kosterbåtarna angelaufen. Die Anlegestelle in Strömstad ist der Nordhafen nahe dem Torget und der Touristeninformation. Infos:* **Kosterbåtarna**, *Norra hamnen (Ångbåtskajen), ✆ 0526-20110, www.kostermarin.se.*

Zum Svinesund

Bei der Weiterfahrt verlässt man Strömstad über die Straße 176 und erreicht bald die E06. Zwei Sehenswürdigkeiten lohnen nahe der Straßeneinmündung den kurzen Umweg.

Die erste Sehenswürdigkeit ist die **Skee kyrka**, östlich der Europastraße am gleichnamigen Ort gelegen. Das weiße, schmucke Kirchlein stammt aus romanischer Zeit, woran

Brückenschlag zwischen zwei Königreichen über den Svinesund

noch die Portale und die Apsis erinnern. Im Innern sind der Taufstein, ein Altarschrank aus dem 15. Jh. und das Deckengemälde auf Holz sehenswert. Jenseits der Straße sieht man den viereckigen, gedrungenen Glockenturm von 1673.

Ebenfalls nahe der E06 und am Herrenhof Blomsholm gelegen, bietet das **Blomsholmsskeppet** ein fotogenes Besichtigungsziel für vorhistorisch Interessierte. Die aus 49 schlanken Steinen bestehende Schiffssetzung ist mit 42 m Länge und 9 m Breite die drittgrößte im Königreich und stammt wahrscheinlich aus der Völkerwanderungszeit. Ganz in der Nähe stößt man noch auf ein größeres Gräberfeld.

20 km nördlich von Strömstad ist das Etappenziel erreicht, die **norwegische Grenze**. Diese verläuft mitten im schmalen **Svinesund**, über den wiederum eine 2005 eingeweihte vierspurige Brücke führt. Mit einer Spannweite von 247 m gilt sie als **längste Ein-Bogen-Brücke der Welt**. In der Mitte der 90 m hohen Konstruktion symbolisieren zwei Granitblöcke zwei sich entgegenstreckende Hände als Zeichen für die engen nachbarschaftlichen Beziehungen zwischen Norwegen und Schweden. Durch den Brückenbau wurde der kleine Grenzverkehr deutlich erleichtert, was vor allem von Norwegern genutzt wird, um Nahrungsmittel, Alkohol und Tabak billiger einzukaufen.

Weiterfahrt nach Oslo

Von der schwedischen Grenze bei Svinesund sind bis Oslo auf der E06 rund 110 km zurückzulegen. Wer diesen Weg nicht nur als Transitstrecke wählt und sich etwas mehr Zeit nimmt, kann den einen oder anderen Zwischenstopp am **Oslofjord** einlegen. Als Erstes erreicht man die Industrie- (Papier) und Forschungsstadt **Halden**, in der Vergangenheit Schauplatz vieler Kämpfe zwischen Schweden und Dänemark/Norwegen. Ihre größte Sehenswürdigkeit, auch von der E06 aus gut zu sehen, ist die hoch gelegene Festung Fredriksten, die man 1661–1701 auf zwei Hügeln errichtete. Auf der Festung fand der schwedische König Karl XII. 1718 entweder durch einen feindlichen Schuss oder durch einen Attentäter aus den eigenen Reihen den Tod.

Kurz danach verläuft ab Skjeberg an der E06 die sogenannte „Vorzeitstraße" (Oldtids veien/Straße 110) 17 km nach **Fredrikstad**. Die Straße trägt den Namen wegen der vielen Felszeichnungen aus der Bronzezeit (z. B. Solberg, Hornes) und der Gräberfelder und Steinsetzungen vergangener Zeiten, die an ihr liegen. Fredrikstad selbst, die Stadt an der Mündung der Glomma, ist ein überaus sympathischer und interessanter Ort. Sehenswert ist die Festungsanlage, bestehend aus der Festungsstadt (Gamlebyen) und den Forts aus dem 16. Jh., eine der am besten erhaltenen Verteidigungsanlagen des Nordens. Lohnend ist von hier aus auch eine Fahrt über schmale, gewundene Straßen, Dämme und Brücken durch das Inselreich von Skjæhalden.

Wieder auf der E06 lohnt knapp 30 km vor Oslo der Abstecher (8 km auf der Straße 152) zum schönen Ort **Drøbak** am Fjord mit seinem unregelmäßigen Straßennetz und den malerischen Häusern. Vor der Küste wurde hier 1940 der deutsche Kreuzer Blücher versenkt.

6. KREUZ UND QUER DURCH SÜDSCHWEDEN

Überblick

Nachdem in den vorigen Kapiteln die Routen entlang der Öresund-/Kattegat- bzw. Ostseeküste vorgestellt wurden, geht es in diesem Abschnitt um die wesentlichen Inlandstrecken durch Südschweden. Viele Wege führen nach Stockholm. Auf den **Straßen 23/37** von Malmö in Richtung Stockholm kann man die altehrwürdige Universitätsstadt Lund sowie die Heimat des IKEA-Konzerns, das weltberühmte Glasreich und Astrid Lindgrens Småland kennenlernen. Die Route von Malmö geht über die immer autobahnmäßiger ausgebaute **E04** mit dem herrlichen Abschnitt am Vättersee an bedeutenden Klöstern und einer Vielzahl vorgeschichtlicher Denkmäler vorbei. Die Route von Göteborg entlang der **E20** in Richtung Stockholm führt zwischen den großen Seen Vättern und Vänern hindurch. An ihr liegen interessante Großstädte ebenso wie charmante Kleinstädte, prächtige Schlösser, alte Kirchen und die Inselwelt des größten schwedischen Sees. Der Weg von Göteborg bzw. Uddevalla über die **E45** am Westufer des Vänern entlang durch das seenreichste und von vielen Kanälen durchzogene Gebiet Schwedens begeistert garantiert

Naturliebhaber und vor allem Kanuten. Zuletzt wird auch die Querverbindung **E18** entlang der alten Königsstraße vorgestellt, die von der schwedischen zur norwegischen Hauptstadt führt.

Die großen Verkehrsachsen der Europa- und Landstraßen geben allerdings nur die grobe Richtung vor. Sich ausschließlich auf sie zu verlassen, hieße, einen Großteil der natürlichen und kulturellen Sehenswürdigkeiten Südschwedens zu verpassen. Je nach Zeitplan und Interesse sollte man also möglichst oft die aufgeführten Abstecher und Alternativrouten berücksichtigen. Genauso können die vorgestellten Routen immer wieder an bestimmten Knotenpunkten mit den anderen Routen und den Küstenstrecken verbunden werden, sodass man einzelne Kreuz- und Querverbindungen bequem zu einer individuellen Rundfahrt durch den Südteil des Königreichs kombinieren kann.

Von Malmö Richtung Stockholm – über Lund, das Glasreich und Småland

Redaktionstipps

- Die schönsten Kirchen besichtigen: die älteste Steinkirche **Dalby** (s. u.), den Dom von **Lund** (S. 317) und das ausgemalte Kirchlein von **Dädesjö** (S. 328).
- Im IKEA-Museum in **Älmhult** die Anfänge des „unmöglichen Möbelhauses" bestaunen (S. 322).
- Besuch einer der Glashütten in **Kosta**, **Boda** und **Orrefors** (S. 324) inklusive Teilnahme an einem traditionellen **Heringsessen** in den Hütten der Glasbläser (S. 324).
- Für den Urlaub mit Kindern: Abstecher zu **Astrid Lindgrens Welt** in Vimmerby. (S. 328).

Auf dieser Inlandroute entlang der **Straßen 23/37** in Richtung Stockholm sind gleich mehrere, ganz unterschiedliche typische Schwedenbilder vereint: das waldreiche Småland mit seinen falunroten Holzhäuschen wie aus einem Astrid-Lindgren-Film, die Glashütten bei Växjö mit den wohl bekanntesten schwedischen Kunsthandwerksprodukten und Älmhult, die Heimat des IKEA-Konzerns. Hinzu kommen wunderbare Kirchen und Klöster sowie nördlich der Provinz Schonen die charakteristische schwedische Wälder- und Seenlandschaft.

Unterwegs nach Lund

Von Malmö sind es keine 20 km bis zur Universitätsstadt Lund, wo man die wohl schönste romanische Kirche des Nordens kennenlernen kann. Wer dieses Erlebnis vertiefen möchte, sollte auch dem nahen **Dalby** einen Besuch abstatten, das von Malmö aus über die Straße 11 in wenigen Kilometern zu erreichen ist. Der heutige überschaubare Villenort ist vor allem wegen der **Heiligkreuzkirche** bekannt. Das auf einer Anhöhe platzierte, weiß gekalkte Gotteshaus stammt von 1060 und ist eine der ältesten Steinkirchen Skandinaviens sowie die erste Bischofskirche von Schonen (und somit die direkte Vorgängerin des Doms von Lund). Ihr heutiges Aussehen ist von einem Umbau aus dem Jahre 1758 geprägt, doch Portale, der Taufstein und vor allem die eindrucksvolle Krypta erinnern noch an die Zeit, als hier ein Bischof residierte und der dänische König Harald Hen (1041–80) in der Kirche beigesetzt wurde. Dass in der Krypta eine Quelle entspringt, kann als Beleg für einen vorchristlichen Kult- und Thingplatz gewertet werden.

Von Dalby sind es dann nur rund 10 km auf der Straße 102 in nordwestlicher Richtung nach Lund.

Lund

Das herausragendste Gebäude der Universitätsstadt Lund ist zweifelsohne der prächtige Dom. Die um 1020 gegründete Stadt ist eine der ältesten des Nordens. Um 1100 zum **Bischofssitz** erhoben, stieg das damals dänische Lund zum geistigen und kulturellen Zentrum Skandinaviens auf. Selbst Island und Grönland gehörten zum damals größten europäischen Erzbistum. Anfang des 14. Jh. gab es in der Stadt außer dem Dom nicht weniger als 27 Kirchen und sieben Klöster. Die Gründung der Universität erfolgte 1668 und ist vor allem als eine Maßnahme zu verstehen, verstärkt schwedischen Einfluss geltend zu machen, nachdem Dänemark zehn Jahre zuvor seine Besitzungen in Südschweden an den nördlichen Nachbarn abgetreten hatte. Im Verlauf des 17./18. Jh. sank Lunds Bedeutung, u. a. durch Kriege, Stadtbrände (1703, 1711) und die Pest (1712–13). Einen kurzzeitigen Aufschwung gab es 1716–18, als Karl XII. von der Residenz Kungshuset aus das Königreich regierte und Diplomaten aus ganz Europa nach Lund kamen.

Heute ist Lund mit knapp 95.000 nach Malmö und Helsingborg die **drittgrößte Stadt Schonens**. Mehr als ein Drittel der Einwohner sind Studenten, sodass Lehrgebäude, Bibliotheken und **studentisches Leben** (Fahrräder, Cafés, Kneipen etc.) den Puls der Stadt, die während der Semesterferien wie ausgestorben wirkt, bestimmen.

Die Universität ist auch in anderer Hinsicht der wirtschaftliche Motor der Stadt: Viele kleine und mittelständische Unternehmen (besonders IT-, Medizintechnik- und Biotechnologie-Firmen) arbeiten eng mit der Uni und der Technischen Hochschule LTH zusammen. Durch sie und auch dank EU-Unterstützung ist Lund zu einem führenden naturwissenschaftlichen Forschungsstandort aufgestiegen. Die Betriebe sind außerhalb des Zen-

Hauptgebäude der Universität Lund

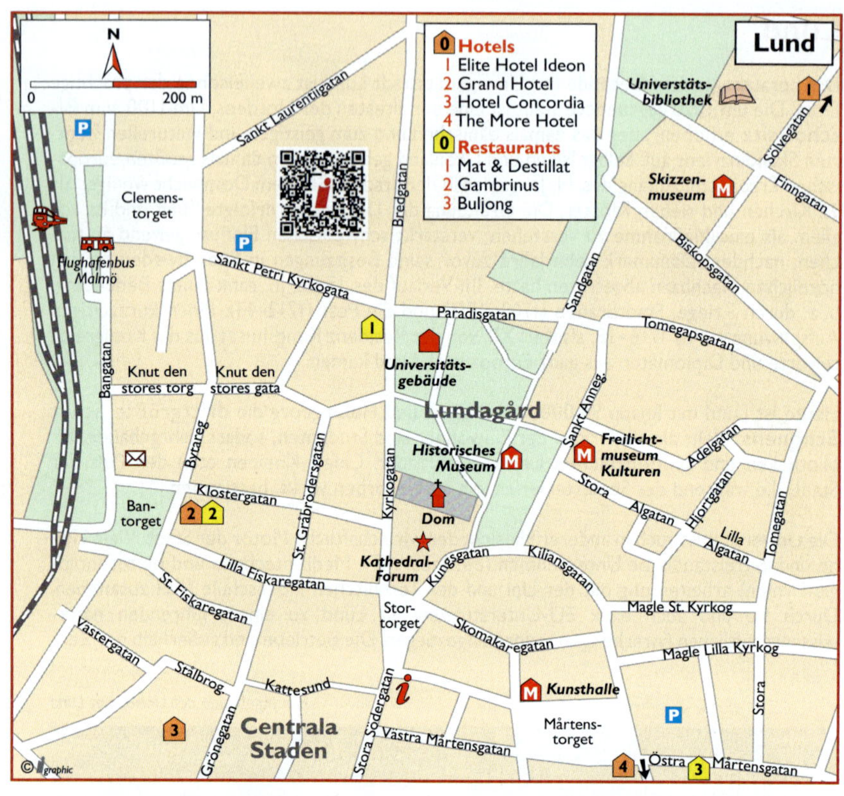

trums im Stadtteil Tuna und dem Wissenschaftspark IDEON, der ersten Einrichtung dieser Art in Skandinavien, konzentriert, wo man auch die Technische Hochschule findet. Für äußerst gesunde wirtschaftliche Eckdaten sorgen außerdem Firmen wie die 1951 in Lund gegründete Tetra Pak AB, das Medizintechnikunternehmen Gambro und Sony Ericsson.

Wer nur für eine kurze Besichtigung Zeit hat, sollte sich auf das Zentrum (Centrala staden) und hier wiederum auf den Dombezirk konzentrieren. Obwohl er nicht übermäßig hoch ist, drückt der an der alten Hauptstraße Lunds, der Kyrkogatan, gelegene **Dom** (Lunds domkyrka) der Stadt seinen Stempel auf. Dass ab etwa 1100 mit dem Bau einer Kirche solchen Ausmaßes begonnen wurde, an dem vermutlich Architekten und Baumeister aus England, Italien und dem Rheinland beteiligt waren, geht auf eine Pilgerfahrt des dänischen Königs und sein vom Papst unterstütztes Bestreben zurück, Lund als kirchliches Zentrum des Nordens zu etablieren. Das 1145 eingeweihte Gebäude wurde als dreischiffige romanische Basilika ausgeführt, deren Apsis und Krypta zum Schönsten gehören, was romanische Architektur hervorgebracht hat. Anfang des 16. Jh. fügte der westfälische Baumeister Adam van Düren zahlreiche Skulpturen hinzu, doch mit der dänischen Reformation ging die große Zeit des Doms zu Ende, und nur die Nutzung als Pfarrkirche bewahrte ihn vor dem Abriss. Im 19. Jh. wurden vor allem die Türme und die Westfassade in Anlehnung an die ursprüngliche Architektur gestaltet.

Schönste romanische Kathedrale des Nordens: Domkirche Lund

Aus dem reichen Inventar der Kirche seien nur die Chorsessel im hochgotischen Stil, der norddeutsche Altarschrank von 1398 und die prächtige Renaissance-Kanzel genannt. Berühmt ist die das antike Weltbild widerspiegelnde **astronomische Uhr**, die beim Eintritt durch das Hauptportal links zu sehen ist. Ihre ältesten Teile stammen aus dem späten 14. Jh. Sehenswert ist die Architektur der **Krypta**, der älteste Teil der Kirche mit 41 Kreuzgewölben. Aus dem Rahmen fallen die zwei **Finn-Säulen**, benannt nach dem Riesen Finn in Anlehnung an eine Legende um den hl. Laurentius, mit eigenwilligen figürlichen Darstellungen, die Rätsel aufgeben. Es lohnt sich, außen um die Kirche herumzugehen. Die Portale (das Hauptportal an der Westseite ist nicht ursprünglich) zeigen eine im Norden einmalige romanische Bildhauerkunst, die Apsis mit ihrem dreigeschossigen Aufbau ist formvollendete Romanik.
Lunds domkyrka, *Kyrkogatan 4, ✆ 046-718897, www.lundsdomkyrka.se. Mo–Fr 8–18, Sa 9.30–17, So 9.30–18 Uhr.*

Südlich an den Dom grenzen eine gotische **Backsteinkapelle** mit Treppengiebeln und das neue **Kathedral-Forum** (Domkyrkoforum). In dem auffälligen, 2011 eingeweihten Gebäude der Architektin Carmen Izquierdo kann man sich u. a. einen Film über die Kathedrale anschauen, die Bibliothek oder Computer nutzen und einen Kaffee trinken. Hier finden auch kulturelle Veranstaltungen und Seminare statt.
Domkyrkoforum, *Mo–Fr 10–17, Sa 10.30–15 Uhr.*

Jenseits des Kathedral-Forums erstreckt sich der **Stortorget**, der wichtigste Platz der Stadt. Neben Banken, Geschäften, Cafés und der Touristeninformation findet man hier das **Rathaus** (Rådhuset) von 1830 und rechts davon die **Stadthalle** (Stadshallen) von 1968 mit einem Konzertsaal und Sitzungssälen des Stadtrats. Durch die Botulfsgatan ist der Stortorget mit einem weiteren großen Platz, dem **Mårtenstorg**, verbunden. Auf dem alten Handelsplatz werden immer noch regelmäßig Wochenmärkte abgehalten. Seine westliche Front wird von der **Markthalle** eingenommen, die bereits 1909 eingeweiht wurde und 100 Jahre später einen verglasten Anbau bekam. Das sehenswerte Gebäude bietet sich mit seinen rund 20 Geschäften und Restaurants auch für eine erholsame Pause an (Saluhallen, *https://lundssaluhall.se, Mo–Fr 10–18, Sa 10–15 Uhr*). Der Stortorget zieht zudem Kunstfreunde an, denn in der **Kunsthalle** (Lunds konsthal, *www.lundskonsthall.se*) wird schwedische Kunst der Gegenwart in vier bis fünf Ausstellungen jährlich gezeigt.

Auf der anderen, nördlichen Seite der Domkirche erstreckt sich der wunderschöne **Park Lundagård** mit seinem alten Baumbestand; er verbindet gleichzeitig die Kirche mit den alten universitären und weiteren kulturellen Einrichtungen. Der Park wurde bereits um 1000 für den dänischen König Knut den Großen angelegt, der Lund neben London zur Hauptstadt seines Nordsee-Imperiums gemacht hatte. Früher war der Park von einer hohen Mauer umgeben, innerhalb welcher sich das Kungshuset (Königs- und Bischofsresidenz) befand. Im Norden findet der mit Brunnen und Standbildern geschmückte Lundagård seine Fortsetzung im Universitätsplatz, an dem sich das strahlend weiße **Hauptgebäude der Universität** vom Ende des 19. Jh. erhebt. Auch andere Institutionen, Unterrichtslokale und studentische Einrichtungen sind rings um den Park gruppiert, sodass er als akademisches Zentrum der Stadt bezeichnet werden kann.

Im Osten grenzt der Lundagård an den Tegnérsplatsen und den Krafts Torg; beide Plätze werden getrennt durch das lang gestreckte **Historische Museum** der Universität, Schwedens zweitgrößtes dieser Art. Zu den einzelnen Abteilungen gehören u. a. die Sammlung mittelalterlicher Kirchenkunst, das Münzkabinett mit Schatzfunden aus Schonen und 40.000 Münzen, das Kuriositätenkabinett, der Antikensaal mit Skulpturen, Münzen und Keramik, der Zoologische Saal und der Domschatz (Domkyrkomuseet) in den Gebäuden des Domkapitels. Nach längerer Renovierung wurde das Museum passend zu seinem hundertjährigen Jubiläum im September 2018 wiedereröffnet.
Lunds Universitets Historiska Museum, *Krafts torg 1, ✆ 046-2227944, www.historiskamuseet.lu.se. Di–So 12–16 (Juni–Aug. bis 17), Do bis 20 Uhr.*

Am nordöstlichen Rand des Parks lohnt ein Besuch von **Kulturen**, einem Freilichtmuseum mit rund 30 Gebäuden aus verschiedenen Teilen Südschwedens, die die Lebensweise der Menschen aus unterschiedlichen Zeiten und Gesellschaftsklassen veranschaulichen. Hier gibt es außerdem eine kulturhistorische Sammlung, Kunsthandwerk und Funde aus dem mittelalterlichen Lund sowie wechselnde Ausstellungen, ein Café und einen Museumsshop. Nach Skansen in Stockholm gilt das 1892 eröffnete Kulturen als zweitältestes Freilichtmuseum der Welt.
Kulturen, *Tegnérplatsen, ✆ 046-350400, www.kulturen.com. Mai–Aug. tgl. 10–17, Mi bis 20, sonst Di–So 12–16, Mi bis 20, Sa/So ab 10 Uhr.*

Kunst- und Museumsfreunde finden zwei Blocks nördlich des Lundagård, nahe der Universitätsbibliothek, das **Skizzen-Museum**, eine Sammlung von Skizzen und Modellen öffentlicher Kunst. Der Kunsthistoriker Ragnar Josephsson begann 1934 mit dem Aufbau eines Archivs. Er wollte die kreativen Prozesse von der Idee zum Kunstwerk dokumentieren und seinen Studenten Anschauungsmaterial bieten. Hier hängen Werke von u. a. Picasso, Matisse, Isaac Grünewald, Sigrid Hjertén und Carl Milles. Nach einer längeren Umbauphase zeigt sich das Museum seit 2017 in einem neuen, architektonisch spannenden Kleid.
Skissernas museum, *Finngatan 2, ✆ 046-2227283, www.skissernasmuseum.se. Di–So 11–17, Do bis 21, Sa/So ab 12 Uhr.*

Reisepraktische Informationen Lund

Information

Visit Lund, *✆ 046-131415, www.visitlund.se. Touristische Information durch die im Stadtgebiet verteilten Infopoints oder über die Website.*

Hotels (▸ Karte S. 318)

Grand Hotel €€€€–€€€€€ (2), *Bantorget 1, ✆ 046-2806100, www.grandilund.se. Repräsentatives Stadthotel vom Ende des 19. Jh. in zentraler Lage, 200 m vom Bahnhof und 450 m von der Universität entfernt. 83 klassisch-komfortabel im Jugendstil eingerichtete Zimmer, vorzügliches Bistro Gambrinus (s. u.), Sommerrestaurant Ingrid mit tollem Ausblick, Bar, Billardzimmer, Lounge, Fitnesscenter und Sauna; keine Parkmöglichkeiten.*

Elite Hotel Ideon €€€€ (1), *Scheelevägen 27, ✆ 046-2871100, www.elite.se. Hotel im höchsten Gebäude von Lund, dem 74 m hohen Ideon Gateway, im nördlichen Stadtteil und Wissenschaftspark Ideon nahe der E22 gelegen. 178 Zimmer und Suiten mit allem Komfort, Fitnessstudio, Sauna, Restaurant NorthEast und italienisches Café & Restaurant Paolo's, kostenloser Fahrradverleih, preisgünstiges Parkhaus gegenüber dem Hotel.*

The More Hotel €€€–€€€€ (4), *Kastanjegatan 18, ✆ 046-2716400, www.themorehotel.se. Interessante Herberge, die 2012 in einem ehemaligen Eisenbahndepot aus dem Jahre 1906 eröffnet wurde, 10 Gehminuten vom Mårtenstorget entfernt. Insgesamt 33 Studios mit voll eingerichteter Küche, Sitz- und Essbereich, Schlafzimmer und Bad, Innenhof mit Gartenmöbeln, Sauna, Fitnessraum und Whirlpool, Fahrradverleih, Frühstücksrestaurant in der alten Maschinenhalle, gutes Restaurant Matrummet (Di–Fr 11.30–14.30, Do–Sa ab 18 Uhr).*

Hotel Concordia €€€ (3), *Stålbrogatan 1, ✆ 046-135050, www.concordia.se. 135 Jahre altes, edles Haus im Stadtzentrum mit 62 unlängst renovierten Zimmern, Frühstücksrestaurant, kleinem Fitnessstudio und Sauna mit Sonnenterrasse auf dem Dach.*

Restaurants (▸ Karte S. 318)

Mat & Destillat (1), *Kyrkogatan 17, ✆ 046-128000, www.matochdestillat.se. Edel aufgemachtes Restaurant und Cocktailbar in der Altstadt zwischen Dom und Universität, schwedische Küche auf hohem Niveau à-la-carte oder als Menü. Mo/Di 11.30–22, Mi/Do 11.30–23, Fr 11.30–24, Sa 12–24 Uhr.*

Gambrinus (2), *Bantorget 1, ✆ 046-2806100. Lockere und gut besuchte Bar & Bistro des Grand Hotel (s. o.) mit gehobener Küche und legendären Spezialitäten wie Garnelensandwich oder Sten Bromans whiskyköttbullar. Mo–Do 11.30–24, Fr 11.30–1, Sa 12–1, So 12–22 Uhr.*

Buljong (3), *Östra Mårtensgatan 6, ✆ 073-0244029. Zwei Blocks südlich vom Dom, gelegen, für Suppenfans und alle, die ein schnelles und leichtes Mittagessen möchten; auch als Take Away fürs Picknick. Mo–Fr 11–15 Uhr.*

Unterwegs nach Älmhult

Auf der vorliegenden Route folgt man zunächst 24 km der gut ausgebauten E22 in Richtung Kristianstad und biegt dann auf die Straße 23 ab, die für die nächsten 200 km die Richtung vorgibt. Rund 10 km hinter dem Abzweig bietet das strahlend weiße **Bosjökloster** ein erstes Besichtigungsziel. Das in Privatbesitz befindliche Schloss geht auf ein 1080 gegründetes Nonnenkloster zurück, das nach der Reformation zunächst an die dänische Krone ging und in ein repräsentatives Anwesen umgebaut wurde. Es liegt auf einer Landzunge zwischen zwei Buchten des ausladenden Sees **Ringsjön**. Die Besitzerfamilie Bonde

hat das Schloss in ein touristisches Ausflugsziel verwandelt, mit u. a. einem riesigen Golfplatz, Reitställen, einem Park mit Tiergehege, Kräutergarten, Blumengärten und tausendjähriger Eiche, mit Spielplatz, Picknickplätzen, Bootsverleih zum Rudern und Angeln, Restaurant und Café. Auf Führungen kann man eine Ausstellung im Schloss und einzelne Gebäudeteile wie Gewölbekeller und die Kirche aus dem 12. Jh. besichtigen.
Bosjökloster, *Bosjökloster 111, Höör, ✆ 0413-25048, www.bosjokloster.se. Garten und Park Mai–Sept. 8–19, Okt.–April 9–17, Restaurant und Teile des Schlosses Mai–Sept. tgl. 10–17 Uhr.*

Hinter dem Ringsjön umgeht die Landstraße die Ortschaft **Höör** (weiße Treppengiebel-Kirche, Schulmuseum) und führt durch Wälder und Weiden sowie an weiteren Seen vorbei in 30 km auf **Hässleholm** zu, ein relativ uninteressantes Städtchen mit gut 19.000 Einwohnern. Nun verlässt man bald Schonen und fährt in den waldreichen Südzipfel der Provinz Småland, wo man nach rund 55 km Älmhult erreicht.

Älmhult

Am Ortseingang der an und für sich wenig ansprechenden Kleinstadt Älmhult am Südufer des Sees Möckeln weist die Skulptur eines enorm großen Stuhles darauf hin, dass es hier eine besondere „Sehenswürdigkeit" gibt, zumindest für alle Fans des „unmöglichen Möbelhauses". Der 11.000-Einwohner-Ort Älmhult ist nämlich Gründungsort und immer noch einer der Hauptstandorte des **Möbelkonzerns IKEA**. 1958 wurde hier das erste Möbelhaus des heutigen Weltkonzerns eröffnet. Dieses wurde bis 2012 betrieben und wurde dann von einem neuen, hypermodernen Komplex ersetzt, in dem neben dem normalen Sortiment auch die Produkte aus Spezialabteilungen wie „Glass House", „Paper Shop" und „Uppleva" (= Wohnzimmermöbel mit integriertem TV und Sound) angeboten werden.

Das neue IKEA Älmhult liegt unmittelbar an der Straße 23 (*Handelsplatsen 4*), während das ehemalige Warenhaus zum weltweit ersten **IKEA-Museum** umfunktioniert wurde. Das 2016 eröffnete Museum zeigt auf vier Etagen alle Stationen der Erfolgsgeschichte anhand von Originalmöbeln, Designstudien, Foto- und Filmdokumenten, Werbeplakaten, Katalogen etc. Und natürlich dürfen auch hier weder ein Shop noch ein Restaurant fehlen. Wer vor so viel IKEA in Zeitnot gerät, kann auch an Ort und Stelle im **IKEA Hotell** nächtigen (*€–€€€, Ikeagatan 1, ✆ 0476-641100, https://ikeahotell.se. Auch Familienzimmer und Low-Budget-„Schlafkabinen"*).
IKEA Museum, *Ikeagatan 5, ✆ 0476-441600, www.ikeamuseum.com, tgl. 10–18 Uhr.*

Växjö

Gut 60 km nördlich von Älmhult ist Växjö („Weckschö" gesprochen) erreicht, eine Gemeinde von immerhin 1.930 km² (!) und rund 97.000 Einwohnern. Mit etwa 300 Seen und ausgedehnten Wäldern kann sie sich wohl zu Recht die „grünste Stadt Europas" nennen. Der Ort war schon in Wikingerzeiten ein wichtiges Handelszentrum, das im 12. Jh., als der englische Missionar Sigfrid die erste Kirche errichten ließ, zum Bischofssitz erhoben wurde. Dass der Grundriss der Hauptstadt der Provinz Kronobergs län keineswegs mittelalterlich anmutet, geht wesentlich auf zwei Großbrände im 19. Jh. zurück, die fast nichts von der alten Bebauung zurückließen.

Heute ist Växjö neben seiner administrativen Funktion mit der Linnéuniversität ein wichtiger Ausbildungsort für ein weites Umland und Zentrum der südschwedischen Holzindustrie. Neben dem das Stadtbild prägenden Dom sind für Besucher der auch als „Hauptstadt des Glasreiches" bezeichneten Stadt zwei Museen von besonderem Interesse: die Glassammlung im Smålands-Museum und Utvandrarnas hus, das Auswanderermuseum. Gegenüber von Stortorget, dem Marktplatz im Zentrum, bieten sich Parkmöglichkeiten, sodass sich die Sehenswürdigkeiten gut zu Fuß bewältigen lassen. Etwas weiter entfernt, rund 5 km nördlich der Stadt, stellt die malerische Ruine von **Schloss Kronoborg** auf einer Halbinsel im Helgasee ein beliebtes Ausflugs- und Picknickziel dar. Die Burg wurde ab 1444 als Residenz des Bischofs von Växjö gebaut und verfiel bereits im 17. Jh.

Der **Dom**, dessen älteste Teile im Mittelschiff aus dem 12. Jh. stammen, erhielt sein heutiges Aussehen nach einer durchgreifenden Restaurierung zwischen 1956 und 1960, als der Architekt Kurt von Schmalensee das Walmdach rekonstruieren und zwei spitze Helme in Anlehnung an andere mittelalterliche Vorbilder in Småland errichten ließ. Von der ursprünglichen Ausstattung der Kirche ist nichts bewahrt geblieben, sieht man von einer Altartafel und der Orgelfassade aus dem 18. Jh. ab. Die Glasmalereien stammen u. a. von Jan Brazda und Bo Beskow, der auch das große Mosaik im südlichen Seitenschiff geschaffen hat. Im Turm sind die Kunstschätze der Kirche zu sehen. Der Bischofssitz Östrabo (1796) östlich des Doms war lange Jahre Wohnsitz der großen schwedischen Kulturpersönlichkeit Esias Tegnér (1782–1846). Das schöne karolinische **Gymnasium** neben dem Dom besuchte schon der Botaniker Carl von Linné.

Das 1968 eröffnete **Auswandererhaus** zeigt die Dauerausstellung „Der Traum von Amerika" und veranschaulicht die große Auswanderungswelle in der zweiten Hälfte des 19. Jh. aus den Armengebieten Smålands, als mehr als 200.000 Menschen der Region den Rücken kehrten. Im Archiv und Forschungszentrum des Auswandererhauses finden sich auch die Materialien, die dem bekannten schwedischen Schriftsteller Vilhelm Moberg (1898–1973) als Grundlage für seine berühmten Auswandererromane dienten.
Utvandrarnas hus, *Vilhelm Mobergs gata 4, ✆ 0470-704200, www.kulturparkensmaland.se. Sept.–Mai Di–Fr 10–17, Sa/So 11–16, Juni–Aug. Di–So 10–17 Uhr.*

Das südlich vom Bahnhof gelegene und 1867 eröffnete **Smålandsmuseum**, eines der ältesten Provinzmuseen des Landes, ist vor allem wegen seiner Sammlung schwedischen und ausländischen Glases lohnend.
Smålands Museum & Sveriges Glasmuseum, *Kulturparken, Södra Järnvägsgatan 2, ✆ 0470-704200, www.kulturparkensmaland.se. Sept.–Mai Di–Fr 10–17, Sa/So 11–16, Juni–Aug. Di–So 10–17 Uhr.*

Reisepraktische Informationen Växjö

Information

Växjö Turistbyrå, *Norra Järnvägsgatan 7, ✆ 0470-43400, https://upplev.vaxjo.se. Mo–Fr 7.30–16.30 Uhr.*

Hotels

Elite Stadshotellet Växjö *€€€–€€€€, Kungsgatan 6, ✆ 0470-13400, www.elite.se. Prachtbau von 1853 in zentraler Lage am Marktplatz mit 163 stilvollen Zimmern und Minisuiten, gutem Restaurant, Pub mit großem Bier- und Whiskysortiment, große Sommerterrasse, Sauna, Nachtclub mit DJ und Tanz an mehreren Abenden in der Woche.*

Quality Hotel Royal Corner *€€€–€€€€, Liedbergsgatan 11, ✆ 0470-701000, www.strawberry.se. Zentral gelegenes Hotel mit 159 komfortablen Zimmern (auch Familienzimmer), gutem Restaurant, Wellnessabteilung mit Pool, Sauna und Whirlpool.*

JH

Jugendherberge/Camping

Evedals Camping & Vandrarhem, *L. J. Brandts väg 1, Evedal, Växjö, ✆ 0470-63034, https://evedalscamping.com/vandrarhem. Am Helgasee gelegene, ganzjährig geöffnete Anlage mit Ferienhäusern und Campinghütten. 6 km von Växjös Zentrum entfernt, naturschöne Umgebung, Restaurant, Shop, Fahrradverleih, Bade- und Angelmöglichkeiten am See. Zu dem Komplex gehört auch eine Jugendherberge in einem wunderschönen Holzhaus mit 18 Zimmern sowie einem großen Garten mit Grill und Terrasse.*

Im Glasreich – zwischen Växjö und Kalmar

Glasriket, „Glasreich", nennen die Schweden die waldreiche Gegend zwischen Kalmar und Växjö in Småland, wo ein großer Teil der schwedischen Glasproduktion angesiedelt ist: 16 größere Betriebe und eine Reihe kleinerer Hütten sowie Ateliers. Schwedisches Glas hat heute einen ähnlich guten Namen wie einst böhmisches Glas im 19. Jh. International bekannt wurde schwedisches Kunstglas in den 1920er und 1930er Jahren auf der Art-déco-Ausstellung von 1925 und der Weltausstellung 1937 in Paris. Es waren auch die Künstler jener Jahre, die mustergültiges Gebrauchsglas entwarfen. Bis in die späten 1950er gab die Manufaktur Orrefors die Richtung an und beschäftigte die bekanntesten Künstler. Die gravierten Kunstgläser und imponierenden Graal- und Arielgläser von Simon Gate, Edward Hald, Vicke Lindstrand, Sven Palmquist, Edvin Öhrström und Nils Landberg begründeten den Weltruhm des Unternehmens. Eine Reihe von Hütten mit eigener Fertigung verblieb lange im Schatten von Orrefors, bis dann Kosta, Boda, Skruf Rejmyre und Strömbergshyttan mit eigenen Produktionslinien hervortraten.

Mitte des 16. Jh. hatte die Glasindustrie als Luxusindustrie ihren Anfang genommen. Im Mälartal nahe der heranwachsenden Hauptstadt, wo Brennmaterial eher Mangelware war, lag der eigentliche Markt für Glaswaren mit Hof und Adel als Abnehmer. Die Arbeitskräfte waren meist deutsche Facharbeiter und schwedische Hilfskräfte. Im 18. Jh. errich-

Hyttsill-Abende

Als die **Glashütten** noch die Kommunikationszentren der Umgebung waren, traf man sich nach der Arbeit zum Essen zu sogenannten Hyttsill-Abenden. Es gab Salzheringe, die im Kühlofen, wo tagsüber das Glas abkühlte, gebraten wurden. Die Tradition des Heringessens mit *isterband* (einer süßsauren Grützwurst), Würsten, gebackenen Kartoffeln, reichlich Zwiebeln und småländischem *ostkaka* (einer Art Quarkauflauf) lebt in den Glashütten fort. Hyttsill-Abende bieten verschiedene Glashütten wie Bergdala, Kosta, Orrefors, Målerås und Pukeberg an. Der Ablauf des Abends kann von Hütte zu Hütte etwas unterschiedlich sein, aber alle bieten den Gästen ein **Menü** nach alter Tradition und eine **Vorführung** im Glasblasen. Nach einem Besuch der Glasbläsereien ist ein solcher Hyttsill-Abend sicher ein krönender und passender Abschluss.

Bergdala: *✆ 070-5336146, www.bergdalahyttan.se;* **Kosta**: *✆ 0478-50000, http://kostahyttsill.se;* **Målerås**: *✆ 0481-31402, www.malerashyttsill.se;* **Pukeberg**: *✆ 0481-16900, https://visitpukeberg.se/hyttsill.html. Buchung notwendig.*

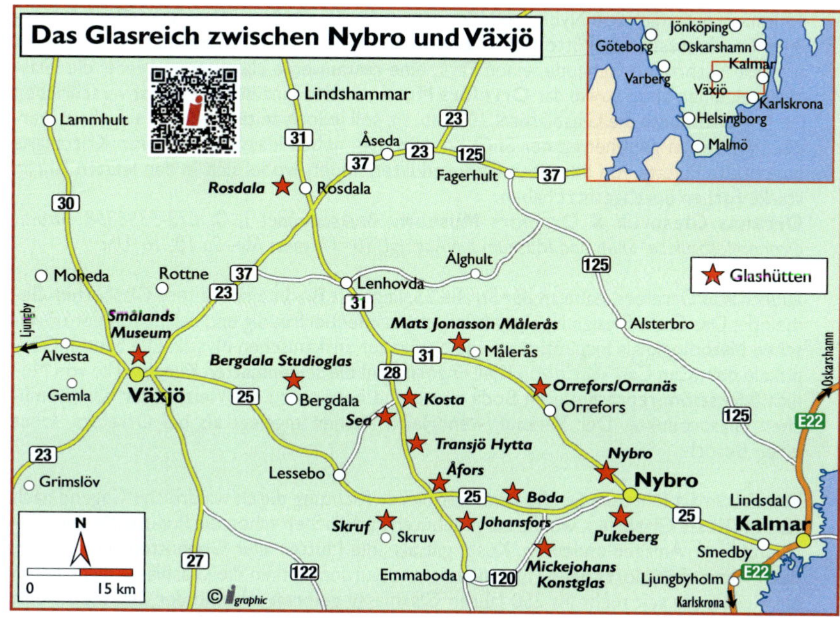

tete man neue Anlagen in Gegenden, wo der Zugang zu Wäldern unbegrenzt und das „grüne Gold“ nicht von konkurrierenden Betrieben der eisenproduzierenden Industrie als Rohstoff begehrt war. Anfang des 19. Jh. folgte der Schritt vom Handwerk zur **industriellen Produktion**, als es gelang, Glas zu pressen. Der Markt expandierte, weil das Glas längst vom Luxusgut zum alltäglichen Gebrauchsgut geworden war.

Mit Kosta (gegr. 1740) als Impulsgeber entwickelte sich das südöstliche Småland zum Zentrum der schwedischen Glasindustrie. Von 1870 bis zum Ende des 19. Jh. stieg die Zahl der Betriebe von 27 auf 56 und die Anzahl der Beschäftigten von etwa 1.300 auf 5.700. In den 1980er Jahren konnte schwedisches Glas seinen guten internationalen Ruf verteidigen dank hervorragender Designer wie Bertil Vallien, Ulrika Hydman-Vallien und Gunnel Sahlin, die für Kosta Boda arbeiteten, sowie Gunnar Cyrén, der maßgeblich den Stil von Orrefors prägte.

Orrefors, **Kosta** und **Boda** sind die berühmtesten Hütten im Glasreich; sie wurden liebevoll restauriert. Die kleineren Glashütten haben sich auf ausgewählte Bereiche der Produktion spezialisiert und ein eigenes Profil entwickelt: so z. B. **Bergdala** mit seinen kobaltblauen Glasprodukten, **Rosdala**, wo seit hundert Jahren Beleuchtungsglas gefertigt wird, **Sandvik**, das ausgefallenes Tafelglas herstellt und mit seinen Nobel-Trinkgläsern einen modernen Klassiker hervorgebracht hat, **Lindshammar** mit seiner farbenfrohen Glaskunst – oder auch ein kleiner Hersteller wie **Skruf**, der mit dem Wasserbarometer, im Volksmund „Pissbarometer“ genannt, große Verkaufserfolge erzielt.

Von Växjö nach Kalmar führt die Route über die Straße 25 in Richtung **Nybro**, eine kleine Industriestadt, die nicht besonders interessant ist, in deren Gemeindegrenzen aber zahlreiche Glashütten liegen.

15 km nordwestlich von Nybro befindet sich an der Straße 31 im **Orrefors-Park** Schwedens berühmteste Glashütte **Orranäs Glasbruk**. Das 2017 neueröffnete Glaszentrum umfasst historische Gebäude, einen Park, eine restaurierte Hammerschmiede, die Glasbläserei, einen Shop sowie das **Orrefors Museum**, das ganz der Glaskunst verschrieben ist. Leider brannte die Glasbläserei 2023 ab, sie soll jedoch zeitnah wieder aufgebaut werden. Weiterhin geöffnet ist der Shop, in dem man neben klassischem klaren Kristallglas eine breite Palette von bemalten Glasprodukten findet, wobei sich in den letzten Jahren starke Farben durchgesetzt haben.
Orranäs Glasbruk & Orrefors Museum, *Bruksområdet 1, ✆ 073-5358358, https://orranasglasbruk.se. Shop und Museum Juli/Aug. tgl. 10–17, sonst Mo–Sa 10–16 Uhr.*

Südlich von Orrefors, nahe an der Straße 25, liegt mit **Boda** eine weitere Glashütten-Gemeinde. Das Boda-Design ist ausgefallen, experimentierfreudig und reicht von der nordischen Mythologie als Inspirationsquelle bis hin zur afrikanischen Mystik. Die bunten Glaspokale der „Can Can"-Serie von Kjell Engman und die seidenmatten Kunstwerke von Monica Backström repräsentieren Boda heute und bereichern die Vielzahl der herkömmlichen Glasprodukte. Der Verkauf, wenngleich kleiner angelegt als bei Orrefors, lohnt einen Besuch.

Von Eriksmåla führt die Straße 28 in nördlicher Richtung durch waldreiche Gegend nach **Kosta** (Kosta Glasbruk), wo die ausgedehnten Parkflächen schon die Popularität der Hütte und ihrer Anlagen andeuten. Kosta gilt als „die Mutter aller Glashütten Schwedens", denn wenn andernorts neue Hütten errichtet wurden, kamen die Glasbläser nicht selten aus Kosta, wo seit mehr als 250 Jahren Glasmasse geformt wird. In der **ältesten noch**

Glasbläser bei der Arbeit

Hinweis

Bei größeren **Glaseinkäufen** empfiehlt es sich, das Angebot der recht nahe beieinander liegenden großen Hütten zu vergleichen. Man sollte sich nicht von der Bezeichnung „zweite Wahl" abschrecken lassen – jedes mundgeblasene Glasobjekt ist ein Unikat.

existierenden Glasbläserei des Landes hat man die Produktion von Fensterglas und Kronleuchtern aufgegeben und widmet sich einer modernen Formgebung, für die Namen wie Göran Wärff, Anna Ehrner und Anna Wåhlström stehen. Kosta bietet die gesamte Bandbreite schwedischer Glaskunst. Die Hütten, zu denen auch die Häuser der Knechte, Holzfäller, Tagelöhner und Glasbläser gehören, sind sehenswert. Wie in Orrefors kann man auch hier den Glasbläsern bei der Arbeit zusehen. Lohnend ist ein Rundgang in der Ausstellung, und für viele dürfte der Einkauf von Glaswaren, die oft bis zu 40 % unter dem normalen Einkaufspreis liegen, von besonderem Interesse sein. In Kosta wurde viel Geld investiert: Ein ausgefallenes Hotel (s. u.), eine Markthalle, eine Brauerei, eine Kristall-Bar und ein erheblich größeres Outlet ziehen inzwischen noch mehr Besucher an. Im Juli ist der Andrang besonders groß.
Kosta Boda, *Stora vägen 96, Kosta, ✆ 0478-34500, www.kostaboda.se. Outlet/Einkauf, Ausstellung tgl. 10–19, Sa 10–17, So 11–17 Uhr, Glasblasen tgl. 10–16, So 11–16 Uhr.*

In Kosta liegt auch der beliebte **Grönåsens Älgpark**. Hier kann man auf einem 1,5 km langen Rundweg Elche beobachten und viel Wissenswertes über diese Tiere erfahren. Außer den Elchen sind u. a. auch Ziegen, Schweine, Pferde, Kaninchen, Meerschweinchen und Hühner zu sehen. Im Park gibt es Übernachtungsmöglichkeiten, ein Restaurant und einen Souvenirshop (*Infos unter www.gronasen.se*).

Von Kosta bietet es sich an, direkt „durch den Wald" über eine kleine Straße nach Lessebo an der Straße 25 zu fahren. Dort weisen Schilder auf **Lessebo Handpappersbruk** hin, Schwedens einzige Handpapiermühle. Wie vor 300 Jahren wird hier Bogen für Bogen hergestellt. Möglich ist die Teilnahme an einer Führung durch die Papiermühle sowie der Kauf von handgeschöpftem Dokumenten- und Briefpapier.
Lessebo Handpappersbruk, *Storgatan 79, Lessebo, ✆ 0478-770010. Ende Juni–Sept. Di/Do 10–16 Uhr, Führungen um 13/14/15 Uhr, teilw. auf Deutsch bzw. Englisch.*

Reisepraktische Informationen Glasreich

Information

Glasriket, *Engshyttegatan 6, Nybro, ✆ 0481-45215, www.glasriket.se. Info- und Buchungsadresse für das gesamte Glasreich, u. a. auch viele Paket-Angebote wie „Glasblasen, selbst gemacht".*
Destination Kosta, *Kosta Glasbruk, Stora vägen 98, ✆ 0761-400866, https://destination kosta.se. Mitte Juni–Aug. Mo–Fr 9.30–17.30, Sa 10–17, So 11–17 Uhr.*

Glashütten

In den meisten Hütten kann man den Glasbläsern bei der Arbeit zusehen, meist zwischen 7 und 15 Uhr, in der Sommersaison auch an den Wochenenden. Die Glashütten der Region haben generell Mo–Fr 9–18, Sa 10–16, So 12–16 Uhr geöffnet, Abweichungen möglich.

Hotel

Kosta Boda Art Hotel *€€€€, Stora vägen 75, Kosta, ✆ 0478-34830, www.kostabodaarthotel.se. Unmittelbar neben der Glashütte Kosta und dem Kosta-Outlet gelegenes Designhotel als gläsernes Gesamtkunstwerk. 102 individuell von Glaskünstlern gestaltete Zimmer, Restaurant Linnéa Art mit regionalen Spezialitäten, die Glasbaren mit spektakulärer Theke, große Spa-Abteilung mit Innenpool, Sauna, Anwendungen, Verleih von Angelzubehör.*

Jugendherbergen

Moshults vandrarhem, *Moshult, Emmaboda, ✆ 0763-134839. Gemütliche Jugendherberge mitten im Glasreich im Geburtsort von Vilhelm Moberg, ganzjährig geöffnet.*

Camping

Gökaskratts Camping, *Bruksallén 8, Hovmantorp, ✆ 0478-40807. Am See Rottnen gelegener moderner und ganzjährig geöffneter Platz mit Hüttenvermietung; flacher Sandstrand am See Rottnen, Tennis, Fahrrad-, Kanu- und Ruderbootverleih, Angelkarten, Lunch-Restaurant, Kiosk.*

Orrefors Stugby & Vandrarhem, *Riveberg 104, Orrefors, ✆ 0481-30846, www.orreforsstugby.se. Schöner, ruhiger Platz mit einfacheren Campinghütten, großer Wiese, Teich, Selbstversorgerküche, Sauna und* **Jugendherberge**. *April–Okt. geöffnet.*

Unterwegs nach Vimmerby

Wer der vorliegenden Route ab Växjö über die Straße 37/23 folgt, fährt in nordöstlicher Richtung. Kirchenfans sollten knapp 10 km vor Åseda unbedingt den ausgeschilderten kurzen Abstecher zur Alten Kirche in **Dädesjö** (Dädesjö gamla kyrka) unternehmen, denn dort wartet ein wirkliches Kleinod. In Sichtweite zur neuen Kirche steht inmitten eines verwunschenen Friedhofs ein unscheinbares Gebäude, das seine wahren Schätze erst innen offenbart. Als im 18. Jh. das Gotteshaus für die Gemeinde zu klein wurde, baute man 1794 ein neues, größeres. Man riss Chor und Apsis der alten Kirche ab und nutzte das Langhaus danach als Getreidespeicher. Durch Zufall wurde dabei oberhalb einer Zwischendecke die spätromanische Holzdecke entdeckt, die gegen 1260 bemalt worden war. In den einzelnen Feldern sind u. a. die Verkündigung, die Geburt Jesu, der Kindermord von Bethlehem und die Flucht nach Ägypten zu sehen, vor allem aber Szenen, die die schwedische Stefan-Legende illustrieren. Ansonsten weist das Gotteshaus noch einen romanischen Taufstein, Wandfresken und zwei Holzstatuen aus dem 13. Jh. auf.

Zurück auf der Straße 37/23, setzt man die Fahrt auf der 23 über Virserum und Målilla fort. Auf der Route begleiten hauptsächlich Wälder die Fahrt. Auf dem Weg kommt man an **Hultsfred** vorbei, einem 5.700-Einwohner-Ort, der wegen seiner Country-, Rock-, und Metal-Konzerte bei schwedischen Musikfans bekannt ist. Von hier geht es in nördlicher Richtung auf Vimmerby zu.

Vimmerby

Die Kleinstadt gehört zu den ältesten Städten des Landes. Von kulturhistorischem Interesse sind die Bürgerhöfe entlang der Storgatan, u. a. der **Grankvistgården** mit Barockmalereien an Decken und Wänden sowie das schöne Rathaus (Touristeninformation). Bekannt ist Vimmerby aber hauptsächlich als Geburtsort Astrid Lindgrens, deren Name maßgeblich dazu beigetragen hat, das Städtchen zu einem vielbesuchten Touristenziel werden zu lassen.

Astrid Lindgrens Welt heißt der Familien- und Märchenpark, der Kinderherzen höher schlagen lässt. Die wichtigsten Orte aus Lindgrens Büchern und deren Verfilmungen wurden hier nachgebaut, die Häuser zumeist im Maßstab 1:3. Schauspieler schlüpfen in die Rollen der berühmten Figuren und stellen in Schwedens größtem Freilufttheater bekannte Szenen nach. Und für die Kleinen gibt es ein volles Unterhaltungsprogramm. Natürlich fehlen weder Gastronomie noch Shop, und unweit vom Park gibt es ein gemütliches Feriendorf mit unterschiedlich gestalteten Häuschen und Campingplatz für Wohnwagen oder Zelte.
Astrid Lindgrens Värld, *Vimmerby, ✆ 0492-79800, www.astridlindgrensvarld.se. Mitte Mai–Mitte Aug. tgl. 10–18, Mitte Aug.–Mitte Sept. Fr–So 10–17 Uhr.*

Auf dem Hof Näs in Vimmerby, dem Elternhaus der Astrid Anna Emilia Ericsson, wurde 2007 das Kulturzentrum Astrid Lindgrens Näs eingeweiht, das dem Leben und Wirken der großen Autorin gewidmet ist. Man kann an einer Führung durch das Haus teilnehmen, im Pavillon die Ausstellung „Die ganze Welt der Astrid Lindgren" besuchen oder den Garten genießen. Auf dem Hof erlebt der Besucher die Atmosphäre und Umgebung von Lindgrens Kindheit, die die Schriftstellerin inspirierten. In dem schönen Garten steht noch Pippis Limonadenbaum. In dem alten Pfarrhaus ganz in der Nähe befindet sich jetzt ein kleines Forschungszentrum. Die Ausstellung richtet sich weniger an Kinder als an interessierte Jugendliche und Erwachsene. Zur Anlage gehören auch eine Bibliothek, ein Museumsshop und ein Café-Restaurant mit kleineren Gerichten.
Astrid Lindgrens Näs, *Prästgårdsgatan 24, ✆ 0492-566800, www.astridlindgrensnas.se. Mai–Mitte Aug. tgl. 10–18, Mitte Aug.–Sept. tgl. 10–16 Uhr. Führungen auch auf Deutsch.*

Reisepraktische Informationen Vimmerby

Information

Vimmerby Turistbyrå, *Rådhuset 1, ✆ 0492-31010, www.vimmerby.com. Mitte Juni–Mitte Aug. Mo–Fr 10–18, Sa/So 10–14, Mitte Mai–Mitte Juni Mo–Fr 10–17, sonst Mo–Fr 10–12 und 13–16 Uhr.*

Hotel

Best Western Vimmerby Stadshotel €€€€, *Stora Torget 9, ✆ 0492-12100, www.vimmerbystadshotell.se. In einem prächtigen Gebäude aus den 1860er Jahren zentral am Marktplatz mit viel Ambiente. 56 komfortable Zimmern und Suiten, À-la-carte-Restaurant, gemütliche Bar, Sauna.*

Jugendherberge

STF Lönneberga Vandrarhem, *Lönnebergavägen 7, Lönneberga, ✆ 070-4197456, www.lonnebergavandrarhem.se. 25 km von Vimmerby im Reich des Michel in Lönneberga gelegener Holzhaus-Hof mit 15 2- bis 6-Bett-Zimmern, alle mit eigenem Bad, sowie Küche für Selbstversorger, Sauna und Whirlpool. Nah an einem kleinen Sandstrand am Fluss Silverån, Kanu- und Fahrradverleih, am Wanderpfad „Lönnebergaleden" gelegen. April–Mitte Dez. geöffnet.*

info

Astrid Lindgren (1907–2002)

Wer kennt nicht Astrid Lindgren, die große alte Dame der schwedischen Kinderliteratur, deren Bücher, allen voran „Pippi Langstrumpf", in eine Vielzahl von Sprachen übersetzt wurden. Ihre Texte bilden außerdem die Grundlage für rund 40 Filme und Fernsehproduktionen, für Comics, Theaterstücke und Musicals. Lindgrens Erzählungen sind tief verwurzelt in ihrer ländlichen Heimat, doch ihr Werk ist alles andere als provinziell.

Geboren wurde sie 1907 auf einem Bauernhof bei Vimmerby in der Provinz Småland. Schon in jungen Jahren zog sie nach Stockholm, wo sie sich zunächst als Kontoristin durchs Leben schlug. Mit 37 Jahren veröffentlichte sie 1944 ihr erstes Buch, ein mustergültiges Märchenbuch. Ein Jahr später erschien „Pippi Langstrumpf". Das Buch, in dem eine freche Göre sich Konventionen und Autoritäten widersetzt, vereint realistische und fantastische Motive. „In der noch tugendhaften und moralisierenden Kinderliteratur der 1940er Jahre bedeutete der Durchbruch Astrid Lindgrens für die Kinder den Beginn einer Literatur ausgehend von ihren Bedürfnissen", konstatiert die Literaturwissenschaftlerin Vivi Edström.

Im Laufe der Jahre probierte Astrid Lindgren im Bereich der Kinderliteratur verschiedene Gattungen aus. Zu ihren bekanntesten Werken gehören die „Bullerbü"-Bücher, die Krimis über „Meisterdetektiv Blomquist", die Lausbubengeschichten um „Michel aus Lönneberga" oder die Märchenromane „Mio, mein Mio" und „Ronja Räubertochter". Schreckliches und Trauriges, Bedrohung und Tod werden in ihren Geschichten nicht ausgespart. Von Kritikern gefragt, ob „Mio, mein Mio" nicht ein ziemlich trauriges Buch sei, antwortete die Autorin spontan, dass Kinder es ja genau deshalb so lieben würden.

Neben ihren vielen nationalen und internationalen Auszeichnungen erhielt Astrid Lindgren 1994 auch den sogenannten Alternativen Nobelpreis, weil sie sich als moralische Instanz ein Leben lang für die Rechte von Kindern, für Gerechtigkeit und Gewaltlosigkeit einsetzte. Ihr tiefes Mitgefühl für alle Lebewesen zeigte sich auch in ihrem unerschrockenen Einsatz gegen Massentierhaltung und für das Recht der Tiere auf ein erträgliches Leben. Noch kurz vor der Volksabstimmung zur Mitgliedschaft Schwedens in der EU sprach die Autorin sich „um der Tiere willen" gegen einen Beitritt aus, da in der EU schwedische Bauern aus Wettbewerbsgründen gezwungen sein könnten, Antibiotika einzusetzen und das Vieh über weite Entfernungen transportieren zu lassen. Groß war in Schweden und weltweit die Trauer, als die populäre Autorin im Januar 2002 verstarb.

Unterwegs nach Stockholm

Das Astrid-Lindgren-Erlebnis kann erweitert werden, wenn man von Vimmerby ca. 15 km auf der Straße 40 nach Westen fährt: Hier liegt bei **Pelarne** das berühmte **Bullerbü**, ein kleiner Ort mit den bekannten drei roten Holzhäuschen, der eigentlich Sevedstorp heißt – inzwischen stehen auf dem Ortseingangsschild aber beide Namen. Die Häuser, in denen die Bullerbü-Filme gedreht wurden, sind heute in privatem Besitz. Und natürlich gibt es auch Michels **Katthulthof**, den man, weiter auf der Straße nach Westen und dann der Beschilderung Rumskulla nach Norden folgend, 25 km hinter Vimmerby erreicht.

Ansonsten hat man ab Vimmerby **auf dem Weg nach Stockholm** mehrere Möglichkeiten: Entweder fährt man auf der **Straße 40** nach Västervik und dann auf der Ostseeküsten-Route nach Norden (S. 248). Oder man folgt etwa 100 km der **Straße 23** nach Norden, die einen durch eine typisch schwedische Wälder-und-Seen-Landschaft nach Linköping und damit zur E04 nach Stockholm bringt (S. 338). Auf dieser Strecke gibt es auf Höhe der Holzhaus-Siedlung **Kisa** noch eine landschaftlich äußerst reizvolle Alternativroute über die **Straße 134**, die am Ufer des großen Sees **Åsunden** mit mehreren Badestellen vorbeiführt.

Sehenswertes zwischen Malmö/Helsingborg und Stockholm

Auf dieser Route **entlang der E04** in Richtung Stockholm geht es von Malmö bzw. Helsingborg zunächst durch das fruchtbare und ebene Schonen, wobei die vielbefahrene Straße mehr den Charakter einer Transitstrecke hat. Etwa 70 km hinter Helsingborg ändert sich plötzlich der Landschaftscharakter, wenn das von Seen, Granitkuppen und dichten Nadelwäldern bestimmte Småland beginnt. Der landschaftlich attraktivste Teil der Strecke führt dann am Vättersee entlang, dem zweitgrößten See Schwedens. Neben Zielen am Vättersee ist ein Besuch von Vadstena empfehlenswert, einem religiösen und kulturellen Zentrum des Mittelalters.

Redaktionstipps

- Besichtigung interessantester vorgeschichtlicher Denkmäler: das Gräberfeld von **Replösa** (S. 332) und der Runenstein von **Rök** (S. 340).
- Wanderung durch das Moorgebiet des **Store-Mosse-Nationalparks** (S. 332).
- Naturerlebnis **Vättersee** (S. 334): Überfahrt zur großen Insel Visingsö (S. 337) und Fahrt zum Schärengarten weiter im Norden (S. 344).
- Berge mit Aussicht: Auffahrt auf den Taberg bei **Linköping** (S. 338). und Besteigung des **Ombergs** (S. 340).
- Besuch von **Vadstena** mit Renaissanceschloss und dem Kloster der heiligen Birgitta (S. 340).

Klippan

Nachdem man den Öresund verlassen hat und auf die Europastraße 4 in Richtung Stockholm abgebogen ist, erreicht man wenige Kilometer abseits der E04, 30 km nordöstlich von Helsingborg an der Straße 13 den Ort Klippan, in dem sich die **älteste Papiermühle des Landes** (aus dem Jahr 1573) befindet. Vor der Einfahrt in den Ort kommt man an der **Gråmanstorps-Kirche** vorbei, einer romanischen Kirche aus dem 12. Jh. mit einem sehenswerten Taufbecken des Steinmetzen Donatus, der wahrscheinlich aus der Lombardei stammte und Anfang des 12. Jh. am Dom zu Lund tätig war. In Klippan selbst steht im Stadtpark die 1966 eingeweihte moderne **St.-Petri-Kirche** des Architekten Sigurd Lewerentz, die wegen ihrer ausgefallenen Bauweise Architekturinteressierte von überall her anzieht.

Ljungby

Ljungby ist ein alter Gerichts- und Marktplatz. Die berühmte Opernsängerin **Christina Nilsson** wurde hier entdeckt, als sie 13-jährig 1858 auf dem Markt sang. Innerhalb weniger Jahre wurde die Sopranistin zur europäischen Berühmtheit und heiß umworben von den damaligen Königshäusern. Im Park neben dem Bahnhof erinnert eine Skulptur an die bekannteste Tochter der Stadt, und im Museum, das im Thingshaus von 1825 eingerichtet wurde, ist eine ganze Abteilung der großen Sängerin gewidmet. In der näheren Umgebung, 6 km nördlich von Ljungby, findet sich die größte **Schiffssetzung** des Bezirks. 2 km nördlich an der Straße nach Åby trifft man bei **Replösa** auf ein Gräberfeld mit Schiffssetzung und Königshügel hinter der Kirche.

Nach der Fahrt durch die Seenlandschaft zwischen Värnamo und Ljungby, die weiten Nadelwälder und kargen Flächen Smålands, folgt in südlicher Richtung der Übergang zu der fruchtbaren, ebenen Agrarlandschaft Schonens, die eher an Dänemark als an Schweden erinnert.

Värnamo

Gut 40 km nördlich von Ljungby hat die 20.000-Einwohner-Stadt Värnamo nicht übermäßig viel zu bieten, sieht man von einigen Naturreservaten in der weiteren Umgebung wie Rusarebo äng am Hindsen (Orchideen) oder Högakull mit Aussicht auf den See Rymmen ab. In der Stadt selbst liegt mit Apladalen ein schöner Naturpark mit Heimatmuseum. Nordwestlich der Stadt erstreckt sich der Nationalpark **Store Mosse**, das **größte Sumpf- und Moorgebiet** des Landes. Neben einer reichen Flora finden sich hier viele nördliche Vogelarten. Am See Kävsjön machen zahlreiche Vögel Rast (es gibt einen Parkplatz und Beobachtungsturm), deswegen dürfen Teile des „Großen Moores“ nicht betreten werden.

Unterwegs nach Jönköping

Auf dem Weg nach Jönköping bietet sich 10 km vor der Stadt der Rastplatz Hyltena für eine erholsame Pause am See Lovsjö in naturschöner Umgebung an (u.a. mit Nachtcamping für Wohnwagen/Wohnmobile, Spielplatz, Restaurant). Eine Ausfahrt weiter lohnt sich der Abstecher in westlicher Richtung zum **Taberg**. Der aus zwei Spitzen bestehende Berg ist mit 343 m der höchste weit und breit und bietet eine entsprechend weite Rundum-Aussicht (bis zu 70 km!). Eine steile Straße bringt Besucher bis zum Café-Restaurant Toppstugan auf dem südlichen Gipfel.

Jönköping

Das mit **Huskvarna** zusammengewachsene Jönköping liegt am Südende des Vättern und im äußersten Norden der Provinz Småland. Bereits 1284 mit Stadtprivilegien ausgestattet, ist die 100.000-Einwohner-Stadt heute das administrative Zentrum des Bezirks, Standort

Typische Landschaft in Südschweden

der schwedischen land- und forstwirtschaftlichen Verwaltung, wichtiger Verkehrsknotenpunkt (E04, Straßen 40, 47 und 31, Flughafen, Eisenbahn, Schiffsrouten), Logistikzentrum (die großen Betriebe sieht man u. a. von der E04 aus), Einkaufs- und Messestadt (deswegen auch die auffällig vielen Hotels) sowie Standort einer Universität und der Jönköping International Business School (JIBS) mit zusammen 12.000 Studenten. Bekannt war Jönköping lange Zeit als **Stadt der Streichhölzer**, diese werden jedoch seit 1970 nicht mehr hier produziert.

Vom kombinierten Bus- und Eisenbahnhof (Resecentrum, mit Gastronomie), wenige Schritte vom Vättern entfernt, lohnt sich ein Spaziergang durch den Stadtkern. Überragt wird er vom 72 m hohen Turm der neugotischen **Sophiakirche**, die innen wie außen sehenswert ist. Gut 200 Jahre älter ist die **Kristine-Kirche**, um die herum Teile der älteren Bebauung erhalten geblieben sind, z. B. das Haus des Landesgerichts und das **alte Rathaus** aus dem 17. Jh. samt hübschem Rådhusparken. Auf dem **Västra torget** findet jeden Samstagvormittag ein Markt statt, der zu den größten des Landes zählt. Das **Provinzmuseum** unweit des Gerichtsgebäudes, wegen seiner Architektur (Carl Nyrén) mit Preisen ausgezeichnet, zeigt die Kulturgeschichte von Stadt und Bezirk, Kunsthandwerk sowie schwedische Kunst des 20. Jh., u. a. Jugendstilbilder von John Bauer, der viele Sagen

info

Der Vättern

Der Vättern (von altschwedisch *vætur* = See, Gewässer) ist sowohl von seiner Fläche als auch von seinem Volumen her der zweitgrößte See Schwedens und der sechstgrößte Europas. Er wird vom Motalaström in die Ostsee entwässert und ist durch den Götakanal mit dem Vänern verbunden. Das lange und schmale Binnengewässer teilt die Provinzen Västergötland und Östergötland, seine Nordspitze liegt in der Provinz Närke, die Südspitze in Småland. Wie beim Vänern geht die Zahl der Inseln und Schären in die Tausende, wobei sich die meisten im Schärengarten am Nordende bei Askersund befinden, während die mit Abstand größte Insel, Visingsö (25 km²), im Süden liegt. Die größten Städte am Vättern sind Jönköping mit Huskvarna im Süden und Motala im Norden.

Eine Umrundung des Sees ist ganz bequem möglich, die Fahrtstrecke beträgt ungefähr 300 km. Jedes Jahr im Juni findet die Vätternrundan statt, eine Radrundfahrt um den Vättern, an der jeder teilnehmen kann.

Eine ganz besondere Bedeutung hat der Vättern als riesiges Trinkwasser-Reservoir. 500.000 Menschen beziehen ihr Wasser heute schon aus dem See, innerhalb der nächsten Dekaden könnten daraus 2,5 Millionen werden, da die Kommunen Stockholm und Örebro darüber nachdenken, sich dem System anzuschließen. Sogar Dänemark und Deutschland haben Interesse an dem sauberen Wasser des Vättern gezeigt. Auch deshalb ist der See Teil von Natura 2000, einem EU-Netzwerk für besonders schützenswerte Naturareale. Darüber und über andere Aspekte informiert der Bund zum Schutz des Vättern (Vätternvårdsförbundet) auf seiner Website www.vattern.org und auf Infotafeln rund um den See.

Das saubere Wasser ist auch für den Fischreichtum des Vättern verantwortlich, von dem wiederum auch Touristen profitieren können. 1997 wurde im Vättern mit einem sagenhafte 20,4 kg schweren Fisch der Weltrekord für einen geangelten Binnenseelachs aufgestellt. Im Gegensatz zu den meisten anderen Binnengewässern kann man hier kostenlos und ohne Genehmigung angeln (natürlich gibt es aber Vorschriften z. B. über Mindestgröße, zulässige Ausrüstung, Schutzzeiten etc.). Populär ist das Schleppfischen (Trolling) mit mehreren Angeln. Die beliebtesten Angelfische sind Lachs, Seeforelle und der Vätternsaibling.

Der Vättern in Zahlen:

Gesamtfläche:	1.893 km²	max. Tiefe:	120 m
Volumen:	73,5 Mrd. m³	durchschnittl. Tiefe:	40 m
Länge:	135 km	Höhe ü. d. M.:	88 m
Breite:	31 km		

und Märchen illustriert hat. Die traditionell starke Stellung freikirchlicher Bewegungen, vor allem der Pfingstgemeinde, hat der Stadt den Beinamen „Smålands Jerusalem" eingebracht.

Jönköpings läns museum, *Dag Hammarskjölds Plats 2, ✆ 036–301800, https://jonkopingslansmuseum.se. Juni–Aug. Mo–Fr 10–17, Sa/So 11–15, sonst Di–Fr 10–19, Mi bis 21, Sa/So 11–15 Uhr.*

Das **Streichholzmuseum** lohnt auf jeden Fall einen Besuch, vor allem mit Kindern. Es ist in einem Holzgebäude der ersten Streichholzfabrik Jönköpings von 1848 untergebracht. Gezeigt wird die Entwicklung der Streichholzindustrie mit einer eindrucksvollen

Das Streichholzmuseum ist ein schönes Ziel für einen Besuch mit Kindern

Sammlung von Werkzeugen sowie ausgetüftelten Streichholzmaschinen. Verdeutlicht werden auch die sozialen Verhältnisse, in denen die Menschen lebten. Von 1860 bis 1930 war die Streichholzindustrie der wichtigste Arbeitgeber in Jönköping.
Tändsticksmuseet, *Tändsticksgränd 27, ✆ 036-105543, https://matchmuseum.jonkoping.se. Juni–Aug. Mo–Fr 10–17, Sa/So 10–15, Sept.–Mai Di–So 11–15 Uhr.*

Besonders schön ist ein Gang durch den über hundert Jahre alten **Stadtpark**, der sich westlich des Zentrums in erhöhter Lage befindet. Hier gibt es nicht nur einen schönen Blick auf den Vättern, sondern auch ein Freilichtmuseum, ein Vogelmuseum, einen großen Spielplatz mit Streichelzoo und einige Cafés/Restaurants.

Auffälligstes Beispiel neuerer Architektur in der Innenstadt ist direkt am See das 2011 eingeweihte Kulturhaus **Spira**, ein großer Komplex mit spiralförmiger Glaskonstruktion, in dem sich u. a. ein Theater- und Konzerthaus sowie ein sehr gutes Restaurant befinden (*https://kulturhusetspira.se*). Wer nicht so sehr an urbanem Leben und Museen interessiert ist, kann sich in den knapp 30 Naturschutzgebieten austoben, die es in der Gemeinde Jönköping gibt. Besonders eindrucksvoll ist die 35 m hohe sandige Steilküste **Rosenlunds bankar** im Nordosten der Stadt.

Reisepraktische Informationen Jönköping

Information

Destination Jönköping, *Verkstadsgatan 3, ✆ 077-1211300, https://destinationjonkoping.se. Mo–Fr 10–17, Sa 10–14 Uhr.*

Hotels

Elite Stora Hotellet *€€€–€€€€€, Hotellplan, ✆ 036-100000, www.elite.se. Tolles Gebäude aus dem 19. Jh. am Vättern-Ufer und an der Fußgängerzone gelegen, 135 komfortable, klassisch eingerichtete Zimmer (z. T. mit Seeblick), Restaurant, Bar, Fitnesscenter mit Sauna. Wenn möglich, sollte man sich den eleganten Bankettsaal Spegelsalen anschauen!*

Grand Hotel *€€€, Hovrättstorget, ✆ 036-140000, https://grandhoteljonkoping.se. An der Einkaufsstraße Storgatan gelegenes historisches Haus mit 53 etwas altmodisch eingerichteten Zimmern (einige mit Balkon und/oder Seeblick), Restaurant mit Blick auf den Platz Hovrättstorget, Bar, Fahrradverleih.*

Camping

Jönköping SweCamp Villa Björkhagen, *Friggagatan 31, ✆ 036-122863, www.villabjorkhagen.se. Am Vättersee gelegener, ganzjährig geöffneter großer Platz mit 300 Stellplätzen. Auch Vermietung von Ferienhäusern und Campinghütten, 500 m zum Rosenlundsbad.*

Aktivitäten/Ausflüge

*Vom Stadtzentrum aus sind mit dem Oldtimer-Schiff M/S Nya Skärgården (von 1915) Tages- und Abend-***Bootsfahrten** *auf dem Vättern mit Mittag- bzw. Abendessen möglich.*

Zum **Baden** *eignet sich am besten der knapp 2 km lange Sandstrand Vätterstrand mitten im Zentrum. Das Rosenlundsbad (Elmiavägen 4, www.facebook.com/rosenlundsbadet) ist ein großes Spaßbad nahe dem Messezentrum Elmia, mit u. a. Innen- und Außenpools, Wellenbad, Wasserrutschen, großer Sauna-Abteilung und Gastronomie.*

Wanderfreunden *stehen rund 250 km Wanderwege in der Umgebung der Stadt zur Verfügung, u. a. der „Franciskusleden" von Jönköping nach Alvastra (93 km) und der „Södra Vätternleden" von Jönköping nach Bottnaryd (35 km).*

Unterwegs nach Ödeshög

Über die E04

Zwischen Jönköping und Ödeshög verläuft die zur Autobahn ausgebaute E04 über gut 60 km am Ufer des Vättern entlang, und zwar bis zu 200 m oberhalb, sodass sich stets eine fantastische Aussicht auf die riesige Wasserfläche und die große Insel Visingsö bietet. Direkt an der E04 liegt das im Stil einer mittelalterlichen Burg erbaute Hotel **Gyllene Uttern** (€€€, ✆ *0390-10800, www.gylleneuttern.com*), dessen Zimmer fast alle mit einem Panoramablick auf See und Sonnenuntergänge punkten können. Schon Greta Garbo hat hier mehrfach übernachtet (immer in der Suite 123).

An der nächsten Autobahnausfahrt weisen Schilder auf die Touristenstraße zwischen **Gränna** und **Ödeshög** hin, eine 27 km lange Strecke parallel zur E04, die am Ufer des Vättern entlang verläuft und wegen ihrer landschaftlichen Reize nur empfohlen werden kann (s. u.). Wer nicht diese Alternativroute wählt, sollte zumindest an der Raststätte **Brahehus** (zwischen den Ausfahrten 104 und 105) anhalten. Vom empfehlenswerten Restaurant führt ein Fußgängertunnel unter der Autobahn zur eindrucksvollen Schlossruine, die weithin sichtbar 270 m ü. d. M. und 180 m über dem Vättersee thront. Das Schloss trägt seinen Namen nach Per Brahe d. J., der es ab 1637 für seine Frau bauen ließ. Bei Fertigstellung des Gebäudes 20 Jahre später war sie jedoch bereits tot. Nach einem Brand im Jahr 1708 wurde das Gebäude nicht wieder aufgebaut.

Über die Uferstraße

Erster Haltepunkt auf der Alternativroute direkt am Ufer des Vättern entlang sollte das idyllische **Gränna** sein, das perfekt am Seeufer liegt (Motel, Campingplatz). Da der Ort stets von Bränden verschont blieb, ist er heute eines der am besten bewahrten **Holzhaus-Städtchen** des Landes. Landesweit bekannt ist Gränna wegen des Obstanbaus und wegen der Polkargrisar (Polkarschweinchen), jener bunten Zuckerstangen, deren Herstellung sich im Ort oder auch an der Raststätte Brahehus verfolgen lässt. Es lohnt sich, eine kleine Wanderung hinauf auf den **Grännaberg** zu machen, denn von dort aus hat man einen weiten Blick in die Umgebung.

Aus Gränna stammte Salomon August Andrée, der 1897 mit zwei Männern von Spitzbergen aus mit dem Ballon zum Nordpol aufbrach und nie zurückkehrte. Erst 33 Jahre später entdeckten Mitglieder einer norwegischen Arktisexpedition Überreste der Abenteurer. Der Schriftsteller Per Olof Sundman schrieb auf der Basis der entdeckten Tagebücher den faszinierenden Roman „Ingenieur Andrées Luftfahrt". Die gut erhaltenen Funde sind im **Grenna-Museum** ausgestellt.
Grenna museum, *Brahegatan 38–40, Grenna Kulturgård ✆ 0390-103890, www.grennamuseum.se. Sept.–April Di–Fr 10–16, Sa/So 12–16, Mai tgl. 10–16, Juni–Aug. tgl. 10–17 Uhr.*

Der Hafen mit Sandstrand, Campingplatz und riesigem Wohnmobil-Stellplatz liegt gut 1,5 km vom Ortszentrum entfernt. Ab hier gelangt man mit der häufig verkehrenden Fähre in 20 Minuten zur 14 km langen und etwa 2 km breiten **Insel Visingsö**. Dort, wo das Schiff anlegt, kann man Fahrräder oder **Remmalags** mieten. Letztere sind Pferdekutschen, mit denen man die Insel erkunden kann. Visingsö ist schon seit Jahrtausenden bewohnt. Im Mittelalter diente **Schloss Näs** ganz im Süden als Sitz der schwedischen Könige. Imposant ist die Schlossruine **Visingsborgs Slott** oberhalb des Hafens auf der Insel-Ostseite, die an die große Zeit des Adelsgeschlechts Brahe im 17. Jh. erinnert. In der mittelalterlichen **Kumlaby-Kirche** ließ Graf Per Brahe 1636 eine Schule einrichten. Weil ihm die Astronomie am Herzen lag, wurde der spitze Kirchturm gekappt und eine Aussichtsplattform gebaut, sodass man von dort den Sternenhimmel beobachten konnte.

In der 5.300-Einwohner-Gemeinde **Ödeshög**, die in naturschöner Umgebung am Vättersee liegt, kommen E04 und Touristenstraße wieder zusammen. Die wirtschaftlichen Grundlagen sind Landwirtschaft, Industrie und im Sommer der Tourismus. Von hier aus empfehlen sich Ausflugsziele wie Rök, Alvastra oder das Naturreservat Omberg (S. 340).

Landesweit bekannt: Zuckerstangen Polkargrisar aus Gränna

Linköping und Umgebung

Die nach wie vor als Autobahn ausgebaute E04 passiert 30 km hinter Ödeshög die Ortschaft **Mjölby** (ausgeschilderte Abfahrt nach Vadstena) und erreicht nach weiteren 25 km **Linköping**, Hauptstadt des Bezirks Östergötland. Die mitten in einer fruchtbaren Ebene liegende Gemeinde Linköping ist mit knapp 167.000 Einwohnern Schwedens fünftgrößte Stadt und außerdem Bischofssitz. Hier entstand früh ein wirtschaftliches und kulturelles Zentrum, wofür rund 30 Runensteine und die aus dem Mittelalter bewahrte Domkirche als Beleg gelten können. Vor allem aber ist Linköping mit seinen rund 27.000 Studierenden eine richtige Universitätsstadt, was sich im äußerst fahrradfreundlich gestalteten Stadtkern mit vielen Kneipen, Clubs und Cafés angenehm bemerkbar macht. Dies trifft besonders auf den **Marktplatz** (Stora Torget) zu, wo es im Sommer lebendig und fast schon mediterran zugeht; ein Hingucker ist hier der Folkungabrunnen mit einer Skulptur von Carl Milles. Nur 100 m weiter westlich stößt man inmitten eines hübschen Parks auf die **Domkirche**, eine der größten Kathedralen des Nordens. Von der mittelalterlichen Ausstattung ist allerdings kaum etwas übriggeblieben. Sehenswert sind die gotischen Blindarkaden mit ihren seltsamen Steinfiguren sowie das moderne Glasfenster mit der Gottesmutter Maria. Nördlich davon, am Raoul-Wallenberg-Platz, liegt das **Landesmuseum** von Östergötland mit aktuellen und kulturhistorischen Ausstellungen.
Östergötlands Museum, *Raoul Wallenberg plats, ✆ 013-230300, www.ostergotlandsmuseum.se. Di–Fr 10–17, Mi bis 20, Sa/So 10–16, Juni/Juli Di–So 10–16 Uhr.*

In dem unter Denkmalschutz stehenden **Freilichtmuseum Alt-Linköping** 3 km außerhalb des Stadtzentrums gibt es viele Häuser aus dem 17.–19. Jh. Hier hat man rund 90 Gebäude aus der Innenstadt neu aufgestellt. Viele der Häuser sind das ganze Jahr hindurch mit Leben erfüllt, denn die Handwerker bieten ihre ansprechenden Produkte an, sei es in der Töpferei, der Holzschnitzerei, den Textilläden oder im Schokoladengeschäft. Liebevoll eingerichtet sind einige kleine Museen wie das Polizeirevier, die Post oder die ehemalige Volksschule. Auch das Erholungsgebiet Valla und zahlreiche Aktivitäten für Kinder machen Alt-Linköping nicht nur bei schwedischen Besuchern beliebt. Der Eintritt ist kostenlos, das Parken auch. In den Gebäuden am Marktplatz bzw. im Bankmuseum gibt es einen Übersichtsplan in deutscher Sprache.
Gamla Linköping, *Tunnbindaregatan 1, ✆ 013-121110, www.gamlalinkoping.info. Das Gelände selbst ist ganzjährig geöffnet und kann zu jeder Zeit betreten werden. Das Besucherzentrum ist Di–So 11–16 Uhr geöffnet (Mai–August länger), Werkstätten, Läden und Restaurants haben eigene, saisonabhängige Öffnungszeiten.*

Eine nennenswerte industrielle Entwicklung setzte in Linköping nach dem Bau des **Götakanals** und der Eisenbahnverbindung Stockholm-Malmö Ende des 19. Jh. ein. Heute ist die Stadt bekannt für ihren Flugzeugbau bei Saab-Scania und als Universitätsstadt mit Schwerpunkt auf dem naturwissenschaftlich-technischen Bereich. Ein **Luftwaffenmuseum** liegt auf dem einstigen Militärflugfeld Malmslätt, 6 km westlich von Linköping. Es zeigt interessante Ausstellungen zum Kalten Krieg.
Flygvapenmuseet, *Carl Cederströms gata 2, ✆ 013-4959700, www.flygvapenmuseum.se. Sept.–Mai Mi–So 10–16, Do bis 19, Juni–Aug. tgl. 11–17, Mi bis 20 Uhr.*

Wer sich in Linköping und Umgebung aufhält, könnte Abstecher zu zwei nahe gelegenen Sehenswürdigkeiten einplanen. Eine davon ist das **Kloster Vreta**, wenige Kilometer nördlich der Stadt. Das Kloster, eines der ältesten des Landes, wurde um 1100 von Benediktinern gegründet, später von Zisterziensern übernommen und galt über Jahrhunderte hinweg als **Schwedens bedeutendstes Nonnenkloster**. Ab Ende des 16. Jh. verfielen

 **Hinweis**

Von Linköping aus verläuft das etwa 80 km lange und 15 Schleusen umfassende Kanal- und Seensystem des **Kindakanals** nach Süden (Passagierschiffausflüge, Kanuverleih, Wanderungen).

die Gebäude und stehen heute nur noch als Ruinen da. Völlig erhalten ist jedoch die dreischiffige Kirche aus dem 12. Jh., die über eine sehenswerte Inneneinrichtung verfügt (u. a. romanisch-gotische Skulpturen, Taufstein, Kanzel, Grab des Grafen Robert Douglas). Schön an der Gesamtanlage ist ihre erhöhte Platzierung mit weiter Aussicht. Nur 2 km entfernt lohnen auch die **Schleusentreppen des Götakanals** den Besuch.
Kloster Vreta, *Löjtnantsgatan 1, Ljungsbro, ✆ 013-63658. Klosterruine und Gärten sind jederzeit zugänglich, die Kirche ist im Sommer tgl. geöffnet.*

Die zweite Sehenswürdigkeit ist das knapp 20 km östlich von Linköping gelegene **Schloss Ekenäs** (Straße 35 in Richtung Åtvidaberg, dann der Beschilderung folgen). Das schneeweiße Märchenschloss aus dem 17. Jh., das bis heute in Privatbesitz ist, ist für seine jährlichen Ritterspiele (letztes Wochenende im Mai) und seinen Weihnachtsmarkt bekannt. Teile des Inneren mit Möbeln aus drei Jahrhunderten können auf einer knapp einstündigen Führung (auch auf Deutsch) besichtigt werden. Ekenäs verfügt über ein Schlosscafé und einen Souvenirladen.
Ekenäs Slott, *Linköping, ✆ 073-6502420, www.ekenasslott.se. Mitte Juni–Juli Di–So 11.30–16.30, Aug. Do–So 11.30–16.30 Uhr. Der* **Schlosspark** *ist tgl. 8–20 Uhr geöffnet.*

Reisepraktische Informationen Linköping

Information

Linköpings Turistinformation, *Konsistoriegatan 7 (im Konzert- und Kongressgebäude), ✆ 013-1900070, www.visitlinkoping.se. Mo–Fr 8–17 Uhr; im Sommer auch Infopoint an den Bergs-Schleusen.*

Hotel

Quality Hotel The Box €€€–€€€€, *Aspögatan 7, ✆ 013-3900200, www.strawberry.se. 2018 eröffnetes Hotel im Industrie-Design, ca. 2,5 km vom Zentrum entfernt, 176 stylisch eingerichtete und komfortable Zimmer, gutes Restaurant, Bar, 600-m²-Spa-Abteilung „Wellbox" (Aufpreis) mit Sauna, Jacuzzi, Pool.*

Jugendherberge

Linköpings City Hotell, *Klostergatan 52 A, ✆ 013-359000, www.lvh.se. Preiswertes Wohnen im Zentrum, alle Zimmer mit Dusche/WC und TV. Jugendherberge, Hotelbetrieb und Apartments, Selbstversorgerküche, Frühstücksbüfett im Preis inkl., freies Parken, Restaurants, Läden und Spazierweg zum Kindakanal in unmittelbarer Nähe.*

Restaurant

De Klomp – Restaurang, Bar & Café, *St. Larsgatan 13, ✆ 013-145060, www.deklomp.se. Beliebtes holländisch geprägtes Lokal, große Vielfalt an Gerichten und Getränken zu bezahlbaren Preisen, riesige Biertheke mit über 40 Zapfhähnen und über 100 unterschiedlichen Flaschenbieren. Mo–Sa 16–23 Uhr, jeden Sa 15 Uhr Bierprobe.*

45 km weiter auf der E04 liegt nordwestlich von Linköping die Industriestadt **Norrköping** (S. 250), wo man Anschluss an die Ostseeküsten-Route hat (S. 220).

Alternativroute über Vadstena und Motala

Schöner und interessanter als der direkte Weg über die Autobahn ist ab Ödeshög eine Alternativroute, auf der man weiter dem Seeufer des Vättern zu einigen bedeutenden Attraktionen folgt. Zunächst ist da die **Alvastra Klosterruine**, die stimmungsvollen Überreste eines 1143 von französischen Zisterziensern gegründeten Klosters. Nach der Reformation ließ Gustav I. Vasa es abreißen, und die Steine wurden zum Bau des Schlosses in Vadstena verwendet. Aber immer noch lassen sich in der Ruine Kirche, Kapitelsaal, die Refektorien (Speiseräume), das Haus des Abts und das Hospital erkennen. Unmittelbar nördlich der Ruinen sieht man den **Omberg**, Mittelpunkt des gleichnamigen Naturreservats mit reicher Fauna und Flora, das ein beliebtes Wandergebiet ist. Einen herrlichen Blick auf die Ebene Östergötlands und den Vättersee hat man vom 263 m hohen Hjässan (Parkplatz am Hjässatorget).

Fährt man 500 m nördlich der Klosterruine von der Küstenstraße nach rechts, gelangt man nach 3 km zur **Kirche von Heda**, deren Anfänge ins 9. Jh. zurückreichen. Die Architektur der im 13. Jh. vollendeten Kirche ist maßgeblich von den Zisterziensern des benachbarten Klosters geprägt. Sehenswert ist die „Himladrottningen" (= Himmelskönigin), eine **Madonnenfigur** aus dem 12. Jh.

Folgt man der Straße weiter, ist man bald im kleinen Örtchen **Rök**, das kulturgeschichtlich äußerst interessant ist, denn der **Rökstenen** bei der Kirche des Ortes ist der **bekannteste Runenstein Schwedens**; seine über 800 Zeichen stellen die längste Inschrift aus der Zeit um ca. 850 dar. Die Deutung des Textes bereitet den Experten große Probleme; eine Strophe soll sich auf den Ostgotenkönig Theoderich den Großen beziehen. Eine kleine überdachte Ausstellung informiert näher über den Stein und die möglichen Deutungen.

Auf schmalen Wegen fährt man nun durch eine sanfte Hügellandschaft auf die Uferstraße am Vättern zurück, wobei man dem Ufer eines anderen Gewässers nahe kommt, nämlich dem **See Tåkern.** Er zieht als bekannter Vogelsee rund 100.000 Besucher jährlich an. Von den drei Beobachtungsständen aus kann man rund 250 Vogelarten beobachten.

Vadstena

Die nächste größere Ortschaft am Vättersee ist das idyllisch gelegene Vadstena, eine historisch und kulturgeschichtlich bedeutende Stadt, bei deren Besuch man sich ins Mittelalter zurückversetzt fühlt. Vadstenas Entwicklung ist eng mit dem Namen der hl. Birgitta verknüpft. Im 13. Jh. ließ das Bjälbo-Geschlecht einen Königspalast errichten, dessen Audienz- und Festsäle ab 1370 zu einem Kloster umgebaut wurden. Im 17. Jh. diente das Gebäude mehreren Hundert verletzten Soldaten und ihren Familien als Herberge. Nach eingehenden archäologischen Untersuchungen und teilweiser Restaurierung des alten Komplexes um Königshof und Nonnenkloster ist in den historischen Mauern heute das vorzügliche Vadstena Klosterhotel (S. 342) untergebracht.

Im Zuge der Klostergründung wuchs der Pilgerort Vadstena zur Stadt heran, eine bürgerliche Bebauung folgte. 1430 wurde die **Klosterkirche** eingeweiht, die Vadstenas wichtigste Sehenswürdigkeit ist. Birgitta hatte sie so konzipiert, dass Nonnen und Mönche einander nicht sehen konnten. Die **Blaue Kirche** (Blåkyrkan), so benannt wegen des bläulichen Kalksteins, heute eine dreischiffige Hallenkirche mit den Reliquien der hl. Birgitta, ist wie keine andere schwedische Kirche mit zahlreichen Kunstschätzen aus dem Mittelalter ausgestattet. Eine bedeutende Lübecker Arbeit aus dem 15. Jh. ist der Flügelaltar der Birgitta. Weitere Schätze und Funde archäologischer Ausgrabungen hält das **Klostermuseum** bereit.

Das Renaissanceschloss von Vadstena

S:ta Birgittas Kloster Pax Mariae, *Myntbacken 2, ✆ 0143-10943, www.svenskakyrkan.se/vadstena/klosterkyrkan. Juni–Aug. Mo–Fr 8–19, Sa/So 9–19, Sept.–Mai Mo–Do 8–16, Fr 8–19, Sa/So 10–16 Uhr.*

Die heilige Birgitta

info

Vadstena ist vor allem die Stadt der hl. Birgitta, die im 14. Jh. als Angehörige des Adelsstandes ein eher privilegiertes Leben führte. Den Reichtum ihres Mannes nutzte sie jedoch, um Arme zu verköstigen, Klöster zu unterstützen und Spitäler einzurichten. Sich selbst legte sie Entbehrungen auf und nahm an zahlreichen Wallfahrten teil. Den unsittlichen, verschwenderischen Lebenswandel von König und Hofstaat prangerte sie öffentlich an. Vor allem nach dem Tod ihres Mannes soll Gott sich ihr offenbart, sie zu seiner „Braut und seinem Sprachrohr" gemacht und ihr aufgetragen haben, einen Orden zu gründen. Ihre aufgezeichneten „Offenbarungen und Visionen" erfuhren weite Verbreitung und die Symbolik ihrer Texte beeinflusste Kunst und Literatur des späten Mittelalters nachhaltig.

Birgitta ging nach Rom, um dort beim Papst die Gründung eines Klosterordens für Männer und Frauen zu erwirken. Von König Magnus Eriksson erhielt sie um 1370 den königlichen Palast in Vadstena, der nach den detaillierten Plänen der gebildeten Frau zum Kloster umgebaut wurde. Die letzten 24 Jahre ihres Lebens verbrachte Birgitta allerdings im Süden. Sie engagierte sich politisch und setzte sich u. a. für die Wiedervereinigung von Ost- und Westkirche ein. Die Päpste wollte sie zur Rückkehr von Avignon nach Rom überreden. Die Fertigstellung des Klosters erlebte Birgitta nicht mehr, doch kurz nach ihrem Tod wurde ihre Tochter dort zur Vorsteherin.

1391 wurde Birgitta heiliggesprochen, der Orden breitete sich in ganz Europa aus. Vadstena entwickelte sich zum kulturellen Zentrum; hier erfolgte die erste schwedische Bibelübersetzung. Das Kloster wurde zwar unter Gustav I. Vasa seiner weltlichen Eigentümer beraubt, doch die Nonnen konnten bis zum Jahr 1595 in Vadstena bleiben, als sie von Herzog Karl vertrieben wurden.

Seit den 1960er Jahren wirkt der Birgittenorden in einem neuen Kloster mit einer schönen Kirche unweit der alten Anlage. Infos: ✆ 0143-10943, www.birgittaskloster.se.

Als Gegenpol zur Klosteranlage ließ Gustav I. Vasa eine Burg errichten, die sein Sohn Johan III. zu einem prächtigen **Renaissanceschloss** ausbaute. Wie bei den anderen Vasa-Schlössern im Land, wird auch hier eine rechteckige Fläche an den Ecken von mächtigen, runden Kanonentürmen begrenzt. Die Seeseite ist die Schauseite. Nur wenige Räume in dem als Archiv genutzten Bau sind der Öffentlichkeit zugänglich.
Vadstena Slott, *✆ 01430143-621600, www.vadstenaslott.com. Ende Juni–Mitte Aug. tgl. 10–17, Mai–Ende Juni u. Mitte Aug.–Sept. tgl. 12–16, in der Hauptsaison tgl. 14 Uhr Führung, sonst meist nur Sa.*

Mit dem Schlossbau verlagerte sich das Stadtzentrum südwärts. Zu den interessanteren historischen Gebäuden gehören neben dem Rathaus in der Sjögatan (heute ein Restaurant) das **Bischofshaus** von 1473 in der Strågatan, wo die Bischöfe von Linköping anlässlich ihrer Besuche wohnten, das Heiliggeisthaus in der Storgatan sowie das Wohnhaus des vermögenden Stockholmer Kaufmanns Mårten Skinnare in der Lastköpingsgatan. Heute genießt Vadstena dank der **Stiftung Vadstena-Akademie** einen vorzüglichen Ruf im Bereich der klassischen Musik.

Reisepraktische Informationen Vadstena

Information

Vadstena InfoCenter, *Storgatan 28, ✆ 010-2347370, www.upplevvadstena.se. Okt.–April tgl. 10–16, während der Saison länger, Selbstbedienung tgl. 9–21 Uhr.*

Hotels

Vadstena Klosterhotel *€€€–€€€€, Klosterområdet, Lasarettsgatan 5, ✆ 0143-13000, www.klosterhotel.se. Ausgefallenes Hotel mit viel Ambiente, untergebracht in den Räumen des ehemaligen Klosters, einem Haus aus dem 19. Jh. und in modernen Anbauten, 75 stilvoll und individuell eingerichtete Zimmer (z. T. mit Himmelbetten), sehr gutes À-la-carte-Restaurant, Restaurant/Café mit großer Sonnenterrasse am See, Innenpool, Sauna, Whirlpool, eigener Bootsanleger, Bademöglichkeit im See mit kleinem Sandstrand, Fahrradverleih, Angelmöglichkeit.*

Jugendherberge

STF Vadstena Vandrarhem, *Skänningegatan 20, ✆ 0143-76560, www.vadstenavandrarhem.se. Ganzjährig geöffnete, zentrumsnahe Herberge in einem ehemaligen Altersheim, 17 gemütlich eingerichtete Mehrbett-Zimmer sowie Einzel- und Doppelzimmer mit Dusche/WC/TV in neuerem Anbau, großer Garten. 200 m zu Schwimmbad und Sauna, 1 km zum Angeln/Baden im Vättersee.*

Camping

Vadstena Camping, *Hofslagaregatan 11, ✆ 0143-12730, www.vadstenacamping.se. 3 km nördlich des Zentrums nahe der Straße 50 am Vättersee gelegene Anlage mit 500 Stellplätzen. Vermietung von voll eingerichteten Campinghütten, Mobilhomes und von einfachen Zelten. Kiosk, Bade- und Angelgelegenheit, geöffnet Ende April–Mitte Sept.*

Angeln

Trolling Vättern Vadstena, *Bjälbovägen 45, ✆ 0143-12453, www.trolling.se. Angeltour auf professionell ausgerüstetem Trollingboot zum Schleppfischen von u. a. Lachs, Seeforelle und dem weltberühmten Vätternsaibling.*

Von Vadstena aus kann man auf der schmalen, reizvollen Straße 206 zur Europastraße zurückfahren; unmittelbar hinter dem Städtchen passiert man dabei die Stelle des (kaum noch wahrnehmbaren) Granby-Kraters. Er hat einen Durchmesser von 3 km und entstand vor 470 Millionen Jahren durch den Einschlag eines Meteoriten.

Motala und Umgebung

Schöner ist ein nördlicher Bogen, der weiter am Vättern-Ufer entlang zunächst nach **Motala** führt. Der 31.000-Einwohner-Ort bezieht seinen Reiz hauptsächlich aus seiner Lage auf einer Landzunge zwischen den beiden Seen Vättern und Boren. Die trichterförmige Bucht des Vättersees wird seit 2013 von der 620 m langen **Motalabron** überbrückt (5 SEK Maut; keine Mautstation, die Rechnung kommt postalisch), deren Höhe von 22,5 m auch die Durchfahrt der Götakanal-Schiffe erlaubt. Die rote Farbe des eleganten Bauwerks (mit Fußgänger- und Fahrradweg), das nachts schön beleuchtet wird, ist die gleiche wie die der Golden Gate Bridge.

Aus einer ganz anderen Zeit stammen die sensationellen Funde, die Archäologen 2011 in Motala machten: Neben Tierknochen, Pfeilspitzen und Werkzeugen aus Geweih, Knochen und Stein fand man zwei 8.000 Jahre alte, auf Stöcken aufgespießte Totenköpfe, die in der Fachwelt als **Schädel von Motala** bekannt sind. Unmittelbar östlich der Stadt stellt der Götakanal die Verbindung zwischen Boren- und Vättersee durch die sehenswerte **Schleusentreppe** von Borenhult mit fünf Schleusen her.

Auf der Straße 34 geht es dann am Nordufer des Borensees nach Linköping (S. 338), wo man wieder auf die E04 stößt.

Die Motala-Brücke

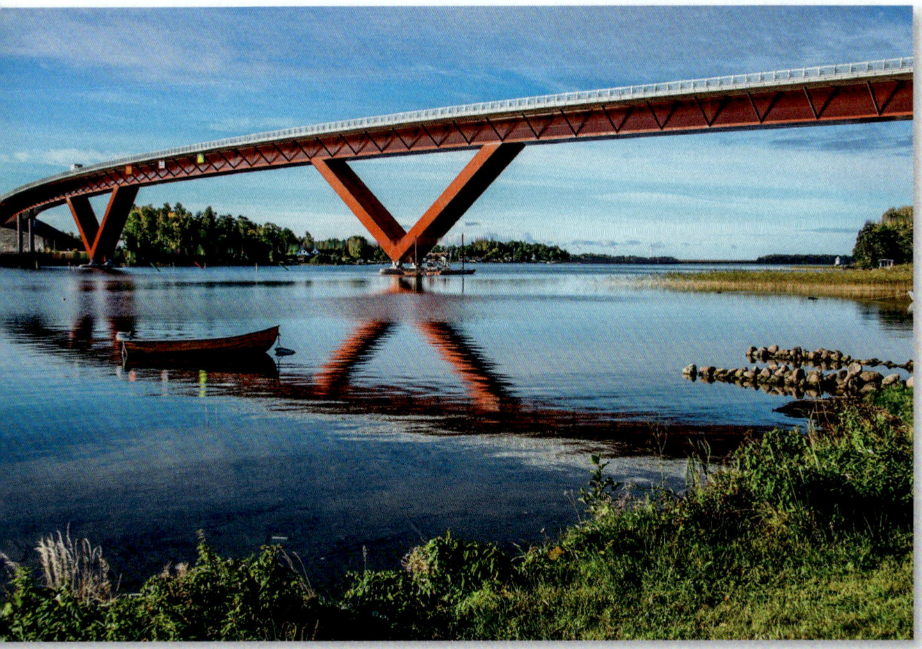

Folgt man stattdessen ab der Motala-Brücke der Straße 50 nach Norden, gelangt man nach ca. 10 km zu einem Abzweig nach **Övralid**, wo der Wohnsitz des schwedischen Nationaldichters Verner von Heidenstam inmitten schönster Natur liegt. Hier lebte der 1916 mit dem Nobelpreis ausgezeichnete Autor von 1925 bis zu seinem Tod 1940. Von seinem Grab hat man einen großartigen Ausblick auf den Vättersee.

Etwas weiter nördlich liegt **Medevi Brunn** am Ufer des Vättern, das älteste Heilbad Skandinaviens. Seit dem 17. Jh. war für königliche Hoheiten und andere schwedische Prominenz eine Fahrt nach Medevi ein Muss. Sechs Wochen ab Mittsommer dauert die Kursaison in dem lieblichen Ort. Hier kann man an einem Rundgang teilnehmen, die alte Apotheke besuchen, an der Heilquelle sein Wässerchen trinken oder einen Spaziergang durch den wunderschönen Kurpark machen. Im Café Schweizeriet werden Kaffee und Gebäck serviert.

Von hier aus ist es nicht mehr weit bis zur **Nordspitze des Vättersees**. Diese ist wegen der vielen Inseln und Schären der reizvollste Teil des Gewässers und ein Eldorado für Naturfreunde, Kanuten und Angler. Auf der Straße 50 wird man geradewegs in diese naturschöne Region hineingeführt, wobei es auf zwei 300 und 540 m langen Brücken (Achtung: Maut!) über den Kleinen und den Großen Hammarsund geht. Reisende mit Ziel Stockholm sollten von hier aus das kurze Stück zur E20 zurücklegen.

Von Göteborg nach Stockholm

Redaktionstipps

- Anfang April das Naturschauspiel der tanzenden Kraniche am **Hornborgasee** bei Skara bestaunen (S. 347).
- **Schloss Läckö** und Umgebung nördlich von Lidköping besuchen (S. 350).
- Die Natur in der Umgebung des Plateauberges **Kinnekulle** erkunden (S. 351).

Knapp 500 km lang ist die Strecke von Göteborg nach Stockholm, wenn man nur auf der E20 bleibt. Bei dieser Fahrt durch die historischen Provinzen Västergötland und Närke liegen sowohl die landschaftlich schönsten Stellen als auch die interessantesten kulturellen Sehenswürdigkeiten allerdings etwas abseits der Europastraße. Vor allem im ersten Drittel der Strecke ist deshalb der Ausflug zum Südufer des mächtigen Vänersees zu empfehlen, wo mit Schloss Läckö und dem Plateauberg Kinnekulla zwei wahre Highlights warten.

Auch nördlich von Mariestad stellt die Straße 26 eine reizvollere Alternative zur E20 dar. Am Ende der Etappe sollte man die Fahrt in Örebro am großen Hjälmarsee und besonders in Arboga unterbrechen, bevor man die Mälarsee-Region mit ihren vielen Attraktionen erreicht.

Unterwegs nach Alingsås

Die ersten knapp 50 km der Etappe führen durch eine wald- und vor allem seenreiche Landschaft. Das größte Gewässer, der Mjörn, ist von der Europastraße aus nicht zu sehen, dafür kommt man aber kurz hinter Göteborg an den Aspen und später den **Sävelången** bis auf Sichtweite heran. Letztgenannten See, ca. 30 km hinter Göteborg, kann man auf Höhe von **Nääs** näher in Augenschein nehmen, wenn man dort nur wenige Hundert Meter von der Hauptroute abzweigt und über die Nääs Allé und eine pittoreske Steinbrücke auf das Schloss direkt am Seeufer zufährt. Fassade und Interieur des weißen Gebäudes stammen aus dem 19. Jh. (Besichtigung möglich), für eine Stärkung empfiehlt sich die Nääs Kaffestugan (*Nääs Allé 12, ✆ 0302-31839, Juni–Aug. tgl. 11–16, Mai/Sept. Do–So 11–16 Uhr*).

Alingsås

20 km hinter Nääs passiert die E20 Alingsås, die Stadt des schwedischen Industriepioniers Jonas Alströmer, an den auf dem Marktplatz eine Statue erinnert. Alströmer baute hier 1724 eine Textilmanufaktur auf, die zeitweilig 1.000 Menschen beschäftigte. Idyllische Holzhausbebauung im alten Stadtgebiet und zahlreiche Antiquitätenläden laden zum Verweilen in diesem charmanten Städtchen ein, das wegen der rund 20 Cafés auch „Kaféstaden Alingsås" genannt wird. Das jährlich stattfindende **Kartoffelfestival** (Potatisfestivalen) erinnert an die Einführung der Kartoffel durch Alströmer, der die Schweden, wenn auch unter anfänglichen Schwierigkeiten, von den Rüben weg- und zur Kartoffel hinführte. Leben und Werk des Jonas Alströmer sowie eine lokalhistorische Ausstellung sind im **Alingsås Museum** zu sehen, das in einem alten Magazin des Industriellen untergebracht ist.
Alingsås museum, *Södra Ringgatan 3, ✆ 0322-616596, www.alingsaskulturhus.se. Di–Fr 12–16, Sa 10–14 Uhr.*

Tipp für Kirchenfans

An der Straße 180 Borås–Alingsås liegt etwa 20 km von Alingsås entfernt Schwedens einzige bewahrte Stabkirche, **Hedareds stavkyrka**, *die sich allerdings nicht mit den prächtigen norwegischen Bauwerken messen kann. Der einfache Bau besteht aus einem rechteckigen Langhaus und einem rechteckigen Chor. Die Ausstattung stammt vor allem aus dem 18. Jh., der Bau selbst von etwa 1500.*

Reisepraktische Informationen Alingsås

Information

Alingsås Turistbyrå, *Kungsgatan 14, ✆ 0322-616200, www.vastsverige.com/alingsas. Mi–Fr 10–16 Uhr, im Sommer länger. Weitere Infos an den 7 Infopoints im Stadtgebiet.*

Hotels

Grand Hotel Alingsås €€€€, *Bankgatan 1, ✆ 0322-670100, www.grandhotel-alingsas.se. Zentral gelegenes, wunderschönes Jugendstilhotel von 1911 mit 92 modern eingerichteten Zimmern unterschiedlicher Kategorie. Restaurant, Pub, Nachtclub (Diskothek an Wochenenden), Fitnessraum, Sauna und Solarium.*
Lilla Hotellet i Alingsås €€, *Magasinsgatan 1B, ✆ 0322-670100, www.lillahotelletialingsas.se. Das „kleine Hotel" in zentraler Lage befindet sich im dritten Stock eines Hauses aus den 1920er Jahren und verfügt nur über 10 einfache Zimmer, z. T. mit eigenem Bad.*

Skara

Rund 80 km nördlich von Alingsås passiert die Europastraße **Skara**, eine der ältesten Städte Schwedens. Schon in vorchristlicher Zeit war Skara ein wichtiger Knotenpunkt

Tanzende Kraniche am Hornborgasee

und Handelsplatz. Im frühen Mittelalter Zentrum der christlichen Mission, erhielt Skara den ersten Bischofssitz des Landes. Um den Vorgängerbau der Domkirche standen drei weitere Kirchen sowie ein Dominikaner- und Franziskanerkloster. Der größte Teil der alten Bausubstanz fiel im 18. Jh. einem Großbrand zum Opfer. Skara ist traditionell als **Schul- und Kulturstadt** im Land bekannt und hat diese Tradition bis heute bewahren können (u. a. mit einer Schauspielschule und einer Filiale der Veterinärhochschule). Die Wirtschaft wurde bzw. wird von zwei großen Lebensmittelproduzenten bestimmt: Sveriges Djurbönder (Fleisch, 2017 aufgelöst) und Svenska Lantägg (Eier).

Der **Dom** mit seinen hohen Doppeltürmen ist das Wahrzeichen der Stadt. Bereits 1150 erwähnt, wurde die Bischofskirche im 13. Jh. gotisch um- und ausgebaut, allerdings auch später immer wieder verändert, vor allem nach dem Stadtbrand von 1719. In seinem heutigen Erscheinungsbild ist er das Ergebnis einer Restaurierung, die 1886–94 durchgeführt wurde. Trotzdem ist sein Aussehen eindrucksvoll, und Grundriss und große Teile des Mauerwerks sind immer noch mittelalterlich. Am ältesten ist die romanische Krypta, in der mit Adalvard einer der ersten Bischöfe des Landes bestattet ist. Die modernen Glasmosaikfenster stammen von Bo Beskow.
Skara domkyrka, *Södra Kyrkogatan, ✆ 0511-26500, www.svenskakyrkan.se/skara. Juni–Aug. Mo–Fr 9–20, Sa/So 9–18, Sept.–Mai tgl. 9–18 Uhr.*

Der Brunnen auf dem Marktplatz des beschaulichen Städtchens zeigt Bilder aus der Stadtgeschichte, die auch das **Provinzmuseum** mit seinen umfangreichen Sammlungen dokumentiert, darunter die Bronzeschilde von Fröslunda, die ein Landwirt 1985 beim Pflügen entdeckte. Daneben gibt es mehrere Dauerausstellungen, u. a. „Skara im Mittelalter".
Västergötlands museum, *Stadsträdgården, ✆ 0511-26000, www.vastergotlandsmuseum.se. Di–Fr 10–17, Sa/So 11–16 Uhr.*

Im **Freilichtmuseum/Fornbyn** nebenan sind rund 30 Häuser verschiedener Zeiten zusammengetragen. Vor allem für Kinder ist das 7 km entfernte **Skara Sommarland**, der größte Freizeitpark des Nordens mit ausgedehnter Pool-Landschaft, eine Attraktion.
Skara Fornbyn, *Stadsträdgården, ✆ 0511-26000, www.vastergotlandsmuseum.se/fornbyn. Gelände: Mitte April–Sept. tgl. 8–20 Uhr, Hütten: Juni–Aug. Mo–Fr 8–16 Uhr.*
Skara Sommarland, *Axvall, ✆ 010-7088000, www.sommarland.se. Juni und Aug. tgl. 10–17, Juli bis 19 Uhr.*

Als Umgebungsziel lockt der einige Kilometer östlich der Stadt gelegene **Hornborgasee** jährlich Zehntausende von Besuchern an, die Anfang April dem **Schauspiel der tanzenden Kraniche** beiwohnen, die zu Tausenden aus dem Süden zurückkehren und am See Rast machen. Die Fütterungsplätze liegen auf der Westseite des Sees bei Dagsnäs und Stora Bjurum. Inzwischen besuchen mehr als 100 verschiedene Vogelarten den See. Informationen gibt es an dessen Ostseite.

Reisepraktische Informationen Skara

Information

Skara Turistbyrå, *Södra kyrkogatan 2, ✆ 0511-32580, www.vastsverige.com/skara. Im Stadthaus nahe der Domkirche untergebracht. Mo–Do 8–16.30, Fr 8–16 Uhr, Juni–Aug. Mo–Fr 8–16 Uhr.*

Hotel/Camping

Skara Konsthotell *€€€€, Vilangatan 4, ✆ 0511-310000, https://skarakonsthotell.se und www.julahotell.se. 1 km östlich des Zentrums (Abfahrt von der E20) gelegenes, interessantes Hotel mit 98 komfortablen Einzel-, Doppel- und Familienzimmern, Konferenz-Center und beachtlicher* **Kunsthalle**. *Der Unternehmer, Kunstsammler und Maler Lars-Göran Blank ließ das Hotel 2007 sowie ein Annex-Gebäude 2012 auch errichten, um seine Sammlung der Öffentlichkeit präsentieren zu können. In der Kunsthalle des Hotels, aber auch in Lobby, Restaurant, Fluren und sogar Gästezimmern kann man Kunstwerke u. a. von Anders Zorn, Bruno Liljefors und Carl Larsson bewundern. Gutes Restaurant mit Klassikern der schwedischen Küche, Fitness-Abteilung, Sauna.*
Sofort neben dem Hotel befindet sich das Freizeitgelände **Vilans fritidsområde** *(www.skara.se/vilan) mit Sportplätzen, Sporthallen und Spaßbad. Zum Komplex gehört auch die ganzjährig geöffnete Anlage* **Jula Stadscamping** *(Vilangatan, ✆ 0511-310000, www.julacamping.se) mit u. a. 150 Stellplätzen und 30 netten, falunroten Campinghütten.*

Jugendherberge

Gröna Huset/Eggby Vandrarhem, *Skärvavägen 3, ✆ 0511-12165, www.facebook.com/skaravandrarhem. Schöne, ganzjährig geöffnete Herberge in einem ehemaligen Landhandel am Vasaparken, 10 2- und Mehrbettzimmer, alle mit eigenem Bad. Garten, Fahrradverleih.*

info

Der Vänern – Schwedens größter See

Der altnordischen Mythologie zufolge entstand der Vänern, als vier in Ochsen verwandelte Riesen ein Stück Land aus Schweden herauspflügten, das dann im Meer stecken blieb und zur dänischen Insel Seeland wurde. Von der Fläche her käme das nicht ganz hin – Seeland ist rund 7.000 km² groß, der Vänern etwa 5.520 km². Damit aber ist der Vänern der **größte schwedische See** und der **größte der EU**, nach den russischen Gewässern Ladogasee und Onegasee ist er außerdem der **drittgrößte See Europas**, mehr als zehnmal größer als der Bodensee. Sein enormes Volumen von 153 Mrd. m³ enthält ein **Drittel des gesamten Süßwassers** in Schweden!

Das Gewässer, fast schon ein **Binnenmeer**, liegt zwischen den historischen Provinzen Dalsland, Värmland und Västergötland. Die weit in den See ragende Halbinsel Värmlandsnäs teilt ihn in einen westlichen (Dalbosjön) und einen östlichen (Värmlandssjön) Teil. Auffällig ist die enorme Zahl von **22.000 (!) Inseln und Inselchen**, die durch einige Schärengärten zustande kommt – ein wahres Eldorado für Kanuten und Inselhüpfer. Die **größten Inseln** heißen Torsö (62 km²), Kållandsö (56 km²) und Hammarö (47 km²).

Auch der **Nationalpark Djurö**, der mitten im Vänern liegt, besteht aus Inseln (ca. 30) und bildet einen eigenen kleinen Archipel. Auf der heute unbewohnten Inselgruppe gibt es u.a. Damhirsche und ein artenreiches Vogelleben mit z. B. Fischadlern, Baumfalken, Austernfischern und Mantelmöwen. Teile des Archipels sind als Vogelschutzgebiet von April bis Juli gesperrt.

Steg am Vänersee

Während viele **Flüsse** in den See münden (der größte ist der Klarälven), wird der Vänern nur durch den Göta älv entwässert. Über die **Kanäle** Trollhättankanal und Götakanal ist der See sowohl mit Göteborg und Stockholm als auch mit dem zweitgrößten schwedischen See, dem Vättern, verbunden.

Es gibt sehr viele **Vögel** (60 verschiedene Arten) an diesem Gewässer, vor allem Seeschwalben und Möwenarten; die lange Zeit verschwundenen Kormorane sind mittlerweile zurückgekehrt und vermehren sich prächtig. Der **Fischreichtum** (35 verschiedene Arten) wird heute hauptsächlich von Hobbyanglern genutzt, Berufsfischer gibt es nur noch ganz wenige.

Der Vänern in Zahlen:

Gesamtfläche:	5.650 km²
Volumen:	153 Mrd. m³
max.Tiefe:	106 m
durchschnittl. Tiefe:	27 m
Höhe ü.d.M.:	44 m
Inseln und Schären:	22.000 (davon 800 größere)
Uferlänge des Festlandes:	1.800 km
Uferlänge der Inseln:	2.740 km
Gesamtuferlänge:	4.540 km
Zuflüsse:	10
Abflüsse:	1 (Göta älv)
Fischarten:	35
jährlicher Fischfang:	1.300 t
transportierte Güter:	ca. 4 Mio. t/Jahr
brütende Vögel:	140.000, ca. 60 verschiedene Arten

Lidköping und Umgebung

Zur anderen, westlichen Seite bringt einen die Straße 184 nach **Lidköping** am Vänersee. Die gemütliche, lebendige Kleinstadt, die schon 1446 Stadtprivilegien erhielt, lag damals auf der östlichen Seite des Flusses Lidan. Die Neustadt auf der Westseite des Flusses wurde im 17. Jh. von Magnus Gabriel de la Gardie angelegt. Zum Wahrzeichen der Stadt entwickelte sich das Jagdschloss des Grafen von Läckö, das auf dem großen Marktplatz aufgestellt wurde und als **Rathaus** diente. 1960 brannte es ab, wurde aber mitsamt dem eigenwilligen Turm wieder aufgebaut. Heute ist hier u. a. die Touristeninformation untergebracht.

Viele Besucher kommen wegen der alten **Porzellanfabrik** von Rörstrand (Rörstrands porslinsfabrik) nach Lidköping. Rörstrand wurde bereits 1726 im heutigen Stockholm gegründet und ist damit eine der ältesten Porzellanmanufakturen Europas. Nach einer Zwischenstation in Göteborg zog das Unternehmen 1936 nach Lidköping. Doch 2004 wurde der Standort vollständig aufgegeben, die Produktion findet nun im Ausland statt. Die Fabrik wurde ins Einkaufszentrum **Rörstrand Center** mit Fabrikverkauf und Museum umgewandelt.
Rörstrand Museum, *Fabriksgatan 4, ✆ 0510-25080, www.rorstrand-museum.se u. www.rorstrandcenter.se. Museum: Di–Fr 10–17, Sa 10–16, So 11–15, Outlet: Mo–Fr 10–18, Sa 10–16, So 11–15 Uhr, Café sowie Museum und Ausstellung am Hafen.*

Das interessante **Vänersee-Museum** dokumentiert die Kultur- und Naturgeschichte von Vänersee und Umgebung. Das Museum liegt naturschön mit Blick auf den Tafelberg Kinnekulle auf der anderen Seite der Kinnebucht zehn Gehminuten vom Marktplatz entfernt am Seeufer. Ausstellungen und Vorträge sowie sonstige Aktivitäten für Klein und Groß befassen sich mit dem Leben in, auf und am See. Lidköping als Handwerks- und Seefahrtsstadt ist ebenfalls ein Thema der Ausstellungen.

Vänermuseet, *Framnäsvägen 2, ✆ 0510-770065, www.vanermuseet.se. Di–Fr 10–17 (Hauptsaison auch Mo), Sa/So 11–16 Uhr.*

Schloss Läckö

Das beliebteste touristische Ziel in Lidköpings Umgebung ist das 20 km nördlich auf einer Landzunge im Vänern liegende weiße Schloss Läckö. Ursprünglich ließ sich der Bischof von Skara Ende des 13. Jh. ein „festes Haus" errichten. Mit der Gründung der Grafschaft Läckö ging die Anlage in den Besitz der Familie de la Gardie über. Das heutige Aussehen ist das Ergebnis der Um- und Anbauten unter Magnus de la Gardie in der zweiten Hälfte des 17. Jh. Vor allem die im Schloss gezeigten jährlich wechselnden Themenausstellungen locken viele Besucher an. Ferner zeigen Führer das Schloss und einige der barocken Räumlichkeiten wie Küche, Rüstkammer und Paradewohnungen. Für Gartenfreunde lohnt ein Rundgang durch den Schlossgarten.

In nächster Umgebung des Märchenschlosses sind vielfältige **Freizeitaktivitäten** möglich, z. B. Baden an den Klippen und am kleinen Sandstrand, Bootsausflüge, Angel- und Kanu-Touren oder einfach ein Picknick am See. Bekannt ist das Schloss auch für seine alljähr-

Wurde zum schönsten Schloss Schwedens gewählt: Läckö

Hinweis

Von Läckö bietet sich ein Besuch des 5 km entfernten Fischerdorfes **Spiken** an, des einzigen Dorfes am Vänern, in dem man an den kleinen Räuchereien frischen Fisch probieren kann.

lichen Opernvorstellungen im Burghof. 350 m vor dem Schloss befindet sich das moderne Ausstellungsgebäude **Naturum**. Es liefert Informationen über den Schärengarten im Vänersee, zeigt eine permanente Ausstellung über Flora und Fauna auf den Inseln, bietet Übernachtungsmöglichkeiten (12 DZ) und ein gutes Restaurant.

Läckö Slott, ✆ *0510-484660, www.lackoslott.se. Ausstellung: Mitte Juni–Mitte Aug. tgl. 10–18 Uhr; sonst ist das Schloss nur im Rahmen von Führungen zu besichtigen, diese finden April–Ende Sept. mehrmals tgl. statt, jeweils um 14 Uhr gibt es meist auch eine Führung auf Englisch. Okt./Nov. Führungen nur Sa/So (auf Schwedisch).*

Kinnekulle

Nur wenige Kilometer nordöstlich von Lidköping (Straße 44) bringt einen ein ausgeschilderter Abzweig zum Naturschutzgebiet am Kinnekulle. Dieser Tafelberg entstand vor rund 500 Mio. Jahren, als sich in langen Zeiträumen auf dem Meeresboden Sand, Lehm, Algen, Muscheln, Fische und Insekten ablagerten und versteinerten. Als sich nach untermeerischen Lavaausbrüchen über den Versteinerungen der harte Diabas bildete, wirkte dieser nach dem Auftauchen des Landes aus dem Meer wie ein Schutzschild. Nur das weichere Gestein wurde abgetragen, übrig blieb das vom harten Gestein geschützte Gebiet. Der Kinnekulle konnte den Kräften des Inlandeises trotzen und wurde nicht eingeebnet. Für den Geologen liest sich der Aufbau des Tafelberges wie **ein Tagebuch** der vergangenen 400 Mio. Jahre. Urgestein, Sandstein, Alaunschiefer, Kalkstein, Lehmschiefer und Diabas bilden die Schichtenfolge des Kinnekulle.

Aussichtsturm auf dem Kinnekulle

Ein ausgeschilderter Autowander- und Wanderweg ist der **Kinnekulleleden**, der zu vielen Sehenswürdigkeiten im Gebiet des Tafelbergs führt. Rund drei Tage sollte man für eine Erwanderung der vollen 45 km einplanen. Schon Carl von Linné stellte auf seiner Reise durch das Gebiet 1746 fest, dass dieser Naturraum lieblicher sei als jeder andere. Vom Högkullen (306 m ü. d. M.) genießt man eine weite Aussicht. Zur Vielfalt der Natur gehören z. B. herrliche Laubwälder, Laubwiesen, an Öland erinnernde Heidegebiete und seltene Blumenarten. Dass der Kinnekulle aus verschiedenen Ablagerungen besteht, sieht man eindrucksvoll im Steinbruch von Hällekis. Dieses touristisch wenig erschlossene Gebiet am Vänern ist eine Art schwedischer Provence.

Mariestad

Sowohl über die Uferstraße Kinnekullevägen als auch über die E20 kommt man zur kleinen Stadt Mariestad am Vänersee, die schon größere Zeiten erlebt hat. Gegründet 1583 von Herzog Karl, dem späteren König Karl IX., erhielt die Stadt den Namen seiner ersten Frau, Maria von der Pfalz. Ab 1593 ließ Karl eine **Domkirche** im spätgotischen Stil bauen, doch als diese fertiggestellt war, hatte die Stadt ihre Funktion als Bischofssitz längst verloren. Die alte Holzhausbebauung ist entlang der Straßen Kungsgatan, Kyrkogatan und Västerlånggatan liebevoll bewahrt worden, sodass Mariestad heute einen der am besten erhaltenen Stadtkerne hat. Seit Anfang 2018 die Fußgänger-/Fahrradbrücke Universitetsbron (mit Aussichtsplattform) eingeweiht wurde, kann man ab/bis Nya Torget einen 4-Brücken-Spaziergang zu beiden Seiten des Flusses Tidan und zu den wichtigsten Sehenswürdigkeiten der Stadt unternehmen.

Reisepraktische Informationen Mariestad

Information

Mariestads Turistcenter, ✆ *0501-755850, www.vastsverige.com/mariestad. Auskünfte per E-Mail oder telefonisch Mo–Fr 9–16.30 Uhr; über den Ort verteilt gibt es mehrere Infopoints.*

Hotel

Hotell Vänerport *€€€–€€€€, Hamngatan 32,* ✆ *0501-77111, www.hotelvanerport.se. Kleineres, etwas altmodisches Hotel am Hafen mit 30 Zimmern (einige mit Blick auf den Vänern), Restaurant und Sonnenterrasse.*

Jugendherberge

STF Mariestad Vandrarhem, *Hamngatan 20,* ✆ *0501-10448, www.svenskaturistforeningen.se. Historisches, direkt am Wasser und 250 m zum Bahnhof gelegenes Holzhaus aus dem 17. Jh. mit 16 einfachen Zimmern, gut ausgestatteter Selbstversorgerküche, Garten und Fahrradverleih, ganzjährig geöffnet. Im Sommer serviert das Café Frühstück und Mittagessen.*

Camping

First Camp Ekudden, *Ekuddenvägen 50,* ✆ *0501-10637, https://firstcamp.se. Direkt am See und 2 km nordwestlich des Stadtzentrums gelegene Anlage mit Ferienhäusern und Campinghütten. In der Nähe gibt es ein beheiztes Freibad. Ganzjährig geöffnet.*

Unterwegs nach Örebro

Nördlich von Mariestad ergibt sich die Möglichkeit, von der E20 auf die Straße 26 abzubiegen, die weiter dem Seeufer folgt. Unterwegs hat man Gelegenheit, über die eindrucksvolle, 18 m hohe Brücke **Torsöbron** (1994) auf die größte Vänerinsel **Torsö** überzusetzen. Sie besteht eigentlich aus zwei inzwischen zusammengewachsenen Inseln; ein weiteres großes Eiland, **Brommö**, liegt unmittelbar westlich von ihr.

Die größte kulturhistorische Sehenswürdigkeit hier ist die wenige Kilometer von der Straße 26 entfernt und 35 km südlich von Kristinehamn am **See Skagern** gelegene **alte Kirche von Södra Råda**, die die wohl interessanteste und berühmteste mittelalterliche

Holzkirche des Landes war. Anders als die bekannten Stabkirchen wurde der Bau wie ein Blockhaus aus Kiefernstämmen errichtet und von außen mit Holzschindeln verkleidet. Vor allem wegen ihrer umfangreichen gotischen Malereien von 1323 (Bilderbibel) war sie weithin bekannt. 2001 ging das Gotteshaus nach einer Brandstiftung in Flammen auf. Ähnlich wie bei der norwegischen Fantoft-Stabkirche, die das gleiche Schicksal erlitten hatte, entschloss man sich, das Gebäude zu rekonstruieren, was natürlich wegen der Holzmalereien trotz der guten Dokumentierung ein aufwändiges Unterfangen war. Außen ist die Kirche seit 2018 wiederhergestellt, Ende 2021 war auch das Innere so weit restauriert, dass das Gotteshaus wieder eingeweiht werden konnte. Weitere Rekonstruktionen (Kirchhof, Glockenturm) sind noch im Gange.
Södra Råda gamla kyrka, *Södra Råda Gamla kyrkplats, Gullspång, ✆ 0551-23133, www.sodrarada.se. Ganzjährig Führungen auf Anfrage möglich.*

Auf der Europastraße führt der Weg durch das kleine Industriestädtchen **Laxå**, das ziemlich genau zwischen Stockholm und Göteborg liegt. Es entstand auf der Grundlage eines Schmiedewerks im 18. Jh. Der Ort bietet nicht viel Sehenswertes, sieht man von der **Holzkirche** im Barockstil aus der Zeit um 1680 ab. Die 1899 in Laxå aufgestellte Kirche stand ursprünglich in Ramundeboda, einem Klosterort südlich von Laxå. Direkt an der E20 fährt man an der **Laxå-Glashütte** vorbei, wo man beim Glasblasen zusehen kann. Schilder mit der Aufschrift „jordgubbar" weisen im Sommer entlang der Strecke durch die Gemeinde (wie auch andernorts) auf den Straßenverkauf von wohlschmeckenden schwedischen Erdbeeren hin.

Örebro

50 km hinter Laxå bringt einen die E20 zur größten Stadt entlang der Route. 8 km vorher passiert man dabei in **Marieberg** eines der größten Einkaufszentren des Landes direkt neben der Europastraße. Mit rund 158.000 Einwohnern gehört die **Industriestadt** in Närke nahe der Mündung des Flusses Svartån in den See Hjälmaren zu den größten Städten des Landes. Sie entstand im Mittelalter an der Stelle, an der über Sandbänke (ören) im Fluss eine Brücke (bro) errichtet wurde und vermutlich deutsche Kaufleute eine Basis für ihren Handel mit dem Eisen aus der Bergslagen-Region legten. Eine Zeit lang war Örebro das Schuh-Zentrum des Landes. Heute bestimmen Metallverarbeitung, Maschinenbau, Lebensmittel und grafische Produkte das Wirtschaftsleben der Stadt, an den Abteilungen der Hochschulen werden 17.000 Studenten ausgebildet.

Im Mittelalter wuchs die Stadt im Schutz eines Verteidigungsturms, der dann im 16./17. Jh. zu einem mächtigen **Vasaschloss** ausgebaut wurde. 1810 wählte man hier den aus Frankreich stammenden Marschall Jean Baptiste Bernadotte zum schwedischen Thronfolger; auf ihn geht das heutige schwedische Königshaus zurück. Um 1900 nach langer Verfallszeit

 **Hinweis**

Der 58 m hohe Wasserturm **Svampen**, der so aussieht, wie er heißt (*svamp* = Pilz), bietet einen weiten Blick auf die Stadt und ihre Umgebung. In dem 1958 eingeweihten Gebäude bietet die Skybar Svampen Mo–Fr 11–14.30 und Sa/So 11–15 Uhr ein Lunchbüfett an.
Skybar Svampen, *Dalbygatan 4, ✆ 019-6113735, www.svampen.nu. Tgl. 10–16 Uhr.*

Lecker: schwedische jordgubbar

restauriert, dient das Schloss heute als Amtssitz des Regierungspräsidenten. Auch die Touristeninformation ist hier untergebracht.

Die **Hauptkirche St. Nicolai** am Stortorget, Ende des 13. Jh. als dreischiffige Hallenkirche erbaut, wurde 1860–99 grundlegend im Stil der englischen Gotik renoviert. Auf dem Marktplatz erinnert die Statue Engelbrekts an den Freiheitskämpfer, der sich wiederholt als nationaler Anführer gegen den nordischen Unionskönig auflehnte. Nach seiner Ermordung 1436 wurde er in der Nicolai-Kirche beigesetzt, sein Grab jedoch in der Reformationszeit zerstört.

Flussabwärts vom Schloss, am östlichen Rand des Stadtparks, lohnt das **Kulturreservat Wadköping** einen Besuch. In der lebendigen Holzstadt, benannt nach der fiktiven Stadt aus den Romanen des in Schweden bekannten Schriftstellers Hjalmar Bergman (1883–1931) gibt es ein kulturgeschichtliches Freiluftmuseum mit Krämerladen, Café, Bäckerei, Handwerkern, Musik, Theater und Ausstellungen von Kunsthandwerk.
Wadköping, *Alsnäsgatan 11, ✆ 019-216220, www.orebro.se/wadkoping. Mai–Aug. tgl. 11–17, Sept.–April 11–16 Uhr.*

Reisepraktische Informationen Örebro

Information

Örebro Visitor Center, *Örebro Slott (südwestlicher Turm),* ✆ 019-214499, *www.visitorebro.se. Juni–Aug. Mo–Fr 9–17, Sa/So 10–17, Mai u. Sept. tgl. 10–17, Okt.–April Mo–Fr 11–17, Sa/So 11–15 Uhr.*

Hotel

City Hotel Örebro €€€, *Kungsgatan 24,* ✆ *019-6014200, www.elite.se. Zentral gelegenes, modernes Hotel mit 115 gut ausgestatteten Zimmern, Frühstücksrestaurant, Lob-*

by-Weinbar, Fahrradverleih. Entlang der nahen Drottninggatan findet man viele Cafés, Restaurants und Geschäfte.

Camping

Gustavsvik Campingplats & Stugby, *Sommarrovägen 1, ✆ 019-196950, https://gustavsvik.se. Ganzjährig geöffnete, großzügige Fünf-Sterne-Anlage, die zu den besten Europas zählt, 675 Stellplätze und ein Feriendorf mit komfortablen Hütten sowie vollausgestatteten Ferienhäusern. Im Sommer sehr populär wegen des benachbarten* **Gustavsvik Resort** *(Gustavsviksvägen 11) mit Shopping-Center, dem größten schwedischen Spielplatz, Fußball-, Tennis- und anderen Sportstätten, Gastronomie, Sommer-Spaßbad und Abenteuerpark „Lost City".*

Arboga

45 km hinter Örebro führt die Europastraße zur charmanten Kleinstadt im südlichen Västmanland am Fluss Arbogaån (*arbog* = Flussbiegung), die viel von ihrem mittelalterlichen Charakter bewahrt hat. Arboga war ein wichtiger Verschiffungshafen für das Eisen aus der Bergslagen-Region, bis um 1630 ein Kanal zwischen den Seen Mälaren und Hjälmaren östlich der Stadt den Ort in einen Dornröschenschlaf versetzte, aus dem er erst im Zeitalter der Eisenbahn wieder erwachte. 1435 wurde in der Stadt „Schwedens erster Reichstag" abgehalten, auf dem ein Mann namens Engelbrekt Engelbrektsson zum Sprecher und Oberbefehlshaber gewählt wurde und eine Reihe von Aufständen gegen Steuerdruck und Unterdrückung des Unionskönigs anführte. Weitere Reichstage in der Folgezeit unterstreichen Arbogas besondere Stellung über Jahrhunderte hinweg.

Der Ort besitzt zwei sehenswerte Kirchen. Eine davon ist die zweischiffige **Dreifaltigkeitskirche** (Trefaldighetskyrkan), um 1300 als Klosterkirche der Franziskaner errichtet. Die Malereien aus dem Mittelalter zeigen Stationen im Leben des hl. Franziskus. Die Kanzel von 1736 stammt aus der Werkstatt von Hofbildhauer Burchard Precht in Stockholm. Bemerkenswert sind die größten Messing-Kronleuchter des Landes, um 1700 der Gemeinde geschenkt. Vor der Kirche steht die Skulptur des Engelbrekt Engelbrektsson, der als Freiheitskämpfer in die schwedische Geschichte eingegangen ist. Die andere sehenswerte Kirche ist **St. Nicolai**, die in ihren ältesten Teilen vom Ende des 12. Jh. stammt und später zu einem dreischiffigen Haus ausgebaut wurde. Ihr wertvollstes Inventar besteht aus einem geschnitzten Altar aus Norddeutschland (etwa 1510) und einem mittelalterlichen Taufbecken.

Da Arboga für sein Bier bekannt ist, überrascht es nicht, dass es hier auch ein **Brauereimuseum** (Bryggeri- och industrimuseet, *www.arbogamuseum.se*) gibt, untergebracht in einem alten Getreidemagazin. Ansonsten lohnt ein kleiner Spaziergang entlang des Flussufers über den Markt (Stora torget) und entlang der Straßen Storgatan und Västerlånggatan, wo eine Holzhausidylle aus dem 18./19. Jh. bewahrt geblieben ist.

Reisepraktische Informationen Arboga

Information

Arboga Turistbyrå, *Centrumsleden 6, ✆ 0589-87151, www.visitarboga.se. Mitte Juni–Mitte Aug. tgl. 10–13 Uhr. Infos ansonsten telefonisch, per E-Mail und an sechs Infopoints im Stadtzentrum.*

Hotel

Arboga Stadshotellet €€€–€€€€, *Nygatan 39, ✆ 0589-12980, www.arbogastadshotell.se. Gemütliches Stadthotel mit 28 geräumigen Zimmern (z. T. im Neubau). Gutes Restaurant und Lobbybar. Außerhalb der Hochsaison ist ein leichtes Abendessen im Zimmerpreis eingeschlossen.*

Camping

Herrfallets Fritids och Konferensanläggning, *Herrfallet, ✆ 0589-40110, www.herrfallet.se. Schöne, ganzjährig geöffnete Anlage am Hjälmarensee, 13 km südl. von Arboga (E18/E20, Abfahrt Herrfallet), 130 Stellplätze sowie Ferienhäuser/Campinghütten, Blockhaushotel mit 8 Zimmern, Restaurant mit Seeterrasse, Bade- und Angelmöglichkeiten, Bootsverleih.*

info

Über den Götakanal von Göteborg nach Stockholm

Zu den sicherlich schönsten Reisen durch Schweden gehört, so paradox es klingen mag, eine Seereise durchs Land. Über Schwedens schönste Wasserstraße, den Götakanal, der Göteborg mit Stockholm und somit das Meer an der Westküste mit der Ostsee verbindet, verkehren von Mai bis September weiße nostalgische „Dampfer". Das dienstälteste der drei Kanalschiffe der Rederi AB Göta Kanal, die M/S Juno, wurde 1874 erstmalig eingesetzt und konnte 2014 seinen 140. Geburtstag feiern (*www.gotacanal.se*). Nach drei geruhsamen Tagen und Nächten, in denen die kleinen Schiffe durch die herrliche Natur- und Kulturlandschaft gleiten, erreichen sie nach rund 560 km und 65 überwundenen Schleusen am vierten Tag vormittags Stockholm bzw. in Gegenrichtung Göteborg. Inzwischen wird die Reise auch als sechstägige Fahrt angeboten.

Die Reise über die schönste Wasserstraße des Landes, ein System von verschiedenen Kanalabschnitten und Binnenseen, übt einen besonderen Reiz aus. Mit einer Geschwindigkeit von fünf Knoten entdecken Reisende die Vorzüge der Langsamkeit, erleben behagliche Ruhe, können mit allen Sinnen die weiten Ebenen Östergötlands genießen und verträumte Kleinstädte, Ruinen, Schlösser sowie Kirchen an sich vorbeiziehen lassen. Der Götakanal wirkt nach mehr als 160 Jahren ganz und gar wie ein Teil der Natur, lediglich Schleusen und in den Fels hineingesprengte Abschnitte erinnern an menschliche Eingriffe.

Segelboote am Götakanal

Der Planer des Kanals, Baltzar von Platen, verwirklichte einen jahrhundertealten Traum, bei dem ihm 58.000 Mann mit Hacke und Spaten zur Seite standen. Dieser „Kaiserschnitt am Bauch der Mutter Svea“ zwischen 1810 und 1832 sollte eine Wasserstraße für Volk, Fracht und Vieh, eine Pulsader des Handels sein, aber auch im Notfall der Ostseeflotte Rückzugsmöglichkeiten gegenüber Dänen und Russen ins Landesinnere bieten. Die militärische Funktion brauchte der Kanal zu keinem Zeitpunkt zu erfüllen, seine Bedeutung als Transportweg schwand in der zweiten Hälfte des 19. Jh. mit dem Ausbau des Eisenbahnnetzes und dem Bau von Straßen wenig später. 1978 ging der Kanal in den Besitz des schwedischen Staates über.

Klein, aber fein sind die drei Kanalschiffe, die nur 31 x 7 m messen, um die engen Schleusen bzw. Schleusentreppen passieren zu können. Die 13-köpfige Besatzung spricht neben Schwedisch auch Deutsch, Englisch und Französisch. Als historisch interessante Sehenswürdigkeiten besuchen die Reisenden auf geführten Spaziergängen das Schleusensystem und das Kanalmuseum in Trollhättan, das idyllisch gelegene Vadstena (die Stadt der hl. Birgitta), Motala („Die Wiege der schwedischen Industrie“), Berg nahe den Ruinen des Klosters in Vreta, Söderköping, das zur Zeit der Hanse eine der bedeutendsten Hafenstädte Schwedens war, sowie Birka und Schloss Drottningholm.

Beliebt ist auch das **Radfahren entlang des Götakanals**. Informationen und Paketangebote gibt es bei Destination Göta Kanal, *https://www.gotakanal.se*.

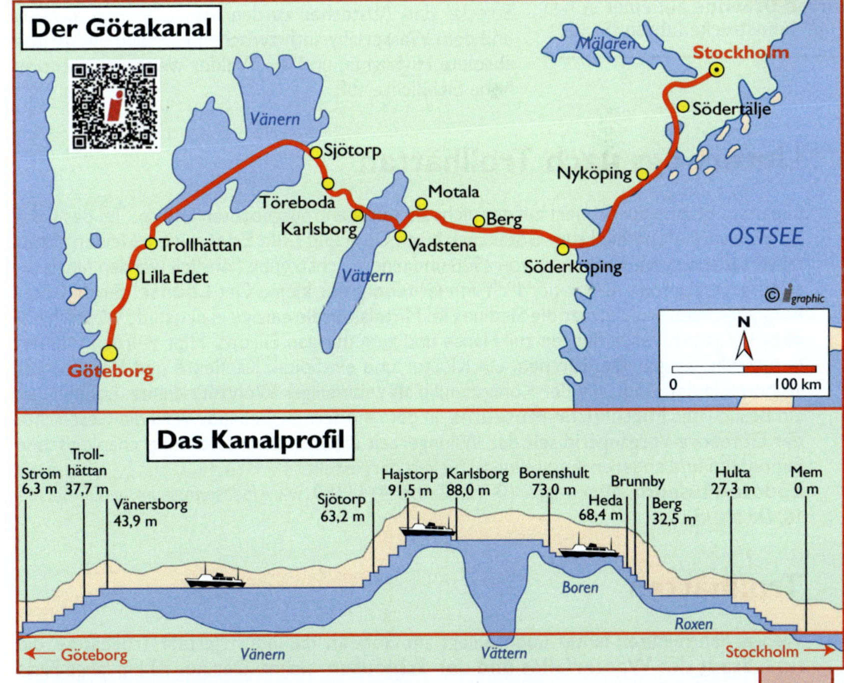

Weiterfahrt nach Stockholm

Auf Höhe von Arboga teilt sich die Straße: Die **E18** führt über **Västerås** (S. 202) und **Enköping** (S. 204) am Nordufer des Mälarsees entlang, die **E20** über **Eskilstuna** (S. 200) und **Strängnäs** (S. 199) an dessen Südufer. Entlang beider Strecken gibt es viel zu entdecken, beide bringen einen nach rund 150 km ins Zentrum der schwedischen Hauptstadt.

Von Göteborg das Westufer des Vänern entlang nach Karlstad

Redaktionstipps

- Die wasserreiche Landschaft aktiv erleben: besonders schön mit dem Kanu/Kajak auf den schleusenreichen Wasserstraßen des **Dalslandkanals** (S. 360) und des **Bergslagskanals** (S. 364).
- Von Bengtsfors aus mit einer **Fahrrad-Draisine** auf einer stillgelegten Bahnstrecke fahren (S. 362).

Rund 250 km lang ist die Strecke zwischen Göteborg und Karlstad auf der **Europastraße 45** – eine Strecke, auf der man durch Teile der Provinzen Västergötland, Bohuslän und Dalsland fährt und die ihren landschaftlichen Reiz vor allem vom Westufer des riesigen Vänersees bezieht. Auf der ersten Etappe bis Vänersborg ist der nur unbedeutende Umweg über Uddevalla und durch die Schärenwelt von Tjörn und Orust (S. 301) eine mehr als reizvolle Alternative. Im nördlichen Abschnitt der Strecke sind Abstecher zu den Schleusen und Kanälen und dem Wasserlabyrinth zwischen Håverud und Årjäng absolute Highlights, und die Wälder weisen eine enorm hohe Elchdichte auf!

Unterwegs nach Trollhättan

Die erste Etappe durchquert auf der nicht als Autobahn ausgebauten E45 das Tal des Göta älv bzw. verläuft parallel zum Götakanal. Nach Göta und **Lilla Edet**, einem kleinen Industrieort (Papier) mit Kraftwerk von 1926 und einer Lachstreppe (jährlich werden Junglachse ausgesetzt), folgt 40 km nördlich von Göteborg der kleine Ort **Lödöse**. Bevor Göteborg gegründet wurde, war die Siedlung im Mittelalter die einzige Hafenstadt Westschwedens mit guten Verbindungen zur Hanse und zum übrigen Europa. Hier wurden Münzen hergestellt, es gab drei Kirchen, ein Kloster und ein Spital. Kaufleute und Handwerker wohnten in der Stadt, die der Königsfamilie als zeitweiliger Wohnsitz diente. Lohnend ist ein Besuch des **Mittelalter-Museums**. In dem modernen Gebäude wird die Geschichte der Göteborg-Vorgängerin seit der Wikingerzeit anhand von Modellen, archäologischen Exponaten und anderen Ausstellungsstücken dargestellt.

Lödöse-Museum, *Museivägen 10–12, ✆ 010-4414380, www.lodosemuseum.se. Di–So 11–16, Do bis 19 Uhr.*

Trollhättan

Wenige Fahrminuten hinter Lödöse liegt am Göta älv die Industriestadt Trollhättan, die sich „**Stadt des Wasserfalles und der Schleusen**" nennt. Der nur 93 km lange Fluss führt das Wasser des Vänern bis zur Westküste; bei Kungälv, 20 km vom Meer entfernt, teilt er sich in zwei Arme, von denen der wasserärmere am Göteborger Hafen ins Meer mündet. Dass Schwedens wasserreichster Fluss in Trollhättan eine Fallhöhe von 32 m erreicht, ist die Grundvoraussetzung für die lange industrielle Tradition der Stadt, denn zunächst wurden Mühlen und Sägewerke errichtet, später mechanische Werkstätten. 1800 wurde die erste Schleuse des Trollhättankanals in Betrieb genommen, der als Wunderwerk der Technik eine Verbindung für Seeschiffe zwischen dem Vänern und dem Meer herstellt. Heute findet man drei Schleusengenerationen nebeneinander, und die größte Schleusenkammer wird von zehn Frachtschiffen täglich passiert – im Sommer kommen 5.000 Freizeitboote hinzu. In der Stadt der Technik war die SAAB-Automobile AB lange der größte Arbeitgeber, doch Ende 2011 ging SAAB in die Insolvenz, ein großer Verlust für die Kommune. Darüber hilft auch nicht hinweg, dass in **Trollywood** inzwischen viele auch internationale Filme gedreht werden. Ferner werden Flugmotoren und Komponenten für die Raumfahrt, Motoren für Schiffs- und Hafenanlagen produziert.

Die größte Sehenswürdigkeit der Stadt sind natürlich die **Schleusen** (slussar). Während der Wasserfalltage am dritten Wochenende im Juli, einem berühmten Volksfest, donnert das sonst gebändigte Wasser des Flusses durch die geöffneten Schleusen; im Juli und August kann man täglich um 15 Uhr das Spektakel erleben, wenn 300.000 Liter Wasser pro Sekunde flussabwärts schießen. Die beste Aussicht hat man von der Brücke Oskarsbro, aber auch am Fluss gibt es mehrere Aussichtspunkte mit fantastischem Blick auf das Wasserfallschauspiel. Rund um das Schleusengebiet und unterhalb des Kanalmuseums finden sich idyllische Spazierwege, von denen man beobachten kann, wie die Boote in die Schleusen gelangen und dann 32 m angehoben bzw. herabgelassen werden. Die alten Schleusenhäuser von 1800 und 1844 können besichtigt werden, ebenso wird die Geschichte des Kanals in einem kleinen Museum dokumentiert.

Von den Wasserfällen aus kann man mit einer Straßenbahn über den Kanal zum Zentrum fahren. Ein anderer schöner Aussichtspunkt mit Blick auf den Fluss und die Anlage befindet sich auf dem Steilhang Kopparklinten westlich des Göta älv (ausgeschildert).

Nicht weit von den Schleusen entfernt, zeigt sich zwischen Åkerssjövägen und Nohabgatan der Strukturwandel in der Stadt. Wo früher Autos produziert wurden, gibt es nun eine bunte Ansammlung von Technik-Centern, Fitness- und Sporthallen, Gastronomie, der **Kunsthalle** und anderer Museen. Für Fans der Kultmarke Saab ist ein Besuch des **Saab-Museums** natürlich ein Muss. Es entstand noch zu „Lebzeiten" des Konzerns und zeigt rund 70 Fahrzeuge, darunter auch den „Ur-Saab" von 1947. Direkt nebenan lohnt der Aufenthalt im **Innovatum Science Center**, einem Haus des Wissens im Grenzbereich von Technik, Medien, Design und Industriegeschichte mit einer interessanten Ausstellung zum Thema Energie mit Experimentiermöglichkeiten für Kinder.

Saab Bilmuseum, *Åkerssjövägen 18, ✆ 0520-289440, https://saabcarmuseum.se. Di–So 11–16 Uhr.*

Innovatum Science Center, *✆ 0520-289400, https://innovatumsciencecenter.se. Di–So 11–16 Uhr.*

Reisepraktische Informationen Trollhättan

Information

Trollhättans Turistbyrå, *Drottningtorget 1, ✆ 0520-13509, www.vastsverige.com. Mo–Fr 10–16, im Sommer Mo–Fr 10–17, Sa/So 10–15 Uhr.*

Hotel

Clarion Collection Hotel Kung Oscar *€€€–€€€€, Drottninggatan 17, ✆ 0520-470470, www.strawberryhotels.com. Zentral gelegenes, charmantes Hotel mit 80 klassisch eingerichteten Zimmern, Restaurant, Lobby- und Sportbar, Sauna, Fahrradverleih. Außerhalb des Sommers ist ein leichtes Abendbüfett im Übernachtungspreis eingeschlossen.*

Camping

Trollhättans Camping City, *Kungsportsvägen, ✆ 079-0779516, http://campaitrollhattan.se. Sowohl zentrumsnah als auch im Grünen gelegene Anlage mit 150 Stellplätzen und Vermietung falunroter Campinghütten. Spielplatz, Kiosk, Spazierweg vom Campingplatz am Fluss entlang zu den Schleusen, geöffnet Mai–Sept.*

info

Der Dalslandkanal

Der Dalslandkanal verbindet den See Vänern mit einer ganzen Reihe anderer Seen in den historischen Provinzen Dalsland und Värmland. Gebaut wurde er 1864–1868 durch den schwedischen Ingenieur Nils Ericson, um Eisenerz, Holz und landwirtschaftliche Güter zu transportieren. Insgesamt ist das schiffbare System 254 km lang, wovon allerdings nur 12 km als künstliche Wasserstraße gegraben oder gesprengt werden mussten – der Hauptteil des Wasserweges geht durch Seen wie Råvarpen, Laxsjön, Lelång, Foxen, Töck und Östen. Die Höhenunterschiede zwischen den Seen – maximal 66 m – werden durch insgesamt **zwölf Schleusen** überbrückt.

Dadurch, dass man vom Vänern aus auch Anschluss an den Göta-, sowie den Trollhättankanal hat, verbindet also der Dalslandkanal die Region mit dem gesamten Wirtschaftsraum zwischen Göteborg und Stockholm. Als ernstzunehmender ökonomischer Faktor hatte der Kanal nur eine sehr kurze Karriere, denn ab Ende der 1870er Jahre wurde eine Eisenbahnlinie gebaut, mit der sich Warentransport viel schneller bewerkstelligen ließ.

Unterwegs nach Åmal

Wenige Kilometer nördlich von Trollhättan, am Ausfluss des Göta älv aus dem Vänern, liegt **Vänersborg**. Die Verwaltungsstadt des Bezirks Älvsborg wurde 1644 gegründet, hat aber außer der Residenz von ursprünglich 1754 und der im gustavianischen Stil errichteten Kirche von 1783 keine ältere Bausubstanz aufzuweisen. Ab hier führt die E45 immer parallel zum Westufer des Vänern, das man auf der Straße allerdings nur selten sieht. Hinter **Mellerud**, einem kleinen Industrie- und Dienstleistungsort ohne größere Sehenswürdigkeiten, und nach dramatisch schöner Strecke auf Landzungen und Brücken zwischen mehreren Seen, sollte man auf Höhe von Köpmannebro von der Straße nach **Håverud** abbiegen.

Auf halbem Weg kommt man dabei an der sehenswerten Holzkirche von **Skållerud** (17. Jh.) vorbei, die über eine farbenprächtige Barockausstattung verfügt. Die weitaus meisten Besucher aber zieht es zu den **Schleusenanlagen des Dalslandkanals**, einem spektakulären, 1868 vollendeten Bauwerk mit Kanal, Wasserfällen und zwei Aquädukten für Eisenbahn und Autostraße. Von der Straßenbrücke und dem Aussichtsplatz darüber

Irgendwo ist in Dalsland immer ein Bad im See möglich!

hat man einen tollen Blick auf die Gesamtanlage. An der Schleuse befinden sich ein kleines **Kanalmuseum** und die Industrieausstellung Dalsland Center (mit Touristeninformation) sowie Glashütte, Lachsräucherei, Keramikwerkstatt und Café.
Håverud sluss, *Kanalvägen 4, ✆ 0530-44750, www.vastsverige.com/dalslandskanal. Mai–Aug. 10–16, Mitte Juni–Mitte Aug. bis 19 Uhr.*

Åmal

Der nächste größere Ort entlang der E45 heißt Åmal und befindet sich bereits in der seenreichen Landschaft **Dalslands**. Zwar wurde Åmål schon 1643 gegründet, doch dominiert heute die Bebauung mit Steinhäusern, was auf wiederholte Brände zurückzuführen ist, vor allem den von 1901. Sehenswert ist das schöne **Holzhausviertel** um den Stadtpark und die Umgebung um den alten Platz am Fluss. Das älteste der Gebäude ist der **Vågmästargården** von 1714, der Sitz des Wiegemeisters, der oft zugleich der Bürgermeister war. Vorzüglich ist die optimal ausgestattete Marina der Stadt. Die Lage an einer Bucht des Vänern ermöglicht zahlreiche Wassersportaktivitäten.

Noch mehr Seen!

Ab Åmal über die Straße 164, aber auch schon vorher ab Mellerud über die 166 und dazwischen auf schmalen, untergeordneten Landstraßen, kann man das bisherige Wald-und-Seen-Erlebnis noch toppen, indem man in Richtung **Dals** und zum kleinen Zentralort **Bengtsfors** (Supermärkte, Tankstelle) fährt. Hier ist es eigentlich unerheblich, welche Strecke man in nördlicher Richtung wählt, denn alle führen an einer Reihe wunderschöner Seen vorbei, an deren Ufern man nur ab und zu Ferienhäuser oder Bauernhöfe entdeckt.

Östlich am See **Lelång** hinauf gibt es auch die Möglichkeit, vom Bahnhof Bengtsfors bis Årjäng (oder als Teilstrecke bis Gustavsfors) mit **Fahrrad-Draisinen** eine stillgelegte Bahnstrecke zu nutzen. Im Sommer verkehren von Bengtsfors aus auch Passagierboote nach Köpmannebro und Håverud. Am Nordende des Sees Lelång befinden sich die Schleusen von **Lennartsfors**, die ebenfalls zum Dalslandkanal gehören, der hier z. T. in den Fels gesprengt wurde. Westlich des Lelång erstreckt sich der schmale, aber extrem lange See **Stora Le** von Dals Ed aus weit hinauf in den Norden durch das schwedisch-norwegische Grenzgebiet.

In der ganzen Region ist der Tourismus mit Ferienhäusern, Campingplätzen, einigen Pensionen/Hotels und mehreren Kanu- und Bootsverleih-Zentren der Wirtschaftsfaktor Nr. 1.

Reisepraktische Informationen Åmål

Information

Åmåls Turistbyrå, *Hamngatan 3, ✆ 0532-17098, www.vastsverige.com/amal. Ende Juni–Mitte Aug. tgl. 10–17, sonst Mo/Di 12–16, Do/Fr 8–12 Uhr.*

Hotel

Åmåls Stadshotell *€€€, Kungsgatan 9, ✆ 0532-61610, www.amalsstadshotell.se. Sehr stilvolles Haus von 1904 im Zentrum des Städtchens, nur 300 m vom Ufer des Vänern entfernt gelegen. 29 individuell eingerichtete Zimmer, Restaurant mit täglichem preiswerten Lunch, Bar, ab und zu Tanzveranstaltungen.*

Camping

Örnäs Camping, *Gamla Örnäsgatan, Åmål, ✆ 0532-790100, www.ornascamping.se. Schön am See und 10 Gehminuten vom Ortszentrum entfernt gelegener Platz mit 100 Stellplätzen, Ferienhaus- und Hüttenvermietung, Kiosk, Restaurant, Minigolf, Fahrrad- und Bootsvermietung, Sauna. Es gibt einen Badestrand nebst Sonnenwiese sowie viele Anlagen zur sportlichen Betätigung, z. B. Tennis- und Fußballplätze und einen Trimmpfad.*

Aktivitäten

Der regionale Tourismusverband **Dalslands Turist AB** *(Centrumvägen 2, Bengtsfors, www.vastsverige.com/dalsland/visit-dalsland) weist eine Vielzahl möglicher Outdoor-Aktivitäten in Åmål und Umgebung aus, z. B. Bootsverleih, Draisinen-Fahrten, Verleih von Segel- und Motorbooten oder Mountainbike- und Angeltouren. Allein zwischen Åmål und Bengtsfors gibt es über 20 Stationen, an denen Kanus bzw. Kajaks nebst entsprechender Ausrüstung verliehen werden.*

Säffle

Als letzter größerer Ort der Route vor der E18 bzw. Karlstad (S. 366) liegt Säffle am Byälven, einem Zufluss des Vänern. Der 9.000-Einwohner-Ort, der hauptsächlich industriell geprägt ist, wurde 1951 mit den Stadtrechten versehen und gilt damit als jüngste Stadt Schwedens. Der **Säfflekanal** verbindet den Vänersee und ein System von Seen, das als Vikingaleden bezeichnet wird – ein schon in der Bronzezeit, vor allem aber bei den Wikingern wichtiger Wasserweg, woran zahlreiche vorgeschichtliche Gräber entlang der Wasserstraße ebenso wie das **Wikingermuseum** (Värmlands Vikingacenter) in der Stadt erinnern. Auch die sich süd- und ostwärts von Säffle in den Vänern hinaus erstreckende Halbinsel **Värmlandsnäs**, die größte Ebene Värmlands, ist ein alter Kulturraum. Viele mittelalterliche Kirchen belegen die frühe Einführung des Christentums auf der Halbinsel. Ab Ekenäs sind Schiffstouren in die Schären von Lurö möglich.

Vom Mälarsee in Richtung Oslo

Die **Europastraße 18** ist eine von skandinavischen Pkw, Lkw und Bussen häufig, von Touristen eher weniger genutzte Hauptverkehrsstraße zwischen Stockholm und Oslo, die insgesamt 525 km lang ist. Nur in ihrem östlichen Abschnitt, von Stockholm bis Enköping, ist die Strecke als Autobahn ausgebaut, danach variiert sie hinsichtlich Qualität und Breite und hat z. T. den Charakter einer Landstraße. In den letzten Jahren ist die E18 aber auch im Westen und vor allem in Norwegen auf manchmal komplett neuer Trasse und oft auch vierspurig ausgebaut worden.

Redaktionstipps

- In **Kristinehamn** am Seeufer entlang zur Picassoskulptur wandern (S. 365).
- Stadterlebnis am Nordufer des Vänern: der Große Platz, die Steinbrücke und der Schleppkahnkanal von **Karlstad** (S. 366).

In den Morgen- und Abendstunden muss man an einigen wenigen Stellen, die nicht eingezäunt sind, mit Rotwild und Elch rechnen. Landschaftlich ist die Strecke keineswegs monoton, da sie nicht nur durch waldreiche Gebiete führt, sondern viele weite Ebenen und Seen auf der Reise durch die schwedischen Landschaften Västmanland/Närke und Värmland Abwechslung bieten. Die Route ist der wesentliche Abschnitt eines historischen Weges, der als „**Skandinavische Königsstraße**" bezeichnet wird und von Oslo über Stockholm und Helsinki nach St. Petersburg führte.

Karlskoga

Ca. 60 km hinter dem Abzweig Örebro passiert die E18 Karlskoga. Die Industriestadt mit rund 30.000 Einwohnern im Südosten Värmlands am See Möckeln ist um den Rüstungskonzern Bofors entstanden. Dieser machte in den 1980er Jahren wegen illegaler Waffen-

Routenhinweis

Von Stockholm aus gesehen kommen zwei Europastraßen – die nördlich der Mälarsee-Region verlaufende **E18** und die südliche **E20** – auf Höhe der Ortschaft Arboga zusammen und führen gemeinsam auf Örebro zu (S. 353). Hier zweigt die E18 in westlicher Richtung ab.

geschäfte Schlagzeilen und ist heute kein eigenständiges Unternehmen mehr, die verschiedenen Produktionssparten wurden von anderen Konzernen aufgekauft. Von Karl IX. im 16. Jh. gegründet, entwickelte sich der Ort auf der Grundlage von Bergbau und Eisenindustrie (Bodenschätze, Flüsse und Kanäle als Transportwege). **Alfred Nobel** konnte auf diese lange Industrietradition zurückgreifen, als er 1893 das Eisenwerk Bofors AB übernahm. Das ca. 3 km von der E18 entfernt liegende **Museum** zeigt Nobels zeitweilige Wohnräume und das Laboratorium, in dem er 1894–96 viele seiner Erfindungen machte. Besucher erfahren, wie der Nobelpreis entstand, sowie Wissenswertes über einige der insgesamt 355 Patente des berühmten Chemikers und Erfinders. Zu sehen sind außerdem u. a. seine Bibliothek und sein Arbeitszimmer sowie zahlreiche persönliche Gegenstände. Neben dem Labor liegt die Experimentierwerkstätte **Fiffiga Huset**, ein Haus mit spannenden Versuchsaufbauten für wissbegierige Kinder.

Alfred Nobel

Nobelmuseet, *Björkbornsvägen 10, ☎ 0568-245245, https://nobelkarlskoga.se. Juni–Aug. Di–So 11–16 Uhr. Das* **Fiffiga huset** *hat dieselben Öffnungszeiten.*

Das gesamte seenreiche Gebiet **nördlich von Karlskoga** bis hinauf nach **Filipstad** ist nicht nur landschaftlich schön, sondern durch den **Bergslagskanal** auch erschlossen. Der Kanal beginnt in Karlskoga am südlichen Ende des Timsälven, ist 64 km lang und Teil eines Gewässersystems von 16 Seen, sechs Sunden, vier Flüssen, fünf Kanälen und sechs Schleusen. Wo früher Erz transportiert wurde, bietet sich heute Kanuten ein richtiges Eldorado; an mehreren Stellen entlang des Kanals können Boote ausgeliehen werden. Das frische Wasser, schöne Bad- und Ankerbuchten sowie die unberührten Wildnisareale ziehen immer mehr Touristen an.

Reisepraktische Informationen Karlskoga

Information

Karlskoga turistbyrå, *Katrinedalsgatan 4, ☎ 0586-61000, https://visitvarmland.com/karlskoga. Mo–Fr 7.30–16 Uhr.*

Hotel

Hotell Grönfeltsgården €€€–€€€€, *Grönfeltsgatan 29, ☎ 073-6656780, www.gronfeltsgarden.se. Schnuckeliges kleines Hotel direkt am See Möckeln, Hofanlage aus den 1880ern mit drei Holzhäusern wie aus dem Bilderbuch, 8 Doppelzimmer und Mini-Suiten, großer Garten, gutes Restaurant, Bar, Angel- und Bademöglichkeit.*

Jugendherberge

Karlskoga Folkhögskol Vandrarhem, *Rektor Lindholms väg 23, ☎ 0586-64600, www.karlskogafolkhogskola.se/vandrarhem. Überaus ansprechende Unterkunft am Rande der Gemeinde am See mit 26 Zimmern, alle mit Dusche/WC/TV, Restaurant vorhanden.*

Kristinehamn

Die nächste Ortschaft entlang der E18, eine Garnisons-, Industrie- und Hafenstadt mit knapp 20.000 Einwohnern, entwickelte sich ähnlich wie das 25 km entfernte Karlskoga. **Bergbau und Eisenverarbeitung** reichen auch hier bis ins 14. Jh. zurück. In der Zeit Königin Kristinas erhielt der alte Hafen- und Marktplatz Bro die Stadtrechte und heißt seitdem Kristinehamn. Die Lage am Vänern bzw. am Vålösundet mit schönen Stränden und einem attraktiven Schärengürtel verleihen der Stadt mit **einem der größten Häfen für Sportboote** einen hohen Freizeitwert.

Sehenswert sind die Überreste aus der Zeit der alten **Holzhausbebauung**, vor allem an der Straße Trädgårdsgatan und im Viertel Vågen. Weithin bekannt ist der Ort jedoch wegen seiner außergewöhnlichen **Picasso-Skulptur** „Jacqueline", die 6 km südlich der Stadt am Ufer des Vänersees steht. 1965 schenkte der Künstler der Stadt das 15 m hohe Gebilde aus Stahlbeton, weltweit eine der größten Picasso-Skulpturen und inzwischen Wahrzeichen der Stadt sowie Seezeichen für ankommende Schiffe. Vom Zentrum führt eine naturschöne Strecke (ausgeschildert) immer am Wasser entlang zur Skulptur. Im Sommer laden kleine Gartenrestaurants zum Essen ein. Am Parkplatz liegen einige Grabhügel aus der Bronzezeit.

Den **Runenstein** von Järsberg findet man 3 km südlich der Stadt an der Straße 26. Er ist der älteste Runenstein Värmlands am ältesten Weg zwischen Norwegen und Schweden, abgefasst im älteren Runenalphabet. Auf derselben Straße kommt man auch nach 35 km zur alten Kirche von **Södra Råda** (S. 352).

Eine besondere Bedeutung hat Kristinehamn wegen seiner Verkehrsverbindungen zu Wasser und auf Schiene und Straße. Neben der Ost-West-Achse der E18 geht die Nord-Süd-Verbindung der Straße 26 durch den Ort. Außerdem ist er südlicher Endpunkt der Eisenbahnstrecke **Inlandsbanan**, die über 1.000 km hinauf über den Polarkreis bis nach Gällivare führt (S. 475). Mit dem **Wasserbus** 95 kann man zum Inselhüpfen in den Vänersee starten, nach Karlstad gibt es ebenfalls **Bootsverbindungen** und das historische Schiff Christine af Bro sticht zu **Mini-Kreuzfahrten** in See.

Reisepraktische Informationen Kristinehamn

Information

Kristinehamns Turistbyrå, *Södra Torget 3, ✆ 0550-88187, www.visitvarmland.com/kristinehamn. Mitte Juni–Mitte Aug. Mo–Fr 10–18, Sa 10–15, So 10–14, sonst Mo–Fr 10–16, Sa 11–14 Uhr.*

Hotel

Sockerslottet Hotell *€€€€, Norra Staketgatan 8, ✆ 0550-10550, www.sockerslottet.com. Zentral gelegenes Hotel in einer umgebauten Baptistenkirche von 1892 mit fünf recht kleinen, aber exklusiven Zimmern und einer ebensolchen Schokoladen-Boutique.*

Jugendherberge

Krongårdens Vandrarhem, *Kasernvägen 7, ✆ 0550-213813, https://krongarden.com. Außerhalb des Zentrums und 500 m vom Vänern entfernt gelegene Herberge mit einfach eingerichteten Zweibett- und Familienzimmern, Gemeinschaftsbad und Selbstversorgerküche. Viele Sportmöglichkeiten.*

Camping
Revsands Familjecamping, *Revsandsvägen 17–19, ✆ 070-6952508. Am Vänersee, 12 km südlich von Kristinehamn gelegener Platz mit 50 Stellplätzen. Zimmer- und Hüttenvermietung, kinderfreundlicher Sandstrand, geöffnet Mai–Sept.*

Karlstad

Gut 40 km westlich von Kristinehamn liegt Värmlands Hauptstadt (ca. 67.000 Einwohner) verkehrsgünstig an der Mündung des Klarälven in den Vänersee und im Kreuzungspunkt wichtiger Straßen. Auf der größten Insel im Delta des Flusses entstand im Mittelalter ein Handels- und Thingplatz, **Tingsvalla** genannt, der unter Herzog Karl, dem späteren König Karl IX., das Stadtrecht und den Namen des Monarchen verliehen bekam. Heute ist das administrative Zentrum Värmlands nicht zuletzt wegen des **bedeutenden Binnenhafens** ein Industriestandort (Metallverarbeitung) und mit seiner Hochschule Ausbildungszentrum für ein weites Umland. Ein Brand zerstörte 1865 die Stadt. Zu den wenigen erhaltenen Gebäuden gehören die Holzhäuser im **Almenviertel** am Fluss, der Bischofssitz und die **Domkirche** von 1730 (*Kungsgatan*).

Lohnend machen den Aufenthalt in Karlstad vor allem die großzügigen Plätze, die weitläufigen Parks und die Bauten rund um den Kanal. Der **Stora torget** ist einer der größten Plätze Skandinaviens. Er wurde nach dem Brand von 1865 zwischen der Domkirche und dem 1868 errichteten Rathaus an seiner Stirnseite angelegt. Das **Friedensmonument** auf dem Platz erinnert an die unblutige Auflösung der Union zwischen Schweden und Norwegen 1905. Die Statue zeigt eine Frau, die ein zerbrochenes Schwert hochhält. Im Gebäude links vom Rathaus, in dem sich nun das Restaurant „Freden“ (Frieden) befindet, wurde 1905 offiziell die Union zwischen Schweden und Norwegen aufgelöst. Rechts hinter dem Rathaus steht am Flussufer vor dem Stadthotel eine Skulptur, mit der man der legendären Kellnerin Eva Lisa Holtz (genannt „Sola“ = Sonne; 1739–1818) gedenkt. Der zweite große Platz ist der **Residenzplatz** (Residenstorget) mit einem Karl-IX.-Denkmal und der prächtigen, 1871 erbauten, dreigeschossigen Residenz des Gouverneurs.

Während Karlstads Zentrum ansonsten wegen der 1960er-Bebauung oft nicht besonders ansehnlich ist, kamen in jüngerer Zeit durchaus spannende Architektur-Akzente hinzu, z. B. das riesige verglaste Konferenz- und Kongresszentrum **Karlstad CCC**, das an der Einmündung des Pråmkanalen in den Klarälven zu bewundern ist, und weiter südlich der neue Stadtteil **Bryggudden**, entstanden auf einem ehemaligen Werftgelände am Inneren Hafen.

Von den beiden Flussarmen des Klarälven ist der östliche der interessanteste. Von ihm aus geht der **Schleppkahn-Kanal** (Pråmkanalen) nach Süden, der über 120 Jahre für Frachtfahrten durch die Stadt genutzt wurde. Der 1835–38 gebaute Wasserweg weist eine interessante Schleusenanlage (Carlarnas sluss) auf. Am Kanalufer legte man großzügige Alleen an, die heute als älteste Parkanlage der Stadt gelten. Oberhalb des Kanals sieht man im östlichen Flussarm des Klarälven eine Reihe von elf auffälligen Stangen, die man früher zum Flößen und Vertäuen von Schiffen benutzte. Noch eindrucksvoller ist die 1761–1811 erbaute 168 m lange **Ostbrücke** (Östra Bron, Verlängerung der Nygatan) mit ihren 12 Granitbögen. Sie gilt als **längste Steinbrücke in Schweden**.

(Nicht nur) Museumsfreunde sollten die Landzunge Sandgrundudden, an der sich der Klarälven teilt, aufsuchen. Inmitten von parkähnlichen Grünflächen mit Stränden und Ter-

Zwischen zwei Armen des Klarälven: Karlstad

rassen findet man in den Räumlichkeiten eines ehemaligen Restaurants das **Kunstmuseum Lars Lerin**. Ebenfalls auf der Halbinsel liegt das **Värmland-Museum**, ein interessantes Gebäude mit Elementen aus der chinesischen Architektur, entworfen von Cyrillus Johansson. In dem 1929 eingeweihten und nach Renovierung 2022 wiedereröffneten Gebäude sind die kunst- und kulturgeschichtlichen Sammlungen Värmlands zu sehen.
Värmlands Museum, *Sandgrundsudden, ✆ 054-7011900, www.varmlandsmuseum.se. Mo/Di/Do 10–18, Mi/Fr 10–20, Sa/So 11–16 Uhr.*

Mit genügend Zeit könnte man in Karlstad auch einige Ziele in der Umgebung ansteuern, z. B. den grünen **Mariebergsskogen**, der mit kleinem Vergnügungspark, Freilichtmuseum, Streichelzoo und Sandstrand vor allem Kindern gefallen wird. Sehenswert (und kostenlos!) ist der **Naturum Värmland** (Treffenbergsvägen) mit moderner Glas- und Holzarchitektur, interessanten Ausstellungen sowie empfehlenswertem Café.

Die südlich vorgelagerte Halbinsel **Hammarö** mit ihren Buchten, Binnenseen und Schären ist an schönen Sommertagen ein perfektes Ausflugsziel zum Wandern, Radfahren, Schwimmen oder Segeln. Im Sommer können Hammarö sowie viele Inseln und Schären auch mit den sog. **Bootbussen** erreicht werden, die an 16 Haltestellen anlegen. In **Alster,** 3 km östlich von Karlstad, ist nahe der E18 das herrschaftliche Geburtshaus des schwedischen Nationaldichters Gustaf Fröding ein von Schweden vielbesuchtes Ausflugsziel.

 **Routenhinweis**

In Karlstad hat man Anschluss an die Route über die **Straße 45** nach Dalarna mit Selma Lagerlöfs Gut Mårbacka als erstem Besichtigungsziel (S. 418).

Reisepraktische Informationen Karlstad

Information

Karlstads Turist Information, *https://visitvarmland.com/karlstad. Information, Stadtpläne etc. über die Website. Zudem 28 über die Stadt verteilte „Besöksserviceplatser", z. B. in Einkaufszentren, Hotels oder Campingplätzen.*

Hotels

Elite Stadshotellet Karlstad €€€–€€€€, *Kungsgatan 22, ✆ 054-293000, www.elite.se. Am Klarälven und neben dem Marktplatz gelegenes stilvolles Haus der vorletzten Jahrhundertwende, behutsam renoviert und modernisiert. 183 geschmackvoll eingerichtete Zimmer und Suiten, Spa-Abteilung mit Sauna und Rooftop-Bar mit Außenpool. Café und Restaurant mit gehobener Küche in einem prächtigen Speisesaal, englischer Pub mit großem Bier- und Whisky-sortiment, Terrasse und Garten zum Klarälven.*

Scandic Hotel Klarälven €€€, *Sandbäcksgatan 6, ✆ 054-7764500, www.scandic-hotels.se. 4 km vom Zentrum entferntes, an der E18 gelegenes Haus mit 143 hell eingerichteten Zimmern, Restaurant, Innenpool Fitnessraum und Sauna.*

Jugendherberge

Carlstad Hostel, *Kasernhöjden 19, ✆ 054-566840, https://sporthostel.carlstadcity.se. 3 km vom Zentrum entfernte Herberge in einem herrschaftlichen, neu renovierten Militärgebäude. 41 Einzel-, Doppel-, Familien- und Mehrbettzimmer, Selbstversorger-Küche, Frühstücksbüfett, Kiosk.*

Camping

First Camp Karlstad, *Skutbergsvägen 315, ✆ 054-535130, https://firstcamp.de/reiseziele/skutberget-karlstad. Nahe dem Bergvik Köpcenter, 7 km westlich des Zentrums und 1 km südlich der E18 gelegene große Anlage mit 540 Stellplätzen, Ferienhäuser- und Campinghüttenverleih, Fitnesscenter mit Pool und Sauna, Sand- und Felsenstrände, Kanu- und Fahrradverleih, Trolling-Fischen. Ein weiterer großer Campingplatz liegt 2 km weiter westlich (Swecamp Bomstadaden).*

Einkaufen

Bergvik Köpcenter, *Frykmans väg 1, https://bergvik.se. Mo–Fr 10–20, Sa/So 10–18 Uhr, einzelne Geschäfte und Restaurants auch länger geöffnet. Das Shoppingcenter ist das viertgrößte Schwedens und liegt 5 km westlich der Stadt, direkt neben der E18, neben riesigen Parkplätzen. Hier findet man rund 60 Geschäfte sowie etliche Cafés und Restaurants. Ein großes IKEA-Möbelhaus befindet sich nebenan.*

Årjäng

Der etwa 25 km von der norwegischen Grenze entfernte Ort liegt in einem als Nordmarken bezeichneten Wald- und Seengebiet mit Anschluss an den Dalslandkanal und die Seen auf norwegischem Gebiet. Das **seenreichste Gebiet Schwedens** bietet nahezu unbegrenzte Möglichkeiten für Freunde des Wassersports, die Kanugewässer gelten als die besten des Landes.

Der letzte größere Ort entlang der E18 vor der Grenze ist **Årjäng**; sein Wahrzeichen ist der riesige Troll am Marktplatz, der eine Musikbühne in den Händen hält. 2 km nördlich liegt mit dem Långelanda-Gericht das älteste bewahrte Gerichtsgebäude Schwedens. **Glaskogen** ist ein großes Naturreservat im Nordosten mit markierten Wanderwegen, Rastplätzen, Windschutz und Übernachtungsmöglichkeiten, auch ideal für Kanutouren. Südlich des Städtchens kann man in **Lennartsfors** die von Kanuten und Freizeitkapitänen genutzte dreiteilige Schleusentreppe des Dalslandkanals bestaunen oder am herrlichen See Lelång entlangfahren. Sportlich Aktive haben die Möglichkeit, zwischen Årjäng und **Bengtsfors** (S. 362) mit einer **Draisine** auf einer stillgelegten Bahnstrecke eine Tagestour durch die Wildmark zu unternehmen.

Reisepraktische Informationen Årjäng

Information

Årjängs Turistbyrå, *Storgatan 66, ✆ 0573-14136, https://visitvarmland.com/arjang. Infos über die Website, per Telefon oder am Infopoint im Hotel Årjäng.*

Hotel

Best Western Hotel Årjäng *€€€–€€€€, Claras Torg 1, ✆ 0573-13059, www.hotelarjang.com. Modernes Hotel direkt an der E18 im Stadtzentrum. 62 gut ausgestattete Zimmer mit französischem Balkon, Sportbar, Restaurant (im Sommer Außenservice), Kegelbahn, freier Eintritt zum Schwimmbad und Fitness- und Wellnesscenter im selben Haus. Ein Skihang mit Schlepplift ist ganz in der Nähe.*

Camping

Sommarvik – Årjäng Camping & Stugor, *Sommarvik Strand, ✆ 0573-12060, www.sommarvik.se. Ganzjährig geöffnete Anlage, 3 km südlich des Zentrums am See Silen gelegen, mit 200 Stellplätzen, Vermietung von Ferienhäusern, Campinghütten, Wohnwagen und Zimmern. Bademöglichkeit am flachen Sandstrand, Kanuverleih.*

Aktivitäten

Nordmarkens Kanot-Center, *Risviken, ✆ 0573-38060, www.nordkanot.se. Bietet u. a. Kanupakete, Familientouren, Wildnistouren und ein viertägiges Action Camp mit Klettern, Mountainbike- und Kanufahrt an.*

Weiterfahrt nach Norwegen

Die Europastraße führt weiter westwärts über das bereits zu Norwegen gehörende Örje mit Schleusenanlage und Kanalmuseum zum landwirtschaftlich geprägten **Askim** am Ostufer der Glomma, Norwegens wasserreichstem und längstem Fluss. Anschließend geht es an Ski vorbei bis zur norwegischen Hauptstadt Oslo. Zwischen Askim und Ski lohnt dabei die mittelalterliche Holzkirche von **Hovin**, dem alten Wallfahrtsort, einen Abstecher von der Hauptroute. Die E18 ist inzwischen auf norwegischer Seite sehr gut ausgebaut; mit genügend Zeit könnte man aber auch auf einsamen Waldwegen und mit einer kostenlosen Fährüberfahrt von Årjäng über Lennartsfors, Barkeryd und Strommen auf die norwegische Stadt **Halden** zufahren.

7. WELTEN FÜR SICH: ÖLAND UND GOTLAND

Überblick

Oft wird das dänische Seeland (7.031 km²) für die größte Insel der Ostsee gehalten und die ebenfalls dänische Insel Fünen (3.100 km²) als zweitgrößte genannt. Das ist aber insofern nicht korrekt, als die dänischen Gewässer nur zum Teil der Ostsee zuzuordnen sind, zum größten Teil aber dem Kattegat. Von den zweifelsfrei reinen Ostseeinseln ist Gotland mit 2.994 km² die größte, gefolgt vom estnischen Saarema (2.673 km²) und von Öland (1.347 km²).

Dass schon die schiere Größe von Gotland und Öland zu der Auffassung führte, sie seien mehr als „nur" Inseln, macht jeweils der Namensbestandteil „-land" deutlich. Aber es geht nicht nur um geografische Abmessungen, denn die beiden „Länder" unterscheiden sich deutlich vom Festland, bilden sozusagen jeweils eine eigene Welt. Diese Andersartigkeit fällt Besuchern schnell auf: Heller Kalkstein hat den rötlichen Granit abgelöst, die Wälder sind gelichtet, und auf beiden Inseln gibt es Steppenlandschaften (Alvar), die eher an Südeuropa erinnern – vor allem, wenn in heißen Sommern die Sonne über der Steppe flimmert. Der Botaniker findet längs der Straßen eine Flora, die es sonst in Schweden nicht gibt und die sich aus alpinen, sibirischen und südeuropäischen Pflanzen zusammensetzt. Wer sich länger auf den Inseln aufhält, merkt bald, dass die Sonne hier intensiver scheint als in den anderen Landesteilen des Königreichs.

Viel verbindet die Inselwelten Gotland und Öland, anderes trennt sie. Während z. B. Öland dem Festland so nah ist, dass der schmale Kalmarsund durch eine gut 6 km lange Betonkonstruktion überbrückt werden konnte, liegt Gotland ganz für sich mitten in der Ostsee; an keiner Stelle ist am Horizont ein anderes Land zu erkennen. Und während Öland eine klare, kaum gegliederte Küstenstruktur aufweist, besitzt Gotland nicht nur deutlich mehr Buchten, sondern ist zudem von einem Kranz an Trabanten umgeben: Stora und Lilla Karlsö vor der Ostküste, Fårö im Norden, und weiter nördlich die Sandinsel Gotska Sandön.

Öland

Öland, 135 km lang, nur 10–15 km breit und 1.347 km² groß, ist seit der Fertigstellung der Ölandbrücke kein eigentliches „Inselland" mehr, sondern fester als in früheren Zeiten an Kalmar gebunden. Dies hatte auch zur Folge, dass die Schweden Öland in weitaus größerem Rahmen in den Sommerferien besuchen und es vor allem wegen der Sandstrände als ihre Sonneninsel betrachten.

Der auf Hochtouren laufende Tourismus profitiert vor allem von den Sandstränden und dem guten Wetter, in nicht zu unter-

Redaktionstipps

- Nicht nur für ausgesprochene Freunde der Vorgeschichte interessant: die Gräberfelder (z. B. **Gettlinge**, S. 376), Grabhügel (besonders **Mysinge**, S. 375) und der **Karlevistenen** (S. 374), einer der berühmtesten Runensteine weltweit, sowie die Fliehburgen (besonders: **Ismantorp**, S. 379).
- Wanderung durch die typische Steppenlandschaft **Stora Alvaret** (S. 376).
- Drei besondere Museen: **Eketorp** (S. 377), **Himmelsberga** (S. 379) und **Vida** (S. 383).
- Die schönste Reihe öländischer Stoppelmühlen steht bei **Lerkaka** (S. 378), die tollste holländische Windmühle bei **Sandvik** (S. 379).
- **Solliden**, die Sommerresidenz der schwedischen Königsfamilie, besuchen (S. 381).
- Architektur pur in der Burgruine von **Borgholm** (S. 380) erleben.
- Regionale Rohwaren auf höchstem kulinarischen Niveau in den Spitzenrestaurants **Halltorps Gästgiveri** und **Hotell Borgholm** genießen (S. 384).
- Die schönsten Sandstrände findet man in der **Bödabucht** (S. 385).

Die Ölandbrücke

schätzendem Maße aber auch von der Tatsache, dass selbst die populäre königliche Familie den Sommer in ihrer Residenz Solliden zu verbringen pflegt. Doch auch an Kunst und Geschichte interessierte Besucher kommen auf ihre Kosten dank der zahlreichen vorgeschichtlichen und historischen Kulturdenkmäler. Aus der Bronze- und Eisenzeit stammen viele **Grabfelder**, besonders eindrucksvoll ist das eisenzeitliche Gettlinge-Gräberfeld an der Westseite der Insel. Eine große Anzahl von **Runensteinen**, darunter besonders schöne Exemplare, erinnert an die Wikingerzeit; oft stammen sie auch aus christlicher Zeit. Zeugnis von den Wirren der nordischen Völkerwanderungszeit, aber auch von relativem Reichtum und einer hochentwickelten Arbeitsorganisation der Inselbewohner legen die vielen **Fluchtburgen** ab, die zumeist aus dem 4. und 5. Jh. stammen und bis ins Mittelalter genutzt wurden. Als einige der früheren Fluchtburgen zu befestigten Dörfern umfunktioniert wurden, errichtete man auch die romanischen **Landkirchen**, die unter der Bedrohung wendischer Piraten einen ausgeprägten Verteidigungscharakter erhielten. Im Spätmittelalter aber verschlechterte sich die Situation der öländischen Bevölkerung unter dem Einfluss der schwedischen Krone und der mächtigen Gutsherren. Das Interesse der Krone an Öland dokumentiert auch die 1290 errichtete und später umgebaute Burg in Borgholm, heute eine eindrucksvolle Ruine, in deren Nähe die einzige Stadt der Insel mit gut 4.000 Einwohnern liegt.

Dass Öland bis in die Gegenwart hinein eine primär agrarisch strukturierte Insellandschaft war, bezeugen noch die überall erhaltenen Reste der rund 400 **Stoppelmühlen** *(stubbkvarnar)* als Kennzeichen der Kulturlandschaft. Diese auch „Bockwindmühlen" genannten Gebäude bestehen immer aus Holzplanken, die Rotorblätter wurden ebenfalls mit Holzlatten, manchmal auch mit Segeltuch bespannt. Früher besaß jeder Bauer hier seine eigene Mühle dieser Bauart. Ergänzt werden die Stoppelmühlen durch rund 20 **Windmühlen** des holländischen Typs, darunter eine der größten weltweit (bei Sandvik). Bei den holländischen Mühlen wird nur die Spitze gegen den Wind gedreht, bei den Stoppelmühlen ist es das ganze Bauwerk, das auf einem zentralen Holzbock aufliegt.

An den massiven Strukturproblemen der Insel hat auch die 1972 eingeweihte Ölandbrücke wenig ändern können, die einigen Bewohnern das Pendeln zum schwedischen Festland erleichtert und die Insel im Sommer für die Touristenströme erreichbarer macht. Wie sehr Öland als Sommerinsel vor allem unter Schweden begehrt ist, verdeutlicht die Tatsache, dass die rund 26.000 *Ölänningar* in der kurzen Saison mehr als das Hundertfache an Gästen aufnehmen.

Wer sich für die Schönheiten und Besonderheiten der Natur und Kulturgeschichte interessiert, wird in Öland viel Sehenswertes vorfinden. Im Folgenden wird eine Auswahl der wichtigsten Sehenswürdigkeiten im Rahmen einer Strecke beschrieben, die auf der westlichen Seite zur Südspitze und auf der östlichen Seite in den Norden führt, wo die Landstraße nahe der Föra-Kirche auf die Straße 136 trifft. Vom Norden geht es dann wieder südwärts vorbei am Zentralort Borgholm und weiter nach Färjestaden zur Brücke. **Zwei Tage** sollte man mindestens einkalkulieren, ohne nennenswert Nebenstrecken zu befahren. Das Verkehrsaufkommen in nördlicher Richtung ist, vor allem im Juli, ungleich größer als nach Süden. Landwirtschaftliche Fahrzeuge behindern gelegentlich den Verkehr. Die vielleicht **günstigste Reisezeit** ist der Juni. Im Frühsommer entfaltet Stora Alvaret, die große steppenartige Heidelandschaft, eine beeindruckende Blütenpracht.

Sehenswertes

Die Anfahrt zur Insel über die imposante, 6.072 m lange Brücke **Ölandsbron** ist spektakulär. Als sie 1972 fertiggestellt wurde, war sie die längste Brücke Europas. Und immer noch ist sie die längste Schwedens, da der schwedische Teil der Öresundbrücke kürzer ist. Das beeindruckende Bauwerk wird von 156 Spannbetonpfeilern getragen und gliedert sich in drei Teilstücke. Der von Kalmar aus erste (westliche) ist knapp 800 m lang und verläuft recht flach in einer Höhe von 7 bis 10 m. Dann geht es ziemlich steil hinauf auf den mittleren Abschnitt, die rund 900 m lange Hochbrücke. Um auch größeren Schiffen die Durchfahrt zu ermöglichen, sind hier die Segmente deutlich breiter und mit maximal 41 m auch deutlich höher. Der Blick auf Kalmar und den Sund ist fantastisch! Auf dem dritten, Öland zugewandten und 4,4 km langen Abschnitt senkt sich die Brücke bis auf 7 m ab.

An der ersten Kleeblattkreuzung der autobahnähnlich ausgebauten Straße 137 auf öländischer Seite empfiehlt es sich, den gut ausgeschilderten **Träffpunkt Öland** anzufahren, das zentrale Touristenamt, in dem man Inselkarten bekommen, sich über Aktivitäten informieren und Unterkünfte buchen kann. Der erste große Campingplatz und Sandstrand liegen sofort dahinter.

Routenplanung Tagesbesuch

Wer nur **für einen Tag** die Insel besucht und einen ersten Eindruck gewinnen möchte, dem sei eine Route empfohlen, die von Färjestaden in südlicher Richtung bis nach Degerhamn führt. Dort zweigt an der Kirche eine Straße ab, die direkt durchs Stora Alvaret verläuft. Auf der Ostseite geht es nach Norden bis zu den Windmühlen von Lerkaka. Kurz dahinter biegt man auf eine kleinere Querverbindung ab, die vorbei an dem Freilichtmuseum Himmelsberga und der Fliehburg Ismanstorp zur Straße 136 führt, über die man südwärts zur Brücke nach Kalmar gelangt.

Auf der anderen Seite der 137 ist **Ölands Djur- och Nöjespark** eine der größten Familienattraktionen der Region und für Familien mit Kindern eigentlich ein Muss. Der große Freizeitkomplex umfasst mehrere unterschiedliche Abteilungen (gemeinsamer Eintritt): einmal den **Zoo** mit gut 1.600 Tieren aus aller Welt, vor allem Affen sind reichhaltig vertreten. Zweitens gibt es den **Vergnügungspark** mit allerlei Spielgeräten und Karussells, an denen Kinder bis 14 Jahre den meisten Spaß haben werden. Drittens lockt an warmen Sommertagen das 15.000 m² **Wasserland** mit mehreren Pools, Piratenabenteuern und sechs großen Wasserrutschen. Andere Areale tragen die Namen **Märchenland** und **Dino-Land**. Das Ferienhüttendorf **Safaricamp** und andere Unterkünfte sind dem Park angeschlossen.

Ölands Djur- och Nöjespark, *Färjestaden, Djurparksvägen 1, ✆ 0485-39222, https://olandsdjurpark.com. Mitte Juni–Mitte Aug. tgl. 10–17, ab Mai und bis Ende Sept. nur der Tierpark tgl. 11–16 Uhr.*

Für die Inselerkundung folgt vom Träffpunkt Öland aus die Route in südlicher Richtung zunächst der tieferliegenden kleinen Küstenstraße, die parallel zur Straße 136 verläuft. Nach wenigen Kilometern kündigt ein Hinweisschild den **Runenstein Karlevistenen (1)** an, der über einen Fußweg zu erreichen ist. Runensteine sind auf Öland nichts Außergewöhnliches, doch dieser Stein ist eine interessante Ausnahme, allein schon wegen des sehr langen Textes. Die in Granit eingeritzten Runen aus der Wikingerzeit (ca. 1000 n. Chr.) teilen zunächst mit, dass ein dänischer Seeheld auf einer schwedischen Insel beigesetzt wurde. Doch dann geht der Text, um den Toten zu ehren, in kunstvolle Verse über. Neben einem festen Versmaß kennzeichnen sogenannte „Kenningar" die Runeninschrift, komplizierte Umschreibungen von Begriffen, die der Dichter wählte, um seinen Text origineller und literarischer zu machen. Der Nachwelt bleibt der Sinn solcher Strophen häufig verschlossen. Doch sie beweisen immerhin, dass hier ein geschulter Dichter am Werk war, der für ein bestimmtes Publikum geschrieben hat. Der Stein belegt somit Bildung und Kultur der Wikinger, die eben nicht nur primitive Horden aus dem Norden waren.

Wieder an der Straße 136, lohnt die **Resmo-Kirche (2)** den nächsten Halt. Auf einem alten heidnischen Opferplatz wurde Ende des 11. Jh. eine Stabkirche errichtet, der um 1150 die heutige Kirche folgte, die ihren mittel-

Öländisches Wahrzeichen: Stoppelmühle

alterlichen Charakter bewahrt hat. Die **Kalkmalereien** aus der Zeit um 1200 im Triumphbogen stellen das letzte Gericht mit Christus als Zentralgestalt dar, die Kalkmalereien an den Langhauswänden wurden gegen 1520 hinzugefügt. Dass die Einrichtung aus dem Mittelalter fehlt, geht einmal auf die Reformation zurück, zum anderen diente die Kirche 1677 dem Dänenkönig als Stall, denn in die dänisch-schwedischen Auseinandersetzungen war Öland häufig einbezogen. Kanzel und Altaraufsatz im sogenannten gustavianischen Stil stammen aus der Zeit um 1800. 1966 wurde das Gebäude renoviert. Die öländischen Kirchen waren jahrhundertelang wichtige Bollwerke im Kampf gegen äußere Feinde, so dass viele Bauwerke Türme im Osten und Westen aufwiesen. Heute erinnern nur noch die oft klobigen Westtürme an die einstige Verteidigungsfunktion der Gotteshäuser.

Weiter südlich führt die Straße 136 zum Weiler Mysinge. Östlich ist bereits die riesige, karge Landschaft des Alvar zu sehen (s. u.), während man westlich auf die Ebene von **Mörbylånga** hinabschaut, hinter der der Kalmarsund und die festländische Küste zu sehen sind. Das 4 km entfernte Mörbylånga ist ein Gebiet mit vielen Ferienhäusern und dem Haga Park, einem Wind- und Kitesurfer-Zentrum mit Bademöglichkeiten im Kalmarsund. Bekannt ist **Mysinge** wegen der vielen vorgeschichtlichen Grabanlagen. Das mächtigste, nördlich des Dörfchens und unmittelbar neben der Straße, ist der **Mysinge hög (3)**. Der wie eine Schutthalde aussehende Grabhügel stammt aus der Bronzezeit; er misst 45 m im Durchmesser und ist 4 m hoch. In seiner Umgebung sind noch viele weitere Monumente zu erkennen, u. a. steinzeitliche Grabkammern (ca. 3.000–2.500 v. Chr.), ein weiterer Grabhügel und 45 runde Steinsetzungen aus der Bronzezeit. Das Gräberfeld ist kilometerlang und setzt sich bis südlich des Weilers Mysinge fort, wo in einer Grabkammer aus neun großen Granitblöcken rund 30 Menschen vor 4.000 Jahren ihre letzte Ruhestätte fanden.

info

Stora Alvaret: ein besonderer Naturraum

Mit dem Wort *alvar* werden **baumlose Flächen** bezeichnet, deren ebener Untergrund aus Kalkgestein besteht, den nur eine dünne Humusschicht bedeckt. Die flache Kalksteinplatte ist von schmalen Spalten und Rissen durchzogen, was zur Verkarstung führt. Da die Erdschichten nur dünn sind oder ganz fehlen, kann der Frost auf die Pflanzenwurzeln einwirken. Der Wasservorrat schwankt jahreszeitlich und örtlich stark zwischen wassergetränkten Flächen im Frühjahr und Trockenheit im Sommer, sodass Fauna und Flora einen Lebensraum besonderer Art vorfinden. Mit Stora Alvaret (*stor* = groß) wird auf Öland jener Raum bezeichnet, der über eine Fläche von fast 40 x 10 km den südlichen Teil der Insel prägt und rund **ein Viertel der Inselfläche** einnimmt.

Die Faszination von Stora Alvaret liegt darin, dass hier Pflanzen aus Tundra und Steppe, aus Mittelmeerraum und Alpengebiet heimisch wurden. So gibt es z. B. Felsheidepflanzen aus der Zeit nach der letzten Vergletscherung wie Alpen-Pechnelke und Alpen-Rispengras. Einige Pflanzen sind ausschließlich auf Öland zu finden, z.B. Alvar-Wermut, öländisches Labkraut und das Öland-Sonnenröschen, das in der ersten Juni-Hälfte blüht. Fährt man an den Alvar-Flächen entlang, so erscheinen sie im Sommer als fast einheitliches Heidegebiet. Um den Artenreichtum zu entdecken, muss man sich aufs Alvar hinausbegeben.

Neben dem Klima hat auch der Mensch Stora Alvaret verändert. Mit dem Sesshaftwerden der Bauern wirkten mäßiger Anbau und Weidewirtschaft immer wieder auf den Raum ein. Intensive Nutzung zum Ende der Wikingerzeit und vor allem der Bevölkerungsanstieg im 18. und 19. Jh., der zu Ansiedlungen mit starkem Viehverbiss und in der Folge dem Abholzen von Gebüschen führte, ließen Bäume und Sträucher fast verschwinden. In den 1960er Jahren fügte intensive Schafhaltung der Vegetation und dem Boden großen Schaden zu.

Im Jahr 2000 wurde das südländische Alvar einschließlich der kulturhistorischen Monumente wie Eketorp in die **UNESCO-Liste** des Weltkulturerbes aufgenommen.

Auch im weiteren Verlauf der Straße 136 bestimmen das Alvar zur Linken, die tiefergelegene Ebene und den Kalmarsund zur Rechten und diverse vorgeschichtliche Relikte das Bild. 3 km nördlich von Degerham taucht das das monumentale **Gräberfeld von Gettlinge (4)** auf. Das Feld hat eine Länge von ca. 1.500 m; darauf befinden sich viele verschiedene Grabformen, hochkant gestellte Steine und eine rund 30 m große Schiffssetzung. Ausgrabungen belegten, dass das Feld während der römischen Eisenzeit (von der Zeitenwende bis 400 n. Chr.) als Begräbnisstätte genutzt wurde.

Die Straße 136 führt weiter durch **Degerhamn**, einen alten Industrieort, in dem schon 1723 Alaun (Kaliumaluminiumsulfat) aus dem Ölandschiefer gewonnen wurde – eine beliebte Ware zum Gerben und Einfärben, deren desinfizierende und blutstillende Wirkung in der Medizin geschätzt wurde. Alaun aus Degerhamn wurde damals bis nach Russland exportiert.

Danach besteht bei Grönhögen auf dem Eketorpvägen die Möglichkeit, das Alvar bis zur Ostküstenstraße zu durchqueren. Schöner aber ist es, wenn man auf der 136 auch die letzten Kilometer bis zum öländischen Südkap bei **Ottenby** bewältigt. Inmitten einer flachen Wiesenlandschaft, die sanft in die Ostsee übergeht (sodass man manchmal Kühe im

Das Gräberfeld von Gettlinge

Meer stehen sehen kann!), erhebt sich der **Leuchtturm Långe Jan**, mit 41,6 m nicht nur **der höchste Schwedens**, sondern mit dem Baujahr 1785 auch einer der ältesten. Seit 1948 elektrifiziert, ist der Lange Jan heute unbemannt und funktioniert völlig automatisch. Gegen eine geringe Gebühr und mit etwas Kondition kann man die 197 Stufen der Wendeltreppe bis zur Spitze hinaufklettern und die überwältigende Aussicht auf die Ostsee und den südlichen Teil Ölands genießen. Unten ist in der alten Leuchtturmwärterwohnung ein kleines **Museum** eingerichtet.

Des Weiteren gibt es auf dem Gelände das Café-Restaurant „Fågel Blå" und die 1946 gegründete **Vogelbeobachtungsstation** Ottenby, vor allem im Herbst für Ornithologen ein unbedingtes Muss, denn am öländischen Südkap rasten zahlreiche Zugvögel vor ihrem weiten Weg in den Süden. Auch zu anderen Jahreszeiten ist Ottenby, wo über 375 Vogelarten beobachtet wurden, einen Besuch wert. Die Vogelstation beringt jedes Jahr rund 20.000 Tiere und ist an internationalen Forschungsprojekten beteiligt. Darüber, aber auch über die Flora des Gebiets, informiert das **Ausstellungszentrum Ottenby naturum**, das auch 45-minütige Führungen durch das Gelände organisiert.
Ottenby naturum & Ottenby fågelstation, *Ottenby 401, Degerhamn, ✆ 0485-661200 bzw. 0485-160909, https://naturumottenby.se bzw. www.ottenby.se. April Sa/So 11–16, Mai/Juni tgl. 11–17, Ende Juni–Aug. tgl. 10/11–18, Sept.–Anfang Nov. tgl. 11–16 Uhr.*

Nach dem Besuch des öländischen Südkaps und evtl. des **Ottenby Kungsgård** (Kunstgalerie, Silberschmiede) geht es auf der Ostküstenstraße wieder in den Norden. Zum ersten unbedingt empfehlenswerten Abstecher biegt man nach ca. 10 km links ab und folgt der Beschilderung nach **Eketorp (5)**. Die vorgeschichtliche Burg wurde wieder aufgebaut – ungewöhnlich für Schweden, wo alte Baudenkmäler normalerweise nicht rekonstruiert werden. Zuvor konnten die Archäologen nachweisen, dass die befestigte Anlage zwischen 300 und 1.300 n. Chr. in drei verschiedenen Phasen bebaut worden war. Neben einem Teil der nachgeformten Ringmauer findet der Besucher rekonstruierte Wohnhäuser, Viehställe und Speicher, die ein lebendiges Bild von der Lebensweise der Menschen vermitteln,

einschließlich zurückgezüchteter Nutztiere. Von rund 25.000 gefundenen Gegenständen sind die interessantesten in einem kleinen Museum innerhalb der Ringmauer zu sehen. Oft werden hier Wikingerspiele, Turniere oder Mittelaltermärkte veranstaltet.
Eketorps borg, *Degerhamn, ✆ 0485-47990, www.eketorpsborg.se. Ostern–Mitte Mai Di–Sa 11–16, Mitte Mai–Mitte Juni Di–Sa 10–16, Mitte Juni–Mitte Aug. tgl. 10–17, Mitte Aug.–Ende Okt. Fr–So 11–16 Uhr.*

Um eine weitere vorgeschichtliche Anlage zu besichtigen, fährt man weiter nördlich von der Küstenstraße in Richtung Färjestaden ab. Nach wenigen Kilometern ist die **Gråborg (6)** ausgeschildert, die größte und beeindruckendste der 16 vorgeschichtlichen Burgen. Die mächtigen, bis zu 6 m hohen und 11 m breiten Mauern, die in der Völkerwanderungszeit angelegt wurden, umschließen eine ellipsenförmige Fläche von 210 x 165 m. Die Bedeutung von Gråborg im Mittelalter als Verteidigungswerk und Sammlungsplatz wird dadurch deutlich, dass die Kapelle zu Ehren von St. Knut, die nur noch als Ruine existiert, im 13. Jh. außerhalb der Burg gebaut wurde.

Wieder zurück auf der Küstenstraße, ist einige Fahrminuten später mit den **Lerkaka-Mühlen (7)**, südlich des Ortes Lerkaka auf einer Anhöhe mit Blick auf die Strandwiesen und die Ostsee gelegen, die wohl **schönste Mühlenreihe** Ölands zu sehen. Erste Windmühlen gab es schon im Mittelalter, doch erst im 18. Jh., als jeder Bauer glaubte, eine eigene Mühle für den Hausbedarf haben zu müssen, wurde Öland zur Insel der Windmühlen. Gegenüber liegt die **linbasta** (*lin* = Leinen, *basta* = Badehaus), eine Art Wärmetrockenanlage für den Flachs, die noch bis 1920 genutzt wurde. Leinenwaren wurden hier bis zur Zeit des Ersten Weltkriegs hergestellt. In dem alten Gebäude sind viele Gegenstände zu sehen, die eine Vorstellung davon vermitteln, wie mühsam die Leinenherstellung mit ihren vielen Arbeitsschritten war. Der **Runenstein** südlich der linbasta erinnert an einen reichen Bauern namens Rike Unn.

Im Freilichtmuseum Himmelsberga

Folgt man, nachdem man Lerkaka passiert hat, der Straße ein kleines Stück nordwärts und biegt die folgende Straße bei der Kirche von Långlöt links ab, so ist man rasch beim **Freilichtmuseum Himmelsberga (8)**, einem für Öland typischen Reihendorf mit umbauten Höfen zu beiden Seiten der Dorfstraße. Der Heimatverband kaufte 1957 zwei der Höfe in Himmelsberga auf, weil sie gut erhalten waren und repräsentativ die traditionelle Bau- und Lebensweise der Bauern dokumentieren. In der laubbaumreichen Umgebung von Himmelsberga konnte man auf Holz als Baumaterial zurückgreifen; Kalkstein wurde hier weniger verwendet als in den baumlosen Gegenden der Insel. Ein Kaffeehäuschen bzw. -garten laden zum Verweilen ein.
Ölands Museum Himmelsberga, *Himmelsberga bygata 1, Borgholm, ✆ 0733-146704, https://olandsmuseum.se. Ostern–Ende April Sa/So 11–16, Mai Fr–So 11–16, Juni–Aug. tgl. 10–16 bzw. 11–17, Sept.–Allerheiligen Sa/So 11–16 Uhr.*

Die nicht weit vom Freilichtmuseum Himmelsberga über dieselbe Straße zu erreichende Fliehburg **Ismantorp (9)** (vom ausgeschilderten Parkplatz ein kleiner Spaziergang zum Eingang der Anlage) gehört zu den merkwürdigsten Konstruktionen ihrer Art. Sie stammt aus der Eisenzeit und misst im Durchmesser 125 m. Innerhalb der recht gut erhaltenen Ringmauer befinden sich 88 Hausfundamente, die teilweise an die Mauer angebaut sind oder unregelmäßig im Inneren liegen. Da die klassischen Verteidigungsanlagen in der Regel nur ein oder zwei Toröffnungen aufweisen, Ismanstorp aber neun Tore erkennen lässt, die nicht zu verteidigen waren, nehmen die Archäologen an, dass die Anlage nicht oder nicht nur Verteidigungszwecken diente, sondern vor allem ein **zentraler Kultplatz** war. Die Häuser, deren gleicher Grundriss vielleicht auf eine egalitäre Gesellschaft schließen lässt, deuten auf eine feste Besiedlung von Anfang an hin.

Knapp 10 km weiter nördlich liegt die **Gärdslösa-Kirche (10)**, die am besten erhaltene öländische Kirche aus dem Mittelalter. An den romanischen Bau wurde um 1200 ein Westturm angefügt. Nach 1240 erfolgte ein Umbau, indem ein kreuzförmiges Schiff errichtet wurde, Quer- und Langhaus wurden eingewölbt. Ein frühgotischer Chor folgte Ende des 13. Jh. An den Seitenwänden des Chores befinden sich Malereien mit alttesta-

Abstecher über Gillberga und Sandvik

Einer der schönsten „Umwege" im Nordwesten Ölands bietet sich am Hinweisschild bei Hörlösa nach Gillberga an. Nach 2 km hat man hier die Uferstraße am Kalmarsund erreicht. In dem Areal kann man sehen, wie große, heute stillgelegte **Kalksteinbrüche** ihre Narben in der Landschaft hinterlassen haben – die größten davon bei **Gillberga**. Von dem Ort geht es in gut 6 km direkt an der Steinküste entlang nach Süden, vorbei am „Klappersteinstrand" und der hölzernen Küstenmühle von **Jordhamn** sowie den fantastischen Rauk-Formationen von **Byrum**. Am Ende der Etappe sollte man eine Pause in **Sandvik** einlegen, einem kleinen Fischerort mit Sandbucht, Räucherei und Hafenkrog. Vor allem aber zieht die hoch aufragende Mühle **Sandviks Kvarn** (*www.sandvikskvarn.se*) die Besucher an. Diese **Windmühle** holländischen Typs ist die größte Schwedens und **eine der größten der Welt**! 1856 ursprünglich in Vimmerby (Småland) aufgestellt, wurde sie 1885 nach Öland verkauft, wo sie bis in die 1950er Jahre in Betrieb war. Auf einer Grundfläche von 140 m² beträgt ihre Höhe 26 m, unterteilt in acht Stockwerke; der Abstand zwischen den Flügelspitzen beträgt 24 m! In und um die Mühle ist heute ein gastronomischer und Freizeitbetrieb eingerichtet, mit einem guten Restaurant im Erdgeschoss sowie Kiosk und Cafeteria. Von Sandvik geht es in wenigen Fahrminuten zurück zur 136.

mentarischen Motiven, die 1642 ausgeführt wurden. Ältere Malereien sind nur bruchstückhaft bewahrt geblieben. Zur Einrichtung gehört ein schönes gotisches Triumphkreuz. Taufbecken, Votivschiff und die reich bemalte Kanzel stammen aus dem 17., der Altaraufsatz aus dem 18. Jh.

Ein gutes Stück später vereint sich die Küstenstraße mit der Straße 136, die ab jetzt die einzige Verkehrsachse in Nord-Süd-Richtung bildet. Auf dieser stößt man nach einer Weile auf den Abzweig zu einem weiteren mittelalterlichen Gotteshaus, der **Källa-Kirche (11)**. Da es in Källa selbst eine andere Kirche aus jüngerer Zeit gibt, sollte man sich am Hinweis „gamla kyrka“ (= alte Kirche) orientieren (knapp 2 km östlich der 136). Auch dieses schmucklose Gebäude war ursprünglich als Wehrkirche angelegt. Die dem hl. Olaf geweihte Kirche erscheint von außen als hohes, burgähnliches Haus, von innen ist sie aber offen bis zum Dachfirst. Ursprünglich war das Gebäude, das in mehreren Etappen zwischen etwa 1170 und 1250 errichtet wurde, in drei Stockwerke eingeteilt. Über dem eingewölbten Kirchenraum mit dem zweischiffigen Langhaus baute man einen großen Wohnraum, darüber einen Boden für die Schützen. An der Westseite befand sich einst ein Wehrturm.

Danach geht es hinauf zum nördlichen Zipfel der Insel, an dem die Straße 136 eine große Schleife macht. Auf dem Rundweg fährt man an **Byxelkrok** vorbei, einem ehemaligen Fischerdorf, das heute mit Strand, Uferpromenade, Yachthafen, Cafés und Restaurants sowie dem großen Hotel Byxelkroks Marina Sea Resort zu den beliebtesten Urlaubsorten der Insel zählt. In der Nachbarschaft erstreckt sich das Naturreservat **Böda Kronopark (12)**, ein 6.000 ha großes, hauptsächlich von Nadelwald bedecktes Gebiet. Neben Kiefern gibt es hier eine Reihe von Bäumen auf sandigem Boden, die sonst nicht in Schweden zu Hause sind, wie Eibe, Zypresse, Wermutkiefer, Douglasfichte und Tuja. Im Nordosten liegt **Trollskogen** (= Zauberwald) mit seinen vom Wind z. T. skurril geformten Kiefern und Eichen. Das ganze Naturreservat ist durchzogen von schönen Wanderwegen und einem 40 km langen Radweg.

Von der 136 zweigt weiter eine Stichstraße nach Stora grundet, der nördlichen Spitze, ab. Auf dieser erhebt sich der Leuchtturm **Långe Erik**, das Pendant zum Langen Jan im Süden. Der 32 m hohe Kalksteinturm wurde 1845 fertiggestellt. 1976 wurde der Långe Erik elektrifiziert und 1991 auch der Betrieb der großen Laterne eingestellt, die im Zeitalter von Radar, Sonar und GPS nicht mehr notwendig war. Heute leuchtet nur noch ein kleines Licht am Balkon des Leuchtturms. Am Turm befindet sich eine bemannte Wetterstation sowie ein Kiosk, an dem man in der Saison Getränke, Eis und Souvenirs kaufen kann.

Vom hohen Norden geht es nun wieder zurück in Richtung Ausgangspunkt der Öland-Rundfahrt. Die Straße 136, die leicht erhöht am Kalmarsund entlangführt, gibt erneut die Richtung vor. Unterwegs passiert man – unerwartet auf Öland – rechter Hand ein Weinanbaugebiet (Bränneri & Vingård Wannborga, *Övra Vannborga by 11, https://wannborga.se*). Wenige Minuten später ist der populäre Touristenort **Köpingsvik** erreicht, der sich mit seinem schönen Sandstrand, dem langen Steg ins Wasser hinaus und mehreren gastronomischen Betrieben ebenfalls für einen Zwischenstopp anbietet. In Köpingsvik gibt es viele Ferienhäuser und einen großen Campingplatz mit Pools und Wasserrutschen.

Auch das benachbarte **Borgholm** verfügt über eine beträchtliche touristische Infrastruktur. Mit seinen 4.400 Einwohnern ist Borgholm, das 2016 seinen 200. Geburtstag feierte, der wichtigste Zentralort der Insel und kann als deren inoffizielle Hauptstadt bezeichnet werden. Borgholms größte Sehenswürdigkeit ist **Borgholms Slott**, südlich der Ortschaft am Meer gelegen. Im Mittelalter war es eine der größten Burganlagen des Nordens, ent-

Schloss Borgholm

standen aus einem Wehrturm des 12. Jh. Unter Johan III. wurde aus der Mittelalterburg ein wehrhaftes Renaissanceschloss, dem von Kalmar mindestens ebenbürtig. Karl X. Gustav im 17. Jh. ließ das Schloss von Nicodemus Tessin d. Ä. zu einer riesigen Barockanlage umbauen. Als sich die Grenze nach Dänemark weit in den Süden verschob, verlor es seine strategische Bedeutung und verfiel. Später wurden einige Säle als Textilfabrik genutzt, ein Großbrand zerstörte am 14. Oktober 1806 aber das gesamte Gebäude, das seitdem nur als Ruine mit mächtigen Mauern, leeren Rundtürmen und funktionslosen Zickzack-Bastionen dasteht. Gerade das aber macht für Touristen den Reiz aus: Gut erhaltene Barockschlösser gibt es in Schweden genug, aber eine solch imposante Ruine ist in Skandinavien einzigartig. Besucher können die Gemäuer auf verschiedenen Ebenen erkunden, das erhaltene Treppenhaus bewundern oder sich die Ausstellung im kleinen Schlossmuseum anschauen. Man gelangt auch in den grandiosen Innenhof, der manchmal für Konzerte genutzt wird – legendär waren die der Popgruppe Roxette, die mit ihren Livevideos, z. B. zu „Listen to Your Heart", die Schlossruine weltbekannt machten.
Borgholms Slott, *Borgholm, Sollidenvägen 5, ✆ 0485-88500, https://borgholmsslott.se. Mai–Aug. tgl. 10–18, April und Sept.–Okt. tgl. 10–16 Uhr.*

Nur einen Steinwurf entfernt, an der Zufahrtsstraße zur Burgruine, findet man das gut ausgeschilderte **Schloss Solliden (13)**. Die attraktive Sommerresidenz der **schwedischen Königsfamilie**, eher eine große Villa als ein Schloss, ist für royale Schweden natürlich das Ausflugsziel Nummer eins auf der Insel. 1903–06 ließ die damalige Kronprinzessin und spätere Königin Victoria Solliden im italienischen Stil errichten, als Architekten gewann sie Torben Grut, der auch das Stadion für die olympischen Sommerspiele in Stockholm 1912 entwarf. Größten Wert legte Victoria auf die Planung der Schlossgärten. Der Schlosspark mit den Park- und Gartenanlagen im italienischen, holländischen und englischen Stil steht Besuchern offen, und jedes Jahr werden im Pavillon neue Ausstellungen zu aktuellen königlichen Themen gezeigt. Manchmal sieht man dann auch die Mitglieder des schwedischen Königshauses. Sicher trifft man sie am 14. Juli auf dem Sportplatz von Borgholm, wenn an Ölands Nationaltag (Victoriadagen), dem Geburtstag der heutigen Kronprinzessin Victoria, öffentlich gefeiert wird und die zukünftige Königin den

Schloss Solliden

Sportler des Jahres auszeichnet. Fürs leibliche Wohl sorgen in Solliden eine Crêperie, ein Eiskiosk und ein Café, jeweils auch mit Außenbereich; die Eintrittskarte kann man übrigens auch dort kaufen und dann direkt zum Eingang gehen. Wer als Mitbringsel an regionalen Spezialitäten interessiert ist, wird sicher im Delikatessenshop fündig.
Sollidens Slott, *Borgholm, Sollidenvägen, ✆ 0485-15356, https://sollidensslott.se. Mitte Mai–Mitte Juni tgl. 10–17, Mitte Juni–Aug. tgl. 11–18, Sept. tgl. 11–16 Uhr.*

Kunst und Kunsthandwerk: das Museum Vida

Als letzte Sehenswürdigkeit auf dem Weg zurück zur Ölandsbrücke liegt an der Straße 136, 9 km südlich von Borgholm und mit wunderschöner Aussicht auf den Kalmarsund, das **Museum Vida (14)**. Die Kunsthalle zeigt aktuelle Werke z. B. der bekannten Glaskünstler Ulrica Hydman-Vallien und Bertil Vallien. Das 2.000 m² große moderne Gebäude, gebaut aus Glas, Beton, Stahl und Holz, wurde 2001 eingeweiht. 2003 kam die Nord-Galerie hinzu, in der die Rajo-Kunstsammlung mit zeitgenössischer schwedischer Kunst untergebracht ist. 2005 wurde eine weitere Galerie, die Trotzig-Galerie, angefügt, die den Werken von Ulf Trotzig (1925–2013) gewidmet ist, einem der bekanntesten schwedischen Künstler der Moderne. Im Vida gibt es einen Museumsshop sowie ein Café im Innen- und Außenbereich, Aussicht inklusive.

Vida museum & konsthall, *Landsvägen, Halltorp, ✆ 0458-77440, www.vidamuseum.com. Juli/Aug. Di–So 10–17, Mai/Juni Do–So 10–15, Sept. Do–So 10–17, April und Okt.–Mitte Dez. Sa/So 10–15 Uhr.*

Reisepraktische Informationen Öland

Information

Turistbyrån Träffpunkt Öland, *Färjestaden, erste Ausfahrt hinter der Ölandbrücke, ✆ 0485-88800, www.oland.se. Mai–Juni & Aug.–Sept. Mo–Fr 9–16, Sa 9–15, Juli Mo–Sa 9–17, So 9–16, Okt.–Apr. Mo–Fr 10–16 Uhr.*

Ein weiteres Touristenbüro (gleiche Kontaktdaten) ist das **Turistbyrån Borgholm**, *Storgatan 1, Borgholm. Juli Mo–Sa 10–16.30, So 10–16, Aug.–Juni Mo–Fr 10–16 Uhr. Beide Büros vermitteln alle Arten von Unterkünften.*

Fähre

Ölandsfärjan, *Byxelkrok, ✆ 0721-777732, www.olandsfarjan.se. Kleine Autofähre zum festländischen Oskarshamn, Pkw und Wohnmobile bis 7 m Länge, Überfahrt ca. 2 Std., zweimal tgl. in jede Richtung, Fährbetrieb nur Mitte Juni bis Mitte August; Online-Reservierung notwendig!*

Hotels

Strand Hotell Borgholm €€€€, *Villagatan 4, Borgholm, ✆ 0485-88888, https://strandborgholm.se. Terrassenförmig angelegtes, modernes Resort am Hafen von Borgholm mit 123 großen Zimmern (viele mit Balkon und Meerblick), Spa- und Wellnessabteilung mit u. a. Innenpool und Sauna; eigener Sandstrand, viele Sportmöglichkeiten, gutes Restaurant* **Dockside**. *Der Marktplatz von Borgholm und Schloss Solliden sind 5 Gehminuten entfernt, die Schlossruine ca. 10 Gehminuten.*

Hotell Borgholm €€€, *Trädgårdsgatan 15, Borgholm, ✆ 0485-77060, www.hotellborgholm.com. 500 m vom Hafen entferntes Boutiquehotel mit 41 komfortablen Zimmern. Einen besonders guten Ruf genießt das hauseigene Gourmet-Restaurant mit Küchenchef Christofer Johansson, dem das Hotel auch gehört.*

Hotell Guntorps Herrgård €€€, *Guntorpsgatan 2, Borgholm, ✆ 0485-13000, www.guntorpsherrgard.se. Kleines, stilvolles B&B in einem alten Herrenhaus in ruhiger Lage, 800 m vom Zentrum entfernt; 42 Zimmer im historischen Haupthaus und im neueren Anbau, einige davon Apartments mit Miniküche.*

Hotell Hamnen €€€, *Södra Hamnplan 4, Färjestaden, ✆ 0708-718000, https://hotellhamnen.se. Schöne, zweistöckige Anlage am betriebsamen Hafengelände von Färjestaden, 7 gut ausgestattete 4-Bett- und 2 Doppelzimmer sowie ein Apartment für 8 Personen mit eigener Küche, alle mit Balkon und prächtiger Aussicht auf Kalmarsund und Brücke, Whirlpool, im Erdgeschoss gutes Restaurant Epok mit großer Terrasse (https://epokoland.se).*

Jugendherbergen/Gästehäuser

Alvaret Hotel & Hostel, *Marknadsvägen 6, Löttorp, ✆ 0485-20656, www.alvaret.nu. Schöne Unterkunft in Löttorp, im Nordteil der Insel nahe zu Stränden und dem Naturreservat Böda Kronopark gelegen, gemütliche und renovierte Zimmer in einem Gebäude aus dem Jahr 1912, Garten, Gemeinschaftsküche, Frühstücksbüffet, Fahrradverleih.*

Darüber hinaus gibt es u. a. folgende STF-Jugendherbergen/Gästehäuser, die alle wunderschön liegen:

Stora Frögården, *Stora* Frögårdsvägen *12, Mörbylånga, ✆ 0485-36333, https://storafrogarden.se.*

Hagaby/Lantgården, *Hagaby 17, Löttorp, ✆ 0485-20155, www.stfturist.se/hagabylantgarden.*

Borgholm/Ebbas Vandrarhem, *Borgholm, ✆ 0485-10373, www.ebbas.se.*

Ölands Skogsby Vandrarhem, *Färjestaden, ✆ 0485-38395, www.vandrarhskogsby.se.*

Villa Sol & Villa Ekebo, *Slottsgatan 30, Borgholm, ✆ 0485-562552, http://villasol.nu.*

Ottenby Vandrahem, *Ottenby 106, Degerhamn, ✆ 0485-662062, www.ottenbyvandrarhem.se.*

Camping

Öland bietet seinen Besuchern nicht weniger als **25 Campingplätze**, *zumeist mit hohem Standard, die besonders auf Familien ausgerichtet sind. Vor allem der Inselnorden (Gemeinde Borgholm) ist fest in der Hand der Campingurlauber und mit rund 800.000 Übernachtungen jährlich die beliebteste Campingregion von ganz Schweden. Insgesamt liegt die Zahl der Übernachtungen auf den öländischen Campinganlagen bei rund 1 Mio. Auf Öland gibt es auch zwei 5-Sterne-Plätze, beide im Norden:* **Böda Sand Beach Resort** *(www.bodasand.se), mit 1.350 Stellplätzen und 125 stugor der größte Campingplatz Schwedens, und* **Sonjas Camping** *(www.sonjascamping.se), ebenfalls mit Vermietung von stugor unterschiedlicher Preisklasse und Größe (2–12 Personen).*

Zu den besonders schönen Anlagen gehört **Böda Hamns Camping**, *Löttorp, Bödahamnsvägen 40, ✆ 0485-22043, www.bodahamnscamping.se. 5 km nördlich der Kirche von Böda an einem der schönsten Sandstrände Schwedens gelegen, sehr gut ausgestattet, ganzjährige Vermietung von stugor und Ferienhäuser unterschiedlicher Größe; in der Nähe Krog mit Pizzeria, Pub und Fischräucherei, Tretboote, Windsurfing etc. Geöffnet Ende April–Ende Sept.*

Restaurants

Zu den besten Restaurants Schwedens zählt die Küche des **Hotell Borgholm** *(s. o.), die vom Küchenchef Christofer Johansson geleitet wird und 2021 mit ihrem ersten Michelin-Stern ausgezeichnet wurde. Auf der Speisekarte stehen öländische Spezialitäten wie Muscheln, Lamm, frisches Gemüse, Lachs und Dorsch, verfeinert mit Kräutern aus dem eigenen Garten. Unbedingt reservieren, März–Dez. ab 18 Uhr geöffnet. Kleinere und preisgünstigere Speisen bietet das angeschlossene Bistro ab 15 Uhr an (ohne Reservierung).*

Sandviks Kvarn, *Stenhuggarvägen 3, Sandvik, ✆ 0485-26172, www.sandvikskvarn.se. Restaurant und Cafeteria in Sandviks toller holländischer Windmühle. Von 12–15 Uhr wird Lufsa serviert, eine öländische Spezialität aus geriebenen Kartoffeln und dünnen Fleischscheiben; geöffnet April–Sept., in der Hochsaison 10–22, sonst 12–20 Uhr.*

Lammet & Grisen, *Hornvägen 35, Löttorp, ✆ 0485-20350, www.lammet.nu. Außerhalb von Löttorp gelegenes, sehr bekanntes und gutes Lokal, dessen Name (= Lamm und Schwein) auch kulinarisches Programm ist. Das bestellte Lamm-, Schweine- oder Ochsenfilet wird vor Ort von den Köchen tranchiert, während man sich am Büfett mit Beilagen versorgt und evtl. Vor- oder Nachspeisen à la carte bestellt. Große Weinauswahl, Kinderspielecke und wer mit dem Wohnwagen kommt, kann kostenlos übernachten. Zum Anwesen gehört auch ein Delikatessenladen, in dem man sich mit öländischen, schwedischen oder mediterranen Köstlichen eindecken kann. Restaurant Mitte Juni–Sept. geöffnet.*

Aktivitäten

Die Insel ermöglicht eine Fülle von Aktivitäten. Vor allem gilt Öland als perfekte **Fahrradinsel**, *weil sie flach ist und außerdem so schmal, dass man praktisch von jedem Punkt aus schnell mit dem Rad am Meer ist. Über 360 km lang ist der Radwanderweg „Ölandsleden", der zwischen den Leuchttürmen Långe Erik im Norden und Långe Jan im Süden zu allen schönen Flecken der Insel führt. Fast alle Campingplätze und die großen Hotels bieten Leihfahrräder an, auch viele Ferienhäuser sind mit Rädern ausgestattet. Ein guter Fahrradvermieter samt Werkstatt ist* **Färjestadens Cykelaffär** *(Storgatan 67, Färjestaden, ✆ 0485-30074, www.cykelaffaren.se, Mo–Fr 10–18 Uhr). Achtung: Das Befahren der Ölandbrücke ist mit Fahrrädern* **nicht erlaubt**! *Fahrradfahrer können ihre Räder aber mit den Bussen von Kalmar nach Öland transportieren (zum Preis eines Kindertickets). Zwischen Kalmar und Färjestaden verkehrt Mai–Sept. die* **Fahrradfähre** *(Cykelfärjan) M/S Dessi mit Platz für 50 Räder und 145 Passagiere mehrmals tgl. Die Überfahrt dauert 30 Minuten, Infos unter www.ressel.se/ms-dessi.*

Oft herrscht ein strammer Wind, gegen den es anzuradeln gilt. Des Radlers Leid ist in diesem Fall des Surfers Freud: Das Mekka der **Wind- und Kitesurfer** *liegt südlich von Färjestaden, wo mit Haga Park einer der längsten Sandstrände zu finden ist.*

Öland – ideal für Radfahrer

Nahezu unbegrenzt sind die **Bademöglichkeiten** *bei rund 280 km Strand an den Kiesstränden der nördlichen Westküste und vor allem an den herrlichen Sandstränden der Küste im Nordosten, wo in der Bödabucht der wohl schönste Strand zu finden ist. Nie ist es weit zum Meer. Auch für* **Golfer** *bietet die Insel mit ihren sechs Plätzen ideale Voraussetzungen. Infos unter www.oland.se/sv/golf.*

Gotland

Landeskunde

Mit 3.140 km² ist Gotland zwar die **größte Insel der Ostsee**, gleichzeitig aber auch die kleinste schwedische Provinz (*län*). In ihr leben rund 60.000 Einwohner – davon etwa 25.000 in der Hauptstadt Visby –, was nicht gerade viel ist. Im Vergleich zu mediterranen Inseln scheint Gotland geradezu entvölkert zu sein (z. B. Mallorca: 3.640 km², 912.000 Einw.; Rhodos: 1.400 km², 105.000 Einw.). Die Gotländer, die ethnisch mit den Goten verwandt sind, hatten früher ihre eigene Sprache (Gutnisch), die heute jedoch kaum noch jemand spricht. Wegen ihres charakteristischen Dialekts sind die Gotländer jedoch für andere Schweden nicht immer leicht zu verstehen.

Vom restlichen Skandinavien unterscheiden sich Gotland und Öland durch den Untergrund, der hier nicht aus Granit oder Gneis, sondern aus Kalk- und Sandstein besteht. Die-

Redaktionstipps

▸ Fahrt zu den wichtigsten **prähistorischen Sehenswürdigkeiten**, darunter Thorsburg, Trullhalsar, Lojsta-Halle, die Schiffssetzungen von Gnisvärd, Gannarve und Rannarve (S. 389).
▸ Ausgiebige Besichtigung der Altstadt von **Visby** (S. 390).
▸ Rundfahrt zu den schönsten **Landkirchen**, darunter im Norden Martebo und Lärbro (S. 399), im Osten Gothem (S. 404) und und Gammelgarn (S. 405), in Mittelgotland Lau, Lye und Stånga (S. 407), im Süden Vamlingbo und Öja (S. 410).
▸ Besuch der **Insel Fårö** mit dem Rauk-Gebiet von Langhammars (S. 400).
▸ Strandleben in **Sudersand** (S. 402) oder **Tofta-Bad** (S. 408).
▸ Fahrt zur Aussichtsklippe **Högklint** und Besuch von Kneippbyn und der Villa Fridhem (S. 409).
▸ In Südgotland Landschaftserlebnis am **Hoburgen** (S. 410) und am **Kap Hamarrudd** (S. 411).
▸ Ausflug nach **Stora Karlsö** (S. 412).

se Schichten entstanden vor rund 400 Mio. Jahren in einem tropischen Meer. Wegen der guten Fundlage von Fossilien wurde auch der erdgeschichtliche Begriff „Gotlandium" geprägt. Die Landschaft der relativ flachen Insel wird besonders in Mittelgotland von großen Nutzflächen (Schaf- und Rinderweiden, Senf-, Kartoffel-, Zuckerrüben-, Raps- und neuerdings auch Weinfelder), ausgedehnten Kieferwäldern, vereinzelten steppenartigen Flächen (besonders auf Fårö) und flachen Binnenseen geprägt. Die Küste fällt manchmal steil zur Ostsee ab, wobei die bizarren Kalksteinsäulen (*raukar*), die durch Erosion entstanden, zu den interessantesten Natureindrücken gehören. Wegen seiner vielen feinsandigen Strände ist Gotland zum Badeurlaub gut geeignet.

Eigentlich handelt es sich bei Gotland übrigens nicht um eine Insel, sondern um einen **Archipel**, da mehrere kleine Inseln dem „Mutterland" vorgelagert sind. Zu den wichtigsten zählen im Westen die beiden Karlsinseln (Stora Karlsö, Lilla Karlsö), im Norden Fårö und, noch weiter entfernt, die unbesiedelte, naturgeschützte „gotländische Sandinsel" (Gotska Sandön). Nicht umsonst gilt Gotland, das im Bereich eines stabilen, kontinentalen Klimas liegt, als schwedische „Sonneninsel": Sie hat in den Monaten Juni (Sonnenscheinstunden: 317, durchschnittliche Tagestemperatur 18,2 °C), Juli (302/20,4 °C) und August (255/20 °C) landesweit die besten Werte. Die warmen Sommer lassen trotz der nördlichen Lage nicht nur Kastanien, Maulbeeren und Pfirsiche gedeihen, sondern mit dem Klimawandel sogar auch Weinreben, sodass die Insel als eines der nördlichsten Weinanbaugebiete der Welt geführt wird. Bekannt ist die Insel auch wegen ihrer vielen Orchideen- und Rosenarten; letztere blühen bis in den Dezember hinein. Während der Elch auf Gotland ebenso wenig vorkommt wie z. B. Dachs, Marder oder Otter, gibt es auf der Insel andere Tiere, die wiederum in Schweden nicht beheimatet sind: etwa die halbwilden, kleinwüchsigen Inselpferde *russ*, die gotländische Schafsrasse *åilambi* oder die endemische Gotland-Ringelnatter, die sich als einziges Reptil überhaupt ihre Beute im Ostseewasser sucht. Das Symboltier der Insel aber ist eindeutig der Igel (schwed.: *igelkott*, gotländ.: *pinnso*), von dem es bis zu 20.000 Exemplare auf Gotland gibt.

Geschichte

Vermutlich wurde Gotland bereits vor etwa 9.000 Jahren von **Steinzeitmenschen** mit Einbäumen erreicht und besiedelt. Diesen Schluss lassen jedenfalls Funde zu, die man in einer Grotte auf Stora Karlsö entdeckte und die u.a. die Erkenntnis brachten, dass die ersten Siedler zumindest zeitweilig dem Kannibalismus frönten. In einem wärmeren Klima brach um ca. 1.500 v. Chr. die **Bronzezeit** an, in der die Insel ihre erste Hochblüte erlebte. Mächtige Fürsten oder Kleinkönige trieben ausgedehnten Seehandel (Bronzeerzeugnisse wurden bis nach Ägypten exportiert) und ließen sich in riesigen Grabhügeln oder kunstvollen Steinsetzungen bestatten. Demgegenüber brachte die Eisenzeit (500

Brennpunkt Gotland – Schweden und die NATO

info

Neutralität und Bündnisfreiheit haben in Schweden eine Tradition, die bis zu den Napoleonischen Kriegen zurückreicht. Weder im Ersten noch im Zweiten Weltkrieg hat das Königreich Partei ergriffen, was sich wirtschaftlich auszahlte, von manchen Nachbarn aber auch stark kritisiert wurde. Während Dänemark, Norwegen und Island 1949 zu den Gründungsmitgliedern der NATO gehörten, lehnte Schweden (wie auch Finnland) den Beitritt zum Verteidigungsbündnis ab. Danach zeigten Meinungsumfragen immer, dass eine große Mehrheit der schwedischen Bevölkerung die Mitgliedschaft in der NATO ebenso wenig wollte wie die Teilnahme an einer gemeinsamen europäischen Verteidigung. Für Schweden war die traditionelle Bündnisfreiheit aber nicht gleichbedeutend mit Schutzlosigkeit. Im Gegenteil bescherte die „**bewaffnete Neutralität**" dem Land ein verhältnismäßig starkes Militär, begleitet von einer – bis zum heutigen Tag – starken heimischen Waffenindustrie. Nach dem Ende des Kalten Kriegs fuhr man jedoch die Militärausgaben kräftig zurück, rüstete ab und setzte die Wehrpflicht aus.

Seit 2015 hat hier ein Umdenken stattgefunden, u. a. wegen der russischen Annexion der Krim, des Ukraine-Konflikts sowie verstärkter russischer Manöveraktivitäten in der Ostsee. 2017 führte die rot-grüne Koalition die Wehrpflicht wieder ein. Als **2022** der Ukraine-Konflikt eskalierte, der Angriff Russlands auf die Ukraine jedoch noch nicht erfolgt war, beschloss die sozialdemokratische Regierung, die Militärausgaben um 40 % zu steigern. Das Hauptaugenmerk der neuen militärischen Ausrichtung liegt auf **Gotland**. Die Ostseeinsel, nur 200 km von der baltischen Küste entfernt und nahe der russischen Exklave Kaliningrad gelegen, wäre ein Sprungbrett für einen „nicht mehr auszuschließenden Angriff Russlands". So gingen 2022 martialische Bilder von Panzern, Transportflugzeugen und schwerbewaffneten Soldaten von Visby um die Welt.

Neben dem **Ausbruch des Russland-Ukraine-Kriegs** spielt auch die Moskauer Rhetorik eine Rolle dabei, dass sich 2022 erstmals eine Mehrheit der Schweden für den NATO-Beitritt des Königreichs ausspricht. Der russische Außenminister hatte Finnland und Schweden Ende 2021 vor „schwerwiegenden militärischen und politischen Konsequenzen" eines solchen Schrittes gewarnt und damit in der schwedischen Öffentlichkeit das Gegenteil erreicht.

Im Mai 2022 beantragten die damals regierenden Sozialdemokraten in Brüssel die NATO-Mitgliedschaft – zeitgleich mit der finnischen Regierung. Dies wurde ab Oktober 2022 auch von der neuen rechtskonservativen Regierung unter Ministerpräsident Ulf Kristersson mitgetragen. Alle NATO-Mitgliedsstaaten müssen zustimmen, wenn ein neues Land aufgenommen werden soll. Während Finnland bereits im April 2023 Mitglied wurde, stellten sich im Bezug auf Schweden Ungarn und die Türkei zunächst quer. Nach diplomatischem Hin und Her gaben jedoch beide Länder ihr Einverständnis und derzeit (Herbst 2023) sieht es so aus, als könnte Schweden noch in diesem Jahr der NATO beitreten.

v. Chr.–500 n. Chr.), verursacht durch eine Klimaverschlechterung, zunächst eine Periode des Verfalls, bis sich das Land um die Zeitenwende erholte und bald schon wieder zu den wichtigsten Kulturlandschaften des Nordens gehörte. Eine enge Verbindung zu den Goten, nach denen die Insel vermutlich benannt wurde, wurde von Historikern und Linguisten nachgewiesen.

Ab dem 4./5. Jh. n. Chr. treten die einzigartigen Bildsteine auf, und aus der gleichen Zeit stammen viele Funde, die den weiten Seehandel der Gotländer belegen. In der **Wikin-**

gerzeit (800–1100) wurde die zentral in der Ostsee liegende Insel zu einem der wichtigsten Handelsorte überhaupt, mit engen Wirtschaftsbeziehungen zum russischen, byzantinischen und arabischen Raum. Nirgendwo sonst in Skandinavien sind mehr Münzen oder sonstige Schätze aus dieser Zeit gefunden worden.

Das Land war damals, ähnlich wie Island, eine **freie Bauernrepublik**, die nur locker mit Schweden verbunden war (Schutz- und Trutzbündnis mit dem schwedischen König). Das Christentum fasste zum Ende der Epoche schnell Fuß, gleichzeitig kamen, von den guten Handelsbedingungen angelockt, viele deutsche Händler nach Gotland und ließen sich im aufstrebenden Visby nieder. Daraus entstand ein Ungleichgewicht zwischen Stadt und Land, der das Mittelalter prägte und 1288 zu einem blutigen **Bürgerkrieg** führte.

Durch die Pest (1349/50) verlor das Land viel an Substanz. Kurze Zeit später, im Jahre 1361, beendete der **Dänenkönig Valdemar Atterdag** mit seinem verheerenden Kriegszug endgültig die große Zeit Gotlands und die ehemals so stolze Insel wurde zu einem Spielball konkurrierender Ostsee-Mächte. Die dänischen Vögte wurden abgelöst von den sogenannten **Vitalienbrüdern** (1394–98), mecklenburgische Piraten, die Gotland als Operationsbasis nutzten. Diese Gefahr forderte den Deutschen Orden heraus, der Gotland 1398–1408 als Protektorat übernahm und schließlich an Dänemark verkaufte.

Bis 1645 setzten sich die Dänen dauerhaft hier fest, mit dem Resultat, dass Gotland und besonders Visby von den Kriegen betroffen wurde, die die Hanse und Dänemark miteinander ausfochten. Am schlimmsten war dabei die Lübecker **Invasion von 1525**, bei der Visby gründlich gebrandschatzt wurde und die fast alle Kirchen der Stadt als Ruinen zurückließ. Obwohl nach dem **Frieden von Brömsebro** 1645 Gotland „für ewige Zeit" dem schwedischen Reich zugesprochen wurde, gab es noch das eine oder andere fremdstaatliche Intermezzo. So eroberten erneut die Dänen (1676–79) die Insel, später gab es dann mehrfach Übergriffe der neuen Ostseemacht Russland (1715, 1717 und 1808).

Blick auf Visby, die besterhaltene mittelalterliche Stadt Skandinaviens

Vorgeschichtliche Sehenswürdigkeiten

Zwar wird Gotland von vielen Touristen, vornehmlich von schwedischen, als reiner Erholungsort in der Sommerfrische besucht, doch die Zahl der Kultur- und Studienreisenden wird von Jahr zu Jahr größer. Angelockt werden sie von einer einzigartigen kulturellen Atmosphäre, die der Insel für den Ostseeraum eine ähnliche Rolle zuweist, wie sie Kreta für das östliche Mittelmeer besitzt. Dabei konzentriert sich das Interesse gleichermaßen auf die Vorgeschichte und das Mittelalter.

Es ist nicht nur die erstaunliche Anzahl von **Bodendenkmälern** aus der Vorgeschichte (ca. 31.000 registrierte Funde), die zu einem Besuch reizt, sondern vor allem ihr guter Erhaltungszustand und die Tatsache, dass viele prähistorische Kulturleistungen entweder hier „erfunden" und später in andere Regionen transportiert wurden oder sogar ausschließlich hier anzutreffen sind. Am augenfälligsten sind dabei die vorhistorischen Grabmonumente, insbesondere die aus der Bronzezeit. Die **Steinhügelgräber**, die als bis zu 8 m hohe und im Durchmesser 45 m große künstliche Hügel ihre Umgebung überragen, künden von der Macht der frühen bronzezeitlichen Fürsten.

Ab etwa 1000 v. Chr. scheinen sich die Grabsitten geändert zu haben, denn nun wurden die Fürsten vorzugsweise innerhalb von **Schiffssetzungen** verbrannt. Unter einer Schiffssetzung versteht man aufgerichtete Findlingsblöcke, die ein schiffsförmiges Oval markieren. Diese Grabmonumente tauchen zum ersten Mal in Gotland auf, aus späteren Zeiten trifft man sie auch in Schweden, Dänemark, Norwegen, dem Baltikum, Russland und Norddeutschland an. Am Ort ihrer „Erfindung" sind noch rund 350 Exemplare erhalten, darunter das 45 m lange von Gnisvärd oder eine richtige Flotte von vier Steinschiffen in Rannarve. In der Eisenzeit wurden die Grabmonumente kleiner, aber von ihrer Form her vielfältiger. Am schönsten aus dieser Epoche sind die sogenannten Zauberhügel *(Trullhalsar)*, Gräberfelder mit etwa 350 Einzelgräbern.

Während die Funktion der Grabmonumente eindeutig ist, werfen andere Steinsetzungen oder Phänomene schwer zu beantwortende Fragen auf, z. B. die **Trojaburgen**, von denen es rund 40 gibt und die weder genau zu datieren, noch in ihrer Bestimmung zu definieren sind. Noch rätselhafter sind die **Schleifrinnen**, die man früher als wikingerzeitlich ansah, die nach neuesten Erkenntnissen aber bis in die Steinzeit zurückgehen könnten und eventuell mit astronomischen Beobachtungen zusammenhängen.

In der späteren Eisenzeit, als Gotlands Reichtum fremde Stämme zu Beutezügen verlockte, baute die Bevölkerung zum Schutz mächtige **Fliehburgen**, von denen rund 30 nachgewiesen werden konnten. Am beeindruckendsten ist dabei die Thorsburg, die größte Fliehburg Skandinaviens überhaupt, deren 2 km lange Mauer heute noch fast 7 m hoch und 20 m breit ist. Sehr reichhaltig sind auch die Wohnanlagen aus der Eisenzeit belegt. Während die ca. 1.800 aufgefundenen Fundamente aber eher die Archäologen begeistern, sind einige Rekonstruktionen auch für Laien ein interessantes Ausflugsziel. Solche rekonstruierten Häuser gibt es in Stavgard, Gervide und besonders eindrucksvoll in **Lojsta**.

Von allen prähistorischen Monumenten sind jedoch die **Bildsteine** am berühmtesten, die es nur auf Gotland gibt (ca. 450 Einzelfunde) und die zwischen dem 4. und 11. Jh. angefertigt wurden. Die schönsten Exemplare sind im Visbyer **Fornsal-Museum** zusammengetragen, doch auch das Freilichtmuseum in Bunge verfügt über hervorragende Exemplare. Daneben kann man manche Bildsteine in Kirchen entdecken, wo sie später eingemauert wurden, bisweilen auch noch an ihrem ursprünglichen Standort.

Mittelalterliche Sehenswürdigkeiten

Auch Gotlands mittelalterliche Profan- und Sakralarchitektur ist beeindruckend. An erster Stelle ist hier die alte Hansestadt **Visby** mit ihrer Wehrmauer, den Kirchenruinen und mehr als 100 erhaltenen Häusern des 12.–14. Jh. zu nennen. Weder die Altstadt von Stockholm noch die von Kopenhagen, Roskilde, Uppsala oder Bergen haben eine vergleichbare **mittelalterliche Bausubstanz**. Wer sich von der Hauptstadt aufs Land begibt, wird auch dort viele überraschende Entdeckungen machen können: U. a. sind dort noch etliche ganz oder teilweise erhaltene Bauernhäuser aus Stein zu sehen, die eher wie kleine Paläste wirken.

Eine durchschnittliche Urlaubsdauer dürfte kaum ausreichen, um die fast 100 romanischen oder gotischen **Landkirchen** kennenzulernen, die sämtlich einen Besuch lohnen. Sie sind aus mehreren Gründen interessant: Erstens waren sie keine Gemeindekirchen für Dörfer oder Städte, sondern hatten einen oder mehrere Bauern als Auftraggeber, die mit dem Bau ihren Reichtum demonstrieren wollten. Zweitens wurden diese Kirchen der jeweils neuesten Mode angepasst, d. h. mehrmals umgebaut. Die Zahl der in relativ kurzer Zeit errichteten Gotteshäuser dürfte deshalb bei rund 300 liegen. Drittens hatte Valdemar Atterdags Feldzug das Land derart in Mitleidenschaft gezogen, dass schlagartig jede Bautätigkeit aufhörte und alle Kirchen also genau den Zustand im Jahre 1361 dokumentieren. Viertens schließlich ist nicht nur das Äußere mit Prachtportalen, Kapitellbändern, alten Türbeschlägen etc. gut erhalten, sondern auch das Innere mit einer unglaublichen Bandbreite an künstlerischer Entfaltung. Bemerkenswert sind die ca. 80 romanischen und **frühgotischen Taufsteine** (Gotland war im Mittelalter Taufstein-Exporteur, dessen Produkte u.a. in Norddeutschland und in Oberitalien anzutreffen sind), die Kalkmalereien aus unterschiedlichen Epochen, die Triumph- und Scheibenkreuze, die Glasmalereien und die gotischen Schnitzaltäre. Während die prähistorischen Bodendenkmäler frei im Gelände liegen und zu jeder Jahreszeit zu besichtigen sind, stehen die Landkirchen Besuchern i. d. R. nur in der Touristensaison offen. Infos zu Öffnungszeiten gibt es in der Touristeninformation.

Visby

Die Provinzhauptstadt Visby (ca. 25.000 Einwohner) zählt zu Recht zu den größten Sehenswürdigkeiten Skandinaviens und ist die einzige Stadt mit weitgehend mittelalterlichem Erscheinungsbild. Schon in vorchristlicher Zeit befanden sich hier ein Kultplatz (*vi* = Heiligtum) und ein bedeutender Wikingerhafen. Ab dem 12. Jh. erlebte das Gemeinwesen u.a. durch den Zuzug deutscher Kaufleute einen enormen Aufschwung und wurde zum **Zentrum des Ostseehandels**, zur „regina maris“ (= Königin der Ostsee). Als solche war Visby direkte Vorläuferin von Lübeck, so wie die gotländischen Seefahrer mit ihren Kontoren u.a. in Novgorod der Hanse den Boden bereiteten.

Das immer reicher werdende Visby mit seinem starken deutschen Bevölkerungsanteil geriet bald in eine Konkurrenzsituation zur Insel Gotland, die sich 1288 in einem blutigen Bürgerkrieg entlud. Dieser war gleichzeitig die Scheidelinie zwischen Blütezeit und Fall der Stadt. Lübeck wurde nun immer mächtiger, und der Feldzug des Dänenkönigs Valdemar Atterdag (1361) nahm der Stadt mit der Zerstörung der Insel ihren wichtigen Binnenmarkt. Im Jahre 1525 schließlich beendete Lübeck, nun selbst schon im Niedergang begriffen, mit der Invasion und Brandschatzung Visbys die Karriere seiner ehemaligen Vorgängerin. Die „Stadt der Rosen und Ruinen“ fiel in einen Dornröschenschlaf, aus dem sie erst durch den Tourismus unserer Tage erweckt wurde. Schon im 19. Jh. hatte man praktisch die gesam-

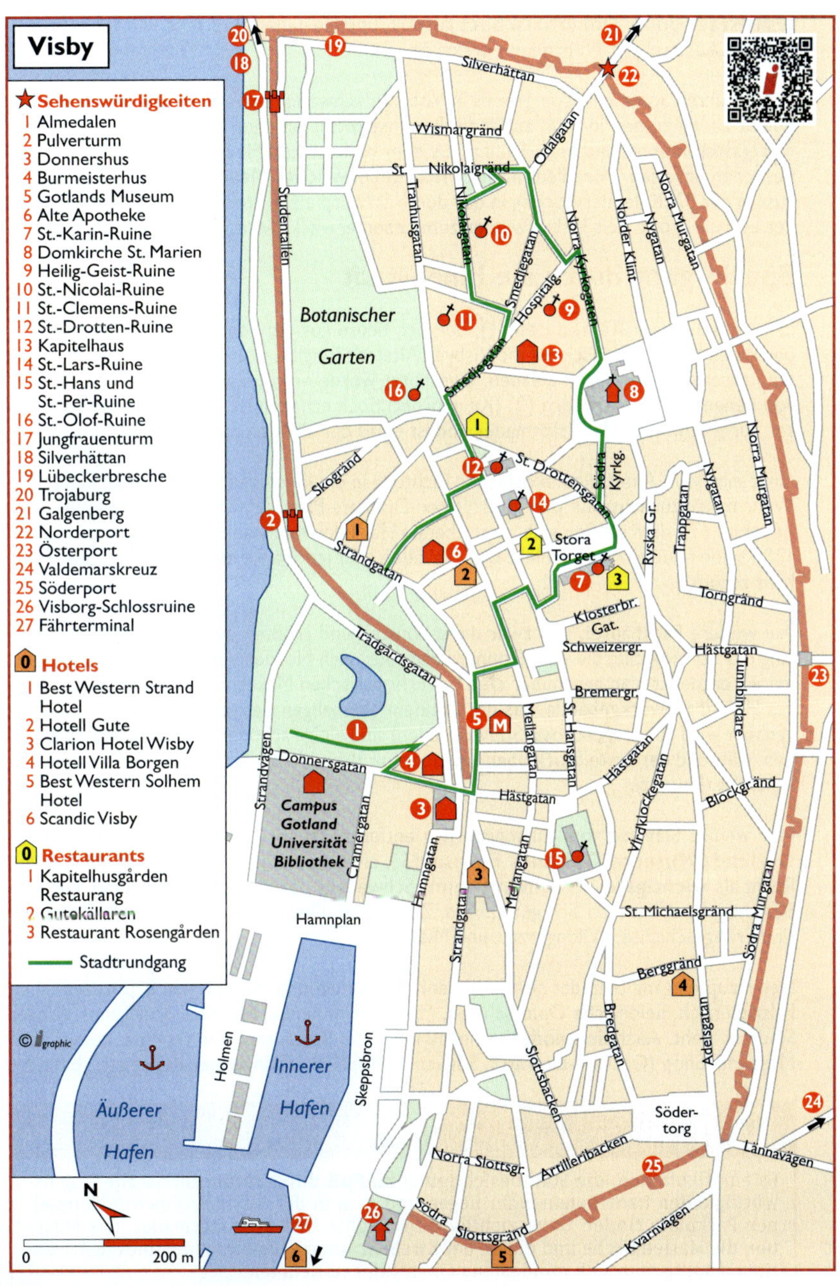
Visby
Sehenswürdigkeiten
1 Almedalen
2 Pulverturm
3 Donnershus
4 Burmeisterhus
5 Gotlands Museum
6 Alte Apotheke
7 St.-Karin-Ruine
8 Domkirche St. Marien
9 Heilig-Geist-Ruine
10 St.-Nicolai-Ruine
11 St.-Clemens-Ruine
12 St.-Drotten-Ruine
13 Kapitelhaus
14 St.-Lars-Ruine
15 St.-Hans und St.-Per-Ruine
16 St.-Olof-Ruine
17 Jungfrauenturm
18 Silverhättan
19 Lübeckerbresche
20 Trojaburg
21 Galgenberg
22 Norderport
23 Österport
24 Valdemarskreuz
25 Söderport
26 Visborg-Schlossruine
27 Fährterminal
Hotels
1 Best Western Strand Hotel
2 Hotell Gute
3 Clarion Hotel Wisby
4 Hotell Villa Borgen
5 Best Western Solhem Hotel
6 Scandic Visby
Restaurants
1 Kapitelhusgården Restaurang
2 Gutekällaren
3 Restaurant Rosengården
Stadtrundgang
Silverhättan
Wismargränd
St. Nikolaigränd
Odalgatan
Studentallén
Tranhusgatan
Nikolaigatan
Smedjegatan
Norra Kyrkogatan
Norder Klint
Nygatan
Norra Murgatan
Hospitalg.
Botanischer Garten
Skogränd
St. Drottensgatan
Södra Kyrkg.
Ryska Gr.
Trappgatan
Strandgatan
Stora Torget
Torngränd
Klosterbr. Gat.
Schweizergr.
Hästgatan
Trädgårdsgatan
Bremergr.
Tunnbindare
Mellangatan
St. Hansgatan
Strandvägen
Donnersgatan
Hästgatan
Blockgränd
Vårdklockegatan
Campus Gotland Universität Bibliothek
Cramérgatan
Hamngatan
Hamnplan
St. Michaelsgränd
Södra Murgatan
Berggränd
Bredgatan
Adelsgatan
Holmen
Innerer Hafen
Skeppsbron
Slottsbacken
Äußerer Hafen
Söder-torg
Norra Slottsgr.
Artilleribacken
Lännavägen
Södra Slottsgränd
Kvarnvägen
N
0
200 m
© graphic

te **Altstadt unter Denkmalschutz** gestellt, und die neuen Stadtteile wurden in gebührendem Abstand zur Wehrmauer errichtet.

In der kurzen Sommersaison geht es in Visby für schwedische Verhältnisse fast schon turbulent zu, da zu den in- und ausländischen Inseltouristen dann eine Vielzahl von Kreuzfahrtgästen kommt und viele Finnen aus dem recht nahen Helsinki per Schiff zu Tagesbesuchen anreisen. Vor allem in der **Mittelalterwoche** (Medeltidsveckan, Anfang August in der 32. Kalenderwoche), in der durch Schauspiele, Ritterturniere, Kunsthandwerker etc. die große Zeit Visbys wieder zum Leben erweckt wird, ist der Andrang groß.

Spaziergang durch die Innenstadt

Der hübsche Park **Almedalen (1)**, der sich heute vor der seeseitigen Mauer erstreckt und einen herrlichen Blick auf die Visbyer Altstadt freigibt, war einstmals der Hafen, den die hanseatischen Koggen anliefen. Geschützt wurde er von zwei Verteidigungstürmen, von denen der **Pulverturm (2)** (Kruttornet) noch erhalten ist. Vermutlich bestand dieser Turm schon vor der Stadtmauer und ist eines der ältesten Steingebäude der Insel.

Geht man vom Almedalen in östlicher Richtung in die Innenstadt, gelangt man hinter der Wehrmauer zunächst auf den großzügigen Donners Plats. Er wird dominiert vom **Donnershus (3)**, dem großen gelb gestrichenen Haus der Kaufmannsfamilie Donner, das um 1800 seine heutige Form erhielt. Das Gebäude geht jedoch auf ein mittelalterliches Packhaus zurück.

Auf weitere Packhäuser, und zwar die schönsten und größten der Stadt, stößt man entlang der Strandgatan, die vom Donners Plats aus nach Norden verläuft. Direkt zu Anfang jedoch entdeckt man gegenüber dem Naturhistorischen Museum ein kleines, zweistöckiges Holz-/Fachwerkgebäude, das nach seinem ehemaligen Besitzer **Burmeisterhus (4)** genannt wird. Im Erdgeschoss (Souvenirladen) sind einige schöne Sandsteinarbeiten zu sehen, während der erste Stock über und über mit Wandmalereien aus der Rokokozeit versehen ist (Eintritt).

Nur wenige Schritte vom Burmeisterhus entfernt, erhebt sich an der Strandgatan das **Gotlands Museum/Gotlands Fornsal (5)**, ein historisches Museum, das mit Fug und Recht als **wichtigstes Provinzmuseum** Schwedens bezeichnet werden kann. Für eine Besichtigung sollte man sich gut 1,5 Std. Zeit lassen. Die Schwerpunkte der Sammlungen sind Frühgeschichte, Wikingerzeit und Mittelalter.

Der Haupteingang befindet sich im Innenhof, wo man u. a. Kopien von bronzezeitlichen Felsritzungen, heidnische Opferschalen, Meilensteine und ein original erhaltenes Visbyer Stadttor sieht. Auch der moderne Anbau mit Café, Restaurant und sehr gut bestücktem Museums-Shop (Gotland-Literatur, Souvenirs, Repliken wikingischer Kunst etc.) befindet

Tipp

Es empfiehlt sich, die Stadtbesichtigung **zu Fuß** durchzuführen, da alle Sehenswürdigkeiten nahe beieinander liegen und man in der Altstadt ohnehin kaum einen Parkplatz findet. Unverzichtbare Highlights sind die Stadtmauer, das Museum, die Marienkirche und einige der Kirchenruinen – für diese und andere Attraktionen sollte man sich mindestens einen Tag Zeit nehmen.

sich hier. Sofort hinter dem Eingang liegt der **Bildsteinsaal**, in dem hervorragende Beispiele der einzigartigen gotländischen Bildsteine zusammengetragen wurden. Diese Bildsteine wurden zwischen 400 und 1100 nur auf der Ostseeinsel hergestellt und zeigen in ihrer frühen Phase abstrakte religiöse Symbole (Wirbelräder, Ewigkeitsschleifen), später dann große Wikingerschiffe und Szenen der nordischen Mythologie und Sagenwelt. Beim Übergang zum Christentum weicht die figürliche Darstellung längeren Runeninschriften und später dann dem (Ring-)Kreuz als Zeichen der neuen Religion. Die Bildsteine stellen die erste und **einzige germanische Monumentalkunst** dar – allein schon ihretwegen lohnt sich der Ausflug nach Gotland.

An den Bildsteinsaal schließt sich eine Abteilung an, in der man die Bandbreite der Grabstätten von der Stein- bis zur Eisenzeit kennenlernt. Danach steigt man in den ersten Stock hinauf, in dessen erstem Saal in 16 Vitrinen Werkzeuge, Waffen, Schmuck, Hausgerät usw. ausgestellt sind. Dahinter sieht man in der sogenannten „Schatzkammer" einige der wertvollsten Bodenfunde (arabische Münzen, Gold- und Silberschmuck usw.), die fast alle aus der Wikingerzeit stammen. Der nächste Saal ist der weltlichen Kultur des Mittelalters vorbehalten.

Anschließend gelangt man in die Räume der **mittelalterlichen Kirchenkunst**. Aus der Vielzahl der hier zu entdeckenden Exponate sticht die wunderschöne gotische Öja-Madonna hervor. Am Ende gelangt man über das Treppenhaus in den mittelalterlichen Hochkeller hinab, in dem ein Kaufmannshof aus dem 13./14. Jh. rekonstruiert wurde.
Gotlands Fornsal, *Strandgatan 14, ✆ 0498-292700, www.gotlandsmuseum.se. Mai–Sept. tgl. 10–18, sonst tgl. 11–16 Uhr.*

Idyllische Straßenszene in Visby

Zurück auf der Strandgatan passiert man einige der schönsten Profangebäude Visbys. Dicht an dicht stehen hier die mehrstöckigen Packhäuser, die im frühen Mittelalter höher waren als die zeitgleiche Bebauung etwa von Lübeck oder Münster. Ein besonders eindrucksvolles Beispiel dafür ist die **Alte Apotheke (6)**, in der sich heute eine bekannte Silberschmiede befindet.

Auf dem vorliegenden Rundgang verlässt man die Strandgatan vorher schon über die Danzigergränd und gelangt auf die Mellangatan, die zweite der mittelalterlichen Hauptstraßen. Über diese geht es am Rathaus (18. Jh.) vorbei zum Großen Marktplatz (Stora Torget), dessen Südseite von der **St.-Karin-Ruine (7)** eingenommen wird. Dieser Bau, im 13./14. Jh. von den Franziskanern errichtet, gilt als schönste der Visbyer Kirchenruinen. Auch ein Teil der Klostergebäude ist erhalten, in dem auf zwei Etagen Kirchenmodelle, Grabsteine etc. gezeigt werden. In der Saison ist die Ruine samt Ausstellungsraum geöffnet, sonst muss man im Fornsal-Museum den Schlüssel holen.

Über den großen Platz, auf dem manchmal ein Markt abgehalten wird und an dem einige gute Restaurants (besonders empfehlenswert Gutekällaren, S. 415) zu finden sind, geht man auf das einzige komplett erhaltene Gotteshaus der Stadt zu, die **Domkirche St. Marien (8)**. Sie wurde 1225 als Kirche der deutschen Kaufleute eingeweiht und erhielt ihr heutiges Aussehen durch mehrere bauliche Veränderungen. Der Gesamteindruck bleibt jedoch romanisch, nur im Süden ist eine hochgotische Kapelle vorgesetzt, und die charakteristischen hölzernen Barockhauben kamen im 18. Jh. hinzu. Es lohnt sich, außen um die Kirche herumzuspazieren, wo man prächtige Portale, alte Grabsteine, die Kirchhofspforte und im Osten den mächtigen Hebebaum entdecken kann, mit dem Waren in den großen Speicher hinaufgebracht wurden.

Ins Innere gelangt man durch die westliche Vorhalle, die mit Epitaphen und einer alten Geldtruhe geschmückt ist. In der Nordostecke der harmonischen, dreischiffigen Halle sieht man den **größten gotländischen Taufstein** aus rotem Pseudomarmor sowie eine Holzstatue des Auferstandenen (13. Jh.). Im Chor ist neben mehreren Grabsteinen das Epitaphium für den Lübecker Bürgermeister Tinnapfel sehenswert, der 1566 in einem Sturm vor Visby den Tod fand. In dieser Seekatastrophe, eine der schlimmsten der Ostsee, starben damals etwa 6.000 Menschen.
S:ta Maria domkyrka, *Norra Kyrkogatan 4, ✆ 0498-206800, www.svenskakyrkan.se/visby. Tgl. 9–17, Mitte Juni–Mitte Aug. bis 21 Uhr.*

Von der Marienkirche sind es nur wenige Meter auf der Norra Kyrkogatan bis zur nächsten Sehenswürdigkeit: der **Heilig-Geist-Kirche (9)**, eine kleine, aber äußerst interessante Ruine aus dem 13. Jh. Einmalig ist sie auf der Insel wegen ihrer beiden **oktogonalen Geschosse**, die durch zwei edle Treppenaufgänge miteinander verbunden sind. Vom oberen Geschoss besteht durch eine achteckige Öffnung eine Sichtmöglichkeit zum darunterliegenden Gemeinderaum und durch einen Halbbogen ein Blick in den Chor. Ein wei-

Aufführung

Alljährlich findet in der Ruine St. Nikolaus von Mitte Juli bis Mitte August das **Singspiel** „Petrus de Dacia“ statt, das der Deutsche Friedrich Mehler komponierte und das 1929 zum ersten Mal aufgeführt wurde. Vorführungen dieses „schwedischen Oberammergau“ finden meist Mo, Mi und Fr statt; Eintrittskarten und Infos in der Touristeninformation.

Beeindruckend: die Wehrmauer von Visby

terer Treppenaufgang führt auf das Dachgeschoss, von dem sich ein herrlicher Rundblick über Visby bietet.

Wenige Schritte entfernt erhebt sich die lang gestreckte **St.-Nicolai-Ruine (10)**, die ab 1230 als Klosterkirche der Dominikaner diente. Mit ihren efeuüberrankten Mauern, dem zierlichen Maßwerk und interessanten Details an der Außenfassade (Ziegelsteinrosetten im Westgiebel, edles Südportal) steht sie der St.-Karin-Ruine kaum an Schönheit nach. Petrus de Dacia, ein Abt dieses Klosters (gest. 1289), führte einen intensiven Briefwechsel mit der Mystikerin Christina von Stommelen und gilt deswegen als „erster Schriftsteller Schwedens".

Sofern man es nicht vorzieht, von St. Nicolai zur nördlichen Stadtmauer oder zum Botanischen Garten zu spazieren (s. u.), kann man nun beim Rundgang wieder die südliche Richtung einschlagen und an weiteren Kirchenruinen vorbei zum Ausgangspunkt zurückkehren. Zunächst gelangt man dabei über die Nikolai- und St. Clemensgatan zur **St.-Clemens-Ruine (11)**, dann über die St. Hansgatan zur **St.-Drotten-Ruine (12)**, einer ehemaligen Gemeindekirche. Wenn man um diese herumgeht, sieht man östlich von ihr eines der prächtigsten Bürgerhäuser der Stadt, das sogenannte **Kapitelhaus (13)**. Nur wenige Meter von St. Drotten entfernt passiert man dann die **St.-Lars-Ruine (14)**, die sich ebenfalls der St. Hansgatan zuwendet und auf dem Grundriss eines griechischen Kreuzes errichtet wurde. Wahrscheinlich diente sie als Faktoreikirche einer russischen Gilde.

Etwas weiter im Süden (man kommt erneut am Rathausplatz vorbei) versteckt sich am Platz St. Hans Plan hinter einem Café die **St.-Hans-und-St.-Per-Ruine (15)**, von der nur noch wenige, allerdings sehr monumentale Mauerreste übrig geblieben sind. Die beiden Kirchen waren im Lauf der Zeit durch Anbauten „zusammengewachsen" und bildeten schließlich den größten Kirchenbau der Insel. Heute sind die Ruinen stimmungsvolle Kulissen für das Café. Nach knapp 200 m von hier ist man bereits wieder am **Stadtpark Almedalen (1)** angelangt.

Rundgang um die Stadtmauer

Der **Almedalen (1)** kann auch Ausgangspunkt eines ca. 5 km langen Spaziergangs sein, der an der Stadtmauer entlang bzw. zu interessanten Zielen in deren Nähe führt. Die Mauer wurde um 1270 angelegt, hauptsächlich als Schutz der Stadt vor der einheimischen Bauernbevölkerung. Nach dem Bürgerkrieg von 1288 wurde sie erhöht, auf ihre heutige Länge von 3,6 km erweitert und mit über 50 Türmen (von denen noch 36 erhalten sind) bestückt. Dieser Wehrmauer verdankt es Visby in erster Linie, dass es mehr als jede andere Stadt im Norden sein mittelalterliches Aussehen bewahren konnte.

Für den Rundgang verlässt man den Park durch das Stadttor Fiskarporten neben dem **Pulverturm (2)** und geht einige Schritte auf der Strandgatan nach Norden. Nicht versäumen sollte man, den beiden rechts abzweigenden Gassen – Skogränd und besonders Fiskargränd – einen Besuch abzustatten, die mit ihren kleinen Holzhäuschen, Rosensträuchern und Malven die idyllischsten der Hauptstadt sind. Eine farbenprächtige Flora erlebt man anschließend im Botanischen Garten, der für die „Stadt der Rosen und Ruinen" steht. An seinem südöstlichen Ende erhebt sich die **St.-Olof-Ruine (16)**, von der im Wesentlichen nur noch der Stumpf des Westturmes erhalten ist.

Zum Westen hin wird der Botanische Garten von der seeseitigen Stadtmauer begrenzt, die hier nicht sehr hoch ist. Gleiches gilt für die Türme an diesem Mauerabschnitt, wobei jedoch der **Jungfrauenturm (17)** einen festen Platz im Legenden- und Sagenschatz der Gotländer eingenommen hat. Der viel mächtiger wirkende Eckturm **Silverhättan (18)** markiert jene Stelle, wo die seeseitige Mauer zu Ende ist und die Nordmauer in Terrassen hochsteigt. Durch das Tor daneben sollte man nun den innerstädtischen Bereich verlassen und entlang der doppelten Wallgräben außen der Stadtmauer folgen. Das auffallende niedergerissene Mauerstück sofort zu Beginn ist die **Lübeckerbresche (19)**, durch die im Jahr 1525 Lübecker Soldaten Visby erstürmten und der ehemals mächtigen Stadt den Todesstoß versetzten.

Am zweiten Tor hinter der Bresche (St. Göransporten) lohnt sich ein Abstecher in die weiter nördlich liegenden Gebiete. Auf der St. Göransgatan gelangt man dabei zunächst zur Kirchenruine St. Göran (= Georg), die außerhalb der Stadtmauer liegen musste, weil auf ihrem Friedhof die Pest- und andere Seuchentote beigesetzt wurden.

Der Straße weiter folgend, gelangt man nach wenigen Hundert Metern zur **Trojaburg (20)**, der größten und bekanntesten Labyrinth-Steinsetzung der Insel.

Einer von 36 erhaltenen Türmen der Stadtmauer

Das Muster ist aus der ganzen Welt bekannt. Es taucht bei den Pueblo-Indianern oder bei den Inuit genauso auf wie an romanischen oder gotischen Kathedralen. Auf Gotland gibt es mindestens 40 sogenannte Trojaburgen, deren Alter und genauer Zweck jedoch unbekannt sind. Von der Trojaburg bei Visby wird vermutet, dass sie vorchristlichen Ursprungs ist. Sie misst 18 m im Durchmesser. Folgt man als Fußgänger den schmalen Windungen bis zum Zentrum, ist ein Weg von ca. 650 m zurückzulegen. Von hier aus kann man über einen schmalen und z. T. steilen Pfad die Klippen hinaufwandern (oder alternativ wieder an St. Göran vorbei und die Bergsgatan hinauf), wo sich der **Galgenberg (21)** mit seinen drei Steinpfeilern erhebt. Dort wurden früher Delinquenten aus ganz Schweden hingerichtet, zuletzt 1845.

Auf dem Weg zurück über die Bergsgatan kommt man an einem altertümlichen Kalkofen vorbei und erreicht die Stadtmauer am nördlichen Tor, dem **Norderport (22)**, das zusammen mit dem Ost- und Südtor einer der Haupteingänge war. Ab hier beginnt mit der Ostseite die längste Partie der Wehrmauer, die durch einen breiten Grünstreifen von der Neustadt abgegrenzt ist. Unter den vielen Türmen, Satteltürmen und Steinhäusern, die über bzw. aus der Mauer herausragen, ist der Dalmansturm mit seinem roten Ziegeldach der markanteste. Etwa in der Mitte des östlichen Abschnitts liegt das Osttor **Österport (23)**, durch das ein Großteil des Verkehrs von der Alt- zur Neustadt mit ihren nahen Einkaufszentren, Banken, der Fußgängerzone und dem Busbahnhof geht.

Es folgen der halbrunde Mühlenturm und der sogenannte Kaiserturm nahe dem gleichnamigen Tor. Von hier aus kann man zu einem der berühmtesten Monumente der Insel spazieren, das einige Hundert Meter (in Richtung Wasserturm) entfernt in der Neustadt liegt. Das **Valdemarskreuz (24)** ist zwar nicht besonders groß, erinnert aber mit einer eindrücklichen Inschrift an jene Schlacht, in der das letzte Aufgebot des Bauernheeres 1361 von den Truppen des Dänenkönigs Valdemar Atterdag niedergemetzelt wurde. Dadurch, dass die Visbyer Bevölkerung nicht in das Geschehen eingriff und der Schutz suchenden Landbevölkerung die Tore verschloss, rettete sie sich zwar vor einer ähnlichen Niederlage, nahm aber gleichzeitig die Katastrophe für die Gotländer billigend in Kauf.

Wieder zurück an der Stadtmauer, passiert man den letzten der drei wichtigen Stadteingänge, nämlich das **Söderport (25)**, ab wo sich die Mauer wieder dem Meer zuwendet. Hier betritt man erneut die Altstadt, und zwar über deren Hauptgeschäftsstraße Adelsgatan. Sofort nach links erstreckt sich der südliche Marktplatz (Södertorg), an dessen westlichem Ende ein Areal beginnt, in dem sich einst eine der größten Burganlagen des Nordens befand, die Visborg. Sie wurde 1679 von den Dänen in die Luft gesprengt und zeigt seitdem als **Visborg-Schlossruine (26)** nur noch einen schwachen Abglanz ihrer einstigen Größe. Am jenseitigen Ende der Burgruine stößt man auf die breite Uferstraße Skeppsbron, etwa in Höhe des modernen **Fährterminals (27)**. Von dort aus geht man in 5 Minuten zurück zum Almedalen, wobei man am Yachthafen, der Fischhalle, Fahrradverleih-Stationen und mehreren Restaurants vorbeikommt.

Inselrundfahrten auf Gotland

Wegen der Inselgröße ist es kaum möglich, Gotland an einem Tag auf einer Inselrundfahrt kennenzulernen. Wer an Kirchenarchitektur und/oder Frühgeschichte interessiert ist, kann auf der Insel gut mehrere Wochen verbringen und wird stets auf Neues und Unerwartetes stoßen. Es folgen Vorschläge für fünf Tagestouren, auf denen man besondere Naturschönheiten und die wichtigsten kulturellen Sehenswürdigkeiten entdeckt.

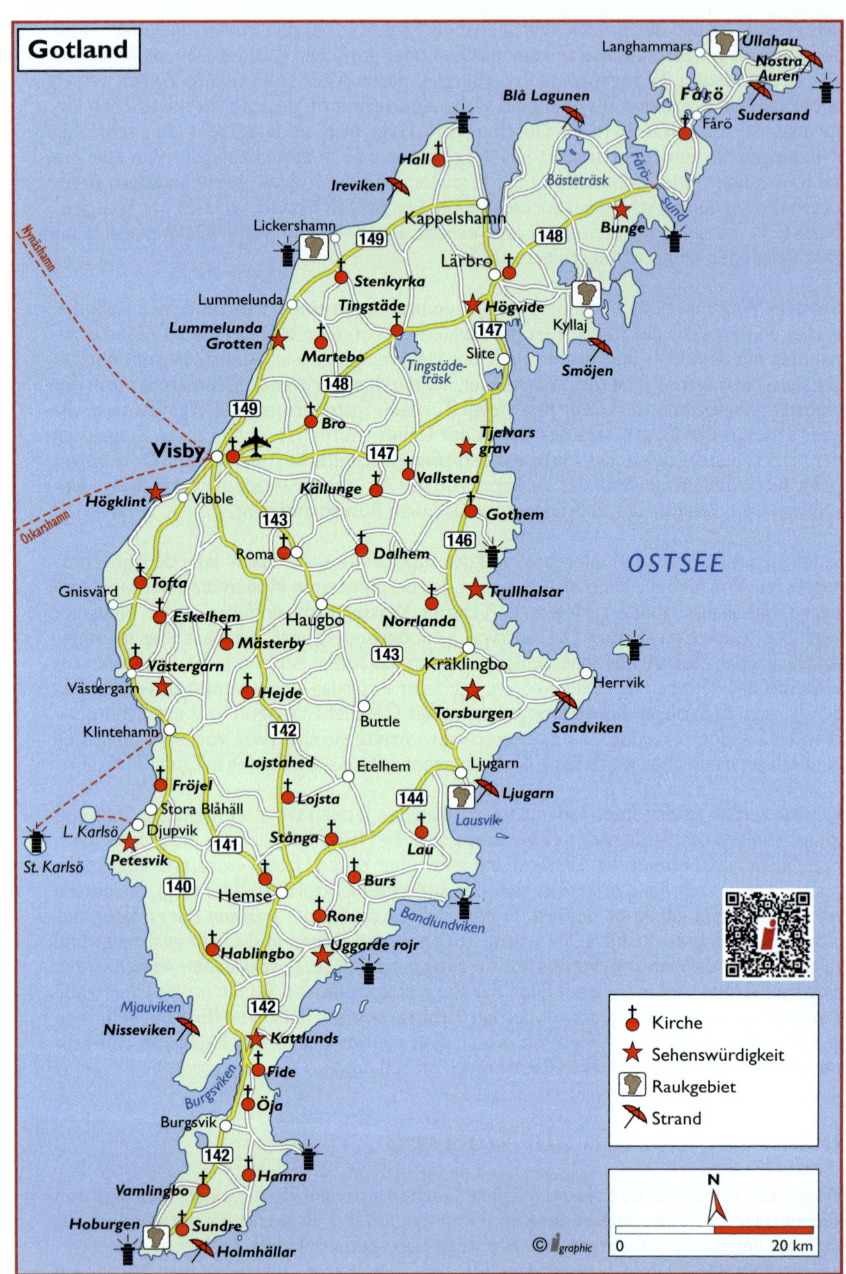
Gotland
Langhammars
Ullahau
Nostra Auren
Fårö
Fårö
Sudersand
Blå Lagunen
Hall
Ireviken
Bästeträsk
Fårösund
Kappelshamn
Lickershamn
149
148
Bunge
Lärbro
Stenkyrka
Lummelunda
Tingstäde
Högvide
Kyllaj
Lummelunda Grotten
Martebo
147
Slite
Smöjen
Tingstäde-träsk
148
149
Bro
Nynäshamn
Visby
Tjelvars grav
147
Vallstena
Källunge
Högklint
Vibble
Gothem
Oskarshamn
143
146
Roma
Dalhem
OSTSEE
Tofta
Trullhalsar
Gnisvärd
Eskelhem
Haugbo
Norrlanda
Mästerby
143
Västergarn
Kräklingbo
Västergarn
Hejde
Herrvik
Torsburgen
Buttle
Sandviken
Klintehamn
142
Lojstahed
Etelhem
Ljugarn
Fröjel
Ljugarn
144
Lojsta
Stora Blåhäll
Lausvik
L. Karlsö
Djupvik
Stånga
Lau
141
Petesvik
St. Karlsö
Burs
140
Hemse
Rone
Bandlundviken
Hablingbo
Uggarde rojr
142
Mjauviken
Nisseviken
Kattlunds
Fide
Burgsviken
Öja
Burgsvik
142
Hamra
Vamlingbo
Hoburgen
Sundre
Holmhällar
Kirche
Sehenswürdigkeit
Raukgebiet
Strand
N
0
20 km
© graphic

Der Norden

Ausgangspunkt dieser Tour in den Norden ist **Visby**, das man am Nordtor (Norderport) über den Lummelundsväg verlässt. Parallel zur Westküste fährt man an der Freizeitanlage von Snäck vorbei und passiert den Krusmyntagården, einen botanischen Garten mit 200 verschiedenen Kräutern und einem Restaurant. Kurz danach weist ein Schild nach links zu den **Tropfsteinhöhlen von Lummelunda**, die zu den meistfrequentierten Ausflugszielen der Insel gehören. Mindestens genauso interessant ist das Mühlrad Kvarnhjulet, das mit einem Durchmesser von 10 m als größtes Skandinaviens gilt. Es wird vom gleichen unterirdischen Fluss angetrieben, der auch das bis zu 10 km lange Grottensystem geschaffen hat. Auf dem Gelände (großer Parkplatz) befinden sich mehrere Cafeterien und Souvenirshops.
Lummelunda Grottan, *Lummelundsbruk, ✆ 0498-273050, https://lummelundagrottan.se. Mai–Anfang Juni u. Ende August–Sept. Fr–So 10–16, Mitte Juni–Mitte Aug. tgl. 9–17 Uhr.*

Zurück auf der Straße 149 passiert man nach 5 km rechter Hand den Abzweig zur hübschen Lummelunda-Landkirche. Folgt man der bisherigen Richtung, gelangt man bald zur **Kirche von Martebo**, die mit ihren Kapitellbändern und Kalkmalereien zu den interessantesten Gotlands gehört. Die nächste Station **Stenkyrka** mit ihrem monumentalen, weißen Kirchturm ist von hier aus bereits zu erkennen. Auch diese Kirche lohnt den Besuch unbedingt, u. a. wegen ihrer Kalkmalereien, einem Grabstein aus dem Jahre 1200 und einem Triumphkruzifix. Auf dem Weg zur Küstenstraße ist wenige Hundert Meter hinter der Kirche ein rekonstruiertes Radkreuzgrab aus der Eisenzeit zu sehen.

Wieder auf der Straße 149 ist anschließend der Abstecher nach Lickershamn empfehlenswert (ausgeschilderte Stichstraße nach links), einem kleinen Hafen und Fischerlager, dessen Katen heute als Ferienwohnung vermietet werden. Die größte Sehenswürdigkeit der Ortschaft stellen die bizarren **Kalksteinsäulen** (*raukar*) dar, die die Vorgängerinnen der Ostsee aus dem Untergrund erodiert haben. Schon auf dem Anfahrtsweg nach Lickershamn sieht man einige davon mitten im Kiefernwald stehen – ein augenfälliger Beweis für die Tatsache, dass der Küstenverlauf früher einmal viel weiter landeinwärts lag. Mit 7 m ist der **Jungfruklint**, der oberhalb der Steilküste thront und auf einem kurzen Spaziergang zu erreichen ist, der größte **rauk** der Insel überhaupt. Am Kieselstrand hat man gute Chancen, Versteinerungen zu finden: Trilobiten, Knopfkorallen, Muscheln usw., allesamt Relikte eines 400 Mio. Jahre alten tropischen Meeres.

Folgt man anschließend weiter der Straße 149, wird man in einem großen Bogen über Kappelshamn nach **Lärbro** geleitet, dessen Landkirche (1260–80) schon von Weitem zu sehen ist. Mit ihrem oktogonalen Westturm, herrlichen Portalen, Kalkmalereien und dem einzig komplett erhaltenen Verteidigungsturm (*kastal*) auf der Insel steht sie auf der Liste der sehenswerten Sakralgebäude ganz oben.

Ab Lärbro ist der direkte Weg in den Nordosten die Straße 148, bei genügend Zeitreserven lohnt sich aber unbedingt auch die Strecke auf der 149 und dann entlang der Küste der Halbinsel (Richtung Storungs, Fleringe und Bläse), die über herrliche Strände verfügt. Hoch im Norden lockt zudem in einer ehemaligen Kalksteingrube die „Blaue Lagune" (**Blå Lagunen**) mit türkisfarbenem Wasser und Sandstrand. Daneben ziehen die vielen Binnenseen Naturliebhaber an, wovon der **Bästeträsk** der größte ist – und vielleicht der nächste Nationalpark Schwedens.

Auf der Straße 148 sollte man 17 km hinter Lärbro in **Bunge** einen Halt einplanen, z. B. an der **Kirche** (13./14. Jh.) mit ihren **Kalkmalereien**, die mit dem Deutschen Orden in

Zusammenhang gebracht werden. Noch wichtiger ist das **Bunge-Museum**, das auf Initiative des Volksschullehrers Erlandsson entstand und als wichtigste Stätte zur Bewahrung gotländischer Bauernkultur gilt. Außer mehreren Bauernhöfen (z. T. aus dem 18. Jh.), Fischerhütten, verschiedenen Mühlen, Sägen, Kalköfen und interessanten Zäunen ist die Sammlung vor- und frühgeschichtlicher Denkmäler beachtlich. So sieht man rechts des Eingangs mehrere Grabtypen aus der Bronze- und Eisenzeit sowie am jenseitigen Ende des Freiplatzes vier mächtige Bildsteine. Der größte und bekannteste von ihnen (Hamars I) schildert die nordische Sage von Hild und zeigt u. a. ein voll aufgetakeltes Wikingerschiff.
Bungemuseet, *Bunge, Hägur 119, ✆ 070-7762729, www.bungemuseet.se. Mitte Mai–Mittsommer Do–So 11–16, Mittsommer–Aug. tgl. 10–17 Uhr.*

Nur 2 km sind es von Bunge bis zur Ortschaft **Fårösund**, die ihren Namen nach der Meerenge zwischen Gotland und der nördlichen Nachbarinsel trägt. Das 900-Seelen-Dorf spielte in den 1850er Jahren eine wichtige Rolle als Basislager der französischen und britischen Flotten, die im Krimkrieg auch in der Ostsee gegen die Russen kämpften.

Am Ende der Straße verweist ein monumentaler Kalkofen auf das wirtschaftliche Standbein vergangener Zeiten. Direkt daneben befindet sich die Fähranlegestelle, wo man sich mit der kostenlosen Autofähre zum gegenüberliegenden Ufer nach Fårö übersetzen lassen kann. Die Fähre verkehrt nicht nach einem festen Fahrplan, sondern je nach Bedarf.

Ausflug nach Fårö

Der Reiz der nördlichen Nachbarinsel liegt in ihrer Küste mit fantastischen Raukformationen, ausgedehnten Sandstränden und einer kargen Steppenlandschaft, aus der nur wenige Wohnhäuser und einige altertümliche, schilfgrasgedeckte Schafställe aufragen.

Ingmar Bergmans Haus auf Fårö

Ingmar Bergman (1918–2007)

info

Fårös Ursprünglichkeit diente oft als Kulisse in den Filmen von Ingmar Bergman, der hier ein Haus besaß und nach seinem Tod im Juli 2007 auf der Insel beerdigt wurde. Der zunächst hauptsächlich am Theater tätige Bergman wurde vor allem für seine Filme international bekannt. Mit eigenwilligen Fragestellungen, einer manchmal schockierenden Offenheit und unkonventionellen filmischen Ausdrucksmitteln nutzte er das Medium als Forum für seine Ansichten und künstlerischen Visionen. Nach einer Reihe von Filmen, die Bergman nach eigener Aussage aus rein kommerziellen Gründen drehte, behandelte er 1953 mit „Abend der Gaukler“ die Grundproblematik des Künstlerdaseins – ein Thema, das ihn später immer wieder beschäftigen sollte. Der internationale Durchbruch gelang ihm mit „Das Lächeln einer Sommernacht“ (1955). Danach konnte Bergman seine Themen selber bestimmen, z.B. in dem Film „Das Gesicht“ (1958), der wegen seiner christusähnlichen, leidenden Künstlerfigur für Aufsehen sorgte.

Als Höhepunkt seines Schaffens gilt vielen die „Trilogie über Gottes Schweigen“, in der Bergman eine religiöse Problematik in drei Stadien behandelt und dabei zu immer kargeren Erzählformen greift. In „Das Schweigen“ (1963) gibt es z.B. fast keinen Dialog mehr. Filme wie „Schande“ (1968) oder „Passion“ (1969) greifen frühere Motive wieder auf und behandeln zunehmend die Bedeutungslosigkeit von Kunst und Künstler in der modernen Gesellschaft. Mit Sven Nykvist, seinem exzellenten Kameramann, und Schauspielern wie Liv Ullmann oder Max von Sydow arbeitete Bergman über viele Jahre eng zusammen. Ein noch größeres Publikum erreichte er in den 1970er Jahren mit Fernsehproduktionen wie „Szenen einer Ehe“ (1973) und „Von Angesicht zu Angesicht“ (1976), in denen er sich mit dem Thema Ehe und Zusammenleben auseinandersetzte.

Nach einer aufsehenerregenden Verhaftung aufgrund des Verdachts der Steuerhinterziehung, der später von den Behörden zurückgenommen wurde, zog Bergman zeitweilig nach Deutschland um. Nach seiner Rückkehr nach Schweden entstand 1982 mit „Fanny und Alexander“ ein sehr schwedischer Film mit herrlichen Milieuschilderungen, in dem der aus einer Pastorenfamilie stammende Bergman zugleich mit seinem übermächtigen Vater abrechnete.

Ab 1985 widmete sich Bergman wieder v. a. dem Theater und zwar am Dramaten, dem Königlichen Dramatischen Theater in Stockholm, dessen Leitung er Anfang der 1960er Jahre innehatte. Hier setzte er sich experimentierfreudig mit allen großen Bühnenautoren auseinander, vor allem mit seinem Landsmann August Strindberg.

Bergman starb am 30. Juli 2007, 89 Jahre alt, auf der Insel Fårö, seinem langjährigen Hauptwohnsitz. Sein Haus, das nun der Bergman-Stiftung gehört, ist heute ein Treffpunkt von Künstlern, Filmemachern und Touristen und wird für kulturelle Veranstaltungen genutzt, z.B. für die bekannte Ingmar-Bergman-Filmwoche im Juni.

Auf der asphaltierten Hauptstraße gelangt man in wenigen Fahrminuten zum Dörfchen Fårö, dessen Kirche ein interessantes Gemälde enthält. Es stellt die abenteuerliche Reise von 15 Robbenjägern dar, die 1603 auf einer Eisscholle zwei Wochen über die Ostsee trieben.

Nahe der Kirche geht eine Stichstraße in nordwestlicher Richtung nach Digerhuvud und weiter nach **Langhammars**. Schon der Anfahrtsweg ist beeindruckend: Seen, Schafwei-

Wie Riesenskulpturen: gotländische raukar

den und kunstvoll aufgeschichtete Natursteinmauern säumen den Weg. Nachdem man die Küste erreicht hat, passiert man einige karge Steinäcker und gelangt dann auf einer unasphaltierten Piste zum **beeindruckendsten Raukgebiet Gotlands**. Die bizarren grau-weißen Kalksteinsäulen, die Wind, Wetter und Wellen aus der Steilküste herausmodelliert haben, wirken wie überdimensionierte Masken und erinnern ein wenig an die Steinbildnisse der Osterinseln.

Zurück auf der Hauptstraße, gelangt man in knapp 10 km zu den Stränden im Nordosten der Insel, wo sich auch die meisten Ferienhäuschen und Campingplätze befinden. Am bekanntesten ist hier die Sandbucht **Sudersand**, wo man eine Badepause einlegen kann. Oder man wandert durch das Naturschutzgebiet Ullahau, das im Wesentlichen aus einer riesigen Sanddüne besteht.

Nach dem Besuch der Insel Fårö geht es auf der schon bekannten Strecke zurück bis Bunge. Wer Zeit für einen halbstündigen Abstecher hat, sollte den Hinweisschildern nach **Kyllaj** folgen, wo ebenfalls Rauken zu besichtigen sind. Zur Mitte des 17. Jh. entwickelte sich der Hafen von Kyllaj zum bedeutendsten Kalk-Exporthafen Gotlands, woran noch einige imposante Kalköfen erinnern. Besonders sehenswert ist der pittoreske Strandritterhof, in dem damals ein sogenannter „Strandritter", d. h. ein mit der Küstenbewachung beauftragter Zollbeamter, residierte.

Von Kyllaj kann man direkt nach Lärbro weiterfahren, von wo einen die Straße 148 zurück nach Visby bringt. Unterwegs lohnt sich eine kleine Pause an der Landkirche von **Tingstäde**, die mit ihrem 55 m hohen Galerieturm ein weithin sichtbares Beispiel für bäuerliche Kirchenbaukunst ist. Sehenswert sind außen die romanischen Portale mit ihrem edlen Dekor, innen Kalkmalereien aus verschiedenen Epochen, ein Triumphkruzifix aus dem frühen 14. Jh. und ein romanischer Taufstein. Nordöstlich der Kirche sind die Überreste eines *kastal* (= Verteidigungsturm) zu sehen und auf dem Kirchhof ein gut erhaltenes Treppengiebel-Portal, das einst zum Pfarrhof führte. Unmittelbar östlich der Kirche erstreckt sich jenseits der Straße 148 der flache Binnensee **Tingstädeträsk**, einer der größten der Insel. Der See, in dessen Schlick die Archäologen eine merkwürdige, evtl. bis in die Wikingerzeit zurückreichende Pfahlbau-Festung nachgewiesen haben, ist als Süßwasserreservoir für Visby besonders in den trockenen Sommermonaten von großer Bedeutung. Außerdem war er Start- und Landeplatz der ersten regelmäßigen Flugverbindung mit Stockholm (mittels Wasserflugzeugen).

Ein weiterer Stopp ist kurze Zeit später in **Bro** zu empfehlen. Obwohl die Kirche von außen nicht besonders imposant wirkt, war sie immer eine der wichtigsten der Insel, da ihre Reliquie – ein Stück des Heiligen Kreuzes – viele Pilger und Seefahrer anzog. Das Innere weist u.a. Kalkmalereien mehrerer Epochen und einen romanischen Taufstein auf, während von außen die Portale und eingelassene skulptierte Steine einer Vorgängerkirche besondere Beachtung verdienen. In einem Anbau links neben dem Südeingang sieht man zwei Bildsteine (5./6. Jh.), die noch aus jener Zeit stammen, als Bro ein bedeutender heidnischer Opferplatz war. Außer der Kirche selbst sind in unmittelbarer Nähe die erhaltenen Kirchhofportale, etwa 100 m südlich ein prächtiges Treppengiebel-Portal und nördlich die schattige Laubwiese sehenswert.

Bei der Weiterfahrt passiert man nach kurzer Zeit linkerhand das monumentale, 3,5 m hohe Steinhügelgrab **Bro Stajnkalm**, in dem in der Bronzezeit ein mächtiger Fürst bestattet wurde und das 38 m im Durchmesser aufweist.

Wenn noch etwas Zeit übrig ist und Interesse an einem mittelalterlichen Bauernhof besteht, lohnt sich etwa 1 km vor dem Flughafengelände der Abstecher nach rechts, der zum Gehöft **Stora Hästnäs** führt. Das vierstöckige Steingebäude stammt aus dem 14. Jh. Von hier aus kann man bis zur Uferstraße weiterfahren und über den Lummelundsväg Visby erreichen.

Der Osten

Die Tour in den Osten der Insel ist vor allem wegen ihrer **kulturellen Höhepunkte** interessant, wobei nicht nur wichtige Landkirchen, sondern auch beeindruckende vorgeschichtliche Bodendenkmäler besucht werden. Daneben kommen auch Naturfreunde auf ihre Kosten, insbesondere an der Thorsburg, deren ausgedehntes Terrain auf mehrstündigen Wanderungen erkundet werden kann. Der Startpunkt der hier vorgestellten Rundfahrt ist wieder Visby, das Ende liegt in Ljugarn an der Ostküste. Von dort aus kehrt man entweder nach Visby zurück oder kombiniert die Tour mit weiteren Zielen, die in den folgenden Touren vorgestellt werden.

Man verlässt Visby entweder über die Straße 147, die einen auf dem schnellsten Weg nach Slite bringt, oder über die südliche Parallelstraße, auf der man nach 10 km der Landkirche von **Endre** (Portalschmuck, skulptierte Steine in der Südfassade, romanischer Taufstein mit Deckel, Kalkmalereien, gotischer Schnitzaltar, Triumphkruzifix) einen Besuch abstatten kann. Der kleinen Landstraße in östlicher Richtung folgend, sieht man nach wenigen Kilometern bereits den hohen Turm der Kirche von **Ekeby**, die ebenfalls vorzügliche Kalkmalereien sowie ein Triumphkruzifix und einen Taufstein aus romanischer Zeit aufweist. Die nächste Station ist die Kirche von **Källunge**, deren merkwürdige Silhouette sich schon von Weitem über den Feldern zeigt. An einen riesigen Chor aus gotischer Zeit, der Aufschluss über die weitreichenden Baupläne vor dem Katastrophenjahr 1361 gibt, schließt sich im Westen ein kleines romanisches Langhaus samt Kirchturm an. Beeindruckend sind die beiden Südportale mit ihrem Kapitellschmuck, im Inneren byzantinische Malereien in der Vorhalle und vor allem der grandios wirkende Chor. Sein vornehmstes Inventarstück ist ein Triptychon vom Anfang des 16. Jh., das vermutlich in Lübeck gefertigt wurde. Der Flügelaltar, der die Krönung Mariens zeigt, schmückte einst die Domkirche in Visby.

Von Källunge kann man bei besonderem Interesse den „Kirchentag" durch Besuche von Vallstena, Bäl und Boge erweitern, die allesamt viele Besonderheiten aufweisen. Aus Zeitgründen ist es jedoch ratsam, auf der Straße 147 direkt nach **Slite** weiterzufahren, dem mit 1.500 Einwohnern nach Visby und Hemse drittgrößten Ort der Insel. Hauptarbeitgeber ist hier die Firma Cementa, eine der modernsten und energiesparendsten Zementfabriken der Welt, deren hohes Industriegebäude im sonst so ländlichen Gotland wie ein Fremdkörper wirkt. Den Grundstoff holt sich der Betrieb aus den riesigen Gruben, in die man vom Parkplatz an der Straße 147 (Infostand) einen Einblick hat.

Von Slite aus geht es an der Ostküste nun in südlicher Richtung, wobei die ersten Kilometer wieder auf der Straße 147 zurückgelegt werden, ab der Wegkreuzung am See von **Bogevik** dann auf der Straße 146. An der Bucht von Tjälder (Tjälderviken) geht nach rechts ein ca. 1,5 km langer (befahrbarer) Waldweg ab, der Interessierte zu der bronzezeitlichen Schiffssetzung **Thjelvars Grab** bringt. Nach der Guta-Saga (13. Jh.) war Thjelvar der Stammvater der Insulaner und eine Art gotländischer Prometheus. Damals war das Land verzaubert, da es tagsüber im Meer versank und nur nachts aus den Fluten herausragte. Thjelvar brachte das Feuer auf die Insel, und „danach versank sie nie mehr" …

Wieder auf der Küstenstraße lohnt die Landkirche von **Gothem** einen Besuch, deren gotischer Galerieturm zu den höchsten der Insel zählt. Auch die wehrhafte Kirchhofsmauer mit ihren drei Portalen und der rechteckige *kastal* (= Verteidigungsturm) sind interessant, im Inneren u.a. gut erhaltene Kalkmalereien.

Auf der Weiterfahrt in den Süden bringt einen die Straße 146 zunächst durch den schönen Kiefernwald Kajsarskogen, bis man zu einer Abzweigung kommt, die nach links über einen Waldweg zum eisenzeitlichen Gräberfeld der „Zauberhügel", der **Trullhalsar**, führt. Schon auf dem Weg dorthin taucht man in die Vorgeschichte ein, denn immer wieder schimmern große bronzezeitliche Grabhügel durch die Bäume, und auf einem Feld zur Rechten sieht man das erdbedeckte **Grab von Bjärs**, das mit 6 m Höhe und einem Durchmesser von 55 m das größte der Insel ist. Mit dem Wagen kommt man den Trullhalsar recht nahe, muss aber die letzten 350 m zu Fuß gehen. Im mystischen Halbdunkel einer Waldlichtung entdeckt man dort einen Friedhof mit ca. 350 kreisrunden Gräbern, die ca. 200 Jahre vor der Wikingerzeit angelegt wurden.

Auf gleichem Weg auf die Straße 146 zurückgekehrt, kann man entweder direkt nach Kräklingbo weiterfahren, oder – je nach Interesse und Zeitreserven – auf einem landeinwärts gerichteten Bogen weitere sehenswerte Landkirchen besuchen. Sollte man sich zu Letzterem entschließen, hält man sich an den ausgeschilderten Weg nach **Hörsne** (Kirche mit schönem Portal), von wo es zur Kirche von **Dalhem** weitergeht. Sie zeichnet sich durch einen hohen, gotischen Galerieturm mit Wasserspeiern und Fialen aus; daneben ist der Portalschmuck auf der Südseite interessant sowie der dreischiffige Innenraum, der 1899–1914 komplett ausgemalt wurde.

Folgt man der Landstraße in südlicher und dann (sich immer links haltend) in östlicher Richtung, passiert man die Kirche von **Ganthem** (Triumphkruzifix und Taufstein im romanischen Stil) und die von **Norrlanda**, die wegen ihrer drei Kirchhofsportale und des Kapitellschmucks des Südportals unbedingt sehenswert ist.

Kurz nach Norrlanda stößt man wieder auf die Straße 146 und gelangt in **Kräklingbo** zu einer Kreuzung, an der es nach links in Richtung Östergarn geht. Aber auch hier sollte man der Landkirche einen Besuch abstatten, die u.a. schöne Kapitellbänder, ein romanisches Triumphkreuz und Kalkmalereien aus dem Jahre 1211 aufweist.

Auf dem Weg zur Ostküste macht rechterhand wenige Kilometer hinter der Kreuzung ein Hinweisschild auf den Weg zur **Thorsburg** aufmerksam, eine der wichtigsten prähistorischen Sehenswürdigkeiten der Insel. Gut 10 Minuten sind es bis dorthin. Die Thorsburg ist die größte Fliehburg Skandinaviens und erstreckt sich hinter den Steilhängen eines natürlichen Felsplateaus mit einem Umkreis von 5 km. An einigen Stellen wurde auf 2 km Länge eine bis zu 7 m hohe und 20 m breite Trockenmauer (ohne Mörtel) aufgeschichtet, die früher wohl noch mit Palisaden bestückt war. Die Archäologen haben nachgewiesen, dass die Fliehburg nach der Zeitenwende errichtet, in der Völkerwanderungszeit repariert wurde und sogar noch in der Wikingerzeit in Benutzung war. Brandspuren beweisen, dass man sie mindestens einmal eroberte oder brandschatzte. Wer viel Zeit hat, kann auf dem Terrain wunderbare Wanderungen unternehmen. Ansonsten lohnt es sich, wenigstens bis zur eindrucksvollen Mauer auf der Südseite (Ardre luke) zu fahren. Dem Volksglauben nach soll in einer Grotte in der Nähe der Wikingergott Thor gewohnt haben und an anderer Stelle beigesetzt worden sein.

Wieder auf der Hauptstrecke, lohnt vor Östergarn der Abstecher nach Katthammersvik. Dazu biegt man von der breiten Landstraße auf Höhe eines mächtigen Kalkofens links ab und fährt bis zu dem kleinen, pittoresken Hafen. Zwei Herrenhöfe (17.–19. Jh.) aus der Zeit der sogenannten Kalkpatrone werden heutzutage saisonal als Hotel (**Katthamra Gård**, ✆ *0498-52009, www.katthamra.nu*) bzw. Restaurant (**Kalkpatronsgården Borgvik**, ✆ *0498-52087, www.borgvik.com*) genutzt, ein kleiner Sandstrand lädt zum Baden ein.

Von Katthammersvik geht es weiter in Richtung Ljugarn, wobei man auf dem Weg das turmlose Kirchlein von **Gammelgarn** passiert. Sein rechteckiger Kastal ist noch gut bewahrt, die eigentliche Attraktion sind jedoch die Kapitellbänder am Südportal, die mit viel Charme die Geschichte von Adam und Eva, Kain und Abel und Noah ausbreiten. Der Endpunkt der Route ist in **Ljugarn** erreicht, ein kleiner, sympathischer Badeort mit Sandstrand, Café, Jugendherberge und Ferienhäusern. Von hier aus bestehen gute Straßenverbindungen über Roma zurück nach Visby oder zu weiteren Zielen im Süden.

Mittelgotland

Das mittlere Gotland ist ein fruchtbares Bauernland mit Äckern und Weiden, aber auch dichte Kiefernwälder, schilfbestandene Seen, Sandstrände und Steilküsten gehören dazu. Kulturinteressierte finden hier hervorragende Beispiele der Landkirchenkunst (vor allem innerhalb eines Radius von ca. 30 km um das ehemalige Kloster Roma), daneben imposante Schiffssetzungen und andere Relikte aus der Bronze- und Eisenzeit. Die hier vorgeschlagene Route geht von Visby bis Lau an der Südostküste, in einer zweiten Etappe dann zur Westküste und zurück nach Visby. Die erste Wegstrecke bis Roma kann am schnellsten über die Straße 143 zurückgelegt werden. Die schöneren Landkirchen befinden sich jedoch entlang der beiden westlicheren Parallelstraßen. Auf der Straße 142 ist dies die turmlose Kirche von **Träkumla** (gotischer Schnitzaltar, romanisches Triumphkreuz und Taufstein), gefolgt von der Kirche von **Vall**. Diese hat einen gotischen Galerieturm, drei schöne romanische Portale und einen berühmten Taufstein. Nimmt man stattdessen ab Visby die kleine Landstraße weiter westlich, sollte man sich die Kirchen von **Västerhejde** und besonders von **Stenkumla** anschauen. Letztgenannte verfügt über ein interes-

An der Klosterruine von Roma

santes romanisches Triumphkreuz, das Christus mit Schuhen zeigt. Auf einem kurzen Verbindungsweg kommt man von Stenkumla nach Träkumla und kann die Fahrt auf der Straße 142 in südlicher Richtung fortsetzen.

Von Vall gehen zwei Straßen nach Osten zum lang gestreckten Ort **Roma**, der mit ca. 1.300 Einwohnern der fünftgrößte Gotlands ist. An seinem Nordende befindet sich die kleine Gemeindekirche. Unmittelbar südlich davon führt eine schnurgerade Allee zum „Königshof" (Kungsgård) und zur **Ruine des Klosters Roma**. Die Anlage wurde 1164 von Zisterziensermönchen als erstes gotländisches Kloster erbaut und hatte lange Zeit architektonische Vorbildfunktion. Daneben stellte das Kloster den größten Grundbesitzer und landwirtschaftlichen Arbeitgeber der Insel dar, der auch auf Öland und im Baltikum Ländereien besaß. Nach der Reformation wurde das Kloster zerstört und aus seinen Steinen ein hochherrschaftliches Gut der schwedischen Krone errichtet. Die ehemalige Klosterkirche blieb als beeindruckende Ruine stehen, in der heutzutage alljährlich Theaterfestspiele abgehalten werden.

Über eine der Alleen findet man von hier aus zurück zur Straße 143, an der im südlichen Ortsteil von Roma die 1894 gegründete Zuckerfabrik einen auffälligen Komplex darstellt. Kurze Zeit später (vor Sjonhem) sollte man der Straßenbiegung in südlicher Richtung folgen, wo sich ein Halt an der rekonstruierten eisenzeitlichen **Hofanlage von Gervide** lohnt. An der nächsten Kreuzung kann man links der Kirche von **Vänge** einen Besuch abstatten, die über einen äußerst reichen Bestand an romanischer Kunst verfügt.

Die weiteren Attraktionen liegen jedoch weiter westlich entlang der Straße 142, die man über schmale Verbindungswege erreicht. Unbedingt lohnend ist dort die Kirche von **Väte** mit ihrem Portalschmuck und skulptierten Steinen an der Südfassade sowie einem romanischen Triumphkruzifix. Auf der Fahrt in den Süden passiert man anschließend die Kirche von **Hejde**, die wegen ihrer Glasmalereien berühmt ist. Noch weiter südlich, nach einer schönen Landschaftsfahrt durch den Kiefernwald, kommt man zur Kirche von **Lojsta**, mit Glasmalereien (13. Jh.) und einem gotischen Schnitzaltar, Triumphkreuz und viele Kalkmalereien.

Das landschaftlich schöne Gebiet der Lojstahajd, das sich westlich der Straße erstreckt, ist die Heimat einer Rasse **kleinwüchsiger Pferde** (Russ), die früher als robuste Wildpferde die gesamte Insel bevölkerten. Im 19. Jh. fast ausgerottet, konnte ihr Bestand durch Aufzüchtung gerettet werden. Heute leben in einem 5 km² großen Freigehege (Russpark) etwa 150 Exemplare. Die halbwilden Pferde sind jedoch ziemlich scheu und können nur selten von der Straße aus beobachtet werden.

Eine Sehenswürdigkeit ganz anderer Art liegt auf der jenseitigen (östlichen) Seite der Straße 142. Dazu fährt man ab der Lojsta-Kirche einige Hundert Meter zurück und biegt am Hinweisschild Lojsta Slott rechts ab. Der schmale Fahrweg bringt einen durch eine wunderbare Landschaft mit vielen Seerosen-Teichen. Nach einer Kurve sieht man rechterhand die **Lojsta-Halle** am Rand einer großen Wiese. Dieses schilfgrasgedeckte Holzgebäude wurde über den ausgegrabenen Fundamenten eines Hauses aus der Eisenzeit rekonstruiert und gibt einen vorzüglichen Eindruck von den Wohnverhältnissen in der Völkerwanderungszeit. Hinter der Wiese lädt anschließend die Hügel- und Seenlandschaft zu einem kleinen Spaziergang ein. Der fast völlig von Wasser umgebene Hügel war um 1400 eine Festung von Klaus Störtebekers Seeräubern, die hier ihren Kampf gegen den Deutschen Ritterorden ausfochten.

Wer ab der Lojsta-Halle der kleinen Landstraße in der bisherigen Richtung weiter folgt, gelangt nach **Etelhem** (schöner Taufstein) und weiter östlich nach **Garde**. Diese Kirche mit ihrem hohen Turm ist wegen der Kalkmalereien im romanisch-byzantinischen Stil berühmt, die zu den ältesten der Insel gehören. An der Weggabelung unweit der Kirche biegt man anschließend rechts in Richtung Lau ab. Vorbei an großen Grabhügeln aus der Bronzezeit, erreicht man nach wenigen Fahrminuten die dortige turmlose Kirche, deren Innenraum der größte und wohl edelste aller gotländischen Landkirchen ist. Am meisten fällt hier das Triumphkruzifix aus dem 13. Jh. auf, das mit einer Höhe von 6 m und einer Breite von ca. 4 m als größtes seiner Art gilt. Auch der spätgotische Altaraufsatz und der romanische Taufstein verdienen eine Erwähnung.

In Lau ist der östlichste Punkt der Rundfahrt erreicht. Man könnte jetzt im nahen Ljugarn einen Badeaufenthalt einlegen und einige der dort beschriebenen Sehenswürdigkeiten aufsuchen. Auf dem Weg zurück zur Westküste passiert man aber zunächst wieder Garde, ab wo einen die Straße 144 zur Kirche von **Lye** bringt, die nahezu alles hat, wofür die gotländischen Landkirchen berühmt sind, insbesondere hervorragende Glasmalereien (14. Jh.) und einen spätgotischen Schnitzaltar. Nur wenige Fahrminuten entfernt wartet an der Straße 143 ein weiterer Höhepunkt der sakralen Baukunst: die Kirche von **Stånga.** Das Erstaunlichste sind hier die lebensgroßen Figuren, die scheinbar planlos in die Südfassade eingefügt wurden und wahrscheinlich für ein monumentales Westportal vorgesehen waren. Im Inneren sind u. a. ein Triumphkreuz und ein romanischer Taufstein sehenswert.

Man verlässt Stånga, auf dessen großer Wiese an jedem zweiten Wochenende im Juli die „Olympischen Spiele von Gotland“ stattfinden, bei denen u. a. Steinkugeln geschleudert und Baumstämme geworfen werden und die z. T. noch aus der Wikingerzeit herrühren. Auf einer schmalen Straße in westlicher Richtung passiert man anschließend die kleine, idyllisch gelegene Kirche von **Linde**, fährt jenseits der Straße 142 dann über Fardhem, **Levide** (sehenswerter Kircheninnenraum) und Eksta, bis man in **Fröjel** auf die Westküstenstraße 140 stößt. Einen Besuch der dortigen Landkirche darf man auf keinen Fall versäumen, bietet sie doch nicht nur ein herrliches Triumphkreuz, schöne Kirchhofsportale und die merkwürdige Steinsetzung einer sogenannten Trojaburg auf dem Friedhof, sondern wenige Meter entfernt auch die Überreste eines Verteidigungsturms (*kastal*), von dem sich ein weiter Blick auf die Ostsee und hinüber zur Insel Lilla Karlsö ergibt

Auf dem Weg in den Norden passiert man auf der Küstenstraße, 1 km hinter Fröjel, die rekonstruierte bronzezeitliche **Schiffssetzung von Gannarve**. Der nächste Ort ist Klintehamn. Er hat gut 1.500 Einwohner und verfügt über einen wichtigen Ausfuhrhafen für die Holzindustrie. Noch innerhalb der Ortsgrenzen weist nördlich des Hafens ein Schild zur prähistorischen Steinsetzung von Rannarve: 2 km vom Zentrum entfernt liegen dort vier steinerne Schiffe in einer Reihe, und kurz dahinter erhebt sich ein Hügelgrab der späten Bronzezeit.

Ab Klintehamn kann man zwischen zwei Routen nach Visby wählen. Die eine führt von der Küste fort und berührt die Landkirchen von **Mästerby** (u.a. romanische Kalkmalereien) und **Eskelhem** (u.a. herrliches Triumphkruzifix), die zu den interessantesten der Insel gehören. Die andere Route über die Küstenstraße 140 ist landschaftlich schöner. Auf ihr kommt man etwa in der Mitte zwischen Klintehamn und Västergarn zunächst zum **Museumsdorf Kovik**, dessen 20 Katen, 14 Boote und viele Inventarstücke aus ganz Gotland zusammengetragen wurden (*ständig geöffnet, kein Eintritt*). In **Västergarn** erinnert kaum noch etwas daran, dass dieser Ort in der Wikingerzeit und im frühen Mittelalter einen bedeutenden Hafen besaß und der wichtigste Konkurrent von Visby war. Kurz hinter Västergarn erstreckt sich die weitgeschwungene Bucht von **Tofta**, deren feiner Sandstrand im Sommer stark frequentiert wird. Mit seinen Campingplätzen, Hotels und Freizeiteinrichtungen ist **Tofta Bad** eines der größten touristischen Zentren der Insel.

Die Schiffssetzung von Gannarve

Am nördlichen Ende der Bucht, abseits der Küstenstraße, liegt das idyllische Fischerlager von Gnisvärd, dessen Buden zu kleinen Ferienhäuschen umgebaut worden sind. Dem Weg folgend, kommt man zur Straße 140 zurück und passiert dabei rechterhand die mit 45 m Länge größte Schiffssetzung Gotlands. Wer dort im Wald ein wenig spazieren geht, wird noch auf weitere Relikte aus der Bronzezeit stoßen, u.a. auf eine weitere, weniger gut erhaltene, aber fast gleich große Schiffssetzung.

Am Ende der Rundfahrt, wenige Kilometer vor der Hauptstadt, geht von der Küstenstraße ein Weg nach links zur touristisch überlaufenen Freizeitanlage von **Kneippbyn** (Campingplatz, Ferienhäuschen, Wasserrutschbahn etc.) ab. Ihre größte Attraktion ist Pippi Langstrumpfs **Villa Kunterbunt** (Villa Villekulla), ein bunt bemaltes Holzhaus, das für die Verfilmung von Astrid Lindgrens Kinderbuch erstellt wurde. Etwas weiter zur Küste ragt die **Holzvilla Fridhem** auf, in der im 19. Jh. Prinzessin Eugénie (Tochter Oscars I.) eine kleine Künstlerkolonie um sich scharte. Dahinter bringt einen die schmale Asphaltstraße zur „hohen Klippe“ **Högklint**, die eine weite Aussicht auf Visby und die Steilküste im Süden freigibt. Über eine Holztreppe kann man außerdem zu einer Grotte absteigen, in der einst der berüchtigte Räuber Lilja Unterschlupf fand.

Der Süden

Zusammen mit der Insel Fårö im Norden und den vorgelagerten Inselchen Lilla und Stora Karlsö ist der südliche Teil die landschaftlich interessanteste Region Gotlands. Anders als im „Hohen Norden“ befinden sich hier jedoch auch bedeutende kulturelle Sehenswürdigkeiten, u. a. einige der schönsten Landkirchen der Insel. Die vorgeschlagene Rundfahrt hat ihren Ausgangspunkt in **Hemse**, das verkehrsgünstig an der Kreuzung der Straßen 141, 142 und 144 liegt. Nach einem Abstecher zur äußersten Südspitze endet die Tour in Fröjel, von wo man in 30 Minuten nach Visby zurückfahren kann.

Hemse ist ein lang gestrecktes Straßendorf, mit gut 1.700 Einwohnern immerhin der zweitgrößte Ort Gotlands. An der zentralen Wegkreuzung geht eine Landstraße zum nahen **Rone** ab, wo sich als erste Sehenswürdigkeit die zweischiffige Kirche mit ihrem 60 m hohen Galerieturm befindet. Sie verkörpert mit am besten den Idealtyp der vollausgebildeten gotischen Landkirche und verfügt im Inneren über stattliche Kalkmalereien, Glasmalereien und ein Triumphkruzifix. Mit ausreichend Zeit lohnt sich ab Rone auch der Abstecher zur nördlich gelegenen Kirche von **Burs**, ansonsten fährt man weiter in östlicher Richtung auf den alten Hafen von Rone, Ronehamn, zu. Von dieser Straße zweigt ein Fahrweg rechts ab, der an einem Parkplatz endet, ab wo man zu Fuß ca. 500 m über Weiden zu den größten bronzezeitlichen Grabhügeln der Insel gelangt. Der künstliche Feldsteinhügel von Uggårde Rojr ist fast 8 m hoch und misst 45 m im Durchmesser. In ihm wurde in der älteren Bronzezeit (1500–1000 v. Chr.) wohl ein mächtiger lokaler Häuptling beigesetzt. In unmittelbarer Nähe sieht man noch sechs weitere „Satelliten“ aus der gleichen Zeit, die ebenfalls monumentale Ausmaße haben.

Nach diesem Ausflug in die Vorgeschichte geht es von Ronehamn oder Rone über Eke zur Landkirche von **Grötlingbo**, die wegen ihrer Größe zuweilen als „Kathedrale Südgotlands“ bezeichnet wird. Zu ihren wichtigsten Sehenswürdigkeiten gehören die skulptierten und von einem Vorgängerbau stammenden Steine in der Südfassade, der Portalschmuck, das Triumphkreuz aus dem 13. Jh., der romanische Taufstein und die erste gotländische Kanzel (1548), die früher in der Visbyer Marienkirche stand. Südlich von Grötlingbo (von der Straße 142 nach links abbiegen) lohnt sich der kurze Abstecher zum **Hof Kattlundsgård**, der vor dem Abriss gerettet und in ein Museum verwandelt werden

konnte. Die weitläufige Anlage mit Haupthaus, Ställen und (zur Straße) Vorratshäusern lässt eher an Sardinien als an Skandinavien denken. Seinen Namen bekam der altertümliche Hof nach seinem Besitzer, dem Thingrichter Botulf Kattlund (1412–47), doch damals dürfte die Anlage bereits mindestens 100 Jahre alt gewesen sein.
Museigården Kattlunds, *Kattlunds Museigård, 62338 Havdhem, ✆ 0498-486007, www.gotlandsmuseum.se/besok-oss/kattlunds-museigard. Mitte Mai–Mitte Aug. tgl. 12–16 Uhr; im Café tgl. Lunchbüfett.*

Auf der Weiterfahrt in den Süden erreicht man dann jene Stelle, an der Gotland am schmalsten ist und sich anschließend wieder zu einer Halbinsel verbreitert. Größter Ort und mit einem guten Hafen ausgestattet ist **Burgsvik** an der gleichnamigen Bucht. Etwa 5 km weiter südlich passiert man den 40 m langen, schilfgrasgedeckten **Hof Bottarvegården** (Museum), und nach weiteren 3 km liegt rechterhand die sehenswerte Kirche **Vamlingbo**. Sie ist weithin bekannt für ihre großartige Kalkmalerei, die die „Seelenwägung" des deutschen Kaisers Heinrich II. durch den Erzengel Michael zeigt. Weitere Kunstschätzen sind u. a. der gotische Schnitzaltar und der romanische Taufstein.

Von Vamlingbo ist es nun nicht mehr weit bis zur Südspitze, doch der direkten Landstraße sollte man den landschaftlich reizvolleren Weg entlang der Bucht Kettelviken vorziehen. Man fährt hier direkt unterhalb der alten Strandwälle und passiert einen Sandsteinbruch mit altertümlichen Gerätschaften. Nächste und letzte Station auf dem Weg in den Süden ist **Hoburgen**, ein beeindruckendes, allerdings auch z. T. als Militärgelände abgesperrtes Areal mit skurrilen raukar, Grotten, Felsvorsprüngen und Kieselsteinküste. Von einem kleinen Hinweisschild aus (und nur dort) erkennt man im berühmten Fels **Hoburgsgubben** den Kopf eines sagenhaften Trolls. Als populäres Ausflugsziel verfügt Hoburgen über ein Restaurant samt Kiosk und Andenkenladen.

Bei der Rückfahrt in den Norden passiert man zunächst den Kirchhof von Sundre, auf dem sich neben dem frühgotischen Gotteshaus (schönes Triumphkruzifix) auch ein vorzüglich erhaltener runder Kastal (Verteidigungsturm) befindet. Hinter Sundre sollte man den rechten Weg via **Hamra** wählen, von dem wiederum eine Stichstraße durch Kiefernwälder nach Holmhällar abgeht, einem kleinen Fischerlager mit Sandstrand. Die Kirche von Hamra lohnt den Besuch u. a. wegen ihrer Vielzahl an gotischen Holzschnitzarbeiten.

Ein unbedingtes Muss ist wenige Kilometer nördlich dann die Kirche von **Öja**, die sich mit ihrem hohen Kirchturm Grå gasi (= Graue Gans) schon von Weitem ankündigt. Von den Portalen ist das auf der Nordseite am schönsten, und im Inneren sind u. a. Kalkmalereien verschiedener Epochen sehenswert. Das den Innenraum beherrschende monumentale Triumphkreuz aus dem 13. Jh. jedoch ist eine wahre Sensation und gilt zu Recht als eine der **meistbewunderten mittelalterlichen Holzskulpturen** Skandinaviens. Der Körper des Gekreuzigten ist von einem Ring umgeben, der in den oberen Feldern kniende Engel und in den unteren den Sündenfall und die Vertreibung aus dem Paradies darstellt. Auf dem Stützbalken sieht man die Kopien einer Johannes- und einer Madonna-Figur (das Original der Madonna ist im Visbyer Fornsal-Museum ausgestellt).

Von Öja sind es nur wenige Fahrminuten auf der östlichen Küstenstraße bis zur Landkirche von **Fide**, die einen ganz anderen Charakter hat, aber ebenfalls sehenswert ist. Der Innenraum ist weitaus kleiner, wird allerdings auch von einem Triumphkreuz (ca. 1250) dominiert. Dahinter sieht man einen Altaraufsatz vom Anfang des 15. Jh. und an den Wänden verschiedene Kalkmalereien. Auf einer spielt die lateinische Inschrift in verklausulierter Form auf das Katastrophenjahr 1361 an: „Verbrannt sind die Höfe, jammernd fallen die Menschen, vom Schwert geschlagen."

Hinter Fide verlässt man den nur 2 km breiten Isthmus und fährt von nun ab auf der Straße 140 entlang der Westküste. Einen letzten Kirchenbesuch sollte man in **Hablingbo** einplanen, vor allem wegen des romanischen Nord- und der beiden gotischen Südportale. Hinter Sproge, der nächsten Kirche mit einem hohen Westturm, zweigt nach links ein kleiner Weg ab, der eine fantastische Landschaftsfahrt um das Kap **Hamarrudd** ermöglicht. Nirgendwo ist man auf Gotland den Karlsinseln näher, aber auch sonst ist das Naturschauspiel mit seinen windzerzausten Krummholzkiefern, Kieselsteinstränden und duftenden Kräutern beeindruckend genug. Nach einer Weile hat man **Djupvik** erreicht, ein kleines Fischerlager mit Ferienhäuschen, Fischräucherei, kleinem Sandstrand und Kiosk. Direkt oberhalb des Ortes sieht man rechts neben der Straße eine kleine, aber sehr schöne Schiffssetzung aus der Bronzezeit. Von Djupvik ist es nicht mehr weit bis zur Straße 140, wo als nächste Station die Kirche von **Fröjel** am Wegrand liegt.

In vino veritas: edle Tropfen aus Hablingbo

info

Der Klimawandel macht's möglich: Verwöhnt von der Sonne war Gotland schon immer, seitdem es auf der Insel aber stetig wärmer wird (vor allem im Winter), können hier auch Nutzpflanzen gedeihen, die man viel weiter südlich vermuten würde. Dies machte sich der Softwarespezialist und Selfmade-Winzer Lauri Pappinen im Jahr 2000 mit dem **nördlichsten kommerziellen Weinanbau der Welt** zunutze, die damals 3,5 ha umfasste. Nach Pappinens Tod wurde die Winzerei Gute Vingård nahe der Straße 140 bei Hablingbo auf 5 ha erweitert und umfasst etwa 17.000 Rebstöcke. In einem guten Jahr können damit immerhin über 10.000 Liter **Weißwein** produziert werden. Dass dieser auch gut schmeckt (besonders der Dessertwein, eine Trockenbeerenauslese), beweisen einige internationale Preise aus den letzten Jahren. Daneben werden inzwischen auch Rosé-Weine, Sekt und verschiedene Destillate produziert, die z. T. ebenfalls mehrfach ausgezeichnet wurden. Wer nach Hablingbo kommt, kann nach Voranmeldung an einer einstündigen Führung durch die **nördlichste Winzerei der Welt** samt Verkostung teilnehmen.

Inzwischen haben sich auf Gotland einige weitere Weingüter etablieren können, die ebenfalls Führungen anbieten, z. B. die **Långmyre vineri** in Burgsvik. Wegen der schwedischen Alkoholgesetzgebung kann man Wein allerdings nicht bei den Winzereien direkt kaufen, sondern nur im staatlichen Systembolaget, z. B. in Visby, Östervåg 3 C.

Gute Vingård AB, *Hablingbo Hallbjäns 861, Havdhem, ✆ 0498-487070, https://gutevin.se; www.gutevingard.se.*
Långmyre Vineri AB, *Skolvägen 10, Burgsvik, ✆ 070-4977682, www.langmyrevineri.se.*

Die Karlsinseln

Ähnlich wie Fårö im Norden sind auch die beiden Karlsinseln, die sich als kompakte Landmasse mit einer Steilküste unvermittelt aus der Ostsee erheben, eine Welt für sich. **Lilla Karlsö** („kleine Karlsinsel") liegt näher an der gotländischen Westküste (knapp 3 km) und ist mit 1,6 km² etwas kleiner als Stora Karlsö, dafür mit 66 m ü. d. M. aber etwas höher. Immer noch bevölkern die altertümlichen gotländischen Wildschafe *(gutefår)* – eine Rasse, bei der auch die Muttertiere Hörner tragen – das kahle Plateau. Ansonsten stehen weite Teile der Insel unter Naturschutz, und die Artenvielfalt von Flora und Fauna (Seevögel) ist beachtlich. Während der Sommersaison kann man die Insel auf einer Tour mit der M/F Stora Karlsö kennenlernen, die auf dem Weg nach und von Stora Karlsö hier einen Zwischenstopp einlegt.

Stora Karlsö, die „große Karlsinsel", ist etwa 2,5 km² groß, und ihre höchste Erhebung liegt bei 50 m ü. d. M. Noch zur Mitte des 19. Jh. lebten ca. 300 Menschen auf Stora Karlsö von der Fischerei. Auch als Zufluchtsort für Seeräuber und als Schafsweide hatte die Insel Bedeutung. Um ihre herrliche Natur vor dem Viehverbiss zu retten, kauften der Privatmann Willy Wöhler und sein Karlsöklubb die Insel ab 1880 systematisch auf. Heute ist Stora Karlsö ein einmaliges Naturreservat mit seltenen Pflanzen (u. a. viele Orchideen) und vielen Seevögeln (u. a. große Trottellummen- und Tordalken-Kolonien).

Von archäologischem Interesse sind die etwa 30 Grotten, in deren größter man in einer 4 m dicken Kulturschicht auch steinzeitliche Funde gemacht hat. Wegen strenger Naturschutzbestimmungen kann man Stora Karlsö i. d. R. nur im Sommer im Rahmen einer Tour kennenlernen. Dabei setzt man von Klintehamn aus zur Bootsanlegestelle Norderhamn über (40 Min.), wo Ornithologen einem zunächst das Museum zeigen und dann eine kleine Wanderung entlang der Steilküste zu den Vogelkolonien und zur Grotte Stora Förvar durchführen. In Norderhamn stehen ein Restaurant sowie ein Café und ein Kiosk zur Verfügung. Bei besonderem Interesse kann man auch in der schönen Jugendherberge oder im Leuchtturmwächterhäuschen übernachten.

Stora Karlsö, *Karlsöbolaget, ✆ 0498-240500, www.storakarlso.se (Informationen, Fahrkartenverkauf und Buchung von Unterkünften). Die Stora-Karlsö-Tour wird Anf. Mai–Mitte Sept. ab/bis Klintehamn mindestens 2 x tgl. mit der Personenfähre M/F Stora Karlsö angeboten.*

Blick auf Lilla Karlsö, die „kleine Karlsinsel"

Reisepraktische Informationen Gotland

Information

Gotlands Turistbyrå, *Donnerska huset, Donners plats 1, 62157 Visby, ✆ 0498-201700, https://gotland.com. Juni–Mitte Aug. tgl. 9–18, sonst Mo–Fr 9–17, Sa/So 10–16 Uhr. Allgemeine Auskünfte über Gotland, Prospektmaterial, Landkarten, Buchung von Veranstaltungen, Inselrundfahrten, Geldwechsel.*

Fährverbindungen/Reisebüro

Destination Gotland, *Korsgatan 2, 62158 Visby, ✆ 0771-223300 (Fähren), 0771 223350 (Reisebüro), www.destinationgotland.se. Das Fährgeschäft nach Gotland liegt in den Händen von Destination Gotland, ein Tochterunternehmen der Reederei Rederi AB Gotland. Das Verkehrsaufkommen liegt normalerweise bei jährlich ca. 1,6 Mio. Passagieren und 480.000 Pkw. Für die Anfahrt ab Deutschland ist die* **Fährverbindung Oskarshamn-Visby** *die nächstliegende. Wer aus Mittelschweden/Stockholm kommt, nimmt am günstigsten die Fähre ab* **Nynäshamn**. *Abfahrten mehrmals tgl., in der Hauptsaison bis zu 18 Touren nach und ab Visby. Eingesetzt werden die großen, modernen Autoschnellfähren M/S Visby, M/S Gotland, HSC Gotlandia und HSC Gotlandia II; sie sind bis zu 29 Knoten schnell und haben im Schnitt Kapazitäten für 1.500 Passagiere und 500 Pkw. An Bord befinden sich u. a. Restaurant, Bistro, Shop, Kinder-Kino und etwa 120 Kabinen.* **Überfahrtsdauer:** *Oskarshamn–Visby 2 Std. 55 Min. Nynäshamn–Visby 3 Std. 15 Min.*

Das Reisebüro von Destination Gotland hat u. a. Ferienhäuser, Hotels, Pensionen und Apartments im Programm. Günstig sind Paketangebote für Unterkünfte aller Art (Bed & Breakfast, Hotel, Jugendherberge, Ferienhaus, Camping), bei denen die innerschwedischen Fährüberfahrten nach Visby ab/bis Oskarshamn bzw. Nynäshamn im Mietpreis inklusive sind.

2022 gab es von **Hansa Destinations**, *einer Tochter der Rederi AB Gotland, eine Fährverbindung von Rostock nach Nynäshamn, auf der z. T. auch Visby angelaufen wurde. Dadurch ergaben sich für Touristen ganz neue Möglichkeiten für einen Urlaub auf Gotland ohne lange An- und Abfahrt bzw. für eine Kombination der Reiseziele Gotland und Stockholm. Anfang 2023 wurde diese Fährverbindung eingestellt, die Reederei überlegt aber, sie 2024 oder 2025 wieder in Dienst zu stellen.*

Flüge

Visby Airport, *62141 Visby, ✆ 010-1095200, www.swedavia.se/visby. Der moderne Flughafen (IATA-Kürzel: VBY) liegt rund 5 km nordnordöstlich der Stadt, zwischen Snäckgärdsbaden und Stora Hästnäs. Seine Frequentierung ist stark saisonabhängig, knapp 90 % der jährlich ca. 300.000 Passagiere (2022) nutzen ihn in den Sommermonaten. Vom Visbyer Flughafen aus bedient die Regional-Airline* **Bra** *(BRA) ganzjährig die Destinationen Stockholm/Bromma, Göteborg und Malmö, in der Sommersaison auch Ängelholm, Norrköping, Sundsvall und Umeå sowie Helsinki/Vantaa in Finnland (Infos und Online-Buchungen unter www.flygbra.se). Auch* **Finnair** *und* **SAS** *fliegen Visby an.*

Mietwagen

Das Busnetz ist zwar recht breit gefächert, aber man kann nicht damit rechnen, mit öffentlichen Verkehrsmitteln zu jeder Landkirche oder sonstigen Sehenswürdigkeit zu gelangen. Vor allem außerhalb der Saison, wenn der Busfahrplan erheblich eingeschränkt wird, sollte man auf einen Mietwagen zurückgreifen (sofern man nicht mit dem eigenen Wagen oder Fahrrad unterwegs ist). Die Autoverleihfirmen sind am Flughafen und in Visby konzentriert, sie führen meist schwedische, deutsche und japanische Modelle – vom Kleinwagen bis zum Minibus oder Wohnmobil.

Fahrrad fahren

Mit seinem relativ ebenen Gelände und guten Straßen ist kaum eine schwedische Provinz für Fahrradfahrer so ideal wie Gotland. Der „Gotlandsleden“, eine um die ganze Insel herumführende Route, ist etwa 350 km lang und wurde für Fahrradfahrer auf sonst wenig befahrenen Landstraßen oder richtigen Fahrradwegen angelegt. Sein Symbol ist ein weißes Rad auf blauem Grund. Verleihfirmen für Tourenräder, Tandems, Anhänger etc. sind in Visby reichhaltig vertreten, insbesondere in Nähe des Fährterminals. **Destination Gotland** *(s. o.) bietet spezielle Fahrradpakete, einschließlich Fährüberfahrten ab/bis Deutschland und Campingausrüstung oder Unterkunft in Pensionen bzw. Hotels an.*

Hotels (▸ Karte S. 391)

Angesichts der Größe der Insel muss das Hotelangebot als recht mager bezeichnet werden. Der Grund dafür liegt erstens in der nur kurzen Saison, zweitens in der Tatsache, dass die schwedischen Gotlandtouristen ihren Urlaub bevorzugt in Ferienhäusern oder auf Campingplätzen verbringen, und drittens darin, dass es kaum Geschäftsreisende auf der Insel gibt. Gotlands Turistbyrån oder die anderen genannten Agenturen geben eine Liste mit Unterkünften heraus, bei der auch Hotels berücksichtigt sind. Altstadtadressen in Visby liegen innerhalb des Mauerrings und sind mit dem Auto oft nur umständlich zu erreichen bzw. ohne Parkmöglichkeiten.

Best Western Strand Hotel €€€€ (1), *Strandgatan 34, Visby, ✆ 0498-258800, www.strandhotel.se. Innerhalb der Mauern gelegenes und in einer ehemaligen Brauerei eingerichtetes Hotel mit 110 komfortablen Zimmern. Frühstücksrestaurant, Bar, Wellnessabteilung mit zwei Saunen und kleinem Pool, Rooftop-Bar, Parkplatz.*

Hotell Gute €€€ (2), *Mellangatan 29, ✆ 0498-202260, https://hotellgute.se. Familienhotel mit 28 gemütlichen, etwas altmodisch eingerichteten Zimmern in zentraler Lage innerhalb der Stadtmauern 150 m vom Stortorget entfernt. Kostenlose Sauna, Frühstücksrestaurant mit Lobbybar.*

Clarion Hotel Wisby €€€ (3), *Strandgatan 6, Visby, ✆ 0498-257500, www.strawberryhotels.com. First-Class-Hotel in einem absolut zentral innerhalb der Mauern gelegenen mittelalterlichen Haus mit 212 unterschiedlichen, aber immer komfortablen Zimmern. Sehr gutes Restaurant „Kaptenshuset“ unter Gewölben aus der Hansezeit, Bar mit Glasdach, Selma City Spa Wisby mit Sauna und romantischem Pool, Garten und Innenhof.*

Hotell Villa Borgen €€€ (4), *Adelsgatan 11, Visby, ✆ 0498-203300, https://villaborgen.se. Sehr nette Unterkunft innerhalb der Mauern an Visbys Einkaufsstraße mit 16 unterschiedlichen, geschmackvoll eingerichteten und z. T. sehr großzügigen Zimmern (auch Familienzimmer und Apartments). Frühstücksrestaurant mit leckerem Büfett, Gratis-Nachmittagssnack und Kaffee/Tee, gepflasterter Innenhof und Garten zum Draußensitzen, Fahrradverleih.*

Best Western Solhem Hotel €€€ (5), *Solhemsgatan 3, Visby, ✆ 0498-259000, www.solhemhotel.se. Unmittelbar vor der Stadtmauer und 10 Gehminuten vom Fährhafen entferntes Haus mit 94 gut ausgestatteten Zimmern (z. T. mit Meerblick und mit Balkon, auch Familienzimmer). Kostenlose Parkplätze, Frühstücksrestaurant, Bar, Terrasse und Garten.*

Scandic Visby €€€ (6), *Färjeleden 3, Visby, ✆ 0498-201250, www.scandichotels.com/visby. Ansprechender Komplex am Hafen gegenüber dem Fährterminal und 10 Gehminuten von der Ringmauer entfernt mit 214 modern eingerichteten Zimmern im älteren Haupthaus und neueren Annex-Gebäuden, die meisten Zimmer im Erdgeschoss mit eigener Terrasse. Kostenlose Benutzung von Fitnessraum, Pool und Sauna, schöner Garten-/Terrassenbereich mit Poolrestaurant (Grillabende) im Sommer, großes Frühstücksbüfett, Lobbybar, Kinderspielplatz, kostenlose Parkplätze.*

Hotel Toftagården €€€, *Tofta, Spireavägen 14, ✆ 0498-297000, www.toftagarden.se. 18 km südlich von Visby nahe dem 3 km langen Sandstrand wunderschön im Kiefernwald gelegene Anlage mit 56 komfortabel eingerichteten, unterschiedlich großen Holzbungalows, z. T. mit kompletter Küche und Terrasse mit Gartenmöbeln. Sehr gutes Restaurant mit gotländischen Spe-*

zialitäten (besonders lecker, allerdings nicht immer auf der Karte: Safran-Pfannkuchen, Lammgerichte), Pool mit Poolbar, Sauna, Fahrradverleih, Tennis.

Jugendherbergen

Folgende privat geführte oder dem Jugendherbergsverband angeschlossene Häuser sind i. d. R. Mai–Mitte Sept. geöffnet: Vandrarhem Garda, Vandrarhem Klintehamn, Vandrarhem Ljugarn, Vandrarhem Lärbro, Vandra-rhem Näs, Vandrarhem Sproge, Vandrarhem Fårö und Vandrarhem Visby. Infos über www.swedishtouristassociation.com oder das Touristenbüro in Visby.
Zu den empfehlenswerten privaten Jugendherbergen gehören u. a.:
Visby Logi & Vandrarhem €, *Hästgatan 14, Visby, ✆ 070-7522055, https://visbylogi.se. Nettes Hostel mit familiärer Atmosphäre in der Altstadt von Visby, nur 100 m vom Stora Torget entfernt, mit sieben Einzel-, Doppel- und Mehrbettzimmern, z. T. mit eigenem Bad. Gemeinschaftsküche mit Essbereich, TV-Lounge, schöner Garten. Zu dem Hostel gehört eine weitere Unterkunft auf der S:t Hansgatan 31, ebenfalls mit 7 Zimmern.*
Hamngatan Logi €, *Hamngatan 4, Visby, ✆ 0498-206120, https://hamngatanlogi.se. Zentral an der Stadtmauer gelegenes, modern eingerichtetes Hostel, 2 Gehminuten vom Almedalen entfernt. 5 Doppel-, 2 Familien- und 1 Einzelzimmer, Gemeinschaftsbäder, nette Terrasse, voll ausgestattete Gemeinschaftsküche.*

Camping

Camping ist die beliebteste Urlaubsform auf Gotland. Die meisten Plätze liegen am Meer, sind recht groß, gut ausgestattet und verfügen über Campinghütten. Die beliebtesten sind:

In Visby und Umgebung
Visby Strandby/Norderstrand, https://visbystrandby.se (unmittelbar nördlich der Stadtmauer)
Snäck Camping, www.snackcamping.se (5 km nördlich von Visby)
Kneippbyn Resort, https://kneippbyn.se (4 km südlich von Visby)
Tofta Camping, www.toftacamping.se (20 km südlich von Visby)

Mittelgotland
Ljugarns Semesterby & Camping, https://semesterby.se/de (Ostküste)
Åminne Fritid Camping, www.aminnefritid.se (Westküste)
Sandhamns Camping, ✆ 0498-244238

Nordgotland (alle auf Fårö)
Sudersand Resort, www.sudersand.se
Strandskogens Camping, www.sudersand.se/strandskogens-camping
Solhaga Camping, www.solhagacamping.se

Restaurants (▸ Karte S. 391)

Gute Restaurants waren lange auf Gotland eher rar gesät und außerhalb von Visby fast nur in Hotels oder Pensionen anzutreffen. In den letzten Jahren hat sich in der Stadt und auf der Insel die Situation deutlich gebessert, z. T. auch in Joint Ventures mit Stockholmer Restaurants. Einige Anregungen für Visby:
Kapitelhusgården (1), *St. Drottensgatan 8, Visby, ✆ 0498-247637, www.kapitelhusgarden.se. Populäres Restaurant in uralten Altstadtgemäuern und im Hof unter dem großen Birnenbaum. Angeboten werden mittelalterliche Speisen und Getränke, nur in der Saison geöffnet.*
Gutekällaren (2), *Stora Torget, Visby, ✆ 0498-210043, www.gutekallaren.com. Eigentlich Gotlands populärste Diskothek mit drei Tanzflächen und 10 Bars, aber man kann auch durchaus gut hier essen, im Sommer auf der Terrasse mit Blick auf den Markt.*
Restaurant Rosengården (3), *Södra Kyrkogatan 9, Visby, ✆ 0498-218190, https://restaurangrosengarden.se. Alteingesessenes Lokal in schöner Lage an der Kirchenruine St. Karin, mittleres Preisniveau, Burger, Pasta und Salate.*

8. MITTELSCHWEDEN: DALARNA UND SILJANSEE

Überblick

Zwischen dem (für schwedische Verhältnisse) dicht besiedelten Süden und der unendlichen Weite des nahezu unbevölkerten Nordens liegt im Herzen des Königreichs die Traditionslandschaft **Dalarna** (= die Täler). Sie ist nicht nur für ihre große Schönheit bekannt, sie hat auch das positive Schwedenbild im Ausland wesentlich geprägt: Mit der Landschaft um den Siljansee verbindet man das typisch Schwedische, wie Folklore, Mittsommer, *dalahästar* (Dalapferde) und die falunrote Farbe der Schwedenhäuschen. Carl von Linné nannte die Gegend aus diesem Grund auch „Schweden en miniature". Viele Schweden verknüpfen mit Dalarna außerdem die schmackhafte *falukorv* (Falun-Wurst), den berühmten Vasaloppet (Vasalauf) oder Namen wie die der Maler Anders Zorn und Carl Larsson oder des Dichters Erik Axel Karlfeldt. Auch für die Schweden ist die Gegend im Sommer wie im Winter ein bevorzugtes Urlaubsgebiet.

Rund 270 km nordwestlich von Stockholm liegt dann die **faszinierende Mittelgebirgslandschaft**, die sich bis zur norwegischen Grenze erstreckt und von den beiden großen Zuflüssen des Dalälven, dem Väster- und Österdalälven, der durch den Siljansee fließt, in Ovansiljan und Nedersiljan unterteilt wird. Ihr Erscheinungsbild verdankt die Landschaft einem Meteoriteneinschlag vor 365 Millionen Jahren, bei dem der Siljan entstand. Da die fruchtbaren, aber kleinen Flächen im oberen Dalarna für eine dichtere Besiedlung nicht ausreichten, bildete sich eine kleinbäuerliche Wirtschaftsstruktur heraus: Neben Ackerbau wurden auch Viehzucht und Waldwirtschaft betrieben. Zwar sind die einst bewirtschafteten Sennhütten (*fäbodar*) inzwischen meist zu Freizeitwohnsitzen umgewandelt worden, doch sind die alten Traditionen dieser Region auch heute noch ein fester Bestandteil im Leben der Menschen.

Wege zum Siljansee

Auf dem Weg zwischen den noch zu Südschweden gehörenden großen Seen Mälaren, Hjälmaren und Vänern und dem mittelschwedischen Siljansee liegen hauptsächlich dichte Wälder, eine gewellte Mittelgebirgslandschaft, Flusse und breite Ströme wie der Klarälven sowie jede Menge weiterer Seen. Hier werden Autoreisende zum ersten Mal wirklich mit den Dimensionen Schwedens bekannt gemacht. Und manch ein Besucher muss sich erst daran gewöhnen, dass mitteleuropäische Vorstellungen von jederzeit erreichbaren nahen Ausflugszielen und jederzeit verfügbaren Einkaufszentren, Tankstellen oder überhaupt touristischer Infrastruktur hier nicht mehr gelten. Zwei der zahlreichen Strecken nach Dalarna werden in diesem Buch vorgestellt: Die westliche Route führt durch die Provinz Värmland, wobei unterwegs nur ab und zu kulturelle Highlights wie Rottneros und Mårbacka die Fahrt unterbrechen. Die östliche Route führt durch ein uraltes Bergbau- und Metallhüttengebiet, insbesondere in der Gegend um Falun und Bor-

Redaktionstipps

- Nicht nur für Literaturfreunde: Bekanntschaft machen mit Leben und Werk der Schriftstellerin **Selma Lagerlöf** in Sunne und Umgebung (S. 418/419).
- Unbedingt sehenswert: die interessante Stadt **Falun** mit ihrer Kupfergrube (S. 422). Einen schönen Blick auf Falun und Umgebung hat man von der Skisprungschanze im **Freizeitgebiet Lugnet** (S. 423).
- Kunstfreunde sollten es nicht versäumen, nahe Falun in Sundborn das Haus des Malers **Carl Larsson** zu besuchen (S. 425). Tipp: Man sollte rechtzeitig dort sein, denn vor allem an den Sommerwochenenden kommt es vor den Führungen häufig zu stundenlangen Wartezeiten.

länge. Die Erzvorkommen aus dem Raum Nedersiljan stellten im 17. Jh. die wirtschaftliche Basis für die schwedische Großmachtpolitik dar.

Reisepraktische Informationen Dalarna

Information

Auf lokale **Touristenämter***, die es früher in der populären Feriendestination Dalarna selbst in kleinsten Gemeinden gegeben hat, verzichtet man heute weitgehend. Stattdessen werden Ortschaften und Städte der Region durch das Büro* **Visit Dalarna** *touristisch vermarktet. Informationen sind dort auf der Website www.visitdalarna.se oder unter ✆ 0771-626262 abrufbar; ansonsten gibt es in Dalarna über 70 sogenannte Infopoints, meist in Hotels oder an Campingplätzen.*

Von Karlstad nach Mora

Am Nordende des Vänersees, am Knotenpunkt mehrerer Routen ist Karlstad (S. 366) ein geeigneter Startpunkt zu einer Tour in Richtung Siljansee. Anstelle der Alternativstrecken über die Straßen 63/64 (über Filipstad, Tyfors) oder die Straßen 63/50 (über Ludvika, Falun), die bisweilen auch von Internet-Routenplanern oder Autonavigationssystemen bevorzugt werden, wird hier die nicht längere, westliche Variante vorgestellt, die mit der **Europastraße 45** (E45) identisch ist. Diese berührt schon nach einer halben Stunde Fahrt das Westufer des mit 80 km enorm lang gestreckten **Fryken**, der eigentlich aus drei Seen besteht, die ein durch Wasserläufe verbundenes System bilden. Das maximal 3 km, oft aber nur wenige Hundert Meter breite Gewässer misst an seiner tiefsten Stelle 120 m und ist somit im wahren Wortsinn tiefgründig.

Rottneros und Sunne

Nach einer Fahrt durch Wälder und vereinzelt auch Weiden und Felder überraschen Rottneros und Sunne, beide am See Fryken gelegen, durch ihr großes touristisches Angebot, auch an Hotels und Campingplätzen. Unmittelbar neben der E45 liegt zunächst der sehenswerte **Rottneros-Park**. In dem herrlich angelegten Blumen- und Skulpturenpark (u. a. Werke von Carl Milles und Gustav Vigeland) mit Kräuter- und Rosengarten sowie verschiedensten Baumarten gibt es Abenteuerspielplätze und kinderfreundliche Sandstrände, sodass Rottneros ein Ausflugsziel für die ganze Familie ist. Das klassizistische Haupthaus mit seinen weißen Säulen war das Vorbild für Gut Ekeby in Selma Lagerlöfs Roman „Gösta Berling".

Rottneros Park, *✆ 0565-60295, www.rottnerospark.se. Juli tgl. 10–17, Juni und Aug. 10–16 Uhr.*

4 km nördlich spiegelt sich das idyllische Sunne im Wasser des Fryken. Die 1888 geweihte Kirche ist eine der größten Landkirchen der Region. Auf dem Friedhof erinnert eine Büste an Anders Fryxell, den Verfasser des Värmlandlieds „Ack Värmeland, du sköna". **Sundsbergs Gård** zeigt värmländische Herrenhofkultur über drei Jahrhunderte, von der Küche bis zum Salon.

Mårbacka

Nimmt man in Sunne die Brücke in Richtung Torsby und zweigt gleich danach wieder nach Süden ab, fährt man über 9 km am Ostufer des Sees entlang zum Landsitz **Mårbacka**.

Auf dem Hof lebte die Literaturnobelpreisträgerin **Selma Lagerlöf** von der Fertigstellung des Anwesens 1923 bis zu ihrem Tod 1940. Der Gedenkhof mit der Bibliothek und dem Arbeitszimmer der großen Dichterin kann ausschließlich während der Führungen besichtigt werden. Über vier Millionen Interessierte haben das Anwesen bereits besucht. Auf dem Friedhof Östra Ämtervik südlich von Mårbacka liegt die Dichterin begraben.
Mårbacka, *Mårbacka 42, Östra Amtervik, ✆ 0565-31027, https://marbacka.com. Führungen auf Englisch Mitte Juni–Mitte Aug. tgl. 11.30, 14.30, Mitte Aug. tgl. 13.30 Uhr, auf Schwedisch im Sommer mehrmals tgl., sonst am Wochenende oder auf Anfrage.*

Selma Lagerlöf (1858–1940)

info

Die vielleicht bedeutendste schwedische **Erzählerin** ist Selma Lagerlöf, deren Werk in rund 40 Sprachen übersetzt wurde. 1858 wurde die Tochter eines Leutnants auf dem **Gutshof Mårbacka** in der Provinz Värmland geboren. Ihre Ausbildung zur Lehrerin macht sie in Stockholm und unterrichtet anschließend vier Jahre in Landskrona. Ihr Leben lang leidet Selma Lagerlöf darunter, dass sie wegen eines missgebildeten Hüftgelenks mit dem linken Bein hinkt. Sie hat engen Kontakt zu ihrer Großmutter, von der sie viel über die epische und folkloristische Tradition Värmlands und des Nordens erfährt.

Als ihr Vater stirbt, ein schlechter Wirtschafter, dem Alkohol verfallen, vom Leben enttäuscht, muss sie erleben, wie der Familienbesitz Mårbacka verkauft wird. 1891 wird ihr Roman „Gösta Berling" (schwed.: „Gösta Berlings saga") veröffentlicht. Im Mittelpunkt der Handlung stehen der alkoholkranke Pastor Gösta Berling und die Majorin, die den Gutshof Ekeby energisch führt. Die Männer sind, wie so häufig bei Selma Lagerlöf, Nichtsnutze und Trunkenbolde, die zu Gewalt neigen und für Familie und Gesellschaft nur eine Last darstellen. Gerettet und zu nützlichen Wesen werden sie erst durch die Liebe einer Frau, so auch Gösta Berling.

Aus dem Rahmen einer Fülle von Romanen und Erzählungen fällt ein 1906 veröffentlichtes Schwedenbuch für die Volksschule mit dem Titel „Die wunderbare Reise des kleinen Nils Holgersson mit den Wildgänsen", das die Reise eines Jungen aus der Landschaft Schonen durch Schweden auf dem Rücken einer Gans schildert, ein Bestseller damals wie heute. Als erste Frau erhält Selma Lagerlöf 1909 den **Literaturnobelpreis**, der es ihr ermöglicht, ihren über alles geliebten Gutshof Mårbacka wieder zurückzukaufen, auf dem sie am 16. März 1940 stirbt.

20 km nördlich von Sunne liegt auf der westlichen Seite des Sees Fryken der Aussichtsberg **Tossebergsklätten**, von dem man einen herrlichen Blick auf das Tal genießen kann. Eine Straße führt hinauf zum Aussichtsturm (Restaurant, Cafeteria im

Sommer). Der Berg gehört zur Gemeinde **Torsby** am nördlichen Ende des Fryken-Seensystems, die flächenmäßig größte Gemeinde Värmlands. Das **Finnkulturzentrum** im Torsby Herrenhof (Torsbys Herregård) erinnert an den kulturellen Einfluss der finnischen Siedler, die man im 16. und 17. Jh. hierher geholt hatte, um die Einöde urbar zu machen.

Auf den gut 90 km von Torsby bis zum nächsten größeren Ort Malung wird bei Osebol der breite **Klarälven** überbrückt und damit gleichzeitig die Grenze zwischen den Provinzen Värmland und Dalarna überschritten (darauf weist auch der Name des inzwischen geschlossenen Hotels Värmlandsporten direkt an der Brücke hin).

info

Breiter Strom der Flößer: der Klarälven

Der bei Osebol überbrückte Klarälven kommt aus Norwegen und mündet nach 460 km bei Karlstad in den **Vänersee**. Damit ist er der längste schwedische Fluss, der nicht ins Meer mündet. Trotz seiner relativ geringen Länge ist er außerordentlich voluminös. Im Oberlauf hat er den Charakter eines Wildwassers, weiter im Süden fließt er gezähmt und träge dahin, kann allerdings nach der Schneeschmelze oder langen Regenfällen für Überschwemmungen sorgen. Noch bis in die 1990er Jahre nutzte man den Strom als letzten in Schweden zum Abflößen der Baumstämme, die in Karlstad aus dem Wasser geholt und der Zelluloseindustrie zugeführt wurden. An diese Zeit wird man erinnert, wenn man auch heute noch das ein oder andere **Floß** auf dem Klarälven treiben sieht. Dabei handelt es sich aber um Flöße von Abenteuerreise-Veranstaltern oder Pfadfindergruppen, auf denen auch z.T. übernachtet wird. Wegen einiger Staustufen ist nicht der gesamte Flusslauf für Flöße oder Kanus geeignet, sondern nur einzelne Abschnitte (vor allem zwischen den Orten Branäs und Edebäck).

Malung

Nachdem man bei der Weiterfahrt durch Dalarna bei Håliden einen sanften Höhenzug überwunden hat, geht es auf das breite Tal des Flusses Västerdalälven zu, der wiederum in der Ortschaft **Malung** überbrückt wird. Der eher ruhige Ort (rund 5.000 Einwohner) hat außer einer mittelalterlichen Kirche keine Sehenswürdigkeiten zu bieten. Einen Namen besitzt Malung als Zentrum der Pelzverarbeitung. Im Sommer zeigt eine Ausstellung, wie sich das Handwerk in den letzten hundert Jahren entwickelt hat, und an der Straße wird oft Pelzbekleidung angeboten. Heute sind noch gut 200 Mitarbeiter in der Pelzkonfektionsindustrie beschäftigt – in den 1970er Jahren waren es noch 1.300.

Im Juli, in der Kalenderwoche 29, verwandelt sich der kleine Ort alljährlich zum Schauplatz eines in ganz Schweden bekannten Musik- und Tanzevents, das oft über 100.000 Besucher anzieht: die **Dansbandsveckan**. Dabei wird in Hallen, Zelten, im Freien und vor diversen Bühnen hauptsächlich zur „Dansband-Musik" getanzt, der schwedischen Variante der Country-Musik.

Da Malung 300 m über dem Meer und zugleich dort liegt, wo Skandinavien am breitesten ist, hat es ein ausgesprochenes Binnenklima mit einem stets schneesicheren Winter. Zum weitläufigen Gemeindegebiet gehört das Wintersportzentrum **Sälenfjällen** mit einer beachtlichen Infrastruktur.

Reisepraktische Informationen Malung

Camping
Malungs Camping, *Bullsjövägen 1, ✆ 0280-18650, www.malungscamping.se. 800 m vom Ortszentrum entfernte Anlage am Fluss Västerdalälven und einem kleinen See, 170 Stellplätze und 24 Campinghütten unterschiedlichen Standards, Pool, Sandstrand, Angelmöglichkeit, ganzjährig geöffnet. Touristische Informationen am Infopoint des Campingplatzes und an der Rezeption.*

Vom Mälarsee über Falun

Von Stockholm oder der Mälarsee-Region führen mehrere Wege durch die historische Provinz Västmanland in Richtung Dalarna. Am kürzesten und interessantesten ist die Route über die **Straße 70**, die in **Enköping** (S. 204) beginnt oder ab **Västerås** (S. 202) über die 67 erreicht werden kann. Beide Straßen kreuzen sich in **Sala**, einem netten Ort, der bereits 1624 die Stadtrechte erhielt. Seinen Reichtum verdankte er der **Silbergrube**, die vom 15. Jh. bis 1908 in Betrieb war. Als Hauptsehenswürdigkeit von Sala kann man heute das Schachtgebäude bestaunen, an Grubenführungen teilnehmen sowie Museum, Restaurant und Souvenirladen besuchen.
Sala Silvergruva, *Drottning Christinas väg, ✆ 0224-677260, www.salasilvergruva.se. Mitte Mai–Ende Sept. tgl. 11–16 Uhr.*

Avesta

40 km nördlich von Sala bietet sich das 16.000-Einwohner-Städtchen für einen Zwischenstopp an. Die Geschichte des Orts wurde vom Bergbau, dem **Kupferwerk** (im 17./18. Jh. eines der größten Europas), der Metallveredelung, und später auch vom Eisenwerk und der Aluminiumhütte bestimmt. Energie gewann man durch den Fluss Dalaälv, der im Stadtgebiet **zwei Wasserfälle** bildet. Besuchern bietet Avesta eine Steinkirche von 1655, gut erhaltene Blockhäuser, die nach dem Stadtbrand von 1803 entstanden, ein **Münzmuseum** mit u.a. der schwedischen Zehntalermünze (mit 20 kg die größte der Welt!), eine z. T. überdachte Fußgängerzone (*kungsgatan*) und in der Nähe ein weitläufiges, bereits 1924 gegründetes **Wisentgehege**. Dies erklärt die mächtige Wisent-Skulptur aus Edelstahl auf dem Markustorget. Noch eindrucksvoller ist das mit 13 m Höhe **größte Dalapferd der Welt** (*dalahästen*); das beliebte Fotomotiv steht etwas außerhalb des Zentrums an der Kreuzung der Straßen 70/68 (mit Restaurant, Café, Motel).

Das größte Dalapferd der Welt

Borlänge

60 km hinter Avesta und 20 km vor Falun könnte man auch in Borlänge einen Stopp einlegen, der mit über 44.000 Einwohnern größten Stadt Dalarnas und einem bedeutenden Zentrum der metallverarbeitenden Industrie. Ursprünglich nur ein kleines Dorf, gewann Borlänge 1875 mit dem Anschluss an das Eisenbahnnetz und dem Betrieb des Stahlwerks Domnarvets Jernverk an Bedeutung. Zusammen mit Falun ist Borlänge Standort der Hochschule Dalarna. Das 1990 eröffnete Einkaufzentrum **Kupolen** ist mit 85 Läden und Restaurants das größte Dalarnas, der originelle Bau ist an seiner runden Kuppelform erkennbar.
Kupolen, *Kupolen 53, ✆ 0243-248444, www.kupolen.steenstrom.se. Mo–Fr 10–19, Sa 10–18, So 11–18 Uhr; einige Supermärkte und Schnellrestaurants ab 7 und bis 22/24 Uhr.*

Mit interaktiven Ausstellungen, einem Planetarium und Experimentierwerkstätten weckt das populärwissenschaftliche **Science Center 2047** vor allem bei Kindern das Interesse für Naturwissenschaft und Technik.
Science Center 2047, *Jussi Björlings väg 25, ✆ 0243-793900, www.2047.nu. Di–Fr 10–16, Sa 10–17 Uhr.*

Borlänge hat zwar einen schönen Stadtpark (Liljeqvistska Parken) mit einem interessanten Geologischen Museum, wirkt ansonsten aber recht beliebig und ist für Touristen hauptsächlich wegen der Infrastruktur (u. a. Flughafen, Hotels, Campingplatz) interessant. Naturliebhaber finden rund 20 km südwestlich den Gyllbergen, ein Naherholungsgebiet mit Loipen und Wanderwegen, sowie rund 15 km südlich das über 400 m hoch gelegene Ski- und Snowboardgebiet **Romme Alpin** mit 23 km Pisten und 13 Liften.

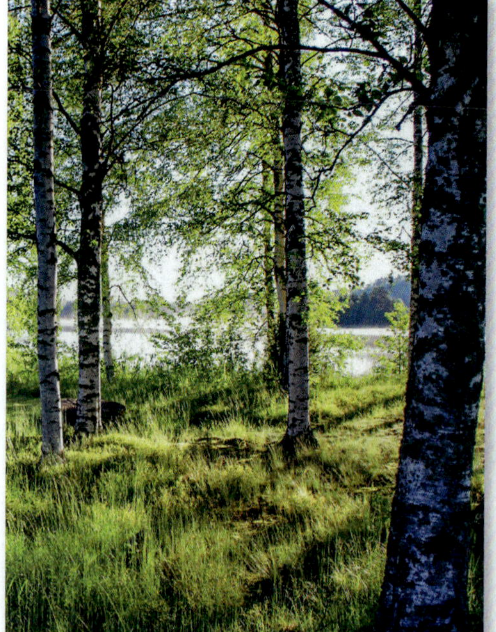

Im Birkenhain

Falun

Knapp 50 km südlich des Siljansees liegt Falun. Die wichtigste Stadt Dalarnas mit rund 38.000 Einwohnern ist vor allem als traditionsreiche Bergbaustadt bekannt. Bereits im 11. Jh. wurde, anfangs von Bauern, Kupfer abgebaut. Um die Bergbauaktivitäten entwickelte sich allmählich die Stadt, die aber erst 1641 die Stadtrechte erhielt. Führende Schichten des Landes hatten im Mittelalter Anteile an der Grube, wie z. B. der Bischof von Västerås. Ihre größte Bedeutung erlangte die **Faluner Grube** während der schwedischen Großmachtzeit im 17. Jh., als zwei Drittel der Kupfer-Weltproduktion allein von hier stammten und rund 1.000 Arbeiter beschäftigt waren. 1650 gewann man 3.000 t Rohkupfer aus 90.000 t erzhaltigem Gestein. Zu dieser Zeit war das Bergwerk Stora Kopparberget (der große Kupferberg) die größte Kupfergrube der Welt und Falun eine der größten Städte Schwedens.

Da der intensive Abbau über Jahrhunderte planlos betrieben wurde, brachen immer wieder Schächte ein. 1687 stürzten verschiedene Abbauräume zusammen und bildeten den riesigen **Stora Stöten** (großer Tagebau), der etwa 100 m tief ist und 1,6 km Umfang hat. Auf wundersame Weise kam niemand bei der Einsturzkatastrophe um, da sie ausgerechnet am Feiertag Midsommar geschah, mit Weihnachten dem einzigen Tag im Jahr, an dem alle von der Arbeit befreit waren. Von da an endete die Blütezeit des Kupferabbaus, die Produktion wurde aber bis weit ins 19. Jh. fortgesetzt, 1992 wurde die letzte Grube geschlossen. Seit 2001 zählt die Kupfergrube zum **UNESCO-Weltkulturerbe**. Heute ist Falun das administrative Zentrum der Provinz Kopparberg. Die meisten Beschäftigten arbeiten in der Verwaltung des *län* (Provinz) oder der Kommune, die 60.000 Einwohner zählt.

Als **Wintersportstadt** ist Falun auch über Schweden hinaus bekannt, vor allem in den Disziplinen der Nordischen Kombination. 2027 werden hier zum fünften Mal die Nordischen Skiweltmeisterschaften in der schönen **Lugnet-Anlage** ausgetragen. Das weitläufige Gelände umfasst diverse Sporthallen, die bedeutende Dala Sports Academy, einen Konzertsaal, ein Eisstadion, ein Leichtathletikstadion und zwei weithin sichtbare Skisprungschanzen. Mit dem architektonisch überzeugenden neuen Hallenbad von 2022 und einem Wasserpark mit Außenpools und Rutschen bietet die Anlage sommers wie winters Raum für zahlreiche Aktivitäten. Von besonderem Interesse ist das Skimuseum samt der Auffahrt mit der „Bergbahn" zu den Sprungtürmen.
Lugnet, *Lugnetvägen 11, ✆ 023-83500, www.lugnet.se. Rezeption Mo–Fr 8–19, Sa/So 9–16 Uhr.* **Skidmuseum** *derzeit wegen Renovierung geschl.,* **Bergbanan** *Mo–Fr 8–19, Sa/So 9–16 Uhr.*

Falun-Rot und Falun-Wurst

info

Viele Schweden denken bei Falun an *Falu rödfärg*. Die dunkelrote Farbe, ursprünglich ein Nebenprodukt des Kupferabbaus, nutzte man ab 1616 anfangs nur für die Häuser der höheren Gesellschaftsschichten. Ab Mitte des 19. Jh. wurden falunrote Höfe und Häuser mit weißgestrichenen Ecken und Fenstern zum **Kennzeichen der schwedischen Kulturlandschaft**, die Farbe schmückt daher heute landesweit die Holzhäuser und schützt sie vor schädlichen Einflüssen. Die rote Farbe erhält man, wenn kupferarmes Erz verwittert und sich Rotstaub *(rödmull)* bildet, der Eisenocker und Kieselsäure enthält. Nach dem Sieben, Waschen, Trocknen und Brennen des Rotstaubs wird das Pigment heute an die Farbenhersteller geliefert.

Die in Schweden allseits bekannte Fleischwurst *falukorv* hängt ebenfalls mit dem Kupferabbau zusammen und ist auf deutschen Einfluss in Falun zurückzuführen. Auf der Suche nach technischen Innovationen schlugen deutsche Arbeiter damals vor, das Erz aus der Tiefe mit kräftigen Seilen an die Oberfläche zu holen. Diese konnte man aber nur aus der Haut von Ochsen herstellen. Die benötigten Tiere wurden in Småland gekauft, bis nach Falun getrieben und an Ort und Stelle geschlachtet. Da etwa 200 Häute für ein Grubenseil benötigt wurden, galt es, einen riesigen Fleischberg zu bewältigen. Die Deutschen konservierten das Fleisch, stellten die *falukorv* her und begründeten damit die Tradition der Fleischwurstherstellung. Heute ist die *falukorv* ein namensgeschütztes Produkt, bei dem der Anteil an Rind- und Schweinefleisch 40 % nicht unterschreiten darf.

Im Stadtzentrum ist die **Kristine Kyrka** sehenswert. Sie liegt am Stora Torget (großer Platz) mit dem Denkmal zu Ehren des Freiheitshelden Engelbrekt Engelbrektsson und stammt aus der Blütezeit Faluns um 1650. Älter noch ist die **Stora Kopparbergs Kyrka**, die im 14. Jh. als dreischiffige Basilika errichtet wurde.
Kristine Kyrka, *Kristinegatan 11, ✆ 023-702000. Mo–Fr 10–15, Sa/So 10–16 Uhr.*
Stora Kopparbergs Kyrka, *Seminariegatan 1, ✆ 023-702000, tgl. 10–16 Uhr.*

Auch das **Dalarna-Museum**, untergebracht in einem ansprechenden Gebäude in zentraler Lage, empfiehlt sich vor allem für Besucher, die sich für traditionelle Volkskunst und das Brauchtum der Traditionslandschaft Dalarna interessieren. Es zeigt u.a. Dalamalereien. Zur Basisausstellung gehört auch der Selma Lagerlöf-rummet, der Arbeitsplatz von Selma Lagerlöf aus ihrer Zeit in Falun, wo sie neben anderen Werken auch „Die wunderbare Reise des kleinen Nils Holgersson mit den Wildgänsen" verfasste.
Dalarnas museum, *Stigaregatan 2–4, ✆ 023-6665500, https://dalarnasmuseum.se. Di–So 11–17 Uhr, freier Eintritt.*

Eine gute Vorstellung vom alten Falun erhält man in Stadtteilen wie Östanfors, Gamla Herrgården und vor allem Elsborg mit seiner geschlossenen **Holzarchitektur**. Im Zuge der durchgreifenden Stadtplanung des 17. Jh. mussten viele Grubenarbeiter ihre Häuser neben der Grube abreißen. In **Elsborg**, das zwischen dem Zentrum und der Grube liegt, standen viele Häuser ursprünglich auf dem Grubengelände. Schön ist ein Spaziergang über die Straße Bergshauptmansgatan, die als Parallelstraße zur Gruvgata vom Zentrum zur Grube führt.

Ein Muss für jeden Besucher und Hauptattraktion Faluns ist die Grube **Falu Gruva**, etwa 1 km außerhalb des Zentrums im Südwesten, die direkt an der großen Straße E16 liegt, über die sie sehr leicht zu erreichen ist. Man kann mit dem Pkw direkt bis zur Grube und zum Museum fahren.

Das Grubenmuseum

Die ca. einstündige Führung durch die industriegeschichtlich bedeutende Anlage ist sehr empfehlenswert. Über einen Aufzug gelangt man in 67 m Tiefe, in einen Teil der Grube, der aus dem 17. Jh. stammt. Früher war es hier stockdunkel, schmutzig, rauchig und bis zu 50 Grad warm, heute ist es mit fünf Grad kalt wie in einem Kühlschrank. Es geht Treppen hinunter und durch sich windende Gänge, die in große Säle münden. Hier erfährt der Besucher etwas über das Schicksal des Bergmanns Fet-Mats, dessen Körper 1677 im Bergwerk verschüttet und in Kupfervitrol konserviert wurde, bis ihn über 40 Jahre später eine alte Frau als ihren Verlobten wiedererkannte. Der Stoff regte die Fantasie vieler Literaten an, so inspirierte die damals als Sensation empfundene Entdeckung beispielsweise Johann Peter Hebel zu der Geschichte „Unverhofftes Wiedersehen", E.T.A. Hoffmann zu der Erzählung „Die Bergwerke zu Falun" und Hugo von Hofmannsthal zum Schauspiel „Das Bergwerk zu Falun".

Da es in der Grube kühl und feucht ist, sind festes Schuhwerk und warme Kleidung ratsam. Kinder unter drei Jahren dürfen die Grube nicht betreten, bis zwölf Jahre nur in Begleitung von Erwachsenen. Rund um den Tagebau führt ein Spazierweg von 1,7 km Länge, der schöne Aussichten über die Grubenlandschaft, die Fabrik *Falu Rödfärg* und die historischen Gebäude der Stadt bietet. Dank der Informationstafeln auf Schwedisch und Englisch kann man hier viel Interessantes über die Grube erfahren.

Weitere spannende Informationen gibt es im **Grubenmuseum**. Das **Världsarvshuset** (Weltkulturerbe-Haus; Visitors Center) bietet eine gute Einführung in das gesamte Weltkulturerbe Faluns. Hier kann man außerdem Tipps zu verschiedenen Aktivitäten bekommen und Führungen durch die Grube buchen, allerdings ist eine Vorausbuchung empfehlenswert.

Falu Gruva, *Gruvplatsen 1, ✆ 023-782030, www.falugruva.se.* **Besucherzentrum/Världsarvshuset**, *Mitte Juni–Mitte Aug. tgl. 9.30–17.30, Mai–Mitte Juni u. Mitte Aug.–Sept. tgl. 10–15/16, Okt.–April Di–Fr 11–16, Sa/So 10–15 Uhr.* **Gruvmuseet**, *Mitte Juni–Mitte Aug. tgl. 10–17.30, Mai–Mitte Juni u. Mitte Aug.–Sept. tgl. 10/11–15/16, Okt.–April Sa/So 10–15 Uhr. Führungen durch die Mine Mai–Sept. mehrmals tgl., Okt.–April Di–Fr 14, Sa/So 10.30, 12 und 14 Uhr.*

Reisepraktische Informationen Falun

Information

Touristische Informationen u. a. am Infopoint bei „Dalarna Design", Åsgatan 26, nahe dem Stora Torget, oder unter ✆ 0771-626262 bzw. info@visitdalarna.se.

Hotel

Scandic Lugnet €€€€, *Svärdsjögatan 51, ✆ 023-6692200, www.scandichotels.se. Das ruhig gelegene Hotel ist zehn Fußminuten von der Faluner Innenstadt entfernt und bietet 161 helle Zimmer. Es verfügt über eine Bowlingbahn und bietet seinen Gästen auch einen Wellnessbereich mit Sauna, Pool und Fitnessraum. Das Restaurant serviert skandinavische und internationale Gerichte.*

Camping

First Camp Lugnet-Falun, *Lugnetvägen 14, ✆ 023-65400, https://firstcamp.de/reiseziele/lugnet-falun. Großzügige, ganzjährig geöffnete Anlage im Naturschutz- und Sportgebiet Lugnet, sofort neben dem Skimuseum, dem neuen Hallenbad und anderen Attraktionen. Minigolf, Fahrradverleih, Stellplätze für Wohnmobile, Vermietung von Hütten und vollausgestatteten Cottages.*

Sundborn

Kunstfreunde werden den Abstecher zu dem kleinen, 13 km nordöstlich von Falun gelegenen Ort Sundborn (ausgeschildert) nicht bereuen, einem Mekka der Verehrer des auch in Deutschland bekannten Malers Carl Larsson. Inzwischen suchen jährlich 50.000 Besucher den **Carl-Larsson-Hof** auf, mit seinem wunderschönen Garten sowie dem legendären und atmosphärisch dicht eingerichteten Haus Lilla Hyttnäs (kleine Hütte). Es ist noch so erhalten wie zu Lebzeiten des Künstlers, der dort mit seiner Frau Karin und den zwölf Kindern lebte. In 250 m Entfernung zum Hof dient die alte Mühle als Ausstellungsraum (**Konsthallen Kvarnen**), hier gibt es auch einen Museumsladen.

Carl Larsson-gården, *Carl Larssons väg 12, ✆ 023-60053, www.carllarsson.se. Das Künstlerheim ist nur mit Führung (ca. 50 Min.) zu besichtigen: Mai–Sept. tgl. 10–16, Okt.–April Mo–Fr 11, Sa/So 13 Uhr.* **Restaurang Café Hyttstugan**, *Carl Larssons väg 10, ✆ 023-60271, www.hyttstugan.nu. Lunch-Büfett Mitte April–Sept. Mo–Fr 11–14, Sa/So 12–15 Uhr.*

info

Carl Larsson

Carl Larsson (1853–1919) wächst in Stockholm in ärmlichen Verhältnissen auf und kommt schon als 13-Jähriger zur Akademie der Schönen Künste. Sein Talent als Zeichner ermöglicht ihm, seine Studien zu finanzieren. Von 1882–1885 weilt er nach mehreren Aufenthalten in Paris in Grez-sur-Loing, wo er eine Reihe von Aquarellen malt, die das einfache Landleben darstellen. 1883 heiratet Carl Larsson die Künstlerin Karin Bergöö und lässt sich mit ihr in Sundborn in Dalarna nieder. Die wachsende Familie wird zunehmend zu seinem Motivkreis. Das kleine, von Verwandten vererbte Gut wird erweitert, möbliert und dekoriert, indem beispielsweise Anregungen der bäuerlichen Kultur Dalarnas, der angelsächsischen Architektur und der Innenräume der Schlösser und Herrensitze im Stil Gustavs III. aufgegriffen werden. Schon für die Zeitgenossen ist das Haus in Sundborn der Inbegriff schwedischer Wohnkultur schlechthin.

Selbstporträt des Künstlers

Rasch gewinnt Carl Larsson mit seinen zahlreichen Aquarellen, in denen Haus und Familienleben in heiter-freundlichen Motiven idyllisch abgebildet werden, an Popularität. Eines der bekanntesten Werke schwedischer Kunst sind die 24 Aquarelle unter dem Titel „Ett hem" (1899), in Deutschland wurde Larsson bekannt durch die Sammlung „Das Haus in der Sonne" (1909). Für viele europäische Familien der Mittelklasse wurden die „Bilderbücher" Larssons zu einer Art Bibel der Inneneinrichtung.

Weniger bekannt ist der Monumentalmaler Larsson, dessen Fresken im Stockholmer Nationalmuseum u.a. die Entwicklung der Kunst in Schweden von Ehrenstrahl bis Sergel zeigen. Sein letztes großes, farbenprächtiges Projekt, „Midvinterblot" („Opfer der Sonnenwende") mit einem Motiv aus der heidnischen Zeit, wurde damals vom Museum abgelehnt. Nach mehreren Umwegen auf dem internationalen Kunstmarkt hat das Werk 1993 doch noch den Weg ins Nationalmuseum gefunden.

Rund um den Siljansee

Der Siljansee gilt als mittelschwedische Ideallandschaft und als Zentrum der alten **bäuerlichen Kultur** Dalarnas. In der Zeit der Nationalromantik Ende des 19. Jh. erfuhr diese eine Aufwertung und Wiederbelebung: Vor allem Anders Zorn, der große Maler aus Mora, trug maßgeblich dazu bei. Er vertrat die Ansicht, „ein echtes Gefühl für Kunst in seiner ganzen Frische" könne man nur bei den Menschen im Norden finden, die Kunst der romanischen Länder dagegen sei künstlich und dekadent. Auch heute noch sind die alten Traditionen dieser Region ein fester Bestandteil im Leben der Menschen. Nirgendwo sind Folklore und Tradition in Schweden so lebendig wie hier. Und die handwerklichen Produkte aus dieser Region, wie z. B. geflochtene Körbe, Uhren, Messer, Holzgefäße, Lederwaren und besonders die Dalapferdchen, gelten als typisch für ganz Schweden und werden auch außerhalb der Siljanregion zum Verkauf angeboten. Diese Tradition des Kunsthandwerks entstand, weil es für viele Kleinbauern damals notwendig war, sich ein Zubrot hinzuzuverdienen.

Die drei bekanntesten Gemeinden am Siljan sind **Mora**, **Leksand** und **Rättvik**, die aus alten Kirchspielen für die weit zerstreut liegenden Dörfer und Höfe hervorgegangen sind, wie die geräumigen Kirchen aus dem Spätmittelalter belegen.

Besucher finden neben der grandiosen Natur des Siljan und bäuerlicher Kultur und Folklore nahezu unbegrenzte **Freizeitmöglichkeiten**. Im Winter laden beispielsweise zahlreiche **Abfahrtshänge** zum Skifahren ein, vor allem in Leksand, Rättvik, Gesunda und Orsa Grönklitt sowie Furudal und Mora. Loipen, die teilweise abends bis 22 Uhr beleuchtet sind (so z. B. die 30 km lange Loipe in Mora), bieten zudem vorzügliche Langlaufbedingungen. Wer hinreichend trainiert ist, kann auch am legendären **Vasalauf** teilnehmen (S. 437). Sehr lohnend ist auch eine Tour mit dem *spark*, dem Tretschlitten, über den zugefrorenen Siljansee. Im Sommer dagegen kann man hier schwimmen, angeln, Kanu und Rad fahren, aber auch Golf und Tennis spielen, drachenfliegen, reiten, som-

Redaktionstipps

▸ Übernachten in den typischen *stugor*, **falunroten Hütten**, die in der Regel einfach, aber zweckmäßig eingerichtet sind. Das Angebot an Holzhäusern ist in Dalarna ausgesprochen groß, die meisten werden auch im Winter vermietet.
▸ Mittsommer in **Tällberg** oder einem anderen kleinen Dalarna-Ort feiern (S. 430).
▸ Vor allem, wenn man mit Kindern unterwegs ist, lohnt ein Besuch bei den Herstellern der Dala-Holzpferdchen in **Nusnäs** (S. 435).
▸ Besuch im Atelier und Haus des Malers Anders Zorn in **Mora** (S. 435).
▸ Im Winter: eine Tour mit dem *spark*, dem Tretschlitten, auf dem zugefrorenen **Siljansee**. Und rund um den See gibt es hervorragende Langlaufloipen, teilweise beleuchtet. Die Teilnahme am Vasalauf am ersten Sonntag im März, ob als Aktiver oder als Zuschauer, ist ein unvergessliches Erlebnis (S. 437).

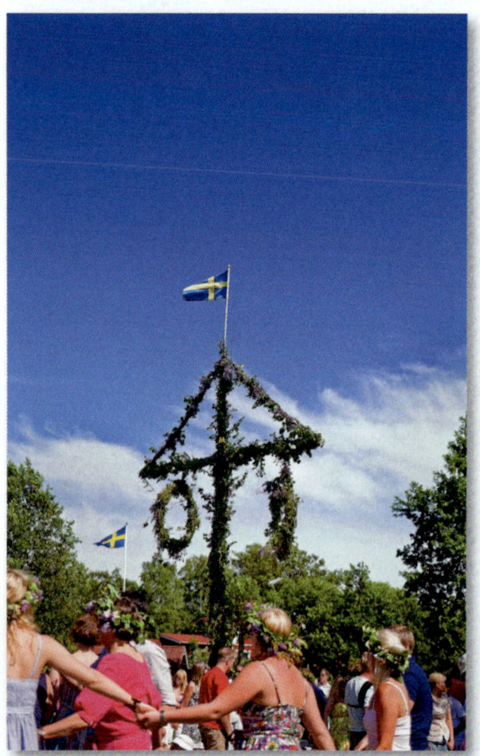

merrodeln und vieles mehr. Darüber hinaus ist die Gegend um den Siljansee eines der schönsten Wandergebiete Schwedens und bietet beeindruckende Naturerlebnisse. Hier sei etwa der **Siljansleden** erwähnt, ein rund 340 km langer Wanderweg mit 400 m Höhenunterschied, der um den gesamten Siljansee herumführt. Der Weg ist mit Rastplätzen und Übernachtungsmöglichkeiten ausgestattet und gut beschildert, Schautafeln informieren ausführlich über den Verlauf. In einer etwas kürzeren Variante kann er auch mit dem Rad befahren werden.

Im Folgenden wird eine **Rundfahrt um den Siljansee** vorgestellt, beginnend in Leksand im äußersten Süden und entgegen dem Uhrzeigersinn den See umfahrend.

Leksand

Zur Gemeinde Leksand gehören neben dem gleichnamigen Hauptort (6.400 Einwohner) rund 90 Dörfer mit meist ochsenblutroten Häusern. Zur Bekanntheit Leksands hat die gleichnamige Knäckebrotfabrik beigetragen, erkennbar an dem Dalapferdchen auf der Verpackung. Nach eigenen Angaben ist **Leksands** nach Wasabröd die zweitgrößte Knäckebrotfabrik in ganz Schweden. Knäckebrot-Fans können im Laden der Fabrik (*Bageributiken*) etwa 5 km außerhalb des Zentrums nicht nur Knäckebrot, sondern auch Knäckebrotdosen sowie Lebensmittel aus der Region, Souvenirs und Handwerksartikel als Mitbringsel einkaufen.
Leksands Knäckebröd, *Gärde stationsvägen 11, ✆ 0247-44800, www.leksands.se. Mo–Fr 9.30–18, Sa 10–15, So 11–15 Uhr.*

Hoch her geht es zum **Mittsommerfest**, bei dem bis zu 30.000 Besucher da-

Am Mittsommerfest wird um den Maibaum getanzt

bei sein wollen, wenn der Maibaum (*majstång*) als ein Symbol der Fruchtbarkeit aufgestellt wird und der Alkohol in Strömen fließt. Zur Erklärung des Worts *majstång* gibt es zwei Versionen: die Herleitung über das Wort *maja*, das so viel wie „mit Grün schmücken" bedeutet, oder aber die Assoziation mit dem Monat Mai. Der Brauch, den Maibaum zu errichten, würde der zweiten Erklärung zufolge aus südlicheren Gegenden stammen, wo man den Sommer früher, also schon im Mai, feiern konnte. Die Ausschmückung des Maibaums fällt in den einzelnen Dörfern zwar unterschiedlich aus, nie fehlen jedoch die Pfeile über Kreuz, die eng mit der Geschichte der Landschaft verknüpft sind: Sie sind auf ein Siegel aus der Zeit Gustav I. Vasa zurückzuführen und symbolisieren die Freiheit. Wer ein traditionelles Mittsommerfest in Dalarna miterleben möchte, findet im Juni in vielen Dörfern um den Siljansee dazu Gelegenheit.

Die Sehenswürdigkeiten Leksands liegen zwischen der **Alten Brücke** (*gammelbron*) und der **Kirche**. Die ältesten Teile der dreischiffigen Kirche stammen aus dem frühen 13. Jh., der markante Zwiebelturm ist vom Anfang des 18. Jh. Bei der Restaurierung 1971 wurden mittelalterliche Gewölbemalereien freigelegt. Unter der ansonsten barocken Einrichtung fällt ein mittelalterliches Triumphkreuz auf.

In der Nähe der Kirche befindet sich Dalarnas ältester Heimathof **Leksands Hembygdsgårdar** in aussichtsreicher Lage. Zu sehen sind hier gezimmerte Gebäude aus verschiedenen Jahrhunderten, das älteste stammt aus dem Jahr 1516.
Leksands hembygdsgårdar, *Kyrkallén 3, ✆ 0247-80245, www.leksand.se/kultur. Juli tgl. 12–16 Uhr.*

In dem ebenfalls an der Kyrkallén gelegenen **Kulturhaus** gibt es neben einer Bibliothek und einem Café u. a. ein kleines Museum zu Volkstrachten und zur Tradition der **Dalamalereien**, einer Volkskunst, die der Bauernkultur um den Siljan entstammt und zwischen 1780 und 1870 ausgeübt wurde. Der Großteil der Motive der oft **naiven Malereien** geht auf die Bilderbibeln der damaligen Zeit zurück, die auch der Bevölkerung, die nicht lesen konnte, sehr vertraut waren. „Hier gibt es sowohl Rosen wie auch Blumen, die im Winter wie im Sommer wachsen", steht über einem Gemälde des Dalamalers Winter Carl Hansson von 1797. Die Rosen und Blumen erhielten in der Bauernmalerei die Bezeichnung Kürbis, die sich aus dem Buch Jona des Alten Testaments herleitet. Dort spendet die Pflanze Jona Schatten, Gott lässt sie verdorren. Somit kann der Kürbis, das Hauptmerkmal der Dalamalerei, als Symbol des Lebens und des Todes verstanden werden. In der zweiten Hälfte des 19. Jh., als niemand mehr die Dalamalereien an seinen Wänden haben wollte, weil die Tapete ihren Einzug in die schwedischen Heime hielt, kam die Bauernmalerei aus der Mode.
Kulturhuset, *Kyrkallén 3, ✆ 0247-80245, www.leksand.se. Di–Fr 11–17, Do bis 18, Sa 11–14 Uhr.*

Neben dem traditionellen Mittsommerfest locken die **Ruderwettfahrten der Kirchboote** Tausende von Menschen Ende Juni/Anfang Juli nach Leksand. Vom Bootshafen unter der Leksandbrücke ziehen die Siegermannschaften mit den Musikanten zum *Sammilsdal*, dem Zentrum der Mittsommerfeiern. Schon seit der Christianisierung war der Weg über das Wasser der beste und schnellste zur Kirche, dem natürlichen Mittelpunkt der Siljan-Bewohner. Die schlanken, 20 m langen Boote mit acht bis zwölf Rudern an jeder Seite konnten 45–60 Personen transportieren, je nach Witterung. Heiter und ausgelassen war die Stimmung, vor allem wenn die Dorfmusikanten mit ihren Geigen während der Fahrt aufspielten, ernster wurden Musik und Kirchengesang, wenn man sich dem Gotteshaus näherte.

Die natürliche, durch das Inlandeis vor etwa 9.000 Jahren geschaffene Vertiefung **Sammilsdal** hinter der Kyrkallén wird heute als natürliches Amphitheater genutzt. Hier ist seit 1939 das Zentrum des Mittsommerfests, bei dem Schwedens längster Maibaum (ca. 24,5 m) geschmückt und aufgerichtet wird. Rune Lindströms Theaterstück „Himlaspelet" hatte hier 1941 seine Premiere und seit 1950 wird es jedes Jahr im Juli von Laien und Berufsschauspielern wieder aufgeführt. Das „schöne Dalagemälde in Reimform" handelt von dem Knecht Mats, der auf der Suche nach irdischer Gerechtigkeit verschiedenen biblischen Gestalten begegnet (in schwedischer Sprache). Seit den 1960ern ist das natürliche Amphitheater in der ersten Juliwoche Schauplatz des großen Musikfestivals **Musik vid Siljan**, das zusammen mit der Gemeinde Rättvik durchgeführt wird.

Reisepraktische Informationen Leksand

Gästehäuser/Jugendherberge

B&B Parkgården Leksand, *Parkgattu 6, ✆ 070-4955858, https://parkgarden.se. Der hübsche, alte Dalarnahof, etwa 2 km südlich des Zentrums am Källberget gelegen und lange Zeit als Jugendherberge genutzt, wurde 2019 in eine heimelige B&B-Pension umgebaut. Doppel- und Mehrbettzimmer sowie sieben Hütten, Gemeinschaftsbad; von Mai–Sept. geöffnet.*

Vandrarhem Leksand, *Siljegårdsvägen 21, ✆ 0247-64800, https://vandrarhemleksand.se. Zentrumsnah gelegene Herberge in der alten Volkshochschule mit 60 Zimmern, Sauna, Pool.*

Tällberg

Über die gut ausgebaute Straße 70 sind es rund 20 km bis Rättvik, doch interessanter ist die kurvige Landstraße am See entlang Richtung **Tällberg**, die als besonders schön gilt, da sie eine idyllische Aussicht über den Siljan bietet. Fährt man an ihr entlang, kommt man am Freizeit- und Vergnügungspark **Leksand Sommarland** vorbei, der zahlreiche Aktivitäten (u. a. 3 Pools und 10 Wasserrutschen) anbietet. Damit verbunden ist der Campingplatz Leksand Strand (*www.leksandresort.se*).

Tällberg, 12 km von Leksand, ist das Herzstück Dalarnas, ein romantischer 800-Seelen-Ort in herrlicher Lage mit einem vorzüglichen gastronomischen Angebot. Wegen der vielen exklusiven Hotels wird Tällberg in Schweden scherzhaft „Hotällberg" genannt. Bekannt ist Tällberg auch wegen seiner Mittsommerfeiern, die sehr stimmungsvoll und nicht so überlaufen sind wie in Leksand. Südwestlich des Ortszentrums liegt das **Freilichtmuseum Holen**, das auf die Initiative des Künstlers Gustav Ancakrona zustande kam, der 1910–1912 alte Gebäude des bäuerlichen Dalarna hierher bringen und errichten ließ.

Holens gammelgård, *Holgattu, ✆ 076-7677800, www.valkommentilltallberg.se/holen. Juni–Aug. Führungen, in deutscher Sprache auf Nachfrage.*

Reisepraktische Informationen Tällberg

Hotel

Åkerblads Hotell & Gästgiveri €€€–€€€€€, *Sjögattu 2, ✆ 0247-50800, https://akerblads.se. Zentral und nur 400 m vom Siljansee entferntes, vorzügliches Landhotel in einem Bauernhaus aus dem 15. Jh. Individuelle Zimmer mit allem Komfort und Gourmetrestaurant. Spa-Abteilung mit Innen- und Außenpool, Jacuzzi, Sauna, Fitnessstudio, Anwendungen.*

Tällbergsgården *€€–€€€€, Holgattu 1, ✆ 0247-50850, https://tallbergsgarden.se. Familiengeführtes Hotel im Gebäude der ehemaligen Dorfschule, mitten im Ort. Restaurant mit herrlicher Aussicht auf den Siljansee, sommers wie winters viele Aktivitäten wie Angeln, Golf oder Paddeln möglich.*

Rättvik

„Trifft man zwei Rättviker, spielen drei von ihnen Geige." Dieses Sprichwort fasst treffend die enge Verbundenheit Rättviks mit Musik, Kultur und Tradition zusammen. Wohl nirgendwo am Siljansee ist die Gelegenheit so groß, mit den Trachten, Volkstänzen, den Dalamalereien, dem Kunsthandwerk, den Kirchbooten und der Musik der Spielleute in Kontakt zu kommen. Die 11.000-Einwohner-Gemeinde, zu der auch Vikarbyn, Boda, Furudal und Bingsjö gehören, nimmt insgesamt eine Fläche von etwa 2.000 km² ein und umfasst neben dem Siljan eine ganze Reihe von Seen. Der Ort Rättvik selbst hat gut 5.000 Einwohner, der Ortskern ist recht jung, alte Gebäude sucht man hier vergebens.

Die Aktivitätsangebote in der naturschönen Umgebung sind im Sommer wie im Winter vielfältig. Zu den Höhepunkten des Jahres zählt neben den Mittsommerfeiern und den Kirchbootwettkämpfen die **Classic Car Week**, eines der größten Automobilfestivals Schwedens, das immer in der 31. Kalenderwoche Scharen von Oldtimerfreunden nach Rättvik lockt und 2022 sein 30-jähriges Jubiläum feierte.

Ein Erlebnis der besonderen Art ist ein Besuch der **Freilichtbühne Dalhalla** etwa 8 km nördlich von Rättvik, auf der jeden Sommer unter freiem Himmel Theater-, Konzert- und Opernaufführungen dargeboten werden. Die eindrucksvolle, von einem See umgebene Bühne wurde in einem ehemaligen Kalksteinbruch angelegt, wodurch eine besondere Akustik und Atmosphäre entstehen. Der Name Dalhalla ist eine Anspielung auf die Landschaft Dalarna und die Ruhehalle gefallener Krieger in der nordischen Mythologie, Walhalla.
Dalhalla, *Sätra Dalhallavägen 201, www.dalhalla.se. Ticketkauf an der Abendkasse oder online unter www.dalhalla.se.*

Am kleinen Marktplatz liegt die **Hemslöjdsstugan** mit einer Trachtenkammer, in der verschiedene Teile der Rättviks-Tracht (*Rättviksdräkt*) gezeigt werden, einer Webstube und mit Verkauf von hochwertigem Kunsthandwerk.
Hemslöjdsstugan, *Torget, ✆ 0248-10086, www.rattvikshemslojd.se. Sept.–Mai Mo–Fr 10–18, Sa 10–14, Juni–Aug. Mo–Fr 10–18, Sa 10–15, Juli auch So 11–15 Uhr.*

Die Geschäftsstraße Storgatan führt hinunter bis zum Flüsschen Enån, an dem das **Kulturhaus** liegt. Es beherbergt das **Naturmuseum**, das zu einer Zeitreise vom Ursprung der Erde bis heute einlädt und dabei u. a. die Entstehung des Siljansrings veranschaulicht, eines riesigen Kraters, der durch den Einschlag eines Meteoriten entstand.
Kulturhus/Naturmuseum, *Storgatan 2, ✆ 0248-70197, https://rattvikskulturhus.se. Mo–Fr 11–18, Sa 10–14, So 12–15 Uhr.*

Direkt hinter dem Bahnhof mit Infopoint und Kiosk befindet sich am Strand das Wahrzeichen Rättviks, die **Långbryggan** (Lange Brücke), die mit 628 m **Schwedens längste Holzbrücke** ist. Der Schriftsteller Bo Bergman beschrieb sie als „fast so lang wie die Ewigkeit". Die Brücke wurde 1895 errichtet, um dem zwischen Rättvik und Leksand verkehrenden Dampfer in der flachen Bucht (*vik*) das Anlegen zu ermöglichen. In der Saison legen hier die beiden wunderschönen Oldtimer-Ausflugsboote M/S Gustaf Wasa (✆ *070-5421025, www.wasanet.nu*) und S/S Engelbrekt (✆ *070-5595490*) an.

Von dem kleinen Hafen am Ende der Brücke kann man den 28 m hohen Aussichtsturm **Vidablick** sehen, der 3 km südlich von Rättvik auf einer Höhe von 352 m über dem Meer liegt. Der Ende des 19. Jh. erbaute Turm bietet heute auch ein Café und einen kleinen Handwerksladen.
Vidablick, *Vidablicksvägen 50,* ✆ *076-4187150. Juni–Aug. tgl. 10–18, sonst Sa/So 11–18 Uhr.*

In nördlicher Richtung erkennt man die berühmte Kirche von Rättvik. Der Weg von Långbryggan zur Kirche führt in nördlicher Richtung am Strand entlang an Siljansbadets Campingplatz vorbei. Geht man weiter am Ufer des Siljansees entlang, trifft man direkt neben dem Friedhof auf den 1893 errichteten **Vasa-Gedenkstein** (Vasastenen), der an die flammende Ansprache des späteren Königs Gustav I. Vasa erinnern soll, mit der er im Jahr 1520 die Bewohner Dalarnas zum Widerstand gegen die dänische Herrschaft aufrief.

Über den Friedhof gelangt man zur **Kirche von Rättvik**, die auf einer Landzunge im Siljan liegt. Sie ist dem norwegischen Nationalheiligen, dem heiligen Olav, geweiht. Der älteste Teil stammt aus dem 13. Jh. Gründlich umgestaltet wurde der Bau im 18. Jh., als auch der Turm hinzukam. Die Holzskulpturen sind mittelalterlich, Kanzel und Taufbecken gehen auf das 16. Jh. zurück. Zur Kirche gehören auch rund 90 Ställe (einige stammen aus dem 16. und 17. Jh.), die den Gottesdienstbesuchern und ihren Pferden Quartier boten. Am Strand sind die Anlegeplätze für die Kirchboote, mit denen Gemeindemitglieder an den Sonntagen im Sommer in ihren Trachten zum Gottesdienst kommen, wie es bis 1893 geschah, als das letzte Kirchboot aus dem Verkehr gezogen wurde. Inzwischen gibt es wieder etliche Boote. Zurück an der Kirche geht man am östlichen Friedhofseingang vorbei. Links auf einer Anhöhe ist ein Gedenkstein zu sehen, der 1896 zum 300. Geburtstag von Johan Stiernhöök, dem Vater der schwedischen Rechtskunde, errichtet wurde.

Wenige Hundert Meter nördlich der Kirche (vor dem Stiftsgården nach links den Strand entlang, dann über die Eisenbahnschienen) gelangt man zum Freilichtmuseum **Rättviks Gammelgård**. Es besteht aus etwa 30 Gebäuden aus unterschiedlichen Zeiten und Dörfern der Gemeinde. Rund 3.500 Gegenstände aus dem Bauernmilieu vergangener Zeiten sind hierher verbracht worden. Der älteste ist ein Wollkorb mit schöner Wikingerornamentik aus dem 13. Jh.
Rättviks gammelgård und **Kafé Nyfiket**, *Sjurbergsvägen 3,* ✆ *073-0596426. Mitte Juni–Mitte Aug. tgl. 11–17 Uhr.*

Für einen Ausflug lohnt sich die Keramik-Fabrik **Nittsjö Keramik**, etwa 6 km nördlich von Rättvik gelegen. Hier gibt es Krüge, Schalen, Becher und viele andere Dinge im schwedischen Design zu kaufen.
Nittsjö Keramik, *Nittsjö Keramikvägen 31,* ✆ *0248-17130, https://nittsjokeramik.se. Verkauf Mo–Fr 10–18, Sa 10–14 Uhr, Juni–Aug. auch So 11–15 Uhr. Mo–Do 10–15.30 und Fr 10–12.30 Uhr ist die Fabrik für Besucher zugänglich.*

Etwa 14 km von Rättvik liegt die Sennhütte **Karl-Tövåsens** aus dem 17. Jh., ein Stück „lebende Kulturgeschichte", denn hier werden Käse und Butter noch auf traditionelle Weise hergestellt und verkauft. Auf dem Hof mit allerlei Tieren werden auch Führungen angeboten.
Karl-Tövåsens levande fäbod & gårdsmejeri, *Röjeråsvägen 93, Vikarbyn,* ✆ *070-2326525, www.karltovasensfabod.se. Mitte Juni–Mitte Aug. Mi–So 12–16 Uhr.*

Reisepraktische Informationen Rättvik

Hotels

Hotell Lerdalshöjden €€€€, *Mickelsgatan, ✆ 0248-51150, www.lerdalshojden.se. Ca. 1 km vom Zentrum an einem Hang mit herrlichem Blick auf den Siljansee gelegener Komplex der Best-Western-Kette. 88 gut ausgestattete Zimmer, große Terrasse, Garten, Fitnessraum, Whirlpool und Sauna. Im À-la-carte-Restaurant speist man mit Aussicht auf den See.*

DalaWärdshus €€–€€€, *Hantverksbyn 4, ✆ 0248-30250, https://dalawardshus.se. 3 km außerhalb des Zentrums nahe den Straßen 70 und 80 gelegene Anlage mit wunderschönem Blick auf den Siljansee. Die Zimmer befinden sich in kleinen Holzhäuschen mit eigenem Zugang. Sauna, Restaurant mit landestypischem Essen.*

Jugendherberge

STF Vandrarhem Rättvik, *Enåbadsvägen 1, ✆ 0248-56375, www.rattviksgarden.se. Einfache, aber sehr schöne, familiengeführte B&B-Herberge in einem typischen, zentral gelegenen Holzhaus; Wohnmobil-Stellplätze.*

Camping/Ferienanlage

Siljansbadets Campingplatz, *Långbryggevägen 4, ✆ 0248-56118, https://firstcamp.de/reiseziele/siljansbadet-raettvik. Zentral gelegene Anlage mit Campinghüttenverleih an einem wunderschönen, langen Sandstrand. Ab Ende April für den Sommer geöffnet.*

Fyrklöverns Stugby, *Vålsvedsvägen 41, ✆ 0248-10765, https://stugby.se. Hüttendorf in schöner Lage oberhalb des Siljansees mit 80 Holzhäuschen unterschiedlicher Größe.*

Jede Menge Natur – Blick auf den Siljansee

info

Das Dalapferd

In Schweden ist es das Wahrzeichen Dalarnas, weltweit gilt es als Nationalsymbol ganz Schwedens: das Dalapferdchen (*Dalahäst*), aus Holz geschnitzt, traditionell rot gefärbt und mit Sattel und Zaumzeug bemalt. Internationale Aufmerksamkeit zog erstmals ein großes Dalapferd auf sich, das anlässlich der Weltausstellung in New York 1939 vor dem Schwedenpavillon aufgestellt wurde. Wenig später konnte sich der Pferdchen-Hersteller Grannas Anders Olsson in dem pittoresken Dorf Nusnäs vor Aufträgen nicht mehr retten. 20.000 Holzpferdchen produzierte sein Familienbetrieb allein im folgenden Jahr, nachdem zuvor in den 1920er Jahren die alte Tradition in den Dörfern um Mora wieder lebendig geworden war.

Die Anfänge des Handwerks liegen im 18. Jh., als die armen Holzfäller während der langen Winterabende in den Hütten saßen und aus Holz Spielzeuge für ihre Kinder schnitzten. Dass die Figürchen meist Pferde darstellten, lässt sich auf die große Beliebtheit und den hohen Wert dieses Tieres auf dem Land zurückführen: Pferde halfen im Winter bei der schweren Arbeit in den Wäldern und im Sommer auf Äckern und Wiesen. Sie ermöglichten den Menschen Kontakte zu den Nachbardörfern, brachten sie zur Kirche, zum Markt und zur Mühle. Das Ausmalen der Holzpferdchen kam im 19. Jh. in Mode: Inspiriert von der Volksmalerei in Dalarna erhielten die Pferdchen einen farbenfrohen Anstrich. Blätter- und Blumenmotive wurden von den Bauernmöbeln übernommen.

Auch heute noch ist die Herstellung des beliebten Schwedensymbols weitgehend Handarbeit. Nur der Rohling aus Fichten- und Tannenholz wird maschinell gesägt, dann folgt die Arbeit mit dem Schnitzmesser. Nach dem Spachteln und Grundieren werden die meist zwischen 2 cm und 75 cm großen Pferdchen in rote, blaue oder schwarze Farbe getaucht. Nach dem Trocknen erhalten sie die typische dekorative Bemalung.

Nusnäs

In der näheren Umgebung lohnt ein kleiner Abstecher in das Dorf Nusnäs. Es liegt ca. 12 km südlich von Mora abseits der nach Rättvik führenden Straße 70 (Abfahrt bei Färnäs auf einem etwas kürzeren Nebenweg am See entlang oder von der Straße 70 bei Fu). Hier befindet sich das Zentrum der **Dalapferdchen**-Herstellung, ein beliebtes Mitbringsel vieler Touristen. Einst ein Spielzeug für arme Kinder, wurde das Pferdchen später das Symbol für die Dalarna und für Schweden. Nusnäs ist vor allem für Kinder ein attraktives Ziel.

Souvenirs

In Nusnäs lässt sich die Produktion der Dalapferdchen in zwei nebeneinander liegenden Betrieben verfolgen, auch Führungen sind buchbar:
Nils Olsson Dalahästar, *Edåkersvägen 17, ✆ 0250-37200, www.nilsolsson.se. Mo–Fr 9–18, Sa 10–15 Uhr.*
Grannas A Olssons Hemslöjd, *Edåkersvägen 24, ✆ 0250-37250, www.grannas.com. Mitte Juni–Mitte Aug. Mo–Fr 9–18, Sa/So 9–16 Uhr, sonst Mo–Fr 9–16, Sa 10–13 Uhr.*

Mora

Auf einer Landenge zwischen Orsa- und Siljansee gelegen, stellt die schöne Kleinstadt Mora einen wichtigen Verkehrsknotenpunkt dar: Hier treffen die E45 und der Rv. 70 zusammen, die Bahnstrecke Stockholm–Uppsala–Mora endet hier und vom Flughafen Mora-Siljan starten regelmäßige Flüge u. a. nach Stockholm. Die 20.000-Einwohner-Gemeinde mit kleinindustrieller Struktur zählt zu den beliebtesten Ferienorten Schwedens, nicht zuletzt dank zweier Namen: Gustav I. Vasa und Anders Zorn. Zur Erinnerung an den Schwedenkönig und dessen historischen Lauf zwischen Mora und Sälen im Jahr 1521 im Zusammenhang mit dem Befreiungskampf gegen die Dänen findet heute jährlich am ersten Märzwochenende der Vasalauf (S. 437) statt, das **berühmteste Skilanglaufrennen** der Welt, mit Ziel in Mora.

Ein geeigneter Ausgangspunkt für einen kleinen Stadtrundgang ist die Fußgängerzone Kyrkogatan, an deren Parallelstraßen es öffentliche Parkplätze gibt. An ihrem nördlichen Ende gelangt man auf die Vasagatan, an der das Zornmuseum und der Zornhof liegen.

Dass in Mora die Folklore lebendig ist und Spielmannsmusik und Volkstanz bei keinem sommerlichen Fest fehlen, ist sicher ein Verdienst des großen Malers **Anders Zorn**, in dessen Werk die Vorliebe für die Volkstraditionen nicht zu übersehen ist. Das 1939 eingeweihte **Zornmuseum** (Zornmuseet) mit einer Auswahl von Werken des Künstlers und einem beträchtlichen Teil seiner kunsthistorischen Sammlungen stammt von Ragnar Östberg, dem Architekten des *Stadshuset* in Stockholm. Gegenüber liegt der **Zornhof** (Zorngården), der ehemalige Wohnsitz von Anders Zorn und seiner Frau, in den der Künstler das Haus der Eltern seiner Mutter integrieren ließ. Das architektonisch eigenwillige Gebäude beherbergt zahlreiche Einrichtungsgegenstände von Ende des 19. und Anfang des 20. Jh. Zur Anlage gehört auch ein mittelalterliches Herdhaus, das Zorn als Atelier diente, sowie ein alter Vorratsbau und -speicher.
Zornmuseet, *Vasagatan 36, ✆ 0250-592310, https://zorn.se. Mitte Mai–Aug. tgl. 9–17, sonst Di–So 11–17 Uhr.*

Zorngården, *der Besuch ist nur im Rahmen einer Führung möglich, Mitte Mai–Aug. tgl. 9–17, Führungen alle halbe Stunde, Sept.–April Di–So Führungen um 13, 14 u. 15 Uhr, Sa/So auch 12 Uhr, ganzjährig tgl. eine Führung auf Englisch.*

Anders Zorn und seine Gattin vermachten dem schwedischen Staat ihr Vermögen, zu dem auch noch das 20 km außerhalb der Stadt am Österdalälv gelegene **Wildmarksatelier Gopsmor** (Gopsmorstugan) sowie **Zorns Gammelgård**, ein sehenswertes Freilichtmuseum, gehören. Zorns gammelgård, das auch Zorns Textiliensammlung enthält, liegt ca. 1 km südlich des Zentrums am Siljansee und ist über die kleine Hauptgeschäftsstraße Kyrkogatan in südwestlicher Richtung zu erreichen. Hier wurden auf die Initiative des Malers hin rund 40 z. T. mittelalterliche Blockhäuser in der Form eines geschlossenen Rechtecks angelegt.
Gopsmorstugan, *Omenvägen 40, Älvdalen; Juli–Mitte Aug. Sa/So 11–16 Uhr.*
Zorns gammelgård och Textilkammaren, *Yvradsvägen 3, ✆ 0250-592310, https://zorn.se. Juli–Mitte Aug. tgl. 11–16 Uhr.*

info

Anders Zorn

Der Name des auch über Schweden hinaus bekannten **Malers** ist aufs Engste mit Dalarna verbunden. Anders Zorn (1860–1920) wuchs bei seinen Großeltern in Mora auf. Seine Begabung führte ihn früh über die Königliche Akademie der Schönen Künste von Stockholm ins Ausland, wo er eine beeindruckende internationale Karriere als Maler, Grafiker und Bildhauer begann. Er reiste durch die Welt, später mit seiner Frau Emma Lamm, schuf über drei Jahrzehnte lang ein Meisterwerk nach dem anderen, porträtierte amerikanische Präsidenten (Grover Cleveland und William Howard Taft) und gelangte zu Ruhm und Geld. Zorn genoss das Leben in vollen Zügen, dazu gehörten übermäßiger Alkoholkonsum ebenso wie viele erotische Eskapaden. Die Sucht nach Anerkennung und seine Eitelkeit gab er immer offen zu. „Man hat mich niemals der Bescheidenheit in meiner Selbsteinschätzung beschuldigt."

Anders Zorns „Midsommardans"

Nach seiner endgültigen Rückkehr nach Schweden 1896 setzte sich Zorn für das durch die Verstädterung und Industrialisierung bedrohte Brauchtum seiner Heimatregion ein. Wie kaum einem anderen Maler gelang es ihm, die Spiegelungen des Wassers und die Wirkung des Lichts auf den menschlichen Körper darzustellen. Der nackte Frauenkörper in der freien Natur wurde zu seinem Lieblingsthema. Sein wohl berühmtestes Bild ist „Midsommardans" (Mittsommernachtstanz). Es ist im Stockholmer Nationalmuseum zu sehen und zeigt die Begeisterung der Menschen von der Wiederkehr des Lichts und die überschwängliche Lebensfreude nach dem langen dunklen Winter.

Der Vasalauf

info

2022 feierte der weltweit bekannte Vasalauf (Vasaloppet) sein hundertjähriges Jubiläum. Der **Skilanglaufwettbewerb** findet jedes Jahr am ersten Wochenende im März statt und geht über 90 km von Sälen bis nach Mora am Siljansee. Während 1922 noch 119 Teilnehmer starteten, nehmen inzwischen jährlich mehrere Zehntausend Menschen, vom Freizeitsportler bis zur internationalen Langlaufelite, an den verschiedenen Läufen während der Vasalaufwoche teil.

Die eigentliche Geschichte des Vasalaufs nahm bereits rund 400 Jahre früher ihren Anfang, zur Zeit der Union Schwedens mit Dänemark, als der junge Adelige Gustav Eriksson 1521 auf der Flucht vor Getreuen des Dänenkönigs Kristian II., genannt der Tyrann, nach Dalarna gelangte. Dort wollte er die Bewohner Moras für den Aufstand gegen Kristian II. gewinnen. Da diese sich jedoch unschlüssig zeigten und Gustav verraten wurde, sah er sich gezwungen, westwärts Richtung Norwegen zu fliehen. Doch als kurz darauf weitere Gewalttaten des dänischen Königs in Mora bekannt wurden, bereuten die Bewohner ihr Zögern und schickten zwei ihrer besten Skiläufer los, die Gustav in Sälen einholten und mit ihm nach Mora zurückkehrten, um Pläne für den Kampf gegen den verhassten Dänenkönig zu schmieden. 1523 wurde Gustav unter dem Namen **Gustav I. Vasa** zu Schwedens erstem König gewählt. Sälen ist somit nicht nur der Startpunkt für eine der größten Skilanglaufveranstaltungen der Welt, sondern auch für die Geschichte ganz Schwedens.

Mittlerweile ist aus dem Vasalauf eine ganze **Vasawoche** geworden: Neben dem Hauptlauf (Vasaloppet) werden die Veranstaltungen Halbe Strecke (Halvvasan), Kurzlauf (Kortvasan), Staffellauf (Stafettvasan) und Frauenlauf (Tjejvasan) sowie Kinder- und Jugendläufe (Barnens Vasalopp, Ungdomsvasan) ausgetragen. Zudem besteht die Möglichkeit, eine Woche vor dem Großereignis in der Öppet spår, der **offenen Loipe**, zu laufen. 2017 kam mit dem Nattvasan ein **Paarlauf in der Nacht** hinzu. Populär sind inzwischen auch die Mitte August stattfindenden Wettkämpfe Cykel Vasan mit dem **Mountainbike** und der **„Marathonlauf"** Ultravasan 90, beide jeweils 90 km lang, sowie das 2018 eingeführte Vasaloppstrippeln, bei dem man innerhalb eines Jahres in Mora die 90-km-Strecke mit Ski, dem Rad und zu Fuß zurücklegen muss.

Im Mittelpunkt des Interesses der sportbegeisterten Nation steht aber nach wie vor der Vasalauf, der morgens um 8 Uhr startet. Wer nicht am Ort des Geschehens ist, kann im Fernsehen oder am Radio mitverfolgen, wie die besten Läufer nach etwa vier Stunden die Ziellinie in Mora unter dem Motto „I fäderns spår för framtids segrar" („In der Spur der Vorfahren für zukünftige Siege") überqueren.

Wer sich stark genug fühlt, am Vasalauf teilzunehmen, kann sich für den Hauptlauf im März oder für die gleiche Strecke – etwas geruhsamer – einige Tage vorher zu den Öppet-Spår-Veranstaltungen anmelden. Anmeldung/Infos unter www.vasaloppet.se.

Zwischen dem Zornmuseum und der Hantverkargatan liegt mit **Lisselby** ein Anfang der 1980er Jahre erbauter Stadtteil, in dem sich die Architekten an der traditionellen Bauweise orientiert haben. Hier wohnen und arbeiten Menschen in einer Umgebung mit variantenreichen Häusern und Wohnungen, Werkstätten und kleinen Lädchen.

Auf der anderen Seite des Zornhofs schließt sich die im 15. Jh. erbaute **Kirche** mit dreischiffiger Halle an, deren Mauern teilweise älter sind. Der nach einem Brand erneuerte

Vasalauf für jedermann

Turmhelm stammt ebenso aus dem 17. Jh. wie der Glockenturm der Kirche, die recht einfach eingerichtet ist. An der Vasagatan unweit der Kirche wurde zu Zorns Ehren ein Denkmal errichtet.

Folgt man der Vasagatan in nordöstlicher Richtung, sieht man schon das Ziel des legendären Vasalaufs mit der Inschrift „I fädrens spår för framtids segrar“, an dem sich das 2017 erweiterte **Vasalauf-Museum** befindet. Hier wird die gut hundertjährige Geschichte dieses Großereignisses auf unterhaltsame und interaktive Weise dokumentiert. **Vasaloppsmuseet**, *Vasaloppets Hus, Vasagatan 30, ✆ 0250-39200, www.vasaloppet.se. Mo–Mi, Fr 8–16.30, Do bis 15 Uhr.*

Natur- und Sportbegeisterte können das **Naturreservat Vasaloppsarenan**, das sich von Sälen im Westen bis Mora im Osten erstreckt, das ganze Jahr über erkunden. Die Strecke besteht aus drei Wegen, die je nach Fortbewegungsmittel ausgeschildert sind: Der *Vasaloppsleden* eignet sich zum Wandern oder Laufen, der „Cykelvasaleden“ zum Fahrradfahren, und im Winter ist die Vasaloppsspåret für Skilangläufer zugänglich. Für Wanderer sind insgesamt neun Übernachtungshütten (*stugor*) an acht Stellen längs des Wegs verteilt, diese können online über *www.visitdalarna.se* gebucht werden.

Reisepraktische Informationen Mora

Hotel

Moraparken Hotel €€€, *Parkvägen 1, ✆ 0250-27600, https://firstcamp.se/destination/moraparken-dalarna. Familienhotel in schöner Lage am Österdalälven, 800 m vom Zentrum entfernt. 50 gut ausgestattete, geräumige Zimmer, Restaurant, Terrasse und Garten, Sauna, Fahrradverleih. Neben dem Hotel befindet sich der angeschlossene Campingplatz* **First Camp Moraparken** ****, *eine komfortable Anlage mit Vermietung von Ferienhäusern und Campinghütten.*

Jugendherberge

STF Mora Målkullan Vandrarhem, *Björnramsgatan 2, ✆ 0250-38196, www.malkullan.se. Zentral am Vasaloppsmuseum gelegene Herberge mit Gemeinschaftsküche und Garten mit Grillplatz, Sauna.*

Camping

Sollerö Camping, *Levsnäs, ✆ 0250-22230, https://sollerocamping.se. Auf der Insel Sollerö gelegene, ganzjährig geöffnete, große Anlage mit vielen Outdoor-Aktivitäten und Campinghüttenverleih. Bestens geeignet für alle, die die Gegend rund um den Siljan erkunden möchten.*

Orsa

Das kleine Städtchen liegt am **Orsasee**, der durch eine schmale Wasserstraße, den Moranoret, mit dem Österdalälven und dem Siljansee verbunden ist. Das Zentrum musste nach einem Brand 1901 neu aufgebaut werden. Die ursprünglich aus dem 14. Jh. stammende Kirche weist einige Kalkmalereien aus dem 16. sowie einen Taufstein aus dem 14. Jh. auf. Heute ist Orsa ein beliebter Sommer- und Winterferienort. Am Ufer des Orsasees lockt mit einem kilometerlangen Sandstrand das populäre Freizeitgebiet, auch als „Dalarnas Riviera" bekannt, mit Campingplatz, Ferienhausdorf und vielen Aktivitätsmöglichkeiten.

Das attraktive Ausflugsgebiet **Orsa Grönklitt** reizt mit idealen Angel-, Wasser- und Wintersportmöglichkeiten (15 Lifte, 23 Abfahrten in allen Schwierigkeitsgraden, 80 km Loipen, 9 km davon beleuchtet, *weitere Information unter www.orsagronklitt.se*). Bis Ende 2022 strömten Besucher aus nah und fern zum Orsa-Raubtierpark, einem der größten Wildgehege Europas mit u. a. Braunbären, Wölfen, Luchsen, Kodiak-Bären, Eisbären, Amur-Tigern und Schneeleoparden. Wegen wirtschaftlicher Schwierigkeiten musste die Anlage aber geschlossen werden, die Tiere fanden in diversen europäischen Zoos ein neues Zuhause.

Für Naturliebhaber bieten sich in Orsa viele Ausflüge in die nähere Umgebung an. Zwei sehr eindrucksvolle Szenerien hat der Fluss Ämån geschaffen. Um sie zu besuchen, fährt man von Orsa über die E45 nach Norden und biegt nach ca. 3 km rechts auf die Straße 296 (Richtung Skattungbyn) ab. Nach weiteren 4 km hält man sich in Mässbacken am Wegweiser „Orsa Tallheds Flygplats/Storstupet" links und folgt der Ausschilderung zur malerischen Schlucht **Storstupet**, die mit einem kleinen Wasserfall und hoch darüber der Bogenbrücke der Inlandsbanan aufwartet. Noch einige Kilometer weiter bringt einen der unasphaltierte, aber gut befahrbare Weg zum Parkplatz am Canyon **Helvetesfallet**. Ein rund 200 m langer, ziemlich steiler Pfad führt vom Parkplatz hinab in die Schlucht, die wegen der 30 m hohen Felswände, aber auch wegen des Wildwassers und einer artenreichen Vegetation sehenswert ist. Bis Ende 2023 soll der Pfad durch eine Treppe sicherer gemacht werden. Wanderer können die Gesamtstrecke auch ohne Auto auf dem Siljansleden Hällorna zurücklegen.

Reisepraktische Informationen Orsa

Hotel

Fryksås Hotell & Gestgifveri *€€€–€€€€, Fryksåvägen, ✆ 0250-46020, www.fryksashotell.se. 13 km nordwestlich von Orsa liegt diese wunderschöne Herberge, Mitglied der*

Countryside Sweden Hotels. Einst eine der schönsten Sennereien Dalarnas, dienen die rustikalen Holzhäuser, die bis ins 16. Jh. zurückgehen, heute als Hotel mit zwei Einzel-, zehn Doppelzimmern und fünf Mini-Suiten. Das Restaurant mit herrlicher Aussicht auf die Seen Siljan und Orsa ist tgl. 12–15 zum Lunch und ab 16 Uhr zum Abendessen geöffnet. In der Anlage gibt es u. a. Sauna und Whirlpool und es werden Aktivitäten wie Schneescooter-Fahrten oder Touren mit dem Tretschlitten organisiert.

Jugendherberge

STF Vandrarhem Orsa, *Gillevägen 3, ✆ 070-2550418, www.orsavandrarhem.se. 1 km östlich von Orsa-Zentrum gelegene Herberge mit Aussicht auf den Orsasee. Zwei- und Mehrbettzimmer, z. T. mit eigenem Bad, Selbstversorgerküche, Fahrradverleih.*

Camping

Orsa Camping, *Bowlingvägen 1, ✆ 0250-670300, https://firstcamp.de/reiseziele/orsa-dalarna. Am Orsasee nahe der Kirche gelegener und ganzjährig geöffneter Fünf-Sterne-Campingplatz, der als einer der besten Schwedens gilt, mit Campinghütten, Ferienhäusern und Hotelzimmern. Angeln und Baden im See (flacher Sandstrand, mit Wasserrutsche), gutes Lunch-Restaurant Brasserie Udden.*

In Schwedens Wäldern gibt es noch freilebende Braunbären

Sollerön

Auf der 10 km entfernten Insel Sollerön, der größten Insel des Siljansees, liegt die **größte Wikingergrabstätte** des Landes. Von hier stammen die meisten der bekannten Kirchboote. Angeln, Golf, Rudern und Kanufahren sind nur einige der Freizeitaktivitäten, die am Bade- und Campingplatz Sollerön angeboten werden.

Über eine Brücke ist Sollerön mit der Stadt **Gesunda** auf dem Festland verbunden, die mit kleinen Feriendörfern und dem **Tomteland** lockt, der Heimat des schwedischen Weihnachtsmanns. Der Freizeitpark führt die Kinder in die Welt der Abenteuer und Märchen und hält sommers wie winters neben Gesang, Tanz und Theater auf der Buhne und in den umgebenden Wäldern zahlreiche Aktivitäten bereit. Darüber hinaus bietet der **Gesundaberg** ein großes **Mountainbike-Zentrum** mit idealen Downhill-Fahrten sowie mit fünf Liften, elf Abfahrten und mehreren gespurten Loipen tolle Möglichkeiten zum **Skifahren**. Kostenlos ist die schöne Aussicht vom Gesundaberget. War der Sommer nicht zu trocken, kann man hier am Hang reichlich schmackhafte Blaubeeren pflücken.
Sagolandet Tomteland, *Gesundabersvägen 80, ✆ 0250-28770, www.tomteland.se. Mitte Juni–Mitte Aug. und in den Weihnachtsferien tgl. 10–16, sonst an Wochenenden 10–16 Uhr.*

Siljansnäs

15 km westlich von Leksands Zentrum genießt man in Siljansnäs vom Björkberget eine herrliche Aussicht auf Siljan und Österviken. An einem Hang liegt das **Freilichtmuseum MasOlles**.
MasOlles gammelgård, *Långåkersvägen 10, ✆ 0247-22930. Ende Juni–Juli Do–Mo 14–17 Uhr Führungen.*

Lohnend ist auch der Besuch im **Naturum** (mit Aussichtsturm und Naturpfad), der über Geologie, Fauna, Flora und Kultur in Dalarna informiert.
Naturum Dalarna, *Buffils Annas väg 36, ✆ 010-2250329, www.naturumdalarna.se. April Mi–So 10–16, Mai/Juni tgl. 10–16, Juli/Aug. tgl. 10–17, Sept. Mi–So 10–16, Herbstferien tgl. 10–16 Uhr, freier Eintritt.*

9. DER NORDEN

Überblick

Norrland nennen die Schweden den weiten, menschenleeren Raum im Norden ihres Landes, der alles andere als ein geografisch klar definiertes Gebiet darstellt. Die natürlichen, klimatischen und industriellen Voraussetzungen dort sind voller Kontraste. Der langen Dunkelheit im Winter steht die Lichtflut im Sommer gegenüber. Hier zeigen sich die Jahreszeiten ausgeprägter als im Landessüden, die Temperaturunterschiede zwischen dem Süden und Norden Schwedens fallen im Winter erheblich größer aus als im Sommer. Wenn man von Norrland spricht, meint man in Schweden die fast 60 % der Landesfläche, die die Provinzen *(län)* **Gävleborg**, **Västernorrland**, **Jämtland**, **Västerbotten** und **Norrbotten** einnehmen, in denen aber mit rund 1,2 Mio. Bewohnern nur 11,4 % der Bevölkerung des Landes leben. Während die Bevölkerungsdichte in Schweden im Schnitt bei 25,4 Einwohnern pro km² liegt, sind es in Norrland gerade mal 4,6 pro km² (zum Vergleich: In Deutschland leben etwa 238 Menschen pro km²). Mit **Lappland** wird Schwedens nördlichste und größte Landschaft bezeichnet, der nördliche Teil des inneren Norrland.

Die ersten Siedler kamen vor rund 5.000 Jahren von der nordnorwegischen Küste nach Norrland. In der Völkerwanderungs- und Wikingerzeit (500–1050) begannen die Menschen, Flächen in den Flusstälern landwirtschaftlich zu nutzen, der Handel mit Fisch, Pelzen und Wild gewann an Bedeutung. Im Mittelalter wuchs die Bevölkerung spürbar, und nördlich des heutigen Umeå wurden Flächen gerodet, um die Grenzen nordwärts zu sichern. Auf das 16. Jh. gehen die Grundlagen der gegenwärtigen Siedlungsstruktur entlang der Norrlandküste zurück. Städte wie **Gävle**, **Hudiksvall** und **Härnösand** wurden gegründet, wenig später folgten Küstenstädte wie **Sundsvall**, **Umeå**, **Piteå**, **Luleå** und **Torneå**.

Im 18. Jh. wollte man staatlicherseits die Siedlungsgrenze weitestgehend nach Norden verschieben. Im Zuge der Expansionspolitik lockte man Bauern als Neusiedler, indem man ihnen mindestens 15 Jahre Steuerfreiheit versprach. Zu einem kräftigen Bevölkerungsanstieg im Binnenland führte die **Entwicklung der Forstwirtschaft** in der ersten Hälfte des 19. Jh., zumal frühere Handelsbeschränkungen aufgegeben wurden, die Schiffe daran gehindert hatten, nördlich von Stockholm anzulegen, und ausländische Fahrzeuge von norrländischen Häfen ferngehalten hatten. Positiv auf den Wachstumsprozess wirkte sich auch die Aufhebung der englischen Schutzzölle auf Holz aus, sodass die Nachfrage in Norrland spürbar anstieg. Die Verwendung von **Dampfsägen** beschleunigte zusätzlich den rasanten Aufschwung in der Forstwirtschaft. Kurz vor der Wende zum 20. Jh. begann man mit dem Abbau der wertvollen Lapplanderze. In der Folge nahm in der zweiten Hälfte des 19. Jh. die Bevölkerung durch Zuwanderung stark zu, in den südlichen Provinzen mit durchschnittlich 10.000 Personen jährlich. Der Wald ist auch im 21. Jh. weiterhin der Grundpfeiler der norrländischen Wirtschaft, heute vor allem mit der Zellulose- und Papierindustrie. Aus rein wirtschaftlicher Perspektive ist allein die Energiegewinnung aus der Wasserkraft von übergeordneter Bedeutung, denn ein Großteil der schwedischen Wasserkraftleistung stammt aus den fünf Nordprovinzen.

Von Gävle nach Haparanda

Die gut ausgebaute und relativ wenig befahrene **E04** ist Schwedens zweitlängste Europastraße und durchquert das Land fast vollständig vom Süden bis in den Norden. Der nördliche Teil ab Gävle verläuft stets an der Ostseeküste entlang, bis Haparanda an der finni-

Nordschweden
N
0
100 km
© igraphic
NORDMEER
Nördlicher Polarkreis
NORWEGEN
FINN-LAND
Norrbotten
Lappland
Västerbotten
Ångermanland
Jämtland
SCHWEDEN
Medelpad
Hälsingland
Dalarna
Gastrikland
Uppland
Värmland
FINNLAND
Bottnischer Meerbusen
OSTSEE
Åland (Ahvenanmaa)
ESTLAND
Hiiumaa
Abisko Turiststation
Nationalpark Abisko
Eishotel
Nationalpark Padjelanta
Nationalpark Stora Sjöfallet/Stuor Muorkke
Nationalpark Sarek
Nationalpark Svartisen
Nationalpark Muddus
Nationalpark Pieljekaise
Ajtte-Svenskt fjäll- och samemuseum
Silbermuseum
Nationalpark Haparanda Skärgård
Museum Jamtli
Nationalpark Sånfjället
Nationalpark Hamra
Narvik
Kiruna
Luleå
Umeå
Östersund
Sundsvall
Gävle
Mora
Uppsala
STOCKHOLM
OSLO
Trondheim
Vaasa/Vasa
Pori
Turku/Åbo
Lofoten
Vesterålen
Bodø
Mo i Rana
Jokkmokk
Gällivare
Arjeplog
Haparanda
Kemi
Tornio
Boden
Piteå
Skellefteå
Härnösand
Hudiksvall
Söderhamn
Borlänge
Falun
Västerås
Örebro
Karlstad
Södertälje
Norrtälje
Mariehamn

schen Grenze sind insgesamt 870 km zurückzulegen. Der Raum der **Nordkalotte**, der Gebiete nördlich des Polarkreises, lockt mit Mitternachtssonne und Polarlicht, den Weiten des Fjälls, endlosen Wäldern und den tosenden Flüssen und fischreichen Gewässern im **Land der Samen**.

Redaktionstipps

▸ Stenstaden, die Steinstadt in **Sundsvall** (S. 448).
▸ Leckerbissen für Brücken-Fans: Auf der Strecke liegen einige der imposantesten Brückenbauten Schwedens, darunter die **Sundsvallbrücke** (S. 448), die **Alnöbrücke** (S. 450) und die riesige **Höga-Kusten-Hängebrücke** (S. 452).
▸ Murbergets Freilichtmuseum in **Härnösand** (S. 451).
▸ Höga Kusten, die Hohe Küste zwischen **Härnösand** und **Örnsköldsvik** (S. 452).
▸ Kilometerlange Sandstrände um **Piteå** und **Pite Havsbad** (S. 458).
▸ Die Kirchstadt Gammelstad und Norrbottens Museum mit Ausstellungen zur Kultur der Samen in **Luleå** (S 459).

Gävle

Die Provinzhauptstadt von **Gästrikland**, wahrscheinlich 1446 angelegt, ist die älteste Norrlands und liegt gerade einmal 180 km von Stockholm entfernt. Von Anfang an waren Handel und Seefahrt wichtige Wirtschaftszweige und auch heute noch spielt der Hafen der 79.000-Einwohner-Stadt als einer der größten des Landes eine wichtige Rolle. Im Jahr 1869 legte eine Feuersbrunst große Teile Gävles in Schutt und Asche. Durch den Wiederaufbau mit der Achse der Esplanade und vielen architektonischen Perlen bekam der Ort ein großstädtisches Gepräge. Die so entstandene Neustadt findet sich nördlich des gewundenen und vielfach überbrückten Flüsschens **Gavleån**, das Gävle von West nach Ost durchzieht. Am **Rathaus** (1890) nimmt, flankiert vom Stadthaus, die Sichtachse der **Esplanade** ihren Anfang und führt dann an Skulpturen und Brunnen vorbei auf das schöne **Theatergebäude** (1878) zu.

Geht man unmittelbar südlich des Rathauses am Flussufer nach Osten (Richtung Bahnhof und Gästehafen mit Touristeninformation), passiert man das hochherrschaftliche **Grand Hotel** von 1901. Ihm gegenüber, am südlichen Ufer des Gavleån, präsentiert das **Provinzmuseum Gävleborg** umfangreiche Sammlungen zur Kunst- und Kulturgeschichte der Region, ferner wird Keramik der Porzellanfabrik Geffle gezeigt sowie eine Textilsammlung aus dem frühen 20. Jh.
Länsmuseet Gävleborg, *Södra Strandgatan 20, ✆ 026-655635, www.lansmuseetgavleborg.se. Di–Fr 11–17, Mi bis 20, Sa/So 12–16 Uhr, freier Eintritt.*

Wenige Gehminuten weiter südlich lohnt sich ein Bummel durch **Gamla Gefle**, das wohl schönste Quartier der Stadt mit sorgfältig renovierten Häusern aus dem 17. und 18. Jh., die immer noch bewohnt sind. Hier erinnert das kleine **Museum** im Geburtshaus von **Joe Hill** an den 1902 nach Amerika ausgewanderten Schweden, der als kämpfender Gewerkschafter zu Unrecht des Mordes angeklagt und hingerichtet wurde.

Vom Rathaus aus verbinden zwei Brücken die Esplanade mit dem südlichen Flussufer und dem Schlossplatz, auf dem jedes Jahr am 1. Dezember der gigantische **Gävlebock** aufgestellt wird. Dieser 13 m hohe, 7 m lange und 3 t schwere Ziegenbock aus Stroh ist Gävles bekanntestes Wahrzeichen, das schon oft wegen Brandstiftung in Flammen aufging. Das **Schloss** selbst (**Gävle Slott**, *Södra Kansligatan 2*) stammt aus dem 16. Jh., erhielt sein heutiges, wenig spektakuläres Aussehen jedoch durch den Wiederaufbau nach dem großen Stadtbrand.

An das Schlossareal schließt sich das alte Gefängnis an, das heute in zwei Gebäuden das sehenswerte **Gefängnismuseum** beherbergt und mit gut 3.000 Exponaten die Lebens-

umstände von schwedischen Gefangenen dokumentiert – von Ketten und Lederkappen aus dem 17. Jh. bis hin zu eingeschmuggelten Handys der Jetztzeit.
Sveriges Fängelsemuseum, *Hamiltongatan 1–3, ✆ 026–654430, http://sverigesfangelse museum.se. Ganzjährig Mi–Sa 12–16 Uhr, Ende Juni–Mitte Aug. Di–So.*

Bereits auf den ältesten Karten Gävles aus dem 17. Jh. sind das Schloss sowie die **Heilige Dreifaltigkeitskirche** (Heliga Trefaldighetskyrkan, *Kyrkogatan 1*) verzeichnet. Von hier aus kann man schön durch Parkanlagen am südlichen Flussufer entlangspazieren, vorbei an der alten Brücke (Gammelbron) zum zylinderförmigen **Konzerthaus**, das 1998 eingeweiht wurde und dessen Fassade aus 138.000 blauen Fliesen gestaltet ist. Gegenüber auf der anderen Flussseite stellt die Skulpturengruppe „**Fünf musizierende Engel**" von Carl Milles (1948) ein beliebtes Fotomotiv dar. In dessen Nachbarschaft erhebt sich die **Dreifaltigkeitskirche** von 1654, eine dreischiffige Steinkirche mit schönen Sternengewölben, Kanzel, Altaraufsatz von 1660 und einem mittelalterlichen Taufbecken.

Liebhaber von Hochprozentigem sollten einen 2-km-Ausflug nach Westen unternehmen. Dort hat, unmittelbar hinter dem Kreuz der E16/E4, die renommierteste skandinavische Whisky-Brennerei ihren Hauptstandort. Das **Mackmyra Whisky Village** empfängt Besucher mit einem Visitor Center, der modernen und architektonisch auffälligen Gravity-Destillerie, einem Skogslagret (Waldlager) und einem sehr guten Restaurant. Die Verkostungen von Whisky und Gin finden in einem verglasten Raum auf dem Turm der Destillerie statt, mit tollem Blick über die Stadt bis zur Ostsee. Wer keine Zeit für einen Besuch dort hat, kann auf der Website auch eine *Gravity Distillery Online Tour* unternehmen.
Mackmyra Whisky, *Kolonnvägen 2, ✆ 026-541880, https://mackmyra.com.*

Ca. 11 km südlich von Gävle, zwischen der Straße 76 und der Ostsee, ist die Erlebniswelt **Furuviksparken** ein populäres Sommer-Reiseziel. Der Park lockt mit Wasserrutschen, Fahrgeschäften und einer Bühne, auf der viele Konzerte stattfinden, zudem mit einem Zoo (besonders großer Bestand an Schimpansen), Wanderwegen, Strand und Yachthafen. Es gibt mehrere Restaurants, einen modernen Campingplatz, auf dem auch Hütten und Safarizelte zur Verfügung stehen, sowie ein erstklassiges Hotel. Man kann den Furuviksparken von Gävle aus auch mit dem Zug (der Bahnhof liegt direkt gegenüber dem Parkeingang) oder mit dem regelmäßig verkehrenden Wasserbus (Limöbåten) erreichen.
Furuviksparken, *Dannemansvägen 4, ✆ 010-7087000, www.furuvik.se. Mai–Aug. tgl. geöffnet.*

Reisepraktische Informationen Gävle

Information

Gävle Turistcenter, *Södra Skeppsbron 15, ✆ 026-177117, www.visitgavle.se. Im Sommer Mo–Fr 8–17 Uhr, sonst per E-Mail und Telefon erreichbar.*

Hotels

Clarion Hotel Winn €€€–€€€€€, *Norra Slottsgatan 9, ✆ 026-647000, www.strawberryhotels.com. Renommiertes Hotel, 700 m vom Hauptbahnhof Gävle entfernt, mit 200 gut ausgestatteten Zimmern, Innenpool, Sauna und Fitnesscenter. Das Hotelrestaurant Brasserie Absint lockt mit saisonal wechselnder Speisekarte, zusätzlich gibt es eine Cocktaillounge.*
Elite Grand Hotel €€€–€€€€€, *Kyrkogatan 28, ✆ 026-4007300, www.elite.se. Wahres „Grand Hotel" in einem Prachtbau aus dem Jahr 1901 in Bahnhofsnähe am Ufer des Flusses Gav-*

leån. Elegante Inneneinrichtung, sehr gutes Restaurant Grands Veranda, 124 komfortable Zimmer, Whirlpool, Sauna, Fitnessraum.

Camping

Gävle Camping Engesberg, *Solviksvägen 7, ✆ 0703-227270, www.campinggavle.se. 12 km nordöstlich von Gävle am Meer gelegener, terrassenförmig angelegter Platz (über die Straße nach Bönan zu erreichen) für Zelte und Wohnwagen, zwölf einfache Campinghütten, Sandstrand, Kajak-Verleih, geöffnet Mai–Sept.*

Söderhamn

Rund 75 km nördlich von Gävle, an der Mündung des Flusses Söderhamnsån in den Bottnischen Meerbusen, befindet sich Söderhamn (ca. 12.000 Einwohner). Die in Hälsingland im Übergangsbereich zum Norden liegende Kleinstadt wurde einst als Fischerhafen errichtet und 1620 zur Stadt erhoben, heute wird sie von der holzverarbeitenden Industrie geprägt. Früher wurden hier Waffen produziert: In der Gewehrbohrerei von 1747 ist mittlerweile das **Stadtmuseum** untergebracht, in dem neben Sonderausstellungen die Geschichte Söderhamns vom 17. bis 20. Jh. aus der Sicht der Bewohner geschildert wird. Das Rathaus wurde in den Jahren nach dem Großbrand von 1876 errichtet. Auch die meisten Holzhäuser im Stadtteil Öster, in dem einst die Fischer lebten, stammen aus dem 19. Jh., da der Ort von mehreren verheerenden Bränden heimgesucht wurde.
Söderhamns Stadsmuseum, *Oxtorgsgatan 5, ✆ 073-8316720, www.foreningensm.se. Variierende Öffnungszeiten, je nach Ausstellung.*

Älter ist lediglich die Ende des 17. Jh. von Nicodemus Tessin dem Jüngeren entworfene **Ulrika-Eleonora-Kirche** *(Rustkammaregatan 8)* mit ihrem kreuzförmigen Grundriss, die als eine der schönsten Kirchen Norrlands gilt. Sehenswert wegen ihrer Decken- und Gewölbemalereien ist ebenfalls die gut erhaltene mittelalterliche Kirche **Enånger** (*Enångersvägen 7*), an der man auf der Reise nach Norden ca. 30 km südlich von Hudiksvall vorbeikommt.

Hudiksvall

Das 55 km nördlich von Söderhamn gelegene Hudiksvall im östlichen Hälsingland (17.000 Einwohner) wurde 1582 gegründet und ist somit nach Gävle die zweitälteste Stadt Norrlands. 1721 brannten russische Truppen die Stadt nieder, nur die Kirche ist aus der Zeit davor übriggeblieben.

Fiskarstaden, die Fischerstadt, ist sicherlich eines der am besten bewahrten Holzhausviertel des Landes, gebaut in den 1790er Jahren. Was vor rund 120 Jahren mit den vielen Sägewerken an der Küste begann, findet in der Gegenwart seine Fortsetzung in der Holzverarbeitung. Hudiksvall ist ein wichtiger Exporthafen für Holzwaren und Zellstoff.

Am Südwestende des Sees Södra Dellen, etwa 30 km von Hudiksvall an der Straße 84, befindet sich das ländliche **Delsbo**. In Schweden ist es wegen seiner jährlichen **Spelmansstämma** bekannt, einem Fest der Volksmusik, das seit 1952 immer am ersten Sonntag im Juli Tausende von Musikern aus dem ganzen Land anlockt. Das **Trachten- und Textilmuseum** (Dräkt- och Textilmuseum, *Ås 106*) zeigt u. a. die lokale Delsbo-Tracht (*Delsbodräkten*).

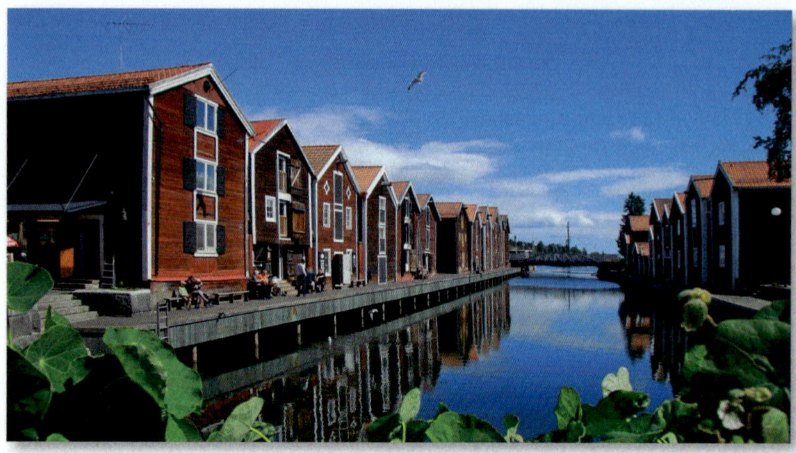

Hudiksvaller Holzhausviertel Fiskarstaden

Reisepraktische Informationen Hudiksvall

Hotels

Quality Hotel Statt *€€€–€€€€, Storgatan 36, ✆ 0650-15060, www.strawberry.se. Außen wie innen eindrucksvolles Gebäude von 1878, zentral und 5 Gehminuten vom Hafen entfernt gelegen, 115 klassisch eingerichtete und geräumige Zimmer, Wellnessbereich mit Sauna, Fitnessraum und Pool, hoteleigenes elegantes Restaurant, Sportbar O'Learys im amerikanischen Stil.*

Strandpiren *€€€, Sjötullsgatan 15, ✆ 0650-10444, https://strandpiren.se. Neueres Holzgebäude direkt am Wasser und 10 Gehminuten vom Zentrum entfernt, 28 praktisch eingerichtete Zimmer, sehr gutes Restaurant, große Außenterrasse.*

Jugendherberge/Camping

Malnbadens Camping & Vandrarhem, *Malnvägen 34, ✆ 0650-13260, www.malnbadenscamping.com. Schöne, großzügige Anlage am Meer mit großem Sandstrand, 4 km vom Zentrum entfernt. Jugendherberge mit 2- und Mehrbettzimmern, Zelt- und Wohnwagenplatz, Hütten unterschiedlicher Kategorie bis hin zum 10-Bett-Ferienhaus mit Bad, vollausgestatteter Küche und Terrasse, Sauna, Restaurant, Mai–Okt. geöffnet.*

Sundsvall

Wer vor 2015 auf der E04 nach und durch Sundsvall fuhr, hatte als Autofahrer in verkehrsreichen Zeiten manchmal zu leiden, denn die Europastraße ging mitten durch die Stadt, mit zwölf Ampeln und 58 Kreuzungen. Inzwischen ist die Europastraße südlich und nördlich der Stadt aufwändig ausgebaut, wozu allein 33 Brücken gehören. Die größte und imposanteste von allen, die **Sundsvallbrücke** über die Ostseebucht Sundsvallsfjärden, ist das neue Wahrzeichen der Stadt. Mit 2.109 m (1.420 m zwischen den Ufern) ist das elegante, 33 m hohe Bauwerk die **drittlängste Brücke Schwedens**, ihre Benutzung kostet eine minimale Maut (9 SEK).

Die zwischen zwei Berghöhen gelegene Stadt ist etwa 85 km von Hudiksvall entfernt. Mit rund 59.000 Einwohnern ist Sundsvall die einzige Stadt der historischen Provinz **Medelpad** (mittlerer Pfad), ein Name, der wohl auf den alten, 580 km langen Handels- und Pilgerweg Sankt Olofsleden (die heutige E75) hinüber nach Trondheim in Norwegen zurückzuführen ist. Die Stadt am Meer erlebte im 19. Jh. einen lebhaften Aufschwung, als rund 40 Sägewerke vor allem den sogenannten Holzpatronen Wohlstand und Reichtum bescherten. Hier fand 1879 Schwedens erster Industriearbeiterstreik statt, an dem sich Tausende von Sägewerksarbeitern beteiligten. Er wurde mit Hilfe des Militärs niedergeschlagen. Heute ist Sundsvall Verwaltungs-, Einkaufs-, Hafen- und Industriestadt, administratives Zentrum der Forstindustrie sowie seit 2005 auch Universitätsstadt.

Der größte Stadtbrand in der Geschichte Schwedens vernichtete die Holzstadt im Sommer 1888, am gleichen Tag, an dem auch Umeå in Flammen aufging. Die vermögenden und gut versicherten Bürger ließen wenig später mit **Stenstaden**, der Steinstadt, einen neuen Stadtkern ausschließlich aus Steinhäusern errichten. Großhändler und Sägewerksbesitzer holten die besten Architekten und Handwerker nach Sundsvall, viele davon vom soeben fertiggestellten Prachtboulevard Strandvägen in Stockholm. So entstanden fast schon mondäne Plätze wie der **Stora Torget**, vornehme Stadtpaläste wie das **Hirschska huset** (*Torggatan 6–8*) und noble Herbergen wie das 1891 gebaute **Hotell Knaust** (*Storgatan 13*). Angesichts dieser Pracht verwundert es nicht, dass für viele Schweden die Sundsvaller Stenstaden die schönste Innenstadt des Landes ist. Leider gibt es auch eine Schattenseite: Der hart umkämpfte Drogenmarkt der Stadt mit Bandenkriminalität und Gewaltverbrechen war 2022/23 ein großes Thema in der schwedischen Öffentlichkeit.

Einen guten Überblick über die Geschichte Sundsvalls erhält man im auch sonst sehenswerten **Kulturmagazin**. Es besteht aus vier renovierten Speicherhäusern, die in kühner Glasarchitektur miteinander verbunden sind. Der Komplex vereint eine Bibliothek, das städtische Museum, eine Touristeninformation und das Archiv zur Region Medelpad.
Kulturmagasinet, *Packhusgatan 4, ✆ 060-191800, www.sundsvall.se/kulturmagasinet. Mo–Do 10–19, Fr bis 18, Sa/So 11–16 Uhr, freier Eintritt.*

Außer der Steinstadt machen die natürliche Umgebung mit Meer, Fluss und Hügeln sowie die entsprechenden Outdoor-Möglichkeiten den Reiz Sundsvalls aus. Die beiden „Hausberge“ bieten zudem eine fantastische Aussicht auf die Stadt. Nördlich des Zentrums ist der **Norra Stadsberget**, ca. 115 m hoch, mit einer Kombination aus Natur, Kulturgeschichte, Gastronomie, Läden, Aussichtsturm, Spiel- und Grillplätzen als „grüne Oase“ ei-

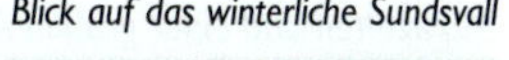

Blick auf das winterliche Sundsvall

nes der beliebtesten Ausflugsziele der Gegend. Hier befinden sich auch das wunderschöne **Freilichtmuseum Norra Berget** sowie die Jugendherberge Gaffelbyn. Der „Berg" ist mit dem Auto erreichbar, schöner aber ist die 20-Minuten-Wanderung über den Bohlen- und Treppenweg mit vielen Sitzgelegenheiten.
Norra Berget, *Gustaf Adolfsvägen 18 B, ✆ 060-191200, www.norraberget.se.*

Südlich der Innenstadt hat der Norra Berget sein Pendant im 240 m hohen **Södra Berget**. Dieses große Naherholungsgebiet ist ein Traum für Wanderer, Jogger, Skilangläufer und andere Outdoor-Begeisterte. Hoch oben befindet sich das Hotell Södra Berget.

Etwa 2 km westlich des Stadtzentrums liegt das **Gräberfeld von Högom** *(Högoms gravfält)*, das größte vorgeschichtliche Gräberfeld in Nordschweden. Das Gräberfeld bestand ursprünglich aus einem Runenstein sowie über 15 Grabhügeln aus der Völkerwanderungszeit um 500, von denen jedoch nur noch zehn sichtbar sind. In einem der vier großen Grabhügel fand man die Begräbnisstätte des sogenannten Häuptlings von Högom. Die wichtigsten Grabfunde von Högom sind im städtischen Museum im Kulturmagazin (s. o.) ausgestellt.

Vor der Stadt liegt die 75 km² große Sommerinsel **Alnön** mit ihren Sandstränden, Naturreservaten und kleinen Fischerdörfern. Sie ist in geologischer Hinsicht äußerst interessant: Sie entstand vor rund 570 Millionen Jahren durch vulkanische Eruptionen, ihre Gesteine zählen zu den ältesten des Landes. Mit dem Festland verbunden ist die Insel durch die imposante, 42 m hohe **Alnöbrücke**; als diese 1964 eingeweiht wurde, war sie mit 1.042 m die längste Schwedens.

Reisepraktische Informationen Sundsvall

Information

Visit Sundsvall, *✆ 060-6585800, www.visitsundsvall.se. Touristische Informationen über die Website oder an diversen Infopoints im Stadtgebiet, mit Personal z. B. im* **Kulturmagasinet**, *Packhusgatan 4.*

Hotels

Elite Hotel Knaust *€€€–€€€€€, Storgatan 13, ✆ 060-6080000, www.elite.se. Außen und vor allem innen prachtvoller historischer Bau von 1891 im Herzen von Sundsvall. 140 stilvolle Zimmer mit allem Komfort, Entspannungsbereich mit Sauna und Fitnessgeräten. Frühstück und Mittagessen im eleganten Spiegelsaal, außerdem Bar sowie Pub Bishops Arms mit leichten Mahlzeiten und einer großen Auswahl an Bier und Whisky.*
Hotell Södra Berget *€€€–€€€€€, Södra Stadsberget 1, ✆ 060-671000, www.sodraberget.se. 3 km vom Zentrum entfernt auf dem 240 m hohen Hügel Södra Stadsberget gelegenes Haus mit fantastischem Blick auf Stadt und Umgebung, 184 moderne und geräumige Zimmer, z. T. mit eigener Sauna. Wellness- und Spa-Bereich auf dem Dach mit u. a. 4 Pools und Sauna, Strike Club Games Hall mit Bowling und Simulationsgeräten, Lobby-Café. Regionale Spezialitäten im hauseigenen Restaurant, Wanderwege und Langlaufloipen in unmittelbarer Nähe.*
Lilla Hotellet *€€€, Rådhusgatan 15, ✆ 060-613587, www.lilla-hotellet.se. Charmante Unterkunft in einem historischen Stadthaus von 1889, 10 individuell eingerichtete Zimmer und Frühstücksrestaurant. Restaurants, Cafés und das Casino in unmittelbarer Nähe.*

Jugendherberge

Gaffelbyn Vandrarhem Sundsvall, *Gustav Adolfsvägen 11, ✆ 060-612119, www.gaffelbyn.se. Wunderschöne Holzhausherberge auf dem nördlichen Stadtberg neben dem Frei-*

lichtmuseum, 20-Minuten-Wanderweg zum Zentrum. 54 Einzel-, Doppel- oder Mehrbettzimmer, z. T. mit eigenem Bad, gut ausgestattete Selbstversorgerküche, Garten mit Grill- und Spielplatz, ganzjährig.

Einkaufen

In:Gallerian, *Storgatan 26–40, www.ingallerian.se, Mo–Fr 10–19, Sa 10–17, So 12–16 Uhr. Das im Herzen der Steinstadt gelegene Einkaufszentrum erstreckt sich über drei Häuserblocks.*
Birsta City, *Gesällvägen 1, www.birstacity.se. Mo–Fr 10–20, Sa/So 10–18 Uhr. Nördlich der Stadt zu beiden Seiten der E4 gelegene Shopping Mall, eine der beliebtesten in Schweden, mit „Foodpark" (12 Cafés und Restaurants), 90 Läden und großem IKEA-Möbelhaus*

Wandern

Die skandinavische Antwort auf den Jakobsweg ist der **Olavsweg** *(St. Olavsleden), der zum Grab des Heiligen Olav im Nidaros-Dom von Trondheim führt. Auf dem von Sundsvall ausgehenden Pilgerweg, dem nördlichsten der Welt, muss man 580 km bis zur norwegischen Küste zurücklegen. Der Startpunkt liegt unweit der Stadt, wo das Pilgerzentrum Selånger (mit Café und Restaurant) Kartenmaterial und Infos über Unterkünfte bereithält.*
Selånger Pilgrimscenter, *Kungsnäs 159, ✆ 070-3117391, https://selangerpilgrimscenter.se. Mo–Fr 9–17, Sa 11–17, So 12–17 Uhr.*

Härnösand und Umgebung

Der alte Handels- und Marktort mit knapp 19.000 Einwohnern liegt 53 km von Sundsvall entfernt an der Mündung des Ångermanälv in den Bottnischen Meerbusen. Die Stadtrechte erhielt Härnösand 1585 und bald stieg es zum administrativen und kulturellen Zentrum Norrlands auf, bis Großbrände und die Zerstörung durch die Russen 1721 die Entwicklung unterbrachen. An die Stadt der Bauern, Fischer, Handwerker und Seeleute erinnert das Holzhausviertel Östanbäcken. Die Altstadt liegt auf der Insel Härnö, die vom Festland aus über die Nybrogatan zu erreichen ist. Die schönsten Gebäude dort sind wohl das **Rathaus** *(Storgatan 30)* mit seinem klassizistischen Säulenportal, einst Gymnasium, sowie die **Residenz** *(Stora Torget 1)*, beide von 1791. Der weiße **Dom von Härnösand** wurde um 1850 erbaut, als Härnösand schon lange Bischofssitz war, und ist Schwedens kleinste Kathedrale.
Härnösand Domkyrka, *Franzéngatan 14, ✆ 0611-511007. Mo–Sa 8–16, So bis 13 Uhr.*

Sehenswert ist die architektonisch interessante **Bibliothek**. Das fünfstöckige Bauwerk beherbergt Bibliotheken, Seminar- und Vortragsräume sowie ein Café.
Härnösands bibliotek, *Universitetsbacken 3, ✆ 0611-86530, https://bibliotek.harnosand.se. Mo–Do 9–19, Fr 8–18, Sa 11–15 Uhr.*

Das **Provinzmuseum Murberget** ist im Norden der Stadt auf dem Festland gelegen und besteht aus einem Museumsgebäude mit kulturhistorischen und archäologischen Sammlungen sowie einem Freilichtmuseum, das mit Gebäuden aus dem 19. und 20. Jh. die norrländische Kulturgeschichte zeigt. Das zweitgrößte Freilichtmuseum Schwedens bietet zudem einen schönen Blick auf Härnösand.
Murberget Länsmuseet Västernorrland, *Murbergsvägen 31, ✆ 0611-88600, https://vnmuseum.se. Museumsgebäude Di–So 10–16, letzter Do im Monat bis 20 Uhr, das Freilichtmuseum ist frei zugänglich, das Innere der Höfe Juni–Aug. tgl. 11–16 Uhr, freier Eintritt.*

Wenige Kilometer außerhalb (von der E04 im Zentrum ausgeschildert) liegt das kleine **Seebad Smitingen** mit schönem langem Sandstrand und einem Café. Von dort gehen verschiedene kleine Wanderwege ab, die teilweise beschildert sind, so z. B. der Höhlenweg („Grottstigen") oder der Geologieweg („Geologistigen"). Die Erforschung der **Höhlen und Klippen** ist ein spannendes Abenteuer für die ganze Familie: Im Naturreservat trifft man auf spektakuläre geologische Formationen, Grotten und Raukar.

Auf der Insel Hemsön, etwa 25 km von Härnösand entfernt, liegt die **Festung Hemsö**, historisch eine der bedeutendsten Verteidigungsanlagen Schwedens und schon oft als Filmkulisse genutzt. Der heutige Komplex wurde 1953–1957 für 1 Mrd. SEK gebaut, um die Küste während des Kalten Krieges zu verteidigen. Die Hauptanlage wurde in den Berg Storåberget gesprengt. 1992 wurde die Festung endgültig geschlossen, heute kann sie auf Führungen besichtigt werden. Man erreicht sie über die E04, wenn man 10 km hinter Härnösand bei Ålandsbro abfährt und der Beschilderung folgend die kostenlose Fähre auf die Insel Hemsön nimmt.
Hemsö fästning, *Ålandsbro, Hemsön, ✆ 046-705441320, www.hemsofastning.se. Mehrere Führungen tgl. Juni–Sept., sonst nach Absprache.*

Reisepraktische Informationen Härnösand

Hotel

Hotel Royal *€€–€€€, Strandgatan 12, ✆ 0611-20455, www.hotelroyal.se. Renoviertes Holzgebäude aus dem 19. Jh. in zentraler Lage mit 24 gut eingerichteten Zimmern und einer Suite mit eigener Sauna, Frühstücksrestaurant.*

Camping

Antjärns Camping & Stugby, *Antjärn 113 , ✆ 072-2084581, www.antjarnscamping.com. 8 km südlich von Härnösand und 200 m von der E04 entfernt gelegener Platz mit kleinem Strand und Spielplatz, Stellplätzen für Wohnwagen und Zelte sowie Vermietung von Campinghütten unterschiedlicher Kategorien (z. T. mit Bad), geöffnet Mai–Sept.*

Höga Kusten

Höga Kusten (= die hohe Küste) heißt die schöne Küstenlandschaft von Härnösand bis nach Örnsköldsvik, wo sich das Land steil aus dem Meer erhebt. Im Jahr 2000 wurde das in Ångermanland liegende Gebiet Höga Kusten in die **UNESCO-Liste des Weltnaturerbes** aufgenommen.

Bei **Veda**, etwa 25 km nördlich von Härnösand, entstand mit der **Höga-Kusten-Brücke** eine der **weltweit größten Hängebrückenkonstruktionen**. Die 1.867 m lange Brücke über den Ångermanälv wird von Pylonen getragen, die 186 m über der Wasseroberfläche aufragen. Die Ende 1997 eingeweihte Brücke sowie 32 km Europastraße verkürzen die Strecke zwischen Härnösand und Örnsköldsvik um 8 km für den Normalverkehr und 44 km für Schwertransporte.

Leicht zugänglich auch für Kinder und Menschen mit Handicap ist das Naturschutzgebiet **Rotsidan** 66 km nördlich von Härnösand (E04 Ausfahrt nach Nordingrå), ein Besuch lohnt wegen interessanter Küstenformationen, großer Geröllfelder und einer ausgefallenen Vegetation. 68 km nördlich von Härnösand lockt das Naturschutzgebiet **Skuleber-**

Riesenbrücke in Nordschwedens Waldeinsamkeit

get. Eine 1.100 m lange Seilbahn führt auf den Berg hinauf. In der näheren Umgebung kann man an Sandstränden baden, abenteuerliche Bergbesteigungen oder Wanderungen unternehmen und Höhlen erforschen. Im Winter laden vier Abfahrtshänge und drei Lifte zum Skifahren ein. Einen Adrenalinkick der besonderen Art bieten die Klettertouren **Via Ferrata**, 2 km nördlich von Docksta: Hier kann man vier Kletterrouten mit unterschiedlichen Schwierigkeitsgraden besteigen (Vorkenntnisse sind nicht erforderlich).
Via Ferrata, *Skuleberget, Docksta, ✆ 0613–40500, www.viaferrata.se. Mai–Aug. tgl. 10–19, Sept. 10–17, Okt. 10–15 Uhr.*

Der am Fuße des Skulebergs gelegene **Naturum Höga Kusten** zeigt in einer spannenden Ausstellung, wie das Weltnaturerbe Höga Kusten durch geologische Prozesse während der letzten Eiszeit geformt wurde. Der Naturum ist auch ein guter Ausgangspunkt zur Erkundung des **Nationalparks Skuleskogen**, der nur 10 km entfernt ist; in der Saison fährt ab dem Parkplatz sogar ein kostenloser Shuttlebus („Världsarvsbussen") in 20 Minuten zum Südeingang des Parks. Der „Skulewald", der 1984 als Nationalpark eingerichtet wurde, zählt zu den interessantesten Skandinaviens. Hier war während der letzten Eiszeit die Vergletscherung am dicksten, und dementsprechend die Landhebung nach dem Abschmelzen des Eises am stärksten. Sie beträgt in den letzten 10.000 Jahren 286 m, höher als sonst irgendwo auf der Welt. Mit jährlich einem knappen Zentimeter Anstieg ist sie bis heute noch nicht abgeschlossen. Auf einem gut 30 km langen Netz aus Wanderwegen kommt man zu den diversen Attraktionen des Parks, von denen einige sehr nahe beim Südeingang liegen, z. B. die 200 m lange und 40 m tiefe Felsspalte **Slåttdalsskrevan**, der baumlose Granit-Berg **Slåttdalsberg** und der idyllische See **Tärnättvattnet**.
Naturum Höga Kusten, *Skuleberget, Docksta, ✆ 0613-700200, www.varldsarvethogakusten.se. Ende März–Ende Juni u. Mitte Aug.–Sept. tgl. 10–17, Ende Juni–Mitte Aug. tgl. 9–19 Uhr; Café.*

Örnsköldsvik

Die Hafenstadt mit knapp 33.000 Einwohnern 160 km nördlich von Sundsvall entwickelte sich verhältnismäßig spät auf der Grundlage der Sägewerke und der Seefahrt. Ihren Namen trägt sie nach Per Örnsköld, der sich als Provinzhauptmann um die Stadt und Norrland im 18. Jh. verdient machte. 1976 fanden hier die ersten Paralympischen Winterspiele statt. Lohnend ist der **Varvsberget**, der Berg inmitten der Stadt, von dem man einen weiten Blick auf Meer und Land genießt. Hier nimmt der Wanderweg **Höga Kustleden** seinen Anfang, der über 130 km nach Süden führt.

Am Hafen von Örnsköldsvik, auf drei Seiten von Wasser umgeben, liegt die Sport- und Veranstaltungsarena **Hägglunds Arena** (bis 2021: Fjällräven Center). Vor allem Eishockeyspiele, aber auch Konzerte finden hier statt. **Schärenschiffe** verkehren von Örnsköldsvik oder Köpmanholmen zu den Inseln an der Küste, wie **Ulvön** und **Trysunda**, mit ihren Fischerdörfern und den bemalten Fischerkapellen sowie **Skrubban** und **Grisslan** (nähere Informationen im Touristenbüro).

Wasser- und Badespaß für die ganze Familie bietet das zentral gelegene tropische Freizeitbad **Paradiset**, eines der größten Abenteuerbäder Schwedens und eine der Hauptattraktionen Norrlands. Unter anderem gibt es hier die 181 m lange Wasserrutsche Magic Eye, ein Außenbecken, eine Spa-Abteilung, mehrere Saunen und Whirlpools, ein Solarium, einen Fitnessraum sowie ein Restaurant.
Paradiset, *Lasarettsgatan 15, ✆ 0660-88590, www.paradisetornskoldsvik.se. Mo–Do 13–20, Fr 10–20, Sa/So 10–19 Uhr.*

Reisepraktische Informationen Örnsköldsvik

Hotel

Scandic Hotel Örnsköldsvik *€€€–€€€€, Hästmarksvägen 4, ✆ 0660-272200, www.scandichotels.de/Ornskoldsvik. Neben der E04 und 2 km vom Zentrum entfernt gelegenes, modernes und praktisches Hotel mit 103 gut ausgestatteten Zimmern, neuem Restaurant und Bar, Fitnessbereich mit kleinem Pool und Sauna.*

Umeå

Umeå, die Stadt an der schwedischen Nordküste, auch das **Tor nach Lappland** genannt, ist etwa 230 km von Härnösand entfernt. Mit Flughafen, der Kreuzung der Europastraßen E04 und E12 (nach Norwegen) und der Fährverbindung nach Finnland stellt Umeå einen wichtigen **Verkehrsknotenpunkt** dar. Dazu passt, dass die Stadt seit 2010 durch die nordschwedische Botniabahn entlang der nördlichen Ostseeküste mit Nyland bei Kramfors verbunden ist.

Die moderne, eher nüchtern wirkende Stadt im südlichen Västerbotten am Ume Älv ist vor allem Verwaltungs- und Ausbildungsort. Die 1963 eingerichtete **Universität** sollte den jungen Menschen im Norden eine Perspektive geben und verhindern, dass sie in den Landessüden abwandern. Mit derzeit 37.000 Studierenden scheint die Rechnung aufzugehen. Inzwischen leben hier 92.000 Menschen (in der Gemeinde sogar gut 132.000), so viele wie in keiner anderen Stadt nördlich von Uppsala. Umeå zählt zu den am schnellsten wachsenden Städten in ganz Europa. Der Beiname **Stadt der Birken** geht auf einen verheerenden Brand fast zeitgleich mit dem in Sundsvall 1888 zurück. In der mit breiten Straßen und dünnbewohnten Vierteln neu aufgebauten Stadt wurde eine große Zahl an Birken angepflanzt, deren Blätter die Funken bei einem erneuten Brand auffangen sollten.

Gemeinsam mit Riga war Umeå 2014 **europäische Kulturhauptstadt**. Zu diesem Anlass wurden mehrere repräsentative moderne Bauten (z. B. die Schrägseilbrücke **Kolbäcksbron**), Museen und Skulpturen fertiggestellt, sodass sich die Stadt heute mit einer spannenden Kombination neuer und älterer Bauten zeigt. Auch das ca. 15.000 m² große Kulturhaus **Väven** am Årstidernas Park wurde damals eingeweiht, das Menschen und Ideen „verweben" soll – daher der Name (*väva* = weben). Das Gebäude, ein gemeinsamer Entwurf der beiden berühmten skandinavischen Architekturbüros Snøhetta und White Arkitekter, ist mit seinem 13-geschossigen Turm und der blau-weißen, wellenförmigen Fassade schon von Weitem erkennbar. Unter anderem findet man hier die Stadtbibliothek, das Hotel U&Me mit populärer Bar sowie das *Kvinnohistoriskt museum*, Schwedens erstes **Frauenhistorisches Museum**, das die vielen brillanten und hart kämpfenden Frauen sichtbar machen möchte, die in der männlich dominierten Geschichtsschreibung vergessen wurden. Ein Gedanke, der für Schweden typisch erscheint – ein Land, das weltweit als Vorreiter in Sachen Gleichberechtigung gilt.
Väven, *Storgatan 46A, ✆ 090-163300, www.vaven.se. Mo–Do 7–20, Fr bis 21, Sa/So 8–17 Uhr. Auf der 4. Etage das* **Kvinnohistoriskt museum**, *✆ 090-163498, www.kvinnohistoriskt.se. Mo–Fr 11–17, Do bis 19, Sa 11–16 Uhr.*

Im Zusammenhang mit der Ernennung Umeås zur Kulturhauptstadt öffnete ebenfalls das Gitarrenmuseum **Guitars – the Museum** seine Türen, das wohl größte Museum dieser Art weltweit. Etwa 500 exklusive E-Gitarren aus den 1950er und 1960er Jahren sind zu sehen, außerdem viele andere Gegenstände aus der Geschichte des Rock 'n' Roll.
Guitars, *Skolgatan 59, ✆ 090-58090, www.guitarsthemuseum.com. Mo–Sa 12–16 Uhr; Führungen tgl. 13 u. 15 Uhr.*

Im Gammliaviertel befindet sich das **Västerbotten-Museum**, ein Provinzmuseum, das neben dem **Freilichtmuseum Gammlia** auch eine Skiausstellung sowie ein Fischerei- und Seefahrtsmuseum umfasst. Im Freilichtmuseum sind nicht nur eine Reihe västerbottnischer Holzhäuser, sondern auch Samensiedlungen zu sehen. Außerdem werden verschiedene traditionelle Aktivitäten angeboten und im Sommer leben hier einheimische Tiere.
Västerbottens museum, *Helena Elisabeths väg 3, ✆ 090-2020300, www.vbm.se. Di–Fr 10–17, Sa/So 11–17 Uhr, im Sommer tgl., freier Eintritt.*

Vor Umeås Bildmuseum

Für Kunstinteressierte bietet sich vor allem der **Skulpturenpark Umedalen** an, in dem auch Werke internationaler Größen präsentiert werden, sowie das **Bildmuseum** nahe der Strandpromenade auf dem Campus der Universität Umeå. Das Museum zog 2012 in das vom dänischen Architekten Henning Larsen geplante, bemerkenswerte Gebäude am Fluss Umeälven. Die Ausstellungen behandeln zeitgenössische und historische Fotografie, Architektur, Design und andere visuelle Kultur. Vor dem Museum beeindruckt die 9 m hohe Skulptur einer Wäscheklammer. 2020 hat sich in unmittelbarer Nachbarschaft das Wissenschaftszentrum **Curiosum** angesiedelt, in dem Erwachsene und Kinder interaktiv an technologischen oder naturwissenschaftlichen Experimenten teilnehmen können.
Bildmuseet, *Östra strandgatan 30 B, ✆ 090-7867400, www.bildmuseet.umu.se. Mi–So 12–17 Uhr, freier Eintritt.* **Curiosum**, *Östra Strandgatan 32, https://curiosum.umu.se. Mi 16–19, Sa/So 10–17, in den Schulferien Mo–Fr 10–17 Uhr.*

In Holmsund, etwa 17 km südlich von Umeå, beginnt außerdem der **Konstvägen Sju Älvar** (= Der Kunstweg der sieben Flüsse), eine mit über 350 km einzigartige Kunstausstellung inmitten der Natur, die über Umeå bis Vannäs der E12 folgt, und weiter nach Borgafjäll der Straße 92 in nordwestlicher Richtung. Auf dem Weg kann man nicht nur 44 Kunstwerke, sondern auch die fantastische Natur am Wegesrand erleben.
Umedalen Skulpturpark, *Aktrisgränd 34, ✆ 090-144990, https://umedalenskulptur.org. Ganzjährig durchgehend geöffnet, freier Eintritt.*

Reisepraktische Informationen Umeå

Information

Visit Umeå, *www.visitumea.se. Touristische Informationen ausschließlich über die Website, E-Mail oder Soziale Medien.*

Hotels

Scandic Plaza Hotel Umeå *€€€–€€€€€, Storgatan 40, ✆ 090-2056300, www.scandichotels.com/hotels/sweden/umea/scandic-plaza-umea. Hoch aufragendes, modernes Haus, 10 Gehminuten vom Hauptbahnhof entfernt, mit 196 modernen Zimmern. Wellnessbereich im obersten Stockwerk mit Sauna (fantastischer Blick auf die Stadt!), Fitnessstudio, Solarium und Dachterrasse, gutes Restaurant, Bar, kostenlose Leihfahrräder.*
Hotell Gamla Fängelset *€€–€€€, Storgatan 62, ✆ 090-100380, www.hotellgf.se. Originelle, preisgünstige und zentral gelegene Herberge im alten Gefängnis von 1861. Es wurde nicht durch den Brand von 1888 zerstört und ist damit das älteste Steingebäude der Stadt. Im Hauptgebäude 24 schön renovierte „Zellen" mit Fenstern, es gibt ein Gemeinschaftsbad, eine voll ausgestattete Küche, TV-Zimmer und Garten.*

Camping

First Camp Nydala – Umeå, *Nydalasjön 2, ✆ 090-702600, https://firstcamp.de/reiseziele/nydala-umea. Nahe der E04 am nördlichen Stadtrand und am See Nydalasjön gelegener Platz mit Stellplätzen für Zelte und Wohnwagen, Vermietung von Campinghütten und luxuriösen Ferienhäusern, Kiosk, Restaurant, Saunen, vielfältige Aktivitäten wie Baden (Sandstrand am See, beheiztes Schwimmbad in der Nähe) und Angeln, ganzjährig geöffnet.*

Fähre

Wasa Line, *Blå Vägen 4 (Färjeterminalen), Holmsund, ✆ 090-185200, www.wasaline.com. Fährverbindung nach Vaasa in Finnland ganzjährig mit bis zu zwei Abfahrten in jede Richtung. Die Passage dauert ca. 3,5 Std., Ankunft in Vaasa ist wegen der finnischen Zeit eine Stunde* *später. Auf der Linie wird seit 2021 die hypermoderne Hybrid-Fähre Aurora Botnia mit Platz für 800 Passagiere eingesetzt. Das Terminal befindet sich in Holmsund, Umeås Industrie- und Fährhafen, ca. 20 km östlich der Stadt und direkt über die E12 zu erreichen.*

Skellefteå

130 km nördlich von Umeå folgt mit Skellefteå eine Hafen- und Industriestadt mit gut 36.000 Einwohnern innerhalb der Stadt und fast 75.000 in der Gemeinde. Ursprünglich waren Elektronik, Metallveredlung und Forstwirtschaft die wichtigsten Wirtschaftszweige der Stadt. Seit 2022 produziert Northvolt hier Batteriezellen für E-Autos u. a. von BMW, Volkswagen, Volvo sowie Polestar und wird damit wohl in absehbarer Zeit zum wichtigsten Arbeitgeber der Stadt werden. Die „Gigafactory Northvolt Ett“ liegt ca. 6 km westlich des Zentrums.

Bedeutender als die Kirche in der Stadtmitte ist die weithin sichtbare, ursprünglich spätmittelalterliche **Landskyrkan** am Westrand. 1795 wurde sie im neoklassizistischen Stil zu einer weißen Kuppelkirche auf kreuzförmigem Grundriss umgebaut. Zum wertvollen Inventar gehören u. a. eine mittelalterliche Sammlung von Holzskulpturen, darunter die Skellefte-Madonna aus dem 12. Jh. und die Skulptur „Sankt Göran och draken“ (= „Der heilige Georg mit dem Drachen“) aus dem 15. Jh., sowie ein prächtiger norddeutscher Altarschrein, der Bernt Notke zugeschrieben wird.
Skellefteå landsförsamlings kyrka, *Kyrkvägen 3, ✆ 0910-787902. Tgl. 10–16 Uhr.*

Vom Park östlich der Kirche kann man über eine 46 m lange Hängebrücke zum Inselchen **Kyrkholmen** gehen, das mitten im Fluss und nahe der Stromschnellen liegt und ein nettes Sommercafé besitzt. Nur wenige Gehminuten entfernt befindet sich die pittoreske Bauernstadt **Bonnstan**, eine der am besten erhaltenen Kirchstädte des 19. Jh. Die Kirchstädte entstanden in Nordskandinavien aufgrund der enormen Größe der Kirchspiele. Da damals selbst weit entfernt wohnende Familien durch die herrschende Kirchpflicht gezwungen waren, die Sonntagsmessen regelmäßig zu besuchen, wurden solche Stätten als zeitweilige Unterkünfte gebaut.
Kyrkholmen *mit Café Juni–Mitte Aug. 11–16.30 Uhr. Das Kirchdorf* **Bonnstan** *(Kyrkstadsvägen 16, ✆ 0910-735510, www.bonnstan.se) ist jederzeit frei zugänglich.*

In **Nordanå**, einem Kulturzentrum westlich des Stadtkerns, findet man das **Skellefteå Museum**, das neben wechselnden Ausstellungen über die Regions- und Stadtgeschichte informiert, das Bootmuseum Stackgrönnan, die Kunsthalle und das Nordanå-Theater.
Skellefteå Museum, *Ernst Westerlunds allé, ✆ 0910-735510, www.skellefteamuseum.se. Mi–So 10–16, Di bis 19 Uhr, freier Eintritt.*

Das Zentrum der Stadt wird seit Ende 2021 von einem aufsehenerregenden Gebäude dominiert, das vom schwedischen Büro White Arkitekter geplant wurde und den Block zwischen den Straßen Kanalgatan, Södra Järnvägsgatan und Torggatan einnimmt. Es gehört mit 20 Stockwerken zu den **weltweit höchsten hölzernen** Bauwerken und beherbergt das **Sara Kulturhus** (*www.sarakulturhus.se*). Mit mehreren Bühnen, der Stadtbibliothek, Ausstellungsräumen und einem großzügigen Atrium ist es das moderne kulturelle Herz der Stadt. Zum Komplex gehören auch das **Museum Anna Nordlander** (MAN, *https://skellefteamuseum.se/museum-anna-nordlander*) für Gegenwartskunst sowie das **The Wood Hotel** der Elite-Hotelkette (*www.elite.se*). Sein Angebot umfasst u. a. einen Kongresssaal,

205 Zimmer und Suiten, drei Restaurants, Bars und ein Rooftop-Spa mit fantastischem Panoramablick.

Spaß für die ganze Familie birgt das Abenteuerhaus **Boda Borg** im Norden Skellefteås. 50 teils physische, teils intellektuelle Herausforderungen müssen mit Geschick, Verstand und Kreativität gemeinsam gemeistert werden.

Boda Borg Skellefteå, *Vitberget 10, ✆ 0910-701270, www.bodaborg.se. Do/Sa 10–17, Fr 10–21 und So 12–17 Uhr.*

Reisepraktische Informationen Skellefteå

Information

Skellefteå Turistcenter, *Trädgårdsgatan 7, ✆ 0910-452510, www.visitskelleftea.se. Mo–Fr 10–18, Sa 11–15 Uhr.*

Hotels

Hotell Aurum *€€€–€€€€, Gymnasievägen 12, ✆ 0910-88330, www.hotellaurum.se. 1,5 km vom Zentrum entferntes und direkt neben der E04 gelegenes Haus mit 77 geschmackvoll eingerichteten Zimmern, Wellnessbereich mit Innenpool, Sauna und Whirlpool, Bar, Restaurant mit kostenlosem Abendbüfett (Mo–Do), Billard, Minigolf.*

Stiftsgården Konferens & Hotell *€€–€€€, Brännavägen 25, ✆ 0910-725700, www.stiftsgarden.se. 2 km westlich des Zentrums gelegenes, wunderschönes altes Holzhaus. Hotel mit 30 modern eingerichteten Zimmern in Räumlichkeiten eines ehemaligen Pfarrhauses. Großer Garten mit Kapelle, Wellness, Sauna und Whirlpool, sehr gutes Restaurant, Fahrradverleih, Angelmöglichkeit und Wanderweg.*

Jugendherberge

STF Vandrarhem Skellefteå, *Brännavägen 25, ✆ 0910-725700, www.stiftsgarden.se. Selbstversorgung, Waschraum. Ganzjährig geöffnet.*

Auf dem Silberweg nach Lappland

Wer ab Skellefteå nicht mehr der Ostseeküste folgen, sondern direkt nach Schwedisch-Lappland fahren möchte, hat eine landschaftlich reizvolle Alternative in der Straße 95, die den Beinamen „Silberweg" (*Silvervägen*) trägt. An unzähligen Seen vorbei und durch mehrere Naturschutzgebiete fährt man 135 km bis nach Arvidsjaur (S. 483), dann weiter nach Arjeplog und nach Norwegen. **Varuträsk**, den ersten schönen See mit einigen Badestellen, passiert man bereits 15 km hinter Skellefteå. Nach weiteren 20 km erreicht man den Bergwerksort **Boliden**. Der Abbau der hiesigen Erze trug ab 1925 entscheidend zur Entwicklung Skellefteås bei. Innerhalb von 40 Jahren wurden über 8 Mio. t Erz gefördert, aus denen beträchtliche Mengen an Gold, Silber, Kupfer und Arsen gewonnen wurden. Eine eigene Eisenbahnstrecke und die längste Seilbahn der Welt sorgten für den Abtransport.

Piteå

Die Handels- und Industriestadt, 1621 an der Mündungsbucht des Flusses Piteälven gegründet, ist heute mit etwa 23.000 Einwohnern ein Zentrum der Holzindustrie. Ähnlich wie in Luleå musste die ursprüngliche Siedlung nach einem Brand aufgegeben werden, sodass die Bewohner 1666 vom ehemaligen Zentrum Öjebyn, wo heute die hübsche **Kirchstadt Öjeby** mit rund 480 Hütten steht *(Affärsgatan)*, näher ans Meer ins heutige Stadtgebiet Häggholmen umzogen. Dorthin wurde 1686 auch die **Piteå kyrka** versetzt, die älteste Holzkirche in Övre Norrland, mit einem Altaraufsatz von ca. 1650 *(Nygatan 23)*. Die ältere Holzbebauung der Stadt findet sich um den **Marktplatz**, der – von dem in Uppsala abgesehen – der einzige erhaltene dieses Typs aus dem 17. Jh. ist.

Die Küste südlich von Piteå wird wegen ihrer hohen Anzahl an Sonnenstunden und einem herrlichen kilometerlangen Sandstrand – wenn auch etwas gewagt – als **Norrlands Riviera** bezeichnet. In Schweden ist Piteå wegen seines **Seebades Pite Havsbad** berühmt, das eines der beliebtesten Touristen-Ziele Norrlands ist und selbst Norweger über große Entfernungen anlockt. Pite Havsbad heißt außerdem eine der größten Camping- und Konferenzanlagen Schwedens. Egal ob man Spannung oder Entspannung sucht, hier ist für jeden etwas dabei: Das Abenteuerbad reizt mit 5 Rutschbahnen sowie Whirlpools, traditionellen Saunen, Dampfsauna und Sonnenterrasse. Ab hier werden im Sommer Bootstouren in den idyllischen **Schärengarten** mit seinen rund 500 Inselchen unternommen. Im Winter sind Exkursionen mit dem historischen Eisbrecher Arctic Explorer möglich. Bei den zweistündigen Touren bahnt sich das Schiff seinen Weg durch den zugefrorenen Bottnischen Meerbusen, die Passagiere können zwischendurch aussteigen oder sogar in Spezialkleidung im schwarzen Wasser schwimmen.

Pite Havsbad, *Hotellvägen 50, ✆ 0911–32700, www.pite-havsbad.se. Abfahrt von der E04 etwa 10 km südlich von Piteå, Mo–Do 16–20, Fr 16–20, Sa/So 10–18 Uhr.*

Arctic Explorer Icebreaker, *Havsbadsvägen, ✆ 0358-207437100, www.icebreaker.se. Dez.–März tgl. 10–12 Uhr.*

Reisepraktische Informationen Piteå

Information

Piteå Turistcenter, *Bryggargatan 14, ✆ 0911-93390, www.pitea.se. Mo–Fr 10–12 u. 13–17 Uhr, Mitte Juni–Mitte Aug. auch Sa 10–14 Uhr.*

Hotel

Piteå Stadshotell *€€€–€€€€€, Olof Palmes gata 1, ✆ 0911-234000, www.piteastadshotell.com. Prachtvoller Altbau in zentraler Lage an Kirche und Park mit individuell gestalteten Zimmern, Suiten mit eigener Sauna, mehreren Restaurants, Bar, Wellnessbereich mit Sauna und Whirlpool.*

Camping

Borgaruddens Camping, *Borgaruddsvägen, Norrfjärden, ✆ 070-2687527, www.borgaruddenscamping.se. 15 km nordöstlich von Piteå auf einer Landzunge gelegen (von der E04 bei Norrfjärden abbiegen und in 8 km nach Borgarudden fahren). Vermietung von* **Campinghütten**, *Stellplätze für Zelte und Wohnwagen, Sauna, Kiosk, geöffnet Juni–Aug.*

Luleå

Auf dem Weg nach Norden sollte man auf keinen Fall an Luleå (280 km nördlich von Umeå und 110 km südlich des Polarkreises) vorbeifahren, sondern mindestens einen Tag im Ort und in der Umgebung verweilen. Luleå ist mit knapp 80.000 Einwohnern innerhalb

Ausflugsziel Stromschnellen Storforsen

Sowohl von Piteå als auch von Luleå (jeweils über Älvsbyn) bietet sich ein Ausflug ins Landesinnere an: Nach gut 90 km auf der Straße 374 ist der Storforsen das Ziel, ein 5 km langer Abschnitt des Flusses Piteälven, auf dem sich **die größten Stromschnellen Skandinaviens** 82 m hinabwälzen. Storforsen liegt im gleichnamigen Naturreservat und Holzstege führen zu den eindrucksvollsten Aussichtspunkten. Die beste Besuchszeit sind die letzten Juni-Wochen, wenn über 850 m³ Wasser pro Sekunde ins Tal rauschen. Schön ist es auch im Winter, wenn in tief verschneiter Landschaft die Katarakte zu Eis erstarrt sind. Von Storforsen kann man die Fahrt in nordwestlicher Richtung fortsetzen und erreicht dann die E45 zwischen Jokkmokk und Arvidsjaur. Die Touristenbüros von Piteå und Luleå bieten geführte Ganztagsausflüge zu den Stromschnellen an.

der Kommune das politische, ökonomische und administrative Zentrum Norrbottens. 1621 wurde die Stadt bei der mittelalterlichen Kirche von Gammelstad gegründet, doch wurde es aufgrund der Landhebung immer schwieriger, in den Hafen einzulaufen, sodass sie 1649 auf Befehl des Königs und gegen den Willen der Bewohner 11 km weiter südöstlich zum heutigen Standort verlegt wurde. Doch die Neugründung war lange Zeit mehr ein Dorf als eine lebendige Handelsstadt. 1887 wurde Luleå durch einen Großbrand fast völlig zerstört und anschließend mit einem rechtwinkligen Straßenraster wieder aufgebaut. Im Zentrum errichtete man 1893 die Kreuzkirche (Luleå domkyrka, *Kyrkogatan*), die 1904 zur **Domkirche** ernannt wurde, damit ist sie sowohl die nördlichste als auch jüngste Domkirche Schwedens.

Wirtschaftliche Bedeutung gewann Luleå 1888 mit der Errichtung einer Schmelzhütte; in der Folge entwickelte sich der Hafen zum wichtigsten Exporthafen Nordschwedens. Heute ist die Stadt das **technologische und kulturelle Zentrum des Nordens**. Das Stahlwerk SSAB Luleå beschäftigt fast 9.700 Menschen. Ein anderer wichtiger Arbeitgeber ist seit 2013 Facebook, das in Luleå inzwischen drei gigantische Servergebäude betreibt. Die technische Universität, an der rund 17.000 Studenten eingeschrieben sind, genießt auf Gebieten wie Bergwerks-, Computer-, Roboter- und Raumfahrtwissenschaft einen weltweit guten Ruf und wird international auch als „Space University of Sweden" bezeichnet.

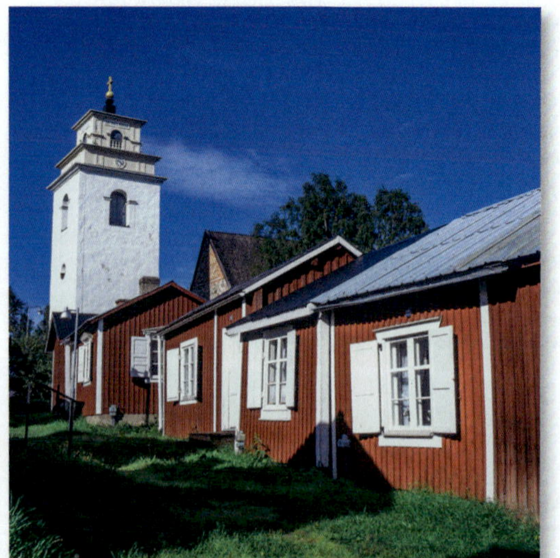

Unbedingt einen Besuch wert: Gammelstad

Der **Tourismus** profitiert von der guten Infrastruktur (u. a. Nordschwedens größter Flughafen), der tollen Lage an der Mündung des breiten Luleälv in die Ostsee, den vorgelagerten Inseln und einem oft wolkenlosen Himmel: Nirgendwo

Tipp: Moderne trifft auf Wildnis

In der wald- und seenreichen lappländischen Wildnis, am Ufer des mächtigen Luleälv, wurde in den letzten Jahren eines der spannendsten und innovativsten Hotelprojekte Europas verwirklicht, bei dem einige der führenden skandinavischen Architekturbüros (u. a. BIG und Snøhetta) federführend waren. Gäste nächtigen dort 4–10 m über dem Boden in unterschiedlichen futuristischen Baumhäusern. Im Kontrast dazu steht das nostalgische Treehotel Guesthouse aus den 1950ern, in dem sich Rezeption, Restaurant, Bar, Sauna und ein Kaminzimmer befinden. Das **Treehotel** ist etwa 85 km von Luleå entfernt und über die Straße 97 erreichbar (*Edeforsväg 2 A, Harads, ✆ 0928-10300, https://treehotel.se*).

im Königreich werden so **viele Sonnenscheinstunden** gezählt wie hier! Während man im Sommer, wenn das Quecksilber oft die 25 °C erreicht, an den Stränden baden, mit Ausflugsbooten den Schärengarten erkunden, auf ausgezeichneten Radwegen radeln oder auf der Uferpromenade die Innenstadt umrunden kann, lockt der Winter mit Schlittschuhfahrten auf der berühmten kilometerlangen Eisbahn oder Exkursionen mit dem Eisbrecher Polar Explorer.

Luleås kultureller Nabel ist das 2007 eröffnete **Haus der Kultur**. Im Erdgeschoss findet man das Tourismusbüro und die Kunsthalle (Ausstellungen meist zeitgenössischer Kunst); auch die Stadtbibliothek, zwei Konzertsäle, ein Restaurant und ein Café sind im Kulturens hus untergebracht.
Kulturens hus, *Skeppsbrogatan 17, ✆ 0920-455900, www.kulturenshus.com. Mo–Do 10–19, Fr 10–18, Sa 11–16, So 12–16 Uhr.*

Ansonsten ist für kulturgeschichtlich Interessierte das große, zentral gelegene **Norrbottens Museum** (*Storgatan 2, www.norrbottensmuseum.se*) eine lohnende Adresse, während es Technik-Fans eher zum **Teknikens Hus** (*Teknikens Hus väg 2, www.teknikenshus.se*) ziehen wird, Schwedens nördlichstem Science Center mit Planetarium. Die größte kulturelle Sehenswürdigkeit aber ist die 10 km nordwestlich vom Zentrum liegende **Gammelstad** (Gammelstads Kyrkstad). Hier finden sich um die sehenswerte Kirche mehr als 400 Häuschen (kyrkstugor), die früher den Kirchbesuchern von weither als Unterkunft dienten und auch heute an kirchlichen Feiertagen genutzt werden. Die Kirche aus rotem und grauem Granit, Ende des 15. Jh. fertiggestellt, gilt als eines der schönsten sakralen Gebäude nördlich von Uppsala. Reich sind Ausstattung und Ausschmückung mit Fresken im Chor, am in Antwerpen gebauten Altar, am mittelalterlichen Triumphkreuz, am Marmortaufbecken und am Chorgestühl sowie an der Barockkanzel. Gammelstad gehört zum **UNESCO-Weltkulturerbe** und ist Schwedens größte und am besten erhaltene Kirchstadt, von denen es heute nur noch 16 im Lande gibt. Von der Kirche führt die Gamla Hamngatan (alte Hafenstraße) hinunter zum **Freilichtmuseum Hägnan**, das mit typischen Norrbottenhöfen ein authentisches Bild des Lebens vom 18. bis ins 20. Jh. vermittelt.
Gammelstad Visitor Center, *Kyrktorget 1, ✆ 0920-457010, www.visitgammelstad.se. Juni–Aug. tgl. 10–18, sonst Mo–Fr 12–16, Sa/So 11–15 Uhr.*

Reisepraktische Informationen Luleå

Information

Luleå Turistcenter, *Skeppsbrogatan 17 (im Kulturens hus), ✆ 0920-457000, https://visitlulea.se. Mo–Fr 10–17 Uhr.*

Hotels

Scandic Luleå *€€€–€€€€, Banvägen 3, ✆ 0920-276400, www.scandichotels.de. Umweltfreundliches Hotel 3 km außerhalb des Zentrums mit 273 Zimmern, Sauna, Pool, Fitnessbereich, Restaurant, Fahrradverleih.*

Nordkalotten Hotell & Konferens *€€€–€€€€, Nordkalottvägen 3, ✆ 0920-200000, www.nordkalotten.com. Ausgefallene Anlage am See, 4 km vom Zentrum, aus 800 Jahre alten Kiefern erbaut. 172 Zimmer, davon 64 mit eigener Sauna.*

Camping

First Camp Arcus, *Arcusvägen 110, ✆ 092-060300, https://firstcamp.de/reiseziele/arcus-lulea. Westlich der Stadt gelegene Anlage in herrlicher Landschaft mit bezaubernden Sandstränden am Nordufer des Luleälv, Zelt- und Wohnwagenstellplätze und Vermietung von Campinghütten. Das ganzjährig geöffnete Camp ist Teil eines Freizeitparks mit dem Spaßbad Arcusbadet.*

Haparanda/Tornio

Am nördlichsten Ende der E04, rund 130 km von Luleå entfernt, liegt Haparanda mit knapp 7.000 Einwohnern, Schwedens verträumtes Grenzstädtchen im Osten. Der schwedische Handelsort wurde 1809 gegründet. Infolge des schwedisch-russischen Krieges wurde der Grenzverlauf im finnischsprachigen Tornedalgebiet längs des Flusses Torneälv gezogen, sodass Haparanda nun auf der schwedischen und seine Schwesterstadt Tornio auf der russischen bzw. finnischen Seite lag. 1842 erhielt Haparanda die Stadtrechte. In beiden Weltkriegen spielte die Grenzstadt zwischen Ost und West eine bedeutende Rolle als Umschlagplatz von Waren und Durchgangsstation von Soldaten, Kriegsgefangenen, Verletzten, Schmugglern und Spionen. Hier passierte Lenin die Grenze auf dem Weg zu seiner Oktoberrevolution – und in umgekehrter Richtung die Zarenwitwe Maria Feodorowna. Relikte dieser Zeit sind der unlängst renovierte und unverhältnismäßig große Bahnhof sowie die eindrucksvolle, hellblaue Eisenbahnbrücke über den Torneälv. Nach 30 Jahren Stillstand wird der **Bahnhof** seit 2021 wieder von Personenzügen angefahren, und in naher Zukunft wird es auch wieder grenzüberschreitenden Eisenbahnverkehr geben. Direkt an der Grenze liegt auch das IKEA-Möbelhaus, das der Konzern 2006 als weltweit nördlichste Filiale eröffnete.

Zu den Besonderheiten des Ortes gehört ein **Golfplatz**, der die Ländergrenzen überschreitet: Elf Löcher liegen in Schweden, sieben in Finnland. Aufgrund des Zeitunterschiedes kommt ein Ball, der in Schweden geschlagen wird, erst eine Stunde später in Finnland an.
Meri-Lapin Golfklubi, *Näräntie, Tornio, www.torniogolf.fi.*

Die schwedisch-finnische Kulturregion **Tornedalen**, die vom Torneälv durchquert wird, ist durch Mehrsprachigkeit gekennzeichnet. Hier wird nicht nur Finnisch und Schwedisch, sondern auch Samisch und Meänkieli (Tornedalfinnisch), die Minoritätssprache der **Tornedalingar**, gesprochen. Daher findet man hier nicht nur eine Kulturtradition, sondern gleich drei: ein spannender Mix aus schwedischer, finnischer und tornedal-finnischer Kultur. Das nach seinem 100-jährigen Jubiläum 2016 neu eröffnete **Tornedalen-Museum** in Tornio, eine übergreifende Institution für beide Schwesterstädte, behandelt daher in seiner Ausstellung die gemeinsamen Wurzeln der Tornedalingar, darunter auch Essenskultur, Rockmusik, Sprachen und Dialekte sowie die lokale Identität. Direkt daneben bietet das **Kunstmuseum Aine** wechselnde Kunstausstellungen.
Tornedalens museum, *Torikatu 4, Tornio, ✆ +358-50-5971559, www.tornio.fi. Di–Do 11–18, Fr–So 11–15 Uhr.*

Mit über 600 Inseln, langen Badestränden und seiner vom Wind geschaffenen Dünenlandschaft reizt **Schwedens nördlichster Schärengarten** Haparanda Skärgårds nationalpark. Bekannt ist in Schweden auch der alte Angelplatz am **Kukkolaforsen**, dem mit 3.500 m Länge und fast 14 m Fallhöhe größten Wasserfall des Torneälv, 15 km nördlich von Haparanda. Hier kann man Weißfisch angeln, saunieren, raften und vieles mehr.

Reisepraktische Informationen Haparanda

Information

Haparanda-Tornio Turistbyrå, *Krannigatan 5, 95385 Haparanda, ✆ 0922-26200, www.haparandatornio.com. Mo–Fr 8–15 Uhr.*

Hotel

Haparanda Stadshotell *€€€–€€€€, Torget 7, ✆ 0922-61490, www.haparandastadshotell.se. Repräsentatives, historisches Hotel mit Ambiente der Zeit um 1900, 300 m vom Torneälv entfernt, mit 91 gut ausgestatteten Zimmern und beliebtem À-la-carte-Restaurant in eleganten Räumlichkeiten, Bar, Sauna.*

Camping

Kukkolaforsen Turist och Konferens, *Kukkolaforsen 184, ✆ 0922-31000, www.kukkolaforsen.se. Große, ganzjährig geöffnete Anlage 15 km nördlich von Haparanda (Straße 400) und direkt an den Stromschnellen von Kukkola gelegen, Zelt- und Wohnwagenplätze, Vermietung von Ferienhäusern und Campinghütten unterschiedlicher Standards (u. a. Cottages mit komplett ausgestatteter Küche, Bad, TV), gutes Restaurant mit Flussblick, in dem frischer Fisch aus dem Torneälv serviert wird, Bar, mehrere Saunen, Spiel- und Grillplätze, Fahrradverleih, Organisation vielfältiger Aktivitäten im Sommer wie im Winter (Angeln, Wandern, Stromschnellenfahrten, Schneemobiltouren etc.).*

Von Töre zur norwegischen Grenze

Von Haparanda muss man zunächst wieder rund 75 km auf der E04 zurückfahren Richtung Luleå bis zu dem kleinen Ort **Töre**. Dort beginnt die **E10**, seit 1984 eine durchgehende Straßenverbindung zur norwegischen Hafenstadt **Narvik** und weiter zur Inselgruppe der Lofoten. Von der Küste bis zur schwedisch-norwegischen Grenze bei Riksgränsen führen 420 km durch eine Naturlandschaft, die hinter Kiruna entlang dem See Torneträsk und vor allem durch die Gebirgswelt hinter der schwedischen Grenze zum großartigsten gehört, was Skandinavien zu bieten hat. Vor dem Ausbau der damals umstrittenen Nordkalottenstraße, die zu Lasten der Samen gebaut wurde, mussten die Reisenden, vor allem Gebirgswanderer und Aktivurlauber, von Kiruna aus mit der Bahn in die Fjällwelt von Abisko, Björkliden und Riksgränsen fahren. Besonders schön ist die majestätische, wilde Landschaft natürlich zur Zeit der

Redaktionstipps

- Verkostung von **frisch geräuchertem Fisch**, der an der Nordkalottenstraße verkauft wird, darunter Saibling oder Lachsforelle.
- Besuch im einzigartigen Eishotel von **Jukkasjärvi** (S. 464).
- Expedition unter Tage beim Besuch der Erzgrube von **Kiruna** (S. 465).
- Aktiv lappländische Natur erleben, besonders intensiv beim Wandern auf dem **Kungsleden**, dem berühmtesten Wanderweg des Landes (S. 471).
- Außergewöhnliche Mitbringsel: **Samisches Kunsthandwerk**, auch wenn es wegen der oft sehr zeitaufwändigen Herstellung recht teuer erscheint.

Mitternachtssonne, Sehnsuchtsziel vieler Mittel- und Südeuropäer (Zeiten und Orte zur Beobachtung der Mitternachtssonne S. 45).

Nach mehr als 190 km durch fast menschenleere Gebiete trifft die E10 auf die E45, die Inlandsstrecke, die von Karesuando im Norden südwärts durch das schwedische Binnenland an die Westküste führt (S. 474). Auf dieser sind es von hier nur wenige Autominuten bis zur 70 km nördlich des Polarkreises gelegenen Bergbaustadt **Gällivare** (S. 475). Durch Wald- und Seengebiete führt die E10 nach dem Überqueren des Kalixälv zum Bergbauort **Svappavaara**, knapp 50 km von Kiruna entfernt, der durch eine Erzbahn mit dem Hauptort Kiruna verbunden ist.

Achtung: *Auf den meisten Abschnitten der E10 muss man damit rechnen, dass Rentiere die Straße queren!*

Jukkasjärvi

17 km vor Kiruna biegt eine Straße in das bekannte **Jukkasjärvi** ab, das einen Abstecher lohnt. Das alte Kirchendorf Jukkasjärvi, zu Deutsch „Treffpunkt", war früher ein Marktplatz, an dem die Samen mit schwedischen Siedlern handelten, und ein Treffpunkt Lapplandreisender am Ufer des Torneälv. Am Ende der quer durch Jukkasjärvi führenden Marktstraße (Marknadsvägen) findet man eine kleine, rot bemalte Holzkirche. Die **älteste Holzkirche Schwedisch-Lapplands**, 1726 erbaut, beeindruckt vor allem mit einem farbenfrohen Altarbild von Bror Hjorth (S. 216), das zeigt, wie der Priester und Erwecker Lars Levi Læstadius gegen Trunksucht und unsittlichen Lebenswandel wettert.
Jukkasjärvi kyrka, *Marknadsvägen. Tgl. 9–15, Juni–Aug. 9–17.45 Uhr.*

Aus Tausenden Tonnen Schnee und Eis wird jedes Jahr Ende Oktober das **Eishotel** in Jukkasjärvi errichtet, seit 1989 eine Attraktion, die jährlich Zehntausende Besucher lockt. Groß war – nicht nur zur Eröffnung – das Medieninteresse von Peking bis New York. Für das von Architekt Aimo Räisänen gezeichnete Gebilde werden rund 30.000 t Schnee und 4.000 t klares Eis aus dem Torneälv verarbeitet, es hält sich oft bis Mitte Mai. In den rund 60 von Künstlern gestalteten Räumen verbrachten schon viele eine arktische Nacht bei unter -5°. Zu den illustren Gästen des Eishotels gehörte im Januar 2023 auch EU-Kommissionspräsidentin Ursula von der Leyen, die hier von Ministerpräsident Ulf Kristersson zum Dinner eingeladen wurde.

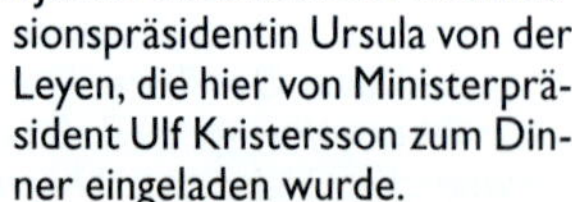

Vor Ort findet man eine Kunsthalle, eine Eissauna, eine Icebar und die Eiskirche. Selbst in der Sommersaison gibt es inzwischen ein Eislager und ein Eismuseum, das ganze Jahr über werden Führungen angeboten.
Icehotel Jukkasjärvi €€€€€, *Marknadsvägen 63,* ✆ *0980-*

Spektakulär: das Eishotel in Jukkasjärvi

66800, www.icehotel.com. Es empfiehlt sich, nur eine Nacht in den „Eissuiten“ (Snowroom, Iceroom, Northern Light Room, Ice Art Suite) zu verbringen und den restlichen Aufenthalt in einem der geheizten Hotelzimmer oder Chalets zu nächtigen.

Zudem ist das Hotel im Sommer wie im Winter Ausgangspunkt für zahlreiche Aktivitäten, die telefonisch oder über die Website gebucht werden können: Im Winter bieten sich Skilanglauf, Hundeschlitten oder Motorschlittenfahrten, Wildnis-Survival-Kurse, Ausritte zu Pferd und vor allem ein Besuch im Samenlager **Nutti Sámi Siida** (*http://nutti.se*) an, in dem man nicht nur die samische Kultur hautnah erfahren, sondern auch Rentierschlittentouren erleben kann. Im Sommer dagegen kann man hier fischen, Kanu oder Kajak fahren, Raftingtouren unternehmen, den Hochseilgarten besuchen oder eine historische Rundfahrt per Boot machen. Das ganze Jahr über kann man sich im Herstellen von Eisskulpturen üben. Fahrräder, Boote und Angelzubehör können ausgeliehen werden.

Das nahe gelegene Restaurant **Hembygdsgården** empfiehlt sich mit gutem Essen in rustikaler Atmosphäre. Das 1768 erbaute Haus dient ebenfalls als Heimatmuseum und zeigt Gebrauchsgegenstände der Samen.
Hembygdsgården, *Marknadsvägen 11, ✆ 0980-66800. Tgl. 17.30–22 Uhr.*

Esrange

Esrange Space Center heißt die schwedische Entsprechung zu Cape Canaveral, ein 1965 eröffnetes Raumfahrtobservatorium sowie Raketen- und Ballonstartplatz 26 km östlich von Jukkasjärvi am Ende der Stichstraße, betrieben von der Swedish Space Corporation (SSC). Die Lage in der Nähe Kirunas (45 km) ist ideal, da hier die Lichtverschmutzung gering und die Beobachtung von Nordlichtern sowie der Kontakt zu Satelliten gut möglich ist. 2023 wurde die Anlage technisch und infrastrukturell erheblich erweitert, sie dient nun als erster Satellitenstartplatz auf dem EU-Festland. EU-Kommissionspräsidentin Ursula von der Leyen weihte den Weltraumbahnhof gemeinsam mit König Carl XVI. Gustav und Regierungschef Ulf Kristersson ein und würdigte Esrange dabei als „unabhängiges europäisches Tor zum Weltraum“, das für „die Zukunft der EU als eine Weltraum-Macht“ von entscheidender Bedeutung sei. Am Tor der Zufahrtsstraße gibt ein kleines Visitor Center mit einer interaktiven Ausstellung einen Einblick in die Aktivitäten des Space Center.
Esrange Space Center, *✆ 0980-72014, https://sscspace.com. Tgl. 8–18 Uhr, freier Eintritt.*

Kiruna

Rund 340 km von Luleå entfernt liegt Kiruna, die nördlichste Stadt Schwedens, umgeben von endlosen Weiten, Ödland, Tundrengebieten, mächtigen Gebirgszügen, Seen und Flüssen. Schon bei der Fahrt über die E10 bekommt man eine vage Vorstellung von der flächenmäßigen Größe der Gemeinde Kiruna, wenn lange vor dem Erreichen der Stadt das Hinweisschild „Kiruna Kommun“ erscheint. Die Gemeindefläche mit 20.000 km^2 entspricht den südschwedischen Provinzen Schonen, Halland und Blekinge zusammen.

Anfangs lebten in dem Gebiet um Kiruna nur Samen und Finnen, im 17. Jh. kamen schwedische Siedler und Grubenarbeiter. Die Stadtgründung im Jahr 1900 ist mit dem Namen **Hjalmar Lundbohm** verknüpft: Der „König von Lappland“ war damals Direktor des staatlichen schwedischen Bergbauunternehmens Luossavaara-Kiirunavaara Aktiebolag (kurz LKAB). Er entwarf den Stadtplan, kümmerte sich um soziale Einrichtungen und ließ die sehenswerte Kirche bauen. Das Bergbauunternehmen LKAB war 1890 gegründet worden, um die Erzvorkommen in den Bergen Luossavaara und Kiirunavaara zu erschließen.

Wer vor 20 Jahren den Ort besuchte, wird ihn heute nicht mehr wiedererkennen: **Das alte Kiruna existiert nicht mehr**. Aufgrund des Erzabbaus war die 17.500-Einwohner-Stadt akut einsturzgefährdet, sodass man sich 2011 entschied, 5 km weiter östlich, nahe dem Gebiet Tuollavaara, ein neues Stadtzentrum zu bauen. Für das Projekt musste die gesamte Infrastruktur geändert werden (u. a. gibt es eine neue Trasse der E10, neue Gleise und einen neuen Bahnhof), die meisten alten Gebäude wurden abgerissen, einige wenige aber auch in die neue Stadt überführt. So z. B. das Haus des Stadtgründers: Den **Lundbohmgården** transportierte man 2017 an seinen neuen Standort am Fuße des Luossavaara. Die 1912 von Gustaf Wickman erbaute rote **Holzkirche** soll an einem Stück und zusammen mit dem separaten Glockenturm 2025 in den neuen Stadtkern gebracht werden, immerhin eine der größten Holzkirchen des Landes! Das denkmalgeschützte Rathaus dagegen wurde bereits 2017 abgerissen, sein Uhrenturm steht aber jetzt neben dem neuen Rathaus. Dessen eindrucksvoller Rundbau trägt den schönen Namen „**Kristallen**" und wurde schon 2018 von König Carl XVI. Gustaf eingeweiht; in ihm haben die Stadtverwaltung und das Kunstmuseum (Konstmuseet i Norr) ihren Platz, in letzterem werden Wechselausstellungen gezeigt.
Kristallen, *Stadshustorget 1, ✆ 0980-70000, https://kiruna.se, tgl. 7.30–17 Uhr.* **Konstmuseet i Norr**, *https://konstmuseetinorr.se, Di–Fr 10–16, Sa/So 12–16 Uhr, freier Eintritt.*

Im Übergangsprozess vom alten zum neuen Kiruna stellte **2022** eine Art **Zeitenwende** dar, denn in diesem Jahr wurden viele Bauprojekte vollendet und die Umsiedelung des kommerziellen Lebens (Geschäfte, Restaurants, Unterkünfte, Büros etc.) wurde abgeschlossen. So schloss z. B. das größte Hotel der alten Stadt, das „Scandic Ferrum", am gleichen Tag seine Tore, an dem Scandic in der neuen Stadt sein noch größeres „**Hotel Kiruna**" eröffnete. Dieses überragt als 13-stöckiger, abgestufter 231-Zimmer-Turm (mit Restaurants, Skybar, Wellness-Abteilung) den „Kristallen" und stiehlt ihm ein wenig die Schau. Deutlich niedriger ist das neue Kultur- und Kongresszentrum Aurora am gleichen zentralen Platz Stadshustorget. 2022 sind auch die Einkaufsstraße, der Stadtpark und vor allem das neue Hallenbad **Kiruna Badhuset** vollendet worden. Letzteres ist mit zwei großen Schwimmbassins, Wasserrutschen, Kinderbad, großzügiger Sauna-Abteilung und Gastronomie ein attraktiver Treffpunkt für Einwohner und Besucher. Als Schweden 2023 den Vorsitz des Europäischen Rates übernahm, lud die Regierung das Kollegium der Europäischen Kommission zur ersten Tagung nicht etwa nach Stockholm, sondern nach Kiruna ein …

Reisepraktische Informationen Kiruna

Verkehrsverbindungen

Flugreisende erreichen Kiruna über den **Kiruna Airport** *(✆ 010-1094600, www.swedavia.com/kiruna) 9 km südöstlich der Stadt. Flüge von Stockholm starten 2- bis 3-mal täglich und dauern etwa 90 Min. (www.sas.se), in den Wintermonaten wird Kiruna auch einmal wöchentl. ab Düsseldorf von Eurowings angeflogen. Am Airport gibt es Mietwagenstationen, aber kein Restaurant o. ä.*
Eine **Busverbindung** *gibt es nach Nikkaluokta, von dort sind es 19 km zu Fuß bis zur Fjällstation und dem Wanderweg Kungsleden.*
Mit dem **Nachtzug nach Lappland**: *SJ, die schwedische Bahn, unterhält zwei Nachtzugverbindungen. Einmal täglich fahren die Züge von Göteborg und zweimal täglich von Stockholm ab. Die Strecke von fast 2.000 km gehört zu den längsten Zugverbindungen Europas und bietet eine*

einzigartige Aussicht über die Landschaften Schwedens vom hügeligen Ackerland im Süden bis in die arktischen Bergregionen des Nordens. Von Kiruna **zum norwegischen Narvik** *fahren täglich zwei Züge mit einer Fahrtzeit von etwa 3 Stunden, Infos unter: www.sj.se.*

Aktivitäten

Ideale **Wintersportmöglichkeiten** *gibt es u. a. in Abisko, Björkliden und Riksgränsen. Die beiden letzteren bieten mit die besten Abfahrtbedingungen Schwedens. Ansonsten kann man an Schneescooter-, Rentier- und Hundeschlittenfahrten, die mitunter auch im Sommer möglich sind, teilnehmen. Die* **Angelmöglichkeiten** *in einer Kommune mit mehr als 6.000 Seen und sechs großen Flüssen sind unbegrenzt: Beliebt ist das Eisangeln auf dem Torneträsk im April/Mai.*

Kiruna, das Eisenerz und die Seltenen Erden

info

Ohne die gigantischen Eisenerzvorkommen in Kiruna, Svappavaara und Malmberget wäre es weder zur Gründung der Stadt Kiruna noch zum Bau der Eisenbahnstrecke Luleå–Kiruna–Narvik (der nördlichsten Europas) noch zu den Erzhäfen im norwegischen Narvik und in Luleå am Bottnischen Meerbusen gekommen. Die Förderung des qualitativ hochwertigen schwedischen Erzes – mit rund 27 Mio. t jährlich immerhin 90 % der gesamten europäischen Produktion – ist ein wichtiger Faktor für den Wohlstand Lapplands und des Königreichs. Die staatliche schwedische Bergbaufirma LKAB ist der mit Abstand größte Arbeitgeber der Region.

Als Hjalmar Lundbohm 1900 Kiruna gründete, wurde das Erz noch im Tagebau aus dem Kiirunavaara gefördert. Erst im Laufe der Zeit folgte der Mensch den Erzadern in den Untergrund, inzwischen liegt das Abbaugebiet schon 1.365 m unter der ehemaligen Spitze des Kiirunavaara. Dieses **größte unterirdische Eisenerzbergwerk der Welt** kann auf einer geführten Besichtigungstour mit dem Bus erkundet werden. Erst während der Abbauarbeiten hatte sich herausgestellt, dass sich der Erzkörper nicht nur nach unten, sondern auch schräg in Richtung Kiruna erstreckt. Die Mine breitete sich also immer weiter in Richtung Stadtzentrum aus, wodurch der Boden unter Kiruna mehr und mehr ausgehöhlt wurde. Die Konsequenz ist Kirunas Umzug. Zugleich soll die Mine umfangreich aus- und umgebaut werden, um die Fördermenge zu optimieren und um sie mit den **Klimazielen** der schwedischen Regierung in Einklang zu bringen. Der CO_2-Ausstoß von derzeit 700.000 t (das entspricht 4 % der gesamten schwedischen Industrie-Emissionen!) soll bis 2045 auf Null gebracht werden.

In die Sorge um zurückgehende Fördermengen platzte 2023 die Nachricht, dass die LKAB nahe der Grube das mit Abstand **größte europäische Vorkommen Seltener Erden** entdeckt hat – demnach lagern in Kiruna mehr als eine 1 Mio. Tonnen Oxide Seltener Erden. Diese sind bislang unentbehrliche Rohstoffe u. a. für E-Autos, Handys, Mikrochips oder Windgeneratoren. Ungeachtet dessen, dass bis zum Beginn des Abbaus noch mindestens zehn Jahre vergehen dürften, sorgte der Fund in Stockholm und Brüssel für Begeisterung, eröffnet sich hier doch die Chance, weniger abhängig von chinesischen Importen zu werden. In Kiruna selbst freut man sich natürlich besonders über ein zweites stabiles Wirtschaftsstandbein neben dem Eisenerz.

Infos und Besichtigungen: *Geführte* **Grubenbesuche** *sind ganzjährig über das* LKAB:s Visitor Centre *(✆ 0980-18880, www.lkab.com bzw. www.kirunalapland.se) oder das Touristenbüro Kiruna (www.kirunalapland.se) buchbar. Mit dem Bus geht es ins Grubenmuseum und in den 540 m tiefen Besucherstollen. Die Tour dauert 2 Std. 45 Min. (Mindestalter für Kinder: 6 Jahre).*

Nikkaluokta

Durch samische Weidegebiete gelangt man über eine gut ausgebaute Nebenstraße nach Nikkaluokta. Der Ort rund 70 km westlich von Kiruna gilt als Tor zum **Kebnekaise**, mit 2.097 m Schwedens höchstem Berg, auf den man unterwegs von Kaalasjärvi bei gutem Wetter einen schönen Blick hat. In dem alten Samenort leben ganzjährig nur etwa 20 Menschen, das Zentrum bildet die Bergstation mit Restaurant, Café und Unterkünften. Die kleine, auf einem Hügel gelegene Kapelle aus dem Jahr 1942 erinnert stark an die Kirche Kirunas. Die Bergstation ist der Ausgangspunkt für Wanderungen und Aktivitäten in hochalpiner Umgebung und Anfangs- und Endpunkt für Touren auf dem **Kungsleden** (S. 471). Hier kann man sich mit Proviant ausrüsten und eine letzte, stärkende Verschnaufpause einlegen, bevor es 19 km zu Fuß durch die Fjällwelt zur **Kebnekaise-Fjällstation** geht (5 km davon kann man mit dem Boot über den See Ladtjojaure abkürzen).
Nikkaluokta Sarri AB, *Nikkaluokta 1104, ✆ 0980-55015, www.nikkaluokta.com. Wintersaison März–Anfang Mai, Sommersaison Mitte Jun–Ende Sept. Hütten, Apartments und Camping. Servicegebäude mit Küche, Duschen, WCs und Sauna. Frühstück, Mittag- und/oder Abendessen im Restaurant, auch Selbstversorgung möglich.*

Für Fortgeschrittene bietet die **Kebnekaise-Fjällstation** nicht nur den idealen Ausgangspunkt für Wanderungen in malerischer Umgebung, es können auch geführte Touren zur Bergspitze gebucht werden.
STF Kebnekaise Fjällstation *€–€€, 98129 Kiruna, ✆ 010-1902330, kebnekaise@stfturist.se, www.svenskaturistforeningen.se. Geöffnet März–Anfang Mai und Mitte Juni–Mitte Sept. Am Fuß des höchsten Berges Schwedens, 19 km von Nikkaluokta entfernt. 59 Zimmer verteilt auf ein Haupt- und drei Nebengebäude. WC auf dem Korridor, Servicehaus mit Dusche, Küche zur Selbstversorgung. Eigene Bettwäsche oder Schlafsack, ansonsten Kauf/Ausleihe. Restaurant, Sauna mit Fjällblick. Verkauf von Lebensmitteln, Karten, Kleidung und Sportausrüstungen. Ausleihe von Skiern, Stiefeln, Schneeschuhen, Rucksäcken und anderen Geräten.*
Flug- oder Bahnreisende können in der Saison von Kiruna aus das Wintersportgebiet direkt mit dem **Shuttlebus** *Nikkaluoktaexpressen (www.nikkaluoktaexpressen.se) erreichen.*

Rensjön

Etwa 20 km nördlich von Kiruna führt die E10 über den Fluss Rautasälv (auch: Rautasätno). Hier liegt unterhalb der Straße eine der besten **Wildwasserstrecken** Europas, ein großer Rastplatz bietet sich für eine Pause an. Nach weiteren 10 km folgt der samische Ort Rensjön mit zahlreichen Koppeln, die die Samen im Herbst benutzen, wenn die Tiere geschlachtet werden.

Nach dem Rastplatz bei Bergfors verläuft die Straße am **See Torneträsk** entlang, einem der größten Schwedens mit 70 km Länge und 10 km Breite. Die immer weitgehend parallel zur Erzbahn verlaufende Straße führt durch wechselnde Sumpflandschaften und alpines Gelände vorbei an Abisko Östra zur Touristenstation Abisko, fast 100 km von Kiruna entfernt.

Abisko

In Abisko liegt einer der **ältesten Nationalparks des Landes** (1909 eröffnet) mit einer einzigartigen Fauna und Flora. Der Fluss Abiskojåkka durchzieht mit seiner Schlucht und seinem Delta das Gebiet am Torneträsk, das im Regenschatten liegt und im Unterschied zum

Blick auf die Lappenpforte im Abisko-Nationalpark

nicht weit entfernten Riksgränsen viele Sonnenstunden und wenig Niederschlag abbekommt. Das Wahrzeichen Abiskos ist die **Lappenpforte** (Lapporten), erkennbar an ihrer charakteristischen U-Form, die durch die Berge Nissuntjårro und Tjuonatjåkka gebildet wird, eines der beliebtesten Fotomotive Lapplands. Bekannt ist Abisko als Ausgangspunkt des Wanderweges **Kungsleden** (S. 471), der südwärts Richtung Kebnekaise verläuft.

Die **Touristenstation Abisko** (s. u.) ist die größte und älteste Station des STF und eine typische Berghütte mit zahlreichen Unterkunftsmöglichkeiten, die allesamt auf Aktivitätsurlaub ausgerichtet sind, vor allem Skisport im Winter und Wandern im Sommer/Herbst. Über die nahezu unbegrenzten Aktivitätsmöglichkeiten, die sozusagen direkt vor der Tür liegen, informieren die Touristenstation und das nahe gelegene **Naturum**, in dem Tiere und Pflanzen des Nationalparks und der lappländischen Fjällwelt vorgestellt werden. Die Touristenstation bietet außerdem geführte Touren unterschiedlichster Art an.
Naturum Abisko, ✆ *010-2255544, www.lansstyrelsen.se/norrbotten. Mitte Feb.–Apr. 13–17, Mitte Juni–Sept. tgl. 9–17 Uhr.*

Reisepraktische Informationen Abisko

Information/Unterkunft/Restaurant

Abisko Turiststation, ✆ *010-1902400, www.abisko.nu. 700 m vom See Torneträsk und 5 Min. zu Fuß vom Bahnhof Abisko entfernt. Wohnen in verschiedenen Komfortstufen: Hotelzimmer, preisgünstige Zimmer sowie Hütten zur Selbstverpflegung. Im Hauptgebäude ca. 100 Einzel- und Doppelzimmer mit Dusche/WC/Sauna auf dem Korridor. Dazu Gemeinschaftsküche, Cafeteria, Gruppenzimmer, Trockenraum, Waschmaschine. 14 Freizeithäuser mit je zwei Wohnungen (4 und 2 Betten) mit Trockenschrank, Küche und Wohnraum. Alles, was man zum Wandern oder zum Skisport braucht, gibt es gegen Gebühr. Wanderführer stehen für leichte und schwerere Gebirgstouren zur Verfügung. Am Ort kann man in einem kleinen Lebensmittelgeschäft einkaufen. Das Restaurant mit Panoramablick auf den See Torneträsk lockt mit lappländischer Küche. Das ganze Jahr über geöffnet.*

Wandern auf dem Kungsleden
Narvik
Ofotfjord
E10
E06
Beisfjord
Hunddalen
NORWEGEN
Cunojaure
Fjellbu
Cainavagge-hyttene
Gautelisstuene
Riksgränsen
Låktatjåkka
Björkliden
Pålnoviken
Jiebrenjokk
Torneträsk
Abisko Turiststation
Abisko Östra
Kiruna
Kårsavagge
Nationalpark Abisko
Abiskojaure
Unna Allakas
Kungsleden
Alesjaure
Alisjárvi
Rastajaure Rávttajárvi
Mårma
SCHWEDEN
Sitasjaure Siidasjávri
Tjäktja
Nallo
Vistas
Hukejaure
Sälka
Unna Räista
Tarfala
Sitasjaure
Kebnekaise
Singi
Kebnekaise Fjällstation
Nikkaluokta
Paittasjärvi
Ritsem
Kaitumjaure
Bajip Gáidumjáv
Teusajaure
Teusajaure Dievssajávri
Nationalpark Stora Sjöfallet/ Stuor Muorkke
Akkajaure Áhkájávre
Vakkotavare
Nationalpark Sarek
Suorva
Satihaure Sádihávrre
Sjöfallsstugan
Vietas
Kebnats
Saltoluokta Fjällstation
Gällivare, Jokkmokk
N
0
12 km
STF - Fjällstation
STF - Fjällhütten
Unterstellplatz
Ort, Hotel oder Hof
Markierter Weg/Straße Abstand in km
Staatsgrenze
Fahrstraße
© graphic

Wandern

Abisko ist nicht nur der Ausgangspunkt des Fernwanderweges Kungsleden, sondern bietet auch zahlreiche weitere Wandermöglichkeiten: Zahlreiche **Naturpfade** *(Information im Naturum) sind 1 bis 5 km lang. Den Fluss Abiskojåkka kann man stromauf- oder -abwärts wandern. Der* **alte Materialweg** *(„Rallarvägen") der Bahnarbeiter verläuft über eine Strecke von rund 50 km nach Norwegen parallel zur Erzbahn. Man kann ein Teilstück bis nach Björkliden (7 km) wandern oder aber mit dem Fahrrad fahren.* **Vom Fjäll zum Fjord**: *Mit dem Zug nach Katterat, Wanderung (6 km) entlang des Weges, den die Bahnarbeiter (rallare), beim Bau der Erzbahn benutzten, hinunter zur Atlantikküste, mit dem Fischerboot nach Narvik und von dort zurück mit dem Zug.*

Der Kungsleden

info

Der **Königspfad** ist ein berühmter und vielbesuchter **Fernwanderweg**, ein Klassiker für alle Trekkingbegeisterten. Der Weg reizt mit atemberaubenden Naturerlebnissen, er erstreckt sich über 400 km von Abisko im Norden bis nach Hemavan im Süden durch die endlosen Weiten Schwedens und durchquert dabei die vier Nationalparks Abisko, Stora Sjöfallet/Stuor Muorkke, Sarek und Pieljekaise.

Der Schwedische Touristenverein (STF) unterhält an den Strecken Abisko–Kvikkjokk nördlich des Polarkreises und Ammarnäs–Hemavan in Südlappland 16 **Hütten** und **Fjällstationen** mit Übernachtungsmöglichkeiten. Die Entfernung zwischen den einzelnen Hütten und Fjällstationen beträgt ungefähr 10 bis 20 km, sie entspricht also exakt einer Tagesetappe. Der Wanderpfad ist sowohl für Winter- als auch für Sommertouren entsprechend markiert: Die Winterwege sind durch Pfähle mit einem roten Andreaskreuz, die Sommerwege durch rote Steinpyramiden gekennzeichnet, oft ist die Routenführung jedoch für beide gleich. Das Gelände ist im Allgemeinen leicht begehbar, an schwierigen Furten sind Brücken vorhanden. Wege, die durch morastige Gebiete führen, sind oft mit Bohlen versehen. Größere Seen überquert man entweder mithilfe eines Bootsführers oder man benutzt eines der am Ufer liegenden Ruderboote und rudert selbst.

Skitouren sind von Anfang März bis Mitte Mai möglich. Der nördliche Teil des Kungsleden führt von Abisko nach Kvikkjokk über 172 km durch landschaftlich abwechslungsreiches Gelände, überwiegend oberhalb der Baumgrenze, durch breite Bergtäler, über Hochplateaus und enthält einige starke Steigungen. Die Strecke zwischen Aktse und der Hütte in Pårte verläuft durch den Nationalpark Sarek. In Kvikkjokk unterschreitet man wieder die Baumgrenze. Die am stärksten frequentierte Strecke von Abisko bis zum Kebnekaise ist sehr gut für eine Wochentour geeignet. Allerdings kann es in den Hütten während der Hochsaison von Juli bis Mitte August eng werden. Alle Gäste sind jedoch gern gesehen, und selbst wenn die Hütten doch einmal voll belegt sein sollten, bekommt jeder ein Dach über dem Kopf.
Nach STF-Stockholm, Informationsblatt Kungsleden, www.svenskaturistforeningen.se/omraden/kungsleden.

Björkliden

Etwa 10 km nordwestlich von Abisko liegt der Skiort Björkliden, die nächste größere touristische Anlage mit Hotel, Freizeithäusern und einfacheren Hütten. Obwohl Björkliden nur um die 20 dauerhafte Einwohner hat, besuchen jährlich mehrere Tausend Touristen den kleinen Ort, der sogar einen eigenen Bahnhof besitzt. Oberhalb des Hotels befindet sich der **nördlichste Golfplatz Schwedens**, von dem man einen herrlichen Blick auf den Torneträsk und die Lappenpforte hat, den von einem Gletscher durchbrochenen heiligen Berg der Samen. Vor Björkliden ist eine Warnanlage installiert, falls sich im Winter Lawinen auf die Straße zubewegen.

Über die idealen Wintersportmöglichkeiten hinaus (23 Abfahrten und 5 Lifte) eignet sich Björkliden als Ausgangspunkt für ausgedehnte Wanderungen ins Fjäll, lohnenswert ist beispielsweise ein Besuch der **Låktatjåkkstugan**, mit 1.228 m über dem Meeresspiegel die höchstgelegene Gebirgsstation Schwedens. Die Hotelrezeption informiert über die Vielzahl an weiteren Aktivitätsangeboten, darunter Hundeschlittentouren, Schneeschuhwanderungen, Eisklettern, Schneescooter-Touren oder Höhlenabenteuer. Auch **geführte Tageswanderungen** werden angeboten.

Bei **Tornehamn**, 10 km von Björkliden, liegen eine kleine Kirche und ein Friedhof, der sogenannte Rallarkyrkogården, der an die beim Bau der Erzbahn um das Jahr 1900 umgekommenen Bahnarbeiter erinnern soll.

Reisepraktische Informationen Björkliden

Information/Unterkunft/Restaurant
Björkliden Fjällby, *Björklidenvägen 70, ✆ 0980-64100, www.bjorkliden.com. Das* **Hotel Fjället** *€€–€€€ und die* **Gammelgården Ski Lodge** *€€ in fantastischer Lage mit Blick auf den See und das Fjäll sind der Kern des Touristenorts. Das Hotel hat 43 Zimmer mit Bad und verfügt über eine kostenlose Skiaufbewahrung. Die 23 Zimmer im Gammelgården sind einfacher, nicht alle mit Bad, eine Selbstversorgerküche ist vorhanden. In beiden Unterkünften gibt es eine Sauna. Das* **Restaurant Lapporten** *serviert lokale und internationale Gerichte bei einem herrlichen Blick auf die Lappenpforte.*
Die Skisaison dauert in der Regel von Februar bis Mai, für Skifans ist die nötige Infrastruktur vorhanden. Zum Komplex gehören das kleine **Hüttendorf Stugbyn Kåppas** *mit 68 Gebäuden (4–5 Betten jeweils) sowie in 1.228 m Höhe die Gebirgsstation* **Låktatjåkko Fjällstation** *mit 18 Betten, Restaurant, Bar und Sauna.*

Riksgränsen

In Riksgränsen, also an der „Reichsgrenze“ zum Nicht-EU-Land Norwegen, ca. 130 km von Kiruna und etwa 30 km von Björkliden entfernt, findet sich eine **Touristenanlage** mit Touristeninfo, Hotel, Apartments und einem Stellplatz für Wohnmobile und Wohnwagen. Inzwischen übernachten in der Anlage viele Nordkapreisende, die mit Bussen den Weg über die E10 nach Narvik nehmen. Der nördlichste Wintersportort Schwedens lockt mit sechs Liften und 15 Abfahrten.

Reisepraktische Informationen Riksgränsen

Information/Unterkunft/Restaurant
Riksgränsen, *Riksgränsvägen 15, ✆ 0980-64100, https://riksgransen.se. Schöne Lage am See Torneträsk an der Grenze zu Norwegen. Zu der Anlage gehören das frühere, 1903 er-*

richtete Zollgebäude **Meteorologen Ski Lodge**, *inzwischen ein modernes und komfortables Hotel mit 14 Doppelzimmern, sowie das* **Riksgränsen Hotel** *€€€–€€€€ mit je etwa 50 Einzel- und Doppelzimmern im Hotel sowie 70 Wohnungen mit 3–6 Betten, Küche und Dusche. Im Hotel befinden sich die Rezeption, das* **Restaurant Lapplandia**, *eine Bar und ein Sportshop. Hier findet man auch eine Sportabteilung und ein Wellnesscenter mit Pool, Whirlpool, Sauna und Anwendungen. Eine preiswerte Alternative einen Steinwurf vom Hotel entfernt (gleiche Buchungsadresse) gibt es in der* **Jugendherberge Vandrarhem Riksgränsen**. *34 Einzel- bis 4-Bett-Zimmer, alle mit eigenem Bad, zwei große, gutausgestattete Selbstversorgerküchen, Fitnessraum und Sauna. Auch ein* **Campingplatz** *am Ufer des Vassijaure-Sees gehört zur Anlage.*

Per Bahn nach Norwegen

Narvik ist als Endstation der **Erzbahn** gut mit dem Zug zu erreichen. Eine Fahrt von Kiruna dauert rund 3 Std., von Gällivare knapp 4 ½ Std., die Züge fahren zweimal täglich. So kann man die atemberaubende Aussicht von der arktischen Hochgebirgsregion bis hin zum Fjord auf entspannte Weise genießen. Die **Zugstrecke** zwischen Torneträsk und Riksgränsen gilt zudem als die **schönste Schwedens**.

Ausflug nach Narvik

Ab der Grenze ist man schon nach 33 km im norwegischen Narvik. Allein die Fahrt dorthin lohnt sich: Durch eine grandiose Gebirgswelt verläuft die Straße weg von der Erzbahn in nördlicher Richtung um Haugfjället herum, vorbei an vielen kleinen Seen in einem Gebiet, in dem viele Norweger ihre Freizeitwohnsitze haben. Aus dem Gebirge geht es hinunter zum Rombakfjord über die imposante Hängebrücke Rombaksbrua, wo die Straße bald wieder auf die Erzbahn trifft.

Ohne die Ofotbahn gäbe es das 180 km von Kiruna entfernte Narvik mit seinen gut 21.000 Einwohnern in der Gemeinde wahrscheinlich nicht, denn mit der Notwendigkeit, schwedisches Erz aus dem Gebiet um Kiruna über einen – dank des Golfstroms – ganzjährig eisfreien Hafen auszuführen, musste eine Eisenbahnverbindung durch das Gebirge zum Ofotfjord hergestellt werden. Der Erzhafen mit seinen Transport- und Verladevorrichtungen prägt das Stadtbild. Während des Zweiten Weltkrieges wurden weite Teile der Stadt zerstört. Deutsche Truppen nahmen Narvik im April 1940 ein, da das Erz strategisch bedeutsam war. Norwegische und alliierte Truppen gingen zum Gegenangriff über, konnten für Wochen die Stadt zurückgewinnen, bis die alliierten Verbände abgezogen werden mussten und die Deutschen den Ort wieder einnahmen.

Das **Kriegsmuseum**, untergebracht in einem Neubau in Narviks modernem Zentrum (neben dem Scandic-Hotelturm), dokumentiert vor allem den Kampf um Narvik.
Narvik Krigsmuseum, *Kongens gate 39, ✆ +47-76944426, www.warmuseum.no. Tgl. 10–16, im Sommer bis 18 Uhr.*

Lohnend ist die Fahrt mit der **Kabinenbahn** auf den südlich gelegenen Aussichtsberg Fagernesfjell in 700 m Höhe. Die Touristeninformation bietet u. a. Fahrten zu den Lofoten an, zudem verkehren täglich Linienbusse (*www.reisnordland.no*).

Narvik Tourist Office, *Kongens gate 41–43, ✆ +47-76965600, www.visitnarvik.com. Juni–Aug. tgl. 10–18, sonst tgl. 10–15 Uhr.*

Über die Inlandstrecke von der finnischen Grenze nach Dalarna

Die **Straße E45** führt vom nördlichsten schwedischen Kirchspiel über 900 km mitten durchs Land nach **Östersund**, weitere 320 km sind es bis **Mora** am Siljansee. Das Verkehrsaufkommen ist geringer als auf der Küstenstraße E04. Dem Reisenden bieten sich wechselnde Naturszenarien von der Tundra im Norden über weite Sumpf- und wechselnde Waldlandschaften, durchsetzt von zahllosen Seen und fruchtbaren Flusstälern. Die **Weite des Raumes** und die dünne Besiedlung vermitteln eine Vorstellung von den harten Lebensbedingungen.

Von der E45 bieten sich immer wieder auch Abstecher in die schwedische oder auch norwegische **Fjällwelt** an, dabei lassen sich Nationalparks und Naturreservate erreichen. Dass der Norden nicht nur als Naturraum beeindruckend ist, sondern kulturgeschichtlich und kulturell Interessantes bietet, wenngleich man nicht kontinentaleuropäische Maßstäbe anlegen darf, zeigt der Besuch der größeren Siedlungen entlang der Inlandstrecke.

Redaktionstipps

- Für Outdoor-Aktive: den Naturraum Lapplands auf Wanderungen durch die **Nationalparks** erleben (S. 478).
- Für Museumsfreunde: Besonders sehenswert sind das **Freilichtmuseum Ajtte** in Jokkmokk (S. 480) und das **Silbermuseum in Arjeplog** (S. 484).
- Ein ganz besonderes Erlebnis: Besuch des **Wintermarkts** von Jokkmokk Anfang Februar (S. 480).
- Für Bahnfans: die Gesamt- oder eine Teilstrecke mit der legendären **Inlandsbahn** fahren (S. 489).

Karesuando

Ganz im Norden am Ende der E45 und oberhalb der Vegetationsgrenze liegt Schwedens nördlichstes Kirchspiel mit knapp 300 Einwohnern. Der nicht gerade hübsche Ort alleine

Mitternachtssonne über dem Torneälv, dem schwedisch-finnischen Grenzfluss

kann kaum ein Ziel für Besucher sein – dass es hier dennoch eine (bescheidene) touristische Infrastruktur gibt, ist der Lage an der Grenze zu Finnland geschuldet. Jenseits des mächtigen Stroms **Muonioälv** (finn.: Muonionjoki) stößt die E45 auf die E08, eine der skandinavischen Hauptverkehrsachsen nördlich des Polarkreises. Sie verläuft immer parallel zum Grenzfluss, zunächst also zum Muonioälv und dann zum Torneälv, in den dieser 190 km südlich bei Pajala mündet. Die Straße verbindet den Bottnischen Meerbusen (Tornio/Haparanda, S. 462) mit dem Nordatlantik (Narvik). Wer auf der Brücke in Karesuando bis zur Mitte geht, sieht das Schild mit dem finnischen und schwedischen Wappen, das die **Grenze** markiert. Die Ortschaft auf der anderen Seite, Kaaresuvanto, ist genauso nichtssagend wie Karesuando.

So ist einmal mehr die Natur die Hauptattraktion, vor allem in den hellen Wochen des Jahres. Die **Mitternachtssonne** kann man hier vom 26. Mai bis zum 18. Juli erleben, am besten vom Aussichtsberg Kaarevaara, von dem man auf Schwedens einziges Tundrengebiet und die Fjälllandschaft dreier Länder hinabsieht. Die Bewohner des aus einer Samensiedlung hervorgegangenen Dorfes haben enge Verwandtschafts- und Wirtschaftsbeziehungen zur norwegischen und finnischen Seite und sprechen – manchmal sogar gleichzeitig – die vier Sprachen der Region: Schwedisch, Finnisch, Samisch und Norwegisch. Neben dem Pfarrhof gleich an der **Karesuando Kyrka**, der nördlichsten Kirche Schwedens, steht ein kleines graues Gebäude, **Læstadiuspörtet** genannt. Hier wirkte der Pastor und Botaniker Lars Levi Læstadius, Begründer der Erweckungsbewegung Laestadianismus, von 1826 bis 1849.

Ein sehenswerter botanischer Park liegt ca. 2 km nördlich des Ortes nahe dem Campingplatz. Neben Hunderten von anderen Gewächsen der schwedischen Fjälllandschaft findet man hier auch den nach Læstadius benannten Arktischen Mohn (*laestadiusvallmon*, lat.: *Papaver laestadianum*).

Reisepraktische Informationen Karesuando

Information

Karesuando Turistinformation, *Treriksvägen 1, ✆ 070-1811250, www.karesuando.se. Juni–Aug.*

Camping

Karesuando Camping & Rekreation, *✆ 0706-051124, www.karesuandocamping.blogspot.de. Schwedens nördlichster Campingplatz, etwa 1,5 km von der Kirche entfernt gelegen. 24 Stellplätze und 11 Hütten. Aktivitäten wie Wandern, Kanu fahren, Angeln oder Entspannen in der Holzsauna mit anschließender Abkühlung im Fluss. Ende Mai–Mitte Aug. geöffnet.*

Gällivare

Knapp 240 km weiter südlich, jenseits der E10 mit dem Abzweig nach Kiruna und rund 100 km nördlich des Polarkreises, ist Gällivare, eine flächenmäßig riesige Gemeinde (sie entspricht der Größe von halb Belgien!) mit gut 17.000 Einwohnern. Die Bergbaustadt ist der Verkehrsknotenpunkt Lapplands: Hier führt nicht nur die Erzbahn von Luleå nach Kiruna entlang, hier ist außerdem der Endpunkt der Inlandbahn, der eigentliche Startpunkt der E45 in den Süden und mit dem Lapland Airport gibt es eine direkte Flugverbindung nach Stockholm. Im 19. Jh. begegneten sich hier Samen, Siedler und Bahnarbeiter, was dazu führte, dass heute drei Sprachen in der Gemeinde gesprochen werden, nämlich Schwedisch, Samisch und Finnisch. Die von der Küste ausgehende Kolonisation folgte anfangs den großen Flüssen, während die Gebiete dazwischen den Samen verblieben. Das Gebiet um Gällivare eignete sich kaum für die landwirtschaftliche Nutzung, und der Abbau des Eisenerzes wurde erst rentabel, als 1888 eine Eisenbahnverbindung zur Hafenstadt Luleå hergestellt wurde.

Direkt am schönen **Bahnhofsgebäude aus Holz** findet man die Touristeninformation. Ganz in der Nähe liegt auch die Lappenkirche, um 1750 errichtet, um die Samen zum Christentum zu bekehren. Da jeder Haushalt in Schweden damals vier Jahre lang einen Öre zur Finanzierung des Kirchbaus abzweigen musste, trägt sie auch den Namen Ettöreskyrka.

Für einen historischen Rundgang durch die Stadt empfiehlt sich der etwa 2 km lange Kulturpfad (Karte erhältlich in der Touristeninformation), der beim ehemaligen, 1914 erbauten Schulgebäude startet. Heute befinden sich in dem Gebäude das Heimatmuseum mit unterschiedlichen Ausstellungen, ein Café und ein Souvenirladen.
Gällivare Kulturmuseum, *Storgatan 16, ✆ 0970-818692, www.gellivare.se/museum. Di–Fr 11–15.30, im Sommer zusätzlich Mi bis 20, Sa 12–14 Uhr.*

info

Die Mücke

Wer sich in den Norden begibt, muss vor allem im Juli und August mit lästigen Mückenschwärmen in **Wäldern** und **sumpfigen Gegenden** rechnen. Schon der Naturforscher Carl von Linné meinte einst auf seiner Lapplandreise: „Wenn die Mücken nicht wären, läge hier das Paradies." Auf dem Rastplatz oder vor der Unterkunft wird man mit dem typischen Mückensummen empfangen, das 400 bis 500 Flügelschläge pro Sekunde erzeugen. Von rund 3.000 Mückenarten weltweit kommen etwa 45 in Schweden vor.

Nur die Weibchen, die bis 5 mg Blut aufnehmen und ihr Gewicht dabei vervierfachen können, betätigen sich als Blutsauger. Die nördlichsten Mückenarten vermögen mangels Opfern ihre Eier zu legen, ohne Blut zu saugen. Die Weibchen müssen dann ebenso wie die Männchen mit Nektar und Fruchtsäften auskommen. Ein Weibchen kann bis zu 500 Eier legen, die auf dem Land oder in Gewässern überwintern und im Frühling ausgebrütet werden. Die weiten Moorlandschaften Lapplands sind eine ideale Brutstätte für die kleinen Plagegeister.

Doch nicht allen Menschen ist die Mücke lästig, den Rentierzüchtern beispielsweise hilft sie: Wenn es in den Wäldern und Mooren unerträglich für die Tiere wird, treten sie den geordneten Rückzug ins höher gelegene Fjäll an, sodass die Züchter sie leicht sammeln und zur Markierung der Kälber in die Koppeln führen können.

Vor Mücken sollte man sich durch **zweckmäßige Kleidung** schützen, Gesicht und Hände kann man mit einem alten Hausmittel, wie Kienöl, oder per Mückenstift einreiben. An offenen und windigen Stellen sowie in baumlosen Gebirgsregionen hat man am ehesten seine Ruhe.

3 km nördlich liegt **Malmberget**, der 1888 aus dem Boden gestampfte Bergbauort. Auffällig ist die tiefe Grube, die das Städtchen in zwei Teile teilt und bis zu 250 m tief ist. Sie entstand durch Einstürze im Bergwerk, wird stetig größer und gefährdet das Leben der nur noch knapp 1.000 Einwohner. Diese teilen deshalb insofern das Schicksal von Kiruna (S. 467), als sie innerhalb der nächsten Jahre nach Gällivare umziehen müssen.

Dundret heißt der 823 m hohe Berg in der Stadt, von dem aus man die Mitternachtssonne erleben kann (2. Juni–12. Juli). Dundret heißt auch eine Ski-, Konferenz- und Eventanlage. Das Skigebiet verfügt über 15 Pisten verschiedener Schwierigkeitsgrade. Außerdem verläuft hier eine 5 km lange, präparierte Langlaufskispur, insgesamt finden sich um Gällivare 60 km Loipe. Im Winter kann man Motorscooter oder Hundeschlitten fahren, im Sommer Fahrradtouren unternehmen oder die Kletterwand austesten. Für das leibliche Wohl sorgt das Restaurant Taps &, das einer Mikrobrauerei angeschlossen ist.
Dundret, *Dundretvägen 1, ✆ 0970-522800, www.dundretlapland.com. Neben verschiedensten Freizeitaktivitäten werden Hotel- und Herbergszimmer sowie Hütten angeboten.*

Grubentour in Erz- und Kupfermine

Eine **Grubentour in die Erzmine** der LKAB, die ein Gebiet von 4,5 km in ost-westlicher Richtung und 2,5 km in Nord-Süd-Richtung abdeckt, kann bei der Touristeninformation gebucht werden (mind. 8 Pers., nicht für Kinder unter 12 Jahren).

Etwa 15 km südöstlich von Gällivare befindet sich **Aitik**, die größte Kupfermine Schwedens und eine der größten Europas. Der Tagebau erstreckt sich über 3 km Länge, 1 km Breite und 400 m Tiefe, neben Kupfer findet man hier auch Silber oder Gold. Auch hier ist eine Besichtigung auf Nachfrage in der **Touristeninformation** (✆ 0970-16660, www.gellivarelapland.se) möglich (Mindestalter: 15 Jahre).

Reisepraktische Informationen Gällivare

Information

Gällivare Turistcenter, *Centralplan 4, ✆ 0970-10220. Mo–Fr 9–17 Uhr. Weitere Infos:* **Visit Gellivare Lapland**, *✆ 0970-16660, www.gellivarelapland.se.*

Hotel

Grand Hotel Lapland *€€€–€€€€, Lasarettsgatan 1, ✆ 0970-772290, www.grandhotellapland.se. Zentral gelegenes Hotel mit 173 Zimmern, Steakhaus, Sportbar und Café. Fitnessraum, Sauna, im Sommer Außenpool auf dem Dach mit Whirlpool und Skybar.*

Camping/Jugendherberge

Gällivare Camping, *Kvarnbacksvägen 2, ✆ 0970-10010, www.gallivarecamping.se. Naturschön am Fluss Vassaraälven gelegene Anlage mit kleinem Freiluftmuseum,* **Campingplatz** *(Mitte Mai–Ende Sept.), Vermietung modern ausgestatteter Hütten und Ferienhäuser (ganzjährig),* **Jugendherberge** *(ganzjährig), Café.*

Am Polarkreis: Porjus, Jokkmokk und Umgebung

Porjus, 43 km vor Jokkmokk, ist ein ganz und gar vom Ausbau der Wasserkraft geprägter Ort, in dem schon 1915 die erste Anlage am Stora Luleälv errichtet wurde, da man Strom für Eisenbahn und Erzfelder brauchte. Sieben Menschen lebten hier, als die Ingenieure und Bauarbeiter aus dem Süden kamen. Bis 1980 wurden insgesamt 15 Stauseen mit Kraftwerken aufgebaut, von denen das Porjus-Kraftwerk ebenso besichtigt werden kann wie das 10 km weiter flussabwärts liegende von Harsprånget. Touristisch erschlossen ist diese Region durch eine rund 100 km lange Stichstraße, die bereits vor Porjus von der E45 nördlich abzweigt und zum großen Teil am Nordufer des 40 km langen und bis zu 6 km breiten Sees **Stora Lulevatten** entlangführt. Auf dieser gelangt man auch zum 1.278 km² großen **Nationalpark Stora Sjöfallet/Stuor Muorkke**. Er wurde 1909 eingerichtet und gehört zum Laponia-UNESCO-Welterbe. Über die Sámi-Kultur und die majestätische Landschaft samt dem namensgebenden grandiosen Wasserfall informiert 90 km hinter dem Abzweig das moderne **Laponia-Besucherzentrum Naturum**.
Naturum Visitor Centre Laponia, *✆ 0973-22020, www.laponia.nu/naturum. März–Sept. Do–So 10–18, Mitte Juni–Aug. tgl. 10–18 Uhr, freier Eintritt.*

45 km südlich von Porjus bringt einen die E45 nach **Jokkmokk**. In der mit rund 19.500 km² riesigen Gemeinde leben knapp 5.000 Menschen, gut 2.700 davon haben sich im Zentralort angesiedelt. Bis Ende des 19. Jh. waren die Samen in der Mehrheit, doch heute stellen sie nur noch etwa 10 % der Bevölkerung. Das samische Wort Jokkmokk bzw. Jåhkåmåhkke bedeutet „Land an der Bachbiegung“, bei den Nord-Sámi wird der Ort Dálvvadis genannt. Gegründet wurde er 1602 unter König Karl IX., der im hohen Norden neue Handelsplätze anlegen ließ, um zur Finanzierung der Kriege seine Steuereinnahmen zu erhöhen. Der Winterrastplatz der Samen am Talvatissee entwickelte sich zum **Markt- und Kirchenort** mit fester Besiedlung, zumal Jokkmokk auch am Weg von Luleå zu den Silbergruben im Sarekgebiet lag. Ähnlich wie das finnische Rovaniemi liegt auch Jokkmokk fast genau auf dem **Polarkreis** (Polcirceln). Die E45 kreuzt ihn z. B. knapp 8 km südlich des Ortes am Ufer des Sees Öst-Kievatjärn; dort ist er mit einer Steinpyramide, einer Steinlinie und Infotafeln markiert. Im Café oberhalb der Treppe kann man sich die Überquerung dieser magischen Grenze mit einem Zertifikat bestätigen lassen.

Im 18. und 19. Jh. ließen sich an den Flüssen schwedische Neusiedler nieder – Bauern, die der Staat mit mindestens 15 Jahren Steuerfreiheit und Befreiung vom Kriegsdienst im Zuge der Expansionspolitik gen Norden lockte. Durch die Entwicklung der Forstwirtschaft, den Abbau der wertvollen Lappland-Erze sowie die Energiegewinnung aus der Wasserkraft wuchs die Bevölkerung im Binnenland deutlich an. Die Erschließung des hohen Nordens führte jedoch auch dazu, dass die angestammten Jagd- und Weidegebiete der Samen immer mehr eingeengt und durchschnitten wurden. Heute gehört der nordschwedische Binnenraum mit seiner hohen Arbeitslosigkeit und fortwährender Abwanderung in die größeren Küstenstädte oder den Landessüden zu den regionalpolitischen Problemgebieten. Die Subventionen aus Stockholm fließen spärlicher, die Strukturhilfen der EU zur Förderung der winterkalten, dünn besiedelten Räume reichen offensichtlich nicht aus.

Große Flächen der Wälder und Moore sind als Nationalparks oder Naturreservate geschützt. Mit den **Nationalparks Padjelanta**, dem schwer zugänglichen **Sarek**, **Stora Sjöfallet/Stuor Muorkke** und Teilen des **Muddus** liegen gleich vier auf dem Gebiet der Kommune Jokkmokk. Diese versteht sich als Gemeinde in der Wildmark und bietet dem, der die faszinierende Natur aktiv erleben will, ein breites Angebot.

Nach Kvikkjokk und zum Sarek-Nationalpark

Rund 120 km lang ist die **Straße 805**, die bei Jokkmokk von der E45 abzweigt. Durch menschleeres Gebiet, immer ganz nah an den Ufern eines unendlichen Seenlabyrinths entlang, windet sich die Strecke bis zum 50-Einwohner-Weiler Kvikkjokk. Einer der ersten Touristen hier war Carl von Linné, der Kvikkjok während seiner Lapplandreise 1732 besuchte. Der Ort ist Ausgangs- und Endpunkt vieler Gebirgswanderer, denn hier führt der Wanderweg Kungsleden vorbei, und hier beginnt bzw. endet der Padjelantaleden ebenso wie eine Teilstrecke des Nordkalottleden. Nur erfahrene Fjällwanderer sollten sich von hier auf den Weg in den Nationalpark Sarek machen, denn dort gibt es keine markierten Wege und außer dem eigenen Zelt keine Übernachtungsmöglichkeiten. Wer erfahren und gut gerüstet ist sowie keine Komfortansprüche hat, wird mit einer faszinierenden Deltalandschaft am Zusammenfluss der beiden Flüsse Kamajokk und Tarraätno mit einer an den Amazonas erinnernden Vegetation und einer reichen Fauna belohnt.

Das Rapa-Tal im Sarek-Nationalpark

In Kvikkjokk sind aber auch kürzere Wanderungen möglich, z. B. auf markierten Pfaden zu den benachbarten Berggipfeln, ein idealer Ausgangspunkt ist **Kvikkjokks Fjällstation**, Unterkunft bietet auch **Årrenjarka Semesterby** 10 km südlich. Lohnend ist eine Bootsfahrt durch das Kvikkjokk-Delta (*www.fiskflyg.se/kvikkjokk*), außerdem gibt es einen Kanuverleih und auch Paddel- oder Motorbootstouren und sogar Helikopterrundflüge (*www.fiskflyg.se/start*) werden im Ort angeboten. Bei warmen Temperaturen kann man im Badesee von Kvikkjokk schwimmen. Apropos Wärme: Trotz der nördlichen Breite werden im Sommer manchmal erstaunliche Temperaturen erreicht (Rekord: 32 °C), während die Winter klirrend kalt werden (Minusrekord: -43 °C). Wer die lange Anfahrt nach Kvikkjokk auf sich nimmt (aber auch hier ist der Weg das Ziel), kann im Ort eine schöne Holzkirche bewundern und in der Nähe Überreste einer Silbermine aus dem 17. Jh., samische Opferstellen und einen Wasserfall des Kamajokk.

STF Kvikkjokk Fjällstation, *Storvägen 19, ✆ 0971-21022, www.kvikkjokkfjallstation.se. Schöne Anlage mit einem Gebäude von 1928 und einem aus den 1960ern, 60 Betten, Dusche und WC auf dem Flur. Selbstversorgerküche, Restaurant, Café und Bar. Verkauf von Lebensmitteln, Proviant und Souvenirs. Verleih von Kanus, Fischerei- und Fjällausrüstung. Ende Feb.–Ende April und Mitte Juni–Mitte Sept. geöffnet.*

Årrenjarka Fjällby, *Årrenjarka 214, ✆ 0971-23018, www.arrenjarka.se. Vermietung von Hütten unterschiedlicher Kategorien (z. T. mit Sauna), Campingmöglichkeit, Hotel-Annex, Restaurant, Schneescooterverleih. Die Rezeption vermittelt Hundeschlittenfahrten, Reittouren und Helikopterrundflüge.*

Höhepunkt im Jahresablauf der Bewohner Jokkmokks ist der jährlich Anfang Februar stattfindende Wintermarkt **Jokkmokks Marknad**, der seit 1605 jedes Jahr abgehalten wird. Es sind nicht mehr ausschließlich die Samen, die das Bild der Markttage bestimmen. Die bis zu 45.000 Besucher, überwiegend aus dem Norden, und 500 Marktstände bringen ungewohnten Trubel in die Gemeinde und verändern die Zeitrechnung, sodass man in Jokkmokk von der Zeit vor und nach dem Markt spricht. Bei klirrender Kälte sieht man viele interessante Bewohner des Nordens, auch Touristen finden den Weg hierher. Wer sich für Kunst und Kultur der Samen interessiert, kommt hier auf seine Kosten.

Jokkmokks Gemeindekirche stammt von 1889, während die dunkelrote alte Kirche, **Gamla Samekyrkan**, eine Kopie der 1972 abgebrannten aus dem 18. Jh. ist. Das Rot, Blau und Gelb in der Kirche entspricht den Farben der Kleidung der Jokkmokk-Samen.

Besonders sehenswert ist das **Ajtte – Svenskt fjäll- och samemuseum**, eine hervorragende Präsentation von Natur und Kultur der Gebirgswelt, vor allem der Kultur der Samen. *Ajtte* ist das lulesamische Wort für „Vorratshaus". Gezeigt werden neben zahlreichen Gegenständen Filme und Diashows, die eine Vorstellung vom Leben der Samen früher und heute vermitteln. Über Gebirgswanderpfade und die Nationalparks der Umgebung informiert eine Sonderausstellung. Dazu gibt es Aktivitäten für Kinder, Verkauf von Literatur und Kunsthandwerk sowie ein Restaurant mit samischen Spezialitäten.
Ajtte – Svenskt fjäll- och samemuseum, *Kyrkogatan 3, ✆ 0971-17070, www.ajtte.com. Mitte Juni–Mitte Aug. tgl. 9–17, sonst Di–Fr 10–16, Sa 12–16 Uhr.*

Auch unter freiem Himmel gibt es einiges zu sehen: **Jokkmokks Fjällträdgård** ist ein sehenswerter botanischer Garten, der immer weiter ausgebaut wird. Gemütlich kann man hier durch verschiedene Biotope spazieren und sich über die einheimische Flora informieren. Außerdem kann die Originalhütte des Forschers Axel Hamberg besichtigt werden, die aus dem Sarek hierhergebracht wurde.

40 km südöstlich von Jokkmokk liegt **Vuollerim**, ein 6.000 Jahre alter Winterwohnplatz mit Hausresten, Fanggruben und zahlreichen Funden aus Stein und Knochen. Bis Arvidsjaur sind es 155 km durch die Weiten der Wald- und Moorlandschaft.

info

Rund um den Wintermarkt

Als Schwedens König Karl IX. gleich zu Beginn des 17. Jh. verfügte, Marktplätze in Lappland zu errichten, um den Handel und die verstreut lebende samische Bevölkerung zu kontrollieren, wird er wohl kaum darauf gehofft haben, in der Wintersiedlung der Lule-Samen eine Tradition zu stiften, die sich auch 400 Jahre danach größter Beliebtheit erfreut. Alle Jahre wieder treffen sich zahlreiche Bewohner der Nordkalotte und mit ihnen Touristen aus südlicheren Gegenden zum **traditionellen Wintermarkt** Anfang Februar im lappländischen Jokkmokk.

Bis zu 45.000 Besucher fanden in den letzten Jahren den Weg in den 3.000-Einwohner-Ort. Angelockt von inzwischen rund 500 Marktständen bringen die vielen Zugereisten für drei Tage siedendes Leben in die langen, dunklen Monate arktischer Kälte. Doch nicht nur Handel und Kommerz prägen den Höhepunkt des Jahres in Jokkmokk, die Tage des Wintermarktes sind auch die Tage der **Kultur der Samen**, die als rot-blau-gelber Faden – den Farben der Jokkmokk-Samen – das Festival am Polarkreis durchziehen. In und um Jokkmokk liegen die Dörfer der Wald- und Fjällsamen (*fjäll* = Gebirge), die von der Rentierzucht leben und vornehmlich Träger der alten Kultur sind.

Rund um den Marktplatz, auf dem das Samivolk seit Jahrhunderten mit den Küstenkaufleuten und anderen Reisenden zum Handel zusammentrifft, liegen heute das Gesundheitszentrum, das Heimatmuseum und das Ausbildungszentrum der Samen. Jokkmokks Markt fiel anfangs in die Zeit der Papstmesse um den 25. Januar und dauerte zwei bis drei Wochen. Getauscht wurden Rentierprodukte, Felle und Handwerksgerät gegen Salz, Mehl, Hanf, Häute, Kleidung, Kupferkessel, später auch Kaffee und Tabak sowie Branntwein. Die Beamten des Königs, die *birkarlar*, trieben die **Steuern** ein, in bar oder in Form von Naturalien, die Kirche stellte sich ganz in den Dienst der Staatsmacht und tat alles, um die Naturreligion der Samen auszurotten und „gute Christen" aus ihnen zu machen.

Im Lauf der Jahrhunderte änderte sich der Charakter des Marktes nicht besonders, er blieb der Höhepunkt des Jahres – ein **soziales Ereignis**, willkommene Unterbrechung in der Dunkelheit der Winter, die mit mehreren Metern Schnee und langen Kälteperioden äußerst hart waren. Wer sich heute auf dem Markt in Jokkmokk bewegt, trifft nur an vereinzelten Marktständen Samen, die vorzügliches samisches Kunsthandwerk (*sameslöjd*), Rentierfelle oder geräuchertes Rentierfleisch und -wurst anbieten. Viele Händler von nah und fern, ohne samische Abstammung, reisen von Markt zu Markt.

Es liegt eine eigenartige Stimmung über Jokkmokk, wenn sich bei Temperaturen um -20 oder -30 °C viele offensichtlich alte Bekannte im klaren oder schneediesigen Licht des Nordens treffen. Man steht in Gruppen, lacht und scherzt. Von nordischer Zurückhaltung keine Spur. Hier macht es Sinn, dass man von Kopf bis Fuß Pelz trägt. Entsprechend groß ist auch das Angebot an ausgefallenen Pelzwaren.

Ebenso kann sich das **Veranstaltungsprogramm** im Ort während der Markttage sehen lassen, das vom örtlichen Touristenbüro arrangiert wird. Im Mittelpunkt stehen Malerei, Musik und Kunsthandwerk der Samen in deren Ausbildungszentrum und andernorts, alle Institutionen am Ort sind in das Gesamtprojekt Wintermarkt eingebunden. Seit Jahren gibt es keine Ausstellung oder Veranstaltung ohne den großen Erneuerer samischer Kunst, **Lars Pirak**. Der 1932 in einem samischen Dorf geborene Künstler verstarb im Oktober 2008. Er bearbeitete Holz und Rentierknochen, zeichnete und aquarellierte, beherrschte den traditionellen Joik, jenen wehmütigen Gesang der Erinnerung an Mensch, Natur und Tier, schrieb und war ein begnadeter Erzähler. In allen großen ethnographischen Museen der Welt ist Lars Pirak vertreten, für den das Ren die Kultur der Samen symbolisiert.

Wer sich vom Wesen des Rens überzeugen möchte, kann südlich vom Markt den Talvatissee aufsuchen und dem beliebten Rentierschlittenrennen beiwohnen oder während der Markttage ein Rentaxi benutzen. Wen es weiter hinaus in die Wildnis drängt, kann sich den *Jokkmokksguider* und ihren Schlittenhunden anvertrauen oder an einer Elchsafari – mit Elchgarantie – teilnehmen. Mit etwas Glück – ohne Garantie – wird man vielleicht Zeuge eines Phänomens, das schon immer die Fantasie der Menschen angeregt hat, wenn die flatternden Bänder, kunstvoll gefalteten Vorhänge oder Strahlenbündel des Polarlichts am Himmel erscheinen.

Für die Bewohner Jokkmokks gilt mit dem Ende des Wintermarktes dann wieder die neue alte Zeitrechnung, die Zeit nach (*tiden efter*) dem Großereignis Wintermarkt. 2021 und 2022 fand der Markt coronabedingt nur digital statt, 2023 konnten wieder Besucher aus nah und fern dem Geschehen beiwohnen – bei Temperaturen zwischen -14 und -30 °C.

Informationen zum Wintermarkt unter www.jokkmokksmarknad.se.

Reisepraktische Informationen Jokkmokk

Information

Jokkmokks Turistinformation, *Västra Torggatan 11, ✆ 0971-22250, http://destinationjokkmokk.se. Mo–Fr 9–12 und 13–16 Uhr.*

Hotels

Hotel Jokkmokk *€€€–€€€€, Solgatan 45, ✆ 0971-77700, www.hoteljokkmokk.se. Nahe dem Zentrum in schöner Lage am See Talvatis. 88 gemütliche Zimmer mit Bad. Fitnessraum, eine Sauna im Hauptgebäude und eine am See. Restaurant mit regionaler Küche.*

Hotell Akerlund *€€€, Herrevägen 1, ✆ 0971-10012, www.hotelakerlund.se. Zentral nahe der Inlandsbahn gelegen. 24 individuelle Zimmer Einzel- und Doppelzimmer mit Bad. Entspannungsbereich mit Sauna, Gemeinschaftsraum mit offenem Kamin und TV. Restaurant.*

Jugendherberge

STF Åsgård Jokkmokk Vandrarhem, *Åsgåtan 20, ✆ 7036-64645, www.svenskaturistforeningen.se. Zentral hinter der Touristeninfo gelegen. 50 Betten in 15 Einzel- bis 6-Bett-Zimmern, Selbstversorgung, Restaurant im Sommer. Zahlreiche Aktivitäten. Ganzjährig geöffnet.*

Camping

Arctic Camp Jokkmokk, *Notudden, ✆ 0971-12370, www.arcticcampjokkmokk.se. 3 km östlich des Zentrums, zwischen Fluss und Straße 97 gelegen. 190 Stellplätze, 60 Ferienhäuschen. Spielplatz und Schwimmbad mit Wasserrutsche. Ganzjährig.*

Aktivitäten

Jokkmokk ist inzwischen das bedeutendste Zentrum für Outdoor-Aktivitäten in Lappland. Die Unternehmen bieten u. a. Paddeltouren auf dem Pärlälven, Reitausflüge, geführte Wanderungen, so z. B. **Jokkmokkguiderna** *(Skabram 201, ✆ 0971-12220, www.jokkmokkguiderna.com, Kanu- und Kajakverleih, geführte Kanutouren und Elchsafaris) oder* **Laponia Adventures** *(Skabrams Industriområde, ✆ 070-260 0537, www.laponiaadventures.com. Verleih von Skiern, Kanus, Schlitten und Outdoor-Zubehör, geführte Touren).*

Einen Überblick über die unzähligen Angelmöglichkeiten vermittelt das Touristenbüro. Dort erfährt man auch Näheres über Niederwildjagd, Motorschlittenfahrten, Hundeschlittentouren und die Möglichkeiten, Ski zu fahren. Wanderungen in Jokkmokk und der weiteren Umgebung, u. a. auf den Talvatisberget, ca. 20 km, im Naturreservat Serri auf markierten Bohlenwegen, in der Moränenlandschaft des Staatsforstgebietes Kronogård, im Nationalpark Muddus (Nationalparkkarte im Touristenbüro), im 120 km entfernten Kvikkjokk.

Auf der 155 km langen Etappe über die E45 nach Arvidsjaur erlebt man Natur pur mit Wäldern, Seen, Hügeln und hoher Rentierdichte, aber kaum Siedlungen, Läden oder Tankstellen. Ein schöner, ca. 50 km längerer Schlenker führt über die Straße 374/94 an den eindrucksvollen **Storforsen** vorbei, den **größten Stromschnellen Skandinaviens** (S. 460).

Arvidsjaur

1605 wählte König Karl IX. Arvidsjaur als Kirchen- und Marktort im Zuge der Christianisierung Lapplands aus. Schweden und Samen lebten hier Jahrhunderte verträglich miteinander. Holzverarbeitende Industrie und Forstwirtschaft bestimmen das Wirtschaftsleben des Zentralortes im Waldland. Auf dem alten Kirchenplatz standen mehrere Gotteshäuser. Lappstaden mit 80 Hütten der Waldsamen ist eine an kirchlichen Festtagen und Märkten, vor allem im August, periodisch bewohnte Siedlung der Samen. Mit Sita Sameland, der Touristenorganisation der Samen, kann man alte samische Siedlungen besuchen und dem Rentierkälbermarkieren im Juni und Juli beiwohnen.

Reisepraktische Informationen Arvidsjaur

Information

Arvidsjaur Turistbyrå, *Järnvägsgatan 111, ✆ 0960-17500, www.visitarvidsjaur.se. Tgl. 8–17 Uhr.*

Hotel/Restaurant

Hotell Laponia *€€€–€€€€, Storgatan 45, ✆ 0960-55500, www.hotell-laponia.se. Die mit Abstand größte Herberge der Region liegt 1 km vom Bahnhof entfernt und besitzt 200 komfortable Zimmer, mehrere Restaurants, Sauna, Innen-Pool, Fitnessraum, Bibliothek und Nachtclub. Im Sommer lockt am See Nyborgtjärn das zeltartige Restaurant Laponia Kåtan mit lappländischen Spezialitäten.*

Flughafen

Arvidsjaur Flygplats, *✆ 0960-17380, https://arvidsjaurairport.se. Der moderne, 2021 zuletzt vergrößerte Flughafen liegt 11 km östlich des Orts und wird vor allem im Winter angeflogen, wenn viele europäische Pkw-Hersteller ihre Testfahrer zum Polarkreis fliegen. Ende Nov. bis Ende März Direktflüge ab Deutschland (ca. 3 Stunden), mit ProSky (www.pro-sky.com) ab/bis Köln-Bonn und Stuttgart sowie mit FlyCar (www.fly-car.de) ab/bis Stuttgart, München, Hannover, Frankfurt/Hahn.*

Abstecher zum Polarkreis und nach Norwegen

Wenige Kilometer westlich von Arvidsjaur kreuzt die **Straße 95** die E45. Sie ist die südlichste der großen skandinavischen Ost-West-Verbindung, die den Polarkreis überquert. Ihr Startpunkt ist **Skellefteå** am Bottnischen Meerbusen (S. 457), etwa 140 km südöstlich von Arvidsjaur gelegen. Zur anderen Richtung sind es rund 220 km bis zur norwegischen Grenze, wobei kurz vorher der Polarkreis überschritten wird. Auf norwegischer Seite mündet die Straße auf die E06, auf Höhe des Svartisen-Nationalparks mit dem zweitgrößten Gletscher Skandinaviens. Wer die Strecke ab Arvidsjaur befährt, gelangt nach 90 km zur riesigen Gemeinde **Arjeplog**, die inmitten der Fjällwelt und zwischen zwei großen Seesystemen liegt. Der Ort hat sich längst schon zu einem international bekannten **Zentrum für Autotests** unter härtesten Winterbedingungen entwickelt. Autofirmen aus Europa, Japan und Korea haben sich hier angesiedelt und fast 400 Arbeitsplätze geschaffen, die wirtschaftliche Basis der kleinen Kommune, in der auch Schwedens Verkehrssünder verwaltet werden. Mit Eis und Schnee lässt sich hier Geld verdienen, wenn der Autoindustrie 1.800 km an präparierten Straßen und Wegen zur Verfügung gestellt werden. 7–8 Monate dauert hier der Winter verlässlich. Während in vielen anderen

Gemeinden des Nordens die Bewohner die spärlich besiedelten Räume aus Mangel an Arbeit verlassen, liegt die Arbeitslosigkeit in Arjeplog weit unter dem Landesdurchschnitt. Auch der **Wintertourismus** bekam durch die saisonale Anwesenheit der internationalen Techniker und Testfahrer einen enormen Schub, zumal man zwischen November und März über den Flughafen Arvidsjaur die Region auch von Deutschland aus in nur 3 Stunden direkt erreichen kann. So wurden in den letzten Jahren Wochenend- und Wochentrips nach Lappland immer beliebter, einschließlich Nordlicht-Beobachtung, Schneescooter-Touren, Husky- oder Rentierschlittenfahrten, Besuch des Wintermarktes in Jokkmokk oder Exkursionen nach Piteå bzw. Luleå mit Eisbrecherfahrten. In diesem Zusammenhang entstand in Arjeplog auch das jährlich neu errichtete **Iglootel** mit Schlaf-Iglus sowie Iglus für Restaurant, Lobby, Bar, Sauna und Jacuzzi (Infos unter *www.iglootel.de).* Neben der Autoindustrie ist die Rentierzucht in sechs großen Gebieten (*samebyar*) von Bedeutung.

Ansonsten lohnt das bekannte **Silbermuseum**, aufgebaut vom „Lappendoktor" Einar Wallquist. In dem 1965 eingeweihten Gebäude bekommt man eine beeindruckende Sammlung samischer Silber- und Gebrauchsgegenstände zu sehen und erfährt viel Interessantes über die Kultur der Samen und der Siedler. Der aus Stockholm stammende Arzt, der sich 1922 hier in der großartigen Landschaft am See Hornavan niederließ, ließ sich seine Dienste oft mit Gegenständen bezahlen, die im Museum ausgestellt sind. Sein Haus kann im Sommer besichtigt werden.
Silvermuseet, *Torget, ✆ 0961-14500, www.silvermuseet.se. Mo–Fr 12–16 Uhr, Sa 10–14, Mitte Juni–Anfang Aug. tgl. 9–17 Uhr.*

Die Strecke von Arjeplog bis zur Grenze ist von grandioser Schönheit. Die Landschaft wird immer kahler, die Höhenzüge immer schroffer. In der Ferne tauchen schneebedeckte Kuppen auf, die 1.200–1.400 m hohen Berge der Grenzregion. Die Wahrscheinlichkeit, auf dieser Etappe auf Rentiere zu stoßen, ist sehr hoch. Einen landschaftlichen Höhepunkt stellt unterwegs der **Pieljekaise-Nationalpark** dar.

Sorsele

Der kleine Ort (ca. 1.100 Einwohner) liegt in der **rentierreichsten Gemeinde** Schwedens und hat Aktivurlaubern viel zu bieten. Die Übernachtungsmöglichkeiten sind ausgesprochen gut: Es gibt ein Hotel, ein Feriendorf und eine Jugendherberge. Das 90 km entfernte **Ammarnäs**, in dem die am Fluss Vindelälv entlang führende Straße endet, ist gleichfalls Ausgangspunkt für zahlreiche Aktivitäten in der Wildnis.

Reisepraktische Informationen Sorsele

Hotel/Restaurant

Sorsele River Hotel *€€€, Hotellgatan 2, ✆ 0952-12150, www.sorseleriverhotel.se. 500 m vom Bahnhof und direkt am Fluss Vindeln gelegenes Holzhaus mit 34 Zimmern, Sauna und Whirlpool. Restaurant mit regionaler Küche, Außenterrasse mit schönem Panoramablick.*

Camping/Jugendherberge

Sorsele Camping, *Fritidsvägen 10, ✆ 0952-10124, www.sorselecamping.se. 500 m von der E45 entfernt auf einer grasbewachsenen Landzunge im Vindelälv gelegene Anlage mit Zelt- und Wohnmobilstellplätzen, mehreren unterschiedlich großen Campinghütten, Hostel mit Einzel-, Doppel- und Mehrbettzimmern, guten Sanitäranlagen, Kanu- und Fahrradverleih, Badesee, Sauna, Minigolf, Tennisplatz und Grill.*

Storuman

Spezialität: frischer Fisch aus den Gebirgsseen

40 Menschen wohnten 1917 in der Siedlung, die erst mit dem Bau der Inlandbahn sowie einer Straßenverbindung von der Küste nach Tärnaby im Westen und dem Ausbau der Wasserkraft zwischen 1954 und 1963, als gleich sechs Kraftwerke in Storuman errichtet wurden, wichtige Entwicklungsimpulse erhielt. Heute sind es 2.100 Einwohner. Mit dem innerhalb der Gemeinde auch aus Arbeitsmarktgründen abgebauten Torf werden Teile der Küstenstadt Umeå beheizt. Eine zusätzliche Einnahmequelle ist inzwischen der Tourismus. Lohnend ist der Ausblick vom Stenseleberg (512 m) über den See Storuman Richtung Vilhelminafjäll, Tärna- und Vindelfjäll im Westen. Der Aussichtspunkt ist über eine stark ansteigende Straße im Ort zu erreichen. In Stensele steht die (neben der von Karlskrona, S. 240) **größte Holzkirche Schwedens**, weil vermutlich die Bauzeichnungen mit denen für eine Kirche in Östersund verwechselt wurden.

Auf der E12 Richtung Norwegen

In Storuman kreuzt die E12 die E45, wie die Straße 95 eine der großen skandinavischen Ost-West-Verbindung, allerdings im gesamten Verlauf südlich des Polarkreises gelegen. Ihr Startpunkt ist **Umeå** am Bottnischen Meerbusen, ca. 265 km südöstlich von Storuman, und ihr Endpunkt die norwegische Industriestadt **Mo i Rana** am Ranafjord, wo sie auf die E06 stößt. Die Europastraße ist voller grandioser landschaftlicher Eindrücke, wenn auch deutlich mehr befahren als die Straße 95. 120 km nordwestlich von Storuman liegt mit Tärnaby, der Heimat des legendären Skiläufers **Ingemar Stenmark**, eines der beliebtesten Wintersportgebiete Schwedens, das auch im Sommer ein großes Angebot an Aktivitätsmöglichkeiten (u. a. Gletscherwanderungen, Sommerski, Höhlenerforschungen, Mountainbike-Touren) bietet. Gieravardo, 12 km westlich der Kirche von Tärnaby am Västersjösee, gilt als Schwedens blumenreichstes Fjällgebiet. 20 km westlich von Tärnaby folgt mit Hemavan inmitten großartiger Natur der Endpunkt des Wanderweges **Kungsleden**.

Vilhelmina

In der erst im 18. Jh. gegründeten Siedlung, die ihren Namen nach der Gattin des Königs Gustav IV. Adolf erhielt, trifft man im Zentrum auf **Kyrkstaden**, die Kirchstadt. Von der im 19. Jh. errichteten Anlage, in der Samen und Siedler wohnten, wenn sie von weither zum Kirchenbesuch in den Ort kamen, sind 27 Häuser originalgetreu renoviert worden und dienen heute ganzjährig auch Touristen als Unterkunft. An der Kirche beginnt mit dem **„Kyrkbergstigen"** ein etwa 2 km langer Wanderweg durch Lapplands Natur mit Erläuterungen zur Tier- und Pflanzenwelt.

Reisepraktische Informationen Vilhelmina

Information/Jugendherberge

Turistbyrån Vilhelmina, *Tingsgatan 1, ✆ 0940-39886, https://visitvilhelmina.com. Die Touristeninformation ist gleichzeitig auch Rezeption für die nahe Jugendherberge* **STF Vilhelmina/Kyrkstaden** *(✆ 0940-39887, www.svenskaturistforeningen.se), untergebracht in einem schönen historischen Holzhaus in Kyrkstaden. Sie verfügt über Ein-, Zwei- und Vierbettzimmer mit Kochgelegenheit und WC.*

Hotel/Restaurant

Hotell Wilhelmina *€€€, Volgsjövägen 16, ✆ 0940-55420, www.hotellwilhelmina.se. Nahe dem Bahnhof gelegenes Hotel mit 64 Doppelzimmern, Sauna, Whirlpool und Spa. Das Restaurant bietet traditionelle Küche, Café mit Blick über den See.*

Camping

Saiva Camping & Stugby, *Ryttarvägen 1, ✆ 0940-10760, www.saiva.se. 1,5 km vom Bahnhof an schönem See Baksjön gelegen. 50 Stellplätze, 23 Übernachtungshütten (2–7 Betten). Küche, WC und Bad im Servicehaus. Verleih von Kanus, Booten und Fahrrädern. Badestelle, Spielplatz, Minigolf, Tennis- und Fußballplatz sowie Angelgewässer in der Nähe. Geführte Aktivitäten: Jagd, Fischerei, Kanutouren und andere Ausflüge.*

Dorotea

Mitten im Ort liegt der Bergvattensee, der ursprünglich der Siedlung den Namen gab, bis die Bewohner damals im Zusammenhang mit dem Wunsch nach einem eigenen Pfarrbezirk König Gustav IV. baten, den Ort nach seiner Gattin benennen zu dürfen. Beides konnte der Monarch schlecht abschlagen, da zuvor die Nachbargemeinden zu Frederika und Vilhelmina, den beiden anderen Namen der Königin, umgetauft worden waren. Dorotea ist, kommt man aus Süden, das Eingangstor nach Lappland. An der Ortseinfahrt liegt mit dem Wohnwagenhersteller Polar das für Dorotea wichtigste Unternehmen.

Die aktuelle **Kirche** wurde 1932 nach dem Brand einer älteren errichtet. Ihr Architekt war Evert Milles, Bruder des bekannteren Bildhauers Carl Milles, der ebenfalls mit zwei Skulpturen zur Ausstattung beitrug. Auf dem **Marktplatz** stehen mit dem Doroteabär aus sibirischer Lärche und dem Modell eines Berges aus dem Borgafjäll die Wahrzeichen des Ortes.

Reisepraktische Informationen Dorotea

Camping

Doro Camp, *Storgatan 1A, ✆ 073-0807738, https://doro.camp. 1 km vom Bahnhof und an der E45 gelegenes Camp mit Zelt- und Wohnmobilplätzen, Hütten, Tipis, 2-Personen-Apartments in der ehemaligen Jugendherberge mit allen modernen Annehmlichkeiten. Restaurant in Koten-Architektur, modernes Servicehaus, Bade- und Angelteich, Sauna, Spielplatz, Organisation von Wildsafaris, Kanu-, Angel- und Mountainbike-Touren. Mai–Sept. geöffnet, die Hütten ganzjährig.*

Ausflug nach Borgafjäll

Bis zum Borgafjällmassiv nordwestlich von Dorotea sind es auf einer schmalen, gewundenen Straße gut 100 km. Die zum Wandern einladende Gebirgswelt mit ihren fischreichen Seen und Gewässern ist in Schweden auch bekannt wegen des ungewöhnlichen **Hotell Borgafjäll** (*€€€–€€€€€, ✆ 0942-42100, www.borgafjallhotell.se*). Die 1945 von dem Architekten Ralph Erskine entworfene und mehrfach um- und ausgebaute Herberge verfügt über alle Annehmlichkeiten: gutes Restaurant, Innenpool, Außen- und Innen-Whirlpool sowie Fitnesscenter. Es werden auch Kontakte bzw. Ausflüge zum Samendorf **Vilhelmina södra sameby** vermittelt – dort erfährt der Besucher Interessantes über die Kultur und Lebensweise der Samen in der Fjällwelt. So kann man beispielsweise einiges über die Rentierzucht lernen, wenn man der jährlichen Markierung der Kälber beiwohnt.

Über die Großgemeinde Strömsund (Hotel, Campingplatz), wo die E45 mit einer Schrägseilbrücke den See Ströms Vattudal überquert, geht es schließlich nach Östersund, der Bezirkshauptstadt von Jämtland.

Östersund

König Gustav III. ließ Östersund 1786 mit rechtwinkligem Straßenmuster anlegen, so richtig entwickelt hat sich die Stadt aber erst in Folge des Anschlusses an das Eisenbahnnetz im Jahr 1879. Obwohl keine urbane Perle, ist Östersund heute eindeutig das wirtschaftliche und kulturelle Zentrum der Gegend, zudem das Tor zur Gebirgswelt von Jämtland und eine feste Adresse für den Wintersport. Zwar waren die wiederholten Bewerbungen um die Austragung der Olympischen Winterspiele bisher erfolglos, aber die Biathlon-WM 2019 war bereits die dritte, die hier abgehalten wurde. Die Wintersportaktivitäten bündeln sich um das Skistadion, das 1,5 km nordöstlich des Zentrums liegt und als schwedische **Biathlon-Nationalarena** fungiert. Im Sommer lohnt sich der Besuch wegen des markanten **Wasserturms**, in dessen oberer Etage ein Restaurant samt Skybar aus 55 m Höhe einen fantastischen Panoramablick auf Stadt, See und Wälder bietet.
Arctura Restaurang & Skybar, *Ösk-vägen 13, ✆ 063-161560, https://arctura.se.*

Touristen hat die „Winterstadt" u. a. ein sehenswertes Rathaus (1912), ein hübsches Viertel entlang der Storgatan (aus den 1880ern) und das eindrucksvolle **Museum Jamtli** zu bieten. Es zeigt Zeugnisse aus der Geschichte Jämtlands und Härjedalens, u. a. den bekannten Bildteppich „Överhogdalsbonaderna" aus der Wikingerzeit sowie eine Ausstellung zur Kultur der Südsamen. Im angeschlossenen **Freilichtmuseum** *(ganzjährig zugänglich, kein Eintritt)* wird der Besucher in die Lebens- und Arbeitswelt des 18. und 19. Jhs. entführt. Neben dem historischen Haupthaus wurde 2018 das **Nationalmuseum Jamtli** fertiggestellt, eine Außenstelle des Schwedischen Nationalmuseums (S. 143). Das von dem Architekturbüro Henning Larsen geplante Gebäude wirkt wie eine monumentale Holzskulptur und präsentiert zeitgenössische Kunst und Wechselausstellungen.
Museum Jamtli, *Museiplan 2, ✆ 063-150100, www.jamtli.com. Di–So 11–17, Do bis 20.30, Juli–Aug. tgl. 11–17 Uhr. Mit Café, Restaurant und Laden mit traditionellem sowie modernem Kunsthandwerk.*

Seinen natürlichen Reiz erhält die Stadt durch den **Storsjön**. Der mit 456 km² fünftgrößte See Schwedens ist bis zu 90 m tief. Sein bekanntester Bewohner ist das Seeungeheuer

Storsjöodjuret, in Anlehnung an sein schottisches Pendant Nessie kurz „Storsie" genannt. Mehrere Hundert Augenzeugen berichteten bisher von einem rund 14 m langen, schlangenähnlichen Tier mit glänzendem, dunkelbraunem Körper und Hundekopf. Natürlich bekam Storsie ein Denkmal am Seeufer.

Vom Stadtzentrum führt eine breite Brücke (es gibt auch eine zweite für Fußgänger und Radfahrer) nach **Frösön**. Als Insel der Fruchtbarkeitsgöttin Freya (schwed. auch Fröja oder Fröa) war dies zur Wikingerzeit ein heiliger Ort und Thingplatz. Davon, dass von hier aber auch die Christianisierung der Region ihren Ausgang nahm, berichtet der **Frösö-Stein** (Frösöstenen) aus dem 11. Jh. Schwedens nördlichster Runenstein ist der einzige in Jämtland. Heute findet man ihn in der Stadt vor dem Landsting (*Kyrkogatan 12*). Attraktionen der großen und waldreichen Insel Frösön sind u. a. der **Zoo**, der Aussichtsturm Frösötornet und die **Frösö Kyrka** mit wunderschönem Glockenturm und Grabhügel (*Stockevägen 16, ca. 7 km von der Brücke entfernt*).

Reisepraktische Informationen Östersund

Information

Visit Östersund, *Rådhusgatan 44, ✆ 063-7011700, www.visitostersund.se. Mo–Fr 10–15 Uhr.*

Hotels

Clarion Hotel Grand Östersund *€€€€–€€€€€, Prästgatan 16, ✆ 063-556000, www.strawberryhotels.com. Zentrale Lage 350 m vom Bahnhof, 180 moderne Zimmer. Fitnesscenter, kostenfreie Nutzung von Sauna und Pool. Restaurant mit skandinavischer Küche und Bar. Fahrradverleih.*

Hotell Jämteborg *€€€–€€€€, Storgatan 54, ✆ 063-510101, www.jamteborg.se. Kleines, zentral gelegenes Haus mit 25 im typisch skandinavischen Stil eingerichteten Zimmern mit Bad. Sauna und Billardtisch; gemütliche Atmosphäre.*

Jugendherberge

Jamtli Vandrarhem, *Stiftelsen Jamtli, Museiplan 2, ✆ 063-150300, www.jamtli.com/en (auf „Besök oss" klicken und runterscrollen). 36-Betten-Herberge mitten im Freilichtmuseum Jamtli, Selbstversorgerküche.*

Camping

Östersunds Stugby & Camping, *Krondikesvägen 95, ✆ 063-144615, www.ostersundscamping.se. Einer der größten Campingplätze Schwedens, 3 km vom Zentrum entfernt und neben dem Spaßbad Storsjöbadet gelegen, mit u. a. Hütten, Ferienhäusern, Apartments, Spiel-, Fußball- und Beachvolleyball-Plätzen, Minigolf und Grillstellen, ganzjährig geöffnet.*

Aktivitäten

Storsjöbadet, *Krondikesvägen 95D, ✆ 063-143179, www.storsjobadet.se. Mo–Fr 10–21, Sa/So 10–18 Uhr. Spaßbad mit Saunalandschaft und Fitnesscenter, eine der größten Touristenattraktionen Jämtlands mit über 200.000 Besuchern im Jahr.*

Die Inlandsbahn

info

Keine Bahnstrecke in Schweden ist so legendär wie die Inlandsbahn (schwed.: **Inlandsbanan**), die von Kristinehamn im Süden über **1.288 km** über den Polarkreis bis hinauf nach Gällivare führt. Pläne, die Weite des schwedischen Nordens durch eine Eisenbahn zu erschließen, gehen bis ins 19. Jh. zurück, doch erst 1907 wurde mit dem Bau begonnen, der sich bis 1937 hinzog. Die harte Arbeit und das entbehrungsreiche Leben in der Wildnis machte die *rallare*, die **Eisenbahnbauer**, zu Helden zahlreicher Lieder, Geschichten und Gedichte, bereits 1932 wurden sie im Film „Kronans rallare" (= Die Eisenbahnbauer der Krone) verewigt. Allerdings war bei Fertigstellung der Bahnlinie bereits der Straßenverkehr so sehr im Aufschwung, dass die Inlandsbahn von Anfang an keine führende Rolle mehr im Personen- und Warenverkehr spielen konnte.

Der kleinste Bahnhof der Welt

Die meisten Passagiere wurden während des Weltkrieges befördert, denn Schweden hatte dem Deutschen Reich die Benutzung des Streckennetzes gestattet, und die Inlandsbahn transportierte in dieser Zeit ca. 2 Mio deutsche Soldaten zu ihren Einsatzorten in Nordnorwegen, Nordfinnland und der Sowjetunion. Ab 1950 wurden nach und nach Teile der Strecke stillgelegt und der Personenverkehr auf Busse verlagert. Inzwischen ist das Streckennetz offiziell im Besitz der Privatbahngesellschaft Inlandsbanan AB. Diese lässt zumindest in der touristischen Hochsaison, also von Juni bis August, das gesamte erhaltene Streckennetz nach einem regelmäßigen Fahrplan befahren. Auch der Güterverkehr (besonders Holz, aber auch Kalk) spielt nach wie vor eine Rolle und staatliche Investitionen in Höhe von 1,8 Mrd. SEK für die Periode 2015 bis 2025 werden auch zukünftig den Erhalt der Inlandsbahn sichern.

Die Inlandsbanan AB bietet Nordlandtouristen diverse Bahnpässe, Vergünstigungen für Jugendliche und Senioren, Fahrradmitnahme etc. an, auch können Interrailreisende die Strecke benutzen, sodass man die Inlandsbahn im Sommer als spezielles Reisemittel, als bequeme Anfahrt zu den Nationalparks oder auch für eine Rundreise nutzen kann, denn in Gällivare trifft die Inlandsbahn auf die Erzbahn, auf der man über Kiruna das norwegische Narvik erreichen oder über Luleå und somit an der Ostseeküste entlang in den Süden zurückfahren kann. Besonders die Teilstrecken Mora–Östersund und Östersund–Gällivare sind gut gebucht. Auch im Winter werden Sonderfahrten über den Polarkreis veranstaltet. Daneben setzen ebenfalls Eisenbahnvereine wie Arvidsjaurs Järnvägsförening auf den Fremdenverkehr und bieten **Fahrten mit Dampfloks** zwischen Arvidsjaur und Slagnäs oder in historischen Triebwagen zum Wintermarkt in Jokkmokk an, während man andere, stillgelegte Strecken mit **Fahrraddraisinen** erkunden kann (z. B. Persberg–Lomsmyren). Wer sich für die Geschichte der Inlandsbahn und der *rallare* interessiert, trifft entlang der Strecke auf zwei **Museen**, die sich in den Bahnhofsgebäuden in Sorsele und Moskosel befinden.

Die **Landschaft**, die die Inlandsbahn durchfährt, ist nicht spektakulär, sondern relativ eben, dafür fasziniert die unendliche, menschenleere Weite umso mehr.

info

Wegen der Nord-Süd-Richtung der Bahn und der West-Ost-Richtung der Flüsse werden immer wieder Gewässer überbrückt, z. T. windet sich die Bahn aber auch in vielen Kurven entlang der Ufer. Je mehr man sich dem Polarkreis nähert, desto seltener werden die Zeichen menschlicher Besiedlung, die Wälder lichten sich und in den Flusstälern führt die Strecke durch ausgedehnte Moorgebiete, während man zwischen Hoting und Dorotea kilometerlang über die Flussinsel Långön fährt.

In den kaum besiedelten Regionen gibt es anstelle von Bahnhöfen oft nur Haltepunkte, an denen Reisende eine gelbe Signalscheibe in Richtung Zug drehen, damit dieser hält. Andere Stationen wiederum sind rekordverdächtig winzig, die von Buddnakk wird von der Inlandsbahn als „kleinster Bahnhof Europas" bezeichnet. Der **Polarkreis**, der südlich von Jokkmokk überquert wird, ist an der Bahnstrecke durch weiße Steine und ein großes Hinweisschild markiert.

Die Inlandsbahn, die mit einer Höchstgeschwindigkeit von 80 km/h durch Nordschweden zuckelt, ist im Wesentlichen ein sehr sicheres Verkehrsmittel. Trotzdem kam es in der Vergangenheit verschiedentlich zu **Unfällen**, hauptsächlich im Zusammenhang mit Wildtieren. Zuletzt kollidierte 2013 ein nordgehender Zug bei Kåbdalis mit einer Herde von 52 Rentieren.
Destination Inlandsbanan AB, *Storsjöstråket 19, Östersund, ✆ 0771-535353, www.inlandsbanan.se.*

Brunflo

15 km südlich von Östersund folgt der kleine Ort Brunflo mit einer Kirche aus dem 18. Jh., neben der ein Kastal steht, ein hoher Verteidigungsturm aus dem Mittelalter. Möglicherweise die Antwort des schwedischen Erzbischofs auf einen ähnlichen Turm des norwegischen Königs Sverre in Sunne.

Sveg

Nach langer Fahrt durch endlose Wälder erreicht man in Sveg erstmals wieder die „Zivilisation". Schon im Mittelalter Gerichtsplatz, ist das 2.500-Einwohner-Städtchen heute der Zentralort Härjedalens. Das von der Durchgangsstraße, Tankstellen, dem Supermarkt und Reklameschildern bestimmte Ortsbild weist kaum Sehenswürdigkeiten auf, von der hölzernen **Bärenskulptur** (mit 13 m die größte der Welt) einmal abgesehen. Dieses Wahrzeichen verweist auf den größten Bärenstamm des Landes, der nordöstlich von Sveg im **Nationalpark Sonfjället** lebt. Ansonsten ist der Ort Verkehrsknotenpunkt mit der Kreuzung von E45 und RV84, einem Flughafen mit Verbindungen u. a. nach Stockholm sowie als Haltepunkt der Inlandsbanan. Deren hölzerner Bahnhof ist recht ansehnlich!

Die **naturschöne Umgebung** lohnt einen Aufenthalt in Sveg. Der Ort fungiert nicht nur als Tor zu einer herrlichen Gebirgslandschaft, sondern liegt selbst auch fantastisch am Fluss **Ljusnan** und am Stausee **Svegssjön**. Letzterer ist etwa 60 km² groß und liefert mit zwei Wasserkraftwerken Strom – eins davon nahe der Ortschaft.

Als bekanntester „Sohn der Stadt" gilt Henning Mankell, der zwar 1948 in Stockholm geboren wurde, aber gemeinsam mit seiner älteren Schwester bei seinem Vater aufwuchs, der als Richter in Sveg arbeitete. Ein kleines **Mankell-Kulturzentrum** im Gemeindezentrum Folket Hus hält die Erinnerung an den 2015 verstorbenen Autor wach.

An den Berghängen in der Umgebung liegen alte **Härjedals-Dörfer**, so z. B. **Remnet**, 14 km von Sveg entfernt, mit dem aus dem 18. Jh. stammenden Gamle-Remsgården mit schönen Decken- und Wandmalereien.

Reisepraktische Informationen Sveg

Information

Visit Sveg, ✆ *070-6220500, http://visitsveg.com. Infopoints u. a. am ICA-Supermarkt, am Flughafen und am Hotel Mysoxen.*

Hotel/Jugendherberge

Hotel Mysoxen *€€€, Fjällvägen 12–14,* ✆ *0680-17000, www.mysoxen.se. 400 m vom Bahnhof entfernt, 43 Zimmer, Restaurant und Bar. Dem Hotel ist eine ganzjährig geöffnete Jugendherberge angeschlossen (***STF Sveg/Mysoxen Vandrarhem***).*

Camping

Svegs Camping, *Kyrkogränd 1,* ✆ *0680-13025, www.svegscamping.se. Am nördlichen Ufer des Ljusnan gelegene Anlage mit Zelt- und Stellplätzen, unterschiedlichen Campinghütten, Badebucht, Fußgängerbrücke zu einer naturschönen Insel, Kanu- und Bootsverleih, Minigolf, beste Angel- und Skilanglaufmöglichkeiten, ganzjährig geöffnet. In unmittelbarer Nähe befinden sich ein Restaurant, ein ICA-Supermarkt, eine Schwimmhalle und das Mankell-Kulturzentrum.*

140 km sind es auf der E45 von Sveg bis **Mora**, eine Strecke, die durch eine waldreiche und nahezu menschenleere Region der Provinz Hälsingland führt. Vor Erreichen des Etappenzieles locken der **Nationalpark Hamra** mit guten Wandermöglichkeiten und das am Orsasjön gelegene **Orsa** (S. 439).

Härjedalen: Schwedens höchstgelegene Landschaft

info

Härjedalen ist mit knapp 10.000 Bewohnern die am dünnsten besiedelte Region Schwedens, weniger als 1 Einwohner pro km² lebt hier. Stockholm liegt 420 km entfernt von Härjedalens Zentralort Sveg. Im Mittelalter war Härjedalen norwegisch, ständige Kriege gab es im 16.–18. Jh. zwischen dänisch-norwegischen und schwedischen Truppen. 1645 wurde Härjedalen von Norwegen abgetreten, seit 1810 gehört es zur schwedischen **Provinz Jämtland**. Nach Härjedalen gelangt man mit dem Zug über die Inlandbahn von Mora oder Östersund, mit dem Flugzeug von Arlanda/Stockholm, und mit dem Bus *(länstrafiken)*.

Härjedalen bietet vielfältige touristische Möglichkeiten: ausgedehnte Wald-, Fjäll- und Seengebiete, Wandern, Angeln (Hecht, Barsch, Saibling, Regenbogenforellen in einigen Seen) und Wintersport. Highlight des Jahres ist das jährliche **Angelfestival** Anfang Juni in Sveg. Mit Zelt, Wohnmobil und Wohnwagen bietet die Region unbegrenzte Möglichkeiten. Wohnen kann man in *stugor* (Ferienhäuschen), privat, auf Campingplätzen, in den Jugendherbergen in Sveg und Ljungdalen oder in Pensionen bzw. Hotels in etwas größeren Orten.

ANHANG

Kleines schwedisches Wörterbuch

hjärtligt välkommen!	Herzlich willkommen!
god morgon!	Guten Morgen!
hej (god dag)!	Guten Tag!
god afton!	Guten Abend!
Hej då!	Auf Wiedersehen!
ha det så bra!	Alles Gute!

***på restaurang* – im Restaurant**			
bord	Tisch	*middag*	Abendessen (17–20 Uhr)
brännvin	Schnaps	*mjölk*	Milch
bröd	Brot	*måltid*	Mahlzeit
buljong	Fleischbrühe	*nota*	Rechnung
choklad	Kakao	*ost*	Käse
drickspengar	Trinkgeld	*pannkaka*	Pfannkuchen
efterrätt	Nachtisch	*sallad*	Salat
franskbröd	Weißbrot	*småbröd*	Kleingebäck
frokost	Frühstück	*småvarmt*	kleine Vorgerichte
glas	Glas	*smör*	Butter
glass	Speiseeis	*smörgås*	belegtes Brot
grädde	Sahne	*soppa*	Suppe
honung	Honig	*sylt*	dünne Marmelade
hovmästare	Ober	*tallrik*	Teller
iskyld	eisgekühlt	*te*	Tee
kaffe	Kaffee	*tårta*	Torte
kaka	Kuchen	*upptaget*	besetzt
ledigt	frei	*varmrätt*	Hauptgericht
lunch	Lunch	*vaktmästare*	Kellner
marmelade	Konfitüre	*vatten*	Wasser
mat	Essen	*vin*	Wein
ägg	Ei	*äta*	essen
öl	Bier	*matsedel*	Speisekarte

Zubereitungsarten			
griljerad	gegrillt	*stekt*	gebraten
halstrad	geröstet	*stuvat*	gestovt
kokt	gekocht	*ugnstekt*	gebacken
låda	Auflauf		
***fisk* – Fisch**			
abborre	Barsch	*makrill*	Makrele
fiskbullar	Fischklößchen	*räkör*	Garnelen
fiskfärs	Fischfarce	*röding*	Saibling
fiskrätt	Fischgericht	*rödspätta*	Scholle
flundra	Flunder	*rökt lax*	Räucherlachs
forell	Forelle	*rökt sill*	Räucherhering
gädda	Hecht	*rökt ål*	Räucheraal
gös	Zander	*saltsjöfisk*	Seefisch
havskräftör	Langusten	*siklöja*	kleine Maräne
helgeflundra	Heilbutt	*sill*	Hering
hummer	Hummer	*sjötunga*	Seezunge
kabeljo	eingesalz. Kabeljau	*skaldjur*	Schalentiere
krabba	Krabbe	*strömming*	Ostseehering
kräftör	Krebse	*sötvattenfisk*	Süßwasserfisch
lax	Lachs	*torsk*	Dorsch
laxöring	große Forelle	*ål, inkokt*	Aal in Aspik
löksill	eingelegter Hering		
***kött och fågel* – Fleisch und Geflügel**			
anka	Ente	*fårstek*	Hammelbraten
biffstek	Beefsteak	*grisfötter*	Eisbein
blodkorv	Blutpudding	*grytstek*	Schmorbraten
chateau briand	Filetbeefsteak	*gås*	Gans
fläsk	Schweinefleisch	*hackad biff*	Deutsches Beefsteak
fläskkarré	Schweinebraten	*höns*	Huhn
fläskkorv	Kochwurst	*kalkon*	Puter
fläskkotlett	Schweinekotelett	*kalops*	Gulasch
får i kål	Hammel mit Kohl	*kalv*	Kalb
kalvbringa	Kalbsbrust	*orre*	Birkhahn

kalvstek	Kalbsbraten	*oxfilé*	Rinderfilet
kokt skinka	gekochter Schinken	*oxkött*	Rindfleisch
korv	Wurst	*pannbiff med lök*	Boulette mit Zwiebeln
kyckling	Brathähnchen	*ren*	Rentierfleisch
kåldolmar	Kohlrouladen	*rimmat kött*	Pökelfleisch
köttbullar	Hackfleischbällchen	*rådjurstek*	Rehbraten
kötträtt	Fleischgericht	*rökt skinka*	geräucherter Schinken
lamm	Lamm	*snöripa*	Schneehuhn
leverpastej	Leberkäse	*tjäder*	Auerhahn
Samische Ortsnamen			
ätno	Fluss	*luspe*	Landzunge
ape	großer Sumpf	*njira*	Gebirgsbach
jauras	kleiner See	*pakte*	steile Bergwand
jaure	See	*rieppe*	Nische (Gebirgswand)
jägge	kleiner Sumpf	*saiva*	heiliger See
jäkka	Bach/Fluss	*savo*	ruhiges Gewässer
kaise	steiler Berg	*suolo*	Insel
kuoika	Wasserfall	*tjåkka*	Bergspitze
kåbba	Hügel	*tjålme*	Sund
kårsa	Kamm/Schlucht	*tjårro*	Bergrücken
kårtje	Wasserfall	*vagge*	Tal
lako	Plateau	*varas*	kleiner Berg
luoka	Bucht	*vare*	Berg
luoppal	Teich/Bergsee		

Stichwortverzeichnis

Kartenverzeichnis

Alle Karten zum Gratis-Download

So funktioniert's: In diesem Reisehandbuch sind alle Detailpläne mit sogenannten **QR-Codes** versehen, die per Smartphone oder Tablet-PC gescannt und bei einer bestehenden Internet-Verbindung auf das eigene Gerät geladen werden können. Alle Karten sind im **PDF-Format** angelegt, das nahezu jedes Gerät darstellen kann. Für den Stadtbummel oder die Besichtigung unterwegs hat man so die Karte mit besuchenswerten Zielen und Restaurants auf dem Telefon, Tablet-PC, Reader oder als praktischen DIN-A-4-Ausdruck dabei. Sollten wider Erwarten Probleme beim Karten-Download auftreten, wenden Sie sich bitte direkt an den Verlag. Unter info@iwanowski.de erhalten Sie die entsprechende Linkliste zum Herunterladen der Karten.

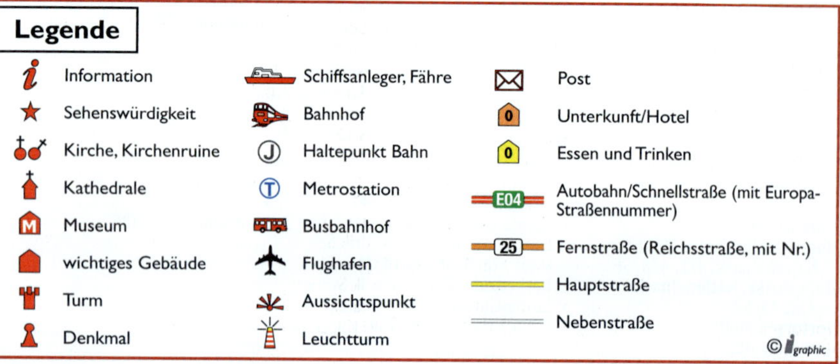

Bildnachweis

U2: Umschlagklappe Top-Ziele, U3: Umschlagklappe Autorentipps, U4: Buchrücken

© Lina Roos/imagebank.sweden.se: S. 11
© Ola Ericson/imagebank.sweden.se: S. 12, 150, 152, 165, 182, U2 (1.), U3 (2.)
© Emelie Asplund/imagebank.sweden.se: S. 15, 91, 370, 395, U4 (1.)
© Gerhard Austrup: S. 18, 20, 26, 32, 37, 42, 131, 133, 138, 178, 197, 257, 279, 297, 310, 317, 330, 335, 434
© Strömma.se: S. 20
© Ulrich Quack: S. 21, 25, 30, 119, 144/5, 148, 159, 163, 181, 198, 207, 212, 215/6, 222/3, 228, 241, 245, 264, 341, 372, 375, 377, 378, 381, 382 (oben), 388, 393, 396, 402, 408, 412, 489
© Anders Ekholm/imagebank.sweden.se: S. 40
© Fredrik Broman/imagebank.sweden.se: S. 45, 54, 307
© Staffan Widstrand/imagebank.sweden.se: S. 47, 48, 346, U4 Mitte
© Jann Lipka/imagebank.sweden.se: S. 51, 60, 101
© Conny Fridh/imagebank.sweden.se: S. 61, 86, 234, 236, 428, U4 unten
© Per Pixel Petersson/imagebank.sweden.se: S. 62, 66, 220, 277, 300, 302, 312, 319, U2 (2. u. 4.)
© Helena Wahlman/imagebank.sweden.se: S. 68, 453, U2 (5.)
© Lola Akinmade Åkerström/imagebank.sweden.se: S. 71, 83, 142
© Simon Paulin/imagebank.sweden.se: S. 78, 283, 298, 400, 406
© Per Bifrost/imagebank.sweden.se: S. 89
© Peter Kvarnstrom/imagebank.sweden.se: S. 92, 285, 288
© Ted Logart/imagebank.sweden.se: S. 94
© Anna Andersson/imagebank.sweden.se: S. 126
© Jeppe Wikstrom/imagebank.sweden.se: S. 157
© Cecilia Larsson Lantz/Imagebank.sweden.se: S. 172
© Henrik Trygg/imagebank.sweden.se: S. 186, 258, 305, U2 (3.)
© Flickr/Ricardo Feinstein (CC BY-SA 2.0): S. 196
© Mattias Leppäniemi/imagebank.sweden.se: S. 198
© Gunillaklockan/imagebank.sweden.se: S. 209
© manniskor/imagebank.sweden.se: S. 214
© hogarna/imagebank.sweden.se: S. 217
© Justin Brown/imagebank.sweden.se: S. 226
© John Sander/imagebank.sweden.se: S. 230
© Kristian Alsing/Destination Kalmar: S. 243
© Flickr/chas B (CC BY 2.0): S. 251
© Turistbyrå Trosa: S. 254
© Andreas Nordström/imagebank.sweden.se: S. 260
© Anna Nilsson/imagebank.sweden.se: S. 263
© Apelöga/imagebank.sweden.se: S. 268
© Arne Persson/Hallands kulturhistoriska museum: S. 272
© Anton Olin/imagebank.sweden.se: S. 290, 295
© House of Vision/imagebank.sweden.se: S. 291
© Sebastian Lineros/imagebank.sweden.se: S. 308/9
© Ulf Fabiansson/Läckö Slott: S. 314
© Tina Stafrén/imagebank.sweden.se: S. 326, 337
© Måns Fornander/imagebank.sweden.se: S. 332
© Kerstin Eriksson/trafikverket: S. 343
© Flickr/Schwarzwert Naturfotografie (CC BY 2.0): S. 348
© Tore Hagman/Läckö Slott: S. 350
© Wikimedia Commons: Marc Schricker: S. 351; Arild Vaegen (CC BY-SA 4.0): S. 416; Angelica Brockne, S. 421; Aaker: S. 424
© Lena Granefelt/imagebank.sweden.se: S. 354
© Göta Kanal AB/Niclas Albinsson: S. 356
© Synöve Borlaug/imagebank.sweden.se: S. 361
© Gösta Florman/The Royal Library/National Portrait Gallery, London (Public Domain): S. 364
© Flygbild Karlstad/Karlstad.se: S. 367
© Press Flygbild Vida: S. 382 (unten)
© Johan Willner/imagebank.sweden.se: S. 385
© Tuukka Ervasti/imagebank.sweden.se: S. 388
© Miriam Preis/imagebank.sweden.se: S. 411
© Mattias Samuelsson/imagebank.sweden.se: S. 422
© Jacques de Villiers/imagebank.sweden.se: S. 433
© Vasaloppet: S. 438
© Håkan Vargas/imagebank.sweden.se: S. 440
© Per Lundström/imagebank.sweden.se: S. 442
© @Visitgladahudik.se: S. 448
© @Visitsweden: S. 449
© VisitUmeå: S. 455
© B. Janicke: S. 460
© Hans-Olof Utsi/imagebank.sweden.se/www.icehotel.com: S. 464
© Katja Kristofferson/imagebank.sweden.se: S. 469
© Tomas Utsi/imagebank.sweden.se: S. 474
© Fredrik Schlyter/imagebank.sweden.se: S. 479
© Magnus Skoglöf/imagebank.sweden.se: S. 485
© Patrik Svedberg/imagebank.sweden.se: S. 492
© Alexander Hall/imagebank.sweden.se: U2 (6.)
© Asaf Kliger/www.icehotel.com: U2 (7.)